# El valor de actuar

CRÍTICA

# El valor de actuar

## Ben S. Bernanke

Memoria de una crisis y sus secuelas

Traducción de Francisco López Martín y
Antonio Rivas Gonzálvez

CRÍTICA

Obra editada en colaboración con Editorial Planeta - España

Título original: *The Courage to Act*

© Ben S. Bernanke, 2015

© de la traducción del inglés: Francisco López Martín y Antonio Rivas Gonzálvez, 2016

Ātona Victor Igual · fotocomposición

© 2016, Grup Editorial 62, S.L.U. – Barcelona, España

Derechos reservados

© 2024, Ediciones Culturales Paidós, S.A. de C.V.
Bajo el sello editorial CRÍTICA M.R.
Avenida Presidente Masarik núm. 111,
Piso 2, Polanco V Sección, Miguel Hidalgo
C.P. 11560, Ciudad de México
www.planetadelibros.com.mx
www.paidos.com.mx

Primera edición impresa en España: marzo de 2016
ISBN: 978-84-9942-495-8

Primera edición impresa en México: mayo de 2024
ISBN: 978-607-569-661-4

Impreso en los talleres de Litográfica Ingramex, S.A. de C.V.
Centeno núm. 162-1, colonia Granjas Esmeralda, Ciudad de México
Impreso en México - *Printed in Mexico*

# ÍNDICE

# NOTA DEL AUTOR

En toda crisis hay gente que actúa y gente a la que le da miedo actuar. El Sistema de la Reserva Federal (el Fed), nacido del casi olvidado Pánico de 1907, fracasó en la década de 1930 cuando hubo de afrontar su primera gran prueba. Sus dirigentes y los de los bancos centrales de medio mundo se quedaron de brazos cruzados ante la ruinosa deflación y el colapso financiero. El resultado fue la Gran Depresión, las colas para recibir las ayudas sociales, un 25% de desempleo en Estados Unidos y el auge de los fascismos. Setenta y cinco años después, la Reserva Federal —la institución a cuyo estudio y servicio he dedicado los mejores años de mi vida— se enfrentó a desafíos similares en la crisis de 2007-2009 y en los años posteriores. Esta vez actuamos.

La inspiración para el título de este libro procede de mis colegas de la Reserva Federal, tanto de los responsables políticos como del personal. Cuando el bienestar económico de su nación exigía una respuesta creativa y contundente, tuvieron el valor de hacer lo que era necesario, a menudo enfrentándose a condenas y críticas acerbas. A nosotros se unieron en la lucha otras fuerzas del gobierno —cabe destacar el papel del Departamento del Tesoro bajo dos presidentes de distinto signo político— y muchos de nuestros homólogos de los bancos centrales y los Ministerios de Finanzas de todo el mundo. Siento gratitud por todos ellos, y me enorgullezco de haber participado en el esfuerzo mundial para contener la crisis económica más peligrosa de nuestro tiempo.

Sin embargo, es a mi esposa, Anna, el amor de mi vida, a quien debo mi máximo agradecimiento, por el título del libro y por muchas otras cosas, como se verá a lo largo de estas páginas.

# TODAVÍA PUEDO FRENAR ESTO...

Eran las ocho de la mañana del martes 16 de septiembre de 2008. Estaba exhausto, sin fuerzas mentales ni emocionales, pero no podía estar quieto. A través de las ventanas de mi oficina en el Edificio Eccles del Sistema de la Reserva Federal veía las luces del tráfico en Constitution Avenue y el oscuro contorno de los olmos americanos que puntúan National Mall. Aunque gran parte del personal seguía trabajando, el pasillo al que daba mi puerta estaba silencioso y vacío. Solo me acompañaba Michelle Smith, la directora de la oficina de comunicación y mi jefa de personal. Aguardaba en silencio a que yo dijera algo.

Cuatro horas antes estaba sentado junto al secretario del Tesoro, Hank Paulson, en los sillones de cuero color canela de la Sala Roosevelt de la Casa Blanca, una estancia sin ventanas situada a escasa distancia del Despacho Oval. Encima de la chimenea había colgado un retrato de Teddy Roosevelt vestido de Rough Rider montado en un caballo rampante. Al otro lado de la mesa de madera barnizada ante la que estábamos Hank y yo, se encontraba el entonces ocupante de la Casa Blanca, un sombrío George W. Bush, con el vicepresidente Dick Cheney a su lado. Alrededor de la mesa se distribuían los consejeros del presidente, los ayudantes de Hank y los representantes de otros reguladores financieros.

Al presidente le gustaba que el tono de las reuniones fuera ligero, iniciándolas con alguna ocurrencia o gastando una broma a algún consejero próximo. Pero aquella tarde las cosas fueron distintas. Preguntó a bocajarro: «¿Cómo hemos llegado a este punto?».

Era una pregunta retórica. Llevábamos más de un año luchando contra una crisis financiera que estaba fuera de control. En marzo, el Fed había prestado a JPMorgan Chase 30.000 millones de dólares para que salvara de la quiebra a Bear Stearns, un banco de inversión de Wall Street. A comienzos de septiembre, el gobierno de Bush intervino Fannie Mae y Freddie Mac para impedir el colapso de las dos entidades, responsables de la financiación de aproximadamente la mitad de todas las hipotecas residenciales de Estados Unidos. Y justo un día antes, a las dos menos cuarto de la madrugada, Lehman Brothers —el cuarto banco de inversión más importante del país— se había declarado en quiebra, después de que la búsqueda frenética de un socio con quien fusionarse por parte de Hank y Tim Geithner, presidente del Fed de Nueva York, no diera resultados.

Ahora yo tenía que explicarle al presidente por qué la Reserva Federal planeaba prestar 85.000 millones de dólares a American International Group (AIG), la mayor compañía de seguros del planeta. La compañía se había arriesgado de manera imprudente, empleando instrumentos financieros para asegurar títulos respaldados por hipotecas subprime. Ahora que esas hipotecas se estaban echando a perder a un ritmo sin precedentes, las entidades financieras que habían comprado los seguros, junto con otros correlatos de AIG, exigían el pago. Sin aquel dinero, AIG quebraría en unos días, o incluso en unas horas. No nos movía el deseo de ayudar a AIG, a sus empleados o a sus accionistas, le dije al presidente. Sencillamente no creíamos que el sistema financiero —y, lo más importante, la economía— pudiera soportarlo.

Tras la quiebra de Lehman, en los mercados había cundido un pánico como no se veía desde la Depresión. El Promedio Industrial Dow Jones había caído 504 puntos el lunes —su mayor caída en un solo día desde el 17 de septiembre de 2001, el primer día de operaciones tras los atentados del 11-S— y la oleada de ventas se había extendido a los mercados de todo el mundo. A medida que la confianza en las entidades financieras desaparecía, los tipos de interés de los préstamos interbancarios se disparaban. A todo ello había que sumarle los informes que recibíamos sobre grandes y pequeños inversores que estaban sacando su dinero de fondos de inversión colectiva del mercado monetario después de que un gran fondo sufriera pérdidas a causa del colapso de Lehman.

Todos los presentes sabíamos que rescatar a AIG sería una medi-da terrible desde un punto de vista político en un año de elecciones presidenciales. Justo dos semanas antes, el Partido Republicano ha-bía declarado en su convención de 2008 lo siguiente: «No apoyamos los rescates estatales de entidades privadas». La intervención pro-puesta por la Reserva Federal violaría el principio básico de que las empresas debían estar sujetas a la disciplina del mercado y que el gobierno no debía protegerlas de las consecuencias de sus errores. Sin embargo, yo sabía que, por mucho que las condiciones financie-ras fueran ya caóticas, empeorarían hasta extremos inimaginables si AIG quebraba, lo que tendría efectos incognoscibles pero induda-blemente catastróficos para la economía estadounidense y para la economía mundial.

Con más de un billón de dólares en activos, AIG era un 50% más grande que Lehman. Operaba en más de 130 países y tenía más de 74 millones de clientes en todo el mundo, entre empresas y particulares. Ofrecía seguros comerciales a 180.000 pequeños negocios y a diver-sas entidades privadas que empleaban a 106 millones de personas, dos tercios de los trabajadores americanos. Sus seguros protegían a municipios, fondos de pensiones y participantes de planes de jubila-ción 401 (k). El colapso de AIG podría desencadenar la caída de más gigantes financieros, tanto en Estados Unidos como en otros países.

El presidente escuchaba con aspecto sombrío. Paulson le había avisado aquel mismo día sobre la posibilidad de que fuera necesario ayudar a AIG, y sabía que nuestras opciones estaban sumamente li-mitadas. No había inversores privados interesados en comprar o prestar a AIG. La Administración no tenía dinero ni autoridad para rescatarla. Pero el Fed podía prestar a AIG para mantenerla a flote si las numerosas subsidiarias de la empresa conservaban el valor sufi-ciente para servir como garantía del préstamo.

Bush respondió como lo había hecho una y otra vez en el trans-curso de la crisis financiera: reiterando su confianza en mis análisis y los de Hank. Dijo que debíamos hacer lo que fuera necesario, y que él haría lo que pudiera para proporcionarnos cobertura políti-ca. Agradecí su confianza y su disposición a actuar como era debido fueran cuales fuesen las consecuencias políticas para él y para su partido. Contar con el apoyo del presidente era crucial. Al mismo tiempo, el presidente nos estaba diciendo poco más o menos que el destino de la economía nacional y mundial estaba en las manos de Paulson y las mías.

Nuestra siguiente reunión, celebrada a las seis y media de aquella misma tarde en el Capitolio, fue todavía más dura. Hank y yo nos reunimos con algunos líderes del Congreso en una sala de conferencias atestada. La presidenta de la Cámara de Representantes, Nancy Pelosi, no pudo asistir a aquella reunión organizada a toda prisa, pero el líder de la mayoría en el Senado, Harry Reid, y el líder de la minoría en la Cámara de Representantes, John Boehner, estaban allí, junto con el presidente del Comité Bancario del Senado, Chris Dodd, y el presidente del Comité de Servicios Financieros de la Cámara de Representantes, Barney Frank, entre otros.

Hank y yo volvimos a explicar la situación de AIG y nuestra propuesta. Nos asediaron a preguntas. Los legisladores preguntaron sobre la autoridad del Fed para prestar a una compañía de seguros. En condiciones normales, el Fed únicamente está habilitado para prestar a bancos y entidades de ahorro. Sin embargo, les hablé de la existencia de una disposición recogida en la Ley de la Reserva Federal —la Sección 13(3), introducida en los tiempos de la Depresión— que nos autorizaba en «circunstancias inusuales y apremiantes» a prestar a cualquier individuo, sociedad o empresa. Los legisladores querían entender las consecuencias de permitir la caída de AIG y cómo se devolvería el préstamo. Respondimos lo mejor que pudimos. Sí, creíamos que aquel paso era necesario. No, no podíamos ofrecer garantías.

Cuando las preguntas empezaron a remitir, eché una mirada y vi al senador Reid frotándose desalentado la cara con las dos manos. Al final tomó la palabra: «Señor presidente, señor secretario —dijo—. Les agradezco que hayan venido esta noche para hablarnos de esta cuestión y responder a nuestras preguntas. Pero no crean que las palabras que hayamos dicho hoy son un visto bueno del Congreso a esa medida. Voy a ser completamente claro. La decisión es suya y la responsabilidad, también».

Volví a mi despacho. Tim Geithner, que había negociado los términos del rescate, nos llamó para decirnos que el consejo de administración de AIG había accedido a nuestras condiciones. Unas condiciones que eran duras, y con razón. Nuestro objetivo no era recompensar el fracaso o proporcionar a otras empresas un incentivo para asumir la clase de riesgos que había llevado a AIG al borde del abismo. Cobraríamos un alto tipo de interés por el préstamo y tendríamos una participación en la compañía de casi el 80%, para que los contribuyentes se beneficiaran si el rescate daba resultado. El Consejo de la Reserva Federal había aprobado el acuerdo aquel mismo día. Lo único que faltaba por hacer era publicar el comunicado de prensa.

Sin embargo, necesitaba unos momentos para pensar en todo aquello. Creía que estábamos haciendo lo correcto. Creía que no existía otra opción razonable. Pero también sabía que a veces el proceso de toma de decisiones adquiría vida propia. Era importante estar seguro.

Indudablemente estábamos asumiendo un enorme riesgo. Aunque 85.000 millones era una suma formidable, había mucho más en juego que el dinero. Si AIG quebraba después de recibir el préstamo, el pánico financiero se intensificaría y la confianza del mercado en la capacidad del Fed para controlar la crisis quedaría destruida. Por otro parte, el propio futuro del Fed podría quedar comprometido. El senador Reid había dejado claro que el Congreso no aceptaría ninguna responsabilidad. El presidente iba a defendernos, pero dentro de unos meses dejaría el cargo. Si fracasábamos, el Congreso, furioso, podía aniquilar el Fed. No quería que se me recordara como la persona cuyas decisiones habían acarreado la destrucción del Fed.

«Todavía puedo frenar esto», pensé mientras miraba Constitution Avenue. El préstamo requería la aprobación unánime del Consejo, de modo que solo tenía que cambiar mi propio voto. Así se lo dije a Michelle, antes de añadir: «No hemos anunciado nada».

Si actuábamos, nadie nos daría las gracias. Pero si no lo hacíamos nosotros, ¿quién lo haría? Adoptar decisiones políticamente impopulares por el beneficio a largo plazo del país es la razón de que el Fed sea un banco central independiente. Fue creado precisamente con ese objetivo: hacer lo que hay que hacer, lo que otros no pueden o no quieren hacer.

Michelle interrumpió mis reflexiones. «Tenemos que publicar algo», dijo en voz baja.

«De acuerdo —dije—. Hay que hacerlo. Echemos un último vistazo al comunicado de prensa.»

El texto comenzaba así: «Para su publicación a las nueve de la noche. Este martes, el Consejo de la Reserva Federal, con el apoyo del Departamento del Tesoro, ha autorizado al Banco de la Reserva Federal de Nueva York a prestar 85.000 millones de dólares a American International Group...».

PRIMERA PARTE

# PRELUDIO

# I
# MAIN STREET

Aquella mañana del 1 de septiembre de 2006 hacía un frío impropio de la estación y caía una llovizna fina. Nuestra caravana de tres vehículos salió del camino de entrada con forma de herradura de Abingdon Manor, un alojamiento de cama y desayuno en Latta (Carolina del Sur). La residencia, una mansión de ciento cuatro años de estilo Neogriego, está a diez minutos por carretera de mi ciudad natal, Dillon (también en Carolina del Sur). Aquella vieja casa llena de muebles antiguos, ropa de cama exquisita y cortinas de cretona evocaba los gustos de anteriores generaciones de carolinos acomodados. Después de una conferencia en Greenville, en el oeste del estado —donde el predicador encargado de dar las bendiciones había pedido a Dios que me ayudase en mi tarea de encargarme de la política económica del país—, había pasado la velada del día anterior en la mansión, cenando y viendo a mis amigos y mi familia.

Entramos en la carretera 301 y nos dirigimos hacia Dillon. Un auto de la policía local abría el camino. Yo iba en el asiento trasero del segundo vehículo, en el lado del pasajero, como siempre. Delante de mí, al lado del conductor, viajaba Bob Agnew, el agente veterano al cargo de la seguridad. Dave Skidmore, portavoz de la Reserva Federal, se sentaba a mi izquierda. El vehículo que nos seguía lo ocupaban otros dos agentes de seguridad del banco central.

A petición cortés pero firme del equipo de seguridad, no había conducido un automóvil en los últimos siete meses. Bob y los agentes de la Unidad de Servicios de Protección eran indefectiblemente amistosos y corteses, pero siempre insistían en cumplir los protocolos a rajatabla. Habían sido mis acompañantes inseparables desde el 1 de febrero de 2006, el día en que juré el cargo de presidente del Consejo de Gobernadores del Sistema de la Reserva Federal. Mi predecesor, Alan Greenspan, había descrito con precisión la vida en la burbuja de seguridad. Era, me había explicado, como estar en arresto domiciliario con los carceleros más amables que se pudiera imaginar. Los agentes —y los equipos de cámaras de la televisión por cable— seguirían todos y cada uno de mis pasos ese día, en Dillon. Cuando era pequeño había recorrido solo toda la ciudad, pedaleando en mi bicicleta de casa a la biblioteca o a la farmacia de mi familia en el número 200 de West Main Street.

Aquella mañana nos dirigíamos al 200 de West Main. En la actualidad, el local lo ocupaba Kintyre House, un restaurante informal con una pared de ladrillo visto y suelos de madera barnizada. En lugar de rellenar el estante de las revistas o indicar a algún cliente dónde estaban los champús, como habría hecho cuarenta años antes, desayunaría con una veintena de personajes relevantes de Dillon, principalmente cargos electos y empresarios. Llenamos nuestros platos en un bufé surtido de frutas, cereales, huevos Benedict con carne asada y pan *jalá* tostado. No sé si el *jalá* era una alusión a mi ascendencia judía, pero lo que más me alegró fue ver que había asistentes afroamericanos además de blancos. En el Dillon de mi infancia, la segregación era la norma, incluyendo cuartos de baño y fuentes de agua potable separadas. Los ciudadanos negros no habrían podido comer en absoluto en aquel restaurante, y mucho menos formar parte de un grupo de miembros destacados del lugar. Todd Davis, el alcalde, y Johnny Brady, un concejal que había tocado la trompeta acompañando mi saxo alto en la banda de música del colegio, se unieron al desayuno.

Era el primer acto del Día de Ben Bernanke en Dillon, que finalizaría con una ceremonia en el jardín delantero del Tribunal del Condado de Dillon, un edificio de ladrillo rojo de noventa y cinco años que se alzaba a una manzana del restaurante. El alcalde Davis me entregó las llaves de la ciudad, y el gobernador Mark Sanford, la Orden del Palmetto, el máximo galardón civil de Carolina del Sur. (Darius Rucker, vocalista y guitarrista de la banda de rock Hootie & the Blowfish, había sido uno de los receptores anteriores.) Yo sabía que aquel premio era prematuro. No llevaba en el cargo el tiempo suficiente para haber conseguido algún logro real. Pero, de todas formas, ver a tantos de mis antiguos compañeros de clase, vecinos y profesores sentados en sillas plegables en el jardín del Tribunal fue conmovedor.

Hacía casi diez años que no visitaba Dillon; no desde que mis padres, Philip y Edna, se habían jubilado y mudado a Charlotte, en Carolina del Norte, donde se había criado mi madre y donde actualmente vivía con su familia mi hermano pequeño, Seth. Cuando era adolescente estaba deseando largarme de Dillon. Pero al hacerme mayor, y especialmente tras entrar en el mundo de la política en Washington, mis pensamientos se dirigían a menudo a mi ciudad natal. Allí fue donde aprendí lo que eran el trabajo duro, la responsabilidad y el respeto por los demás. Cuando uno trabaja en un lujoso edificio del gobierno, analizando estadísticas anónimas y haciendo planes a gran escala, los orígenes propios pueden olvidarse muy fácilmente. Aquel día me los recordó. Tras la breve ceremonia estuve estrechando manos cerca de una hora, intentando desesperadamente poner nombre a las caras.


Dillon, con sus aproximadamente 6.500 habitantes, está justo al oeste del río Little Pee Dee, que fluye cruzando granjas, pinares y tierras pantanosas al nordeste de Carolina del Sur. Fundada en 1888, es la capital del condado del mismo nombre. La ciudad más cercana de cierto tamaño, Florence, de menos de 40.000 habitantes, está a unos cuarenta kilómetros. Durante la mayor parte de mi infancia tuvimos que recorrerlos en automóvil para ver a un médico distinto al de cabecera, o incluso para ver una película.

La ciudad y el condado recibieron su nombre por James W. Dillon, un comerciante, banquero y tratante de algodón local que encabezó una petición ciudadana para llevar a la zona una línea de ferrocarril. La línea, terminada el mismo año de la fundación de Dillon, abrió al mundo aquella región aislada. El tren de pasajeros Palmetto, de la compañía Amtrak, cubre el trayecto entre la ciudad de Nueva York y Savannah (Georgia), y aún hace parada en Dillon dos veces al día. Pero en la actualidad es más probable que los visitantes lleguen por la carretera Interestatal 95. Hoy día, la atracción principal de Dillon es South of the Border, un parque temático mexicano justo al sur del límite del estado. Hay capillas donde se celebran bodas y tien-

das de fuegos artificiales a lo largo de la carretera, situadas estraté-
gicamente para aprovechar la normativa más permisiva de Carolina
del Sur.

Al proporcionar un punto de expedición para el algodón y el tabaco, y, más tarde, para los productos textiles, el tren de Dillon trajo
cierta prosperidad durante algún tiempo. Pero durante mi visita en
2006 pasaba por una mala época. El tabaco, el cultivo más lucrativo
de la zona, prácticamente se había esfumado después de que el Congreso eliminase las subvenciones federales. La industria textil, que
afrontaba una competencia cada vez mayor a causa de las importaciones, también estaba desapareciendo. Los servicios públicos reflejaban la disminución de los ingresos por impuestos. En 2009, pocos
años después de mi visita, Ty'Sheoma Bethea, una estudiante de octavo curso, atrajo hacia Dillon la atención de todo el país al enviar a
los miembros del Congreso una solicitud de ayuda para su arruinada
escuela; la escuela donde yo había estudiado cuarenta años antes.[1]

Había sido una mala época lo que originalmente había llevado a mi
familia a Dillon, en lugar de hacerla marcharse de allí. Mi abuelo,
Jonas Bernanke, dirigía sin mucho éxito una cadena de farmacias en
la ciudad de Nueva York durante la Gran Depresión. En 1941, a sus
cincuenta años, vio un anuncio donde se ponía a la venta una tienda
en Dillon y decidió empezar de cero. Se mudó al sur con su esposa y
sus tres hijos, de los que mi padre era el mediano.

Jonas, un fumador de puros ancho de hombros, de voz grave y
modales adustos, emitía un aura de machismo a lo Hemingway y confianza en sí mismo. Puso a la tienda el nombre de Jay Bee Drug Co.,
un juego de palabras con sus iniciales. Al igual que el resto de mis

1. Su solicitud tuvo éxito. El presidente Barack Obama la invitó a sentarse junto a la Primera Dama, Michelle Obama, durante su comparecencia ante el congreso
en febrero de 2009 para solicitar financiación para estimular la economía. En septiembre de 2012 abriría una escuela nueva, financiada principalmente por préstamos
federales que se pagarían mediante un incremento de los impuestos del condado.
Sin embargo, Ty'Sheoma tuvo que abandonar temporalmente Dillon pocos meses
después, cuando su madre perdió su trabajo de soldadora en una fábrica local y se
mudaron a las afueras de Atlanta.

abuelos, era un inmigrante. Había nacido en Boryslaw, en lo que es ahora Ucrania occidental pero que entonces formaba parte del Imperio Austrohúngaro. En la Primera Guerra Mundial fue reclutado por el ejército del emperador Franz Josef I y prestó servicio como cabo, aunque por la forma en que contaba sus historias parecía un oficial. Lo enviaron al frente oriental, donde los rusos lo hicieron prisionero. Al finalizar la guerra se las arregló para ir desde un campo de prisioneros de Siberia, cerca de Vladivostok, hasta Shangai, y desde allí regresó a Europa en un barco de vapor con destino a Marsella. En 1921, Jonas decidió probar fortuna en América. Él y mi abuela, Pauline, a la que llamaban Lina, partieron en barco desde Hamburgo (Alemania) y recalaron en Ellis Island junto a otros 957 pasajeros a bordo del *SS Mount Clinton*. Llegaron el día 30 de junio. Jonas tenía treinta años. Lina, de veinticinco, estaba embarazada de su primer hijo, mi tío Fred. El manifiesto del barco indica que viajaban en tercera clase y que cada uno llegaba al país con 25 dólares.

Lina era una persona extraordinaria por derecho propio. Nacida en Zamość (Polonia), cerca de la frontera con Ucrania, se había licenciado en medicina en 1920 en la prestigiosa Universidad de Viena. Tras su llegada a Nueva York abrió un pequeño consultorio que atendía a los inmigrantes judíos de East Side, mientras Jonas estudiaba farmacia en la Universidad de Fordham. Pero la decisión de Jonas de marcharse con su familia a Carolina del Sur acabó con la carrera de Lina, ya que ese estado no reconocía sus credenciales europeas. Recuerdo a Lina como una persona extremadamente inteligente, de gustos europeos refinados. No era feliz en Dillon; era indudable que se sentía fuera de lugar en la cultura del Cinturón Bíblico del Sur rural de la década de 1940 y 1950. Su matrimonio con Jonas, que tenía un carácter volátil, era a menudo turbulento (hasta el punto en que yo podía distinguir a mi escasa edad). Crio a sus hijos, y cuando llegó a una edad avanzada —especialmente después de que Jonas muriese de un ataque al corazón en 1970— dedicó su tiempo a leer y a pintar. Como muchos judíos europeos asimilados, ni ella ni Jonas se interesaban demasiado por el culto religioso, aunque de vez en cuando acudían a la pequeña sinagoga de Dillon.

La falta de interés de Lina y Jonas por los ritos religiosos hacía que contrastasen sobremanera con los padres de mi madre, Herschel y Masia Friedman (que americanizaron sus nombres a Harold y Marcia). Herschel y Masia eran judíos ortodoxos que mantenían un hogar *kosher* y observaban estrictamente el *Sabbath*. Inmigraron a Estados Unidos desde Lituania cuando empezó la Primera Guerra Mundial, y habían vivido en Portland (Maine) y Norwich (Connecticut), donde nació mi madre en 1931, antes de mudarse a Charlotte (Carolina del Norte), ciudad que estaba a dos horas y media por carretera de Dillon. En la actualidad, Charlotte es un importante núcleo bancario rodeado de suburbios acomodados, pero cuando mis abuelos vivieron allí, era un lugar algo venido a menos donde la vida transcurría con lentitud. Mi primera visita prolongada a su hogar tuvo lugar cuando yo tenía tres años y mis padres llevaron a mi hermana pequeña, Nan, que había nacido con un defecto en el corazón, al Hospital Johns Hopkins de Baltimore. El tratamiento no tuvo éxito y Nan murió a la edad de tres meses. Pasé una semana con los Friedman todos los veranos hasta la muerte de Masia en 1967, cuando yo tenía trece años. Después, Herschel se mudó a Dillon y vivió con nosotros. Murió a los noventa y cuatro o noventa y cinco; él mismo no estaba seguro de su edad, sus padres habían manipulado los registros para librarlo del servicio militar.

Herschel era carnicero *kosher*, profesor de hebreo y el *baal koreh* (lector profesional de la Torá) en el Templo de Israel, una antigua congregación de Charlotte afiliada al movimiento conservador, que equilibraba la aceptación de la modernidad con los ritos tradicionales. Herschel, un estudioso del Talmud, además de su inglés con acento hablaba muchos idiomas europeos, y el hebreo, el yiddish y el arameo con fluidez. En mis visitas veraniegas me enseñó a jugar al ajedrez y a leer y traducir el hebreo bíblico. Además me enseñó a leer e interpretar algunos fragmentos del Talmud, pero yo no tenía la paciencia necesaria para enfrentarme a su complejidad. Para reforzar las lecciones de Herschel, Masia me «enseñó» hebreo, que conocía perfectamente.

A diferencia de Lina, Masia era cálida y sociable; todo lo que un niño podía desear de una abuela. En las agradables tardes de verano en Charlotte, me sentaba con ella en el porche delantero y hablábamos durante horas. Mi interés en la Gran Depresión se remonta a las historias de su vida en Norwich a principios de la década de 1930. La familia se enorgullecía de poder comprar zapatos nuevos a sus hijos todos los años, gracias al trabajo de Herschel en una tienda de muebles. Otros niños tenían que ir a la escuela con zapatos gastados o, según mi abuela, incluso descalzos. Cuando le preguntaba por qué sus padres no les compraban zapatos nuevos, me decía que sus padres habían perdido el empleo cuando cerraron las fábricas de calzado. «¿Por qué cerraron las fábricas?», preguntaba yo. Ella contestaba: «Porque nadie tenía dinero para comprar zapatos». Incluso un niño pequeño podía captar la paradoja, y acabaría dedicando mucho tiempo de mi carrera profesional a intentar comprender mejor por qué se producen las depresiones económicas.

La abuela Masia cocinaba al estilo judío tradicional de Europa del Este. Hacía sopa de *matzo* casera, pecho de vaca y *tzimmes* (un estofado dulce de zanahoria y ñame). El 23 de mayo de 1958, el *Charlotte Observer* publicó su receta para hacer blinis. Me citaron en el artículo; decía: «Abuela, ¿por qué no enseñas a mi mamá a hacer blinis?». Yo tenía cuatro años y medio, y fue mi primera declaración a la prensa. Pero no sería la última vez que lamentaría hacer un comentario descuidado ante un periodista.

Mi padre tenía catorce años cuando la familia se mudó a Dillon desde Nueva York. Aquel cambio debió de desorientarlo, pero nunca habló de ello. En cierto modo era lo opuesto a su imponente y musculoso padre: de complexión delgada (dudo que llegase a pesar más de sesenta kilos), tímido y amable. Se graduó en la escuela secundaria de Dillon y sirvió en la Marina en el último año de la Segunda Guerra Mundial. Excepto por un breve periodo en un destructor, lo más cerca que estuvo de la acción fue Reno (Nevada), donde trabajó como encargado de la oficina de correos. A mi padre le hacía gracia la ironía de haber cumplido su servicio en la Marina en medio del desierto de Nevada.

Philip conoció a mi madre, Edna, después de la guerra, cuando realizaba un máster en interpretación en la Universidad de Carolina del Norte en Chapel Hill. Mi madre era una estudiante en el Women's College de la Universidad de Carolina del Norte, en la actualidad Universidad de Carolina del Norte en Greensboro. Mi padre se enamoró de ella, pero creo que también se enamoró de la calidez de su religiosa familia. Anhelaba la comunidad y el sentido de pertenencia que había estado ausente de la austera atmósfera de su propia familia. Mis padres se casaron en Charlotte el 15 de junio de 1952.

En nuestro hogar, mi madre preservó las tradiciones de sus padres, asegurándose de que guardábamos las fiestas judías y manteniendo una cocina *kosher* en Dillon. La carne nos la congelaban y enviaban en autobús desde Charlotte. Mi padre no era religiosamente estricto; por ejemplo, trabajaba en la tienda en sábado, el *Sabbath* judío. Pero abrazó la cultura judía. Se sentaba en su sillón por las noches, con un *yarmulke* en su cabeza calva, leyendo libros sobre filosofía e historia judía. Y los sábados hacía una pausa en el trabajo y disfrutaba dirigiendo a la familia en los cánticos de bendición después de comer. Mientras mi padre disfrutaba de aquellas largas bendiciones, mis hermanos y yo competíamos por ver quién acababa antes. Sonábamos como los mensajes de exención de responsabilidad al final de los anuncios de medicamentos.

Mi padre, al igual que su madre, se inclinaba hacia las artes y la filosofía; mi madre, aunque era inteligente, no era particularmente intelectual. Era testaruda y pragmática, insistía mucho en guardar las apariencias y acostumbraba a preocuparse por todo. Le preocupaba cómo me iba en el jardín de infancia y mandaba a mi padre a echar un vistazo. Cuando me marché de casa para ir a la Universidad de Harvard, le preocupaba que tuviera la ropa y las habilidades sociales para encajar allí. Debía de estar pensando en la Harvard de la década de 1950 y no en la Harvard de los pantalones tejanos rasgados y las manifestaciones de protesta que me encontré a principios de la década de 1970. Y en 2014, mientras me preparaba para dejar la Reserva Federal, le preocupaba que a mis sesenta años fuera capaz de conducir con seguridad después de ocho años sin tocar un volante. (De momento me va bien.)

Ella y Philip, recién casados, se fueron a North Augusta (Carolina del Sur), donde mi padre trabajó como gerente y director escénico de un teatro local. Allí vivían cuando nací, el 13 de diciembre de 1953, al otro lado del río Savannah, en Augusta (Georgia). Me llamaron Ben Shalom —hijo de la paz, en hebreo—. Con esposa y un hijo que mantener, mi padre se dio cuenta de que necesitaba ganar más dinero. Regresó a Dillon para trabajar en la tienda de su padre. Su hermano Mortimer, dos años más joven que él, ya estaba trabajando allí.

Mi padre aprendió farmacia en el trabajo y más tarde se examinó para obtener la licencia estatal. Con el tiempo, sus días en el teatro se convirtieron en una fuente de nostalgia, y siempre que íbamos al cine hacía comentarios sobre distintos detalles de la dirección y la actuación. No obstante, a diferencia de su madre, que sentía que se habían truncado sus ambiciones, no parecía amargado. Creía que estaba haciendo lo que debía, y trabajaba con diligencia para ser el mejor farmacéutico que fuera capaz, estudiando sobre nuevos tratamientos, medicinas y vitaminas. En una ciudad donde había pocos médicos, era conocido como el «Doctor Phil» —mi tío era el «Doctor Mort»—. Mi padre se consideraba más un proveedor de salud que un tendero, y Jay Bee Drugs no vendía cigarrillos ya medio siglo antes de que la cadena de farmacias CVS dejara de vender tabaco. Trabajaba seis días a la semana, a menudo siete si había recetas urgentes que dispensar en domingo. Normalmente, yo no lo veía a la hora de cenar.

Mi madre, tras pasar un año poco satisfactorio dando clases de cuarto curso en Dillon, lo dejó para dedicarse a ser ama de casa y trabajar a tiempo parcial como contable de la farmacia. Cuando yo era pequeño me quedaba a menudo al cuidado de Lennie Mae Bethea, una mujer negra que mis padres habían contratado para limpiar y cocinar. (Debió de ser una de las pocas mujeres negras de Carolina del Sur que dominase las reglas para mantener una cocina *kosher*.) Aunque mis padres siempre trataron con respeto a Lennie Mae, yo era consciente de las diferencias sociales entre nosotros, probablemente porque la propia Lennie Mae era especialmente consciente de tales diferencias. Una vez, cuando era un niño, me referí inocentemente a ella como «nuestra criada». «No soy la criada de nadie —me dijo—. Soy la encargada de la casa.» Lennie Mae trabajó para mis padres hasta bastante tiempo después de que me fuera a la universidad. Cuando no pudo seguir trabajando, mis padres (me enteré más tarde) le pagaron una pensión.

Tras el fallecimiento de mi hermana, mis padres tuvieron otros dos hijos: Seth, cinco años más joven que yo, y Sharon, dos años más joven que Seth. Debido a la diferencia de edad no pasé mucho tiempo con ellos, excepto cuando me veía obligado a hacer de canguro. En la actualidad, Seth es un abogado especializado en indemnizaciones a trabajadores, y Sharon es administradora en un conservatorio de música de Boston. Ya de adultos, acostumbramos a visitarnos con nuestras parejas y a veces vamos juntos de vacaciones.

La Dillon de nuestra infancia era como la mayoría de las ciudades sureñas. Y sigue siéndolo. Tiene una zona comercial de edificios con fachada de ladrillo de una o dos plantas que ocupa media docena de manzanas a lo largo de Main Street. En la década de 1960 aún se podía ver algún carro tirado por mulas entre los automóviles y los camiones. Hacia el este, Main Street se estrecha y se convierte en una zona residencial con árboles, donde se alzan algunas casas antiguas elegantes. En uno de los edificios está la biblioteca Dunbar, uno de los lugares favoritos de mi infancia. En el pasado había sido una distinguida residencia de dos plantas. La biblioteca alojaba una vieja colección de libros en su mayoría donados. Los sábados solía ir en bicicleta y volver a casa con tres o cuatro libros en el trasportín.

El hogar de nuestra familia en el número 703 de East Jefferson Street, una casa de ladrillo de tres dormitorios, estaba en un barrio de clase media cinco manzanas al norte de las residencias más grandes y más antiguas ubicadas en Main Street. Mi padre le había comprado la casa al suyo más o menos en la época en que yo empecé primer curso, y allí nos mudamos desde una casa más pequeña a menos de un kilómetro. Todos nuestros vecinos eran blancos. La mayor parte de la extensa población negra de Dillon vivía en las afueras de la ciudad, a lo largo de la carretera estatal 57. Tenían viviendas modestas —algunas eran caravanas— y calles sin asfaltar. No tuve oportunidad de visitar aquel barrio hasta que en algunas ocasiones, ya de adolescente, llevé a su casa a Lennie Mae.

Asistí a la East Elementary School hasta el sexto curso. Estaba bastante cerca de casa y a veces iba andando a comer. Desde séptimo hasta undécimo fui en autobús a Dillon High, al otro lado de la ciudad y a unas cuantas manzanas del centro y de Jay Bee Drugs. Durante aquellos años solía ir caminando a la tienda después de las clases. No tenía mucho trabajo que hacer, pero le cogí el pulso al lugar.

Pasaba el rato y comía algún dulce, y luego iba a casa con Moses, un negro manco al que mi padre había contratado para hacer entregas de medicamentos a domicilio. En verano, mi padre me pagaba 25 centavos a la hora por trabajar media jornada. Empecé barriendo la tienda, rellenando los estantes y desembalando revistas. Con el tiempo me confiaron la caja registradora.

Mi carrera académica empezó con buenos augurios. Solo estuve dos semanas en primer curso, y después de que quedase claro que ya sabía leer, sumar y restar, me pasaron a segundo. Recuerdo haber visto en la biblioteca de mis padres un libro titulado *Your Gifted Child* («Su hijo superdotado»). Yo tenía seis años. Sabía perfectamente de qué iba aquello.

A los once años gané el concurso estatal de deletreo y tuve la oportunidad de participar en el concurso nacional, que se celebraba en el Hotel Mayflower, en Washington D.C. Yo quería ganar porque el vencedor estaría entre el público de *El Show de Ed Sullivan*. Terminé en un decepcionante vigésimo sexto puesto entre setenta concursantes, por culpa de haber añadido una *i* en la primera sílaba de la palabra *edelweiss*, el nombre de una flor alpina. No había visto la película *Sonrisas y lágrimas*, donde cantaban una canción sobre la *edelweiss*. En aquella época había cerrado el único cine de Dillon, donde iba de pequeño a ver un programa doble por 25 centavos.

Cuando estaba en cuarto y quinto curso me gustaba leer novelas juveniles, a menudo de temática deportiva, y al principio de mi adolescencia me aficioné a la ciencia ficción. Según fui creciendo empecé a ampliar el tipo de mis lecturas. Mis profesores me dieron libros y artículos para leer fuera de clase. En mi instituto, por ejemplo, no enseñaban análisis matemático, y me preparé para la universidad con una introducción a dicha materia en un texto de la Serie Schaum. Nunca leía las páginas económicas de la prensa, me resultaban algo bastante ajeno.

Tuve muchos profesores a los que recuerdo con agradecimiento. En cuarto curso empecé a dar clases de saxofón bajo la tutela de la aplicada e infatigable Helen Culp. Dirigía una banda —de marcha o de concierto, según la época— que me proporcionaba una forma de participar en actividades de la comunidad escolar sin mucha presión. Gracias a la banda pude desfilar en el descanso de los partidos de fútbol americano del instituto los viernes por la noche, en vez de tener que asistir a la sinagoga.

Bill Ellis, un profesor de Física de modales suaves, avivó mi interés por la ciencia. En el tercer curso del instituto gané un premio por obtener la puntuación más alta en el Test de Aptitudes Escolares del estado, y cuando me pidieron que dijera quién era mi profesor favorito, dije que el señor Ellis. El premio consistió en un viaje en autocar de diecisiete días recorriendo unos once países de Europa. Fue la primera vez que salí del país.

John Fowler, mi profesor de Inglés del instituto, me animó a escribir. En tercer curso envió siete poemas míos a un concurso organizado por la Universidad de Carolina del Sur. Cuando los publicaron en una antología titulada *The Roving Pen* («La pluma errante»), empecé a verme como escritor. Cuando era un muchacho, mi padre me pagaba por escribir historias, a un penique la línea. Quizá entendía ya el incentivo económico, porque escribía las historias con letra grande. Más tarde escribí dos tercios de un borrador de una novela juvenil que iba de unos chicos negros y blancos que forjaban una amistad en el equipo de baloncesto del instituto. Se lo envié a un editor y recibí una amable carta de rechazo en la que me animaba a no desistir.

El tema de mi novela inconclusa reflejaba lo que estaba a punto de experimentar en mi vida. Hasta undécimo curso asistí a escuelas que eran en su mayoría exclusivamente para blancos, con pocas excepciones. Pero en 1970, Dillon inauguró un instituto completamente integrado, donde estudié el último curso. Por primera vez en mi vida tuve amigos negros de mi misma edad. Dejé la banda de la señorita Culp para tener tiempo para editar y hacer fotos para el anuario escolar, pronuncié el discurso de despedida del curso de 1971, el primero del nuevo instituto, y me votaron como el estudiante con más posibilidades de triunfar. Aquel año me sentí más parte de la escuela que nunca antes. El nuevo instituto y la integración transformaron las relaciones sociales y rompieron clichés.

Mis modestos triunfos sociales del último curso me resultaban una novedad. Aunque siempre me había llevado bien con mis compañeros de clase, tenía fama de tímido y a menudo estaba a solas. Uno de mis mejores amigos al principio de mi adolescencia fue Nathan Goldman, que también era judío. Compartíamos nuestro interés en el béisbol y en las matemáticas. En las tardes de verano pasábamos horas inmersos en un juego de tablero de béisbol que se jugaba con tres dados y cartas que representaban a los jugadores. Yo había jugado una temporada en la liga infantil de béisbol, la mayor parte del tiempo chupando banquillo, pero solía quedarme despierto hasta tarde escuchando los partidos de Los Angeles Dodgers en la radio de onda corta de mi padre. Iba con los Dodgers porque su lanzador estrella, Sandy Koufax, era judío. Me aprendí las estadísticas de todos los jugadores de los Dodgers y estaba pendiente hasta la muerte de cómo le iba al equipo, especialmente cuando jugaban contra los odiados San Francisco Giants. A veces, impaciente por enterarme de los últimos resultados, telefoneaba a un amigo de la emisora de radio local para preguntarle cómo habían quedado los Dodgers.

El juego de tablero de béisbol estaba diseñado para replicar jugada a jugada la acción de un partido real, y jugar una «temporada» producía estadísticas no muy diferentes de las del béisbol de verdad. Fue una de mis primeras experiencias a la hora de pensar en términos de probabilidades y estadísticas. Con el tiempo, Nathan y yo buscamos algo más sofisticado que un juego de tablero, así que replicamos lo mejor que pudimos el juego de dados de béisbol que se describía en una novela que había leído cuando tenía catorce años —*The Universal Baseball Association, Inc., J. Henry Waugh, Prop.*, de Robert Coover—. La novela es profundamente filosófica (trata sobre la relación entre Dios y la moral), pero en aquella época me interesaba más el juego de béisbol que describía. De algún modo me pasó desapercibido el hecho de que el protagonista principal, el inventor del juego, acabase enloqueciendo a causa de su obsesión.

Heredé de mis padres la afición a los libros y la introversión. Los extrovertidos de la familia eran el tío Mort y mi hermano Seth. No solíamos viajar en familia, salvo una semana en verano a Myrtle Beach (Carolina del Sur), e incluso entonces pasábamos las veladas en silencio en la sala de estar, cada uno con su nariz metida en un libro. La vida social de mis padres, por llamarla de algún modo, se centraba en la pequeña sinagoga de la ciudad, Ohav Shalom (el nombre significaba «amante de la paz»).

Una sinagoga en medio de una pequeña ciudad sureña no es algo tan raro como parece. En la zona ha habido judíos desde antes de la

Revolución, a menudo ganándose la vida como comerciantes. En Carolina del Sur, los judíos han estado presentes en la ciudad portuaria de Charleston desde casi 1700; a finales del siglo XIX llegaron a la región de Pee Dee acompañando al ferrocarril y abrieron tiendas en Dillon y en las ciudades cercanas.

El templo Ohav Shalom, que al igual que el templo de los abuelos Friedman en Charlotte estaba afiliado al movimiento conservador, se construyó en 1942. Salía adelante con un escaso presupuesto y el trabajo de unas pocas familias, incluida la mía y la de mi tío Mort.[2] Dirigíamos nuestros propios servicios religiosos, trayendo de vez en cuando a un rabí de la cercana Florence. En las festividades de Yamim Noraim, en otoño, invitábamos a un estudiante rabínico del Jewish Theological Seminary de Nueva York. Dado que mi madre mantenía nuestro hogar *kosher*, éramos nosotros quienes lo alojábamos normalmente («lo»; en aquella época siempre se trataba de un hombre). Gracias a las clases de hebreo del abuelo Friedman fui capaz de dirigir los servicios religiosos cuando cumplí once años, y a los trece estaba bien preparado para mi *bar mitzvah*.

Justo alrededor de esa época, la de mi *bar mitzvah*, empecé a plantearme dudas sobre la religión. Discutía con mi padre sobre los conflictos entre religión y ciencia, por ejemplo, y a veces lo ponía de los nervios. Aquello se combinó con la rebelión adolescente. Pero la verdad es que no fui demasiado rebelde, aparte de dejarme el pelo largo en el último par de años del instituto. Mis padres intentaron ponerme en contacto con el entorno judío más allá de Dillon, y yo cooperaba a regañadientes. Pasé algún tiempo en campamentos de verano judíos pero me desagradaban profundamente, no tanto porque fueran judíos sino porque no me hacía gracia la disciplina de la vida en el campamento. A los trece años pasé seis semanas en el campamento Ramah, en Nueva York, donde los acampados hablaban exclusivamente en hebreo, en teoría (nadie lo hacía). Me pasé la mayor parte del tiempo en la biblioteca estudiando tablas de puntuaciones

---

2. Cuando la siguiente generación se marchó, la sinagoga ya no pudo mantenerse. Los siete miembros restantes de Ohav Shalom, incluyendo al tío Mort, acordaron cerrarla y vender el edificio en 1993. La mayor parte de lo recaudado fue al templo Beth Israel, en Florence.

de béisbol. A los catorce tuve una experiencia mejor en un viaje de seis semanas por el país con la United Synagogue Youth. No solo me brindó la primera oportunidad de ver algo del país fuera del Sur, también asistí en San Luis a mi primer partido de la Major League Baseball.

En Dillon, los judíos eran una minoría reducida, pero no solían ser objeto de prejuicios. La comunidad blanca los reservaba principalmente para los negros. Aun así, sabía que yo era diferente. Cuando estaba en la escuela primaria, otros niños me preguntaban a menudo, con bastante inocencia, creo, si tenía cuernos. (La creencia de que los judíos tienen cuernos proviene aparentemente de un error de traducción del hebreo en un versículo del Éxodo, combinado con la escultura de Miguel Ángel que representa a Moisés con cuernos.) Cuando crecí me di cuenta de que muchos de mis compañeros, cristianos evangélicos, asumían como una cuestión de doctrina —si se molestaban en pensar en ello— que estaba condenado por toda la eternidad.

Mi familia no encajaba muy bien en el tejido social de Dillon; estaba en un limbo entre los cristianos blancos y los negros. De joven no pensaba mucho en el racismo y la segregación. Eran simplemente parte de mi entorno, en apariencia normal, no algo sobre lo que plantearse preguntas. Al ir creciendo me fui dando cuenta de las desigualdades. Me vi expuesto a algo que pasaba por pensamiento progresista en unas cuantas reuniones de un grupo de jóvenes judíos en Florence, donde nos dieron charlas sobre raza, prejuicios y antisemitismo. Me di cuenta de que cuando los adolescentes negros empezaron a acudir al parque cercano a mi casa a jugar al baloncesto, el ayuntamiento retiró los aros, inutilizando la cancha para todo el mundo. Y me quedé estupefacto cuando un amigo del instituto, alguien de quien pensaba que era «un chico agradable», mostró su satisfacción ante el asesinato de Martin Luther King en abril de 1968.

Mis padres nunca tuvieron una charla conmigo para explicarme la maldad del racismo, pero yo veía cómo se comportaban. Jay Bee Drugs daba la bienvenida a todos los habitantes de Dillon, fueran blancos o negros. (Incluso mi autoritario abuelo Jonas, que parecía despreciar por igual a todo el mundo, servía del grifo de gaseosa a blancos y negros, algo nada habitual en las décadas de 1940 y 1950.)

Mi padre y mi tío daban consejos y crédito a cualquiera, independientemente de su color, y contrataban y ascendían a los empleados aplicando el mismo criterio. Creían que cualquiera que trabajase duro para alimentar a su familia merecía respeto, sin importar lo humilde que fuese el trabajo. El doctor Phil y el doctor Mort mantenían a veces conversaciones discretas con clientes cuyas facturas habían empezado a amontonarse, pero no presionaban a los que estaba claro que no podían pagar.

En mis visitas a Dillon como presidente del Fed, tuve la impresión de que las actitudes raciales habían mejorado inmensamente. Los altos cargos de la ciudad que conocí eran indistintamente blancos o negros. Percibí un espíritu de confianza mutua y cooperación. Compartían el objetivo común de hacer de Dillon un lugar mejor donde vivir. Por supuesto, la gente (y la sociedad) cambia lentamente, y estoy seguro de que las actitudes del pasado no han desaparecido por completo. Pero la dirección del cambio es inconfundible.

Las buenas relaciones que mi padre estableció en Dillon con varias generaciones de familias negras me beneficiaron de forma inesperada. Ken Manning, el hijo triunfador de una destacada familia negra cuyos miembros incluían un abogado y una estrella local del baloncesto, se interesó por mí. Ken había asistido al instituto en Connecticut en un programa especial y había ido a Harvard a cursar su licenciatura. Ya se había graduado en Harvard cuando yo estaba terminando el instituto, acabó ganando allí su doctorado y emprendió una carrera larga y distinguida como profesor de Historia de la Ciencia en el Instituto Tecnológico de Massachusetts (MIT, por sus siglas en inglés). Consciente de las oportunidades que ofrecía la educación, Ken se esforzó en convencerme —y a mis padres— de que yo también debía salir de Dillon e ir a Harvard.

Hoy día, cualquiera supondría que unos padres de clase media deberían estar ansiosos de enviar a su hijo a una universidad de élite, pero ir a Harvard, e incluso salir de las Carolinas, superaba lo que mis padres podían considerar algo realizable. La idea era que iría a una universidad más cercana a casa. Pero en sus visitas a Dillon, Ken fue a nuestra casa y habló decididamente conmigo y con mis padres.

Enfatizó la importancia de aprovechar al máximo mi talento académico y de exponerme a un mundo más amplio. Al final fue difícil resistir su aplomo sin límite y su risa contagiosa. Solicité el ingreso en Harvard y en otras universidades de la Ivy League, por si acaso, mientras mis padres repasaban sus cuentas con nerviosismo considerando que mi primer año en Harvard costaría unos 4.600 dólares. Un día, después de clase, sonó el teléfono. Llamaban de la oficina de admisiones de Harvard. Me habían aceptado. Algunos de mis compañeros de clase sabían que había mandado la solicitud, así que al principio supuse que se trataba de una broma y pregunté quién llamaba realmente. A aquella persona le costó un rato convencerme de que la oferta era auténtica.

Tras graduarme en Dillon High, mis padres insistieron en que consiguiera un empleo para colaborar en los gastos de mi estancia en Harvard. Caminé las seis manzanas que separan mi casa del Hospital de St. Eugene (en la actualidad el McLeod Medical Center), donde estaban construyendo un edificio nuevo, y solicité trabajo de peón. Me contrataron por 1,75 dólares la hora incluso a pesar de que medía apenas metro setenta y pesaba menos de 65 kg. El primer día regresé a casa cubierto de polvo de cemento y demasiado cansado para cenar. Lo único que pude hacer fue beber un poco de agua. Me quedé dormido en la silla. Recuerdo haber cargado placas de pladur y, al principio, a veces me costaba sostener mi lado. Una vez perdí el control de una carretilla de cemento fresco y la volqué donde no debía. Pero a lo largo del verano fui haciéndome más fuerte y capaz de cumplir mi parte.

Siendo un joven de diecisiete años de clase media, hijo de un farmacéutico y admitido en la Ivy League, no tenía mucho en común con mis compañeros de la obra. La mayoría eran mayores, y o bien eran negros, o blancos de alguna zona rural. Me llamaban Abercrombie. Me llevaba bastante bien con ellos, a pesar de alguna novatada inicial. Una vez estaba en el tejado de un edificio de dos plantas, cerca del borde, y un compañero alocado con un sentido del humor nada sutil me agarró por sorpresa por detrás y me empujó, pero me sujetó cuando perdí el equilibrio. Al cabo del tiempo empezaron a confiarme trabajos que requerían un poco más de habilidad, incluyendo dar una capa de cemento a las paredes por debajo de los aleros.

35

Dos de los obreros que se dedicaban a esa tarea, unos hermanos afroamericanos, tenían planes para crear su propia empresa de construcción. Intentaron convencerme de que fuera con ellos como aprendiz. La paga era buena, me dijeron, y al cabo de unos años podría estar al cargo de mi propia cuadrilla.

El verano acabó. Mis padres me llevaron a Florence. Allí subí a un bimotor con destino a Charlotte, donde haría transbordo a un avión a Boston. Llegué al centro histórico del campus, Harvard Yard, poco antes de la medianoche, con una maleta en cada mano. Me empapé de aquello. El Yard estaba lleno de estudiantes —iban de un lado a otro, llamándose entre sí— y de música. Dejé las maletas en el suelo, miré alrededor contemplando los imponentes edificios, y medité en lo poco preparado que estaba para los cambios a los que iba a enfrentarme.

Un rato después fui a mi habitación en el quinto piso de Weld Hall, que una generación antes de la mía había sido la residencia de John F. Kennedy. Coloqué las maletas bajo la litera que tendría que compartir y me dejé caer sentado en el suelo, agotado y abrumado. Estudiantes a los que no conocía entraban y salían de la habitación, llamando a sus amigos. En la ventana había unos altavoces por los que atronaba Jimi Hendrix en dirección al Yard, y en el suelo, un par de bolsitas de marihuana. «¿No cerráis la puerta, o algo?», les pregunté a mis nuevos compañeros de habitación. «No te preocupes», dijeron. Un momento después, un policía de uniforme se asomó por la puerta abierta y me miró. «Solo llevo veinte minutos en Harvard y me van a expulsar, y posiblemente me detengan», pensé.

«¿Ese estéreo es tuyo?», preguntó el policía. Me di cuenta de que era un vigilante de seguridad de Harvard, no un agente del cuerpo de policía de Cambridge. «Apágalo y quita los altavoces de la ventana», dijo. Contesté que lo haría. Se fue.

Estaba muy lejos de Dillon.

# 2

# EN EL MUNDO ACADÉMICO

En Cambridge me sentía más a gusto de lo que nunca me había sentido en Dillon. Allí parecía que no hubiera nada más importante que las ideas. No daba crédito a la lista de temas que figuraban en la gruesa guía de cursos de Harvard, desde Sánscrito hasta Bioquímica y Arte Medieval. Para el primer semestre elegí Matemáticas, Física, un seminario de escritura creativa, Historia y Cultura japonesas y un curso de posgrado sobre Historia judía. Me interesaba Asia, sobre la que sabía muy poco, y tenía la esperanza de que el curso de Historia judía me diera una nueva perspectiva sobre mis raíces.

Entre mis compañeros de habitación en el último piso de Weld Hall se contaban un jugador de fútbol, un veterano de Vietnam (al que llamábamos «Sargento») y un prodigio de las matemáticas. Nuestro rendimiento en clase y las dudas sobre si encajaríamos o no en aquel lugar nos hacían sentir un poco nerviosos. Un par de mis nuevos amigos y yo nos entreteníamos hojeando un anuario de estudiantes con la esperanza de encontrar a chicas guapas de primer curso.[1] Además me dedicaba a conocer Cambridge, me pasaba horas en las librerías, iba a cafés donde actuaban cantantes de folk, acudía a cines en los que proyectaban películas de Bogart y Bacall y me quedaba hasta altas horas de la noche jugando al bridge.

El comienzo de las clases me hizo mucho ilusión, pero me costó un poco de tiempo comprender hasta qué punto estaba en desventaja académica, sobre todo en comparación con compañeros procedentes de colegios privados como Andover y Exeter o de institutos públicos como Bronx Science. Yo no tenía su mismo nivel de forma-

---

1. Al cabo de tres décadas, el anuario (*facebook*) de Harvard serviría de inspiración al estudiante Mark Zuckerberg para crear la red social Facebook.

ción, sobre todo en Matemáticas y Física, y no sabía estudiar. Me di cuenta de la situación cuando se publicaron las notas de mi primer examen de Física. El examen empezaba a las nueve de la mañana. Había estado atento en clase, pero no había trabajado mucho por mi cuenta. Pensé que aquello no sería un problema. Me levanté temprano, sobre las siete y media, para repasar durante cuarenta y cinco minutos antes del examen, más tiempo de estudio del que había dedicado nunca a un examen en el instituto. Naturalmente, suspendí. Las notas en el resto de asignaturas fueron mejores, pero no destaqué en ninguna.

Me salvó el singular calendario académico de Harvard. Las clases de otoño acababan antes de Navidad, pero los exámenes finales no se programaban hasta mediados de enero. Entre las vacaciones y los exámenes transcurrieron varias semanas; era el llamado «periodo de lectura», concebido para que los estudiantes terminaran de redactar sus trabajos y estudiaran para los exámenes. Así que cuando llegaron las vacaciones metí mis manuales en una maleta y me subí a un autobús hacia Dillon, preocupado y deprimido. En casa me dediqué a dormir, comer y estudiar, y cuando regresé a Harvard seguí hincando los codos. Como resultado hice un buen examen final de Física y obtuve una B en la asignatura (teniendo en cuenta la inflación, equivaldría probablemente a un D+ en la actualidad). También recibí una B en Historia japonesa, pero en el resto de asignaturas saqué una A. Estaba decidido a mejorar.

Ken Manning, la persona que más había contribuido a que yo ingresara en Cambridge, se interesaba por mí de vez en cuando y me invitaba a comer para estar al corriente de mis progresos. Tenía una excelente relación con una familia judía de las afueras de Brookline y me invitaba a los servicios del Yamim Noraim —los diez Días Temibles que transcurren entre el Año Nuevo judío y el Día del Perdón—, pero en aquel momento su interés por la tradición religiosa era superior al mío. Siempre me sentiría orgulloso de mis raíces pero nunca volvería al judaísmo practicante.

Durante mi primer año en la universidad, Harvard seguía siendo un núcleo de protesta contra la guerra de Vietnam. Dos años antes de mi llegada, en 1969, algunos miembros de la asociación Estudiantes para una Sociedad Democrática ocuparon el Edificio University, una de las construcciones más antiguas del campus. Policías armados con porras y gas pimienta pusieron fin a la ocupación. Las protestas todavía continuaban en 1971, el año de mi llegada. En uno de estos actos, los manifestantes se pasaron varios días tocando tambores en el inmenso patio arbolado de la universidad. Con diecisiete años y procedente de una pequeña ciudad, yo no sabía nada de política y era bastante ingenuo. Observaba las protestas contra la guerra desde lejos, como una parte de mi educación. Pese a todo, me sentí aliviado cuando en febrero de 1972, hacia el final de mi primer año en la universidad, saqué un número de lotería (335) que hacía bastante improbable mi reclutamiento. Al final, aquel sorteo careció de importancia. En 1973 la guerra se estaba desinflando y el reclutamiento había terminado.

Cuando llegaron las vacaciones de verano volví a mi casa en Dillon y trabajé como camarero en South of the Border. Alan Schafer, miembro de una de las pocas familias judías del condado de Dillon, había fundado South of the Border en 1949 como un simple puesto de cerveza. Se aprovechó del hecho de que el condado vecino de Carolina del Norte restringía la venta de alcohol. Con el paso de las décadas aquel modesto negocio se convirtió en un complejo de 2,5 kilómetros cuadrados con un motel, un camping, un restaurante en forma de sombrero, un parque de atracciones, un lago con reptiles y tiendas donde se vendían fuegos artificiales, artículos para la playa y souvenirs de temas judíos o ligeramente picantes, cuando no de las dos cosas. Sus vallas publicitarias, que en tiempos abarcaban desde Filadelfia en el norte hasta Daytona Beach (Florida) en el sur, empleaban imágenes políticamente incorrectas de Pedro, la mascota de South of the Border, y un humor trasnochado que hacía referencia a su suite nupcial para atraer a turistas del noreste.

Aunque parecía fuera de sitio en la rural Carolina del Sur, el negocio daba trabajo a cientos de residentes de la zona. Pocos lugareños iban a comer ahí; era demasiado caro. Ser camarero era un trabajo duro, aunque mucho menos extenuante que la construcción. Con las propinas ganaba mucho más de lo que hubiera ganado acarreando pladur. El trabajo me obligaba a vencer la timidez. Tenías que hablar con los clientes para conseguir buenas propinas. Descubrí que la gente del sur era más amigable que la del norte (los yanquis, como los llamábamos), pero que la del norte dejaba mejores propinas. Trabajé allí dos veranos, al volante del Plymouth Valiant de 1964 de mi abuelo Herschel para llegar y volver del complejo, y atendiendo a los clientes ataviado con un sarape mexicano. Mis colegas eran una mezcla de estudiantes, profesores locales que se sacaban un poco de dinero extra durante el verano y veteranos del local, en su mayoría mujeres de mediana edad que trabajaban de camareras todo el año.

Las relaciones interraciales seguían siendo tensas en Dillon a comienzos de la década de 1970, pero en los restaurantes ya no se practicaba la segregación y South of the Border servía a todas las razas desde hacía mucho tiempo. Hacia el final de un turno de diez horas, la camarera sentó a una pareja negra en una sección próxima a la mía. Al parecer, el encargado no se dio cuenta de que la camarera que tenía que atender esa sección había terminado su turno. Podía haberles servido yo, pero era tarde y también yo quería irme a casa. Así que no les atendí. Estuvieron sentados unos veinte minutos. Al final, el hombre tiró con rabia la carta contra la mesa y la pareja se marchó del local. A lo largo de su vida sin duda se habían negado a servirles en otros locales a causa de su raza; con toda probabilidad en esta ocasión asumieron que les había vuelto a suceder lo mismo. Aún recuerdo aquel momento con enorme vergüenza. Me gustaría poder disculparme con ellos.

Volví a la universidad para cursar segundo de carrera. Me trasladaron a una nueva residencia, Winthrop House, donde pasé el resto de mi estancia en Harvard. A pesar del dinero que había ganado en verano, andaba siempre justo. Un compañero de cuarto y yo ganábamos algo de dinero extra como encargados de una pequeña parrilla situada en el sótano de Winthrop. Cocinábamos hamburguesas y preparábamos batidos. La parrilla tenía un televisor en blanco y negro en el que la gente seguía los partidos de los Bruins o de los Celtics. Boston era una mina para los deportes y lo sigue siendo. Bobby Orr jugaba en los Bruins, Dave Cowens y John Havlicek en los Celtics, y Carl Yastrzemski en los Red Sox. Íbamos a los partidos siempre que podíamos, y durante muchos años fui un seguidor acérrimo de los Sox.

Cuando entré en la universidad pensé en especializarme en Matemáticas, pero enseguida fue evidente que no tenía ni la preparación ni el talento necesarios para competir con las mejores mentes matemáticas de Harvard. En realidad, mi problema era que me interesaba todo. Pensaba en la posibilidad de especializarme en Matemáticas, en Física o en Historia. Me había encantado el curso de escritura creativa al que había asistido en mi primer año, y un curso sobre Shakespeare que estudié en segundo, de modo que durante cierto tiempo me planteé también la posibilidad de graduarme en Literatura inglesa.

En otoño de mi segundo año tomé en el último minuto la decisión de matricularme en Ec 10, introducción a la Economía, impartida por el destacado economista conservador Martin Feldstein. Feldstein daba clases magistrales a cientos de alumnos en un enorme auditorio, pero la enseñanza real se desarrollaba prioritariamente en pequeñas secciones dirigidas por estudiantes de doctorado o por profesores noveles. El encargado de mi sección era Lee Jones, actualmente profesor en la Universidad de Boston. Jones estaba interesado en la economía de los países en desarrollo, y me ayudó a ver la Economía como una materia intelectualmente estimulante que además podía mejorar la vida de millones de personas. También me gustaba el hecho de que la Economía me permitiera combinar mi interés por las matemáticas y por la historia. En primavera me decidí a especializarme en Economía.

Después de estudiar durante dos años en Harvard, la única asignatura de Economía que había cursado era el curso introductorio. Para ponerme al día, durante mi tercer año me matriculé en cuatro asignaturas que versaban sobre esta materia. Una de ellas, Econometría y Análisis Estadístico, la impartía un profesor veterano, Dale Jorgenson, que se convertiría en mi mentor. Jorgenson era un hombre brillante, de temperamento tranquilo y habla entrecortada. Y se portó muy bien conmigo. Me contrató como ayudante de investigación durante los dos veranos siguientes, y me dio numerosos consejos sobre cómo encaminar mi carrera. Bajo su tutela aprendí a programar un ordenador con tarjetas perforadas y a construir modelos matemáticos de economía.

En aquel momento, el foco del trabajo de Jorgenson estaba puesto en la economía de la energía, un asunto especialmente importante en la década de 1970, cuando los bruscos incrementos en el precio del petróleo estaban subiendo la tasa de inflación y acarreando que la economía estadounidense entrara en recesión. Mi trabajo con él constituyó la base de mi trabajo final de grado, en el que estudiaba el modo en que las políticas energéticas del gobierno afectaban a la evolución de la economía en su conjunto. Aquella investigación me llevó a escribir junto al propio Jorgenson mi primera publicación profesional. En ella analizábamos los efectos de los precios máximos fijados por el gobierno al gas natural, y concluíamos que frenaban el desarrollo de nuevas comercializadoras de gas y, por lo tanto, eran contraproducentes. Jorgenson fue invitado a comparecer ante el Congreso para hablar sobre el tema e hizo que yo lo acompañara.

Mi trabajo de final de carrera recibió el premio a la mejor tesis de grado en Economía de Harvard en 1975 y, pese al accidentado inicio de mi primer semestre, me gradué *summa cum laude* y Phi Beta Kappa. También obtuve una beca de la Fundación Nacional de Ciencias que cubría la matrícula y los gastos de manutención de los tres primeros años de doctorado en la universidad que yo eligiera. Puse el punto de mira en el Instituto Tecnológico de Massachusetts (MIT), cuyo programa de doctorado en Economía se consideraba el mejor del mundo. Me preocupaba que Jorgenson se disgustara por no continuar en Harvard, pero me dijo: «Debes ir al mejor lugar».

Aunque el MIT estaba a poco más de un kilómetro y medio de distancia y a una estación de metro, se parecía poco a Harvard. Harvard veneraba su historia y sus tradiciones. Por lo que pude apreciar, el MIT prescindía de tales sentimientos. La ciencia y la ingeniería dominaban el ambiente y el currículum, y los estudiantes tenían poco tiempo para dedicarse a temas más livianos. (Más adelante, como ayudante de profesor, impartí en el MIT un curso de Economía repleto de conceptos matemáticos a estudiantes de grado. Cuando pregunté a algunos de ellos qué los había llevado a matricularse, me dijeron que lo habían hecho para completar las asignaturas de Humanidades exigidas por el MIT para obtener el grado.) Hay un chiste sobre la brecha entre el MIT y Harvard. A mitad de distancia entre las dos universidades, una tienda de ultramarinos anuncia a la entrada: «Cinco latas de sopa por un dólar». Un estudiante entra y pregunta: «¿Cuánto cuestan diez latas?». El cajero le responde: «¿Eres de Harvard y no sabes multiplicar o eres del MIT y no sabes leer?».

El programa de Economía del MIT se impartía en la Escuela de Negocios Sloan, en el extremo este del campus, entre Kendall Square y el río Charles. En la actualidad Kendall Square está repleta de empresas tecnológicas, apartamentos de lujo y restaurantes de primera, pero en aquella época era una colección de almacenes abandonados y edificios ramplones. La mejor oferta culinaria no superaba el nivel de un barucho.

El hecho de que una universidad politécnica ofreciera un programa de economía de altísimo nivel tenía algo de azaroso. Todo había empezado en 1940, cuando un joven Paul Samuelson, sin haber concluido siquiera el doctorado, aceptó una oferta para trasladarse de Harvard al MIT. Samuelson, que llegaría a ganar el Premio Nobel y a escribir el manual de Economía más influyente de la historia, había realizado aportaciones fundamentales como doctorando en la aplicación de sofisticados métodos matemáticos a la economía. El enfoque matemático de Samuelson no gustaba a la vieja guardia de Harvard —ciertos rastros de antisemitismo tal vez tuvieran algo que ver al respecto—, así que se marchó al MIT. En 1949 lo siguió otro futuro Premio Nobel, Robert Solow, un teórico del crecimiento. En aquella época, los métodos estadísticos y matemáticos estaban ganando prominencia en el ámbito de la Economía, y el MIT era el lugar perfecto para que los enfoques cuantitativos florecieran. Cuando yo llegué en 1975, los métodos matemáticos estaban firmemente arraigados, pero había otro debate en la disciplina que despertaba efervescencia, el que enfrentaba a los keynesianos con la Nueva Economía Clásica.

El keynesianismo, abrazado por Samuelson y Solow, se basa en las ideas del célebre economista británico John Maynard Keynes. En su búsqueda de un remedio para la Gran Depresión, Keynes pretendía desarrollar una explicación general de los auges y los colapsos económicos. Sus textos solían ser oscuros, y los historiadores del pensamiento económico continúan debatiendo sobre «lo que en realidad quería decir Keynes». Pero, al menos en la interpretación de sus seguidores más influyentes, el análisis keynesiano depende esencialmente de la idea de que los salarios y el precio de algunos productos son «viscosos», es decir, no se ajustan con la necesaria rapidez para asegurar invariablemente el pleno empleo y la total utilización del capital disponible (factorías y equipos). Según la teoría keynesiana, un descenso inesperado de la demanda —por ejemplo, una reducción de la inversión corporativa en nuevos equipos o una reducción en el gasto del Estado— puede acarrear un incremento de la tasa de desempleo, puesto que las empresas, ante la disminución de las ventas, reducen la producción y despiden a trabajadores.

Los keynesianos consideran que los periodos en los que se registra una tasa de desempleo anormalmente alta, como la Gran Depresión, son un derroche de recursos que la acción del gobierno puede aliviar. En particular, creen que los estímulos fiscales (rebajas de impuestos o incremento del gasto) y los estímulos monetarios (tipos de interés más bajos) constituyen un instrumento para restaurar la demanda habitual de bienes y servicios y, por consiguiente, para asegurar el pleno empleo y la plena utilización del capital disponible. Sostienen que la política fiscal y monetaria debería utilizarse de manera activa para luchar contra las recesiones y el desempleo.

Espoleadas por el apoyo de Samuelson, Solow y otros economistas destacados, las ideas keynesianas ganaron muchos seguidores en la década de 1950 y 1960. El presidente Kennedy actuó conforme a una lógica keynesiana cuando propuso una importante rebaja de impuestos, aprobada finalmente en 1964 por el gobierno de Lyndon Johnson, una medida a la que muchos atribuyen el comienzo del auge económico de la década de 1960. En 1971, el presidente Nixon declaró: «Me he vuelto keynesiano en materia económica». Sin embargo, cuando yo entré en el programa de doctorado, el keynesianismo había caído en cierto descrédito, como mínimo en el mundo académico. Aquel declive se debía en parte a los malos resultados económicos de la década de 1970, sobre todo al marcado incremento de la inflación, del que se culpaba a un exceso de gasto público —motivado por la guerra de Vietnam y por el programa «Gran Sociedad» del presidente Johnson— y a una política monetaria demasiado flexible (unos tipos de interés demasiado bajos mantenidos durante demasiado tiempo). Muchos economistas también pusieron en entredicho los fundamentos teóricos del keynesianismo. Por ejemplo, ¿qué razones hay para creer que los salarios y los precios son viscosos, como exigen los modelos keynesianos, en lugar de pensar que se ajustan libremente en respuesta a las presiones de la oferta y la demanda? Los modelos keynesianos de la época no ofrecían explicaciones sólidas al respecto.

Ante ese panorama, un grupo de economistas encabezado por tres futuros Premios Nobel —Robert Lucas, de la Universidad de Chicago, Thomas Sargent, de la Universidad de Minnesota, y Edward Prescott, también de la Universidad de Minnesota— creó la Nueva Economía Clásica. En esencia, Lucas y sus colegas resucitaron, en forma modernizada y con un aparato matemático, la idea de Adam Smith según la cual el ajuste de los mercados se produce gracias a una «mano invisible», es decir, la idea de que el mercado libre produce resultados socialmente deseables aun cuando los compradores y los vendedores actúen puramente por motivos egoístas. Prescindieron del concepto keynesiano de salarios y precios viscosos, asumiendo en su lugar que en los mercados se da siempre un equilibrio entre la oferta y la demanda, excepto a muy corto plazo. Si eso es así, entonces las recesiones no constituyen un importante desperdicio de recursos, como creen los keynesianos. Sencillamente son periodos en los que la economía se ajusta de una manera más o menos óptima a transformaciones como la desaceleración en el crecimiento de la productividad.

A diferencia del keynesianismo, la Nueva Economía Clásica negaba la necesidad y la efectividad de la intervención del Estado en la economía. Concretamente, si los salarios y los precios se ajustaban rápidamente para equilibrar la oferta y la demanda, entonces la política monetaria solo tenía —en el mejor de los casos— un efecto pasajero en la producción y el empleo.

La Nueva Economía Clásica gozaba de un gran prestigio cuando yo hacía el doctorado, en parte por sus innovaciones metodológicas. Sin embargo, aunque muchos economistas coincidían en que el keynesianismo tradicional tenía limitaciones, no se sentían cómodos con las conclusiones de la Nueva Economía Clásica, particularmente con la idea de que la política monetaria solo tenía consecuencias transitorias en la tasa de empleo o en la producción. Aquella idea resultó incluso menos verosímil a comienzos de la década de 1980, cuando el Fed de Paul Volcker elevó los tipos de interés hasta situarlos en niveles muy elevados para enfriar la economía y controlar la inflación. Aunque las políticas de Volcker lograron ese último objetivo, acarrearon una profunda y larga recesión, lo que entraba en contradicción con la Nueva Economía Clásica, según la cual eso no puede suceder.

Algunos investigadores se propusieron incorporar las ideas y los avances técnicos de la Nueva Escuela Clásica en un keynesianismo modernizado. Entre los que trabajaban en el MIT se contaba Stanley Fischer, un joven profesor nacido en Rodesia del Norte. Sus esfuerzos para fusionar las ideas de la Nueva Escuela Clásica y del keynesianismo desembocarían en la llamada síntesis neokeynesiana que está en la base del pensamiento de la mayoría de los economistas actuales. Tal vez su contribución más importante radicara en el hecho de que los neokeynesianos, gracias al empleo de nuevos modelos y enfoques, rehabilitaron la idea de que los precios y salarios viscosos pueden crear mercados en los que durante largos periodos de tiempo no se dé un equilibrio entre la oferta y la demanda. De ahí que recuperasen la idea keynesiana de que las recesiones eran un desperdicio y restaurasen el papel de las políticas fiscales y monetarias como instrumento para lograr que la economía se acercara al pleno empleo.

En mis tiempos de doctorando, cuando observé por primera vez esas controversias, no me consideraba ni keynesiano ni antikeynesiano. Quería ver dónde me llevaba mi trayectoria intelectual. Con el paso del tiempo he llegado a la conclusión de que las ideas neokeynesianas, combinadas con algunos conceptos de otras escuelas de pensamiento —incluidos ciertos elementos de la Nueva Escuela Clásica—, constituyen el mejor marco a la hora de definir políticas en la práctica.

Fue Stan Fischer quien, hacia el final de mi primer año en el MIT, influyó de modo más palmario en la orientación de mis estudios. Tras asistir a su curso sobre macroeconomía y política monetaria, hablé con él sobre la posibilidad de centrarme en esas áreas. Stan me recomendó ciertas lecturas, entre ellas *A Monetary History of the United States, 1867-1960* [«Historia monetaria de Estados Unidos, 1867-1960»], de Milton Friedman y Anna Schwartz. Me dijo que aquel libro de 860 páginas publicado en 1963 me excitaría o me dormiría, y mi reacción me indicaría lo que era mejor para mí.

El libro me pareció fascinante. Después de pasarme casi todo el primer año de doctorado absorbiendo modelos matemáticos, el enfoque histórico de Friedman y Schwartz me entusiasmó. Los autores estudiaban más de cien años de historia económica estadounidense para tratar de comprender los efectos de la política monetaria en la economía. En particular documentaban tres episodios en que la contracción de la masa monetaria por parte de la Reserva Federal —una anterior al crac bursátil de 1929 y dos en los primeros años de la Depresión— había contribuido a que la Depresión fuera tan terrible. Después de aquella lectura, supe a qué quería dedicarme. Durante toda mi carrera académica me centraría en cuestiones macroeconómicas y monetarias.

En aquellos años mi vida experimentó otro profundo cambio. Conocí a Anna Friedmann en octubre de 1977, al comienzo de mi tercer año en el MIT, justo cuando empezaba a escribir mi tesis doctoral. Era una estudiante de último curso de Química, con una especialización secundaria en Español, en Wellesley College, a poco más de veinte kilómetros del MIT. Nos conocimos en una cita a ciegas organizada por Mike Smith, compañero de piso en Harvard y después mi padrino de boda. La idea de presentarnos se le ocurrió a Nicole Ahronee, la chica con la que entonces salía Mike, que vivía en la misma residencia que Anna. Entre las dos nos prepararon una cena con espaguetis en el Centro Wellesley para Estudiantes Extranjeros. Después de la cena jugamos al ping-pong. Como Anna diría tiempo después: «Nicole pensaba que yo era un poco empollona y que Ben era un empollón de libro, así que le pareció que debíamos conocernos». El hecho de que Anna fuera tan afable y extrovertida como yo era tímido e introvertido fue de gran ayuda.

Aunque nuestras raíces familiares eran similares —judíos procedentes de la Europa del Este—, habíamos crecido en mundos muy distintos. Sus padres, Otto y Lenka Friedmann, eran supervivientes del Holocausto. En 1943, recién casados, vivían en Split, una ciudad situada en la costa adriática de la actual Croacia. Tras la ocupación alemana de Yugoslavia y la creación de un estado croata pronazi, hicieron planes para marcharse del país con los padres de Otto, su hermano y la madre de Lenka. Pero una noche alguien aporreó su puerta de madrugada. Los alemanes y sus aliados croatas se estaban llevando a los judíos. Otto y Lenka huyeron por la puerta trasera con la ropa puesta. Con ayuda de partisanos serbios viajaron hacia el norte, atravesaron los Alpes y llegaron a Italia. Únicamente sobrevivieron ellos; el resto de la familia murió en el campo de concentración de Jasenovac, controlado por el régimen croata.

Otto y Lenka se asentaron primero en Bari, una ciudad costera del sur de Italia, donde Victor, el hermano de Anna, nació en 1944. Al acabar la guerra, la familia se trasladó a Grottaferrata, una pequeña ciudad en las inmediaciones de Roma, donde Anna nació en 1956. Después de una campaña de las autoridades italianas contra los inmigrantes ilegales, emigraron a Estados Unidos cuando Anna era todavía una niña pequeña. Los Friedmann se asentaron en Denver, donde tenían familia.

Aunque los padres de Anna no fueron siquiera al instituto, la educación tenía una importancia crucial en aquella casa. Victor se graduó en Harvard, obtuvo un máster en el MIT y trabajó como ingeniero petrolero. Anna estudió en Wellesley con una beca completa, pero solo después de que Victor asegurase a sus padres que era una universidad de primera, aunque solo admitiera a mujeres. Estaba estudiando Química por sus padres, pero su auténtica pasión era la literatura latinoamericana. Gracias a ella descubrí a Gabriel García Márquez y Jorge Luis Borges.

Me declaré a Anna dos meses después de nuestra cita a ciegas. Nos casamos el 29 de mayo de 1978, en el Templo Israel de Boston, tres días después de que Anna se graduara. Pasamos la luna de miel en Italia, donde visitamos la casa de los Friedmann en Grottaferrata y nos reunimos con personas a las que los padres y el hermano de Anna habían conocido.

Nuestra primera casa fue un pequeño apartamento infestado de cucarachas en un edificio de ladrillo canela y pardo de seis plantas que estaba a tres manzanas de Harvard Square. La beca de la Fundación Nacional de Ciencias se había terminado, así que vivíamos con mi sueldo de ayudante de profesor y con lo que Anna ganaba como recepcionista de una consulta de oftalmología situada en Harvard

Square. Para divertirnos gastábamos cinco dólares a la semana a jugar al pinball en un local situado delante de nuestra casa.

Mientras finalizaba mi tesis, me ofrecieron un puesto de ayudante de profesor en Harvard, Stanford y Princeton, entre otras universidades. Mientras tanto, diversas instituciones de enseñanza aceptaron las solicitudes de Anna para cursar un máster de Literatura Española. Estuvimos de acuerdo en trasladarnos a Stanford.

Durante el verano anterior al inicio de mi trabajo y del programa de Anna compartimos casa cerca del campus de Stanford con Jeremy Bulow, un amigo que también estaba haciendo el doctorado. Para que el alquiler nos saliera más barato, invitamos a Mark Gertler, un conocido de Jeremy, a compartirlo con los tres. Mark se había doctorado en Stanford un año antes y quería pasar el verano allí para proseguir sus investigaciones. A los dos nos entusiasmaba la perspectiva de comenzar nuestra carrera, y teníamos muchos intereses en común. Hablábamos durante horas. Fue el inicio de una colaboración y una amistad tan largas como fructíferas.

El primer reto al que hube de enfrentarme en Stanford fue la enseñanza. No formaba parte del departamento de Economía, sino de la Escuela Empresarial de Posgrado. A mis veinticinco años era más joven que la mayoría de los estudiantes, que habían regresado a la universidad después de varios años en el mundo laboral. Mi juventud e inexperiencia despertaban su escepticismo, probablemente con razón. Con frecuencia se pagaban los estudios con su propio dinero y buscaban a cambio una enseñanza de calidad. Aunque mi formación se había centrado en teoría económica, aprendí rápidamente a aplicar mis conocimientos al tipo de cosas que suscitaban el interés de los alumnos. Por ejemplo, les pedía que analizaran las políticas económicas de los países emergentes y que reflexionaran sobre las implicaciones de invertir o crear un negocio en ellos. La experiencia me ayudó a acercarme a la economía con un enfoque más práctico. Y descubrí que se me daba bien dar clase.

Después de leer a Friedman y Schwartz en el MIT me había convertido en un apasionado de la Gran Depresión, en el mismo sentido en que hay apasionados de la Guerra Civil. No solo leía sobre la economía del periodo, sino también sobre la política, la sociología y la historia. Con todo, la cuestión esencial —el Santo Grial de la macroeconomía, como yo lo llamaba— era por qué se había producido aquel episodio histórico y por qué había sido tan extenso y tan profundo. (Básicamente se trataba de la misma pregunta que le había formulado a mi abuela de niño en Charlotte.) Antes de Friedman y Schwartz, la opinión predominante —basada en *El crash de 1929*, un libro de John Kenneth Galbraith publicado en 1954— era que la Depresión fue desencadenada por los excesos especulativos de la década de 1920 y por el consiguiente crac bursátil. Friedman y Schwartz demostraron que la causa más importante no había sido el Gran Crac, sino el colapso de la masa monetaria a comienzos de la década de 1930. El brusco descenso de la masa monetaria dañó a la economía prioritariamente al provocar una severa deflación (caída de los salarios y los precios). Los precios en Estados Unidos cayeron casi un 10% interanual tanto en 1931 como en 1932. A su vez, esta violenta deflación llevó a las empresas y a las familias a posponer las compras y las inversiones de capital ante la perspectiva de que más adelante los precios fueran más bajos, lo que deprimió la demanda y la producción. Asimismo, el patrón oro internacional, que creaba un vínculo monetario entre los países que se regían por él, propagó al extranjero tanto la depresión como la deflación.

La perspectiva de Friedman y Schwartz era esclarecedora, pero yo me preguntaba si el colapso de la masa monetaria y la posterior deflación, por severa que fuese, bastaban para explicar el calado y la extensión de la Depresión. La tasa de desempleo en Estados Unidos ascendía al 25% en 1933, cuando antes del crac de 1929 era inferior al 5%. No se situó por debajo del 10% hasta poco antes de que Estados Unidos entrara en la Segunda Guerra Mundial, aunque la deflación aconteció prioritariamente antes de 1933. A mi modo de ver, la falta de liquidez después del colapso del sistema bancario tenía que haber desempeñado un papel importante en la crisis. Entre 1929 y 1933 quebraron más de 9.700 de los 25.000 bancos del país.

En el presente, la idea de que la quiebra de más de una tercera parte de los bancos de la nación en un periodo de cinco años impediría que el crédito fluyera y perjudicaría la economía parece de lógica, pero mi primer ensayo sobre el tema fue recibido con escepticismo en congresos y seminarios. Muchos economistas de la época consideraban que el sistema financiero era un «velo», básicamente un sistema contable que servía para controlar quién era propietario de qué, no algo que tuviera importantes efectos independientes en la economía. Indudablemente —argumentaban—, si el banco de una empresa desaparece, la empresa encontrará financiación en otra parte.

Pero, en la realidad, encontrar financiación alternativa puede no resultar tan sencillo. El colapso de un banco, con la consiguiente destrucción de toda su experiencia, información y red de contactos, puede ser muy costoso para las comunidades y los negocios a cuyo servicio se encuentra. Multipliquemos ese daño por más de 9.700 quiebras de entidades bancarias y enseguida comprenderemos los motivos de que la interrupción del crédito contribuya a explicar la severidad de la Depresión. Tardé cierto tiempo en publicar mi ensayo, pero finalmente, en junio de 1983, apareció como el artículo de cabecera de la *American Economic Review*, la revista más prestigiosa del gremio.

Un ensayo posterior, coescrito con Harold James, historiador de la Universidad de Princeton, aplicaba mi interpretación de la Depresión a un contexto internacional. Examinamos la experiencia de veintidós países durante la Depresión y hallamos básicamente que había dos factores que explicaban la severidad de la crisis económica en cada uno de ellos. El primero era el periodo de tiempo en que el país se rigió por el patrón oro (los países que lo abandonaron antes hicieron crecer su masa monetaria y por consiguiente escaparon a la deflación). Aquel hallazgo estaba en sintonía con el hincapié que Friedman y Schwartz habían hecho en la masa monetaria. El segundo factor era la severidad de la crisis bancaria del país, lo que cuadraba con mi idea de la importancia tanto del crédito como del dinero.

Durante la mayor parte de las décadas de 1980 y 1990, Gertler y yo (ayudados a partir de cierto momento por uno de sus estudiantes, Simon Gilchrist, que actualmente trabaja en la Universidad de Boston) analizamos el papel que los problemas del sistema financiero podían tener en la exacerbación de las crisis económicas. Identificamos un fenómeno denominado «el acelerador financiero». La idea básica es que las recesiones tienden a atascar el flujo de crédito, lo que a su vez empeora la recesión. Durante una recesión, los bancos prestan con mayor cautela a medida que sus pérdidas se acumulan, mientras que los prestatarios son menos solventes conforme sus finanzas se deterioran. Unos bancos más cautelosos y unos prestatarios menos solventes significan que el crédito fluye menos libremente, lo que obstaculiza las compras de las familias y las inversiones de las empresas. Estos descensos en el gasto exacerban la recesión.

Más en general, nuestro trabajo subrayaba la importancia que la salud del sistema financiero tenía para la economía. Por ejemplo, ese factor implicaba que las recesiones son peores cuando las familias y los negocios parten de elevados niveles de deuda, dado que el descenso de los ingresos y de los beneficios dificulta que los prestatarios paguen las deudas que ya tienen u obtengan nuevo crédito. Asimismo, si el sistema bancario de un país no goza de buena salud al comienzo de una recesión, es probable que la crisis sea más grave. En casos extremos como la Depresión, un colapso bancario puede contribuir a una prolongada crisis financiera.

La teoría del acelerador financiero también ayuda a explicar por qué la deflación es tan dañina, al margen de la tendencia de las familias y las empresas a aplazar las compras. Si los salarios y los precios bajan, o incluso si crecen a un ritmo anormalmente bajo, es posible que los ingresos de los prestatarios no crezcan a la velocidad suficiente para que puedan seguir reembolsando los préstamos. Lógicamente, los prestatarios sometidos a presión para pagar sus préstamos reducirán otros tipos de gasto, y el debilitamiento de sus condiciones financieras hará que les resulte más difícil obtener crédito adicional. La deflación de la década de 1930 llevó a numerosas quiebras e impagos, lo que empeoró gravemente una situación ya mala de por sí.

Mis lecturas e investigaciones me enseñaron algunas lecciones sobre la Depresión que deberían conocer los bancos centrales y los responsables de las políticas económicas. Primero, en periodos de recesión, de deflación o de ambas cosas, la política monetaria debería centrarse enérgicamente en restaurar el pleno empleo y los niveles normales de inflación. Segundo, los responsables políticos deben actuar con determinación para preservar la estabilidad financiera y el flujo normal de crédito.

Una lección más general que cabe extraer de la Depresión es que cuando los responsables políticos se enfrentan a circunstancias extraordinarias deben estar preparados para ser creativos, desafiando la ortodoxia si es necesario. Franklin Roosevelt, que ocupó la presidencia de Estados Unidos en 1933, dio un ejemplo al respecto experimentando audazmente para afrontar una crisis aparentemente intratable. Algunos de sus experimentos fracasaron, como la Ley Nacional de Recuperación Industrial de 1933, concebida para frenar la bajada de los precios reduciendo la competitividad en la industria. Pero otros fueron cruciales para la recuperación. Lo más importante fue que Roosevelt desafió la ortodoxia de su época abandonando progresivamente el patrón oro en 1933. Cuando la masa monetaria ya no estuvo limitada por la cantidad del oro en manos del Estado, la deflación cesó prácticamente de inmediato. Roosevelt también calmó la galopante crisis financiera cerrando de forma temporal los bancos del país, permitiendo únicamente la reapertura de los que se consideraron sólidos y promulgando leyes que establecieron la creación de un seguro federal de los depósitos bancarios. Estas medidas fueron objeto de intensas críticas por parte de economistas ortodoxos y de grandes empresarios de ideología conservadora. Y verdaderamente eran medidas experimentales. Pero, en conjunto, funcionaron.

Cuando se aproximaba mi sexto año como docente en Stanford, empecé a plantearme hacia dónde quería dirigir mi carrera. A los seis años de docencia, los miembros más jóvenes del claustro solían recibir una oferta para firmar un contrato indefinido o se trasladaban a otros aires. La administración me había hecho saber que mis perspectivas eran buenas. Pero durante una visita a Stanford, Hugo Sonnenschein, un economista que en aquel momento era el rector de Princeton, me animó a considerar una oferta para unirme a su universidad. Además, Alan Blinder, el macroeconomista más conocido de Princeton, me llamó por teléfono. En Stanford había pasado de ayudante de profesor a profesor no titular asociado en 1983. Ahora tanto Princeton como Stanford me ofrecían un puesto fijo de profesor con treinta y un años.

Desde un punto de vista profesional me gustaban los dos lugares, pero Anna tenía una clara predilección por Princeton. Seis años antes, la posibilidad de dejar atrás Cambridge y Wellesley para vivir en

California nos había llenado de ilusión. Nuestro hijo, Joel, había nacido en diciembre de 1982, y Anna creía que los verdes parajes de Princeton eran más propicios para la vida familiar. Aquella opción me pareció correcta.

Así que en 1985 cruzamos el país para trasladarnos a Rocky Hill, en Nueva Jersey, un pueblo histórico de unos setecientos habitantes situado seis kilómetros al norte del campus de Princeton. Compramos una casa estilo colonial de dos pisos con un gran patio; contemplar desde el porche con mamparas el manzano, la higuera y el enorme rododendro plantados frente a la casa era una delicia. Parecía que todos los vecinos de nuestra manzana tuvieran niños y circularan libremente por los patios. Nuestra hija, Alyssa, nació en junio de 1986. David y Christina Romer, jóvenes miembros del claustro de Economía de Princeton, vivían a una manzana de la nuestra y también esperaban un hijo.

Después de pasar seis años en Rocky Hill nos trasladamos a una casa más grande en Montgomery Township, a unos doce kilómetros al norte del campus. No vivíamos solos. Al pueblo no cesaban de llegar familias con niños, y pronto dejó de ser una zona rural para convertirse en un apéndice de Nueva York. Las escuelas del pueblo, que también atendían a los habitantes de Rocky Hill, quedaron en poco tiempo colapsadas por el número de inscripciones. Anna y yo éramos profesores (en aquel entonces ella enseñaba Español en la Princeton Day School, una institución privada), y los dos creíamos firmemente en que todos los niños merecían una educación de calidad. Nuestros propios hijos asistían a colegios públicos. Anna, más conectada con la red de padres de la zona que yo, me persuadió para que presentara mi candidatura al consejo escolar, o, como ella misma diría más adelante: «Lo obligué a presentarse».

Me eligieron, por dos veces, y serví durante seis años extenuantes. La batalla entre los recién llegados al pueblo, como nosotros, que queríamos más colegios y de mejor calidad, y los residentes de toda la vida, a los que les preocupaba el coste, era continua. En más de una ocasión observé que dos de las cosas que más preocupaban a la gente era el bienestar de sus hijos y pagar la menor cantidad de impuestos posibles, dos valores que entraban en conflicto. En el año 2000, el último que forme parte del consejo escolar, mi voto rompió el empate a favor de pedir a los votantes que aprobaran una emisión de deuda que elevaría los impuestos sobre la propiedad para costear nuevas escuelas. Al cabo de cinco años, un nuevo y flamante instituto abrió sus puertas. Para aquel entonces, Anna y yo nos habíamos trasladado a Washington, y tanto Joel como Alyssa estudiaban en la universidad.

Los asuntos que me interesaba investigar siguieron evolucionando en Princeton, influido por nuevos colegas y por ideas que iban calando en la profesión. Empecé a centrarme más en la política monetaria: cómo funciona, cómo evaluar si es dura o flexible, cómo calcular los efectos sobre la economía de un cambio en la estrategia. Mi interés en la política monetaria me llevó a aceptar diversas funciones de asesoramiento en tres bancos regionales de la Reserva Federal (los de Boston, Filadelfia y Nueva York), y a ofrecer exposiciones ante el Consejo de Gobernadores —la sede de la Reserva Federal— en Washington.

Sabía que el proceso de elaborar la política monetaria podía ser sumamente complejo. En la mayoría de los bancos centrales del planeta, las decisiones políticas son adoptadas por comités cuyos miembros deben analizar una gran variedad de información económica. Y no basta con que los miembros del comité estén de acuerdo con determinada medida. Las decisiones estratégicas y la lógica que las mueve deben ser además objeto de una clara comunicación que incluya a los órganos legislativos competentes (habitualmente responsables de supervisar al banco central) y a los agentes de los mercados financieros (puesto que los efectos de las decisiones de política monetaria dependen fundamentalmente de en qué medida responden los tipos de interés y los precios de los activos). Hay más probabilidades de que la toma de decisiones y la comunicación sean efectivas cuando ambas se insertan en un marco intelectual coherente. Por eso cada vez me interesaban más los marcos políticos empleados por los bancos centrales y cómo mejorarlos. En 1992, junto con Frederic («Rick») Mishkin, de la Universidad de Columbia, realicé una serie de estudios sobre los marcos generales adoptados por seis de los bancos centrales más importantes de todo el mundo. Mishkin y yo ha-

bíamos coincidido en el programa de doctorado y teníamos intereses
similares, incluida una fascinación por las crisis financieras y la Gran
Depresión. Rick era impulsivo, tenía opiniones contundentes y a veces era terriblemente divertido, a diferencia del tranquilo y comedido Mark Gertler.

Un marco para la política monetaria que resultaba especialmente
prometedor, a saber, el del objetivo de inflación, era muy novedoso
cuando Mishkin y yo empezamos a trabajar juntos. Dicho de manera
sencilla, un banco central que se rija por un objetivo de inflación se
compromete públicamente a alcanzar determinada tasa de inflación,
pongamos el 2%, al cabo de cierto periodo de tiempo, pongamos de
uno a dos años.

Indudablemente, un banco central no puede lograr una tasa de
inflación baja y estable con meras declaraciones. Sus palabras tienen
que estar respaldadas por hechos mediante ajustes de la política monetaria —habitualmente elevando o bajando un tipo de interés de
referencia— que le permitan alcanzar su objetivo de inflación para el
periodo fijado. Si un banco central es incapaz de hacer lo que dice
que va a hacer, tener un objetivo oficial no ayudará mucho. Sin embargo, anunciar un objetivo de inflación infunde disciplina y transparencia, porque obliga a los responsables políticos o a alcanzar su objetivo o a ofrecer una explicación creíble de por qué no lo han
alcanzado. De hecho, la comunicación pública periódica —tanto
prospectiva, para explicar los objetivos y los planes para lograrlos,
como retrospectiva, para dar cuenta de lo que ha hecho en el pasado— es un elemento esencial en la mayoría de estrategias que esta-
blecen un objetivo de inflación. El banco central de Nueva Zelanda
fue pionero del objetivo de inflación, una herramienta que utilizó a
partir de 1990. Le siguió Canadá en 1991, y después Gran Bretaña,
Suecia, Australia, Chile e Israel, entre otros. En última instancia, varias docenas de países, industrializados o emergentes, adoptarían ese
enfoque.

En un trabajo posterior, publicado en 1997, Mishkin y yo estudiamos los resultados de los primeros países que habían adoptado ese
instrumento y nos preguntamos si podía ser beneficioso para Estados
Unidos. La cuestión era controvertida porque la Reserva Federal había valorado durante mucho tiempo su capacidad para responder con

flexibilidad a las evoluciones económicas sin las limitaciones de un objetivo anunciado. Como señalaron los críticos del objetivo de inflación, bajo la presidencia de Paul Volcker y Alan Greenspan, la Reserva Federal había hecho un buen uso de esa capacidad, logrando que la inflación bajara del 13,5% en 1980 a aproximadamente el 2% a finales de la década de 1990.

Pese a todo, Mishkin y yo sosteníamos que el objetivo de inflación mejoraría la política monetaria estadounidense. En primer lugar, establecer un objetivo de inflación permanente crearía un compromiso institucional para continuar con las políticas de Volcker y Greenspan que habían disminuido y estabilizado la tasa de inflación, produciendo además dos largos periodos de expansión económica durante las décadas de 1980 y 1990. Igualmente importante, desde nuestra perspectiva, era el hecho de que el incremento de la transparencia que conlleva el objetivo de inflación ayudaría —al modelar las expectativas del mercado sobre la orientación de los futuros tipos de interés— a que el Fed alcanzara mejor sus objetivos. En cambio, unas políticas menos transparentes llevarían a los mercados a hacer suposiciones innecesarias.

En otros ensayos sostuve que el objetivo de inflación no solo ayuda a los países con una alta tasa de inflación, sino también a aquellos que, como Japón, tenían el problema contrario, es decir, el de la deflación. Los noventa habían sido para Japón una «década perdida» (aunque al final perdería no una década, sino dos), en la que el crecimiento por debajo de los niveles habituales se había alternado con la contracción económica. El país tenía numerosos problemas, incluido un lento crecimiento de la población, una mano de obra envejecida, ineficiencias en el sector agrícola y de servicios, y bancos que atravesaban dificultades. Sin embargo, a mi juicio la deflación que siguió al colapso del mercado bursátil e inmobiliario a comienzos de la década de 1990 fue una de las principales razones por las que Japón dejó de ser una de las economías más dinámicas del planeta y se convirtió probablemente en la economía más deprimida de los países desarrollados.

En un ensayo que publiqué en 1999 sugerí que el objetivo de inflación no solo podía haber contribuido a impedir que Japón cayera en la deflación (induciendo al Banco de Japón a reaccionar con mayor celeridad a la caída de la inflación), sino que era una parte del remedio que lo sacaría de ella. Para entonces, el Banco de Japón había bajado a cero los tipos de interés a corto plazo y se había comprometido a mantenerlos así «hasta la desaparición de las inquietudes causadas por la deflación». Como los precios no dejaban de bajar, Japón necesitaba una política monetaria más flexible, pero sus responsables políticos repitieron una y otra vez que, como los tipos de interés no podían ser inferiores a cero, ellos habían hecho cuanto estaba en su mano. Yo no estaba de acuerdo. Para empezar proponía que, en lugar de seguir manteniendo la vaga promesa relativa a la desaparición de las inquietudes provocadas por la deflación, el Banco de Japón intentara modelar las expectativas públicas de inflación fijando explícitamente un objetivo de inflación.[2] En segundo lugar, señalaba que, aun cuando el tipo de interés a corto plazo se situara en cero, Japón tenía otras herramientas para estimular la economía, como comprar grandes cantidades de activos financieros, una sugerencia hecha también por Milton Friedman.

Creo que mi diagnóstico sobre la situación japonesa era acertado. De hecho, el Banco de Japón adoptaría mis sugerencias unos catorce años después. Sin embargo, el tono de mis observaciones era áspero en ocasiones. En un congreso celebrado en Boston en enero de 2000, empecé mi intervención preguntándome si las autoridades japonesas sufrían de «parálisis autoinducida», las acusé de «parapetarse detrás de dificultades institucionales o técnicas menores para no pasar a la acción», las critiqué por ofrecer respuestas «confusas o incoherentes» a propuestas valiosas de teóricos como yo mismo y concluí acusándolas por su falta de disposición a experimentar. «Tal vez haya llegado la hora de que Japón adopte una estrategia a lo Roo-

---

2. En el texto sugería que el objetivo de inflación se situara temporalmente en un 3 o un 4%. Mi propuesta se basaba en el hecho de que tantos años en situación de deflación habían hecho que el nivel de los precios fuera mucho menor al esperado por los prestatarios cuando habían solicitado empréstitos a largo plazo, lo cual implicaba que la carga de las deudas era muy superior a la que habían previsto. Mantener una inflación más alta de lo normal durante cierto periodo de tiempo contrarrestaría los efectos de la prolongada deflación. Sin embargo, lo crucial de mi argumento no era el valor numérico del objetivo, sino el anuncio de un objetivo específico.

sevelt», pontifiqué. Años más tarde, después de sufrir críticas fulminantes y radicales por parte de políticos, editorialistas e incluso economistas, me habría gustado poder limar la retórica que yo mismo había empleado en el pasado. En 2011, en respuesta a una pregunta de un corresponsal japonés, hice la siguiente confesión: «En la actualidad comprendo un poco mejor a los banqueros centrales que hace diez años».

En 1996 me propusieron ser el director del departamento de Economía de Princeton, un cargo que desempeñaría durante seis años. El puesto confería prestigio y cierta capacidad para orientar la agenda del departamento, pero no autoridad real. Las cuestiones importantes se decidían por consenso en la facultad, y la intervención de la dirección de la universidad era considerable. Más adelante bromearía diciendo que yo era el responsable de las decisiones políticas importantes del departamento, como servir donuts o bagels a la hora del café. La contratación del profesorado y las decisiones sobre las permanencias generaban los debates más acalorados. Los catedráticos solían apoyar a colegas que compartían sus opiniones o que pensaban que fortalecerían su área de trabajo dentro del departamento. Pronto aprendí que tratar de resolver las disputas por decreto no funcionaba con un grupo de personas resueltas y con un alto concepto de sí mismas. Tenía que consultar y escuchar, sobre todo escuchar. Cuando la gente tiene la oportunidad de expresar sus preocupaciones suele quedar satisfecha, aunque no siempre esté contenta.

Cuando mi periodo como director de departamento estaba tocando a su fin, decidí apartarme de las tareas administrativas para dedicar más tiempo a investigar y a escribir. Recientemente había asumido dos puestos que me ofrecerían más posibilidades de influir en el curso de la investigación sobre economía monetaria. En 2000 me nombraron director del programa de economía monetaria de la Oficina Nacional de Investigaciones Económicas (una organización sin ánimo de lucro con sede en Cambridge, Massachusetts), y un año después acepté la dirección de la *American Economic Review*. Había empezado a escribir un libro sobre la Depresión con la esperanza de atraer al público en general. Tenía ya ciento veinte páginas y el título:

*Age of Delusion: How Politicians and Central Bankers Created the Great Depression* («La era del espejismo: cómo los políticos y los banqueros centrales crearon la Gran Depresión»).

A comienzos de 2002 sonó un teléfono en el departamento de Economía. Era Glenn Hubbard, un profesor en excedencia de la Universidad de Columbia que estaba al frente del Consejo de Asesores Económicos del presidente Bush. «¿Desea hablar con él?», me preguntó la secretaria.

# 3

# GOBERNADOR

Glenn formuló una simple pregunta: ¿me interesaba ir a Washington para hablar con el presidente sobre la posibilidad de trabajar en el Consejo de la Reserva Federal?

No me esperaba la pregunta. Llevaba años estudiando a la Reserva Federal y la política monetaria, pero fundamentalmente desde fuera. Francamente, nunca había esperado formar parte de la institución y contribuir a las decisiones políticas.

Pensé en la oferta de Glenn y la hablé con Anna. Era una decisión muy importante para los dos. Para mí significaría alejarme durante varios años de la investigación y la enseñanza, justo en un momento en que mi época al frente del departamento tocaba a su fin. Y tal vez implicara renunciar al cargo de director de la *American Economic Review* tan solo un año después de aceptarlo. Trasladarnos a Washington también entrañaría sacrificios familiares. Pedirles a Anna y Alyssa que se mudaran conmigo no sería justo —Alyssa estaba aún en el instituto—, así que tendría que vivir en Washington y volver los fines de semana a Nueva Jersey. Joel, que por aquel entonces tenía diecinueve años, estaba estudiando en la Universidad Simon's Rock, ubicada en Great Barrington (Massachusetts).

Sin embargo, pasar una temporada en el Consejo de la Reserva Federal me permitiría asistir al proceso de la toma de decisiones políticas desde el interior de una de las instituciones más poderosas del país. Me interesaba todo el trabajo del Consejo, incluida la regulación y la supervisión bancarias. No obstante, el mayor atractivo radicaba en la posibilidad de participar en la política monetaria del país. Había estudiado economía monetaria e historia monetaria durante toda mi carrera profesional. ¿Para qué servía la economía como disciplina, me preguntaba, si no se emplea para mejorar las decisiones políticas y, por tanto, la vida de las personas? El país aún se estaba recuperando de la conmoción de los atentados del 11-S —el vecino de al lado, un buen amigo nuestro, había muerto en el World Trade Center— y sabía que se iba a llamar a mucha gente para servir a la nación. El servicio público en la Reserva Federal distaba de estar a la altura de la tarea de los soldados y los primeros auxilios, pero al menos tenía la esperanza de contribuir a aquel esfuerzo colectivo. Con el consentimiento de Anna llamé a Glenn y le dije que estaba interesado.

Había leído mucho sobre la historia y la función de la Reserva Federal en el curso de mis investigaciones. El Fed había sido el cuarto intento de crear un banco central en Estados Unidos, aunque esa cifra depende de cómo se hagan las cuentas. Antes de la ratificación de la Constitución, el Banco de Norteamérica (1782-1791), una entidad creada con el visto bueno del Congreso pero de propiedad privada, sirvió de facto como un banco central. Le siguió el Primer Banco de Estados Unidos (1791-1811), impulsado por el secretario del Tesoro Alexander Hamilton contra la firme oposición del secretario de Estado Thomas Jefferson y de James Madison. Su mandato, aprobado por el Congreso para un periodo de veinte años, se agotó entre la desconfianza generalizada de los financieros y de los grandes bancos. Después llegó el Segundo Banco de Estados Unidos (1816-1836). El Congreso aprobó ampliar la licencia del Segundo Banco, pero el presidente Andrew Jackson —el modelo de la oposición populista al banco— vetó la ampliación en 1832 y el Congreso no volvió a intentarlo.

Pese a no tener un banco central, Estados Unidos estableció una moneda nacional —el dólar— en 1862, poniendo fin a un sistema en el que los bancos privados con licencia estatal emitían su propia moneda. Y en 1873 el país volvió al patrón oro, suspendido durante la guerra civil. Sin embargo, el hecho de que Estados Unidos no tuviera un banco central a partir de 1836 acarreó graves problemas. El más evidente es que el país carecía de una institución pública que pudiera responder a los repetidos pánicos financieros y retiradas masivas de efectivo que golpeaban la economía, incluidos los grandes pánicos de 1837, 1857, 1873, 1893 y 1907, además de numerosos episodios menores.

De hecho, el último y definitivo intento de crear un banco central, promovido por el presidente Woodrow Wilson en 1913, estuvo motivado por el Pánico de 1907. A partir de octubre de 1907, las retiradas masivas de depósitos en la ciudad de Nueva York, sumadas al colapso de una gran entidad financiera llamada Knickerbocker Trust, contribuyeron a una brusca caída de las cotizaciones bursátiles y a una importante recesión. En ausencia de un banco central, un consorcio privado encabezado por el legendario financiero J. Pierpont Morgan trabajó para poner fin al pánico, emitiendo empréstitos para entidades que habían sufrido retiradas masivas de fondos, examinando sus libros y tranquilizando al público. El hecho de que un particular fuera capaz de actuar y el gobierno careciera de los instrumentos necesarios para ello constituyó un auténtico bochorno. En respuesta, el Congreso creó en 1908 una Comisión Monetaria Nacional para estudiar la posibilidad de crear un banco central en Estados Unidos. Las propuestas legislativas se presentaron antes de que Wilson jurase la presidencia.

Como los expertos financieros entendieron en aquella época, los bancos centrales pueden contribuir a poner fin al pánico financiero prestando dinero a los bancos que se ven amenazados por las retiradas masivas de fondos, contra la garantía de los préstamos de los bancos y otros activos. La receta clásica para los bancos centrales que se enfrentan a una crisis de pánico se encuentra en *Lombard Street: A Description of the Money Market* («Lombard Street: una descripción del mercado monetario»), un breve libro publicado en 1873 por Walter Bagehot, periodista y economista británico, además de director durante largos años de la revista *Economist*. Para calmar el pánico, Bagehot aconsejaba a los bancos centrales que prestaran con liberalidad y a un tipo de interés elevado contra buenas garantías, conforme a un principio que se ha denominado el *dictum de Bagehot*.

En una crisis de pánico, los depositantes y otros proveedores de financiación a corto plazo retiran su dinero por temor a que la entidad quiebre y ellos pierdan sus fondos. Ni siquiera un banco solvente en condiciones normales puede sobrevivir siempre a una retirada masiva de dinero sostenida en el tiempo. Sus reservas de efectivo se agotan rápidamente y sus activos restantes, incluidos sus préstamos, no se pueden vender de forma inmediata, salvo a precios reducidos.

Por lo tanto, una retirada masiva de dinero que comienza porque los depositantes y otros proveedores de fondos temen que el banco quiebre y que los riesgos se conviertan en una profecía autocumplida. Al conceder préstamos generosamente contra una buena garantía en una situación de pánico —es decir, al convertirse en un «prestamista de último recurso»—, un banco central puede reponer los fondos retirados, evitando la venta forzada de activos a precio de liquidación y el colapso de entidades por otro lado solventes. Cuando los depositantes y otros prestamistas a corto plazo se convencen de que su dinero está a salvo, el pánico cesa y los bancos prestatarios devuelven al banco central el dinero con intereses. El Banco de Inglaterra, el más importante en los tiempos de Bagehot, cumplió el papel de prestamista de último recurso durante la mayor parte del siglo XIX, evitando en su país las crisis de pánico que azotaron Estados Unidos.

Estados Unidos necesitaba un banco central para llegar a convertirse en una potencia económica y financiera mundial. Pero encontrar el apoyo político para lograrlo resultaba problemático. Para mitigar la oposición de los granjeros del Medio Oeste y de otras voces temerosas de que un banco central estuviera al servicio de los intereses de los estados del Este, el presidente Wilson, junto con Carter Glass, senador por Virginia, y otras autoridades, propuso crear un banco que fuera una institución verdaderamente nacional, sensible a los intereses de todo el país, no solo a los intereses de los financieros. Para lograr ese objetivo, Wilson y Glass apoyaron una estructura inusual. En lugar de una sola entidad localizada en Washington o Nueva York, el nuevo banco central sería un sistema federal (de ahí el nombre de Reserva Federal), con entre ocho y doce Bancos de la Reserva semiautónomos distribuidos por toda la nación. Cada Banco de la Reserva sería responsable de un distrito del país. En última instancia se daría licencia a doce Bancos de la Reserva.[1]

---

1. Los Bancos de la Reserva se distribuyen actualmente por las mismas ciudades que en el momento de la creación de la Reserva Federal: Boston, Nueva York, Filadelfia, Cleveland, Richmond, Atlanta, Chicago, St. Louis, Minneapolis, Kansas City, Dallas y San Francisco. Además cuentan con delegaciones en veinticuatro ciudades pertenecientes a sus distritos.

Como en el caso de los anteriores bancos centrales de Estados Unidos y de muchos otros países, los Bancos de la Reserva serían técnicamente entidades privadas, aunque tendrían una finalidad pública. Cada uno contaría con su propio presidente y con un consejo de administración compuesto por particulares, entre los que se contarían banqueros comerciales pertenecientes a su distrito. Cada Banco de la Reserva tendría cierta libertad de movimiento para adoptar decisiones en función de las condiciones locales, como por ejemplo el tipo de interés al que estaba dispuesto a prestar a los bancos comerciales de su distrito. Como observó Wilson: «Hemos distribuido a propósito los Bancos de la Reserva por todo el territorio y nos decepcionaría que estos no hicieran un amplio uso de su independencia». La responsabilidad de la supervisión de los Bancos de la Reserva y del Sistema en su conjunto quedaría a cargo del Consejo de la Reserva Federal, compuesto por responsables políticos designados residentes en Washington. El Consejo original incluía *ex officio* dos altos cargos de la Administración: el secretario del Tesoro y el interventor de la Moneda (la Oficina del Interventor de la Moneda —OCC, por sus siglas en inglés— es el regulador de los bancos con licencia nacional). El Congreso aceptó el plan, la Ley de la Reserva Federal fue aprobada en 1913 y el Sistema de la Reserva Federal empezó a operar el año siguiente (demasiado tarde, sin embargo, para poner fin a otra grave crisis de pánico, la de 1914).

El innovador diseño de la Reserva Federal creó una institución representativa a nivel nacional y políticamente más sostenible. Pero también creó un sistema complejo, carente de una fuerte supervisión central o de unas líneas claras de autoridad. Durante cierto tiempo, Benjamin Strong (cuyo apellido —«Fuerte», en español— no podía ser más oportuno), presidente del Banco de la Reserva Federal de Nueva York, proporcionó un liderazgo efectivo. (Como joven estrella emergente en el mundo financiero, Strong había sido un protegido de JPMorgan y le había ayudado a poner fin al Pánico de 1907.) Pero tras la muerte de Strong en 1928 no apareció nadie de su talla. El Fed demostró ser demasiado pasivo durante la Depresión. Fue ineficaz en su papel de prestamista de último recurso; no logró poner fin a las retiradas masivas de fondos que forzaron a miles de pequeños bancos al cierre y permitió el colapso de la masa monetaria, un error sobre el que han llamado la atención Friedman y Schwartz. Con posterioridad, las reformas introducidas bajo la presidencia de Franklin Roosevelt fortalecieron la autoridad del Consejo de la Reserva Federal sobre los Bancos de la Reserva. Estas reformas también incrementaron la independencia del Fed respecto del ejecutivo retirando del Consejo al secretario del Tesoro y al interventor de la Moneda.

En la actualidad, el Consejo está formado por siete miembros, nombrados por el presidente y confirmados por el Senado para periodos escalonados de catorce años. Cada dos años se abre uno de los periodos, y en cualquier momento se puede nombrar a nuevos miembros para los puestos vacantes. Por ejemplo, mi nombre se barajaba para un puesto a cuyo titular le quedaban menos de dos años para finalizar su periodo. Para quedarme más tiempo (una posibilidad en la que yo no pensaba), tendría que volver a ser nombrado por el presidente de Estados Unidos y reconfirmado por el Senado. El Consejo también tenía una presidencia y una vicepresidencia, dos puestos cuyos miembros se nombran y se confirman para periodos de cuatro años.[2] Alan Greenspan, que ocupaba el puesto de presidente del Consejo cuando recibí la llamada de Glenn Hubbard, había ocupado el puesto desde 1987. Los largos periodos de servicio de los miembros estaban destinados a otorgar al Consejo independencia de las presiones políticas, aunque ese efecto queda atenuado en la práctica porque los miembros del Consejo casi nunca llegan al final de sus periodos.

Para mejorar la política monetaria, las reformas de Roosevelt también crearon un nuevo órgano, el Comité Federal de Mercado Abierto (FOMC, por sus siglas en inglés), para suceder a los anteriores comités internos. El FOMC supervisaba la compra y la venta de valores del Estado por parte del Fed, la principal herramienta con que el Fed determinaba los tipos de interés a corto plazo e influía en la masa monetaria. Desde entonces, el número de asistentes a las reuniones del FOMC se ha elevado a diecinueve: los siete miembros

2. La Ley Dodd-Frank de Protección al Consumidor y Reforma de Wall Street de 2010 creó una segunda vicepresidencia destinada a la supervisión. A comienzos de 2015 el puesto continuaba vacante.

del Consejo y los doce presidentes de los Bancos de la Reserva. El presidente del Consejo del Fed es también, por tradición, el presidente del FOMC. Aunque en las reuniones del FOMC participan diecinueve responsables políticos, solo doce de ellos tienen derecho a voto en cada reunión: siete miembros del Consejo, el presidente del Banco de la Reserva Federal de Nueva York y cuatro de los otros once presidentes de los Bancos de la Reserva Federal, con los votos rotando anualmente entre los once. Este complicado diseño da voz a los presidentes de los bancos regionales de la Reserva en las decisiones sobre política monetaria y garantiza una mayoría a los miembros del Consejo nombrados por el poder político.

En 1977, el Congreso fijó una serie de objetivos explícitos para la política monetaria. Dio al Fed el mandato de procurar tanto «el máximo empleo» como «la estabilidad de los precios». Esos dos objetivos constituyen el llamado doble mandato de la Reserva Federal.[3] El doble mandato asegura la rendición de cuentas democrática de los tecnócratas del Fed y constituye la piedra angular de la independencia de la institución. El Fed no puede elegir los objetivos de su política monetaria, fijados por la ley. Pero dentro del marco de la supervisión del Congreso, el FOMC decide el mejor modo de alcanzar dichos objetivos. La ley de 1977, en cuanto herramienta de supervisión del Congreso, exigía al Consejo que compareciera semestralmente para informar de sus objetivos económicos. La Ley Humphrey-Hawkins de 1978, llamada así por sus impulsores, el senador de Minnesota Hubert Humphrey y el representante por California Augustus Hawkins, amplió esta supervisión exigiendo que el presidente del Fed compareciera dos veces al año (generalmente en febrero y julio) ante el Senado y la Cámara de Representantes para informar del estado de la economía y de los esfuerzos del FOMC para cumplir su doble mandato. Desde entonces a dichas comparecencias se les ha dado el nombre de comparecencias Humphrey-Hawkins.

3. En realidad, la ley especifica un tercer objetivo para la política monetaria: unos bajos tipos de interés a largo plazo. Como los tipos de interés a largo plazo suelen ser bajos cuando la tasa de inflación es baja y se espera que sea baja, se considera que esta tercera parte del mandato queda subsumida por el objetivo de la estabilidad de los precios y no suele figurar en las decisiones del FOMC.

Al margen de establecer la política monetaria, la Reserva Federal también tiene la responsabilidad de regular ciertas partes del sistema financiero, incluidos los bancos. Comparte este papel con otras agencias federales, incluida la Oficina del Interventor de la Moneda y la Corporación Federal de Seguro de Depósitos (FDIC, por sus siglas en inglés), además de los reguladores de los estados. El Consejo en Washington —no el FOMC o los presidentes de los Bancos de la Reserva— está investido con los poderes reguladores del Fed, incluida la autoridad para redactar normas que implementen leyes aprobadas por el Congreso. A su vez, los Bancos de la Reserva son responsables de supervisar bancos en sus distritos, aplicando las políticas establecidas en Washington.

Aunque la autoridad en materia de política monetaria y regulación financiera resulta clara, la gobernanza del Sistema de la Reserva Federal es más compleja. Los Bancos de la Reserva siguen contando con consejos compuestos por particulares que asesoran a los bancos en cuestiones operativas y comparten con el presidente del banco sus opiniones sobre la economía. Sin embargo, no influyen en la supervisión y la regulación bancarias. Los consejos ayudan a elegir el presidente del Banco de la Reserva (un raro ejemplo de un pequeño grupo de particulares ayudando a elegir a una autoridad con poder gubernativo). Sin embargo, en última instancia, el Consejo de Washington tiene autoridad sobre los Bancos de la Reserva; tiene que aprobar el nombramiento de los presidentes y de los presupuestos de los bancos.


Mi cita con el presidente Bush estaba fijada para inmediatamente después del almuerzo. No quería arriesgarme a padecer ninguna clase de retraso por problemas de transporte, de modo que tomé el tren la noche anterior. Siguiendo instrucciones, me presenté treinta minutos antes de la hora en una entrada lateral de la Casa Blanca. El gobierno no quería que los periodistas me vieran. A la hora fijada estaba en el Despacho Oval. Me sentía un poco abrumado. Nunca había estado en la Casa Blanca ni me había reunido con un presidente.

El presidente me saludó cordialmente y dijo que había oído excelentes cosas sobre mí. Me formuló diligentemente unas cuantas preguntas que evidentemente habían sido preparadas por un asesor económico novel con ayuda de un manual Econ 101. Recuerdo que expliqué cómo respondería a un hipotético cambio en la tasa de inflación. Una vez cumplida esa tarea, el presidente se relajó y me preguntó sobre mí, sobre mi historia y mi familia. Por último me preguntó si tenía alguna experiencia política.

«La verdad, señor presidente —dije— ya sé que no contará mucho para el puesto, pero he servido durante dos mandatos como miembro electo del Consejo de Educación de Montgomery Township, en Nueva Jersey.»

El presidente se rió. «Pues eso cuenta mucho para el puesto —dijo—. Estar en un consejo de educación es un servicio ingrato pero importante.» Aquellas palabras parecieron cerrar el trato. Me reuní con otras personas de la Casa Blanca, incluidos Clay Johnson, amigo y asesor de Bush, y Josh Bolten, vicedirector de personal de la Casa Blanca. Al cabo de unos días supe por Glenn que al presidente le había gustado nuestra conversación y que tenía la intención de nombrarme una vez completados todos los preliminares. Dije que aceptaría el nombramiento, en el caso de que se produjera.

Los preliminares distaron de resultar sencillos. La comprobación de mis antecedentes llevó meses. Incluyeron lo que parecía un papeleo interminable para documentar dónde había vivido, con quién me había relacionado, dónde había trabajado, dónde había viajado y cómo había manejado mi dinero desde que me había titulado en la universidad. Mantuve entrevistas con el departamento de Personal de la Casa Blanca y en dos ocasiones con agentes del FBI que me preguntaron si alguna vez había conspirado para derribar el gobierno de Estados Unidos. ¿Habrá alguien que haya dicho que sí?

Una vez completadas las investigaciones, la Casa Blanca anunció el 8 de mayo de 2002 que el presidente Bush iba a nombrarme para el cargo. El proceso se trasladó al Comité del Senado sobre Banca, Vivienda y Urbanismo, el organismo con jurisdicción sobre los nombramientos en el Fed. El personal del Fed me preparó para mi comparecencia de confirmación, pese a que todavía no tenía fecha prevista, y me pasé horas estudiando gruesas carpetas que detallaban las responsabilidades del Fed y sus posturas en diversos asuntos. Mi nombramiento no fue controvertido y el objetivo era seguir así.

Mi comparecencia ante el Comité Bancario, el 30 de julio, no duró ni una hora. El comité aprobó mi nombramiento, como después, el 31 de julio, el Senado en pleno, sin ningún voto en contra. Cuando el proceso hubo terminado, un grupo de apoyo destinado a acelerar las confirmaciones del Senado me envío una camiseta en la que se leía: «He sobrevivido al proceso de confirmación de un nombramiento presidencial». En realidad, mi confirmación había sido razonablemente tranquila.

El Senado confirmó también a Donald Kohn como miembro del Consejo. De trato fácil, amable y sin ego, Don era un veterano del Sistema de la Reserva Federal. Después de doctorarse en la Universidad de Michigan, su carrera en el Fed había comenzado en 1970, en el Banco de la Reserva Federal de Kansas City, y cinco años después lo había llevado a formar parte del personal en Washington. Con el paso de los años, Don fue escalando puestos hasta convertirse en el jefe de la División de Asuntos Económicos del Consejo (un cargo creado para él) y en consejero de confianza del presidente Greenspan. Don y su mujer, Gail, eran dos apasionados del deporte: Gail era una remera infatigable, mientras que Don prefería el senderismo y la bicicleta. Algunos periodistas especularon con la posibilidad de que Don fuera una especie de representante de Greenspan y de que chocáramos en asuntos como el objetivo de inflación, que como todo el mundo sabía despertaba escepticismo en Greenspan. Pero en realidad Don y yo trabajamos codo con codo. Siempre confié en su buen juicio.

El presidente Greenspan nos tomó juramento el 5 de agosto de 2002. Como la moneda que Greenspan lanzó al aire me fue favorable, juré primero el cargo y, en consecuencia, siempre sería más veterano que Don a efectos oficiales, pese a que él tenía treinta y tantos años de experiencia en el Fed y yo ninguno. Con nuestra llegada, los siete asientos del Consejo quedaron ocupados.

Una vez confirmado para el cargo fui conociendo a los demás miembros del Consejo. Roger Ferguson, el vicepresidente, había sido nombrado por el presidente Bill Clinton. Había crecido en un barrio de clase obrera de Washington y era el tercer afroamericano que formaba parte del Consejo. Callado y humilde, pero con un malicioso sentido del humor, Roger era doctor en Derecho por la Universidad de Harvard. Trabajaba en la firma de abogados neoyorquina Davis Polk cuando conoció a su mujer, Annette Nazareth, que más adelante formaría parte de la Comisión del Mercado de Valores (SEC).

El puesto de vicepresidente puede entrañar mucho trabajo de gestión, como por ejemplo supervisar a los Bancos de la Reserva. A Roger se le daba bien. También desempeñaba un papel paternal conmigo, interesándose periódicamente para cerciorarse de que me sentía cómodo. El momento crucial de la carrera de Roger en el Fed se había producido el 11 de septiembre de 2001. Cuando los aviones se estrellaron contra el World Trade Center y el Pentágono, Roger era el único miembro del Consejo que estaba en Washington. Bajo su dirección, la Reserva Federal emitió un comunicado afirmando que seguía «abierta y operativa», y que estaba preparada para actuar como prestamista de último recurso si fuera necesario. Junto a un equipo del personal dispuso una hilera de teléfonos en una sala de conferencias próxima al salón de juntas y trabajó infatigablemente para mantener en funcionamiento los componentes esenciales del sistema financiero. Podía ver el humo elevándose desde el Pentágono por las ventanas de su despacho. La veloz respuesta del Consejo contribuyó a proteger la economía minimizando los trastornos en el sistema para realizar pagos y transferir títulos (la fontanería del sistema financiero, escasamente conocida pero absolutamente crucial).

Otros dos miembros del Consejo, Susan Bies y Mark Olson, habían sido banqueros. Como yo, los dos habían sido nombrados por Bush. Sue, doctora en Economía por la Universidad Northwestern, había sido la responsable de control de riesgos en First Tennessee, un banco regional. Mark había tenido una carrera diversa: había sido el director general de un pequeño banco en Minnesota, había trabajado como personal del Congreso y había sido socio de la empresa de consultoría Ernst & Young. En 1986, con cuarenta y tres años, había sido elegido presidente de la Asociación Estadounidense de Banqueros. Sue me recibió con cordialidad y desparpajo; Mark, con el comedimiento típico de Minnesota.

Edward (Ned) Gramlich, un tipo desgarbado y canoso que había sido profesor de Economía y decano de la Universidad de Michigan, también me hizo sentir como en casa. Ned había trabajado brevemente como miembro de la plantilla de economistas del Consejo a finales de la década de 1960 y había sido director de la Oficina de Presupuestos del Congreso. En 1997 el presidente Clinton lo había nombrado miembro del Consejo. El trabajo de Ned como economista académico abarcaba una amplia variedad de asuntos, centrados fundamentalmente en la microeconomía, y en el Consejo se encargaba de diversas tareas, incluida la de servir como presidente a tiempo parcial del Consejo de Estabilización del Transporte Aéreo, creado por el Congreso después de los ataques del 11-S para ayudar a la industria aeronáutica. Ned también encabezaba los esfuerzos del Fed en materia de desarrollo de la comunidad y protección al consumidor.

Después de las bienvenidas, Don y yo juramos el cargo por segunda vez en una ceremonia formal celebrada en el atrio de dos pisos de la sede del Consejo (el Edificio Eccles, llamado así en honor de Marriner Eccles, presidente del Fed entre 1934 y 1948). La ceremonia no aportaba nada desde un punto de vista legal, pero fue un acontecimiento hermoso para nuestros familiares y para el personal. Asistieron Anna, Joel, Alyssa y mis padres. Me divirtió y me conmovió ver a mi padre, farmacéutico de un pequeño pueblo, conversando con el famoso Alan Greenspan, mientras fruncía el ceño en señal de concentración.

En la mayoría de los países, al jefe del banco central se lo llama el gobernador del banco. En la Reserva Federal recibe el título de presidente, mientras que el de gobernador recae en los miembros del Consejo. (Desde las reformas de la época de Roosevelt, su nombre formal ha sido el de Consejo de Gobernadores del Sistema de la Reserva Federal.) De manera que ahora podía reclamar oficialmente el título de «gobernador Bernanke». En cierta ocasión, al ir a facturar mi equipaje, el empleado de la aerolínea me preguntó de qué estado era gobernador.

Una vez concluidas las formalidades, me instalé en mi nuevo puesto y en mi nueva vida, a caballo entre Washington y Nueva Jersey. Alquilé un apartamento de un dormitorio en Georgetown, y casi todos los fines de semana conducía mi Chrysler Sebring 1998 azul metálico descapotable los trescientos kilómetros que me separaban de mi casa, cerca de Princeton. Tras unas breves conversaciones con Greenspan y Cary Williams, el responsable de asuntos éticos del

Consejo, conservé durante cierto tiempo el puesto (no remunerado) de director de la *American Economic Review*.

Los fines de semana asistía a las reuniones y las sesiones informativas del Consejo, me reunía con visitantes y viajaba, en ocasiones para visitar los Bancos de la Reserva. Durante mi primer viaje fui con Sue Bies a Brownsville (Texas), para observar la evolución de los esfuerzos realizados por el Banco de la Reserva de Dallas en materia de desarrollo comunitario. Sin embargo, no me sentía precisamente sobrecargado de trabajo. Hablé al respecto con Roger Ferguson. Roger me explicó que los nuevos gobernadores solían necesitar cierto tiempo para encontrar su hueco, para determinar los asuntos que más les interesaban.

Para encontrar mi hueco tenía que enfrentarme con el sistema de comités del Consejo. La mayoría del trabajo del Consejo, al margen de la política monetaria, es realizado por comités de dos o tres gobernadores, que después emiten recomendaciones dirigidas al conjunto del Consejo. La antigüedad cuenta para obtener encargos, realizados por el vicepresidente previa consulta con el presidente. Me habría gustado trabajar más en la supervisión bancaria. Pero Roger estaba al frente de ese comité y los dos banqueros, Sue y Mark, lo completaban. Podría haberme ofrecido voluntario para tareas más centradas en la gestión, pero había desarrollado un trabajo similar como director de departamento en Princeton y quería participar en los asuntos políticos. Al final acabé en el Comité de Pagos, Compensaciones y Liquidaciones (que se ocupaba de la fontanería del sistema financiero) y en el Comité de Protección al Consumidor y a la Comunidad (encargado de la defensa del consumidor y del desarrollo de la comunidad), presididos por Ned Gramlich y con Sue como tercer miembro. También me ocupaba de la supervisión administrativa de la investigación económica, una tarea que me venía como anillo al dedo. Desde aquel puesto contribuí a crear una nueva revista, *International Journal of Central Banking*, dedicada a publicar investigaciones políticamente relevantes de todo el planeta.

Pero yo había ido a Washington para participar en la política monetaria. Siendo realista, sabía que el presidente Greenspan —el «gorila de cuatrocientos kilos» de la Reserva Federal, como Roger lo llamó en cierta ocasión— tendría una influencia determinante en el control de los tipos de interés. Me parecía lógico que fuera así. Después de todo, cuando entré en el Consejo, Alan llevaba quince años como presidente, y sus decisiones le habían valido el sobrenombre de «el Maestro». En el mejor de los casos mi influencia sobre las decisiones que se tomaran en las reuniones sería marginal. Y de hecho me interesaban menos las decisiones individuales que el marco general en el que se adoptaba la estrategia política. En ese sentido, era de la opinión que la Reserva Federal se había quedado anticuada.

Tradicionalmente, las decisiones sobre política monetaria habían quedado veladas por la «mística» del banco central, un enfoque que había llevado al periodista William Greider a titular su libro de 1989 sobre el Fed de Volcker *Secrets of the Temple: How the Federal Reserve Runs the Country* («Secretos del templo: cómo dirige el país la Reserva Federal»). En este mismo sentido, se dice que Montagu Norman, el icónico gobernador del Banco de Inglaterra en la década de 1920, 1930 y principios de 1940, expresó su filosofía con el siguiente lema: «No explicar nada, no disculparse nunca». Se habían propuesto diversos argumentos a favor de mantener el secretismo en la estrategia monetaria, pero yo pensaba que una de las razones principales era la misma por la que los fabricantes de salchichas no ofrecen recorridos por sus fábricas: si el público conoce los secretos del producto, su atractivo se resiente.

El secretismo es un arma de doble filo. Puede servir para dar la impresión de que los banqueros centrales son omniscientes y dotarlos de mayor libertad de movimiento a corto plazo, pero también puede confundir a la ciudadanía, desconcertar a los mercados y alimentar las teorías conspirativas. Y en un mundo donde la transparencia y la rendición de cuentas en el sector privado y en el sector público no dejan de crecer, el secretismo del Fed empezaba a resultar anacrónico. También era de la opinión de que, hechas las sumas y las restas, el secretismo reducía la efectividad de la política monetaria. Como Rick Mishkin y yo habíamos sostenido en nuestro trabajo sobre el objetivo de inflación, la política monetaria funciona mejor cuando el banco central informa claramente a los mercados y al público.

Asistí a mi primera reunión en el Comité Federal de Mercado Abierto (FOMC, por sus siglas en inglés) el 13 de agosto de 2002, al cabo de poco más de una semana desde mi jura del cargo. (El FOMC se reúne en ocho ocasiones al año.) El fin de semana anterior estudié los voluminosos materiales preparados por el personal. Estaba el Libro Verde, llamado así por el color de la cubierta, con datos y análisis de la economía nacional e internacional y las predicciones económicas de la plantilla. El Libro Azul presentaba la evolución de los mercados financieros y comparaba los posibles efectos de opciones alternativas de política monetaria. Diversos memorándums del personal y otra documentación completaban aquella pila de papeles. Las predicciones de la plantilla, como las de las previsiones del sector privado, tenían tanto de arte como de ciencia. Pero los economistas de la plantilla añadían grandes dosis de juicio profesional a aquella mezcla, incluida su valoración de influencias difíciles de captar con los datos estándar, como inclemencias meteorológicas, posibles cambios en las políticas fiscales o inversoras del Estado y evoluciones en el plano geopolítico.

La exactitud de las previsiones del banco central y del sector privado se ha estudiado por extenso y sin un claro resultado. Por desgracia, más allá de uno o dos trimestres, el curso de la economía es extremadamente difícil de predecir. Dicho esto, realizar proyecciones meticulosas reviste una importancia crucial para diseñar una política monetaria coherente, igual que los planes de negocios y las estrategias de guerra son importantes en sus respectivos ámbitos.

Greenspan era famoso por su capacidad de predicción económica. Había liderado una consultoría de éxito, Townsend-Greenspan & Co., antes de trabajar para el Estado. En lugar de utilizar modelos simulados por ordenador, practicaba un estilo de previsión idiosincrásico, basado en el estudio de cientos de pequeñas piezas de información. A mi modo de ver, yo daba más importancia a la evolución de los indicadores del conjunto de la economía —el bosque y no los árboles—, pero valoraba el hecho de que el enfoque del presidente podía ofrecer en ocasiones descubrimientos interesantes que los análisis estándar podían pasar por alto.

La mañana de la reunión, nos sirvieron el desayuno en la planta superior del Edificio Martin, construido en la década de 1970 y situado detrás del Edificio Eccles, que databa de tiempos de la Depresión. (William McChesney Martin fue el presidente del Fed entre

1951 y 1970.) Durante el desayuno conocí a los presidentes de los Bancos de la Reserva y charlé con ellos. A algunos los conocía de mis tiempos como académico interesado en la Reserva Federal. Los miembros del FOMC se mezclaban amigablemente; la tendencia a formar camarillas basándose en sus opiniones políticas era escasa. Los halcones (tendentes a preocuparse más por la inflación) se sentaban a la misma mesa que las palomas (tendentes a preocuparse más por el crecimiento y el empleo).

Diez o quince minutos antes del inicio de la reunión, los participantes empezaron a ocupar sus asientos en la mesa de caoba y granito negro de la sala de juntas del Edificio Eccles. La sala de juntas es una estancia elegante y de altos techos, de diecisiete metros de largo, con altos ventanales cubiertos por cortinas, que da a Constitution Avenue. En una pared, un gran mapa de Estados Unidos muestra las fronteras de los distritos de los doce Bancos de la Reserva.

Además de los responsables políticos, a la mesa se sentaban cuatro o cinco miembros del personal con derecho a hablar. El responsable de la Mesa de Negociación del Mercado Abierto en el Fed de Nueva York, que gestiona la compra y la venta de valores por parte del Fed (operaciones que se realizan en el «mercado abierto») y mantiene frecuente contacto con los agentes del mercado, solía empezar la reunión haciendo un resumen de la evolución de los principales indicadores financieros. Cuando yo me uní al Consejo, el jefe de sección era Dino Kos. A continuación, los directores de la División de Investigación y Estadística (Dave Stockton) y de la División de Finanzas Internacionales (Karen Johnson) del Consejo, o sus inmediatos subordinados, presentaban las previsiones del personal sobre la economía estadounidense e internacional. Más adelante, el director de la División de Asuntos Económicos (Vincent Reinhart, heredero del puesto creado para Don Kohn) presentaba las opciones estratégicas detalladas en el Libro Azul. Colectivamente, los tres directores de división del Consejo tenían una influencia considerable. Alan Blinder, colega mío en Princeton que había sido vicepresidente del Consejo a mediados de la década de 1990, los apodaba «los barones».

El sillón de Greenspan, vacío minutos antes del comienzo de la reunión, estaba en el centro de la mesa oval, de dos colores y unas dimensiones de ocho metros de largo por tres de ancho, situada frente a la entrada principal de la estancia. A la derecha del presidente Greenspan se sentaba el presidente del Fed de Nueva York —que por tradición ocupa la vicepresidencia del FOMC—, Bill McDonough, un antiguo banquero de Chicago que estaba al frente del Fed neoyorquino desde 1993. Ferguson, el vicepresidente del Consejo, se sentaba a la izquierda de Greenspan. Los dos miembros con menor antigüedad —Kohn y yo— ocupábamos los extremos de la mesa, fuera de la línea visual del presidente. El resto de la estancia estaba ocupado por treinta y cinco miembros de la plantilla del Consejo y de los Bancos de la Reserva.

A las nueve en punto de la mañana se abrió una puerta junto a la chimenea. El presidente Greenspan salió de su oficina y avanzó hacia su asiento. La sala guardó silencio. Greenspan se sentó y organizó sus papeles. Nos dio la bienvenida a Don y a mí con una sola frase y a continuación pidió al personal que empezara sus exposiciones.

Greenspan había hablado conmigo durante el desayuno para cerciorarse de que comprendía cómo se organizaban las reuniones del FOMC. Primero estaban las presentaciones del personal sobre los mercados financieros y el panorama económico; después los diecinueve miembros del Consejo y presidentes de los Bancos de la Reserva formulaban preguntas. A continuación venía la «ronda económica». Cada participante hablaba durante cuatro o cinco minutos sobre las perspectivas económicas. Los presidentes de los Bancos de la Reserva solían hablar primero de las evoluciones de sus distritos para después opinar sobre la economía nacional. Los gobernadores solían hablar más tarde, seguidos por el vicepresidente (McDonough) y, para terminar, por Greenspan. Hasta hacía algunos años, las diecinueve intervenciones habían sido —al menos en parte— improvisadas. En detrimento de la calidad y la espontaneidad del debate —aunque en beneficio de la transparencia—, el FOMC, en respuesta a las demandas del congresista Henry González, entonces director del Comité de Servicios Financieros de la Cámara de Representantes, había accedido en 1994 a publicar transcripciones completas de las reuniones a los cinco años de su celebración. Desde entonces, la mayoría de los participantes se limitaban a leer discursos preparados.

Mi entrada en el comité coincidió con un momento delicado para la economía. El país estaba en las primeras etapas de recuperación de una recesión (un periodo de contracción económica) que solo había durado ocho meses, de marzo a noviembre de 2001. (Cuando la producción comienza a incrementarse, se dice que la economía está en fase de recuperación y que la recesión ha terminado, aunque la pérdida de puestos de trabajo y el descenso de la producción no se hayan subsanado por completo.) Las recesiones pueden tener numerosos desencadenantes u obedecer a combinaciones de causas. La recesión de 2001 se había producido tras el colapso de la burbuja tecnológica y un abrupto declive en las bolsas de todo el mundo; en mitad de ese proceso, la economía recibió otro golpe con los atentados del 11-S.

El FOMC había reaccionado con celeridad ante la recesión. A lo largo de 2001 redujo drásticamente el instrumento de su política —el objetivo del tipo de los fondos federales— del 6,5% al 1,75%, una respuesta sumamente rápida desde el punto de vista histórico. El tipo de los fondos federales es un tipo de interés aplicable en el sector privado; concretamente se refiere al tipo que los bancos aplican a los préstamos interbancarios a un día. Aunque el tipo de los fondos federales es un tipo privado, la Reserva Federal era capaz de controlarlo indirectamente influyendo en la provisión de fondos disponibles para los bancos. Para ser más precisos, el Fed controlaba el tipo de los fondos federales influyendo en la cantidad de reservas de los bancos.

Las reservas de los bancos son fondos que los bancos comerciales mantienen en el Fed. En este sentido se parecen mucho a las cuentas corrientes que los particulares tienen en los bancos. Un banco puede utilizar su cuenta de reservas del Fed para hacer o recibir pagos de otros bancos, o para acumular dinero extra. Asimismo, la ley exige que los bancos tengan un nivel mínimo de reservas.

El Fed podía influir en la cantidad de reservas bancarias que circulaban en el sistema —y, por lo tanto, en el tipo de los fondos federales— comprando o vendiendo valores. Por ejemplo, cuando el Fed vende valores, el pago se efectúa deduciendo su precio de la cuenta de reservas del banco del comprador. En consecuencia, las ventas de valores por parte del Fed extraen reservas del sistema bancario. Cuando las reservas disponibles disminuyen, los bancos están más deseosos de pedir empréstitos a otros bancos, lo que introduce una presión alcista sobre el tipo de los fondos federales, el tipo de interés que los bancos pagan por dichos empréstitos. Análogamente, para bajar el tipo de los fondos federales, el Fed compra valores, incrementando con ello las reservas del sistema bancario y reduciendo la necesidad de préstamos interbancarios.

En aquel momento, subir o bajar el tipo de los fondos federales era el principal medio del FOMC para influir en la economía, y el nivel al que se situaba el tipo era el indicador primario de la estrategia política. Si el FOMC determinaba que la actividad económica necesitaba un impulso, bajaba el tipo. La bajada tendía a reducir otros tipos de interés, desde el de los préstamos para la compra de vehículos hasta el de los préstamos hipotecarios y los bonos corporativos, y, por consiguiente, fomentaban los empréstitos y el gasto. Como predice la teoría keynesiana, mientras la economía tiene unos recursos en reserva, el incremento del gasto hace que las empresas aumenten la producción y contraten a más trabajadores. En cambio, si la economía tiene pocos recursos en reserva o no los tiene en absoluto, el incremento de la demanda puede elevar los precios y los salarios, es decir, puede aumentar la inflación. Si el comité creía que la economía se estaba «calentando» y que la producción estaba por encima de unos niveles sostenibles, podía elevar el tipo de los fondos federales, lo que llevaba a incrementar los tipos de interés de modo generalizado y a ralentizar la inflación y el crecimiento económico.

Elevar los tipos no era una opción real en agosto de 2002. La rápida campaña de reducción de tipos de 2001 sin duda contribuyó a la relativa brevedad de la recesión. Sin embargo, la recuperación que siguió fue tibia, con un crecimiento económico moderado, y los más pesimistas se inquietaron ante la posibilidad de que la economía estuviera flaqueando. Asimismo, pese al incremento de la producción, la economía estaba en una fase de «recuperación sin creación de empleo». De hecho, la tasa de desempleo había crecido desde el final de la recesión. Y la inflación había sido excepcionalmente baja, lo que a menudo es un síntoma de debilidad económica, puesto que las empresas son reacias a elevar los precios cuando la demanda escasea. Los precios de las acciones se mantenían bajos tras los escándalos en la gestión de la empresa de telecomunicaciones WorldCom, la compañía energética Enron y la auditora Arthur Andersen.

Como siempre, Greenspan tuvo la última palabra en la ronda económica. Propuso que nos abstuviéramos de introducir más recortes en nuestro objetivo para el tipo de fondos federales, pero en el comunicado posterior a la reunión —objeto de exquisitos cuidados— afirmó que «los riesgos favorecen esencialmente una serie de condiciones que pueden generar debilidad económica». En la jerga de los bancos centrales, eso indicaría a los mercados financieros que nos preocupaba el lento ritmo de la recuperación y que creíamos que la siguiente modificación de los tipos tenía más probabilidades de ser una bajada que una subida. Las observaciones de Greenspan servían de transición para que los participantes volvieran a exponer sus opiniones, esta vez en la llamada «ronda política», es decir: ponían fin a la primera ronda y daban comienzo a la segunda. Con Greenspan, aquella segunda ronda solía ser breve, y los participantes apenas hacían sino manifestar su acuerdo (o muy ocasionalmente su oposición) a sus recomendaciones. En esta ocasión mostré mi conformidad.

Por desgracia, cuando en septiembre se celebró la segunda reunión del FOMC a la que asistí como miembro, la economía mostraba pocas indicaciones de recuperación. Algunos participantes señalaron que la creciente inquietud sobre una posible guerra con Iraq parecía estar volviendo a las empresas y las familias extremadamente cautelosas. También hablamos sobre la posibilidad de que la tasa de inflación estuviera en unos niveles demasiado bajos. La gente suele pensar que una tasa baja de inflación es invariablemente buena, puesto que les permite comprar más. Pero si una tasa de inflación muy baja se mantiene así durante un largo periodo, lastra el incremento de los salarios y los ingresos, lo que anula todas las ventajas de unos precios bajos. De hecho, una tasa de inflación demasiado baja puede ser tan mala para la economía como una tasa de inflación demasiado alta, como mostraba a las claras la experiencia de Japón. La carga para la economía que puede suponer una tasa muy baja de inflación o una deflación puede ser tan grande que ni siquiera reducir a cero los tipos de interés a corto plazo puede proporcionar el estímulo suficiente para lograr el pleno empleo. Cuando llegó mi turno de palabra, admití que una flexibilización de los tipos podía calentar aún en mayor medida sectores que ya estaban calientes, como el inmobiliario, pero dije que me inclinaba a rebajar los tipos para prevenir el riesgo de caer en deflación.

También hablamos sobre si el «límite inferior igual a cero» —el hecho de que los tipos de interés no se pudieran reducir por debajo de cero— significaba que nos estábamos «quedando sin munición». Rebajar el tipo de los fondos federales no era la única herramienta concebible para fomentar el crecimiento, como las investigaciones del personal indicaban desde hacía años y como yo había sostenido en Princeton. Pero Greenspan minimizó la importancia del límite inferior igual a cero. Afirmó que, si el tipo de los fondos federales llegaba a cero, el comité sería capaz de encontrar otras formas de flexibilizar la política monetaria, aunque en aquel momento no dijo exactamente cuáles.

En todo caso, Greenspan volvió a argumentar contra una rebaja inmediata, aunque sugirió que tal vez fuera necesaria antes de la siguiente reunión programada. Di mi apoyo a la estrategia, pese a que me había inclinado por una rebaja. El comité parecía convencido de la necesidad de introducir más rebajas, y yo no creía que el momento preciso tuviera mucha importancia. Pero dos miembros del comité votaron contra Greenspan. Sorprendentemente, uno fue Ned Gramlich. Los miembros del Consejo suelen ser más comedidos a la hora de votar contra el presidente que los presidentes de los Bancos de la Reserva, tal vez porque los gobernadores de Washington tienen más oportunidades de argumentar su opinión entre reuniones. El otro miembro que votó en contra fue Bob McTeer, del Banco de la Reserva Federal de Dallas, que ya se había ganado el apodo de «La Paloma Solitaria».

Con la experiencia de dos reuniones del FOMC, me sentía preparado para empezar a hablar en público. El 15 de octubre de 2002, en Nueva York, me pregunté qué debía hacer la política monetaria —si es que debía hacer algo— con las burbujas del precio de los activos. La pregunta era oportuna. El auge y el desplome de la Bolsa habían contribuido a desencadenar la recesión de 2001, y no dejábamos de ver cómo se incrementaban los precios de la vivienda.

La mayoría de la gente cree que sabe lo que es una burbuja, pero los economistas no tienen una definición exacta. El término suele referirse a una situación en la que los inversores hinchan el precio de una clase de activos muy por encima de su valor «fundamental», convencidos de que podrán revenderlo posteriormente a un precio todavía más alto. Participé en el polémico debate de si los bancos centrales deberían elevar los tipos de interés para tratar de desinflar una burbuja.

Expresé dos reservas sobre esa estrategia. Primero, es difícil identificar una burbuja antes de que explote. Nadie sabe con certeza el valor fundamental de un activo, puesto que depende de muchos factores, incluida la probable evolución de la economía en un futuro distante. De hecho, si las burbujas fueran sencillas de identificar, los inversores no quedarían atrapados en ellas.

En segundo lugar estaba el problema con el que el FOMC se enfrentó en 2002: qué hacer cuando un sector, como por ejemplo el inmobiliario, está caliente pero el resto de la economía no lo está. La política monetaria no puede orientarse a una sola clase de activos dejando al margen el resto de mercados financieros y el conjunto de la economía. Cité el auge de la Bolsa de finales de la década de 1920. Benjamin Strong, presidente del Fed de Nueva York y líder de facto de la Reserva Federal, se resistió a incrementar los tipos de interés para calmar al mercado de valores, argumentando que los efectos de unos tipos de interés más altos no se podían limitar a las acciones bursátiles. Presentó una analogía: elevar los tipos sería como azotar a todos sus hijos simplemente porque uno de ellos —el mercado de valores— se había portado mal. Cuando Strong murió en 1928, sus sucesores abandonaron su estrategia no intervencionista y elevaron los tipos. Los resultados últimos de aquella decisión no fueron solo el crac bursátil de 1929 (en un sentido trágico, el Fed consiguió el objetivo de enfriar el mercado), sino también una política monetaria excesivamente restrictiva que contribuyó a desencadenar la Depresión.

Entonces ¿los problemas que acarrea utilizar la política monetaria para pinchar las burbujas significan que los bancos centrales deben ignorar las burbujas cuando se forman? No, argumenté. En primer lugar, a veces las burbujas provocan el sobrecalentamiento de toda la economía —por ejemplo, cuando la subida del precio de los valores bursátiles impulsa a los accionistas a aumentar su gasto—, lo que lleva a un crecimiento insostenible y a una tasa de inflación más alta. En ese caso, la política monetaria puede dirigirse contra la burbuja y al mismo tiempo ayudar a estabilizar el conjunto de la economía. Mark Gertler y yo habíamos ofrecido un argumento similar en un ensayo que presentamos en el congreso de Jackson Hole de 1999. En segundo lugar, y más importante todavía, los bancos centrales y otras agencias pueden combatir las burbujas por otros medios, como la regulación, la supervisión bancaria y la educación financiera. O, como dije en mi discurso: «Hacer el trabajo con la herramienta adecuada».

En noviembre —en un discurso titulado «Deflación: ¿puede "Ella" ocurrir aquí?»— planteé la cuestión que el FOMC había debatido en septiembre: ¿se quedaría el Fed sin munición en el caso de que la tasa de inflación cayera hasta un nivel muy bajo y los tipos de interés bajaran a cero? Dije que los bancos centrales deben hacer cuanto esté en su mano para evitar la deflación. Por ejemplo, pueden fijar un objetivo de inflación superior a cero para crear una zona de seguridad contra la deflación. Los bancos centrales de los países industrializados solían fijar como objetivo una tasa de inflación del 2% aproximadamente, aunque en el caso del Fed el objetivo no era público. Sostuve asimismo que era importante ir por delante de la deflación, bajando los tipos a título preventivo en caso de necesidad.

Pero ¿qué ocurriría si se producía la deflación? Dije que, aunque los tipos de interés a corto plazo se acercaran a cero, los bancos centrales podían hacer más cosas. Propuse varios métodos para reducir los tipos de interés a más largo plazo, como por ejemplo el de los préstamos hipotecarios, con vistas a proporcionar un estímulo económico adicional, aunque los tipos de interés a corto plazo no se pudieran reducir en mayor medida.

El discurso sobre la deflación me hizo acreedor de un sobrenombre: «Helicóptero Ben». En un debate sobre estrategias hipotéticas para combatir la deflación, mencioné una táctica extrema: combinar una rebaja de impuestos generalizada con la creación de dinero por parte del banco central para financiar la rebaja. Milton Friedman había comparado este enfoque con un helicóptero que arrojara dinero desde el aire. Dave Skidmore, responsable de relaciones con los medios, antiguo periodista de Associated Press y revisor de mis discursos en mis tiempos primero como miembro del Consejo y después como presidente del Fed, me aconsejó que eliminara la metáfora. Sin embargo, yo no lo veía claro. A fin de cuentas, ya la había utilizado en mis textos académicos. «No es la clase de cosas que dice un banquero central», me dijo. Yo contesté: «Todo el mundo sabe que procede de Milton Friedman». Como al final se demostró, muchos corredores de bonos de Wall Street no habían profundizado demasiado en la obra de Milton. No se tomaron mis observaciones como las reflexiones hipotéticas de un profesor, sino como el indicativo de que un responsable político estaba dispuesto a elevar demasiado la tasa de inflación, lo que devaluaría sus bonos.

La deflación y las ideas de Friedman estuvieron en el centro de un tercer discurso que pronuncié al comienzo de mi mandato en la Universidad de Chicago. La ocasión era una ceremonia en honor de Milton con motivo de su noventa cumpleaños. Conocí a Milton cuando yo enseñaba en Stanford y él formaba parte del Instituto Hoover. Era un hombre menudo que parecía tener siempre una sonrisa en los labios. Le encantaba hablar de economía con todo el mundo, incluso con un joven profesor ayudante como yo. Gracias a su obra con Anna Schwartz yo había descubierto que el fracaso de la Reserva Federal a la hora de impedir que la economía entrara en deflación había sido una importante causa de la Depresión. Con aquello en mente, recordé al público que ahora yo formaba parte del Fed y terminé mi discurso con estas palabras: «Me gustaría decirle a Milton y Anna lo siguiente: en lo que respecta a la Gran Depresión, tenéis razón. Lo hicimos mal y lo lamentamos enormemente. Pero gracias a vosotros no volveremos a cometer el mismo error».

# 4

## EN LA ORQUESTA DEL MAESTRO

Como joven miembro de la orquesta del Maestro, la vida en los años finales de la etapa de Greenspan como presidente del Fed era todo lo tranquila o lo acelerada que yo quisiese que fuera. En ocasiones era también extrañamente solitaria, incluso para alguien acostumbrado a la soledad de la investigación académica. Viajaba con bastante frecuencia para ofrecer un discurso, visitar un Banco de la Reserva o representar al Consejo en una reunión celebrada en el extranjero. Pero me pasaba la mayor parte del tiempo trabajando a solas en mi despacho. Llegaba temprano y aparcaba en un garaje subterráneo del Edificio Eccles. Algunos días la bicicleta de Don Kohn ocupaba la plaza junto a la mía.

En un día normal, entre las reuniones leía informes, seguía las evoluciones económicas y financieras y trabajaba en discursos o en investigaciones académicas que había dejado inconclusas cuando me había trasladado a Washington. El personal estaba encantado de ayudarme con los discursos e incluso de escribirlos, pero yo prefería redactarlos primero por mi cuenta y revisarlos después aprovechando sus comentarios. Varios gobernadores tenían puesta la CNBC en su despacho durante todo el día, pero a mí aquello me distraía. Prefería consultar regularmente la pantalla de Bloomberg en mi despacho o leer las últimas noticias sobre el mercado que me enviaba el personal.

En las reuniones a las que yo acudía era raro que el Consejo asistiera en pleno; gran parte del trabajo estaba a cargo de comités. Nos reuníamos quincenalmente los lunes por la mañana para hablar con el personal sobre los últimos acontecimientos económicos, financieros e internacionales. Tras la presentación del personal, los gobernadores les formulaban preguntas. Mi experiencia como profesor me había acostumbrado a plantear preguntas especulativas o hipotéticas en los seminarios, pero en el Fed adquirí rápidamente más disciplina. En cierta ocasión hice una pregunta ociosa. Al final del día, el personal me había enviado un memorándum de diez páginas que respondía a la cuestión partiendo de cuatro clases distintas de presupuestos y que incluía una bibliografía. A partir de entonces únicamente formulé preguntas cuando necesitaba las respuestas.

En Princeton solía dejarme caer por el despacho de algún colega para examinar con él una idea nueva o charlar un rato. En el Fed, al margen de las reuniones programadas, no veía demasiado a mis compañeros del Consejo, salvo si concertábamos una cita. Los despachos de los miembros del Consejo se disponen a lo largo de un extenso pasillo con moqueta, techos abovedados y el silencioso ambiente de una biblioteca. Cada despacho tiene uno anexo ocupado por un ayudante administrativo. Rita Proctor, una veterana del Fed que destacaba por su eficiencia y seguridad, fue la empleada que me asignaron. Enseguida me enseñó «cómo se hacen las cosas» en el Consejo. En Princeton compartía asistente con otros colegas. Le pedía tan pocas cosas a Rita que se ofreció voluntaria para trabajar al mismo tiempo con Mark Olson.

Otra diferencia entre la vida académica y la vida política estribaba en las normas de etiqueta. Cuando era profesor solía ponerme vaqueros para ir a trabajar. No estaba acostumbrado a vestir traje a diario, sobre todo con el calor del verano en Washington. Por supuesto, entendía que vestir con formalidad era un modo de demostrar que uno se tomaba en serio su trabajo. Pero en un discurso que pronuncié ante la Asociación Estadounidense de Economía, hice la irónica propuesta de que los gobernadores pudieran demostrar su compromiso vistiendo camisetas hawaianas y pantalones bermudas.

La vida fuera del trabajo era tan tranquila como en él. Los fines de semana solía volver a mi casa en Princeton o viajar para atender compromisos del Consejo. A veces me veía con amigos de la universidad. Pero casi todas las noches entre semana volvía a un solitario apartamento y telefoneaba a Anna para saber cómo iba todo en Nueva Jersey. El apartamento estaba cerca de un par de restaurantes vietnamitas a los que iba con frecuencia. Cuando no salía a cenar, me calentaba al microondas un sándwich Hot Pockets y me lo comía mientras veía la reposición de algún episodio de *Seinfeld*. A veces me acercaba al Blues Alley, un club de jazz que estaba enfrente de mi edificio, o a una librería Barnes & Noble de tres pisos situada a pocas manzanas. En mis horas de ocio leía novelas y ensayos de toda clase (historia, biología, matemáticas), aunque rara vez de economía. Al principio no podía dedicarme a mi gran pasión extracurricular, el béisbol, porque los Montreal Expos no se trasladaron a Washington hasta 2005, año en el que cambiaron su nombre por el de Nationals.

Recibía invitaciones para asistir a recepciones en embajadas y sitios similares, pero las rechazaba casi todas. Disfruté en varias fiestas a las que asistí en casa de Greenspan y su mujer, Andrea Mitchell. En esas ocasiones, el presidente del Fed solía mostrar un sentido del humor solapado y a veces autocrítico que rara vez dejaba traslucir en público. En cierta ocasión, por ejemplo, nos contó que cuando se declaró a Andrea lo hizo con palabras tan llenas de su típica ambigüedad que ella tardó en comprender que le estaba pidiendo matrimonio. Andrea nos entretenía con historias sobre sus aventuras como corresponsal internacional para NBC News. Los antiguos miembros del Consejo, entre los que se contaban tanto veteranos miembros del personal como gobernadores retirados, constituían un club informal que se extendía más allá de los muros de la institución. Mike Kelley, un antiguo miembro del Consejo que vivía con su mujer, Janet, en el cercano complejo Watergate, organizaba anualmente una recepción por Navidad a la que asistía todo aquel que viviera en la ciudad y hubiera tenido o conservara algún vínculo con el Fed.

En el trabajo solía mantener pocas reuniones individuales con Greenspan. A veces pedía cita para verlo en su despacho, y de vez en cuando me invitaba a almorzar en su comedor personal. Aunque nos llevábamos bien, sospecho que me consideraba excesivamente académico, y por tanto poco versado en los problemas prácticos de un banco central. Aquella opinión no dejaba de tener ciertas ventajas. Y, por supuesto, la insistencia que yo mostraba en las reuniones y los discursos del FOMC sobre la necesidad de transparencia política era excesiva para su gusto.

Aunque la reputación y el historial de Greenspan me parecían admirables, advertía ciertas lagunas que una persona formada en el mundo académico no podía dejar de ver en un hombre fundamentalmente autodidacta. Casi todo lo que Greenspan sabía de economía lo había aprendido trabajando como asesor. Después de obtener un máster en la Universidad de Nueva York, se había matriculado en un programa de doctorado de la Universidad de Columbia bajo la dirección del antiguo presidente del Fed Arthur Burns, un pionero en el análisis empírico de las recesiones y las recuperaciones. Greenspan abandonó el programa a principios de la década de 1950, cuando su negocio de consultoría tomó ímpetu. Muchos años después, en 1977, recibió un doctorado por una recopilación de artículos, no por una tesis doctoral. Greenspan era perspicaz y tenía un considerable acervo de conocimientos abstrusos, pero su forma de pensar era más idiosincrásica y menos conceptual que aquella a la que yo estaba acostumbrado. Su famoso libertarismo (había sido discípulo de la novelista y filósofa Ayn Rand) se traslucía en ciertos comentarios que hacía de pasada, aunque en el diseño de la política monetaria solía regirse por el pragmatismo.

A pesar de nuestras diferencias de opinión, apreciaba y admiraba a Greenspan. Siempre se mostraba cordial y dispuesto a conversar sobre cualquier tema económico. En cierta ocasión fui a verlo unos veinte minutos antes de una reunión del FOMC, no recuerdo exactamente por qué motivo. Cuando entré en su despacho lo encontré sentado ante la mesa comiendo copos de avena con una servilleta colgada del cuello. Empezamos a hablar de mi propuesta y, a mitad de su animada respuesta, se dio cuenta de que la reunión había comenzado hacía cinco minutos, una importante infracción del protocolo. Se quitó volando la servilleta y entró con celeridad en la sala de juntas por la puerta que daba a su despacho. Yo salí al pasillo para dirigirme a la entrada principal.

Muchos observadores externos de la época consideraban que el FOMC se limitaba a seguir los dictados de Greenspan. Enseguida comprobé que no era cierto. Si el presidente tenía una opinión particularmente firme sobre algún asunto, lo más probable es que el Consejo aprobara su recomendación. Su prestigio personal y la tradición del Fed de secundar al presidente solían ser suficientes. Así ocurrió a finales de la década de 1990, cuando había argumentado contra la subida de los tipos de interés, convencido de que el rápido aumento de la productividad, que daba a la economía más espacio para crecer, hacía que la medida fuese prematura. (Aquel llamamiento, narrado en un libro de Bob Woodward, contribuyó a conceder a Greenspan el título de Maestro.) Pero siempre sabía dónde se encontraba el centro del comité, y solía acoplarse a las opiniones de los miembros, no siempre por completo, aunque sí mediante inteligentes compromisos o vagas promesas de actuar en otra reunión.

Greenspan y yo coincidíamos en muchas cosas. Como yo, defendía apasionadamente la independencia del Fed respecto de presiones políticas cortoplacistas; su presidente tomaba decisiones políticas de una forma apolítica y ajena a partidismos. Como yo, creía que la política monetaria es una herramienta poderosa, y se mostraba dispuesto a actuar con firmeza cuando estaba justificado. Coincidíamos en los beneficios de una inflación baja y estable, y estábamos fundamentalmente de acuerdo en que la política monetaria podía ser efectiva aun cuando los tipos de interés a corto plazo llegasen a cero. Greenspan también compartía mi opinión de que los responsables de la política monetaria no podían identificar fidedignamente las burbujas en el precio de los activos o «pincharlas» de forma segura elevando los tipos de interés.

Nuestras ideas divergían en algunos aspectos. Yo defendía, y él rechazaba, el establecimiento de unos marcos políticos formales como el objetivo de inflación, destinados a mejorar la transparencia del Fed. Greenspan había llegado a bromear sobre su tensa relación con la transparencia. En 1987 declaró ante un comité del Senado: «Desde que me convertí en presidente del banco central he aprendido a mascullar de forma incoherente. Si mis palabras les parecen excesivamente claras es porque no me han comprendido». Tampoco daba mucho crédito a la capacidad de la supervisión y la regulación para impedir que los bancos se metieran en problemas. Creía que mientras los bancos se jugaran su propio capital, las fuerzas del mercado les impedirían arriesgarse a peligrosas aventuras crediticias. Y si yo había sostenido que la regulación y la supervisión tenían que ser la primera línea de defensa contra las burbujas de los precios de los activos, él era más inclinado a no intervenir en primera instancia y a utilizar después las rebajas del tipo de interés para amortiguar las consecuencias económicas del pinchazo.

Durante la mayor parte de la década de 1990, el Fed presidió una economía cuya tasa de empleo crecía enérgicamente y cuya tasa de inflación se situaba en niveles bajos. El Fed cubría las necesidades del doble mandato emanado del Congreso: máximo empleo y estabilidad de los precios. En cambio, cuando yo llegué al Fed, veíamos riesgos en los dos aspectos: por la parte del empleo, teníamos que enfrentarnos a una recuperación que no creaba puestos de trabajo; por la parte de la estabilidad de los precios, nos enfrentábamos a un problema inédito en Estados Unidos desde la Depresión: la posibilidad de que la inflación cayera demasiado o hasta se convirtiera en deflación, con la consiguiente caída de los salarios y los precios.

En el pasado, el final de una recesión había ido generalmente seguido por una mejora del mercado laboral. Pero durante los dos años posteriores a la recesión que terminó en noviembre de 2001, la economía estadounidense perdió 700.000 puestos de trabajo, y el desempleo subió del 5,5% al 5,8%, pese al aumento de la producción. Muchos economistas y críticos se preguntaron si la globalización y la automatización no habrían supuesto un daño irreversible para la capacidad de creación de empleo de la economía estadounidense. Al mismo tiempo, la tasa de inflación se había mantenido baja y, con la economía renqueante, los economistas del Fed habían avisado de que podía caer al 0,5% o incluso por debajo de ese porcentaje en 2003. No podía descartarse la posibilidad de entrar en deflación.

Esa inquietud era nueva para los miembros del FOMC. Desde el final de la Depresión, el gran riesgo para la estabilidad de los precios había sido siempre la inflación excesiva. La inflación entró en una espiral alcista en la década de 1970. Bajo la dirección de Paul Volcker, el Fed acabó con ella, pero a un alto precio. Pocos meses después de que Volcker asumiera la presidencia en 1979, el Fed introdujo ajustes radicales en la política monetaria y los tipos de interés se dispararon. A finales de 1981 el tipo de los fondos federales llegó al 20% y el tipo de interés de las hipotecas a treinta años y plazo fijo alcanzó el 18%. El resultado de todo ello fue que el sector inmobiliario, la industria del motor y otras actividades dependientes del crédito sufrieron un brusco frenazo. A una breve recesión en 1980 la siguió una profunda crisis en 1981-1982. El desempleo superó el 10%, una cifra que no se había visto desde finales de la década de 1930.

Tras suceder a Volcker en 1987, Greenspan siguió luchando contra la inflación, aunque fue capaz de hacer las cosas de manera mucho más gradual y con menores efectos colaterales. A finales de la década de 1990 parecía que había terminado la lucha contra la inflación. Esta había caído a un 2% interanual, un porcentaje que parecía cuadrar con la definición informal de estabilidad de los precios dada por Greenspan: una tasa de inflación tan baja como para que los hogares y las empresas no la tuvieran en cuenta al tomar decisiones económicas.

La Gran Inflación de la década de 1970 dejó una profunda huella en los responsables de la política monetaria. Michael Moskow, presidente del Banco de la Reserva Federal de Chicago cuando entré en el FOMC, había trabajado como economista del cuerpo que gestionó el tristemente famoso —y lamentablemente malogrado— control de precios y salarios impuesto por Nixon con el fin de proscribir el incremento de los precios. (Como era previsible, muchos vendedores lograron evadir los controles, y, cuando no pudieron, algunos productos dejaron de estar disponibles, al no extraer los vendedores un beneficio si los vendían a los precios ordenados.) Don Kohn había trabajado en la plantilla de economistas del Consejo en la década de 1970 cuando Arthur Burns era presidente del Fed y la inflación se había disparado. El propio Greenspan había estado al frente del Consejo de Asesores Económicos del presidente Ford y sin duda le entraban escalofríos cuando recordaba la ineficaz campaña Látigo contra la Inflación, que animaba a la gente a llevar insignias para señalar su compromiso con el control del aumento del coste de la vida. Como los responsables políticos del Fed estaban acostumbrados a preocuparse por una tasa de inflación demasiado elevada, la posibilidad de que esta fuera demasiado baja los desconcertaba. Pero era una posibilidad que dentro de poco tendríamos que tomarnos en serio.

Tras las veloces rebajas de 2011, el tipo de los fondos federales se mantuvo en el 1,75% durante casi todo 2002. Pero en la reunión mantenida por el FOMC en noviembre de 2002, la tercera desde que yo había ingresado en el Fed, la opción de volver a rebajarlo había vuelto a ganar fuerza. Tras una breve mejora durante el verano, la creación de empleo se estaba paralizando nuevamente. Yo coincidía en la necesidad de rebajar los tipos de interés para fomentar la creación de empleo. Además señalé que una rebaja contribuiría a evitar más descensos en la tasa de inflación, que en aquel entonces era muy baja. Greenspan había llegado a la misma conclusión. «Estamos ante lo que básicamente constituye una economía en deflación latente —nos dijo—. Es una perspectiva realmente temible, e indudablemente hay que sortearla.» Greenspan propuso —y el comité apoyó— una importante rebaja de medio punto en el objetivo de tipo de interés de los fondos federales, hasta situarlo en el 1,25%. En el comunicado posterior a la reunión indicamos que, con la rebaja del tipo de interés, los riesgos quedaban «equilibrados», lo que significaba que en el futuro el tipo podía experimentar tanto una subida como una bajada.

La economía pareció animarse durante algunos meses, pero cuando se celebró nuestra reunión de marzo de 2003 la recuperación parecía de nuevo estancada. Lo asombroso era que el Departamento de Trabajo informó de que en el sector privado se habían perdido 308 000 empleos en febrero. «¡Con recuperaciones como esta, quién necesita recesiones!», dijo Bob McTeer, presidente del Fed de Dallas.

Las fuerzas estadounidenses habían invadido Iraq unos días antes de la reunión. Las empresas y las familias eran reacias a realizar inversiones o solicitar empréstitos antes de que se conociera el resultado de la invasión. Mis colegas y yo también desconocíamos las consecuencias económicas de la guerra, especialmente su efecto en los precios de la energía. A petición de Greenspan decidimos esperar antes de adoptar nuevas medidas. En el comunicado posterior a la reunión declaramos que la incertidumbre era tan elevada que no podíamos determinar adecuadamente el curso de la economía o de la política monetaria a corto plazo. Aquella afirmación sin precedentes probablemente contribuyó a la angustia de la ciudadanía ante la situación económica.

Yo tenía la esperanza de que ciertos aspectos de mi obra académica enriqueciesen el debate. En particular, puesto que acertar en el mensaje sobre las medidas a adoptar es una tarea especialmente importante cuando los tipos de interés a corto plazo se acercan a cero, mi trabajo sobre el objetivo de inflación y la necesidad de transparencia parecían cobrar aún más relevancia. En marzo de 2003 comencé a pronunciar una serie de discursos sobre el tema.

Aunque el objetivo de inflación despertaba controversia en el seno del FOMC, no me importaba levantar ampollas hablando de él en otros lugares. Los miembros del Consejo y los presidentes de los Bancos de la Reserva suelen ofrecer discursos sobre asuntos que van desde la política monetaria hasta la regulación bancaria. Los textos circulan en ocasiones por adelantado para someterlos a comentario o como muestra de cortesía, pero no tienen que contar con la aprobación del presidente ni de nadie. Salvo en raras ocasiones no hay ninguna coordinación sobre el asunto o el mensaje. Se espera que los autores dejen claro que expresan su propia opinión, no la del comité. Los miembros del FOMC también observan un «período de restricción» inmediatamente antes y después de las reuniones programadas del FOMC, en el que se abstienen de pronunciarse sobre la política monetaria y las perspectivas económicas. Esta costumbre contribuye a que los mercados se muestren menos sensibles a las reuniones.

Empecé mi discurso de marzo de 2003 observando que, si bien en todo el mundo existía una tendencia a fijar un objetivo de inflación, tendencia que incluía a economías desarrolladas, mercados emergentes e incluso economías en transición desde el modelo comunista, sus beneficios apenas se comprendían o apreciaban en Estados Unidos. «Los debates sobre el objetivo de inflación en los medios nacionales me recuerdan al modo en que algunos americanos conciben el sistema métrico: no saben realmente lo que es, pero lo consideran extraño, impenetrable y ligeramente subversivo», dije.

Una razón para el escepticismo era que el objetivo de inflación parecía descuidar una de las dos partes del doble mandato del Fed (máximo empleo) en beneficio de la otra (estabilidad de los precios). Sin embargo, pese a su denominación, el objetivo de inflación no tenía que ver con el control de la inflación. Por lo general, los objetivos de inflación se deben cumplir únicamente durante periodos de varios años, lo que deja una gran libertad de maniobra para que la política monetaria reaccione a un aumento del desempleo. Esta versión del objetivo de inflación —lo que los economistas y los responsables de los bancos centrales denominan «objetivo flexible de inflación»— une la disciplina en la inflación a largo plazo con la flexibilidad a corto plazo para contrarrestar la debilidad económica. Prácticamente todos los bancos centrales que fijan un objetivo de inflación apuestan por esa flexibilidad.

De hecho, a mi juicio un objetivo de inflación que fuera digno de crédito para los mercados y la ciudadanía daría al Fed un mayor margen de maniobra para responder a la ralentización de la economía. Si los mercados y la ciudadanía confían en que el Fed hará lo necesario para alcanzar su objetivo de inflación a largo plazo —o, como dicen los economistas, si las expectativas de inflación de los ciudadanos están «bien ancladas» en el objetivo—, entonces las demandas de los responsables de fijar los precios y los salarios tenderán a la moderación. A su vez, esa moderación permitirá al Fed combatir enérgicamente el desempleo sin preocuparse tanto por la posibilidad de que la inflación se descontrole.

En el contexto de 2003, los beneficios comunicativos de fijar un objetivo de inflación parecían especialmente pertinentes. Ante la posibilidad de deflación había que estimular la demanda económica e impulsar ligeramente la inflación. Pero como el tipo de los fondos federales era casi de cero, teníamos poco margen de maniobra para flexibilizar la política al modo convencional, reduciendo aún más el tipo de los fondos federales. En todo caso, el tipo de los fondos, considerado en sí mismo, es relativamente poco importante. Los tipos de interés que verdaderamente importan para la economía, como los de los préstamos hipotecarios o los de los bonos corporativos, son a mucho más largo plazo. Además quedan fuera del control directo del Fed, puesto que los fijan los agentes de los mercados financieros.

Dado el escaso margen de maniobra para bajar aún más los tipos de los fondos federales, ¿cómo podíamos presionar a la baja en los tipos a más largo plazo? Una forma de hacerlo consistía en convencer a los agentes del mercado de nuestra intención de mantener bajo el tipo a corto plazo que controlábamos durante un periodo relativamente amplio. Al fijar los tipos a más largo plazo, los agentes del mercado tienen en cuenta sus expectativas sobre la evolución de los tipos a corto plazo. Por tanto, si existía la expectativa de que los tipos a corto plazo se mantuvieran bajos durante más tiempo, los tipos a largo plazo tenderían también a mantenerse bajos. Supongamos

—argumentaba yo— que el Fed tuviera un objetivo de inflación numérico, y que las proyecciones indicaran que la inflación real se mantendría muy por debajo del objetivo. En esa situación, los inversores llegarían a la conclusión de que necesitábamos mantener bajos durante bastante tiempo los tipos de interés a corto plazo. A consecuencia de ello, los tipos de interés a largo plazo serían más bajos que en otras circunstancias, lo que estimularía la demanda e impulsaría la inflación hacia nuestro objetivo.

Sin un objetivo de inflación o sin un marco comunicativo coherente, el Fed tenía lo que yo llamaba la estrategia comunicativa Marcel Marceau. La idea era: «No te fijes en lo que digo sino en lo que hago». Esa estrategia tal vez fuera adecuada en tiempos normales. Los mercados pueden inferir cómo actuará el Fed a partir de cómo ha actuado en el pasado. Sin embargo, en 2002 y 2003, con los tipos de interés y la inflación muy bajos, los mercados no tenían ejemplos suficientes de la actuación del Fed en circunstancias similares. El objetivo de inflación —sostenía yo— podía contribuir a llenar el vacío de información.

La disputa por el objetivo de inflación había comenzado hacía algunos años. Greenspan había organizado un debate sobre el tema en la reunión del FOMC prevista para enero de 1995, con vistas a sondear la posición del comité antes de comparecer ante el Congreso. Sin embargo, durante la época en la que fui miembro ordinario del Consejo, Greenspan mantuvo una firme oposición. También parecía preocuparle el modo de conseguir un consenso entre los siete miembros del Consejo y los doce presidentes de los Bancos de la Reserva sobre qué objetivo de inflación fijar y sobre cómo determinar nuestros planes para alcanzar dicho objetivo. Finalmente, como veterano de las batallas políticas, a veces insinuaba que era reacio a cambiar el marco de la política monetaria sin la autorización del Congreso. Por tanto, aunque como grupo debatíamos interminablemente sobre la necesidad cada vez más evidente de contar con una comunicación más efectiva, y en ocasiones mencionábamos los objetivos de inflación, sabíamos que no podríamos hacer nada al respecto mientras Greenspan no cambiase de opinión.

Conforme se desarrollaba la guerra de Irak, las incertidumbres se atenuaron un poco y tuvimos una perspectiva más clara del estado de la economía. Antes de la reunión de mayo de 2003 no nos gustaba el panorama que veíamos. Tras la fuerte caída de febrero, el empleo seguía cediendo terreno: durante los tres meses que transcurrieron hasta abril se perdieron en total 525.000 puestos de trabajo. Además, la inflación estaba cada vez más baja. Sin un sólido marco de comunicación, nos esforzábamos en transmitir el mensaje de que seríamos flexibles en materia de policía monetaria hasta que la inflación subiera y volvieran a crearse puestos de trabajo.

De hecho, las comunicaciones del FOMC habían seguido un largo y tortuoso camino. Hasta 1994, el comité no había emitido ningún comunicado después de las reuniones, ni siquiera cuando había tomado la decisión de cambiar el tipo de interés de los fondos federales. Los agentes del mercado tenían que adivinar la decisión del FOMC observando la evolución de los mercados monetarios a corto plazo. A partir de febrero de 1994, Greenspan emitió después de las reuniones un «comunicado presidencial», generalmente redactado con ayuda de Don Kohn. Sin embargo, los miembros del comité descubrieron pronto el efecto que el comunicado podía tener en los mercados, y con el paso del tiempo cada vez contribuyeron a su redacción en mayor medida. Asimismo, el comunicado fue cada vez más extenso, pues el comité trataba de informar de sus inclinaciones sin comprometerse con acciones concretas.

El comunicado posterior a nuestra reunión de mayo de 2003 incluía una frase crucial, que reflejaba la inquietud creciente que la deflación causaba en el comité. Decíamos que «la probabilidad de una indeseable caída en la inflación, aunque sea pequeña, supera a la de una subida de la inflación desde su baja tasa actual». Pese a su carácter enrevesado, el comunicado llamó la atención sobre la tasa excesivamente baja de inflación y, lo más importante, transmitió el mensaje de que una caída de la inflación sería «indeseable», en marcado contraste con lo que llevaba ocurriendo desde hacía cuarenta años, cuando el descenso de la inflación se consideraba invariablemente positivo. En la práctica, el comité afirmaba que teníamos un objetivo de inflación —aunque no diera una cifra— y que nos inquietaba la posibilidad de que la inflación se situara por debajo de él.

Los mercados captaron el mensaje. Al esperar una política monetaria más flexible, o al menos una continuidad del actual nivel de flexibilidad, los operadores apostaron por una bajada de los tipos de interés a largo plazo, lo que añadió un nuevo estímulo a la economía. El rendimiento de los títulos del Tesoro a diez años, que se situaba en el 3,92% el día antes de la reunión, había bajado hasta el 3,13% a mediados de junio. Las hipotecas a treinta años e interés fijo bajaron desde el 5,7% hasta el 5,2%. Era destacable que hubiéramos logrado ese resultado únicamente por medio de palabras. En nuestra reunión de junio seguimos recortando el tipo de los fondos federales, del 1,25% al 1%, el nivel más bajo desde que el Fed había empezado a utilizar el tipo de interés como instrumento normativo en la década de 1960.

Por aquella época, yo aprovechaba mis discursos, incluido uno que pronuncié en mayo en Japón —el ejemplo modélico del peligro de la deflación—, para concienciar de que la inflación no solo podía ser demasiado alta sino también demasiado baja. En julio dije en la Universidad de California que el Fed debía tomarse en serio incluso un pequeño riesgo de deflación y dejar claro que estaba preparada para hacerle frente. Explicar nuestras intenciones era crucial. «El éxito de la política monetaria depende en mayor medida de la capacidad del banco central para comunicar adecuadamente sus planes y objetivos que de cualquier otro factor», dije. Por supuesto, la adopción de un objetivo de inflación numérico me parecía la mejor manera de dejar claras nuestras intenciones.

El FOMC no estaba preparado para dar ese paso, pero dedicamos muchas horas a debatir sobre cómo informar de nuestros planes. En el comunicado posterior a la reunión de agosto ofrecíamos algunas orientaciones —aunque fueran vagas— de nuestras expectativas sobre política monetaria. Decíamos que esperábamos mantener unos tipos de interés bajos durante «un considerable periodo de tiempo». El objetivo de aquella frase era mantener bajos los tipos de interés a largo plazo influyendo en las expectativas de mercado sobre los tipos a corto plazo.

Mientras el FOMC impulsaba una recuperación más sólida, la política fiscal nos brindó un poco de ayuda. En mayo de 2003, el gobierno de Bush logró que el Congreso aprobara nuevas rebajas de impuestos, además de las que ya se habían introducido en 2001. Al bajar los impuestos sobre los salarios y los intereses y dividendos personales, los contribuyentes tenían más dinero en el bolsillo. Si se lo gastaban, se incrementaría la demanda de bienes y servicios, lo que fomentaría la producción y las contrataciones.

En noviembre, Tim Geithner sustituyó a Bill McDonough como presidente del Fed de Nueva York. En calidad de vicepresidente del FOMC, el presidente del Fed neoyorquino tiene mucho que decir no solo sobre política monetaria, sino también —puesto que muchos de los bancos más importantes de la nación tienen su sede en Nueva York— sobre supervisión bancaria. Con el paso del tiempo llegué a admirar profundamente a Tim, pero cuando lo conocí la verdad es que no me impresionó. Tim es un hombre menudo, de voz suave y aspecto juvenil, aunque en la época tenía cuarenta y dos años. Carecía de credenciales profesionales en materia económica o de experiencia como supervisor bancario. Sin embargo, contaba con el apoyo incondicional de varios pesos pesados, entre los que se contaban Larry Summers y Bob Rubin, antiguos secretarios del Tesoro, y Pete Peterson, presidente del consejo del Fed de Nueva York, secretario de Comercio con Richard Nixon y cofundador de la empresa de capital riesgo Blackstone. Conceder un puesto tan importante a partir de simples recomendaciones me hacía ser escéptico.

No obstante, el nombramiento no pudo ser más atinado. Tim no había hecho el doctorado, pero tenía un equivalente de ese título en gestión de crisis financieras. Después de trabajar en la firma de consultoría de Henry Kissinger había entrado en la plantilla del Departamento del Tesoro en 1988. Escaló puestos a gran velocidad, asombrando a Rubin y Summers con su inteligencia y eficacia y desempeñando un papel importante en el empeño del Tesoro de apagar incendios financieros en todo el mundo, sobre todo en la crisis financiera asiática de 1997.

En la reunión de diciembre de 2003, la primera de Geithner, la economía parecía más fuerte. Un cálculo preliminar situaba el crecimiento económico durante el tercer trimestre por encima del 8% interanual, una cifra impresionante. Los miembros del Consejo se mostraban optimistas. Varios señalaron que la inclusión de las palabras «considerable periodo de tiempo» parecía estar contribuyendo a mantener bajos los tipos de interés a largo plazo. «Es evidente que nuestro empeño en transmitir ese mensaje ha dado frutos», dijo Greenspan. Pese a la mejora de las perspectivas, la inflación nos parecía demasiado baja para dar por terminado el riesgo de deflación; además, el desempleo continuaba en el 6%. El FOMC mantuvo el tipo de los fondos en el 1% y siguió transmitiendo la impresión de que la política monetaria acomodaticia se mantendría durante un considerable periodo.

Yo había entrado en el Consejo en agosto de 2002 para ocupar el puesto durante lo que le quedaba de mandato a Mike Kelley, es decir, hasta el 31 de enero de 2004. Aunque no existía un compromiso en firme, varios funcionarios de la Casa Blanca afirmaron que, si quería volver a ocupar el cargo, mi candidatura sería tenida muy en cuenta. Parecía demasiado pronto para volver a Princeton, así que durante el verano de 2003 solicité mi reelección. Al cabo de poco tiempo me dijeron que la solicitud había sido aprobada. Princeton amplió a tres años mi permiso, pero dejó claro que no admitiría más ampliaciones.

Pocos fueron los asistentes a mi comparecencia de confirmación ante el Comité Bancario del Senado, el 14 de octubre de 2003, pese a que acompañaba a Roger Ferguson, a quien habían nombrado para ocupar durante otros cuatro años el puesto de vicepresidente del Consejo. Como siempre, Jim Bunning, senador por Kentucky y *pitcher* incluido en el Salón de la Fama del Béisbol, criticó al Fed. Durante todos los años que ocuparía un escaño en el Congreso seguiría lanzándonos pelotas difíciles de devolver. Bunning pidió garantías de que Ferguson y yo no nos limitaríamos a aprobar las decisiones tomadas previamente por Greenspan. Le contesté que por lo general me había sentido cómodo con la dirección del Fed, pero señalé que había mantenido posturas independientes sobre cuestiones como el objetivo de inflación. Los nombramientos pasaron al Senado, donde Roger y yo fuimos confirmados para el cargo sin mayores honores.

Cuando se celebró la primera reunión del FOMC en 2004, a finales de enero, las perspectivas económicas eran todavía más brillantes. La economía había crecido a un ritmo superior al 6% interanual en el segundo semestre de 2003, y el desempleo, que en diciembre se situaba en el 5,7%, parecía ir decreciendo poco a poco. Por otro lado, la creación de empleo no repuntaba y la inflación seguía muy baja. Ned Gramlich, que en septiembre de 2002 había disentido de la mayoría mostrándose favorable a una mayor flexibilidad en la política monetaria, demostró ser un barómetro al cambiarse al bando de los halcones, a los que preocupaba mantener los tipos de interés demasiado bajos durante demasiado tiempo. Dijo que toda la economía mostraba una clara tendencia a un vigoroso crecimiento y que había llegado la hora de empezar a reducir gradualmente los estímulos monetarios. También Greenspan tenía la esperanza de que, incluso con menos apoyo de la política monetaria, la economía siguiera mejorando.

La gestión de la comunicación había sido fundamental en el proceso de flexibilización, y sería igualmente importante a la hora de introducir ajustes. Como primer paso para reducir los estímulos, en nuestra comunicación posterior a la reunión sustituimos la frase con la que decíamos que mantendríamos los tipos bajos durante un considerable periodo de tiempo por otra en la que afirmábamos que podíamos «ser pacientes a la hora de eliminar» la flexibilidad. Los mercados no captaron el mensaje de que nos dirigíamos lentamente a una política de ajustes. Los tipos de interés a corto y a largo plazo apenas experimentaron cambios.

La economía siguió mejorando a lo largo de 2004. Entretanto seguimos jugando con el lenguaje de los comunicados. En la reunión de mayo eliminamos la expresión «ser pacientes» y dijimos que pensábamos que la política de flexibilidad podía «suprimirse a un ritmo que probablemente sea mesurado». Ahora no solo indicábamos el momento de la próxima subida de los tipos (pronto) sino también el ritmo de las subidas posteriores (lento). En junio decidimos pasar a la acción y acordamos por unanimidad elevar el tipo de los fondos federales desde el 1% hasta el 1,25%. Era el primer incremento desde mayo de 2000, antes del comienzo de la recesión. El ritmo sostenido en la creación de empleo y el alejamiento del riesgo de deflación justificaban la medida. Los incrementos iniciales de los tipos introducidos por el Fed pueden sacudir a veces los mercados, pero en este caso sus agentes anticiparon el movimiento. Veían las mismas mejoras en la economía que nosotros y, con ayuda de nuestros comunicados, estaban adivinando la dirección de la política monetaria.

«La economía ha avanzado mucho el pasado año [...] y deberíamos sentirnos satisfechos de la contribución de la Reserva Federal a este cambio —dije en la reunión de junio—. Nuestras medidas políticas, reforzadas por las innovaciones en nuestra estrategia de comunicación, han contribuido a proporcionar un apoyo crucial a la economía durante este peligroso periodo.»

Después de renquear durante un año y medio, la recuperación durante el segundo semestre de 2003 y a lo largo de 2004 empezó a crear empleo. Al mismo tiempo, la inflación pasó de estar a unos niveles preocupantemente bajos para situarse cerca del 2 %, lo suficientemente alta para servir de colchón contra la deflación pero no tanto como para interferir con el saludable funcionamiento de la economía. Si no hubiéramos apoyado la economía bajando los tipos de interés y utilizando una estrategia comunicativa, la recuperación habría sido más vacilante; el desempleo, más elevado durante un mayor periodo de tiempo; y los riesgos de deflación, muy superiores.[1]

Fieles a nuestra palabra, el FOMC incrementaría los tipos de interés a un «ritmo mesurado» durante los dos años siguientes. En la última reunión del FOMC con Greenspan como presidente, en enero de 2006, el Fed había elevado el tipo de los fondos federales hasta el 4,5 %. Pese a todo, la economía siguió creando empleo con una modesta tasa de inflación. La tasa de desempleo durante el último mes de Greenspan en la presidencia era del 4,7 %, mientras que la inflación se situaba justo por debajo del 2 %.

---

1. Las revisiones de los datos indican que el riesgo de deflación tal vez fuera ligeramente inferior de lo que creíamos en aquel momento, aunque indudablemente la inflación estaba muy atenuada. Ciertamente, los responsables políticos deben tomar sus decisiones sobre la base de los datos disponibles en el momento. Por otro lado, dada la debilidad de la economía, la inflación corría el peligro de caer en mucha mayor medida.

El Maestro parecía haberlo logrado de nuevo. En el congreso anual de Jackson Hole organizado por el Fed de Kansas City en agosto de 2005, el último al que asistió como presidente, fue saludado como el mejor banquero central de la historia.

# 5

## EL CHISPAZO DE LAS SUBPRIME

Aunque la economía de Estados Unidos parecía encontrarse en una situación ideal (ni demasiado caliente ni demasiado fría) y Alan Greenspan no dejaba de recibir elogios por el éxito de sus dieciocho años al frente de la Reserva Federal, estaban acumulándose riesgos francamente peligrosos. En retrospectiva resulta fácil verlos, pero en aquella época no lo era tanto.

Hacia el final de mi mandato como presidente del Fed, alguien me preguntó qué me había sorprendido más de la crisis financiera. «La crisis», respondí. No quería decir que no hubiéramos visto en absoluto lo que se avecinaba. Veíamos, aunque casi siempre de manera incompleta, la mayoría de las piezas del rompecabezas. Pero no alcanzamos a entender —o a concebir, para ser más exactos— cómo podían encajar esas piezas para crear una crisis financiera comparable —e incluso probablemente más grave— a la que dio lugar a la Gran Depresión.

Algunas voces nos habían alertado de distintos riesgos, pero pocos economistas, políticos o ejecutivos financieros —por no decir ninguno— habían reunido las piezas para construir un todo coherente. En su libro *Exuberancia irracional*, el futuro Premio Nobel Robert Shiller, de la Universidad de Yale, había alertado en 2005 de una posible burbuja en el precio de la vivienda. Antes incluso, en 2003, durante la conferencia anual organizada por el Banco de la Reserva Federal de Kansas City en Jackson Hole (Wyoming), Claudio Borio y William White, del Banco de Pagos Internacionales (BPI), afirmaron que los largos periodos de calma financiera podían llevar a los inversores y las entidades financieras a volverse complacientes y asumir riesgos excesivos. Sus argumentos repetían ideas formuladas hacía décadas por el economista Hyman Minsky, según el cual, en ausencia de crisis, los riesgos en el sistema financiero tendían a acumularse. En 2005, también en Jackson Hole, Raghuram Rajan, economista de la Universidad de Chicago (y más adelante gobernador del Banco Central de la India), habló sobre acuerdos de compensación mal diseñados que podían conducir a los gestores de activos a asumir riesgos excesivos. Por supuesto, como parece ocurrir siempre, muchas voces alertaron también de crisis inminentes que nunca llegaron a producirse, como la vuelta de una elevada inflación o el colapso del dólar producido por el enorme déficit comercial de la nación.

Si un huracán derrumba una casa, podemos culpar a la fuerza del huracán o a las deficiencias de la casa. En última instancia, cuentan ambos factores. Una crisis financiera destructiva es un caso análogo. Están los factores causales o desencadenantes inmediatos: el huracán. Pero los desencadenantes no pueden causar un daño excesivo si no existen debilidades estructurales, vulnerabilidades del sistema: una casa con cimientos débiles.

La crisis financiera de 2007-2009 tuvo varios desencadenantes. El más importante y mejor conocido es el rápido incremento y el posterior colapso de los precios de la vivienda y del sector de la construcción. Como afirman muchos analistas, el auge y el hundimiento del sector inmobiliario estuvo a su vez alimentado por el quebrantamiento de la disciplina en los préstamos hipotecarios, particularmente en las hipotecas subprime, destinadas a prestatarios con un mal historial crediticio.[1] Entre los desencadenantes en que se ha hecho menos hincapié figuran la concesión de préstamos excesivamente arriesgados a promotores inmobiliarios y la percepción de que la enorme demanda mundial de activos financieros —una demanda que incentivó a Wall Street a crear y vender novedosos y complejos instrumentos financieros que al final explotaron— era segura.

Muchas explicaciones de la crisis financiera se centran casi exclusivamente en los desencadenantes, particularmente en el desplome del sector inmobiliario y en la irresponsabilidad con las hipotecas

1. Por lo general, los prestatarios subprime tenían puntuaciones FICO (Fairs Isaac and Company) de 620 o menos, lo que los descartaba para obtener hipotecas normales (hipotecas prime), salvo que entregaran anticipos importantes.

subprime. Esos desencadenantes, como un poderoso huracán, habrían tenido efectos destructivos en cualquier situación. Pero de no haber existido vulnerabilidades de primer orden en el sistema financiero, el huracán no habría estado tan cerca de tumbar nuestra economía. El sistema financiero estadounidense se había vuelto cada vez más complejo y opaco, el sistema regulador financiero estaba obsoleto y peligrosamente fragmentado, y la excesiva dependencia de la deuda —particularmente de la deuda a corto plazo— acarreaba que el sistema fuera inestable bajo presión. La extraordinaria complejidad de la interacción entre los desencadenantes y las vulnerabilidades estructurales contribuye a explicar por qué tan pocas voces anticiparon la naturaleza y la amplitud de la crisis.

Pero aunque el sector inmobiliario y el crédito subprime eran solo una parte de la historia, constituían elementos decisivos. Por ello es tan importante comprender cómo veía el Fed la evolución en esos sectores con anterioridad a la crisis y por qué no fuimos —ni nosotros ni otros reguladores— más efectivos en la desactivación de los riesgos que se iban acumulando.

La evolución de las finanzas inmobiliarias ofrece una buena ilustración de los profundos cambios experimentados por el sistema financiero desde mediados del siglo xx hasta principios del siglo xxi. Hace unas décadas era común que los banqueros guardaran los depósitos de personas a las que saludaban en la tienda de ultramarinos y concedieran préstamos hipotecarios a gente que vivía en vecindarios situados a media hora en coche del banco. Los bancos locales, o los representantes legales de bancos más grandes, solían conocer personalmente a los prestatarios y tenían información de primera mano sobre la garantía subsidiaria (la casa) que avalaba el préstamo. A menudo apuntaban aquellos préstamos en sus propios libros, y eso los incentivaba a tomar decisiones juiciosas.

Cuando llegué al Fed en 2002, el modelo tradicional de préstamos hipotecarios había quedado en gran medida reemplazado por una versión más brillante y estilizada. En teoría, los cambios en el modelo tradicional eran mejoras diseñadas para abordar las deficiencias del sistema antiguo. Las nuevas tecnologías, al igual que los historiales crediticios informatizados y las puntuaciones crediticias estandarizadas, dotaban de mayor eficiencia y competitividad a los préstamos hipotecarios, reduciendo los costes y ampliando la gama de prestatarios a los que se podía atender. Por otro lado, las entidades que concedían préstamos hipotecarios ya no estaban fundamentalmente limitadas a prestar fondos procedentes de depósitos. Ahora podían vender sus préstamos a terceras partes, que las juntaban y vendían a inversores los títulos resultantes. Gracias a la titulización, como se denomina ese proceso, los prestamistas hipotecarios podían acceder a un enorme caudal de ahorros procedentes de todos los puntos del planeta para la financiación de nuevos préstamos. Los proveedores de fondos también veían beneficios. Los nuevos títulos respaldados por hipotecas (MBS) se podían estructurar de maneras que incrementaban la diversificación —combinando hipotecas de diferentes regiones del país, por ejemplo— y segmentarse en tramos para adaptarse a los niveles de riesgo que cada inversor quisiera asumir.

Las ventajas del nuevo modelo (llamado en ocasiones el modelo «originar para distribuir») eran reales. Pero a comienzos del siglo XXI, el sistema estaba facilitando —e incluso alimentando— conductas arriesgadas e irresponsables. Como los emisores de hipotecas ya no esperaban conservar durante demasiado tiempo los préstamos que concedían, se interesaban menos por su calidad. A menudo delegaban la responsabilidad de organizar los préstamos en corredores de Bolsa que no arriesgaban más dinero que el del préstamo mensual del despacho que ocupaban en un centro comercial. Los corredores de Bolsa, que suelen cobrar a comisión, se apresuraban para poner en contacto a emisores de hipotecas y a todos los prestatarios que pudieran. Como en el modelo tradicional, a veces el emisor era un banco comercial o una sociedad de ahorro y préstamo. Pero por lo general el emisor del préstamo era una entidad no bancaria financiada por Wall Street mediante diversas clases de préstamo a corto plazo, un modelo de financiación que podía desaparecer literalmente de la noche a la mañana.

A medida que la cadena entre el prestatario, el bróker, el asesor especialista, el titulizador y el inversor se hacía más grande, la rendición de cuentas sobre la calidad de las hipotecas subyacentes se volvía más difusa. En última instancia, los títulos complejos, bendecidos por agencias de calificación supuestamente independientes (que en realidad no eran sino empresas privadas pagadas por los emisores de los títulos para evaluar esos mismos títulos), fueron adquiridos por inversores que abarcaban desde fondos de pensiones estadounidenses y bancos alemanes hasta fondos soberanos propiedad de estados de Asia o de Oriente Medio. La mayoría de los inversores no analizaban de forma independiente los títulos que compraban y tenían un conocimiento limitado de los riesgos que esas compras acarreaban. En algunos casos, firmas de inversión carentes de toda ética endosaban a los inversores títulos hipotecarios de mala calidad. Pero muchos titulizadores desconocían los riesgos de los productos que estaban vendiendo. Según un estudio, muchos gestores de Wall Street que trabajaban con titulizaciones incrementaron espectacularmente sus inversiones en el sector inmobiliario desde 2004 hasta 2006, convencidos de que el precio de la vivienda no dejaría de subir.

Durante un tiempo, este sistema pareció funcionar bien tanto para los prestatarios como para los inversores. A los inversores les gustaba comprar activos con excelentes calificaciones y cuyo rendimiento era superior al de la deuda pública. Los prestatarios de las hipotecas se beneficiaban de unos menores costes de emisión y de una mayor disponibilidad de crédito. De hecho, gracias a la facilidad de acceso a las hipotecas subprime, con sus bajas cuotas mensuales —como mínimo al principio—, muchos más estadounidenses estaban participando en lo que al sector inmobiliario y los políticos les gustaba llamar el sueño americano de la vivienda en propiedad. Pero ¿y si el propietario no podía pagar el tipo de interés cuando este era más elevado? Se daba por supuesto que, como el precio de la vivienda no paraba de crecer, el propietario podía obtener nueva financiación a través de otra hipoteca o, en última instancia, vender la casa para devolver el préstamo. En el caso de que el propietario no pudiera afrontar la deuda, los inversores en los títulos respaldados por hipotecas estarían a salvo, puesto que la casa valdría más que la hipoteca. La diversificación y la magia de la ingeniería financiera aminoraban el riesgo y lo dispersaba por todo el mundo.

Pero ¿y si el precio de la vivienda cayera en picado y muchos propietarios dejaran de pagar sus préstamos? Nadie sabía verdaderamente lo que sucedería, pero aquella posibilidad parecía muy remota. Hasta que, por supuesto, ocurrió.

En los años posteriores a la recesión de 2001, mis colegas en el Fed y yo seguíamos con mucha atención la evolución del mercado inmobiliario y del mercado hipotecario, pero veíamos aspectos tanto positivos como negativos. La fortaleza del sector de la construcción contribuía a reforzar un crecimiento económico que avanzaba con lentitud, y el alza del valor de la vivienda estimulaba la confianza del consumidor. El presidente Greenspan señalaba con frecuencia que los préstamos obtenidos por los propietarios contra el valor de su vivienda suponían un importante caudal para el consumo. Hablábamos mucho más sobre la rentabilidad y la mejora de los niveles de capital de los bancos que sobre los riesgos que los préstamos hipotecarios suponían para ellos. De hecho, el sistema bancario parecía excepcionalmente vigoroso. Ni un solo banco se declaró en quiebra en 2005, el primer año en el que se producía esa circunstancia desde la creación del seguro de depósitos federal durante la Depresión. Todo el sector bancario declaraba grandes beneficios y escasas pérdidas crediticias.

No éramos completamente desconocedores de los riesgos del sector inmobiliario o del sector financiero en términos más generales, ni dejaban de producirnos cierta inquietud. Por ejemplo, en varias reuniones del FOMC, Cathy Minehan, la presidenta del Fed de Boston, dijo que le preocupaba que los bajos tipos de interés animaran a los inversores a asumir riesgos excesivos con la esperanza de obtener una rentabilidad más alta. Jack Guynn, el presidente del Fed de Atlanta, a menudo informaba del sobrecalentamiento del mercado inmobiliario en Florida (que formaba parte de su distrito) y le preocupaba que los bancos de su región sufrieran pérdidas a causa de sus préstamos a promotoras inmobiliarias. Sue Bies, que en agosto de 2002 pasó a ocupar el puesto de directora del Comité de Supervisión Bancaria del Consejo, expresó su gran inquietud por los problemas de las hipotecas subprime y sus posibles efectos en los prestamistas y los prestatarios. En varias reuniones, Ned Gramlich y Roger Ferguson, miembros del Consejo, preguntaron al personal sobre el riesgo de burbujas.

El propio Greenspan era muy consciente de los posibles riesgos financieros. En la reunión de enero de 2004 manifestó abiertamente su inquietud sobre los bajos tipos de interés de los bonos emitidos por compañías con un bajo índice de solvencia, una señal de que los inversores tal vez estuvieran subestimando los riesgos. «En este momento somos vulnerables a un cambio drástico en la psicología —dijo—. Lo estamos comprobando en la estructura del precio de los activos. La estructura todavía no se encuentra en un punto que se pueda describir con la palabra "burbuja", pero la fijación de precios de los activos se está volviendo muy agresiva.»

Por mi parte defendí la necesidad de poner en marcha controles más sistemáticos de las amenazas para el sistema financiero. En la reunión de marzo de 2004 dije que deberíamos seguir el ejemplo del Banco de Inglaterra y de otros grandes bancos centrales publicando un «informe de estabilidad financiera» trimestral o semestral. Ese informe alertaría a los inversores de posibles peligros y nos obligaría —a nosotros y a otros reguladores— a tomar medidas en caso de necesidad. Reconocí la tentación de pintar un panorama benigno para no desatar la inquietud entre la ciudadanía. Pero también dije lo siguiente: «Las condiciones financieras cambian, y tenemos la responsabilidad colectiva de controlar esos cambios y de ofrecer un testimonio veraz a la ciudadanía».

Los precios de la vivienda no paraban de subir, y el FOMC seguía cada vez más de cerca esa tendencia. En la reunión de junio de 2005, el comité escuchó una presentación especial sobre el tema preparada por el personal del Fed. Yo no asistí a ella —en aquel momento me había marchado del Fed para trabajar en la Casa Blanca—, pero dudo que hubiera sido más perspicaz que los asistentes. En la actualidad, la lectura de la transcripción de la reunión es una experiencia dolorosa. La presentación del personal adoptó la forma de un debate. Los economistas de una parte defendían la existencia de una burbuja inmobiliaria a nivel nacional. Afirmaban que los precios de la vivienda habían subido mucho más rápidamente que los alquileres. Si se piensa en una casa no solo como en un lugar donde vivir, sino también como en una inversión, entonces los alquileres y los precios de la vivienda deberían subir a un ritmo similar. La vivienda era como una empresa cuyos beneficios se mantuvieran estables pero cuya cotización bursátil no dejara de crecer; y esa es la señal inequívoca de una burbuja.

Los economistas de la parte contraria minimizaban las posibilidades de que estuviéramos ante una burbuja, o sugerían que, en caso de existir esta, los riesgos económicos que planteaban eran manejables. La subida de los precios de la vivienda estaba justificada por el incremento de los ingresos y el aumento de la confianza de los consumidores, por los tipos de interés relativamente bajos de los préstamos hipotecarios y por las restricciones urbanísticas que incrementaban el valor de la vivienda en lugares apetecibles. En el caso de que los precios estuvieran hinchados, la experiencia histórica sugería que se irían desinflando lentamente, quizá durante un largo periodo de estancamiento de los precios. Y además, si los precios de la vivienda caían, las rebajas del tipo de interés del Fed amortiguarían el golpe que eso podría suponer para el conjunto de la economía.

La mayoría de los políticos de la reunión, como la mayoría de los economistas del personal, minusvaloraron los riesgos. Sue Bies volvió a expresar una opinión relativamente más pesimista, manifestando su preocupación por prácticas crediticias de dudosa calidad, como el incremento de las hipotecas a interés variable con tipos de interés bonificado, y de las hipotecas en las que los prestatarios solo pagaban los intereses. Estas prácticas podían acarrear pérdidas a los bancos y a otras entidades crediticias. Sin embargo, no le parecía que sobre el sector inmobiliario o sobre el sector bancario pesaran amenazas extremadamente graves.

Poco antes de la reunión especial del FOMC, Greenspan había empezado a hablar públicamente de una «espuma» —una colección de pequeñas burbujas locales— en el mercado inmobiliario. El mantra de los agentes inmobiliarios —«localización, localización, localización»— parecía de lo más apropiado. Pensar que existía una burbuja inmobiliaria en determinada zona metropolitana no resultaba difícil. Pensar en un boom y un desplome de los precios de la vivienda a nivel nacional causados por la variación en las condiciones locales era más complicado. (Las agencias de calificación daban por supuesto que combinar préstamos hipotecarios de diferentes partes del país en productos crediticios titulizados protegería a los inversores. El error no pudo ser más garrafal.) En última instancia, las dimensiones del boom y del desplome inmobiliarios variaron considerablemente en función de las regiones y las ciudades: las burbujas de los *sand states* (como Florida, Nevada y Arizona, llamados así por su abundancia de playas o desiertos) eran mucho mayores que, por ejemplo, las de los estados del Medio Oeste. Pero la magnitud y la extensión geográfica del boom eran lo bastante grandes para que los efectos del desplome se notaran en todo el país.

Los comentarios de Greenspan sobre la espuma se contaron entre las diversas advertencias veladas sobre los desequilibrios en el sector inmobiliario y financiero que se lanzaron en 2005. En su comparecencia Humphrey-Hawkins de febrero ante el Congreso, Greenspan dijo lo siguiente: «La historia nos enseña que los pueblos que disfrutan de largos periodos de relativa estabilidad son proclives al exceso». En agosto de aquel mismo año, en Jackson Hole, sugirió que la gente quizá estuviera pagando demasiado por las acciones, los bonos y las casas, lo que implicaba que no tenían verdaderamente en cuenta los riesgos de esos activos. «La historia no ha sido generosa con los periodos posteriores a las épocas de bajas primas de riesgo», dijo. Al cabo de un mes advirtió de que en el caso de que se produjera «un enfriamiento generalizado de los precios de la vivienda», las modalidades más exóticas de hipotecas subprime a interés variable podían exponer a los prestatarios y a los bancos a importantes pérdidas. Los mercados, que habían registrado algunos temblores en 1996 cuando Greenspan reflexionó en público sobre la «exuberancia irracional», se encogieron de hombros ante aquellas cavilaciones, realizadas en el último año de su presidencia. Los precios de la vivienda subieron un 15% en 2005, después de subir un 16% en 2004. Mientras tanto, los mercados de renta variable y renta fija acabaron 2005 aproximadamente donde habían empezado.

Evidentemente, muchos en el Fed, entre los que me incluyo, minusvaloramos el alcance de la burbuja inmobiliaria y los riesgos que suponía. Eso plantea al menos dos preguntas importantes. En primer lugar, ¿qué se puede hacer para evitar un problema similar en el futuro? La mejora del control del sistema financiero y el fortalecimiento de la regulación financiera son indudablemente parte de la respuesta.

La segunda pregunta es todavía más difícil: si hubiéramos advertido la existencia de la burbuja inmobiliaria en 2003 o 2004, ¿qué deberíamos haber hecho? Más concretamente, ¿deberíamos haber cargado contra el boom inmobiliario con unos tipos de interés más altos? En mi primer discurso como gobernador del Fed sostuve que, en la mayoría de las circunstancias, la política monetaria no era la herramienta adecuada para afrontar las burbujas de activos. Sigo pensando lo mismo.

La recuperación sin creación de empleo y el riesgo de deflación que siguió a la recesión de 2001 eran problemas graves y reales. Greenspan creía —y yo estoy de acuerdo con él— que la máxima prioridad de la política monetaria debería ser la de contribuir al mercado laboral y evitar la deflación. Algunos años después se produjo un ejemplo de lo que puede ocurrir cuando un banco central presta demasiada atención a los precios de los activos. En 2010 y 2011, el Banco de Suecia elevó los tipos de interés como respuesta a la inquietud despertada por el incremento de la deuda hipotecaria y de los precios de la vivienda, aunque las previsiones indicaban que la inflación se mantendría por debajo de su objetivo y la tasa de desempleo era elevada. A consecuencia de todo ello, la economía sueca cayó en una situación de deflación, lo que obligó al Banco Central a rebajar el tipo de interés del 2% al 0% durante los siguientes tres años, en un embarazoso cambio de estrategia.[2]

Según algunas voces —entre las que se cuenta la de John Taylor, el célebre economista de Stanford—, los términos en los que he presentado la elección entre alcanzar los objetivos de empleo e inflación del Fed, por un lado, y desinflar la burbuja inmobiliaria, por el otro, resultan exagerados. Taylor sostiene que si a comienzos del siglo XXI los tipos de interés hubieran sido un poco más elevados, la burbuja se habría enfriado, la inflación habría seguido bajo control y el desempleo habría bajado. A su juicio, el Fed podría haber evitado lo peor de la burbuja inmobiliaria si hubiera sometido su política monetaria a esa sencilla regla.

---

2. En febrero de 2015, el Banco de Suecia se vio obligado a dar un paso más para luchar contra la deflación, iniciando una campaña de compra de bonos del Estado y fijando un tipo de interés negativo para las reservas de los bancos.

¿Podría haber sido la política monetaria de principios del nuevo siglo lo bastante flexible para alcanzar nuestros objetivos de empleo e inflación y lo bastante estricta para haber moderado significativamente el boom inmobiliario? Parece muy improbable. Unos tipos de interés ligeramente superiores, como los que exige la regla de Taylor, habrían ralentizado la recuperación sin que sus repercusiones en el precio de la vivienda pasaran de ser modestas. Según una investigación llevada a cabo por el Fed en 2010, la aplicación de la regla de Taylor entre 2003 y 2005 habría supuesto una subida de unos 75 dólares en el pago mensual inicial de un prestatario medio con una hipoteca a interés variable. Según encuestas realizadas en la época, muchas personas esperaban beneficios superiores al 10% con el precio de las casas. No parece que pagar 75 dólares más al mes hubiera influido significativamente en la conducta de esos compradores. En todo caso, el Fed empezó a introducir ajustes en junio de 2004, pero los precios de la vivienda siguieron aumentando marcadamente durante varios años más.

Muchos de los que sostienen que tendríamos que haber subido antes los tipos de interés para controlar el precio de la vivienda asumen implícitamente que una política monetaria demasiado flexible fue la causa del boom inmobiliario. Pero no es difícil identificar otros factores que contribuyeron a ese boom. Robert Shiller, que predijo correctamente tanto la burbuja tecnológica como la burbuja inmobiliaria, atribuyó esta última prioritariamente a factores psicológicos, no a los bajos tipos de interés. En 2007 señaló que el precio de la vivienda en Estados Unidos había comenzado a incrementarse a gran velocidad alrededor de 1998, mucho antes de las rebajas de tipos iniciadas por el Fed en 2001. Por esa misma época, el precio de la vivienda también se incrementó a un ritmo vertiginoso en otros países, incluidos algunos (como el Reino Unido) cuya política monetaria era más restrictiva que la nuestra.

Por otro lado, es muy probable que la notable estabilidad económica del periodo comprendido entre mediados de la década de 1980 y finales de la década de 1990 —un periodo al que los economistas han dado el nombre de la «Gran Moderación»— alimentara la complacencia. El éxito general de las políticas monetarias de esas décadas probablemente contribuyó a la Gran Moderación y, por tanto, posiblemente a la burbuja psicológica, aunque fuera de manera indirecta. Pero la política monetaria no puede promover intencionadamente la inestabilidad económica para guardarnos de futuras complacencias.

Otro factor que impulsó el incremento del precio de la vivienda fue la avalancha de divisas extranjeras que entró en Estados Unidos. Esa afluencia —en gran medida ajena a nuestra política monetaria— contuvo los tipos a largo plazo, incluidos los tipos hipotecarios, al tiempo que incrementaba la demanda de títulos respaldados por hipotecas. Otros países con gran afluencia de capital extranjero, como España, también experimentaron booms inmobiliarios. Cuando los tipos de interés a largo plazo dejaron de crecer después de los ajustes introducidos en la política monetaria del Fed en 2004-2005, Greenspan habló de un «rompecabezas». En mis discursos relacionaba el rompecabezas con lo que llamé un «exceso de ahorro mundial»: el dinero ahorrado en todo el mundo superaba a las buenas inversiones que se podían hacer con él, y por eso llegaba tanto ahorro extranjero a Estados Unidos. La afluencia de capitales extranjeros resultaba prioritariamente de los esfuerzos de países emergentes como China para promover las exportaciones y reducir las importaciones manteniendo infravaloradas sus divisas. Para mantener el valor de su divisa artificialmente bajo en relación con el dólar, un país debe estar dispuesto a comprar activos denominados en dólares, y China había comprado deuda estadounidense por valor de cientos de miles de millones de dólares, incluidos títulos respaldados por hipotecas.

Si la política monetaria no era la herramienta adecuada para abordar una posible burbuja inmobiliaria, ¿a qué instrumento había que recurrir? En mi discurso de 2002 había dicho que la regulación y la supervisión financieras deberían ser la primera línea de defensa contra las burbujas de los precios de los activos y otros riesgos para la estabilidad financiera. Si esas herramientas de mayor precisión se usan con acierto, se puede dejar que la política monetaria siga persiguiendo el objetivo de controlar la inflación y crear empleo. Desgraciadamente, en este caso los instrumentos reguladores y supervisores no se emplearon con tino, ni por el Fed ni por otros reguladores financieros. Sin duda, eso contribuyó en gran medida a la severidad de la crisis.

En términos generales, la regulación y la supervisión bancaria tienen dos propósitos: en primer lugar, garantizar que los bancos son financieramente solventes y, en segundo lugar, proteger a los consumidores. En el Consejo, la División de Supervisión y Regulación Bancaria se encargaba de regular y supervisar la seguridad y la solvencia. La División de Protección al Consumidor y a la Comunidad se encargaba, entre otras tareas, de redactar normas para proteger a los consumidores y comprobar si los bancos las cumplían. Cualquiera de esas divisiones podría haber contribuido a abordar la acumulación de riesgos en los mercados inmobiliario e hipotecario. No lo hicieron. La pregunta es por qué.

El boom de los precios de la vivienda a comienzos del nuevo siglo parecía ir acompañado de préstamos hipotecarios de alto riesgo, entre los que figuraban no solo las hipotecas subprime sino también préstamos con malas prácticas de comprobación (falta de verificación de los ingresos del prestatario, por ejemplo) o con características especiales (como el pago de intereses solamente) que suponían un gran riesgo para los prestatarios con bajo índice de solvencia. Los préstamos hipotecarios de alto riesgo incrementaron la demanda de vivienda y aumentaron los precios. Al mismo tiempo, cuanto más subía el precio de la vivienda, menos cuidadosas eran las entidades prestamistas. Indudablemente, los peores préstamos se hicieron en 2005, cuando el precio de la vivienda estaba a punto de alcanzar su máximo histórico, y en 2006, cuando empezaron a bajar. De hecho, en 2006 y 2007 hubo prestatarios que no pudieron devolver los préstamos y no habían hecho siquiera un solo pago, o en el mejor de los casos solo unos pocos.

Los préstamos subprime no eran un invento del nuevo siglo, pero su porcentaje dentro de los préstamos hipotecarios no dejaba de crecer. En 1994, menos del 5% de las nuevas hipotecas eran subprime, mientras que en 2005 constituían aproximadamente el 20%. Por otro lado, una parte sustancial de los préstamos subprime concedidos a principios del nuevo siglo eran préstamos a interés variable. El tipo de interés de aquellos préstamos era bajo al principio, normalmente durante dos o tres años. Después se ajustaba a los tipos del mercado. Aquellos tipos de interés bonificados, junto con el hecho de que los adelantos solían ser escasos, posibilitaba que los prestatarios con escasa solvencia adquiriesen casas que, en circunstancias normales, habrían estado fuera de su alcance. Tantos los prestatarios como las entidades de crédito contaban con que los prestatarios serían capaces de refinanciarse antes de que el tipo de interés de sus hipotecas subiera. Pero la refinanciación era solo una opción mientras los precios de las casas (y, por tanto, el valor de la propiedad inmobiliaria) continuara subiendo.

Los reguladores, incluido el Fed, estaban al corriente de esas tendencias, pero, visto en retrospectiva, respondimos con demasiada lentitud y cautela. No creo que la lentitud de la respuesta se pueda atribuir a la mala preparación de los examinadores, los soldados de infantería que interactuaron más estrechamente con los bancos. Como toda gran organización, el Fed contaba con empleados más preparados que otros, pero la calidad general del personal encargado de la supervisión era elevada. Tampoco creo que el personal principal del Fed estuviera en manos de las empresas a las que regulaban, en el sentido de que creyeran que no mostrarse demasiado estrictos sería beneficioso para su carrera o para sus intereses financieros. Sin embargo, estaban abiertos a oír argumentos sobre el hecho de que la regulación no debía tener excesivo peso y de que las fuerzas competitivas del mercado desterrarían hasta cierto punto las malas prácticas de crédito. Mantener el equilibrio apropiado entre la seguridad bancaria, por un lado, y la disponibilidad del crédito, por el otro, nunca es sencillo, y los reguladores del Fed, al igual que otros, probablemente se excedieron a favor de la disponibilidad de crédito. Conservar durante mucho tiempo a los mismos equipos de examinadores en los mismos grandes bancos pudo haberlos predispuesto en exceso a aceptar los presupuestos y los prejuicios dominantes en las instituciones que supervisaban.

Un problema eterno del Fed era la dificultad de mantener unas prácticas supervisoras coherentes y exigentes en los doce distritos de la Reserva Federal. En última instancia, el Consejo es el responsable de la supervisión bancaria, pero los Bancos de la Reserva alojaban a los examinadores que supervisaban los bancos día tras día. Los Bancos de la Reserva solían molestarse cuando recibían órdenes de Washington, argumentando que contaban con información más precisa que el Consejo sobre lo que ocurría en su distrito. De hecho, los presidentes de los Bancos de la Reserva lograron resistir en 2005 al intento de Sue Bies de que la supervisión estuviera centralizada en mayor medida.

Aunque la filosofía reguladora y los problemas administrativos del Fed tuvieron cierto peso, algunas de las barreras más importantes para la efectividad de la supervisión se localizaban fuera del Fed, concretamente en la estructura general de la regulación financiera. Con anterioridad a la crisis, el sistema regulador financiero de Estados Unidos estaba sumamente fragmentado y lleno de grietas. Partes importantes del sistema financiero no contaban con una supervisión adecuada (en el caso de que alguien las supervisase), y, muy importante, ninguna agencia tenía responsabilidad sobre el sistema en su totalidad. Las razones de esta fragmentación eran históricas y políticas. Históricamente, las agencias reguladoras se crearon como respuesta ad hoc a crisis y diversos acontecimientos: la Oficina del Interventor de la Moneda (OCC, por sus siglas en inglés) durante la guerra civil, la Reserva Federal después del Pánico de 1907, la Corporación Federal de Seguro de Depósitos (FDIC, por sus siglas en inglés) y la Comisión del Mercado de Valores (SEC, por sus siglas en inglés) durante la Depresión. Políticamente, los conflictos entre centros de poder dentro de la Administración (comités de congresistas con jurisdicciones superpuestas, reguladores estatales frente a reguladores federales) y una serie de intereses particulares, como los de los grupos de presión de la banca y del sector inmobiliario, han bloqueado una y otra vez los intentos de racionalizar y mejorar el sistema existente.

El resultado era un galimatías. Por ejemplo, la regulación de los mercados financieros (como la Bolsa y los mercados de futuros) está dividida entre el SEC y la Agencia Reguladora de los Mercados de Futuros, creada por el Congreso en 1974. La regulación de los bancos está dictada por la licencia con que opera cada uno. Mientras que los bancos con licencia federal, llamados bancos nacionales, están regulados por la OCC, los bancos con licencia estatal están supervisados por reguladores estatales. Los bancos con licencia estatal que eligen ser miembros del Sistema de la Reserva Federal están además supervisados por la Reserva Federal; los que eligen mantenerse al margen de la Reserva están supervisados por la FDIC. Por su parte, el Fed se encarga de supervisar los *holdings* bancarios —empresas propietarias de bancos y posiblemente de otras clases de entidades financieras— al margen de si sus bancos operan a nivel estatal o nacional. Antes de la crisis, otra agencia, la Oficina de Control del Ahorro (OTS, por sus siglas en inglés), regulaba las entidades de ahorro y las empresas propietarias de sociedades de ahorro. Y la Asociación Nacional de Cooperativas de Crédito se encarga de supervisar las cooperativas de crédito.

Las entidades tenían la posibilidad de cambiar de reguladores si cambiaban de licencia, lo que incentivaba a los reguladores a ser menos estrictos para no perder a sus «clientes» y las tasas de examen que pagaban. Por ejemplo, en marzo de 2007, Countrywide Financial, dedicada a los préstamos subprime, cambió la licencia de la entidad depositaria de la que era propietaria, con lo que en adelante ya no la supervisó el Fed, sino la OTS, después de que esta prometiera ser «menos hostil». En ocasiones la OCC trataba de animar a los bancos para que adoptaran una licencia nacional. Tanto la OCC como la OTS beneficiaban a las entidades que regulaban asegurando que estaban exentas de la mayoría de las leyes y regulaciones locales y estatales.

Esta fragmentación de la regulación financiera solía limitar la capacidad de los reguladores para controlar la evolución del sistema en su conjunto. Por ejemplo, en 2005, solo un 20% de todos los préstamos subprime fueron concedidos por bancos y entidades de ahorro bajo supervisión federal. Otro 30% de hipotecas subprime fueron concedidos por subsidiarias no bancarias de instituciones reguladas federalmente. El 50% restante procedían de entidades de préstamo independientes supervisadas por cada estado. Algunos estados —entre los que se suele destacar a Massachusetts y a Carolina del Norte— hicieron un buen trabajo de supervisión de los préstamos concedidos por entidades no bancarias. La falta de recursos y de apoyo político hizo que los demás estados no estuvieran a la misma altura.

Incluso el control regulador de la titulización hipotecaria estaba dividido entre varias agencias. La Oficina de Supervisión de la Iniciativa Federal sobre Vivienda (OFHEO, por sus siglas en inglés) regulaba las empresas patrocinadas por el Estado que titulizaban préstamos hipotecarios (Fannie Mae y Freddie Mac), mientras que la SEC supervisaba los bancos de inversión de Wall Street, dedicados también a la emisión de títulos respaldados por hipotecas (titulización privada). Como en el cuento indio sobre los ciegos y el elefante, cada regulador conocía solo una parte del problema, y ciertas partes no se examinaban en absoluto.

El hecho de que muchas entidades financieras, en su carrera por lanzar productos ventajosos y explorar mercados lucrativos, calcularan y gestionaran mal los riesgos que asumían no contribuía a solucionar el problema. El aluvión de fusiones entre entidades financieras, cada una con sus propios sistemas de información, exacerbaba la dificultad. Al final resultó que grandes bancos estaban expuestos al riesgo de impagos hipotecarios no solo por las hipotecas de sus balances contables, sino por muchos otros canales, incluidos los activos titulizados que emitían o garantizaban. Los sistemas que empleaban las empresas para calcular su nivel de exposición no podían seguir el ritmo de los cambios en la propiedad de diversas subsidiarias, los numerosos canales de exposición al riesgo o la medida en que los riesgos interactuaban.

El Fed y otros reguladores impulsaron a los bancos a mejorar sus sistemas de cálculo de riesgos. Y Sue Bies solía exponer en foros industriales las virtudes de calcular exhaustivamente los riesgos para toda la empresa, en lugar de examinar los riesgos para cada parte del negocio. Pero lo cierto es que en los años inmediatamente anteriores a la crisis ni los bancos ni los reguladores comprendieron adecuadamente hasta qué punto estaban expuestas las entidades bancarias a hipotecas de riesgo y a otras clases de crédito igual de arriesgadas. La experiencia de la Gran Moderación había llevado a los bancos y a los reguladores a minusvalorar la probabilidad de una gran conmoción económica o financiera.

Mientras tanto, limitadas por barreras burocráticas, legales y políticas, las agencias reguladoras trataban de mantener el ritmo de los cambios en los productos y las prácticas financieras. Los reguladores de los bancos federales (el Fed, la OCC, la FDIC y la OTS) solían responder a los nuevos productos emitiendo «recomendaciones» oficiales para los bancos. Las recomendaciones poseían menos fuerza legal que las regulaciones, pero tenían un considerable peso sobre los examinadores bancarios. En los años anteriores a la crisis, los reguladores emitieron guías sobre préstamos subprime (1999 y 2001), sobre préstamos inmobiliarios con bajos niveles de desembolso inicial (1999), sobre tasación inmobiliaria (2003 y 2005), sobre préstamos predatorios (abusivos) (2004 y 2005) y sobre préstamos contra el valor de la propiedad (2005). Asimismo, las agencias federales propusieron en 2005 y concluyeron en 2006 una serie de orientaciones sobre prácticas «no tradicionales» (como la opción de saltarse pagos) que se habían generalizado en las hipotecas subprime. Sin embargo, la mayor parte de las recomendaciones y de las normas no eran lo bastante exigentes o no llegaban a tiempo.

La inercia burocrática, al igual que los impedimentos legales y políticos, ralentizaban la publicación de las guías. Cuando las agencias reguladoras publicaban guías conjuntamente, como era habitual, tenían que buscar el acuerdo primero entre sus filas y después entre las agencias. La promulgación de reglas, y a veces también de guías, pasaba por un elaborado proceso legal en el que las partes afectadas podían realizar comentarios y las agencias tenían que responderlos. Cuando las normas o las orientaciones amenazaban los intereses de grupos privilegiados, llegaban las presiones políticas. En el verano de 2005, por ejemplo, las agencias reguladoras se preocuparon al constatar que ciertos bancos, sobre todo entidades de pequeño tamaño, emitían y mantenían en cartera demasiadas hipotecas sobre inmuebles comerciales, con los que se financiaba la construcción de edificios de oficinas, centros comerciales, complejos de apartamentos y promociones de viviendas. Las agencias propusieron unas recomendaciones que impulsaran a los bancos a limitar los riesgos en ese sector. Aunque suponía una mejora sobre las prácticas existentes, el borrador de la guía no era particularmente estricto. Janet Yellen, entonces presidente del Fed de San Francisco, cuyos examinadores trataban de frenar las hipotecas sobre inmuebles comerciales en los mercados candentes de la Costa Oeste, se mofó más delante de la versión final. «Podías cogerla, romperla y tirarla a la basura. No servía para nada», dijo en 2010.

Pese a todo, las orientaciones propuestas chocaron con la fuerte resistencia de los bancos locales, cuyos beneficios dependían en gran medida de los préstamos sobre inmuebles comerciales. Aunque los bancos locales constituyen una pequeña parte del sistema bancario, tienen un peso político desproporcionado. Llegaron miles de cartas de protesta, y un subcomité de los Servicios Financieros de la Cámara de Representantes organizó una comparecencia. Los reguladores retrocedieron ante los grupos de presión y los políticos, pero se pasaron meses asegurando a los críticos (y asegurándose a sí mismos) que las recomendaciones podrían alcanzar sus objetivos sin afectar a los pequeños bancos. Con todo aquel tira y afloja, las agencias no publicaron las recomendaciones definitivas hasta finales de 2006, al menos un año y medio después de haber descubierto el problema.

Mientras trataba de proteger a los bancos de sí mismos, el Fed también trataba de proteger a los consumidores de los bancos. El homólogo de Sue Bies en la protección al consumidor era Ned Gramlich. Ned había presidido durante cuatro años el comité del Consejo que supervisaba a la División de Protección al Consumidor y a la Comunidad cuando yo llegué en 2002, puesto que conservaría hasta que se marchó del Consejo en 2005. Yo formé parte de aquel mismo comité desde que llegué hasta la primavera de 2005, mientras que Sue Bies fue durante casi todo ese tiempo el tercer miembro. Humano y responsable, a Ned le importaba de verdad la protección al consumidor, y se mostraba escéptico ante los dogmas simplistas sobre la libertad de mercado. Sin embargo, pese a su presencia, también en aquel campo de acción cojearon la regulación y la supervisión.

El Congreso había encargado al Fed la tarea de redactar regulaciones para implementar las leyes más importantes destinadas a proteger a los consumidores de servicios financieros, como la Ley de Transparencia del Crédito, que determina la información que se debe dar a los prestatarios. Sin embargo, la responsabilidad de hacer cumplir las normas del Fed estaba dispersa entre varias agencias federales y estatales encargadas de supervisar distintos tipos de entidades. El Fed solo imponía sus propias normas a los bancos con licencia estatal que se habían unido al Sistema de la Reserva Federal (900 de un total de 7.500 bancos comerciales a finales de 2005) y a unos 5.000 *holdings* bancarios (muchos de los cuales eran sociedades ficticias creadas únicamente para servir de paraguas a una serie de empresas subsidiarias).

Por desgracia, la División de Protección al Consumidor tenía un estatus bajo dentro del Consejo y carecía de los recursos de los supervisores encargados de velar por la seguridad y la solvencia. La protección del consumidor no era una prioridad para el presidente Greenspan. Este desconfiaba de lo que consideraba torpes intervenciones en el mercado de servicios financieros, aunque apoyó de buena gana las mejoras en la información ofrecida al consumidor y en la educación financiera, que a su juicio contribuirían a que los mercados operasen con mayor eficiencia.

El hecho de que me eligieran para formar parte del Comité de Consumidores reflejaba mi escasa antigüedad, pero no puse objeción alguna. Aunque tenía poca experiencia en el campo de la regulación, pensé que el trabajo sería interesante y lo consideré una forma de ayudar al ciudadano medio. Celebraba junto a mis colegas reuniones regulares con el comité asesor del Consejo sobre asuntos relativos al consumidor y con grupos externos, e intenté formarme sobre las complejas reglas supervisadas por el Consejo.

Filosóficamente no me consideraba marcadamente favorable o contrario a la regulación. Como economista, tenía una confianza instintiva en los mercados. Al igual que Greenspan, en la mayoría de los casos era partidario de ofrecer a los consumidores una educación financiera y una información clara sobre los productos financieros, no de proscribir determinadas prácticas. Por otro lado, como subrayaban los seguidores de una disciplina relativamente nueva, la economía del comportamiento, sabía que la conducta humana estaba motivada tanto por factores económicos como por factores psicológicos. Según los economistas del comportamiento, la gente no tenía el tiempo o la energía para descifrar todos los detalles contractuales de sus hipotecas. Por consiguiente, a veces lo mejor podía ser prohibir prácticas que iban en contra de los intereses del consumidor. El Estado no permite la venta de pijamas inflamables para niños, por clara que sea la información de la etiqueta. Con el tiempo cada vez sintonicé en mayor medida con la visión conductista. Más adelante, durante mi presidencia, el Fed empezaría a realizar pruebas para comprobar hasta qué punto resultaban comprensibles los términos de uso (por ejemplo, las condiciones generales de las tarjetas de crédito) para los consumidores reales, un paso que podría parecer de lo más natural pero que era una innovación para los reguladores. Descubrimos que en el caso de ciertos productos era poco menos que imposible redactar con claridad sus términos de uso. Como los pijamas inflamables, había que impedir que algunos productos llegaran al mercado.

En 2006 y 2007, durante mis dos primeros años como presidente, oí una y otra vez en mis comparecencias ante el Congreso que el Fed había «estado en las nubes» a la hora de proteger a los consumidores a comienzos del nuevo siglo. Las voces críticas solían repetir que no habíamos hecho valer nuestra autoridad, respaldada por la Ley de Propiedad de la Vivienda y Protección del Patrimonio (HOEPA, por sus siglas en inglés), para prohibir las hipotecas abusivas. La historia del Fed y de la HOEPA no resulta demasiado edificante, pero las cosas no eran tan sencillas.

La HOEPA, aprobada en 1994 por el Congreso con apoyo de la Reserva Federal, se dirigía contra los préstamos abusivos emitidos por entidades sin escrúpulos para engañar a los prestatarios, en especial a los ancianos, a las minorías y a las personas con bajos ingresos. Entre los ejemplos de prácticas predatorias se incluyen la venta con señuelo (en la que los prestatarios reciben un préstamo distinto del que esperaban); el despojamiento del patrimonio o *equity stripping* (en el que se conceden préstamos a personas sin recursos para devolverlos, con el fin último de quedarse con su casa); la refinanciación del préstamo (con la que se acumulan préstamos y cargos alentando a múltiples refinanciaciones); y el denominado *packing* (con el que se cobra a los prestatarios servicios innecesarios en el momento en que se constituye la hipoteca).

La HOEPA se basaba en la premisa de que los préstamos hipotecarios con tipos de interés muy alto tenían más probabilidades de ser abusivos. La ley exigía la inclusión de cláusulas adicionales en los contratos a las entidades que concedían esa clase de préstamos y ofrecía protecciones adicionales a los prestatarios. Por ejemplo, limitaba el empleo de penalizaciones por cancelación que atrapaban a los

prestatarios en préstamos de alto interés al hacer costosa la refinanciación. También especificaba que los inversores que comprasen
préstamos de alto interés podían ser responsables ante posibles in-
fracciones, lo que desanimaba a la titulización. Y lo más importante:
la ley se aplicaba a hipotecas emitidas por cualquier entidad —por
ejemplo, entidades de crédito hipotecario independientes—, no solo
a las reguladas por el Fed o por otras agencias federales.

En diciembre de 2001, un año antes de unirme al Consejo, el Fed
amplió la definición de préstamo de alto interés hasta el extremo
máximo permitido por la ley, extendiendo con ello la protección de
la HOPEA a un mayor número de préstamos. Aquel cambio, promovido por una serie de comparecencias organizadas por el Fed sobre
préstamos abusivos, incrementó el porcentaje de primeras hipotecas
subprime cubiertas por la HOEPA desde el 12% hasta el 26% aproximadamente.

Antes de la crisis se desató una controversia sobre una disposición de la HOEPA que autorizaba al Fed a prohibir las prácticas que
le parecieran «injustas o engañosas». Lo más importante era que esta
disposición se aplicaba a todos los préstamos hipotecarios, no solo a
los de alto interés. En esencia, esta parte de la HOEPA daba al Fed
un cheque en blanco para prohibir cualquier práctica hipotecaria que
considerase injusta, aunque de nuevo no la autoridad para ejecutar
esa prohibición, la cual recaía en el supervisor estatal o federal de
cada entidad. En 2001, además de extender la protección a un mayor
número de préstamos, el Fed había prohibido tres prácticas específicas que consideraba injustas o engañosas, la más importante de las
cuales era la refinanciación del préstamo. Sin embargo, no desterró
otras prácticas dudosas, como la de conceder préstamos sin comprobar adecuadamente los ingresos del prestatario o su capacidad para
reembolsar el crédito.

En parte, la renuncia del Fed a imponer prohibiciones generales
se debía a la tajante distinción que los reguladores bancarios, los defensores del consumidor y los políticos establecían entre préstamos
subprime y préstamos abusivos. A diferencia de los préstamos abusivos, universalmente condenados —y con toda la razón del mundo—,
el aumento de los préstamos a prestamistas con pobres historiales
crediticios era objeto de grandes alabanzas. Al elogiar la expansión

de la protección de la HOEPA introducida por el Fed en 2001, Ned Gramlich pronunció estas palabras: «Hemos procurado que nuestras enmiendas sean ajustadas y selectivas, para no impedir el desarrollo del legítimo mercado de las hipotecas subprime».

¿Por qué ese apoyo a los préstamos subprime? Históricamente, las entidades crediticias han negado el acceso al crédito a las minorías y a los prestatarios con bajos ingresos. En algunos casos se excluía a barrios enteros, desechando automáticamente la petición de cualquiera que viviera en ellos. Para luchar contra la exclusión, el Congreso aprobó en 1977 la Ley de Reinversión en la Comunidad, que exige a los reguladores bancarios animar a los bancos y a las entidades de ahorro y préstamo a estar al servicio de toda la comunidad en la que operan. La ley ofrecía ciertos incentivos para que el crédito llegase a los barrios habitados por minorías o por personas con escasos ingresos, pero por diversas razones el préstamo subprime acabó resultando económicamente atractivo incluso para las entidades de crédito que no estaban sujetas a la ley. Por ejemplo, la eliminación de las leyes contra la usura les permitió cobrar a los prestatarios de baja solvencia unos tipos de interés más altos. Y las mejoras en la tecnología de la información, junto con el desarrollo de calificaciones crediticias estandarizadas (que resumían complejos historiales crediticios en una sola cifra), contribuyeron a la automatización de la concesión de crédito.

Los préstamos subprime eran generalmente considerados un antídoto contra la exclusión, y por lo tanto un elemento crucial de la democratización del crédito. Contribuyeron a llevar el porcentaje de propietarios inmobiliarios en Estados Unidos a una cifra récord, el 69%, en 2005, frente al 64% de 1995. Muchos de esos nuevos propietarios eran afroamericanos, hispanos y personas con bajos ingresos. Como había dicho Ned Gramlich en 2001, los supervisores de los bancos federales, incluido el Fed, procuraban no interponerse en el camino del «legítimo» mercado de las hipotecas subprime, incluso después de que las deficientes prácticas empleadas en él quedaran de manifiesto.

Al margen de la preocupación por no inhibir el crédito subprime, considerado diferente de los préstamos abusivos, Greenspan y algunos abogados principales del Fed eran reacios por principio a utilizar la HOEPA de forma agresiva y generalizada. En comentarios públicos y cartas dirigidas al Congreso inmediatamente antes y después de que yo entrara en el Consejo, Greenspan expresó su inquietud ante la posibilidad de que la prohibición con carácter general de ciertas prácticas tuvieran consecuencias imprevistas. En su lugar, el Fed decidiría caso por caso sobre las prácticas «injustas o engañosas», a medida que los supervisores examinaran cada banco. También cabía reclamar, con cierta justificación, que la autoridad de la HOEPA no se extendiera a las malas prácticas de comprobación (como la falta de documentación de los ingresos), consideradas indeseables pero no necesariamente predatorias.

No recuerdo que la cuestión de cómo emplear la autoridad contra las prácticas injustas o engañosas se debatiera formalmente en mi época de gobernador, pero conocía el enfoque «caso por caso» y no puse objeción alguna. Me parecía lógico que las prohibiciones categóricas tuvieran resultados inesperados. Por ejemplo, si hubiéramos empleado nuestra autoridad para imponer requisitos estrictos a la hora de documentar la capacidad de los prestatarios para reembolsar los préstamos, entonces la capacidad de los bancos locales para conceder préstamos por confianza a partir del conocimiento personal de los prestatarios podría quedar eliminada. Eso dejaría fuera del mercado crediticio a prestatarios potencialmente solventes y erosionaría todavía más la competitividad de los bancos locales. El Fed también adoptó la postura de que el enfoque «caso por caso» proporcionaría con el paso del tiempo la información necesaria para decidir si las prohibiciones categóricas de ciertas prácticas injustas estaban justificadas.

Al margen de la validez teórica de esos argumentos, en la práctica utilizábamos de forma excepcional nuestra autoridad para luchar contra las prácticas injustas o engañosas, y no logramos detener algunas prácticas cuestionables. Nuestra lógica hacía aguas porque, conforme los criterios de concesión de préstamos se deterioraban, la excepción se convertía en regla. Por ejemplo, para preservar la capacidad de los bancos de conceder préstamos por confianza, el Fed no prohibió los préstamos con documentación insuficiente. Pero para aquel entonces muchas entidades de crédito ni siquiera recogían documentación suficiente sobre prestatarios a los que no conocían. Análogamente, no prohibimos categóricamente ciertas modalidades exóticas de préstamo hipotecario, como las que únicamente requerían el pago de intereses, porque eran apropiadas para ciertos prestatarios. Pero algunas entidades de crédito ofrecían esas clases de préstamos hipotecarios a personas sin el peculio necesario para gestionarlos. A tenor de las barreras burocráticas que impedían el ágil desarrollo de orientaciones interinstitucionales efectivas, la autoridad del Fed para oponerse a las prácticas injustas o engañosas, aunque lejos de ser una herramienta ideal, era probablemente el mejor método disponible entonces para abordar los préstamos hipotecarios de riesgo. Al principio de mi mandato como presidente, el Fed usó ampliamente esa autoridad. Por supuesto, para aquel entonces era ya mucho el daño causado.

Aunque la controversia de la HOEPA giraba en torno a la capacidad del Fed para redactar normas sobre las prácticas hipotecarias, las normas de nada sirven si no se hacen cumplir. Velar por esa tarea ocupó a Ned Gremlich desde muy pronto. Ned observaba con frecuencia que la fragmentación del sistema regulador acarreaba que el cumplimiento de las leyes de protección al consumidor fuera muy irregular. Los bancos y las entidades de ahorro con depósitos asegurados solían ser objeto de exámenes periódicos por parte de los reguladores federales, incluido el Fed. Sin embargo, muchos *holdings* bancarios eran propietarios de empresas subsidiarias que no eran bancos o entidades de ahorro financiadas por depósitos, compañías que concedían préstamos personales a consumidores, o empresas hipotecarias financiadas a través de Wall Street, por ejemplo. Estas empresas subsidiarias solían estar supervisadas por reguladores estatales que generalmente contaban con pocos recursos, o por la Comisión Federal de Comercio (FTC, por sus siglas en inglés). Tampoco la FTC contaba con grandes recursos; por otro lado, sus responsabilidades iban mucho más allá de las cuestiones puramente financieras, e incluían la tarea de velar por el cumplimiento de las leyes antitrust y de investigar los fraudes perpetrados por toda clase de negocios. No actuaba realizando exámenes periódicos sino respondiendo a las quejas que se presentaran ante ella. Por último, las entidades crediticias que no eran bancos ni pertenecían a un *holding* bancario quedaban fuera del alcance de los reguladores bancarios y eran supervisadas, en el mejor de los casos, por reguladores estatales y por la FTC.

Ned admitía que, al margen de la acción del Congreso, poco se podía hacer a nivel federal para controlar las empresas hipotecarias y otras compañías que no estuvieran asociadas con bancos o con *holdings* bancarios. Su foco se centraba más bien en entidades no bancarias controladas por sociedades de cartera bancarias. En principio, el Fed, como supervisor del *holding* bancario que servía de paraguas, tenía el derecho de velar por el cumplimiento de las normas en sus empresas subsidiarias, aun cuando dichas empresas no fueran bancos. Y de hecho, en un caso notorio, el Fed había intervenido. En 2004, el Fed impuso a CitiFinancial —una subsidiaria de Citigroup que ofrecía préstamos personales y contra el valor de la propiedad no asegurados— una multa de 70 millones de dólares e interpuso contra ella una orden de restitución por una serie de violaciones.

Sin embargo, CitiFinancial fue una excepción. La remodelación de la regulación financiera por parte del Congreso, que dio lugar a la Ley Gramm-Leach-Bliley de 1999, obligaba al Fed a delegar en el regulador primario de la subsidiaria de un *holding* (es decir, en un regulador estatal en el caso de una empresa hipotecaria no bancaria) y a enviar examinadores a la subsidiaria solo si había pruebas que indicasen que el supervisor primario estaba obviando problemas importantes. El propósito de aquel enfoque, apodado «Fed *lite*» (supervisión no demasiado estricta por parte del Fed), era evitar que el Fed supervisara a empresas que ya tenían otro regulador.

Ned creía que el Fed debía examinar de forma periódica las subsidiarias no bancarias de los *holdings* bancarios para proteger a los consumidores de toda clase de violaciones, no solo cuando afloraran problemas evidentes con la regulación estatal. Tres meses antes de su muerte, en 2007, Ned declaró al *Wall Street Journal* que le había propuesto la idea en privado al presidente Greenspan alrededor del año 2000, y que, al ver que este se oponía, «dejé de pensar en ella». Greenspan declaró al periódico que no recordaba aquella conversación, pero admitió su oposición a la idea. Dijo que le preocupaba el coste de examinar un gran número de pequeñas entidades, el riesgo de socavar la legitimidad de los préstamos subprime y la posibilidad de que los prestatarios pudieran sentirse falsamente seguros acudiendo a entidades crediticias que se anunciaran como inspeccionadas por el Fed.

En varias ocasiones posteriores, Ned se refirió en mi presencia a la cuestión de velar por el cumplimiento de la ley, pero por lo que sé no presionó demasiado en ese sentido, ni siquiera dentro del Fed. Creo que también él tenía sentimientos contrapuestos sobre el auge del crédito subprime. Como indica su libro *Subprime Mortgages: America's Latest Boom and Bust* («Hipotecas subprime: el último auge y caída de América»), publicado en 2007, aunque advirtió los riesgos antes que muchos otros, siguió viendo también los aspectos positivos de los préstamos subprime, incluida la oportunidad de que más personas fueran propietarias de una vivienda. Pero aunque no previera lo que ocurrió, incuestionablemente vio e hizo más que el resto de miembros del Consejo.

¿Habría cambiado algo si el Fed hubiera realizado evaluaciones periódicas de las subsidiarias de los *holdings*, como propuso Ned? Probablemente sí, aunque no mucho, dada la distinción establecida por el Fed entre préstamos abusivos y préstamos subprime. El Fed, en todo caso, no podía examinar a empresas hipotecarias independientes. En 2007, después de convertirme en presidente, el Fed, en coordinación con los reguladores estatales y federales, examinaría a las subsidiarias no bancarias de los *holdings* bancarios para velar por el cumplimiento de las leyes de protección al consumidor.

Para aquel entonces, lo mismo que con las medidas que nosotros y otros reguladores adoptamos a partir de 2006, era ya demasiado tarde. Las carencias de la supervisión habían incitado a entidades crediticias sin escrúpulos a emitir cientos de miles de préstamos hipotecarios de mala calidad, que en última instancia pondrían al descubierto las vulnerabilidades de un sistema financiero frágil. El precio de la vivienda en Estados Unidos cayó más del 30% entre primavera de 2006 y primavera de 2009, y no empezaría a experimentar una recuperación sostenida hasta comienzos de 2012. El porcentaje de hipotecas subprime con graves problemas de mora o en ejecución se dispararía desde menos del 6% en otoño de 2005 hasta más del 30% a finales de 2009. Aquellas hipotecas habían sido envasadas en complejos instrumentos, cortadas en porciones y distribuidas por todo el mundo. Nadie sabía con certeza dónde aflorarían las pérdidas.

# 6

## PRIMERA TEMPORADA

A principios de 2005, Greg Mankiw anunció que abandonaba la dirección del Consejo de Asesores Económicos (CEA) del presidente Bush para volver a la enseñanza en Harvard. Greg —a quien yo conocía desde los tiempos de la universidad— me llamó para preguntarme si me interesaba ocupar su puesto.

Para un economista interesado en la política, ser no ya presidente, sino simplemente miembro del CEA, es uno de los trabajos más interesantes que se pueden encontrar en Washington. El Consejo, creado en 1946, funciona como la firma de consultoría interna de la Casa Blanca en materia económica. Está compuesto por el presidente y dos miembros. El personal está formado por dos docenas de economistas, casi todos ellos con permisos temporales de la universidad, el Fed u otras agencias estatales. Algunos recientes licenciados o estudiantes de grado trabajan como ayudantes de investigación.

El Consejo no reviste un carácter abiertamente político —su cometido es proporcionar al gobierno un asesoramiento objetivo en cuestiones económicas—, pero indudablemente tienen un sesgo más político que el Fed, rigurosamente no partidista. Un presidente del CEA carente de sensibilidad para la política se metería fácilmente en problemas. El propio Mankiw había dado lugar a una breve controversia en los medios al hablar favorablemente de la posibilidad de externalizar puestos de trabajo a otros países, «una nueva forma de hacer negocios a nivel internacional», en sus propias palabras. Tenía que pensarme si iba a sentirme cómodo con aquel empleo. En mi breve carrera en Washington, no había visto que la Casa Blanca tuviera el menor interés en comprobar si mis ideas políticas se ajustaban punto por punto al programa del gobierno. Simplemente me habían preguntado si estaba registrado como votante republicano y sobre mi intercambio con Bush a propósito de los consejos escolares.

Yo me consideraba un republicano moderado: liberal en cuestiones sociales, más conservador en fiscalidad y defensa, y con la habitual preferencia de los economistas por confiar en las fuerzas del mercado siempre que fuera posible. Había leído a Ayn Rand, la gurú de Greenspan, en mi adolescencia, pero jamás había abrazado el libertarismo. Creía —y sigo creyendo— que el respeto a los derechos de los individuos tiene que estar equilibrado con el apoyo a las familias, las comunidades y otras instituciones que promueven los valores de la sociedad y fomentan el bien común. Pensaba que encajaría razonablemente bien con el «conservadurismo compasivo» y la agenda promercado del presidente Bush. Sabía que, como ocurre con todos los gobiernos, tendría que alinearme con las tesis centrales de la Casa Blanca, aun cuando no siempre estuviera completamente de acuerdo con ellas. Pero en el CEA tendría la oportunidad de presenciar cómo se cocinaba la política económica, cómo se combinaban las abstracciones de los análisis económicos con los avatares de la política de Washington. Y tras la reciente reelección del presidente Bush, lo más probable es que participara en nuevas iniciativas políticas.

Ahora que mis dos hijos se habían marchado a la universidad (Alyssa había entrado en la Universidad St. John's de Annapolis), Anna estaba dispuesta a cambiar de aires. Habíamos comprado una casa antigua a una docena de manzanas al este del Capitolio. Anna había recibido una oferta para enseñar español en la National Cathedral School, un colegio femenino ubicado en la zona noroeste de Washington. Al asumir mi nuevo cargo en el tercer y último año del permiso que había solicitado en Princeton tendría que renunciar a mi puesto como profesor. Desde el punto de vista de la seguridad laboral, no me movía en la mejor dirección: había pasado de tener un trabajo asegurado de por vida a ocupar un puesto como gobernador de la Reserva Federal durante un periodo máximo de catorce años, y ahora iba a entrar en el Consejo de Asesores Económicos, donde estaría hasta que el presidente lo decidiera. Pese a todo, tenía muchas ganas de trabajar en la Casa Blanca.

Cuando obtuve al cargo, dejé de asistir a las reuniones del FOMC para no dar la impresión de que el gobierno influía en las decisiones sobre política monetaria. La reunión de marzo de 2005, en la que elevamos el tipo de los fondos federales al 2,75 %, fue la última a la que asistí en calidad de gobernador. Comparecí ante el Comité de Banca del Senado el 25 de mayo y el Senado en plano me confirmó en el cargo el 21 de junio. Entre la marcha de Mankiw y mi confirmación, Harvey Rosen —amigo y colega mío en Princeton, que había sido miembro del Consejo con Mankiw— ocupó la dirección del CEA. Harvey, un profesor de carácter comedido, parecía gustar en la Casa Blanca. Aquello me pareció un buen presagio. Harvey nos presentó a su mujer y a sus dos hijos adultos en su fiesta de despedida. «Según las encuestas solo uno de cada cuatro judíos votan al Partido Republicano —dijo—. Mi familia es un microcosmos en el que esa circunstancia se refleja a la perfección.» Karl Rove, el vicedirector de Personal, no podía parar de reír.

Había que elegir a los dos miembros del Consejo. En colaboración con Gary Blank, el director de personal del CEA, descubrí a dos candidatos valiosos: Katherine Baicker, titulada en Harvard y cuya fama en el campo de la economía de la salud no dejaba de crecer, y Matt Slaughter, de la Universidad de Dartmouth, un versátil economista especializado en comercio y globalización. También fichamos a economistas procedentes de la universidad y de la Administración para escuchar sus opiniones. Afortunadamente, los miembros del personal garantizaban la continuidad. Entre ellos figuraba Steve Braun, un antiguo miembro del Fed que se encargaba en solitario de las predicciones macroeconómicas del Consejo.

Durante años el Consejo había tenido como sede el Edificio de la Oficina Ejecutiva Eisenhower, próximo a la Casa Blanca. Aquel magnífico edificio de estilo Imperio había alojado los Departamentos de Estado, de Guerra y de Marina. Mi despacho, una estancia de altos techos, daba directamente a la entrada del Ala Oeste. Por desgracia, una serie de profundas reformas habían forzado a la mayor parte de mi equipo a instalarse en un prosaico edificio de oficinas situado a una manzana. Como yo quería estar cerca tanto del Ala Oeste como del personal, a menudo hacía el trayecto que separaba el complejo de la Casa Blanca y nuestras oficinas temporales.

El Consejo es un organismo notablemente igualitario, donde se trabaja codo con codo, al margen de la titulación o de la antigüedad.

A veces escribía memorándums en colaboración con ayudantes de investigación recién salidos de la universidad. El ritmo era muy superior al del Fed. Pese a lo limitado de los recursos, abarcábamos una gran variedad de asuntos, incluidos algunos que solo en parte eran económicos, como la inmigración o el cambio climático. Nos jactábamos de escribir memorándums profundos e informados en apenas unas horas. También hacíamos un seguimiento de los datos y las noticias económicas, y enviábamos informes diarios a la Casa Blanca. Yo revisaba todo lo que se mandaba al Ala Oeste. Era consciente de que la jerga económica podía resultar confusa, de modo que nos empleábamos a fondo para que todo fuera comprensible. En mi calidad de presidente del Consejo acudía a las reuniones diarias celebradas a las siete y media de la mañana en la Casa Blanca, organizadas por Andy Card, el director de personal, y Karl Rove en la Sala Roosevelt. (A Rove le gustaba llamarme «Doctor Datos» en las reuniones, pero el apodo no cuajó.) Rove solía encargarme que resumiera las últimas evoluciones de la economía, de modo que yo llegaba a mi despacho a las siete de la mañana para revisar las noticias que se habían producido desde el día anterior. A menudo me quedaba trabajando con el personal hasta bien entrada la noche; para cenar encargábamos cualquier cosa en un Subway de los alrededores.

El encargado de organizar las reuniones sobre política económica de la Casa Blanca era Al Hubbard, director del Consejo Económico Nacional (NEC). El NEC se había creado en los tiempos del presidente Clinton con un cometido análogo al desempeñado por el Consejo de Seguridad Nacional (que se encarga de la política exterior y las cuestiones militares para la Casa Blanca) y al Consejo de Política Nacional (que se ocupa de cuestiones de ámbito nacional como la educación). El NEC debía recoger las opiniones sobre política económica de todo el ejecutivo, resolver las diferencias y ofrecer sus recomendaciones al presidente. Hubbard, un tipo desgarbado pero lleno de energía y que se reía a carcajadas (y sin ninguna relación con Glenn Hubbard) era un gran policía del tráfico político. Era un hombre de negocios, no un economista, dispuesto siempre a reconocer que no lo sabía todo y a delegar en mí las cuestiones económicas de tipo técnico. También se aseguraba siempre de que el CEA tuviera la posibilidad de intervenir en los debates económicos.

Mi relación con el presidente Bush era cordial, aunque no particularmente estrecha. (Fui invitado en una sola ocasión al rancho de Bush en Crawford, Texas, donde decliné una invitación para salir a correr con 38 °C.) Solía reunirme con el presidente y el vicepresidente en el Despacho Oval, normalmente una vez a la semana, en compañía de otros ocho o diez responsables del personal. El presidente Bush aprendía rápido y formulaba buenas preguntas, pero no ocultaba su impaciencia si la presentación era demasiado elemental o poco interesante. En ocasiones, él o el vicepresidente hacían preguntas con posterioridad a las reuniones por medio de Hubbard o de su vicedirector, Keith Hennessey.

La moral estaba alta en la Casa Blanca. Bush era leal a su equipo, incluido un círculo de íntimos que se remontaba a sus tiempos como gobernador de Texas, pero también apoyaba a otras personas que, como yo, llevaban menos tiempo a su lado. Solía decirnos que trabajar en la Casa Blanca era un privilegio y que debíamos pensar en ello cada día. Hizo varias visitas sorpresa a los despachos de la CEA para dar apretones de manos y hablar con miembros del personal.

A Bush le encantaba bromear, y todo el mundo lo sabía. En cierta ocasión, mientras yo hacía una presentación en el Despacho Oval, el presidente se me acercó y me levantó una pernera. El sentido de la elegancia propio de un profesor me había hecho ponerme calcetines color canela con traje oscuro. «Escuche —dijo con toda seriedad—, esto es la Casa Blanca y aquí tenemos ciertas normas.» Contesté que me había comprado los calcetines en una tienda de Gap, cuatro pares por diez dólares, y que él mismo estaba intentando promover la austeridad en los gastos de la Administración. Impávido, el presidente asintió con la cabeza, y yo seguí con la presentación. Al día siguiente asistí a otra reunión en el Despacho Oval. Cuando entró el presidente, todos los miembros del equipo económico —más el vicepresidente Cheney— llevaban calcetines canela. El presidente trató de fingir que no se había dado cuenta, pero no pasó mucho tiempo hasta que estalló en una carcajada. La broma se le había ocurrido a Keith Hennessey.

Al margen del buen ambiente, fue un periodo difícil. Algunas iniciativas del presidente Bush progresaban, incluidos varios acuerdos comerciales, y estaba negociando con el Congreso una fuerte inversión en autopistas. Además se estaban sentando las bases para la reforma de Fannie Mae y Freddie Mac. Pero la propuesta de Bush de añadir cuentas privadas a la Seguridad Social no llegó a ninguna parte, lo mismo que sus ambiciosos planes de inmigración.

Después de que el huracán Katrina devastara Nueva Orleans y la Costa del Golfo en agosto de 2005, matando a más de 1.800 personas, los economistas del CEA se emplearon a fondo. Richard Newell, un economista experto en energía que actualmente trabaja en la Universidad Duke, nos suministraba continuamente información sobre las condiciones de las refinerías y los oleoductos y sobre las remesas y la escasez de gasolina. El CEA también tenía que enfrentarse con el problema de desarrollar planes de reconstrucción económicamente sostenibles para la ciudad. En un programa de la cadena televisiva C-SPAN con intervenciones telefónicas del público sobre los planes del gobierno para reconstruir Nueva Orleans, me explayé sobre los costes económicos del huracán y diversas estrategias para rescatar la economía local. El primer telespectador que llamó al programa dijo lo siguiente: «Les preocupan tanto los números que se han olvidado de la gente». Fue una gran lección: los números nunca pueden hacernos olvidar a las personas.

Como presidente del CEA comparecía ocasionalmente ante los comités del Congreso, pronunciaba discursos sobre cuestiones de política económica y me reunía con reporteros de la prensa. La Casa Blanca solo me pedía de vez en cuando que apareciera en la televisión y nunca me involucró en ningún asunto político. No estoy seguro de si aquello se debía a que yo era un portavoz inadecuado (como sugería mi experiencia en el programa de C-SPAN) o a que me consideraba un posible candidato para suceder a Greenspan y no querían que tuviera demasiado relieve político.

Cuando hablaba en público, los rápidos incrementos en los precios de la vivienda eran siempre uno de los temas más espinosos. Desconocía cuál sería la evolución de los precios, de modo que evitaba hacer predicciones en público. Señalaba que al menos una parte de la subida era el resultado de factores tan esenciales como el incremento de los salarios y los bajos tipos hipotecarios. Era consciente

—y en ocasiones me manifestaba al respecto, tanto en privado como en público— de que la vivienda, como todos los activos, no podía producir indefinidamente unas ganancias inusualmente altas, pero creía que con toda probabilidad se produciría una desaceleración o una bajada mínima, no una caída brusca. Pese a todo, con ayuda de Steve Braun analicé las posibles consecuencias económicas de una bajada sustancial de los precios y del consiguiente descenso en el patrimonio de los propietarios. En una presentación del Despacho Oval, Steve y yo llegamos a la conclusión de que los efectos en el consumo familiar darían lugar a una moderada recesión, similar o quizá un poco más profunda que la recesión de 2001, que había durado ocho meses. No tuvimos lo bastante en cuenta los efectos de la bajada de los precios de la vivienda (y la morosidad hipotecaria resultante) sobre la estabilidad del sistema financiero.

Mi nombramiento como presidente del CEA desató las conjeturas sobre la posibilidad de que ocupara el cargo de presidente del Fed cuando Greenspan llegara al final de su mandato, en enero de 2006. El CEA había servido como trampolín para saltar a la presidencia del Fed a Greenspan, que había servido con el presidente Ford, y a Arthur Burns, que había servido con el presidente Eisenhower. Cuando finalmente me nombraron presidente del Fed, Paul Krugman, profesor en Princeton y columnista en el *New York Times*, afirmó que mi etapa en el CEA había sido «la entrevista de trabajo más larga de la historia». Sin embargo, al plantearme si aceptar o no el puesto en el CEA, en ningún momento pensé seriamente esa posibilidad. Cuando Alan Blinder, colega mío en Princeton, me preguntó sobre mis perspectivas de convertirme en presidente del Fed, resté importancia a la idea, diciendo que las probabilidades de que eso ocurriese eran «tal vez del 5%». Nunca moví hilos para conseguir el puesto y nunca hablé al respecto con el presidente Bush.

Durante sus últimos años en el cargo, a Greenspan se lo había considerado tan indispensable que durante un debate de las primarias republicanas en 1999, John McCain dijo que si el presidente del Fed fallecía, colocaría el cadáver en una silla, le pondría unas gafas de sol y lo mantendría en el cargo. Yo tenía la sospecha de que el presi-

dente Bush habría vuelto a nombrar a Greenspan —que a sus casi ochenta años seguía en plena forma— si hubiera podido. Pero la ley establece que ningún miembro de la Reserva Federal puede ocupar su puesto durante más de un mandato completo de catorce años. Greenspan había sido nombrado primero para un mandato parcial en el Consejo, y después para un mandato completo en 1992. Aquello significaba que a partir de enero de 2006 no podía formar parte del Consejo y, por tanto, no podía continuar como presidente. Alan había ocupado el cargo durante más de dieciocho años, y se había quedado a cuatro meses de batir el récord establecido por William McChesney Martin, que ocupó la presidencia desde 1951 hasta 1970.

El presidente creó un comité, encabezado por el vicepresidente Cheney, cuyo objetivo era recomendar a un sucesor de Greenspan. El comité incluía a Al Hubbard, Andy Card y Liza Wright, la jefa de personal de la Casa Blanca. Yo apenas sabía nada sobre sus deliberaciones. Los periodistas (y las páginas de apuestas de Internet) especulaban que los candidatos con más posibilidades eran Marty Feldstein, Glenn Hubbard y yo. Feldstein, el profesor a cargo de la asignatura Introducción a la Economía que yo había cursado en Harvard, había tenido una distinguida carrera académica y había estado al frente del CEA en tiempos del presidente Reagan. En aquella etapa de su carrera había chocado con Don Regan, secretario del Tesoro, y con otras figuras de la Administración, al expresar su inquietud por los déficit presupuestarios generados por los recortes fiscales de Reagan. Según los rumores, aquella controversia, pese a tener ya más de veinte años, mermaba sus posibilidades. Yo pensaba que el favorito era Glenn Hubbard, quien después de ocupar la presidencia del CEA había sido el decano de la Escuela Empresarial de Posgrado de la Universidad de Columbia. Mantenía una estrecha relación con el presidente y había contribuido a diseñar las rebajas fiscales del gobierno. Además, había participado activamente en la vida política del Partido Republicano. Yo contaba ante todo con mi relativamente breve experiencia en el Fed y con mis textos y discursos sobre cuestiones monetarias y financieras. En cambio, Feldstein y Hubbard debían su notoriedad a su trabajo en materia de política fiscal.

En septiembre de 2005, el comité de búsqueda me invitó a una entrevista en el despacho del vicepresidente. Fingiendo leer el *Wall*

*Street Journal*, aguardé impaciente en la sala de espera del Ala Oeste de la Casa Blanca. Mientras los visitantes desfilaban ante mí, recuerdo que pensé que aquella probablemente no fuera la mejor forma de mantener la entrevista en secreto. Me llamaron unos veinte minutos después de la hora convenida. La reunión nos llevó como media hora. Hablamos sobre todo de mi experiencia anterior y mi currículo. Dije que si no me elegían presidente del Fed, con mucho gusto me quedaría en el CEA durante el tiempo que el presidente Bush considerase oportuno.

Pasaron varias semanas sin noticias; yo estaba convencido de que seguiría en el CEA. Cuando Andy Card me llamó para que me reuniera con él cinco minutos antes de la reunión matutina, pensé que mi intuición se vería confirmada. Sin embargo, Card me preguntó si quería ser el presidente del Fed. Le pedí unas horas para reflexionar, pero los dos sabíamos que yo iba a aceptar la propuesta.

Llamé a Anna nada más salir del despacho de Card. «Oh, no —me dijo entre lágrimas—. Temía que llegara este momento.» Anna tenía una idea más clara que yo del desgaste mental, emocional y físico que aquel cargo supondría para ambos. Sin embargo, estuvo siempre a mi lado, algo por lo que le estaré eternamente agradecido. En el transcurso de los ocho años que ocupé el cargo, en nuestra casa solía producirse la siguiente escena: Anna criticaba a un periodista o a un político por atacarme sin razón alguna y yo me encontraba en la paradójica situación de explicarle por qué la persona en cuestión no estaba enteramente desprovista de razones.

El 24 de octubre, el presidente Bush, Greenspan y yo entramos en el Despacho Oval ante los disparos de las cámaras. Anna, Joel y Alyssa ya estaban allí, casi invisibles por los reporteros, las cámaras y los micrófonos. El presidente anunció el nombramiento. Cuando llegó mi turno, di las gracias al presidente y a Alan Greenspan, sobre quien dije que había «fijado una pauta de excelencia en política económica». En un adelanto de mi esperanza de introducir el objetivo de inflación y de aumentar la transparencia del Fed, dije que bajo el mandato de Greenspan las buenas prácticas en política monetaria habían recibido un gran impulso, y que durante mi mandato seguirían evolucionando. Pero dije también que mi primera prioridad sería mantener la continuidad con las políticas de Greenspan. Implícitamente, lo que estaba prometiendo era seguir con el aumento de los tipos de interés que Greenspan había introducido en junio de 2004.

El acto duró en total menos de ocho minutos.

Una vez más pasé por el proceso de escrutinio, con la diferencia de que en esta ocasión el interrogatorio del FBI fue todavía más exhaustivo. El 15 de noviembre de 2005, por cuarta vez en tres años y medio, me presenté ante el Comité de Banca del Senado para que refrendara mi nombramiento a un alto cargo. La recepción fue cálida y el nombramiento fue aprobado por el Senado en pleno, con el único voto en contra del senador Bunning. Con todo, sabido es que el Senado no destaca precisamente por su premura, de modo que la aprobación definitiva del nombramiento no llegó hasta el 31 de enero, el último día en que Greenspan ocupaba el cargo.

Al día siguiente, el 1 de febrero de 2006, en la sala de juntas, me convertí en el decimocuarto presidente de la Reserva Federal, mientras Roger Ferguson, el vicepresidente, me tomaba juramento en presencia de algunos gobernadores y de parte del personal. También habría una ceremonia formal, celebrada el 6 de febrero en el amplio patio del Edificio Eccles, a la que asistieron Alan Greenspan, Paul Volcker y el presidente Bush, además de varios miembros de mi familia. Era la segunda vez que un presidente visitaba la Reserva Federal, desde que Franklin D. Roosevelt había inaugurado el edificio en 1937.

Después de que Roger me tomara juramento, trasladé mis libros y papeles a mi nuevo despacho, una sala de altos techos iluminada por una elegante araña. En una reunión previa, un grupo del personal encabezado por Lynn Fox, consejera superior, se presentó en mi oficina luciendo calcetines color canela, en recuerdo de la broma que Keith Hennessey y yo le habíamos gastado al presidente Bush. Mi nueva mesa de trabajo era un escritorio del siglo XIX donado por el difunto John LaWare, antiguo miembros del Consejo. Al cabo de poco tiempo, aquel viejo escritorio quedó rodeado por varias pantallas de ordenador, un terminal Bloomberg y un televisor, lo que imprimió a mi zona de trabajo el ambiente de una carlinga. Mi pequeña biblioteca estaba distribuida en una serie de estanterías empotradas;

entre los ejemplares figuraban muchos libros procedentes de mi despacho de Princeton, como *Lombard Street* de Bagehot. En un extremo de la sala, una bandera estadounidense y otra con el águila de la Reserva Federal flanqueaban una chimenea. Dos altos ventanales daban a una zona de césped impoluto por la parte del National Mall. Junto a la chimenea, una puerta conducía a la zona de recepción, donde Rita Proctor ya estaba organizando los archivos.

A diferencia de mi predecesor, yo tenía la intención de utilizar el correo electrónico. Para que no me inundaran a correos, necesitaba un pseudónimo. Andy Jester, un especialista en información y tecnología que asesoraba al Consejo, propuso Edward Quince. Había visto la palabra «Quince» en la caja de un programa informático y le pareció que «Edward» era un buen complemento. El nombre de Edward Quince figuraba en la guía telefónica del Consejo como miembro del equipo de seguridad. El pseudónimo quedó a resguardo mientras ocupé la presidencia. Cuando hacía públicos mis correos electrónicos —a petición del Congreso o en virtud de la Ley de Libertad de Información, por ejemplo—, tachábamos el nombre.

El primer asunto importante que abordé fue la capacidad del Fed para responder a una urgencia financiera. Incluso antes de jurar el cargo, me había reunido con altos miembros del personal para hablar de nuestros planes de contingencia. Los miembros del Consejo, con Roger Ferguson y Don Kohn a la cabeza, habían mejorado considerablemente desde el 11-S la capacidad del Fed para afrontar una crisis. Yo estaba decidido a continuar en aquella dirección. Pedía informes diarios sobre la evolución de las grandes entidades financieras y a medida que me llegaban los guardaba en el *pendrive* que llevaba en mi llavero.

Fiel a mi idea de que el Fed debía preparar un informe sobre estabilidad financiera, formé un comité de responsables del personal encargado de informar periódicamente a la junta de posibles problemas en el sistema financiero. Tim Geithner desarrolló una actividad similar en el Fed de Nueva York. Sin embargo, contábamos con pocos recursos y el efecto en las decisiones políticas fue en última instancia limitado.

Desde el principio también me centré en los aspectos políticos del cargo. Trabajando en colaboración con la oficina de asuntos legislativos del Consejo, encabezada en aquel momento por Win Hambley, empecé a invitar a importantes miembros del Congreso para desayunar o almorzar con ellos en el Fed. Primero invitamos a los representantes que formaban parte de los comités de supervisión del Fed —el Comité Bancario del Senado y el Comité de Servicios Financieros de la Cámara de Representantes—, pero después nos reunimos con diversos congresistas de ambos partidos. La primera reunión, celebrada solo dos semanas después de jurar el cargo, la mantuve con Barney Frank, congresista por Massachusetts y líder demócrata del Comité de Servicios Financieros. También acudí a los despachos de los miembros o me reuní en privado con un comité al completo. Acumulé mucha información sobre los debates que se desarrollaban en el Congreso, especialmente los relativos a cuestiones presupuestarias y regulación financiera, y me familiaricé en mayor medida con los procedimientos legislativos.

Establecer vínculos con el Congreso llevaría tiempo, pero mi relación con la Casa Blanca ya era buena. Durante los siguientes años almorzaría periódicamente con el presidente, el vicepresidente y diversos consejeros en el pequeño comedor de Despacho Oval. Siguiendo la costumbre de Greenspan, desayunaba o almorzaba semanalmente con el secretario del Tesoro. Al principio ocupaba el cargo John Snow, un hombre afable y expansivo que había trabajado en el sector de los ferrocarriles. El Consejo en pleno organizaba todos los meses una comida con el Consejo de Asesores Económicos. Eddie Lazear, un especialista en economía laboral a quien conocía de mis tiempos en Stanford, fue mi sustituto en el CEA. También me reunía ocasionalmente con Al Hubbard, Keith Hennessey —que más adelante ocuparía el puesto de Hubbard como director del Consejo Económico Nacional (NEC, por sus siglas en inglés)— y otros miembros del gobierno. Entre ellos se contaba mi «vecina» Condoleezza Rice, la secretaria de Estado, cuyo edificio estaba al lado del Fed. Los dos habíamos sido profesores en Stanford y habíamos formado parte de la Casa Blanca.

Otra de mis primeras prioridades fue establecer vínculos de trabajo cordiales con responsables políticos internacionales. Ya conocía a Mervyn King, el gobernador del Banco de Inglaterra. Habíamos compartido despacho en el MIT en 1983, cuando ambos trabajábamos como profesores visitantes. A finales de marzo celebramos un agradable almuerzo. En aquellos lejanos tiempos, cuando éramos unos jóvenes docentes, no podíamos imaginar que algún día estaríamos al cargo de dos de las monedas más importantes del mundo. En abril mantuve mis primeros encuentros personales con el gobernador del Banco de Japón, Toshihiko Fukui, el presidente del Banco Central Europeo, Jean-Claude Trichet, y el gobernador del Banco de México, Guillermo Ortiz, mientras estaban en Washington para asistir a la reunión del Fondo Monetario Internacional, cuyo edificio se ubica a unas pocas manzanas del Consejo.

Las reuniones internacionales, en especial con mis homólogos de los bancos centrales, ocuparía una parte sustancial de mi tiempo. Nos reuníamos seis veces al año en el Banco de Pagos Internacionales (BPI). (El presidente y el vicepresidente del Fed solían turnarse en las reuniones.) Ubicado en Basilea (Suiza), el BPI se creó en 1930 para facilitar los pagos fijados en los tratados de paz que pusieron fin a la Primera Guerra Mundial. Cuando los esfuerzos para gestionar aquella situación llegaron a su fin, el BPI pasó a ser un banco para los bancos centrales (a través de la inversión de reservas, por ejemplo) y un lugar en que sus presidentes podían reunirse para debatir asuntos de interés común. Tras reunirnos formalmente para hablar sobre economía mundial, política monetaria y regulación financiera, pasábamos al comedor para sincerarnos en largas conversaciones ante exquisitas comidas de cuatro platos, cada uno servido con un vino diferente. Durante generaciones, los presidentes de los bancos centrales de todo el mundo han formado una especie de club, del que ahora yo formaba parte.

Cuando no tenía un almuerzo con el secretario del Tesoro, con un miembro del Congreso o con una autoridad extranjera, comía en la cafetería del Consejo, haciendo cola bandeja en mano y sentándome en el primer asiento que veía libre, como siempre había hecho en mis tiempos de gobernador. Ahora era el presidente, pero me parecía importante mantener el contacto con el personal de todos los niveles. Me ejercitaba un par de veces por semana en una máquina de remo, con pesas o jugando al baloncesto en el pequeño gimnasio del Consejo, exactamente igual que cuando era gobernador. La pista de baloncesto había sido antes una pista de *squash*, y solo podía albergar partidos de dos contra dos.

Mi retorno al Consejo volvió a reunirme con Michelle Smith, jefa de la Oficina de Asuntos Públicos, con la que ya había trabajado como gobernador. Michelle era una texana que desbordaba encanto y había asesorado a tres secretarios del Tesoro: Lloyd Bentsen (que le había dado su primer trabajo en Washington), Robert Rubin y Larry Summers. Después había desempeñado esa función con Alan Greenspan, y ahora me había llegado el turno. Se había forjado en las relaciones con los medios, un trabajo que dominaba a la perfección, pero durante mi mandato fue también la jefa de personal y la encargada de gestionar mi agenda y mis apariciones públicas. Aquella mujer sociable y extrovertida sabía perfectamente si a un gobernador no le gustaba determinado encargo o si algún miembro del personal estaba pasando por un mal momento, y yo acudía a ella para enterarme de todo lo que tenía que saber.

Michelle y yo programamos numerosos discursos durante mi primer año, además de visitas a los doce bancos regionales de la Reserva. Logré viajar a once de ellos; tuve que cancelar mi visita al banco de Atlanta para asistir en diciembre a la cumbre económica celebrada en China. Para mi primer discurso como presidente del Fed, el 24 de febrero, regresé a Princeton y hablé ante un público formado por profesores y estudiantes. Para aumentar mi credibilidad como azote de la inflación y quitarme el sambenito de «Helicóptero Ben», me centré en los beneficios económicos de una inflación baja, un tema propio de mi cargo. Como en mis tiempos de gobernador, seguí dedicando mucho tiempo a preparar los discursos —los discursos del presidente de un banco central no son simplemente reflexiones sobre política: son herramientas políticas en sí—, pero, al disponer de menos tiempo, me apoyaba mucho más en los borradores y las revisiones del personal.

También me preparé para mi primera comparecencia semestral ante el Congreso, apenas dos semanas después de la jura del cargo. El personal me envió gruesas libretas con información resumida sobre todas las áreas que estaban bajo la responsabilidad del Fed. Sabía que además me harían preguntas sobre cuestiones que no eran de nuestra inmediata competencia, y que tendría que andarme con pies de plomo. Me reuní con el personal para estudiar posibles respuestas. Los mandatarios de Washington suelen preparar las comparecencias en las llamadas «juntas de asesinos», en las que algunos miembros del personal hacen el papel de legisladores y el dirigente en cuestión practica sus respuestas. Aquel teatro no me agradaba y prefería conversar sin más. Por mi experiencia con el Congreso sabía bien que los legisladores solían plantear preguntas capciosas con vistas a recabar apoyo para alguna propuesta política. Muchos de ellos eran abogados, de modo que era inevitable que formularan toda clase de preguntas y que rara vez les interesara la respuesta.

El propio Greenspan se había metido en un lío en 2001 cuando aparentemente dio su respaldo a los recortes fiscales propuestos por el gobierno de Bush. En una comparecencia declaró que los recortes fiscales eran preferibles a la acumulación de grandes superávits presupuestarios, como los que según los cálculos iban a producirse. Greenspan no llegó al punto de apoyar las medidas concretas del gobierno, pero sus palabras relegaron al olvido sus numerosas cualificaciones para ocupar el cargo. En algunas reuniones que mantuve al principio de mi mandato, Harry Reid, el portavoz del Partido Demócrata en el Senado, habló con cierta amargura del supuesto apoyo que Greenspan había dado a los recortes fiscales. El mensaje de Reid estaba claro: no debía inmiscuirme en la política fiscal.

Me parecía absurdo hablar de economía sin hablar de política fiscal, así que me propuse referirme a cuestiones fiscales aunque solo fuera en términos generales, por ejemplo insistiendo en la necesidad de lograr un equilibrio razonable entre impuestos y gastos, pero dejando claro que correspondía al Congreso y al gobierno determinar cómo obtener ese equilibrio. En ocasiones citaba la «ley de la aritmética», según la cual, por definición, el déficit presupuestario del Estado es igual al gasto menos los ingresos. Algunos miembros del Congreso hablaban en ocasiones como si fuera posible incrementar el gasto, recortar los impuestos y reducir el déficit, todo al mismo tiempo, algo imposible desde un punto de vista matemático.

Era evidente que para nombrarme la Casa Blanca había tenido en cuenta mi trabajo en el ámbito de la macroeconomía y la política monetaria y había pasado por alto mi falta de experiencia en la supervisión bancaria. El comité de supervisión estaba formado por veteranos miembros de la junta, pero me tomé aquella responsabilidad en serio y les pedí que me tuvieran informado con regularidad. Tenía mucho que aprender. Al comienzo de mi mandato me reuní con supervisores como Marty Gruenberg, en aquel momento presidente de la Corporación Federal de Seguro de Depósitos, para hablar de los acontecimientos en curso.

Por muchos consejos que te den, nada te prepara verdaderamente para ocupar un puesto como el de presidente del Fed. Tienes que aprender sobre la marcha, y a veces las lecciones son muy duras. Al comienzo de mi mandato me reuní para desayunar con Greenspan en el comedor de la presidencia. Le pregunté si podía darme algún consejo. Sin inmutarse, aunque con un brillo especial en los ojos, me dijo que, cuando comiera con un invitado oficial, me sentara en un sitio desde donde pudiera ver el reloj, para saber cuándo había terminado la reunión. Ese fue su único consejo. Michael Bloomberg, el alcalde de Nueva York, fue más preciso: «No la jodas», dijo en una cena a la que asistimos ambos.

Dormí muy mal la noche anterior a mi primera comparecencia como presidente, el 14 de febrero. Aunque durante los ochos años que ocuparía el cargo comparecería docenas de veces, nunca me gustó. Las comparecencias eran en ocasiones pruebas de resistencia, que exigían estar plenamente concentrado durante cuatro o cinco horas. Me propuse no beber absolutamente nada durante al menos las dos horas previas al inicio de la comparecencia, para no tener que pedir un receso. Más tensión aún me producía la necesidad de calibrar las respuestas sabiendo que iban a ser diseccionadas no solo por los miembros del Congreso que tenía delante de mí, sino también por los medios, los mercados y la ciudadanía. Mi experiencia como docente me ayudaba a mantener la serenidad casi todo el tiempo. Cuando me hacían una pregunta o escuchaba una afirmación, pensaba en cómo respondería a un estudiante de Economía. Adoptar el papel de profesor me ayudaba por lo general a pasar por alto cualquier antagonismo o cualquier motivación oculta en las preguntas.

En mi primera comparecencia ofrecí un mensaje optimista en líneas generales. La economía había crecido a un ritmo superior al 3% en 2005 y la tasa de desempleo se había situado en menos del 5%. Esperábamos que el crecimiento económico continuase a buen ritmo en 2006 y 2007. La inflación estaba bajo control. Como aparentemente la economía necesitaba poca ayuda de la política monetaria, seguimos con la campaña —iniciada en 2004— de elevar el objetivo del tipo de los fondos federales en un cuarto de punto en cada reunión. Ahora estaba en el 4,5%.

Señalé que el mercado inmobiliario había empezado a ralentizarse. Era lo previsible y el dato no tenía por qué desmentir la solidez del crecimiento económico mundial, puesto que los indicios apuntaban a que otros sectores llenarían ese vacío. Sin embargo, avisé sobre el peligro de que, a tenor de la imparable subida de los precios de la vivienda y de la construcción en los últimos años, se produjera una desaceleración más rápida de lo esperable. Desconocíamos la evolución del mercado inmobiliario, pero prometí que el Fed la seguiría de cerca.

Mi primera reunión con el FOMC como presidente se fijó para el 27 y el 28 de marzo. Ocuparía dos días, en lugar de uno. En los tiempos de Greenspan lo habitual era que las reuniones se celebrasen a lo largo de un solo día, lo que en la práctica suponía que el encuentro duraba unas cuatro horas, para emitir el comunicado a las dos y cuarto de la tarde. El comité se reunía durante dos días cada seis meses, en enero y junio, ocasiones en las que el día extra solía dedicarse a exposiciones realizadas por el personal sobre un asunto determinado. Yo quería organizar más reuniones de dos días para que las deliberaciones pudieran realizarse con más calma, un asunto que abordé en las reuniones individuales que mantuve con cada miembro del comité durante mis primeras semanas en el cargo. Nuestro acuerdo inicial fue celebrar cuatro reuniones de dos días al año (sobre un total de ocho).

También introduje cambios en el formato de las reuniones para impulsar uno de mis objetivos: reducir la identificación del Fed con su presidente y dejar claro que las decisiones de política monetaria procedían de todo el comité, no de una sola persona. Decidí sintetizar las ideas de los miembros del comité sobre el panorama económico antes de exponer las mías, para demostrar que los había escuchado y los tenía en cuenta. Y durante las deliberaciones políticas que seguían al debate sobre el estado de la economía, hablaba el último en lugar del primero, a diferencia de lo que siempre había hecho Greenspan. Mi intención era evitar que los miembros se guardaran su opinión. El Fed es una organización fuerte y extensa, y quería que todos comprendieran que cada decisión era fruto de un extenso debate y de un profundo análisis.

En mis tiempos de profesor universitario siempre había dado un gran valor al debate abierto, en el que surgieran nuevas ideas y se las analizara a fondo. Por eso traté de que los miembros del comité, acostumbrados a leer declaraciones preparadas de antemano, se manifestaran de manera más espontánea. Introduje una convención habitual en el mundo académico: los participantes podían levantar las dos manos para solicitar que se les permitiera formular una pregunta o un comentario breves. Llamamos a aquella práctica «intervención a dos manos». También les pedía en ocasiones que se explicaran más extensamente. Aquellas iniciativas dieron algunos frutos, pero no sirvieron para que las conversaciones fueran verdaderamente fluidas. Es posible que un grupo de diecinueve personas sea demasiado grande para un debate informal.

Al cabo de poco tiempo me llegó la primera señal de que mi campaña de despersonalización había comenzado. Cuando en otoño de 2006 Alyssa volvió a la universidad, un amigo le preguntó a qué se dedicaba su padre. «La verdad —dijo Alyssa—, mi padre es el presidente de la Reserva Federal.» Su amigo, asombrado, le respondió: «¿Tu padre es Alan Greenspan?».

Con la marcha de Greenspan y la dimisión de Ned Gramlich en agosto de 2005, cinco de los siete sillones del Consejo estaban ocupados, concretamente por Roger Ferguson (vicepresidente), Sue Bies, Mark Olson, Don Kohn y yo. A finales de junio de 2006, Ferguson y Olson también se marcharon. Ferguson acabaría al frente de la TIAA-CREF, encargada de gestionar los fondos de pensiones del personal docente y otros profesionales. Olson dimitió para dirigir la Junta de Supervisión de la Rendición de Cuentas de las Empresas que cotizan en Bolsa, una corporación sin ánimo de lucro creada por el Congreso después del escándalo de Enron para supervisar a los auditores. Al año siguiente, Sue Bies se marchó a su casa en Carolina del Sur, aunque siguió participando en juntas corporativas.

La Casa Blanca nombró a tres nuevos gobernadores en 2006. Me agradó que contara con mi opinión a lo largo de todo el proceso, y me gustaron las elecciones del presidente. Kevin Warsh, adjunto en la Casa Blanca, y Randy Kroszner, economista de la Universidad de Chicago, entraron en el Consejo apenas un mes después de mi nombramiento. Rick Mishkin, con quien había escrito algunos textos, llegó en septiembre. Yo había trabajado con Kevin en la Casa Blanca, donde se encargaba de supervisar asuntos financieros y bancarios para el Consejo Económico Nacional. Con anterioridad había trabajado en fusiones y adquisiciones para el banco de inversión Morgan Stanley. A sus treinta y cinco años era el miembro más joven de la historia del Consejo de la Reserva Federal. El dato despertó ciertas suspicacias, como la manifestada por Preston Martin, exvicepresidente del Consejo, pero el saber político, la experiencia en el mercado y los numerosos contactos en Wall Street de Kevin demostrarían ser inestimables.

Los trabajos académicos de Randy se centraban en la banca y las finanzas. Además, compartía conmigo un profundo interés en la historia económica, incluida la Gran Depresión. Habíamos coincidido en diversos congresos antes de que me nombraran presidente del Fed. Randy se encargaría de dirigir el comité de supervisión bancaria tras la marcha de Sue.

Rick, con su energía desbordante y su peculiar sentido del humor —a veces un poco subido de todo—, era la antítesis del banquero formal que uno se imagina formando parte del Consejo de la Reserva Federal. Sin embargo, yo había trabajado ya con él y sabía que había reflexionado a fondo sobre cuestiones monetarias y financieras y que tenía firmes convicciones al respecto. Esperaba que fuera un aliado en el FOMC y me ayudara a orientar al Fed hacia el objetivo de control de la inflación.

En un último cambio, a sugerencia mía, la Casa Blanca nombró vicepresidente a Don Kohn en sustitución de Roger. Don y yo habíamos entrado en el Consejo el mismo día, tres años y medio antes. A partir de entonces trabajaríamos juntos en la dirección del Fed.

Pese al ingreso de tres nuevos miembros en 2006, la marcha de Sue Bies un año después de que yo tomara posesión del cargo supuso que de nuevo quedaran dos asientos vacantes en el Consejo. Por distintas razones, en especial el bloqueo habitual de los nombramientos por parte del Senado, la situación se mantendría durante los siguientes tres años y medio.

Durante aquella primera reunión con el FOMC bajo mi presidencia, en marzo de 2006, mis colegas y yo estábamos muy animados. La desaceleración del sector inmobiliario nos parecía una buena noticia. El declive en la construcción y el estancamiento de los precios de la vivienda desinflaría un poco cualquier posible burbuja y contribuiría a ralentizar el crecimiento económico general hasta situarlo en un nivel más sostenible, reduciendo el riesgo de que la inflación fuera un problema. Aprobamos por unanimidad incrementar un cuarto de punto —por decimoquinta vez consecutiva— el tipo de los fondos federales, que pasaron a situarse en el 4,75 %.

A partir de aquel momento, yo sabía que habría que adoptar una estrategia un poco más compleja. El tipo de los fondos federales estaba muy cerca de lo que se consideraba un nivel normal. Sin embargo, la economía parecía seguir un poco sobrecalentada, y los precios de la energía habían subido. A lo mejor convenía subir un poco más los tipos, pero los ajustes parecían tocar a su fin.

Entonces cometí un error de principiante; dos errores, en realidad. Quería tener la flexibilidad necesaria para desviarnos del incremento de un cuarto de punto establecido en cada reunión a partir de junio de 2004. Era posible que a no mucho tardar lo mejor fuera mantener intacto el tipo durante una reunión o dos, mientras evaluábamos las perspectivas económicas. Mencioné esa posibilidad en mi comparecencia ante el Comité Económico Mixto (formado por miembros del Senado y de la Cámara de Representantes) el 27 de abril. Lo que dije fue que «en el futuro» el FOMC podría «abstenerse de emprender acción alguna durante una o más reuniones, con vistas a disponer de más tiempo para recoger toda la información relevante», a lo que añadí: «Por supuesto, el hecho de no emprender acciones en una reunión no excluye la posibilidad de emprenderlas en futuras reuniones».

Mi mensaje me parecía bastante claro. En algún momento —no necesariamente en la siguiente reunión— podíamos dejar de incrementar los tipos para evaluar la situación con más calma, sin que ello conllevara que los ajustes hubieran terminado. Mi primer error fue dar por supuesto que mis palabras se entenderían al pie de la letra. Los mercados diseccionaron cada sílaba para encontrar el mensaje en clave que el comunicado debía contener. Al final llegaron a la conclusión de que yo había anunciado el fin de las subidas de los tipos, y reaccionaron rápidamente, con caídas de los tipos de interés a largo plazo y subidas del precio de las acciones. Aquel malentendido me molestó. A la luz del aparente impulso de la economía, me parecía bastante probable que al menos necesitáramos una subida más de los tipos.

El siguiente sábado asistí a la Cena de Corresponsales de la Casa Blanca en un salón de banquetes del Washington Hilton, a la que asistieron miles de personas. La Cena de Corresponsales es uno de los diversos encuentros de ese estilo que pautan el calendario social de Washington. Todas me parecían detestables, y esta muy en especial. Concebida en origen como una oportunidad para que los corresponsales y los políticos se relajaran y conversaran tranquilamente, en la práctica era una orgía de cuchicheos y un desfile de celebridades, en la que la gente no paraba de hablar a lo largo de todo el programa. (En mis tiempos de gobernador me había desesperado no poder escuchar una de las últimas actuaciones en directo de Ray Charles.) Asistí a aquellas cenas durante varios años. Greenspan lo había hecho siempre. Pensaba que era lo que se esperaba de mí, y que tal vez me sirviera para charlar con otros invitados.

En una recepción celebrada con anterioridad a la Cena de Corresponsales, aquel mismo fin de semana, me encontré con Maria Bartiromo, la famosa presentadora del canal de noticias por cable CNBC. Me dijo que el mercado había interpretado mis comentarios ante el Comité Económico Mixto como una señal de que las subidas de tipos del Fed habían llegado a su fin. Pensando que mis palabras no trascenderían, le dije que la incapacidad de los agentes del mercado para no captar el significado literal de mis palabras me parecía frustrante. Segundo error.

El lunes siguiente, mientras trabajaba en mi despacho, vi en la pantalla Bloomberg una repentina bajada de la Bolsa. Aquello me extrañó, pero no tardé mucho en descubrir la razón de aquel descenso. Bartimoro había hablado de su conversación conmigo, especialmente de mi inquietud por el hecho de que mi comparecencia hubiera dado lugar a un malentendido. Los mercados reaccionaron al instante.

Se desencadenó una oleada de críticas, entre ellas la vertida por el senador Bunning en mi siguiente comparecencia ante el Congreso, en mayo. Michelle Smith y Anna procuraron —cada una a su modo— que yo no perdiera la perspectiva de las cosas, pero me sentía fatal. Los efectos de mi desliz en los mercados fueron transitorios, y estaba convencido de que no acarrearían un daño económico importante. Pero yo trataba de asentar mi credibilidad, al frente del mismo cargo que había ocupado el legendario Greenspan, y en aquel momento me planteé la posibilidad de que aquel paso en falso dañara irremediablemente la confianza de la ciudadanía. Con el paso del tiempo, la tormenta amainó, pero el episodio me sirvió para aprender una importante lección sobre el poder que ahora tenían mis palabras.

Años después, antes de un discurso que yo iba a pronunciar ante el Club Económico de Nueva York, Bartimoro me pidió disculpas. Le dije sinceramente que la culpa había sido en realidad mía.


Acabamos elevando el tipo dos veces más en 2006, en mayo y junio, hasta situarlo en el 5,25 %. El crecimiento económico parecía moderarse, en gran medida por la ralentización del ritmo de la construcción. En nuestras declaraciones señalábamos la posibilidad de que la bajada en el sector de la vivienda se acelerase. Sin embargo, una vez más nos pareció que la gradual desaceleración del sector inmobiliario era conveniente para la estabilización y el equilibrio del crecimiento.

Entretanto, el desempleo seguía por debajo del 5 % y la inflación había repuntado. La subida de la inflación reflejaba hasta cierto punto el incremento de los precios del petróleo, que según los economistas del personal solo tendría un efecto temporal en la inflación general. Sin embargo, a muchos miembros del FOMC les preocupaba que la inflación pudiera ganar fuerza. El comité apoyó por unanimidad el incremento del tipo. En junio dijimos que aún quedaba «cierto riesgo de inflación», lo que significaba que todavía no habíamos decidido acabar con la campaña de ajuste o subir el tipo. La decisión iba a depender de la evolución de la economía, y en especial de la persistencia de la inflación.

La siguiente reunión, celebrada en agosto, fue la primera bajo mi mandato que exigió adoptar una dura decisión política. Los datos y las historias procedentes del mundo de los negocios indicaban que la presión sobre la inflación seguiría aumentando, aun excluyendo la inestabilidad de los precios energéticos. En aquel momento no teníamos un objetivo numérico oficial de inflación, pero los últimos datos mostraban que los precios estaban aumentando a un ritmo superior al que muchos miembros del FOMC consideraban aceptable (el 2 % o un poco menos). Por otro lado, los salarios crecían más rápido que antes, lo cual era positivo para los trabajadores, pero conllevaba que las empresas tendrían que afrontar unos costes de producción más elevados y, por lo tanto, una mayor presión para encarecer los precios. Muchos miembros del comité apoyaron otro incremento del tipo de interés, o como mínimo un comunicado posterior a la reunión en la que se dejara claro que en el futuro existía la posibilidad de un nuevo incremento.

Después de diecisiete incrementos consecutivos de un cuarto de punto, y tras consultar con Don Kohn, Tim Geithner y otros miembros del comité, decidí congelar la campaña de subida de los tipos. No creía que debiéramos descartar la posibilidad de futuras subidas, pero tampoco creía que debiéramos hacer hincapié en ella. El crecimiento económico se estaba ralentizando y el mercado de la construcción seguía bajando. No sabíamos a qué ritmo se produciría la contracción del sector inmobiliario, o hasta qué punto el estancamiento de los precios de la vivienda afectaría al gasto de los propietarios. Lo que sí sabía era que los cambios de tipo de interés tardarían un tiempo en tener efecto en la economía. Ya habíamos elevado bastante los tipos, y era posible que, con el paso del tiempo, las subidas previas bastaran para contener la inflación. Propuse que no tocáramos el tipo de los fondos federales, y que asegurásemos la jugada afirmando en el comunicado que todavía quedaba cierto riesgo de inflación. Todo el comité estuvo de acuerdo, salvo Jeffe Lacker, presidente del Fed de Richmond y uno de los halcones más encarnizados del FOMC.

El fin de las subidas de tipo de interés no fue la única medida económica relevante del verano de 2006. En julio, Henry («Hank») Paulson se convirtió en el tercer secretario del Tesoro del presidente Bush, después de Paul O'Neill y John Snow. Alto, delgado y de complexión atlética, con un dedo meñique roto que sobresalía en un extraño ángulo, Hank era la viva estampa de un fornido defensa de fútbol americano, un deporte que había practicado y en el que se había ganado el sobrenombre de «Hammer» («Martillo»). Casi completamente calvo, con los ojos azules detrás de una montura metálica, Paulson transmitía una energía infatigable a la que tardé cierto tiempo en acostumbrarme.

Hank había trabajado brevemente en la Casa Blanca con el gobierno de Nixon, pero casi toda su carrera había transcurrido en el banco de inversión Goldman Sachs, donde en los últimos años había ocupado el cargo de director general. Uno de los puntos fuertes de su gestión era su interés y sus conocimientos sobre China, el mercado emergente más importante del planeta. Como secretario del Tesoro, organizaría un Diálogo Estratégico Económico semestral con autoridades chinas, al que yo asistiría con regularidad. Aunque Hank había ganado cientos de millones de dólares en Goldman, me parecía admirable que él y su mujer, Wendy, vivieran modestamente y dedicaran la mayor parte de su tiempo a la observación de aves y a iniciativas ecológicas. En su calidad de creyente en la Ciencia Cristiana, Hank no fumaba ni bebía.

El presidente Bush había elegido como sus dos primeros secretarios del Tesoro a dos hombres de negocios, pero —al margen de otras consideraciones políticas— elegir a un candidato con experiencia en el mundo de las finanzas tenía más sentido. El Tesoro se dedica fundamentalmente a la política fiscal y a la estrategia financiera, dos áreas que hasta cierto punto resultan ajenas al mundo de los negocios.

Hank y yo mantuvimos la costumbre de celebrar semanalmente un desayuno entre el Fed y el Tesoro; entre otras cosas compartíamos nuestro gusto por la avena. Encajamos bien, pese a todas nuestras diferencias de formación y personalidad. El rigor de la academia se dio la mano con la astucia de la calle, una cualidad que Hank poseía en abundancia.

# SEGUNDA PARTE

# LA CRISIS

# 7

## PRIMERAS CONVULSIONES, PRIMERA RESPUESTA

El 15 de agosto de 2007, entre las conferencias telefónicas y las actualizaciones del mercado encontré tiempo para enviar un correo electrónico a mi hermano, Seth. Anna y yo nos veíamos obligados a cancelar las vacaciones que habíamos planeado con él y otros miembros de nuestra familia para la semana siguiente en Myrtle Beach (Carolina del Sur).

«Seguramente te imaginarás el motivo», escribí.

El viaje a la costa era una tradición familiar. Detestaba tener que cancelarlo. Mis padres, como muchos propietarios de pequeños negocios, apenas tenían vacaciones. Sin embargo, casi todos los veranos se tomaban una semana libre para llevarnos a mi hermano Seth, a mi hermana Sharon, y a mí a Myrtle Beach. De adultos, mis hermanos y yo habíamos continuado esa tradición con nuestros padres y nuestros hijos. Ya había elegido mi lectura vacacional: *The New Bill James Historical Baseball Abstract* («Nuevo compendio histórico del béisbol de Bill James»). Tendría que dejarla para otro año.

«Lamento la noticia. Suerte con todo lo que está ocurriendo», contestó Seth.

«Todo lo que está ocurriendo» era una manera muy elegante de describir la situación. Tras meses de incertidumbre, los problemas en el sector inmobiliario y las hipotecas subprime (préstamos hipotecarios de alto riesgo) se estaban convirtiendo en una amenaza financiera mucho más grave, con el potencial de arruinar, o incluso algo peor, lo que la revista *Fortune* había llamado solo un mes antes «el mayor boom económico de la historia». La semana previa, el 9 de agosto, BNP Paribas, el mayor banco de Francia, había impedido a los inversores que sacaran dinero de tres de sus fondos de inversión con títulos respaldados por hipotecas subprime estadounidenses. El banco declaró que no podía determinar el valor de sus fondos a causa de la «completa evaporación de liquidez» en los mercados para esos títulos. Dicho de otro modo, la desconfianza de los inversores ante los títulos respaldados por hipotecas subprime era tan grande que los compradores potenciales habían desaparecido completamente del mercado.

El pánico que se desató produjo una oleada de ventas en los mercados de todo el mundo. Los inversores se habían dado cuenta de que desconocían quién mantenía en cartera exactamente los títulos respaldados por hipotecas subprime, tenían poca información fiable sobre los préstamos que los respaldaban y no podían anticipar cuál sería la siguiente entidad que les negaría el acceso a su dinero. Desde el anuncio de BNP Paribas en París, agentes clave del mercado crediticio de todo el mundo parecían a punto de congelarse, lo que podía tener graves consecuencias económicas. El 15 de agosto, el día en que yo había escrito a Seth, se produjo otro golpe cuando un analista sugirió que el mayor banco de créditos hipotecarios de Estados Unidos, Countrywide Financial, estaba a punto de declararse en quiebra. El Promedio Industrial Dow Jones cayó durante cuatro meses.

En aquel momento, el Fed llevaba cierto tiempo evaluando las causas y las consecuencias del colapso de las hipotecas subprime. Nuestros expertos en el sector inmobiliario pasaban frecuentemente actualizaciones sobre el mercado hipotecario y sobre la construcción, los precios y las ventas de vivienda. Nos parecía que un pequeño enfriamiento en un sector sobrecalentado era algo inevitable e incluso positivo. Sin embargo, en los primeros meses de 2007, mi segundo año como presidente, el enfriamiento empezaba a parecer mucho menos benigno.

El sector inmobiliario, como declaré ante el Comité Económico Mixto en marzo de 2007, había entrado en una fase de «corrección sustancial». La morosidad hipotecaria estaba en auge, especialmente los préstamos subprime a interés variable. Y lo más preocupante era que el número de impagos al poco de obtener el préstamo se había disparado. Mientras los inversores se lamentaban por las hipotecas, a los potenciales compradores de vivienda, especialmente los de peor historial crediticio, cada vez les resultaba más difícil conseguir un préstamo. Sin embargo, la economía en su conjunto seguía expandiéndose y creando empleo. De hecho, el crecimiento económico superaría nuestras expectativas en el segundo y el tercer trimestre de 2007, con la producción expandiéndose casi al 4%, según informes de la época, mientras la tasa de desempleo seguía baja. ¿Cuál era el balance de la situación? Ofrecí al comité una conclusión provisional: «En esta coyuntura [...] parece posible contener el impacto de los problemas del mercado subprime en el conjunto de la economía y en los mercados financieros».

Cuando había escrito a Seth, a mediados de agosto, ya sabía que había cometido un grave error. La frase «parece posible contener el impacto» me perseguiría. Pero en aquel momento mi conclusión era ampliamente compartida no solo en el seno del Fed, sino por la mayoría de los agentes del mercado y de los comentaristas de los medios. Creíamos que la desaceleración del mercado inmobiliario y los problemas con las hipotecas subprime afectarían a la economía fundamentalmente de dos formas: en primer lugar, por la reducción de los empleos en el sector de la construcción y en las industrias relacionadas con la vivienda; en segundo lugar, por el descenso del consumo. (La caída de los precios hace que los propietarios de una casa se sientan menos ricos y reduce su capacidad de obtener préstamos contra el capital amortizado de su vivienda rehipotecando para obtener liquidez o a través de préstamos de consumo con garantía hipotecaria.) La lógica subyacente era la misma que la que Steve Braun y yo habíamos desplegado en 2005 en el Consejo de Asesores Económicos, cuando calculamos los efectos de un hundimiento del precio de la vivienda en nuestra presentación ante el presidente Bush.

Nuestra previsiones resultaron erróneas porque no tuvimos en cuenta la posibilidad de que las pérdidas en las hipotecas subprime pudieran desestabilizar no solo el sistema financiero de Estados Unidos sino el sistema financiero mundial. A comienzos de 2007, aquella posibilidad parecía remota. Solo el 13% aproximadamente de las hipotecas pendientes eran hipotecas subprime. Y las hipotecas subprime a interés fijo se estaban comportando razonablemente bien, como los créditos prime (créditos preferenciales) y las hipotecas Alt-A (cuya calidad de crédito se sitúa entre las prime y las subprime). Las hipotecas subprime a interés variable, en las que la morosidad iba subiendo a medida que expiraban los tipos de interés bonificado, constituían únicamente el 8% de las hipotecas pendientes. Aunque las hipotecas subprime empezaran a generar impagos en un porcentaje extraordinario, nuestros cálculos indicaban que las pérdidas financieras resultantes serían menores que las de un mal día en las bolsas de todo el mundo.

Por otro lado, los bancos de todo el país parecían preparados para resistir los efectos colaterales del mercado inmobiliario. La Federal Deposit Insurance Corporation (FDIC, Corporación Federal de Seguro de Depósitos) había informado a finales de 2006 que el vigor sostenido en casi todos los sectores de la economía estaba compensando el efecto en los bancos de la «pronunciada debilidad» del sector inmobiliario. «Las entidades aseguradas por la FDIC presentan desde hace seis años cifras récord de beneficios —informaba la agencia—. Los niveles de capital de los bancos continúan en índices sin precedentes, mientras que el rendimiento de los préstamos ha bajado solo ligeramente de niveles históricos. Solo una entidad financiera asegurada por la FDIC ha registrado malos datos en los últimos dos años y medio.» Los títulos bancarios también estaban arrojando buenos resultados, una señal de la confianza de los inversores en la industria.

La observación de la FDIC de que los niveles de capital de los bancos registraban índices sin precedentes era tranquilizadora. El capital —que representa la inversión de los propietarios del banco, o accionistas— actúa como un parachoques contra las pérdidas. Imaginemos un banco que dedicara 100 dólares a préstamos hipotecarios, 90 de los cuales procedieran de depósitos. Los restantes 10 procederían de los accionistas, es decir, del capital del banco. Si el banco perdiera 5 dólares en las hipotecas, los accionistas se resentirían —su inversión de 10 dólares valdría ahora solo 5—, pero el banco aún sería solvente y podría devolver el dinero a los depositantes si quisieran retirarlo. Si el banco hubiera dedicado al préstamo menos dinero de su capital (por ejemplo 5 dólares) y más de los depósitos (los 95 dólares restantes), perder 5 dólares con el préstamo liquidaría a los accionistas y arruinaría al banco. Por lo tanto, contar con un amplio capital entraña que el sistema bancario puede soportar pérdidas importantes sin por ello dejar de conceder créditos a las familias y los negocios.

Desde la perspectiva de principios de 2007, el buen estado de la economía, junto con el tamaño relativamente pequeño del mercado de hipotecas subprime y lo que parecía un sólido sistema bancario, nos llevó, a mí y a otros en el Fed, a concluir que los problemas con las hipotecas subprime, aun siendo indudablemente un gran trastorno para las comunidades afectadas y para el sector inmobiliario en general, probablemente no causaran mayores perjuicios económicos. Sin embargo, no advertimos que los problemas en el mercado de las hipotecas subprime podrían desencadenar un pánico financiero a la vieja usanza, aunque adoptara una nueva forma.

El estallido regular de pánicos financieros en el siglo XIX y a comienzos del siglo XX empezaba casi siempre con retiradas masivas de depósitos desencadenadas por acontecimientos que en sí mismos no parecían tan graves como para producir una crisis sistémica. El Pánico de 1907, por ejemplo, tuvo unos inicios modestos. Un grupo de especuladores sufrió una gran pérdida tras intentar en vano acaparar las acciones de la United Copper Company. Se sabía que aquel grupo tenía estrechos vínculos con bancos y sociedades fiduciarias de Nueva York (entidades financieras semejantes a los bancos). Los depositantes no tenían la menor idea de si su entidad había financiado a los especuladores, y en unos tiempos en los que no existía el seguro de depósitos federal, lógicamente se pusieron en fila para retirar su dinero. Las retiradas masivas se expandieron, desencadenando el pánico financiero en toda la nación, lo que dio lugar a una grave recesión. Los costes económicos del pánico sobrepasaron ampliamente la magnitud de la causa desencadenante (el plan fallido de un puñado de especuladores).

En la actualidad, los depositantes casi nunca hacen cola ante las ventanillas de los bancos para retirar su dinero. Desde 1934, el gobierno federal ha protegido a los depositantes de los bancos contra las pérdidas, hasta cierto límite, incluso si el banco quebrase. Pero eso no significaba que las retiradas en masa fueran cosa del pasado. Como vimos en agosto de 2007, volvía a ocurrir lo mismo, aunque fuera de otra forma.

Durante las últimas décadas, junto al sistema bancario formal se ha creado una red de diversas entidades y mercados financieros no bancarios, a la que Paul McCulley ha dado el nombre de «sistema bancario paralelo». En dicho sistema se incluyen prestamistas no bancarios, como empresas hipotecarias y empresas de financiación al consumo, además de compañías que operan en mercados de valores, como los bancos de inversión. Esas sociedades no dependían de depósitos asegurados por el Estado, sino de financiación a corto plazo. Asimismo, los bancos comerciales complementaron cada vez en mayor medida sus depósitos asegurados con financiación no asegurada, incluidos préstamos a corto plazo entre los bancos, obtenidos en el mercado interbancario.

La financiación a corto plazo y no asegurada —proporcionada habitualmente por inversores institucionales, como fondos del mercado monetario o fondos de pensiones— se conoce como financiación mayorista, para distinguirla de la que procede de los depósitos bancarios de particulares, denominada financiación minorista. Sin embargo, como ocurría con la financiación minorista en la época anterior a los depósitos asegurados, la financiación mayorista está potencialmente sujeta a retiradas masivas. Muchos de los títulos complejos que se demostraron problemáticos durante la crisis dependían, directa o indirectamente, de la financiación mayorista, casi siempre en la forma de papel comercial o de acuerdos de recompra.

El papel comercial —deuda a corto plazo con un vencimiento habitual de treinta días o menos— había sido utilizado por empresas financieras y no financieras al menos desde mediados del siglo XIX. Tradicionalmente, el papel comercial no estaba asegurado: el reintegro se basaba solo en la palabra del prestatario, no en una garantía. Por tanto, únicamente las empresas solventes y sólidas podían emitir papel comercial. Sin embargo, en los años previos a la crisis se produjo una rápida expansión de un nuevo tipo de papel comercial, el llamado papel comercial respaldado por activos (ABCP, por sus siglas en inglés).

El ABCP era emitido por un tipo de banco paralelo llamado *conduit* o vehículos especiales. Un *conduit* es una entidad legal creada (habitualmente por un banco o por otra entidad financiera) para emitir préstamos hipotecarios, deuda de tarjetas de crédito, préstamos para la compra de vehículos y otras clases de crédito, además de títulos más complejos que combinaban diferentes tipos de préstamos (los llamados productos de crédito estructurados). El hecho de que el ABCP estuviera respaldado por activos significaba que, en caso de necesidad, el *conduit* presumiblemente podía vender sus préstamos y valores para reintegrar el ABCP que había emitido.

Un acuerdo de recompra —también llamado reporto o, abreviadamente, repo— consiste técnicamente en la venta y la recompra de un título, pero funciona como un préstamo garantizado, generalmente con un plazo de vencimiento breve, a menudo de solo un día. Si una empresa quiere tomar un préstamo en efectivo en el mercado de repo, ofrece valores del Tesoro, títulos respaldados por hipotecas, bonos corporativos u otros activos financieros como garantía. Cuando el acuerdo repo vence, el prestatario (un banco de inversión de Wall Street, por ejemplo, o un fondo de cobertura) puede renovar el préstamo con el mismo prestamista (un fondo del mercado monetario, por ejemplo) o con otro. Si por alguna razón el prestatario no puede reembolsar el préstamo a tiempo, el prestamista puede vender los títulos.

Aunque la financiación mayorista no está garantizada por el Estado, casi todos los agentes y reguladores del mercado la consideran relativamente impermeable a las retiradas masivas de dinero. Los repo se consideran especialmente seguros, porque, aunque la empresa prestataria quebrase, la garantía protegería al prestamista. Pero cuando las hipotecas subprime empezaron a ir mal, los financiadores mayoristas se vieron obligados a revisar los elementos de riesgo de las empresas prestatarias y los complejos y opacos títulos estructurados que en algunos casos ofrecían como garantía.

Muchos prestamistas habían confiado en las agencias de calificación para evaluar las garantías. Las calificaciones estaban a cargo de compañías privadas —las más conocidas eran Standard & Poor's (S&P), Moody's y Fitch— a las que pagaban los emisores de los títulos. Lógicamente, cuando empezaron a aflorar las pérdidas incluso en títulos respaldados por hipotecas con altas calificaciones, los prestamistas dejaron de confiar en las agencias. Incapaces de evaluar por su cuenta los riesgos de los títulos complejos, dejaron de prestar contra cualquier título que incluyera aunque solo fuese una mínima parte de hipotecas subprime o similares. Se comportaron como tenderos que, después de oír noticias sobre la enfermedad de las vacas locas, dejaran de vender carne de vacuno, aunque el porcentaje de reses afectadas fuera muy pequeño.

La alarma llevó a los depositantes minoristas a retirar en masa su dinero. Los financiadores mayoristas, en lugar de retirar su dinero, pueden exigir una mayor protección o unos términos más favorables. En primer lugar, muchos prestamistas de papel comercial, por ejemplo, acortaron el plazo de vencimiento del préstamo a tan solo un día. Los prestamistas repo tenían dos opciones: pedir más garantías por dólar prestado o negarse a prestar contra títulos más arriesgados o más complejos. Como en las estampidas tradicionales, sin embargo, el resultado fue que a las entidades del sistema bancario paralelo (incluidos los *conduits*) cada vez les resultó más difícil financiarse. A consecuencia de ello, creció la presión para que redujeran su tamaño, por ejemplo vendiendo activos o negándose a conceder más crédito.

Así como las retiradas masivas de fondos del Pánico de 1907 convirtieron las pérdidas sufridas por un puñado de especuladores bursátiles en una crisis crediticia y en una recesión que afectó a la nación entera, el pánico en los mercados de financiación a corto plazo que comenzó en agosto de 2007 acabaría transformando la «corrección» del mercado de las hipotecas subprime en una crisis mucho más grave que afectaría al sistema financiero y a la economía mundiales.


Aunque el terremoto se produjo en agosto con el anuncio de BNP Paribas de que había suspendido los reembolsos de sus fondos hipotecarios subprime, en junio habíamos notado los primeros temblores de la crisis que se avecinaba. Dos fondos de cobertura con una fuerte carga hipotecaria gestionados por Bear Stearns —el quinto banco de inversión más grande de Wall Street— empezaron a sufrir enormes pérdidas. En respuesta, los prestamistas repo de los fondos de Bear exigieron más garantías o simplemente se negaron a prestar más dinero. El 7 de junio, Bear congeló los reembolsos de los fondos por parte de los inversores. Bear no tenía la obligación legal de rescatar sus fondos de inversión, que pertenecían a entidades con personalidad jurídica propia (vehículos fuera de balance). Pero la compañía deseaba mantener buenas relaciones con los prestamistas de los fondos, muchos de los cuales eran otros bancos de inversión. Así que inyectó en uno de los fondos 1.600 millones de dólares. El 31 de julio, los dos fondos se declararon en quiebra, y Bear perdió casi todo el dinero que había prestado. Asimismo, el Bank of America había garantizado, a cambio de una comisión, algunos activos de los fondos. Al final perdió más de 4.000 millones de dólares. Las penalidades de los fondos de inversión de Bear hicieron que los prestamistas a corto plazo se retrajeran de financiar cualquier inversión vinculada al mercado hipotecario, especialmente los productos crediticios estructurados, que mezclaban varios tipos de hipotecas y eran difíciles de evaluar, así como otras formas de crédito.

A finales de julio, los problemas de las hipotecas subprime cruzaron el Atlántico. Rhineland, un vehículo fuera de balance financiado con ABCP, había sido creado en 2002 por el banco alemán IKB, una entidad de crédito para empresas de tamaño medio. Los gestores de Rhineland habían apostado muy fuerte por las hipotecas estadounidenses, incluidas las subprime, así como por títulos complejos respaldados parcialmente por hipotecas. Los prestamistas, inquietos por dichas apuestas, se negaron a renovar el papel comercial de Rhineland. IKB garantizó una parte sustancial de la financiación de Rhineland y, a medida que las agencias externas de financiación se retiraban, IKB se convirtió a pesar suyo en el propietario de Rhineland y de sus activos tóxicos, que a su vez colocaron a IKB al borde del colapso. En última instancia, con la presión de los reguladores alemanes, el grupo bancario alemán que controlaba IKB rescató al banco. Pero la debacle de Rhineland desató entre los prestamistas la preocupación por otros *conduits* respaldados por ABCP. La financiación por medio del papel comercial empezaría a contraerse a gran velocidad, desde unos 1,2 billones de dólares a finales de julio de 2007 hasta unos 800.000 millones a finales de año. Cuando los *conduits* perdieron fuentes de financiación, sus patrocinadores tenían dos opciones (aparte de permitir que entraran en quiebra): vender ciertos activos de los *conduits* o financiar los *conduits* ellos mismos. Ambas opciones los exponían a sufrir pérdidas e incrementaban sus propias necesidades de financiación.

Durante todo el verano hicimos un seguimiento de las crecientes tensiones en los mercados de financiación a corto plazo. Nuestra capacidad de acción era limitada: no teníamos autoridad para acceder a los datos confidenciales de los bancos de inversión (como Bear Stearns), regulados por la Comisión del Mercado de Valores, ni sobre los bancos extranjeros que no operaban en Estados Unidos (como IKB), o sobre los fondos de cobertura, escasamente regulados. Nos preocupaba que una retirada de los financiadores mayoristas forzara a más entidades y vehículos de inversión a vender activos hipotecarios en liquidaciones, bajando los precios y extendiendo el problema a otras entidades con activos similares. Por desgracia, en aquel momento podíamos hacer poco más que seguir la evolución del mercado. Tal vez las tensiones de los mercados de financiación se calmaran. O tal vez no.

Hablamos sobre las turbulencias del mercado en la reunión del FOMC del 7 de agosto. El día anterior, American Home Mortgage Investment Corporation, el décimo banco de créditos hipotecarios más grande de Estados Unidos, se había visto obligado por sus pérdidas a implantar algunas de las modalidades hipotecarias a interés variable más exóticas que pueden imaginarse, un terreno en el que siempre había destacado. También observamos que los mercados empezaban a inclinarse por la idea de que el FOMC acabaría bajando los tipos de interés para compensar los riesgos que la reciente inestabilidad financiera planteaba a la economía.

Sin embargo, en aquel momento, el conjunto de la economía no parecía necesitar la ayuda que habría supuesto una bajada de los tipos de interés. El empleo había ido creciendo a un ritmo relativamente sostenido, aunque no espectacular, y la tasa de desempleo seguía en cifras muy bajas, el 4,4%. Además, los precios del petróleo, que a finales de julio habían alcanzado la cifra récord de 78 dólares por barril, habían situado la inflación en un incómodo 5,2% interanual en el periodo de abril a junio. Incluso las palomas del comité tenían que estar un poco preocupadas por la posibilidad de que estimular un crecimiento más rápido mediante una bajada de los tipos de interés generase aún más inflación. Yo sabía que algunos miembros del FOMC seguían convencidos de que el año anterior habíamos cometido un error cuando, a petición mía, pusimos un fin provisional a dos años consecutivos de subidas de tipos de interés, una manera de controlar la inflación.

Aprobamos por unanimidad mantener el objetivo de tipo de los fondos federales en el nivel del año anterior, el 5,25%, pero en el comunicado que emitimos después de la reunión reflejamos nuestras inquietudes. Aun reconociendo que la reciente inestabilidad del mercado había incrementado los riesgos para el crecimiento económico, repetíamos que la inflación continuaba siendo nuestra preocupación política «predominante». El debate más enconado de la reunión giró sobre una cuestión aparentemente menor: la de incluir o no la palabra *predominante* en el comunicado. Algunos de los participantes —entre ellos Tim Geithner, el presidente del Fed de Nueva York, y Janet Yellen, la presidenta del Fed de San Francisco— sostenían que lo mejor era eliminar la palabra, un paso que habría incrementado las posibilidades de que los mercados pensaran que a lo largo del año se produciría una rebaja de los tipos de interés. Sin embargo, la opinión de la mayoría de los miembros era que al prescindir del término daríamos a entender que la inflación no nos preocupaba demasiado. Tampoco faltaba quien temía que nuestra reacción ante lo que en apariencia era una pequeña agitación financiera pareciese excesiva. Por mi parte, creía que la mayoría de los miembros del FOMC seguían más preocupados por la inflación que por los riesgos para el crecimiento económico, de manera que apoyé la inclusión de la palabra *predominante*, para reflejar mejor las intenciones del comité. El hecho de que pequeñas diferencias en la redacción de las declaraciones del FOMC pudieran tener importantes efectos en las expectativas políticas nos llevaba a emplear en ocasiones una cantidad probablemente desmesurada de tiempo en la elección de una simple palabra.

Cuando salí de casa el jueves 9 de agosto, poco después de las siete de la mañana, hacía casi dos horas que había amanecido y la temperatura rozaba los 27 °C. Me subí a una SUV negra con chófer para el trayecto de quince minutos hasta mi despacho. Tenía una cita con Hank Paulson para desayunar en el comedor reservado de la presidencia del Fed.

El anuncio de BNP Paribas se había producido aquella misma mañana. Casi tan preocupante como la suspensión de los reembolsos de los fondos subprime era la opinión del banco sobre la dificultad de evaluar los activos tóxicos de los fondos. Se estaba gestando una «trampa 22»: los inversores no querían comprar títulos sobre los que tuvieran poca información, pero sin movimiento en el mercado no había medio alguno de determinar el valor de los títulos. Mientras me preparaba para mi reunión con Paulson, recibí una información somera y una primera indicación de las condiciones del mercado gracias a los correos del personal del Fed. Las Bolsas europeas estaban a punto de cerrar, y habían reaccionado muy mal al anuncio de BNP Paribas, con incrementos de los tipos de interés en los préstamos bancarios a corto plazo y caídas del precio de las acciones. En su mayor parte, los mercados estadounidenses todavía no habían abierto, pero la información disponible indicaba que iba a ser un mal día.

El Banco Central Europeo había adoptado ya algunas medidas para tratar de contener la inestabilidad. Irónicamente, los problemas con las hipotecas subprime estaban teniendo repercusiones más graves en Europa que en Estados Unidos, aunque sabíamos que la angustia de los mercados podía cruzar fácilmente el Atlántico. Los mercados habían absorbido en última instancia el anuncio de julio sobre los problemas de IKB con las hipotecas subprime, pero BNP Paribas no operaba a nivel regional sino mundial. Si estaba infectado por el virus de las subprime, ¿quién más lo estaba? ¿Y cuál era el valor real de otras clases de títulos respaldados por activos? Se suponía que la titulización dispersaba el riesgo al agrupar miles de préstamos en títulos, que después podían dividirse en segmentos y venderse por todo el mundo. Sin embargo, ahora se lo veía cada vez más como un agente de contagio mundial.

A medida que la desconfianza crecía, los bancos acumulaban efectivo y se prestaban entre sí con mucha prevención, por lo que el tipo de los fondos federales —el tipo al que los bancos se prestan dinero a un día— superó el objetivo de 5,25% fijado por el FOMC dos días antes. El incremento de la demanda de dólares por parte de bancos extranjeros aumentaba la tensión. Durante el desayuno, Hank y yo hablamos de los acontecimientos que se estaban produciendo en Europa y acordamos permanecer en estrecho contacto. Aquella misma mañana envié un correo electrónico a Brian Madigan, que había sucedido a Vince Reinhart al frente de la División de Política Monetaria del Consejo, para que encargara al Fed de Nueva York la compra de grandes cantidades de títulos del Tesoro en el mercado abierto. El efectivo que los vendedores de los títulos recibirían de nosotros acabaría en los bancos, lo que satisfaría el incremento de la demanda de efectivo por el que estos habían apostado. Si los bancos tenían menos necesidad de pedir préstamos, el tipo de los fondos federales debería volver a situarse en el objetivo marcado y las presiones en los mercados de financiación a corto plazo deberían relajarse. Si todo salía bien, podríamos retirar el efectivo del sistema en uno o dos días.

La idea del prestamista de último recurso, un concepto propuesto por Walter Bagehot, sostiene que los bancos centrales deben mantenerse firmes durante un pánico financiero prestando tanto dinero como sea necesario, pues de esa forma contribuirán a estabilizar las entidades y los mercados financieros. Aquella misma mañana, siguiendo el consejo de Bagehot y las instrucciones que yo le había dado a Brian, el Fed de Nueva York inyectó en el sistema financiero 24.000 millones de dólares en efectivo. Las condiciones del sistema financiero europeo —más cercano a la chispa que había encendido BNP Paribas— eran incluso peores, y el BCE había inyectado más dinero aún, 95.000 millones de euros (130.000 millones de dólares). El objetivo de los dos bancos centrales era asegurarse de que las entidades financieras y no financieras tuvieran un acceso adecuado a la financiación a corto plazo. A lo largo de la semana siguiente, los bancos centrales de Canadá, Japón, Australia, Noruega y Suiza llevarían a cabo operaciones similares.

El día siguiente, viernes 10 de agosto, emitimos un comunicado inmediatamente después de una reunión de urgencia del FOMC. Había sido la primera reunión no programada del comité desde que yo había asumido la presidencia del Fed, y la primera desde el inicio de la guerra de Irak, cuatro años antes. El Consejo se reunió a las 8.45 de la mañana en la Special Library, una sala oscura, con olor a humedad, forrada desde el techo hasta el suelo de estanterías llenas de libros. Nos sentamos ante la misma mesa que había utilizado el primer Consejo de la Reserva Federal en 1914. En su borde figuraban unas placas metálicas con el nombre de los miembros originales y su disposición en la mesa. Los presidentes de los Bancos de la Reserva se unieron a nosotros por videoconferencia. La disposición en las que los veía en la gran pantalla dispuesta a tal efecto me recordaba a la de un antiguo concurso televisivo, *Hollywood Squares*.

El tono burocrático de nuestro comunicado del 10 de agosto ocultaba el alcance de sus posibles consecuencias. «La Reserva Federal está proporcionando liquidez para facilitar el funcionamiento ordenado de los mercados financieros —decíamos—. Como siempre, la ventana de descuento sigue abierta como fuente de financiación.» La ventana de descuento (antaño una ventanilla literal, atendida por un cajero) es la línea mediante la que el Fed ofrece préstamos a un día para entidades de depósito, entre las que se cuentan los bancos comerciales, las entidades de ahorro y las cooperativas de crédito. Al tipo de interés que se aplica se le llama tipo de descuento. Tras emitir el comunicado, inyectamos 38.000 millones más en el sistema financiero mediante compras de títulos. De nuevo, al constatar una mayor tensión en los mercados europeos, el BCE superó esa cifra e inyectó 61.000 millones de euros (84.000 millones de dólares).

Análogas declaraciones del Fed habían contribuido a calmar los mercados tras el crac bursátil de 1987 y tras los atentados del 11 de septiembre de 2001. En esta ocasión, los problemas eran más profundos y el comunicado no surtió el efecto deseado. Los inversores continuaron siendo reacios a proporcionar crédito a corto plazo y colocaron su dinero en activos más seguros y líquidos, como títulos del Tesoro a corto plazo. La emisión de papel comercial (y en especial de papel comercial respaldado por activos) había caído en picado y los plazos de vencimiento habían sufrido una rebaja radical, a menudo hasta situarse en un día o dos, dado que los prestamistas querían recuperar el dinero a la mayor velocidad posible. Resultaba preocupante observar que los problemas con las hipotecas subprime estaban dando lugar a la reevaluación de otras clases de crédito. Los financiadores mayoristas cada vez se mostraban más inquietos ante las hipotecas Alt-A, las segundas hipotecas (empleadas por ciertos propietarios para capitalizar el valor de sus viviendas) y ciertas hipotecas sobre inmuebles comerciales. Si las condiciones de financiación continuaban endureciéndose, los vehículos de inversión y las entidades que tenían aquellos títulos podían verse forzados a deshacerse de ellos en el mercado por lo que les dieran. Las liquidaciones hundirían aún más los precios de esos activos y dificultarían en mayor medida la financiación, tanto para las entidades que vendieran como para las entidades con activos similares.

Cuando escribí a Seth para cancelar las vacaciones, estaba claro que el Fed tenía que hacer más. Pero ¿qué? Para responder a los acontecimientos del presente, la gente suele recurrir a las analogías con el pasado, y lo mismo ocurrió en aquella ocasión. La clave está en dar con la analogía correcta. En agosto de 2007, las analogías que venían a la cabeza —tanto dentro como fuera del Fed— eran octubre de 1987, cuando el Promedio Industrial Dow Jones cayó casi el 23% en un solo día, y agosto de 1998, cuando cayó el 11,5% en tres días después de que Rusia no pudiera pagar su deuda externa. Con ayuda del Fed, los mercados se habían recuperado en cada una de esas ocasiones con pocos daños evidentes para la economía. Sin embargo, no todo el mundo consideraba que esas intervenciones hubieran sido un éxito. De hecho, según algunos, las medidas tomadas por el Fed en el otoño de 1998 —reducciones de tres cuartos de punto en el tipo de fondos federal— habían sido una reacción excesiva que contribuyó a alimentar la burbuja tecnológica. Otros se burlaron de lo que les parecía una tendencia del Fed a responder con demasiado ímpetu a la bajada de los precios de las acciones y otros activos financieros, y llamaron a la operación «el *put* de Greenspan». (Un *put* es un contrato de opciones que protege al comprador contra las pérdidas en el caso de que baje el precio de una acción o de otro título.)

En agosto de 2007, los artículos de opinión de los periódicos estaban repletos de especulaciones sobre la posibilidad de que «Helicóptero Ben» ofreciera en breve una solución análoga. Argumentando contra la intervención del Fed, muchos columnistas aseguraban que los inversores se habían vuelto complacientes y tenían que aprender la lección. Según ellos, para sanar de aquel mal había que volver a valorar el riesgo, lo que entrañaba una dolorosa reducción de los precios de los activos, desde las acciones y los bonos hasta los títulos vinculados a hipotecas. «El pánico crediticio nunca es agradable, pero tiene la virtud de que devuelve un poco de prudencia y humildad a los mercados», afirmaba el editorial del *Wall Street Journal* para pedir que en la reunión del 7 de agosto el FOMC no bajara el tipo de interés.

Por supuesto, los inversores estaban desesperados para eludir «la prudencia y humildad» que aquel editorial quería imbuirles. Tal vez el llamamiento más pintoresco a poner en marcha una política monetaria menos estricta fuera una ardorosa soflama realizada en directo por un presentador de la CNBC TV, Jim Cramer, el 6 de agosto. Michelle me envió un correo electrónico: «Le aviso: no es muy respetuoso con usted». Sospechando que Michelle se había expresado con suma educación, nunca vi el vídeo de aquella intervención. Cuando la crítica llega al insulto o a los gritos, me niego a entrar en el juego.

Aunque hice caso omiso de Cramer, escuchaba las voces de otras personas cuyas palabras exigían una mayor atención. «Las condiciones del mercado hipotecario son las peores que he visto y se deterioran día tras día», escribía Lyle Gramley, antiguo miembro del Consejo, en un correo electrónico reenviado por Don Kohn. «Y no soy de los que dan falsas alarmas», añadía Gramley. Tras dejar el Consejo en 1985, Gramley había trabajado durante más de un decenio para Mortgage Bankers Association of America (Asociación de Bancos Hipotecarios de América) y había formado parte del consejo de administración de Countrywide Financial. Hablaba de un mundo que conocía muy bien, pero quizá también desde una perspectiva influida por los cargos que había desempeñado tras su marcha del Fed.

Todo el mundo sabe que los agentes del mercado abogan por políticas que benefician a sus inversiones o a sus intereses. Es una realidad que siempre intentaba tener presente cuando escuchaba opiniones externas. Sin embargo, no me resultaba sencillo desechar la inquietud de Gramley y de otras muchas voces que afirmaban cosas semejantes. Sabía que si las perturbaciones financieras no se atajaban a tiempo podían estrangular el crédito a las familias y a los negocios, y que en el peor de los casos podían acarrear el desplome de la economía. Al mismo tiempo era consciente de los peligros del riesgo moral: salvar a los inversores y las instituciones financieras de las consecuencias de sus malas decisiones podía alentarlos a seguir tomando malas decisiones.[1] En la medida de lo posible, quería evitar la impresión de que Bernanke tenía su propio *put*.

Había que encontrar la solución idónea, aquella que frenara las retiradas masivas, calmara a los mercados y permitiera que los activos financieros, desde las acciones bursátiles hasta las hipotecas subprime, recuperaran su valor real sin que los mercados se congelaran o los precios cayeran en picado. Nos inclinábamos a adoptar un plan que al principio habíamos rechazado: introducir cambios en la ventana de descuento para animar a los bancos y a las entidades de ahorro a solicitar un préstamo.

A los bancos les había pasado inadvertida la idea de recurrir a la ventana, como habíamos sugerido en el comunicado del 10 de agosto. El FOMC podía haber rebajado el tipo de los fondos federales, pero esa medida habría tenido repercusiones en el conjunto de la economía, incluida posiblemente la de estimular la inflación. El préstamo a través de la ventana de descuento era una herramienta más precisa, centrada en la cuestión a la que nos enfrentábamos: la escasez cada vez mayor de financiación a corto plazo. Sin embargo, había dos problemas.

El primero era el estigma asociado con la solicitud de un préstamo al Fed. Siguiendo las recomendaciones de Bagehot, los préstamos de la ventana de descuento tenían un tipo de interés especial, que actuaba a modo de «penalización». En aquel momento el tipo de interés de la ventana de descuento se situaba en el 6,25 %, un punto por encima del objetivo para el tipo de los fondos federales, que era el que un banco pagaría a otro para obtener un préstamo a un día. En condiciones normales, el tipo penalizado anima a los bancos a buscar prioritariamente financiación en los mercados privados. Pero aquel arreglo tenía un efecto secundario: los bancos temían parecer débiles si trascendía que habían pedido un préstamo al Fed, una circunstancia que les pondría todavía más difícil atraer financiación privada. ¿Por qué iba a pagar un banco el tipo penalizado, si verdaderamente no lo necesitara? La identidad de los prestatarios que acudían a la

1. La idea de riesgo moral procede de los textos sobre seguros, donde se refería al hecho de que las personas que aseguraban sus propiedades eran menos cuidadosas a la hora de evitar pérdidas o accidentes.

ventana de descuento se mantenía en la más estricta confidencialidad, pero los bancos temían que los agentes del mercado monetario
—mediante una atenta observación de su estrategia o mediante un
cuidadoso análisis de las cifras del balance del Fed— lograsen adivinar si habían acudido a la ventana de descuento. Casi todos los préstamos que el Fed concede a través de ella van destinados a entidades
sólidas con garantía suficiente. Desde su creación hace un siglo, el
Fed no ha perdido ni un penique con la ventana de descuento. Sin
embargo, el estigma de recurrir a esa vía constituye un gran escollo a
su efectividad. Si los bancos no acuden a ella por el temor de que eso
suponga enviar una mala señal sobre su salud financiera, de poco
sirve contar con un prestamista de último recurso.

El segundo problema, además del estigma, era que la diversidad
del sistema financiero superaba las competencias de la ventana de
descuento. La Ley de la Reserva Federal estipula que, en circunstancias normales, solo las entidades de depósito —los bancos y las entidades de ahorro— pueden solicitar un empréstito al Fed. Sin embargo, en las últimas décadas, el sistema bancario paralelo, con su
preferencia por la financiación mayorista sobre los depósitos asegurados, ha desempeñado un papel cada vez más importante en los
mercados de crédito. La ventana de descuento no podía ayudar directamente a las entidades no bancarias que habían perdido la posibilidad de financiarse, lo que limitaba nuestra capacidad de calmar el
pánico.

Por lo tanto, aunque habíamos reflexionado sobre cómo poten-
ciar la ventana de descuento, temíamos que nuestra estrategia fracasara. Sería como organizar una fiesta a la que nadie asistiera. Si dábamos pasos evidentes para atraer a los bancos y no surtían efecto
alguno, podía quedar socavada la confianza en la capacidad del Fed
para encontrar una respuesta efectiva a la crisis, lo que a su vez ali-
mentaría el pánico.

Sin embargo, a la altura del 16 de agosto, las condiciones financieras se habían deteriorado hasta tal punto que estábamos dispuestos a ser más enérgicos. Aquella misma mañana, Tim Geithner, Don
Kohn y yo consultamos con nuestros homólogos de la Unión Europea, Canadá y Japón. Programé otra reunión de urgencia del FOMC
para las seis de la tarde. Con vistas a borrar el estigma, tomamos la

decisión de hacer más atractivos los préstamos de la ventana de descuento reduciendo a la mitad el tipo penalizado. Los bancos podrían tomar prestado con un tipo de interés que estaría solo medio punto por encima del objetivo del FOMC para el tipo de los fondos federales. También intentamos persuadir a algunos de los grandes bancos del país para que solicitaran un empréstito a la ventana, con vistas a transmitir la idea de que el recurso no era una señal de debilidad. Para fomentar el crédito a un plazo superior a un día, los préstamos de la ventana se ofrecerían a un plazo de hasta treinta días, y sugeriríamos la posibilidad de renovar los préstamos en caso de necesidad. Además, el FOMC emitiría un nuevo comunicado reconociendo los riesgos cada vez mayores para el crecimiento económico y afirmando que estábamos «dispuestos a actuar como sea necesario», lo que mostraría nuestra voluntad de bajar los tipos de interés si con ello se impedía que las turbulencias financieras se contagiaran a la economía.

Nos planteamos la posibilidad de rebajar el tipo de descuento más de medio punto, una estrategia defendida por Rick Mishkin, pero había que sopesar dos intereses contrapuestos. Si no rebajábamos en la medida necesaria el tipo de descuento, los bancos, temerosos del estigma, no solicitarían el préstamo; pero, si lo rebajábamos demasiado, los bancos pequeños —a los que los empréstitos a un día en el mercado abierto no les salen tan baratos como a los grandes bancos— podían bombardear a los Bancos de la Reserva con solicitudes de préstamos relativamente pequeños, pero para cuya gestión no estábamos preparados desde un punto de vista administrativo. Tal vez tuviéramos que rechazar a posibles prestatarios.

Anunciamos la rebaja del tipo de descuento y emitimos el nuevo comunicado del FOMC a las ocho y cuarto de la mañana del viernes 17 de agosto. Aunque en un principio los mercados de financiación a corto plazo no se dieron por enterados, las bolsas se animaron enseguida. Los futuros en el índice Standard & Poor's 500 subieron un 3,6% a los 46 segundos del anuncio. «¡Bernanke es una estrella del rock para el mercado!», declaró —prematuramente, como poco— Bob Pisani, de la CNBC.

Mis colegas del FOMC y yo hicimos numerosas llamadas y compartimos información a través del correo electrónico. Como era de esperar, los banqueros seguían preocupados por el estigma de solicitar un préstamo al Fed. Eric Rosengren, el presidente del Fed de Boston, informó de que Ron Logue, director ejecutivo de State Sreet, era reacio a seguir esa vía. State Street era el mayor banco del distrito, de modo que si el Fed de Boston informaba de un gran incremento en los préstamos de la ventana de descuento, las especulaciones se centrarían en la entidad de Logue. Este le preguntó a Rosengren por la posibilidad de eliminar la información por distritos de los préstamos totales. No obstante, cambiar nuestros procedimientos contables sin previo aviso, aunque fuera legalmente factible, difícilmente habría inspirado confianza. Un banquero de Texas le dijo a Richard Fisher, el presidente del Fed de Dallas, que si el Fed era capaz de persuadir a algunos de los «grandes» para que recurrieran a la ventana de descuento, «el estigma sería cosa del pasado».

A las 10 de la mañana, Tim y Don celebraron una reunión con la Clearing House Association, una organización que agrupa a los grandes bancos comerciales y de inversión del país, y le comunicaron que a partir de entonces consideraríamos que las solicitudes de préstamos en la ventana de descuento eran «una señal de fortaleza». Aquella tarde, los supervisores de Tim en Citibank le comunicaron que la junta directiva había autorizado pedir un empréstito en la ventana. El miércoles 22 de agosto, Citibank anunció que pediría un préstamo de 500 millones de dólares a treinta días; JPMorgan Chase, Bank of America y Wachovia hicieron el mismo anuncio. El día siguiente, nuestro informe semanal mostraba que a fecha 22 de agosto la ventana de descuento había prestado 2.300 millones de dólares, frente a los 264 millones de la semana anterior.

La junta del Fed envió además cartas a Citigroup, JPMorgan y Bank of America concediéndoles exenciones temporales de la Sección 23A de la Ley de la Reserva Federal, que impedía canalizar el crédito de la ventana a los componentes no bancarios de sus compañías, como subsidiarias dedicadas a la financiación al consumo y al mercado de valores. Nuestro objetivo era incrementar el suministro de financiación a corto plazo al sistema bancario paralelo. Como las transacciones entre el banco y su empresa podían poner en riesgo los depósitos del banco, había que obtener la aprobación de la FDIC. Con ese fin me puse en contacto con Sheila Bair, la presidenta de la FDIC.

Sheila, republicana de Kansas y protegida del exsenador Bob Dole, había sido nombrada para el cargo por el presidente Bush en junio de 2006. Había sido profesora en la Universidad de Massachusetts-Amherst, pero también tenía experiencia en la Administración, donde había trabajado incluso en el Departamento del Tesoro. Como buena populista sureña, desconfiaba de los grandes bancos de Wall Street y de las agencias estatales encargadas de vigilarlos, especialmente el Fed y el Tesoro. Podía ser una mujer celosa de su trabajo, con la que no era fácil colaborar, pero al mismo tiempo yo admiraba su energía, su habilidad política para conseguir sus objetivos y su talento para manejar a los medios. Además valoraba el papel crucial que su agencia desempeñaba en el sistema regulador. Cuando las circunstancias exigían la cooperación del Fed, el Tesoro y la FDIC, a menudo era yo quien tenía que llamarla, y así ocurrió en aquella ocasión. No quería que un descuido por mi parte frustrara el éxito de nuestras medidas.

Sheila respondió a nuestra petición sobre las exenciones al final del día en el que anunciamos la rebaja del tipo de interés. Le escribí un correo electrónico agradeciéndole su pronta respuesta. «Es asombroso ver todo lo que puede motivar una pequeña crisis de crédito», me respondió.

Por desgracia, nuestro éxito inicial a la hora de mejorar los préstamos de la ventana de descuento se evaporó enseguida. Los cuatro grandes bancos que proclamaron a los cuatro vientos la solicitud de un préstamo colectivo por valor de 2.000 millones de dólares dejaron muy claro en sus comunicados que no necesitaban el dinero: el miedo al estigma persistía. Al cabo de cinco semanas, los préstamos de la ventana de descuento habían caído a los 207 millones, una cifra ligeramente inferior a la registrada antes de mejorar las condiciones de préstamo.

Mientras hacíamos las gestiones necesarias para rebajar el tipo de descuento, los problemas de Countrywide, de donde procedían casi el 20% de los préstamos hipotecarios del país, habían estado en primer plano. Examinadores de tres agencias —la Reserva Federal, la FDIC y la Oficina de Control del Ahorro (OTS, por sus siglas en inglés)— habían tratado de determinar si el banco, con su enorme cartera de hipotecas subprime, podía mantenerse a flote.

El 16 de agosto, nerviosos depositantes hacían cola en una oficina de Countrywide cerca de Calabasas (California), donde la entidad tenía su sede. A muchos les tranquilizó enterarse de que sus depósitos estaban garantizados por la FDIC. Pero Countrywide se enfrentaba a una amenaza mayor: el 2 de agosto, sus prestamistas repo y de papel comercial se habían negado a renovarle el crédito. Reunir fondos mediante la venta de activos no resolvería sus problemas. El valor de las hipotecas sospechosas había caído en picado, si es que alguien las compraba. Para evitar la quiebra, Countrywide retiró hasta el último centavo de los 11.500 millones de dólares de líneas de crédito para situaciones de emergencia contratadas previamente con grandes bancos.

El 10 de agosto encargué a Brian Madigan y Roger Cole, el director de nuestra División de Regulación y Supervisión Bancaria, que evaluasen la importancia de Countrywide desde un punto de vista sistémico. Dicho de otro modo: ¿supondría la quiebra de la entidad bancaria un peligro para todo el sistema financiero? «¿Qué efectos tendría su colapso en los grandes bancos o en los principales bancos de inversión? ¿Y en el mercado hipotecario?», les pregunté.

Era la primera ocasión en la que tuve que plantear esa clase de preguntas sobre una gran entidad financiera. Escribí un correo electrónico a Madigan y a Cole menos de una hora después de recibir una nota extrañamente optimista de John Reich, el director de la OTS. Reich, antiguo banquero local y asistente durante muchos años de Connie Mack, senador por Florida, era un ardiente defensor de la desregulación. En 2003, cuando ocupaba la vicepresidencia de la FDIC, había posado para la prensa sosteniendo unas tijeras de jardinero ante una pila de papeles envuelta con cinta roja, símbolo de las regulaciones por cuya aplicación debía velar.

Justo antes de tomarse dos semanas de vacaciones, Reich intentaba tranquilizarnos a mí, a Randy Kroszner —miembro de la junta del Fed—, a Sheila Bair y a John Dugan —director de la Oficina del Interventor de la Moneda— asegurando que los rumores sobre la inminente quiebra de Countrywide eran falsos. Reconocía que el banco se enfrentaba a un problema de liquidez, pero poniendo una nota positiva a las numerosas quiebras de bancos de créditos hipotecarios que se habían registrado en los últimos tiempos, escribía: «Las perspectivas a largo plazo son buenas, dado lo menguada que ha quedado la competencia».

Al cabo de poco tiempo, Reich apoyó una propuesta de Angelo Mozilo, el director general de Countrywide, un hombre de pelo cano y piel exageradamente bronceada. Mozilo solicitaba una exención de las normas de la Sección 23A que impedían al grupo financiero Countrywide acceder a la ventana de descuento mediante una entidad de ahorro de la que era propietaria. Lógicamente, Sheila y la FDIC se mostraron escépticos, al igual que Janet Yellen, del Banco de la Reserva Federal de San Francisco, en cuyo distrito se localizaba la sede de Countrywide. Prestar indirectamente a Countrywide era un riesgo. Existía la posibilidad de que la entidad fuera insolvente y no pudiera devolvernos el préstamo. El día después de la bajada del tipo de descuento, Don Kohn me comunicó que Janet recomendaba rechazar a la mayor brevedad la solicitud de Mozilo. A su juicio, Mozilo no quería ver «el futuro real de la compañía, que pasa por su venta».

El 22 de agosto, Countrywide encontró un respiro al obtener una inversión de capital de Bank of America por valor de 2.000 millones de dólares, destinado a fomentar la confianza en la firma. Aquello no era la venta de la que hablaba Janet, pero sí el primer paso hacia la eventual adquisición de la entidad por Bank of America. Countrywide retiró formalmente su solicitud de exención el jueves 30 de agosto, mientras yo me dirigía a Jackson Hole (Wyoming) para hablar en el congreso económico anual organizado por el Fed de Kansas City. El título de la conferencia, elegido con mucha antelación, rezaba así: «Sector inmobiliario, financiación de la vivienda y política monetaria».


Yo no había hablado en público sobre economía desde que en julio había presentado el informe semestral sobre política monetaria de la junta en dos comparecencias consecutivas ante la Cámara de Representantes y el Senado. Mientras los problemas del mercado crediticio empezaban a ralentizar la economía, los agentes del mercado

buscaban cualquier indicación de que pensábamos en una amplia reducción de los tipos de interés a corto plazo. Indudablemente nos
movíamos en esa dirección. De hecho, dos días antes de mi viaje a
Jackson Hole, había hablado con Don y Tim sobre la posibilidad de
bajar los tipos sin esperar a la próxima reunión del FOMC, programada para el 18 de septiembre. Sin embargo, los mercados no esperaban una decisión para antes de esa fecha, y temíamos que si actuábamos por sorpresa los operadores creyeran que estábamos más
preocupados de lo que creían.

«El riesgo de adelantarse es que se preguntarán si sabemos algo
que ellos desconocen», escribió Don en un correo electrónico dirigido a Tim y a mí. Su recomendación era que esperásemos a la reunión
del FOMC para bajar los tipos de los fondos federales medio punto,
multiplicando por dos la rebaja esperada.

En el pequeño mundo de los bancos centrales, el congreso de
Jackson Lake Lodge es un gran acontecimiento. Durante los últimos
veinticinco años, justo antes del Día del Trabajo, responsables políticos y altos miembros del personal del Fed, banqueros centrales de
todo el mundo, famosos economistas del mundo universitario y del
sector privado y destacados periodistas económicos de Estados Unidos han acudido al simposio. Los participantes —unos ciento diez en
total— se pasan las mañanas hablando de política monetaria y del
estado de la economía mundial bajo lámparas hechas con astas de
ciervo. Las noches se dedican a los banquetes y la diversión. Las tardes permiten disfrutar del espectacular entorno. Desde la parte trasera del pabellón que acoge el encuentro hay unas vistas maravillosas
de las montañas Grand Teton, con sus nevadas cumbres. En los días
claros se pueden ver las frías aguas del lago Jackson. Don organizaba
todos los años una excursión agotadora a las montañas a la que se dio
en llamar «la Marcha de la Muerte de Kohn». Los menos preparados
o ambiciosos podían pescar con mosca, pasear en bote por el lago o
simplemente sentarse en el porche para observar con prismáticos a
los alces que pueblan las praderas a los pies de las montañas.

Cuando era profesor en Princeton, de vez en cuando había tenido el privilegio de obtener alguna de las codiciadas invitaciones a
Jackson Hole, pero como presidente del Fed, la asistencia al congreso tenía para mí algo de fastidioso. Me encanta hablar de economía,

pero bajo los focos de los medios es difícil que el intercambio de opiniones fluya con libertad y resulte fructífero. Era muy consciente de que el menor desliz por mi parte tendría un eco extraordinario, de modo que limité mi intervención a la lectura del texto que tenía preparado.

La turbulencia de los mercados en agosto de 2007 hacía que esos riesgos fueran incluso mayores. Michelle Smith, tras consultar con Don, con Tim y conmigo, dio el inusual paso de pedir por correo electrónico a los presidentes de los Bancos de la Reserva que se abstuvieran de hacer declaraciones en los medios. Inusualmente también, la mayoría accedió. Randy Kroszner viajó enseguida a Jackson Hole para evitar que todos los miembros de la junta estuvieran a bordo de un avión y fuera de su alcance el día antes del inicio del congreso. Además enviamos a un equipo de informáticos para montar en el pabellón una sala de conferencias desde donde seguir en condiciones la evolución de los mercados.

Llegué al pabellón al final de la tarde del jueves y, tras asistir a un encuentro en el que se habló sobre la situación de los mercados, participé en la comida que precede siempre a las sesiones de trabajo del viernes y del sábado. Fue una reunión sombría. Nuestro amigo y colega Ned Gramlich estaba gravemente enfermo de leucemia. Tenía programada una conferencia, pero la enfermedad le había impedido viajar. Anna y yo habíamos visto no hacía mucho a Ned y a su mujer, Ruth, en un almuerzo organizado por Lyle Gramley y su esposa, Marlys. Ned sabía que no le quedaba mucho tiempo, pero se le veía de buen humor y feliz de estar con amigos. En el discurso de bienvenida que pronuncié en la comida del congreso dije que no solo íbamos a echar de menos las ideas de Ned, sino su generosidad y su calidad humana. En la comida del sábado, David Wilcox, vicedirector de investigación de la junta e íntimo amigo de Ned, leería el discurso que Ned había preparado, sobre el auge y el derrumbe de los préstamos subprime.

En la conferencia que pronuncié al día siguiente, 31 de agosto, tenía que andarme con pies de plomo. Quería poner sobre la mesa una bajada del tipo de interés, pero no podía tener la descortesía con el FOMC de hablar explícitamente de la medida antes de que los miembros del comité la debatieran y la votaran.

Hablé del peaje que la crisis inmobiliaria y las consiguientes tensiones financieras habían supuesto para la economía y recordé a mis oyentes —inequívocamente, creía yo— que «el buen funcionamiento de los mercados financieros es esencial para la prosperidad económica». Para desmentir la idea de que el FOMC actuaría únicamente para rescatar a Wall Street, dije: «No es responsabilidad de la Reserva Federal —ni tampoco sería apropiado— proteger a los bancos y a los inversores de las consecuencias de sus decisiones financieras». Pero prometí que la Reserva Federal haría «todo lo necesario para limitar los efectos adversos sobre el conjunto de la economía que puedan acarrear las perturbaciones de los mercados financieros». Me dirigía simultáneamente a varias clases de público: trataba de convencer a las voces críticas sobre nuestro compromiso de ayudar a la ciudadanía y de persuadir a los inversores para que no renunciaran a todas las modalidades de crédito privado.

La reacción del mercado fue positiva pero atenuada. Al parecer muchos operadores esperaban una señal explícita de la inminente bajada de los tipos de interés. Laurence Norman, analista del Promedio Industrial Dow Jones, resumió la situación en su columna: «Como un hambriento Oliver Twist que devora las gachas en la casa de caridad [...] los mercados han dejado claro que quieren más».

Así fue como, incluso antes de que se marchara el último de los asistentes, Don, Tim y yo le dábamos vueltas a cómo persuadir a nuestros colegas para que el empleo y el sustento de los estadounidenses no se vieran afectados por la inestabilidad de Wall Street. Queríamos que apoyaran una fuerte bajada de los tipos de interés a corto plazo en la próxima reunión del FOMC y, en caso de necesidad, que se plantearan la posibilidad de poner en marcha medidas poco ortodoxas. Tim y yo nos marchamos pronto del congreso. Don se quedó para escuchar las intervenciones del sábado. En un correo electrónico resumió el discurso particularmente agorero que pronunció Martin Feldstein. Al propio Don, un hombre que no destaca por su optimismo, le pareció que el panorama que pintaba Feldstein era demasiado sombrío. Sin embargo, confesaba: «En lugar de afectarme [...] creo que será útil para ablandar a los miembros del FOMC».

En Washington estábamos reforzando lo que yo denominaba «el pensamiento creativo». Al centrarnos en la ventana de descuento y no en la política monetaria habitual como respuesta a la crisis, ya nos habíamos alejado hasta cierto punto de las convenciones. Pero yo estaba dispuesto a llegar más lejos si era necesario. No podíamos permitirnos que el miedo a parecer poco ortodoxos nos impidiera enfrentarnos al problema con todos los instrumentos a nuestra disposición. Aquel domingo envié a Don, Tim y Kevin Warsh —miembro del Consejo— un correo electrónico en el que abogaba por adoptar más medidas y resumía una serie de ideas que circulaban por el Fed.

Había una propuesta interesante para establecer una línea de permuta de divisas con el Banco Central Europeo, es decir, un instrumento con el que la Reserva Federal proporcionaría dólares al BCE y el reintegro estaría garantizado con euros. Su propósito sería contribuir a aislar los mercados estadounidenses de las turbulencias financieras en Europa. Aunque el BCE suministraba euros a los mercados monetarios del continente, la mayor parte de la actividad financiera europea se realiza en dólares. La creación de una línea de permuta de divisas con el BCE (o con otro banco central europeo) le suministraría dólares que después podría prestar a los bancos comerciales de su jurisdicción, calmando la batalla entre bancos extranjeros por obtener financiación en dólares que había perturbado los mercados estadounidenses. Crear un mecanismo de esa clase con un banco central extranjero no sería una medida popular desde un punto de vista político, pero podía ser crucial para proteger nuestra economía. Don se había mostrado escéptico al principio; no veía exactamente las razones por las que el BCE no podía utilizar sus propias reservas en dólares para ofrecer préstamos. Pero Tim se había mostrado más abierto: la creación de ese mecanismo con el BCE y otros dos o tres grandes bancos centrales de la economía mundial reduciría la necesidad de los bancos extranjeros de operar en Estados Unidos para tomar prestados dólares directamente del Fed. Ahora podrían solicitarlos directamente a sus bancos centrales, que serían los responsables de gestionar los préstamos y de las pérdidas que pudieran producirse.

También examiné una propuesta del personal del Fed para crear dos líneas de financiación mediante subasta de los préstamos de la Reserva Federal, uno para entidades de depósito y otro para todas las demás, como los bancos de inversión de Wall Street. Existía la posibilidad de que fijar los tipos de interés de los préstamos mediante una subasta en la que los posibles prestatarios pujaran por los fondos, en lugar de establecer un tipo fijo como en la ventana de descuento, redujera el estigma de solicitar un empréstito al Fed. Los prestatarios podrían afirmar que pagaban una tasa de mercado, no un tipo penalizado. Y como poner en marcha una subasta y determinar quiénes eran los ganadores llevaría tiempo, los prestatarios recibirían los fondos con cierta demora, dejando claro que no necesitaban desesperadamente el dinero.

La última medida de la lista consistía en obligar a los bancos a revelar más información sobre su estado y, muy importante, sobre sus vehículos fuera de balance, que se habían convertido en piezas esenciales del sistema bancario paralelo. Las revelaciones podían ser aterradoras, pero como mínimo los agentes de los mercados monetarios podrían evaluar nuevamente los riesgos de los créditos y concederlos o no sobre esa base, en lugar de alejarse de todas las contrapartes movidos por el miedo.

Uno de aquellos puntos —permitir que las entidades no depositarias, como los bancos de inversión, participaran en las licitaciones de los préstamos de la reserva Federal— exigía superar una importante barrera psicológica. Tendríamos que invocar una sección poco conocida de la Ley de la Reserva Federal, la 13(3), que autorizaba a los Bancos de la Reserva a prestar a cualquier persona o entidad solvente. No habíamos recurrido a ella desde la Gran Depresión. Aunque sabía que iba a ser difícil de vender, quería poner esa posibilidad sobre el tapete.

«La discrepancia de opiniones entre el personal no me parece suficiente para descartar esta opción», escribí en el correo electrónico que envié a Don, Tim y Kevin después de Jackson Hole. Ampliar los préstamos de la Reserva Federal a las entidades no depositarias podía ser una medida necesaria en el contexto de un sistema financiero que giraba en menor medida alrededor de los bancos. «Aunque admito que habrá que archivarla en la sección "Que Dios nos coja confesados"», escribí.

# 8

## UN PASO ADELANTE

La turbulencia que sacudió los mercados financieros en agosto parecía haber amainado ligeramente cuando el Comité Federal de Mercado Abierto (FOMC) se reunió el 18 de septiembre de 2007. El mercado de valores había recuperado de sobras el terreno perdido en agosto, y los mercados de financiación y de crédito estaban un poco más tranquilos.

Aun así, la situación distaba de ser normal. La emisión de papel comercial respaldado por activos había seguido disminuyendo, y sus tipos de interés habían aumentado. En los mercados de repo, los prestamistas estaban exigiendo más garantías por sus préstamos incluso cuando tales garantías eran de calidad relativamente alta. Y los bancos seguían siendo tímidos. Las primas que se cobraban entre sí para préstamos de más de un día seguían siendo elevadas, y cada vez eran más reticentes a prestar incluso a hogares y empresas con un historial de crédito impecable. Entretanto, las noticias económicas no eran muy positivas; el Departamento de Trabajo anunciaba en agosto la pérdida de 4.000 empleos, el primer descenso mensual que tenía lugar desde 2003.

La semana anterior a la reunión del FOMC, Anna y yo habíamos asistido a una pequeña ceremonia en memoria de Ned Gramlich, en el elegante piso de la familia Gramlich con vistas a Rock Creek Park y al centro de Washington. Ruth fue una excelente anfitriona a pesar de su dolor. Ned había fallecido el 5 de septiembre, apenas unos días después de que se hubieran leído sus notas en Jackson Hole. Más tarde, aquel mismo mes, y de acuerdo con los deseos de Ned, yo hablaría en su ceremonia conmemorativa. Cuando finalizó, una banda de jazz de Nueva Orleans entró desfilando en la iglesia tocando una estridente versión de «When the Saints Go Marching In».

En la mañana de la reunión del FOMC, el calor sofocante del verano en Washington se había aplacado. Hacía un tiempo agradable cuando mi SUV entró en el aparcamiento del Consejo. Desde ahí subí en un ascensor con paneles de madera hasta las oficinas de los miembros del Consejo en el segundo piso.

Había estado trabajando para conseguir apoyo del FOMC para realizar nuevas actuaciones que protegieran la economía de los efectos de la turbulencia en el mercado crediticio. Resultó que los halcones y las palomas volaron juntos —más o menos— en esa ocasión. Después de la reunión anunciamos que el comité había votado unánimemente rebajar el tipo de los fondos federales en medio punto, dejándolo en el 4,75%. Era la primera bajada en cuatro años. Las expectativas del mercado no sobrepasaban una disminución de un cuarto de punto, por lo que el anuncio hizo subir las acciones y caer los rendimientos de los bonos.

Algunos halcones —Jeffrey Lacker, del Banco de la Reserva Federal de Richmond, y Richard Fisher, de Dallas— habían defendido una reducción menor, pero la rotación de votos entre los presidentes del Banco de la Reserva les había dejado sin voto a ambos en 2007. Aquel año votaban Thomas Hoenig —a menudo halcón—, de Kansas City, y Bill Poole, de San Luis, pero ninguno se opuso. Ambos dijeron que esperaban que actuar extensamente más pronto prevendría la expectativa y la necesidad de tener que aplicar más tarde reducciones mayores. Los halcones se habían tranquilizado ligeramente por una modesta mejora reciente de los datos de inflación, así como el pronóstico del personal de una inflación inferior al 2% tanto en 2008 como en 2009.

Por supuesto, sabemos lo difícil que es para los economistas predecir el futuro. El director de investigación del Consejo, Dave Stockton, un analista de gran experiencia y un igualmente excelente —y sombrío— sentido del humor, nos recordó lo complicado que era todo. «Pensé en invitarles a ponerse las redecillas en el pelo y los delantales blancos de carnicero y acompañarme por un paseo por la fábrica de salchichas», bromeó, antes de entrar a discutir el análisis subyacente a las proyecciones del personal.

Los modelos económicos del Fed, y los modelos de previsiones económicas en general, no se las arreglan bien para incluir los efectos de la inestabilidad financiera en la economía, en parte porque las crisis económicas son (por suerte) lo bastante raras para que escaseen datos relevantes. En 2007, los investigadores del Fed estaban intentando activamente superar aquella dificultad estudiando a otros países desarrollados, como Suecia y Japón, que habían sufrido crisis económicas significativas en un pasado relativamente reciente. Al hablar de los desafíos que habían enfrentado él y su equipo, Stockton nos recordó el año 1998, cuando los analistas habían rebajado sus previsiones para el crecimiento económico de Estados Unidos en respuesta a la agitación del mercado provocada por el impago de la deuda de Rusia. Pero los flujos de crédito en Estados Unidos no se vieron demasiado afectados y la economía superó aquella tormenta. Seis meses después de la turbulencia creada por Rusia, el personal dio marcha atrás y revisó al alza sus previsiones.

«Creo que es justo afirmar que parte de nuestro error en 1998 fue no darnos cuenta de lo fuerte que era la economía de Estados Unidos al comienzo de aquel periodo», dijo Stockton.

Como en 1998, los analistas habían reducido sus previsiones económicas en respuesta al tumulto financiero, aunque no en exceso. ¿Estaban a punto de cometer el mismo error, prediciendo demasiada debilidad económica como resultado de la tensión financiera, o quizá iban a salirse por el extremo contrario y predecirían demasiado poca? La última tasa de desempleo —4,6% en agosto— era bastante baja a pesar de la pérdida de empleos contabilizada aquel mes. Por otro lado, las alteraciones financieras se estaban reflejando en esta ocasión en el préstamo hipotecario, mientras que en 1998 habían tenido lugar principalmente en los mercados de renta fija y variable. La conexión entre los precios de las casas y la disponibilidad de las hipotecas con la economía de Main Street era mucho más directa. Solo una de cada cinco familias poseía acciones directamente, y en cuanto a los bonos, el número era aún menor, pero aproximadamente dos tercios eran propietarios de sus viviendas en vez de alquilarlas. La caída en el valor y la venta de viviendas debida a la disminución de la construcción y del gasto de los consumidores, podría ralentizar la economía en su conjunto, lo que llevaría a una mayor debilitación del mercado inmobiliario, y así sucesivamente. Advertí que aquel círculo vicioso podría disparar «la creación de una posible dinámica de recesión de la que sería difícil salir».

Rick Mishkin, desde el mismo asiento de la esquina que yo había ocupado cuando Greenspan era el presidente, lo expresó con más dureza: «Aunque no se nos permite mencionarlo en público, tenemos que pronunciar la palabra con *r* porque existe actualmente una probabilidad significativa de caer en recesión».

La interrupción del crédito significa problemas para la economía. Pero era difícil determinar si estábamos contemplando algo análogo a la Depresión o algo mucho más suave. Hasta ese momento, la tensión en los mercados crediticios se parecía mucho más a la tensión durante la crisis de deuda rusa en 1998 que a 1929. De hecho, durante un tiempo, el Fed de Nueva York hizo circular diariamente una comparativa de datos que sugería que la crisis actual era en efecto una reposición de la de 1998. Me tranquilizaba que la volatilidad del mercado permaneciese aún dentro de los límites de la experiencia reciente. Pero siendo el desenlace tan incierto, creía que necesitábamos asegurarnos mediante un recorte mayor que lo habitual en el tipo de los fondos federales. La mayoría de los halcones aceptaban aquel argumento, pero querían dejar claro que el comité no tenía intención de aplicar más recortes. Insistí en un mensaje más orientado al futuro: «Creo que lo que el mercado desea oír es que estamos al tanto, que estamos ahí, y que estamos preparados para actuar si es necesario», dije.

Al igual que en agosto, volvimos a discutir sobre el riesgo moral: la noción, en este contexto, de que debíamos abstenernos de ayudar a la economía con rebajas de los tipos de interés porque aquello haría que, a la vez, los inversores que habían juzgado mal la situación se libraran de las consecuencias. Richard Fisher advirtió que una disminución demasiado grande de los tipos sería dar «el pistoletazo de salida» para «alentar, en vez de disciplinar, los comportamientos financieros arriesgados». Pero teniendo en cuenta la amenaza creciente a la economía en su conjunto, la mayoría de los miembros, incluidos yo, Don Kohn, Tim Geithner, Janet Yellen y Mishkin, estábamos hartos de aquel argumento. «Como banco central tenemos la responsabilidad de ayudar a los mercados a funcionar con normalidad y promover la estabilidad económica en general», dije.

Mientras llevábamos a cabo aquella bajada del tipo de interés mayor que lo esperado, retrasamos tomar medidas en otro frente. El pensamiento creativo surgido en agosto —al que habían contribuido el personal del Consejo y el Fed de Nueva York— había dado como resultado una propuesta en dos líneas. La primera consistía en una nueva línea de crédito por la que se subastarían préstamos a los bancos conforme a la ventana de descuento con vencimiento a veintiocho días, tanto a los estadounidenses como a los extranjeros que operasen en Estados Unidos. Aquella era una responsabilidad del Consejo.

La segunda línea, que estaría bajo la autoridad del FOMC en su conjunto, sería crear líneas de permuta de divisas con el Banco Central Europeo y con el Banco Nacional Suizo. Mediante las líneas de permuta podríamos proporcionar dólares a ambos bancos centrales, garantizados por euros y francos suizos respectivamente. Los bancos centrales podrían entonces prestar esos dólares a bancos y a otras instituciones financieras dentro de sus jurisdicciones. Que el BCE y el Banco Nacional Suizo manejasen subastas de crédito en dólares en paralelo a las nuestras debería reducir —esperábamos— la presión que estábamos encontrando en los mercados monetarios estadounidenses, especialmente por las mañanas (hora de la Costa Este) cuando los bancos europeos aún estaban abiertos e intentaban conseguir préstamos de dólares en Nueva York.

Las negociaciones con los europeos sobre los detalles de la coordinación de las subastas de crédito en Estados Unidos y Europa —y la elección del momento en que se anunciaría— prosiguieron hasta la víspera de la reunión de septiembre del FOMC. En particular, el BCE era muy sensible a cualquier aspecto del acuerdo de permuta de divisas que pudiera dar a entender que el Fed acudía a rescatar los mercados europeos. Por nuestra parte, queríamos evitar la inferencia errónea de que estábamos prestando a bancos privados extranjeros que constituyeran un riesgo en potencia, en vez de a bancos centrales solventes. Debido a la falta de seguridad del BCE y a las escasas mejoras que estábamos viendo en el funcionamiento del mercado monetario, decidimos esperar. Tanto el programa de subasta como las líneas de permuta quedarían en el cajón durante algún tiempo.

El recorte de tipos de septiembre fue acompañado por la mezcla habitual de alabanzas y críticas. En el editorial del *Wall Street Journal* lo trataron con sorna, sin de hecho posicionarse ni a favor ni en contra. A la mañana siguiente, Martin Feldstein, mi antiguo profesor en Harvard, cuya sombría presentación en Jackson Hole había atraído la atención de Don Kohn, nos felicitó por haber conseguido un voto unánime para realizar una acción «audaz y que creo correcta».

Barney Frank, el presidente del Comité de Servicios Financieros de la Cámara de Representantes, y Chris Dodd, presidente del Comité del Senado sobre Banca, emitieron sendos comunicados. Barney dijo que le parecía bien el recorte de tipos pero no la declaración del FOMC porque, desde su punto de vista, seguía cargando mucho el peso en el riesgo de inflación. Dodd hizo referencia a una reunión del 21 de agosto entre él, yo y Hank Paulson, de una forma que parecía insinuar que, al haberme presionado, merecía llevarse parte del mérito. En aquella ocasión le había dicho que estaba preparado para usar cualquier herramienta a mi alcance si fuera necesario, y en ese momento, algo menos de un mes después, él sacaba a relucir mi comentario como si se tratase de una promesa en firme de recortar el tipo de los fondos federales, lo que no era en absoluto lo que yo había pretendido. La Reserva Federal se esfuerza en tomar sus decisiones independientemente de cualquier consideración política, así que aquellos comentarios no me hicieron mucha gracia.

Uno de los críticos potenciales de nuestro recorte de los tipos de interés llamaba la atención por su silencio: Mervyn King, el director del Banco de Inglaterra. En el verano de 2007 había manifestado enérgicamente su oposición a la intervención de los bancos centrales. En agosto, cuando el Fed y el BCE intentaban aliviar la tensión financiera inyectando en los mercados monetarios decenas de miles de millones de dólares y euros, el Banco de Inglaterra se había mantenido al margen. El 12 de septiembre, Mervyn envió un informe al Parlamento británico en el que, sin citar nombres, criticaba con dureza al BCE y al Fed. «Proporcionar semejante inyección de liquidez [...] fomenta correr riesgos en exceso, y planta las semillas de futuras crisis financieras», escribió. En otras palabras, el Banco de Inglaterra no aportaría capital. La preocupación de Mervyn explicaba por qué el Banco de Inglaterra no se había unido al BCE y al Banco Nacional Suizo en la propuesta de acuerdos de permuta de divisas con el Fed.

Sin embargo, para cuando se realizó nuestro comunicado del 18 de septiembre, Mervyn parecía haber cambiado de idea. La víspera de nuestra reunión, el Banco de Inglaterra anunció por primera vez una inyección de capital a largo plazo (diez mil millones de libras, unos veinte mil millones de dólares, a tres meses) en los mercados monetarios británicos. Más tarde, ya avanzada la crisis, comenté que «no hay ateos en las trincheras ni ideólogos en una crisis financiera». Mervyn se había unido a sus compañeros de los bancos centrales en la trinchera.

El origen de la conversión de Mervyn fue la llegada de la crisis financiera mundial a las calles acomodadas de Gran Bretaña. El 14 de septiembre, el Banco de Inglaterra había tenido que actuar para contener un pánico bancario haciendo un préstamo a Northern Rock, una entidad de préstamos hipotecarios con sede en Newcastle upon Tyne, en el nordeste de Inglaterra. Fue el primer pánico bancario en Gran Bretaña desde el famoso colapso de Overend, Gurney, and Co. en 1866, acontecimiento que inspiró a Bagehot para publicar su tratado clásico. Northern Rock se había expandido rápidamente recaudando fondos en los mercados monetarios y en Internet, más que gracias a los titulares de depósitos locales. Cuando la entidad perdió el acceso a los mercados monetarios y fue incapaz de vender hipotecas en el decreciente mercado de titulización, empezó a irse a pique. El Banco de Inglaterra aceptó hacer un préstamo a Northern Rock, pero cuando la BBC dio la noticia, sus clientes empezaron a huir aterrados; fue un buen ejemplo de las consecuencias del estigma de pedir dinero prestado a un banco central. Gran Bretaña carecía de un seguro de depósitos público, confiando en un programa financiado por la industria bancaria que solo protegía a los titulares de los depósitos hasta cierto punto. Poco después de la intervención del Banco de Inglaterra, el gobierno anunció que garantizaba todos los depósitos de Northern Rock. En febrero de 2008, la entidad pasaría a ser de propiedad estatal.

Dos días después de la reunión del FOMC, el 20 de septiembre, tuve una audiencia ante Barney Frank, del Comité de Servicios Financieros de la Cámara de Representantes, Hank Paulson y Alphonso Jackson, secretario de Desarrollo Urbano y Vivienda. El tema a tratar era encontrar formas de poner freno a la marea creciente de ejecuciones hipotecarias, un asunto esencial y políticamente conflictivo. Las ejecuciones hipotecarias —especialmente las relativas a viviendas financiadas por hipotecas subprime con tipos de interés variables— habían ido en ascenso en los dos últimos años. Se creía que dichas ejecuciones seguirían en ascenso cuando los tipos de interés bonificados de muchas hipotecas se reajustasen a niveles sustancialmente más altos. Y con la caída de los precios de la vivienda, los hipotecados que habían invertido poco dinero para comprar sus hogares ya no podían refinanciarse fácilmente para evitar la subida de las cuotas.

Algunos miembros del Congreso presionaron para que el gobierno federal ayudase directamente a los propietarios en problemas, pero la mayoría no estaba muy interesada en gastar en ese problema una cantidad importante del dinero de los contribuyentes. El gobierno estaba haciendo lo que podía para reducir las ejecuciones hipotecarias sin que ello implicase nuevos gastos. El presidente Bush se había dirigido a la Administración Federal de la Vivienda (FHA) de la época de la Depresión, en un intento de ayudar a la gente que no hubiera podido pagar últimamente las cuotas de sus hipotecas subprime de interés variable. Según aquel plan, esos hipotecados podrían refinanciarse mediante un préstamo a interés fijo asegurado por la FHA y con cuotas más bajas. Los hipotecados contratarían primas de seguro hipotecario que serían las que financiasen el programa, y no los contribuyentes. El presidente también había pedido a Hank Paulson y a Alphonso Jackson que trabajasen en una iniciativa de prevención de ejecuciones hipotecarias dirigida al sector privado, que recibiría el nombre de «Hope Now» («Esperanza Ahora»). Al final, el gobierno reunió a prestamistas para cubrir el 60% de las hipotecas, a inversores, a organizaciones comerciales y a asesores hipotecarios en un esfuerzo voluntario dirigido a que los hipotecados pudieran permanecer en sus hogares.

En el Fed hacíamos lo que podíamos, asesorando al gobierno y al Congreso cuando nos parecía que podríamos ser de ayuda. Hablé a menudo, dentro del Fed y en público, sobre la necesidad urgente de evitar ejecuciones hipotecarias «innecesarias»: aquellas en las que una reducción de la cuota mensual u otras modificaciones tenían una buena posibilidad de permitir que el hipotecado pudiera conservar su hogar. Pero como un banco central sin la autoridad para poner en práctica programas de gasto fiscal, el Fed tenía limitada su capacidad para ayudar a los propietarios en problemas. En aquel momento, nuestra mejor herramienta disponible (aparte de recortar los tipos de interés a corto plazo, algo que nos reservábamos para alcanzar objetivos económicos más amplios) era nuestra capacidad para supervisar a los bancos. Antes, aquel mes, nos habíamos unido a otros organismos reguladores en la tarea de publicar directrices de supervisión dirigidas a los proveedores de hipotecas. Tales empresas, a menudo propiedad de los bancos, cobraban los pagos mensuales y se los enviaban a los dueños de las hipotecas, incluyendo a los poseedores de títulos respaldados por hipotecas. También trataban con los morosos, por ejemplo, alterando las condiciones de pago o iniciando la ejecución de las hipotecas. Habíamos instado a los proveedores a llegar a acuerdos con los hipotecados en situación difícil. Porque la ejecución hipotecaria costaba tiempo y dinero, y porque tras una ejecución, las viviendas rara vez se podían revender a buen precio, modificar las condiciones de las hipotecas problemáticas para mantener al hipotecado en su casa tendría tanto sentido para los prestamistas como para los deudores. El mensaje enviado a la industria hipotecaria era que los supervisores no tendrían quejas si daban un respiro a los propietarios en apuros. También los Bancos de la Reserva trabajaban entre bambalinas en sus zonas de influencia, ofreciendo asesoría técnica y otras ayudas a los numerosos grupos sin fines de lucro surgidos por todo el país que intentaban asesorar y ayudar a los propietarios de viviendas.

Por desgracia, las barreras administrativas y la complejidad de las operaciones impedían a veces realizar modificaciones en los préstamos que de otro modo tendrían sentido. Por ejemplo, los acuerdos legales que regían muchos títulos respaldados por hipotecas exigían que la mayoría o la totalidad de los inversores aceptasen la modificación, lo que solía ser difícil. Muchos deudores habían contratado una segunda hipoteca con prestamistas diferentes a los de la primera, y cada prestamista solía mostrarse reticente a ofrecer una modificación sin concesiones por parte del otro. Los proveedores de hipotecas se veían abrumados por el volumen de las hipotecas con problemas, lo que exigía de ellos más tiempo y habilidad de gestión que las hipotecas en buenas condiciones. Además, los proveedores se veían escasamente compensados por la gestión de las modificaciones en las hipotecas, de modo que carecían de los incentivos para alterarlas y de los recursos necesarios para gestionarlas con eficacia. Y, por supuesto, no todas las hipotecas podían modificar sus condiciones. Algunos deudores no podían abonar ni siquiera unos pagos mensuales reducidos sustancialmente por motivos que no tenían que ver con los ajustes de los tipos de interés, incluyendo la pérdida del empleo, enfermedad o divorcio.

Como había hecho con anterioridad, señalé en la audiencia que la modificación de hipotecas en mora podía beneficiar tanto al prestamista como al deudor, pero no parecía haber un gran consenso en la actuación. Políticamente, prevenir ejecuciones hipotecarias podía ser visto como un intento de proteger a Main Street de Wall Street. Pero era evidente que muchos votantes lo considerarían un trato de favor hacia los deudores irresponsables a costa de los responsables.

Un día después, Anna y yo asistimos a una fiesta —tenía lugar en el jardín de una suntuosa mansión que había sido la residencia de Stephen Decatur, el héroe naval del siglo XIX— celebrada con ocasión de las recién publicadas memorias de Alan Greenspan: *La era de las turbulencias: aventuras en un nuevo mundo*. Greenspan, que mientras estaba en su cargo evitó los encuentros públicos con la prensa, había promocionado el libro con una aparición en *60 Minutes*, el programa de la CBS, la víspera de la reunión del FOMC. Cuando el entrevistador le preguntó por la respuesta del Fed a la crisis económica, se evadió con elegancia y dijo que no estaba seguro de que él hubiera hecho otra cosa y que yo estaba «haciendo un trabajo excelente». Esperé que tuviera razón. En aquel momento no lo dije, pero mientras la crisis financiera ganaba fuerza, no podía sino pensar en lo irónico que era el título del libro de Greenspan.

La situación financiera siguió mejorando discretamente en las semanas posteriores a la reunión de septiembre del FOMC. El recorte de los tipos de interés y nuestros esfuerzos iniciales para aumentar la liquidez parecían haber ayudado a los mercados de crédito. Y los tipos de interés de los préstamos interbancarios mostraban que los bancos prestamistas se sentían más tranquilos respecto a la capacidad para pagar los préstamos por parte de los bancos prestatarios. El mercado de valores siguió subiendo, y el 9 de octubre, el Dow Jones alcanzó los 14.165 puntos, una cifra sin precedentes.

Pero no todo eran buenas noticias. Entre los analistas de Wall Street circulaban especulaciones pesimistas sobre los próximos informes de beneficios de las grandes compañías financieras. Y el 28 de septiembre, la Oficina de Control del Ahorro (OTS) cerró NetBank Inc., fundado en 1996 en Atlanta; uno de los primeros bancos del país que operaban exclusivamente por Internet. Fue el mayor fracaso en el sector de préstamos y ahorros desde la crisis de S&L en la década de 1980.

A mediados de octubre, las malas noticias que habían vaticinado los analistas de Wall Street se empezaron a materializar. Las agencias de calificación Moody's y Standard & Poor's siguieron bajando la calificación de los títulos respaldados por hipotecas subprime, y los precios de los valores siguieron cayendo. En la semana del 15 de octubre, tres grandes bancos —Citigroup, Bank of America y Wachovia— informaron de un gran descenso de los beneficios tras consignar los préstamos incobrables y los títulos respaldados por hipotecas. La semana finalizó con una venta masiva en el mercado de valores el viernes 19 de octubre, el vigésimo aniversario del crac de 1987. El Dow cayó 367 puntos, en su cierre más bajo desde el día anterior al recorte de tipos del 18 de septiembre. En los días siguientes se recuperó en parte, pero el tope máximo al que se había llegado anteriormente en aquel mismo mes no volvería a alcanzarse hasta varios años más tarde.

Pocas horas después de que cerrase el mercado el 19 de octubre, Kevin Warsh, un miembro del Consejo, hizo circular el preocupante rumor de que Merrill Lynch, una compañía de valores de Wall Street supervisada por la Comisión del Mercado de Valores, estaba a punto de anunciar unas pérdidas muy superiores a las previstas, lo que era un hecho poco corriente. Kevin consideraba que aquel reajuste tan pronunciado era un problema más grande que las pérdidas en sí. Daba a entender que los mercados crediticios se estaban deteriorando tan deprisa que incluso las grandes compañías financieras tenían dificultad para valorar sus activos. El 24 de octubre, Merrill Lynch anunció la mayor pérdida en un trimestre en sus noventa y tres años de historia —2.300 millones de dólares—, y reveló por vez primera que en su contabilidad constaban quince mil millones en obligaciones de deuda garantizadas (CDO) complejas, respaldadas por hipotecas subprime.

Como su nombre sugiere, las obligaciones de deuda garantizadas consisten en diversas formas de deuda que se unen en un paquete y se venden a los inversores. Las CDO fueron recibidas inicialmente como una manera de mejorar la diversificación y ajustar el grado de riesgo a la medida de las preferencias del inversor, pero en la actualidad estaban sufriendo la misma pérdida de confianza que otros instrumentos financieros complejos. Merrill había creado las CDO para vendérselas a los inversores, pero se había reservado algunos paquetes de títulos de alta calificación para su propia cartera. Las calificaciones crediticias ya no tranquilizaban a los compradores potenciales, y el valor de los paquetes CDO había caído drásticamente. El 30 de octubre, el director general de Merrill, Stan O'Neal, dimitió.

Conforme se acercaba la reunión del 30 y 31 de octubre del FOMC, la pregunta clave —al igual que en septiembre— fue hasta qué punto la turbulencia en Wall Street podía hacer daño a la economía «real», en la que los estadounidenses trabajaban, compraban y ahorraban para el porvenir. El gasto de los consumidores se mantenía sorprendentemente bien. Excepto en lo relativo a la vivienda, otros indicadores económicos, como las nuevas solicitudes de subsidios por desempleo, seguían mostrando robustez. Al igual que en la reunión anterior, el personal pronosticaba tan solo una leve ralentización del crecimiento económico.

Los halcones del comité señalaron dos factores que aumentaron su preocupación. En primer lugar, el valor de tipo de cambio del dólar se había debilitado (tendencia que, si se mantenía, haría que las importaciones fuesen más caras, lo que aumentaría la inflación). En segundo, la víspera de la reunión, el precio del petróleo había superado los 93 dólares por barril; tras hacer los ajustes debidos a la inflación, resultó que rompía el récord alcanzado en 1981 durante la crisis del petróleo. A pesar de todo, el pronóstico de inflación realizado por el personal no había cambiado demasiado. Dave Stockton explicó que no se esperaba que la caída del dólar tuviera un efecto duradero en los precios de las importaciones, y que el personal esperaba que el coste de la energía invirtiera su tendencia.

Teniendo en cuenta el riesgo para el crecimiento económico y la inflación, teníamos dos opciones para plantear la política monetaria. Podíamos adquirir un «seguro» mayor contra los peligros que representaban los abruptos mercados crediticios con otro recorte en los tipos de interés a un día. O podíamos plantarnos contra los aún preocupantes riesgos de inflación quedándonos como estábamos, y esperar acontecimientos. El 15 de octubre, en un discurso en el Club Económico de Nueva York, tuve cuidado de no inclinarme hacia ninguna de las opciones. Sin embargo, la última encuesta a las empresas de Wall Street del Fed de Nueva York daba a entender que los mercados esperaban un recorte de un cuarto de punto.

Le dije al comité que mi decisión se iba a decantar por «muy muy poco». Me daba cuenta de que la inflación era preocupante y dije que los mercados podrían sin duda soportar la sorpresa si manteníamos estable el tipo de interés. Pero acabé inclinándome hacia el recorte. «El riesgo es bastante serio si la situación de la vivienda, incluyendo los precios, se deteriora realmente», dije. Sin embargo, a modo de concesión a los halcones —algo que más tarde lamenté—, acepté expresarme indicando que no estábamos muy dispuestos a volver a recortar los tipos a menos que cambiaran los datos que teníamos. Redujimos el tipo de los fondos federales hasta el 4,5%, y dije que con aquella medida «el riesgo creciente de la inflación se equilibraba aproximadamente con el riesgo descendente del crecimiento». A pesar de todo, Tom Hoenig, de Kansas City, no estuvo de acuerdo. Dijo que era fácil recortar los tipos, y a menudo era una medida popular, pero era difícil volver a subirlos más tarde en caso de haber cometido un error. Hablar de equilibrar riesgos fue suficiente para satisfacer al otro votante de tendencia halcón, Bill Poole, de San Luis. La votación a favor de la medida fue 9 a 1.


Después del comunicado del FOMC, Chris Dodd —que en aquel momento aspiraba a la nominación del Partido Demócrata para la presidencia— volvió a emitir un comunicado insinuando una conexión entre la medida que habíamos tomado y su reunión con Paulson y conmigo en agosto. Aparte de aquel incordio, a finales de 2007 y en 2008, mi mayor preocupación era que Dodd tenía paralizadas tres nominaciones al Consejo de la Reserva Federal. El presidente en mayo de 2007 había nominado a Betsy Duke, directora de un banco local de Virginia Beach, y a Larry Klane, un directivo veterano de Capital One Financial Corp., para ocupar dos vacantes en nuestro Consejo de siete miembros. Con la salida de Mark Olson, en junio de 2006, y de Sue Bies, en marzo de 2007, al Consejo no solo le faltaba personal, sino que no teníamos a nadie con experiencia bancaria práctica. Randy Kroszner, aún en ejercicio, había sido nominado para un nuevo periodo de catorce años. Había cumplido el periodo de Ned Gramlich, que finalizaría el 31 de enero. Los tres nominados participarían el 2 de agosto en una audiencia conjunta de confirmación ante el Comité del Senado sobre Banca, pero Dodd no se había mostrado inclinado a permitir que las nominaciones se concretasen.

Hacia el 26 de septiembre sabía que tendríamos que hacer frente a unas perspectivas financieras y económicas bastante inciertas sin tener completo el Consejo. Brian Gross, de la oficina de asuntos legislativos del Fed, había hablado con Betsy, quien había oído comentar a Dodd que «de ningún modo iban a confirmar a los tres nominados». Brian, que tenía una larga experiencia en Washington, vio el vaso lleno en un tercio. «No confirmar "a los tres nominados" da pie a pensar que se confirmará al menos uno», me dijo en un correo electrónico. Entretanto, Dodd dejó que los nominados estuvieran en vilo.

El paso de los meses viviendo en el limbo de la nominación acabó por afectar a Randy. Según la ley, podía seguir ocupando su puesto después de que terminase su periodo hasta que confirmasen a alguien para ocupar su puesto. Pero en aquellas circunstancias le era difícil sentirse un miembro de pleno derecho del Consejo. Randy representaba un papel importante en la tarea del Fed de supervisar a los bancos y proteger a los consumidores. Y con las nominaciones aparentemente en suspenso, no podíamos permitirnos perder a otro miembro del Consejo. En enero lo invité a un concierto en el Kennedy Center e intenté animarlo. Desde que el Fed abrió sus puertas en 1914, el Consejo nunca había tenido menos de cinco miembros en activo. Más o menos por la misma época me preocupaba también la posibilidad de perder a Rick Mishkin. Rick había preguntado si, mientras prestaba servicio en el Fed, podía trabajar en una nueva edición de su excelentemente considerado (y lucrativo) libro de texto sobre moneda y banca. La respuesta de la Oficina de Ética Gubernamental había sido negativa. Le pregunté si a pesar de ello se plantearía quedarse.

La contribución de Randy y Rick al trabajo del Consejo era importante, pero me enfrenté a un desafío procedimental a la hora de garantizar que se escuchasen sus puntos de vista. Las leyes federales sobre reuniones abiertas consideraban oficial cualquier reunión de cuatro o más miembros del Consejo del Fed. Una reunión así debía anunciarse públicamente, y salvo que se cumpliesen una serie de requisitos concretos, debía estar abierta al público. Don Kohn, mi vicepresidente, con su larga experiencia en el Fed, y Kevin Warsh, con sus numerosos contactos en la política y en Wall Street y su conocimiento práctico de las finanzas, eran con más frecuencia mis acompañantes en las reuniones interminables en las que dábamos forma a nuestra estrategia para combatir la crisis. Tim Geithner, como presidente del Fed de Nueva York, también participaba en la mayoría de las discusiones, pero al no ser un miembro del Consejo no forzaba la aplicación de la ley de reuniones abiertas. Si invitaba a unirse a las conversaciones a Randy o a Rick, se trataría de reuniones oficiales sujetas a la ley de apertura, lo que no era muy conveniente a la hora de reflexionar y diseñar estrategias. Intenté mantener a ambos al tanto de cómo se desarrollaban las cosas citándome con ellos por separado para comer y mediante el uso frecuente del correo electrónico.

En la reunión del FOMC de octubre se trató también el primer paso de importancia en mi prioridad más valorada antes de la crisis: hacer que el proceso de establecimiento de políticas monetarias del Fed fuera más transparente y sistemático. Hacía mucho tiempo que abogaba por que el Fed adoptase un enfoque flexible sobre la inflación; una estrategia que definía un objetivo concreto en cuanto a la inflación pero que también respetase el objetivo de máximo empleo que formaba parte de nuestro mandato. Por fin estaba en una posición que me permitía hacer algo más que hablar.

Al principio de mi presidencia, le había pedido a Don Kohn que encabezase un subcomité del FOMC para evaluar métodos con los que el Fed pudiera mejorar sus comunicaciones sobre política monetaria, incluyendo quizá la adopción de un objetivo de inflación. En 2003, Don y yo habíamos tomado posturas opuestas sobre cómo abordar la inflación en un simposio en el Banco de la Reserva Federal de San Luis. Pero Don se había descrito a sí mismo como un escéptico, no como un adversario. Si Don, que gozaba de un gran respeto entre sus homólogos, podía encontrar una manera de aliviar sus propias preocupaciones, se acercaría a mi postura y otros lo seguirían.

El grupo de Don incluía a Janet Yellen, cuya experiencia como responsable política en materia monetaria se remontaba hasta un periodo en el Consejo en 1994-1996, y Gary Stern, que había sido presidente de un Banco de la Reserva durante más tiempo que nadie, estando al timón en Minneapolis desde 1985. El subcomité no llegó al punto de recomendar que adoptásemos formalmente un objetivo de inflación, pero en base a su trabajo, revisado por el FOMC en junio de 2007, propuse movernos en aquella dirección publicando información numérica sobre lo que los miembros del Comité querían decir al hablar de «estabilidad de precios», y publicando también proyecciones económicas más amplias y con mayor frecuencia. La combinación de ambos pasos ayudaría a los mercados a tener expectativas más exactas sobre las políticas monetarias futuras y el camino que seguirían los tipos de interés.

El FOMC llevaba publicando previsiones económicas desde 1979 como parte de su informe semestral para el Congreso. El subcomité de Don aspiraba a duplicar el número de previsiones, cuatro al año, y a publicarlos con más rapidez. El subcomité había evaluado también un paso sutil pero significativo hacia el objetivo de inflación: extender el periodo de las previsiones de crecimiento económico, inflación y desempleo a tres años en lugar de dos. Al menos en circunstancias normales, tres años es tiempo suficiente para que una política monetaria alcance (o se acerque a) el nivel de inflación deseado por el comité. Al anunciar unas previsiones de inflación a tres años vista, el comité estaría *de facto* declarando públicamente la cifra de su objetivo de inflación. Era un medio indirecto, pero yo confiaba en que los actores del mercado comprenderían la intención.

El subcomité de Don no se había olvidado de la parte del mandato del Fed relativa al desempleo. Pero aquel tema era más complicado. En última instancia, la inflación determina casi por completo la rigidez o la flexibilidad de la política monetaria, por lo que el FOMC puede poner como objetivo que la tasa de inflación alcance cualquier nivel; el que considere que será más sensato. El máximo nivel sostenible de empleo, sin embargo, está determinado por una serie de factores —desde la demografía de la mano de obra hasta la combinación de las habilidades de los trabajadores y los avances tecnológicos—, y los responsables de las políticas monetarias no pueden fijarlo arbitrariamente. Como complicación adicional, los economistas no pueden conocer con certeza el máximo nivel de empleo sostenible, sino que deben hacer estimaciones basadas en la experiencia histórica. En consecuencia, no es factible fijar un objetivo de empleo a la vez que se fija un objetivo de inflación. A pesar de todo, las previsiones sobre la tasa de desempleo a tres años vista realizadas por los responsables de las políticas monetarias darían el menos una idea general del nivel de empleo que estos responsables creen que pueden alcanzar sin generar inflación e incrementos salariales.

Idealmente, el comité habría aceptado las previsiones. En varios países, los comités de políticas publican previsiones colectivas; el Reino Unido es un ejemplo destacado. Pero no podíamos contar con que el variado (y geográficamente disperso) Comité Federal de Mercado Abierto, con diecinueve miembros cuando todos sus puestos estaban ocupados, fuera capaz de ponerse de acuerdo en una única previsión. En vez de eso, de acuerdo a la práctica establecida, solicitábamos a cada miembro individual que nos enviase sus propias previsiones de crecimiento económico, inflación y desempleo suponiendo que se siguiera su política monetaria preferida. Luego publicábamos tanto la serie completa de previsiones para cada variable como la «tendencia central» de estas (el rango de las previsiones excluyendo las tres más altas y las tres más bajas).

El primer conjunto de previsiones realizadas bajo el nuevo sistema mostraría que la mayoría de los miembros del FOMC pronosticaban que la inflación en tres años (para el 2010) estaría entre el 1,6 y el 1,9%. La mayoría esperaba una tasa de desempleo del 4,7 al 4,9% a finales de 2010. Era razonable llegar a la conclusión de que el comité aspiraba a un objetivo de inflación levemente inferior al 2% y que creía que el desempleo no podría descender muy por debajo del 5% sin correr el riesgo de sobrecalentar la economía. No tenía mucha importancia que las previsiones fueran precisas; el objetivo de las previsiones a largo plazo era divulgar la dirección hacia la que el comité querría orientar la economía, en condiciones ideales.

Todo lo que quedaba por hacer era anunciar el nuevo sistema. A mediados de septiembre, Tim Geithner —siempre pragmático— me había rogado que me plantease retrasar la puesta en marcha del nuevo marco de trabajo hasta febrero, en mi declaración semestral ante el Congreso. Alegaba que un periodo de fragilidad financiera no era el mejor momento para introducir un nuevo régimen de política monetaria, y que el personal no debería distraerse de la lucha contra la crisis. Y dijo además que «hay un riesgo real de que esto se pierda en medio del alboroto causado por otras cosas». Después de pensármelo un poco, decidí que el otoño de 2007 era un momento tan bueno como otro cualquiera.

Nuestras alternativas para realizar el anuncio se redujeron cuando Greg Ip publicó el 25 de octubre, en el *Wall Street Journal*, un artículo en el que describía nuestro plan en líneas generales. Decidí que lo anunciaríamos el 14 de noviembre y que aquella misma mañana, tras el comunicado a la prensa, daría un discurso en el Cato Institute, un grupo de estudios liberales.

Antes de hacer el anuncio teníamos que ponernos en contacto con Barney Frank y Chris Dodd, los presidentes de nuestros comités de supervisión. Yo creo firmemente en la independencia de los bancos centrales a la hora de implementar las políticas monetarias, pero los cambios que proponíamos tenían implicaciones que afectaban a los objetivos que el Congreso había establecido por decreto. Era necesario hacer una consulta. Llamé personalmente a Barney. Laricke Blanchard, que entonces era el responsable de nuestra oficina de asuntos legislativos, se puso en contacto con un economista miembro del personal de comité de Dodd. A Barney le preocupaba que cualquier paso dirigido a establecer un objetivo de inflación pudiera perjudicar el objetivo de empleo del Fed, pero al menos aceptó provisionalmente mi argumento de que los cambios se dirigían ante todo a alcanzar una mayor transparencia. Tras marcar esas dos casillas, procedí a exponer en el Cato Institute mi defensa de una mayor apertura en política monetaria.

La nueva práctica comunicativa en cuanto a política monetaria obtuvo valoraciones generalmente favorables en la prensa y entre los economistas, pero tal como había pronosticado Tim Geithner, no tardó en «perderse en medio del alboroto causado por otras cosas».

# 9

# EL FIN DEL PRINCIPIO

Los mercados continuaron su trayecto en montaña rusa a lo largo de noviembre, mientras los inversores intentaban valorar aquella crisis que iba de mal en peor. Gran parte de su preocupación se centraba en las compañías financieras importantes. Continuaba la caída abrupta de los precios de los títulos respaldados por hipotecas y otros productos crediticios, obligando a muchas firmas a anunciar importantes revisiones a la baja del valor de sus activos. Entretanto, los costes de financiación seguían aumentando tanto en Estados Unidos como en Europa.

Se producían grandes pérdidas. El 4 de noviembre, Citigroup anunció que se estaba preparando para reevaluar sus participaciones relacionadas con hipotecas subprime desde los 8.000 hasta los 11.000 millones de dólares. También anunció que su director, Chuck Prince, había «decidido retirarse». Prince había sucedido en 2003 a Sanford Weill, quien en 1998 había reinventado a Citi convirtiendo a la compañía en un supermercado de servicios financieros mediante la fusión del conglomerado de seguros Travelers Group Inc. con la entidad bancaria Citicorp. Prince fue el segundo director general de un coloso financiero —el primero fue O'Neal, de Merrill— que sucumbió en la crisis. En vista del volumen de las pérdidas, dijo que «el único camino honorable» era retirarse. A los cuatro meses exactos de su destitución, durante una entrevista en Japón con un periodista del *Financial Times*, Prince pronunció unas palabras que serían representativas de la autocomplacencia de la industria en vísperas de la crisis: «Cuando la música se detenga [...] las cosas se complicarán. Pero mientras suena la música, tienes que levantarte y bailar. Aún seguimos bailando».

Como quedaría bien claro en los meses siguientes, Citi había agravado sus problemas al llevar a cabo una parte sustancial de sus operaciones a través de unas entidades fuera de balance constituidas por separado que recibían el nombre de vehículos de inversión estructurada (SIV), que en conjunto representaban más de un tercio de sus activos. Los SIV, inventados por Citi en 1988, eran similares a otros vehículos fuera de balance, aunque en cierto modo estaban estructurados de una forma más conservadora. Los SIV no tenían un gran capital que les permitiera absorber pérdidas, pero su financiación era habitualmente más estable que la de otros vehículos, dependían menos de papel comercial respaldados por activos y hacían un uso relativamente mayor de la deuda a largo plazo, con vencimientos que podían llegar hasta los cinco años. También manejaban un rango de activos más amplio. Muchos SIV estaban expuestos poco o nada a los préstamos subprime, y habitualmente manejaban volúmenes considerables de activos líquidos fáciles de vender, como valores del Tesoro. Por ello no es sorprendente que hasta aquel momento hubieran funcionado razonablemente bien. Entre 2004 y 2007, el sector de los SIV había triplicado su tamaño, y justo antes de la crisis, treinta y seis SIV poseían casi 400.000 millones de dólares en activos.

Sin embargo, en la segunda mitad de 2007, los SIV empezaron a sufrir presión. Los primeros que se vieron en apuros fueron, nada sorprendentemente, los que constaban de abundantes activos subprime. Pero los inversores no tardaron en empezar a retirar fondos de SIV con pocos o ningún activo subprime, lo que era un indicador de hasta qué punto se estaba extendiendo la desconfianza. Al agotarse la financiación los SIV tuvieron que vender activos rápidamente para poder pagar a los inversores. A finales de noviembre de 2007, los SIV habían liquidado por término medio un 23% de sus carteras. A lo largo del año siguiente, prácticamente todos los SIV habían quebrado, habían sido reestructurados o se habían retirado de los balances de sus promotores.

Pero aquello no fue el final de la historia. La inestabilidad de los SIV tuvo efectos directos en los bancos que, como Citi, habían actuado como promotores. Estos habían asesorado a los SIV y a veces extendían líneas de crédito de respaldo. Sobre el papel, los promotores no consideraban estar expuestos a pérdidas potenciales más que a través de la línea de crédito. De hecho, los SIV y otros vehículos fuera de balance resultaban atractivos para los bancos gracias a la presunta reducción de la exposición a las pérdidas, lo que significaba que los bancos necesitaban menos capital de cobertura frente a los activos SIV. Sin embargo, los bancos promotores (y sus reguladores) no habían tenido en cuenta el «riesgo reputacional». Conforme la financiación externa dejaba de estar disponible y los SIV amenazaban con desplomarse, los bancos promotores descubrieron que no era tan sencillo mantener su reputación aislada de la de su progenie. En muchos casos, los promotores se esforzaron por mantener a flote sus SIV temiendo que si aquellos vehículos se desplomaban, la imagen del banco matriz y su reputación quedaría dañada ante los inversores. Pero mantener a flote los vehículos fuera de balance implicaba responsabilizarse de sus pérdidas.

El 5 de noviembre, el día siguiente al anuncio de la rebaja del valor de los activos de Citi, Fitch Ratings comunicó que estaba revisando la fortaleza financiera de las denominadas aseguradoras monolínea. Se trataba de nueve firmas estadounidenses, entre ellas MBIA Inc., Ambac Financial Group y Financial Guarantee Insurance Company (FGIC), que eran poco conocidas fuera de la industria pero representaban un papel importante. Aseguraban bonos y otros valores, resarciendo a los asegurados en caso de impagos. Se las llamaba «monolínea» porque en esencia se trataba de su única actividad. Su negocio tradicional había sido asegurar bonos empresariales y municipales, pero con el paso del tiempo habían ampliado su actividad a asegurar valores respaldados por hipotecas y otros tipos de crédito. Al igual que una aseguradora de propiedades sufrirá pérdidas en el caso de que un terremoto o un huracán destruyan miles de construcciones, las monolínea sufrieron grandes pérdidas por culpa de las subprime y otros valores. Aquel había sido el motivo de que Fitch pusiera en marcha su revisión.

Si las agencias de calificación retiraban la valoración triple-A a las monolíneas, como parecía probable que ocurriese, no afectaría solamente a las aseguradoras. Las empresas que les habían contratado seguros tendrían que admitir la disminución del valor de dicho seguro aplicando a su vez revisiones a la baja del valor de sus activos asegurados en sus propios libros de contabilidad. Aquí aparece otro rasgo habitual en los pánicos financieros clásicos: el contagio. Las firmas débiles infectan a otras que les han concedido préstamos, o que confiaban en las garantías dadas o en cualquier otra forma de apoyo. El problema de las monolíneas tuvo como consecuencia la bajada abrupta del precio de las acciones de muchas entidades financieras.

Pocos días después del anuncio de Fitch, Eric Rosengren, presidente del Fed de Boston, informó sobre una serie de reuniones con gestores de fondos de cobertura. Estaban especialmente preocupados por los efectos potenciales del deterioro de la calificación de las monolíneas en el mercado de bonos municipales, que hasta aquel momento había permanecido relativamente indemne ante la crisis. De los 2,5 billones de dólares de valores asegurados por las monolíneas, cerca de 1,5 billones eran bonos municipales usados para financiar la construcción de escuelas, carreteras y puentes. Incluso en ausencia de cambios en la situación financiera de las ciudades y estados emisores, las calificaciones de los bonos municipales podían caer si se revisaba a la baja la calificación de las monolíneas.

Morgan Stanley, la prestigiosa entidad de banca de inversiones y heredera del legado de JPMorgan, contribuyó a ensombrecer el ambiente al comunicar el 7 de noviembre que también ella tendría que revisar a la baja el valor de sus activos subprime, por un valor de 3.700 millones de dólares. Aquella cifra ascendería a más del doble, 9.400 millones, en un comunicado posterior del 19 de diciembre. Wachovia y otras entidades de importancia seguirían sus pasos anunciando sus propias pérdidas y reducciones de valor.

Como nota positiva, muchas entidades reunieron capital —en gran parte procedente del extranjero—, lo que les permitió tapar parcialmente los agujeros de sus balances. En octubre, Bear Stearns había dado comienzo a su asociación con CITIC Securities Co., una empresa estatal china. En noviembre, Citigroup recibió una inyección de capital por parte de la Autoridad de Inversiones de Abu Dhabi. En diciembre, Morgan Stanley accedería al fondo soberano de China, y Merrill Lynch, a una empresa de inversiones del gobierno de Singapur. Las inversiones de aquellos y otros gobiernos extranjeros en las entidades financieras estadounidenses llamaron la atención del Congreso. Los legisladores deberían haberse alegrado de que hubiera entrado capital para fortalecer el tambaleante sistema financiero estadounidense. En lugar de ello, se preocuparon por la influencia extranjera en las instituciones del país. Pero en la mayoría de los casos se trataba de inversiones pasivas que dejaban el control de las decisiones en los gestores y accionistas existentes.

A pesar de las buenas noticias ocasionales, que incluían un informe positivo sobre el empleo en octubre, las perspectivas económicas se deterioraron en las semanas que siguieron a la reunión del FOMC del 30 y el 31 de octubre. La presión financiera se incrementó agudamente a mediados de mes y el mercado de valores cayó en un 8% en las tres semanas posteriores a la reunión. Y lo que era más importante: la economía de Wall Street acusaba cada vez con más intensidad los efectos de las perturbaciones financieras. La construcción de viviendas continuó su acusado descenso conforme se reducía el crédito, aumentaban las ejecuciones hipotecarias y caían los precios de la vivienda. El gasto de los hogares se contrajo en vista de la disminución de los ingresos y la pérdida de confianza, y también a causa del aumento del precio del petróleo. Estaba claro que el buen ritmo de crecimiento económico que habíamos disfrutado la mayor parte del año no iba a mantenerse.

A mediados de noviembre, los mercados empezaron a asumir que el FOMC no tardaría en bajar de nuevo los tipos de interés. Pero una entrevista de Bill Poole, el presidente del Fed de San Luis, y un comunicado de Randy Kroszner, miembro del Consejo —ambos eran miembros del comité con derecho a voto—, hicieron que los mercados tuvieran que replantearse aquella idea, al menos temporalmente. Poole, que se había unido a la mayoría en las votaciones sobre la bajada de tipos en septiembre y en octubre, el 15 de noviembre declaró en Dow Jones Newswires que consideraba que los riesgos económicos estaban esencialmente equilibrados entre el aumento de la inflación y un crecimiento más débil (como sugería la declaración del 31 de octubre del comité), y que para que cambiase de idea haría falta información nueva. Randy se mostró de acuerdo en un comunicado que hizo en Nueva York el día siguiente.

Tuve la impresión de que Bill había transmitido a propósito el mensaje que mandó, mientras que Randy lo hizo sin darse cuenta. Randy había seguido la táctica tradicional de los miembros del FOMC que pretendían evitar hacer indicaciones a los mercados: parafrasear el comunicado del 31 de octubre, la toma de postura más reciente del comité sobre las perspectivas de la política monetaria y económica. Pero la situación financiera y económica estaba cambiando rápidamente, y parecía probable que el FOMC aún no había hecho lo suficiente para evitar el declive del mercado inmobiliario y la crisis crediticia. Además, Randy, a diferencia de Bill, estaba considerado un hombre de centro más que un halcón o una paloma declarado. Los observadores del Fed interpretaron sus comentarios como una exposición del punto de vista del FOMC en conjunto.

Yo había decidido a propósito enfocar democráticamente la dirección del FOMC. Quería que la gente comprendiese que se tendría en cuenta un amplio abanico de perspectivas y puntos de vista a la hora de tomar decisiones normativas importantes. Consideraba que airear las diferencias entre los participantes del FOMC era algo positivo en general, a pesar de las quejas sobre que tanta libertad de expresión resultaba cacofónica a veces. Pero también sabía que en ocasiones hacía falta enviar un mensaje claro y decidido. Dada la incertidumbre sobre las perspectivas económicas y nuestra estrategia en cuanto a la política monetaria, esta era una de esas ocasiones. El fin de semana del 16 al 18 de noviembre me encontraba en Ciudad del Cabo, en Sudáfrica, asistiendo a una reunión del Grupo de los 20 (G-20), un encuentro entre los directores de los bancos centrales y los ministros de Economía de diecinueve países y la Unión Europea. El lunes, día 19, a las 2.43 a.m. (hora de Washington), las BlackBerry de los directores de las tres divisiones económicas del Consejo sonaron al recibir el correo electrónico que acababa de enviar: «Creo que sería buena idea dar más indicaciones al mercado sobre nuestras ideas de cara a la reunión del FOMC de diciembre». Mi plan consistía en usar una conferencia programada para el 29 de noviembre en Charlotte. Don Kohn tenía programada una conferencia en Nueva York el día antes, y podría reforzar el mensaje.

Nuestra indicación era esta: las tensiones financieras han debilitado materialmente las perspectivas económicas, y estamos preparados para responder. Don había respondido a quienes criticaban al Fed alegando que nuestras bajadas de tipos de interés rescataban a las entidades de Wall Street y a los grandes bancos de las consecuencias de sus malas decisiones. «No debemos mantener a la economía como rehén para enseñar una lección a un pequeño grupo de población», dijo. En mis comentarios admití que las perspectivas económicas se habían visto «bastante afectadas en el último mes por la turbulencia renovada de los mercados financieros», y que «tendríamos absolutamente en cuenta» tanto los datos económicos recientes como la evolución de la situación financiera.

Los mercados recibieron nuestro mensaje alto y claro, y el Dow subió más de cuatrocientos puntos desde la víspera de la conferencia de Don hasta el día siguiente a la mía. Observábamos el mercado de valores no porque pretendiésemos que se moviese alguna cifra en particular, sino porque su reacción era un buen indicador de que nuestro mensaje había sido comprendido.

La claridad del mensaje, no obstante, contrastaba con la opacidad de las perspectivas económicas. Los mercados reajustaron las esperanzas que mi discurso y el de Don les habían creado sobre la bajada de tipos después de que se publicara un informe de empleo relativamente positivo el 7 de diciembre, el viernes anterior a la reunión. Los empresarios habían creado en noviembre 94.000 trabajos, y la tasa de desempleo se mantenía estable en un 4,7%. Fueran cuales fuesen los efectos negativos del torbellino financiero, aún no se había reflejado por completo en el mercado de trabajo, cuya robustez tenía en la mayoría de los estadounidenses un efecto mucho más directo que la volatilidad de Wall Street.

A pesar de aquella situación laboral aparentemente benigna, los economistas del Consejo le dijeron al FOMC en la reunión del 11 de diciembre que habían reducido sus perspectivas de crecimiento para 2008 a un magro 1,3%. Y Dave Stockton admitió que incluso aquel pronóstico sombrío podía acabar siendo demasiado optimista porque indicaba que la economía había esquivado la recesión. Bromeó diciendo que había intentado no tomarse como algo personal la reciente decisión del departamento de Recursos Humanos de aumentar la frecuencia de los test de consumo de drogas entre los empleados: «Puedo asegurarles [...] que elaboramos estas previsiones estando lúcidos y sin haber tomado nada más fuerte que muchas Pepsi Diet y chocolatinas de máquina mientras trabajábamos hasta tarde». Pero estuviera o no el personal trabajando drogado, resultó que se equivocaron. Un año más tarde, con el beneficio de poder evaluar retrospectivamente, la Oficina Nacional de Investigaciones

Económicas declaró que lo que ahora denominamos Gran Recesión había comenzado en diciembre de 2007.

Teniendo en cuenta lo que sabíamos, actuamos con cuidado. En diciembre, el FOMC votó 9 a 1 recortar el tipo básico de los fondos federales solo en un cuarto de punto, colocándolo en el 4,25%. En la declaración eliminamos los comentarios sobre equilibrar riesgos, que habían creado la impresión de que no íbamos a volver a recortar los tipos, pero evitamos también cualquier expresión que pudiera interpretarse como que habría recortes adicionales. En aquella ocasión, el disidente fue una paloma, Eric Rosengren. En su argumentación había pedido un recorte de medio punto, al igual que había hecho el miembro del Consejo Rick Mishkin. Rick también se había sentido inclinado a disentir, pero se abstuvo por petición mía. Pensé que un voto firme a favor de las medidas del comité evitaría que los frágiles mercados recibieran un mensaje confuso. Sin embargo, con mi apoyo, Rick no tardaría en hablar públicamente del peligro que la continua tensión financiera representaba para la economía.

La decisión sobre los tipos de interés había sido dolorosa para mí. Al final solicité al comité que aprobase una reducción de un cuarto de punto porque me inquietaba que llegar a medio punto se viera como una señal de grave preocupación por la economía. «No estoy nada tranquilo, y creo que es posible que en futuras reuniones tengamos que ir más lejos», dije.

En otro frente, desempolvamos y pusimos en marcha el plan que habíamos aparcado en septiembre: subastar créditos de la ventana de descuento para los bancos y para las líneas de permuta financiera de los bancos centrales. Durante aquel proceso creamos el primero de los muchos acrónimos relacionados con la crisis: la TAF (Term Auction Facility, «Línea de financiación a plazo»; las palabras «a plazo» se referían al hecho de que los préstamos tenían un vencimiento superior a un día). Lo pusimos en marcha a una escala relativamente pequeña para los estándares de los bancos centrales. Planeamos dos subastas de créditos de la ventana de descuento por valor de 20.000 millones de dólares, con vencimientos de aproximadamente un mes. Anunciamos que en enero lanzaríamos otras dos subastas de valor indeterminado, y entonces veríamos si era conveniente continuar. Para aliviar la presión en los mercados europeos de financiación en dólares, establecimos dos líneas de permuta de divisas temporales —por seis meses—, con retiradas de efectivo limitadas a 20.000 millones de dólares para el Banco Central Europeo y a 4.000 millones para el Banco Nacional Suizo.

Al establecer la TAF y las líneas de permuta de divisas entrábamos en lo que Don Kohn, un marino entusiasta, denominó «aguas desconocidas». Éramos extremadamente conscientes de los riesgos que implicaba fracasar. Las subastas de la TAF estaban diseñadas para superar el estigma de pedir préstamos al Fed. Pero ¿qué ocurriría si ese estigma, que había mantenido a los bancos alejados de la ventana de descuento, se asociaba también a las subastas? Nos dábamos cuenta de que el hecho de prestar a corto plazo a los bancos, aunque aliviaba el problema de la financiación, no eliminaría las pérdidas causadas por las hipotecas subprime. (No obstante, teníamos la esperanza de que reducir la necesidad de que las entidades bajo presión vendieran sus activos ralentizara la caída de precios de los valores respaldados por hipotecas, entre otros.) Al mismo tiempo nos preocupaba que nuestro primer intento de poner en marcha las líneas de permuta no fuera lo bastante eficaz para reducir significativamente las tensiones en Europa. «Quizá esto no funcione. No quiero echar las campanas al vuelo —le dije al FOMC—. Si lo hacemos, se trata solo de intentarlo y ver qué ocurre.»

Pensábamos que las medidas de la reunión del 11 de diciembre se ajustarían en líneas generales a las expectativas de los inversores. La reacción del mercado no tardó en decirnos que no había sido así; al final de la jornada, el índice Promedio Industrial Dow Jones había caído 294 puntos. Aparentemente, en los mercados había quien esperaba que el recorte de tipos fuera mayor, y muchos esperaban también una declaración más firme de que habría más recortes posteriormente. «Se está extendiendo la impresión de que el Fed "no se está enterando"», dijo David Greenlaw, economista en Morgan Stanley, que ya había empezado a pronosticar una recesión.

Buena parte de la reacción negativa surgía de un fallo de comunicación. Tras la reunión del FOMC, no anunciamos de inmediato las nuevas líneas de permuta de divisas ni la creación de la TAF, ni siquiera teniendo en cuenta que desde el principio de diciembre, los periodistas habían estado haciendo conjeturas sobre la posibilidad de que se pusieran en marcha medidas dirigidas al funcionamiento del mercado monetario. Al suponer que la ausencia de anuncios implicaba que no habría medidas nuevas, los participantes en el mercado se preocuparon aún más al creer que el Fed no estaba siendo lo bastante proactivo.

Habíamos acordado postergar el anuncio de los nuevos programas hasta la mañana siguiente porque deseábamos coordinarnos con otros seis bancos centrales que también harían declaraciones. El BCE y el Banco Nacional Suizo, nuestros socios en las líneas de permuta, planeaban anunciar que proveerían financiación en dólares a los bancos de sus respectivas jurisdicciones, mientras que el Banco de Inglaterra y el Banco de Canadá querían anunciar nuevos pasos para inyectar liquidez en sus propias monedas. Los bancos centrales de Suecia y Japón no iban a tomar medidas, pero tenían la intención de expresar su apoyo. Creí que coordinar las declaraciones serviría para que los mercados viesen las cosas más claras y que se incrementase la confianza en general.

Sin embargo, la decisión logística tenía un trasfondo. Jean-Claude Trichet, el presidente del BCE, quería que se anunciaran al mismo tiempo la TAF y las líneas de permuta para dar la impresión de que estas últimas eran parte de la solución a un problema de Estados Unidos, y no un caso del Fed ayudando a Europa. Su objetivo era evitar que se enfocase la atención en los problemas de financiación en dólares que sufrían los bancos europeos. Funcionario de carrera francés, educado en escuelas de élite y antiguo presidente del banco central de Francia, Trichet era caballeroso, diplomático y siempre pendiente de la imagen que se daba al público. Pero por debajo de sus modales afables era un luchador político extraordinariamente capaz y un juez excelente de la psicología del mercado.

Yo comprendía hasta cierto punto la preocupación de Jean-Claude. Los valores respaldados por hipotecas subprime que estaban en el centro de la crisis financiera tenían su origen en Estados Unidos. Pero la verdad es que la inestabilidad en los mercados de financiación en dólares también era problema suyo. Al final, no solo fueron a Europa los 24.000 millones de dólares distribuidos inicialmente mediante líneas de permuta, sino que de los 40.000 millones distribuidos en las dos primeras subastas de TAF, el total excepto 3.000 millones fue a parar a entidades europeas y de otros países que operaban en Estados Unidos, con los bancos alemanes en cabeza. Las sucursales en Estados Unidos de bancos extranjeros no podían contratar seguros de depósitos estadounidenses, y por tanto, a diferencia de los bancos locales, no podían confiar en una base estable de financiación estable para los depósitos. Sin embargo, la ventana de descuento estaba abierta por ley a todos los bancos que operaban en Estados Unidos. Aquello tenía lógica porque las empresas y los hogares estadounidenses dependían de préstamos de bancos tanto nacionales como extranjeros. Una crisis de liquidez en las operaciones en Estados Unidos de un banco extranjero perjudicaría a sus clientes estadounidenses.

Poco después de la reunión de diciembre del FOMC, empecé a discutir con Don Kohn, Tim Geithner, Kevin Warsh y Michelle Smith sobre la manera de evitar los vaivenes de las expectativas del mercado en los periodos previos a las reuniones. En cierto momento tratamos la idea de la conveniencia de convocar conferencias de prensa con regularidad. Las conferencias de prensa son algo rutinario en Washington, y también en muchos otros bancos centrales, pero representarían un gran paso para el Fed. Paul Volcker había convocado una el 6 de octubre de 1979, un sábado, para anunciar su campaña contra la inflación. Pero aquello se consideraba un hecho extraordinario.

Yo ya era dolorosamente consciente de que los comentarios del presidente del Fed se podían malinterpretar o sacar de contexto con facilidad. Y sabía que si empezábamos a celebrar conferencias de prensa regulares no habría vuelta atrás. Sin embargo, me apetecía examinar la idea. Don sugirió que empezásemos despacio, con conferencias dos veces al año, una en abril y otra en octubre, que serían un complemento a mis declaraciones sobre política monetaria de febrero y julio. Por mi parte planteé una idea herética —al menos para el Fed—: conceder entrevistas a los medios en meses alternos. Sabía que el presidente del BCE concedía entrevistas con frecuencia en los distintos países de su zona monetaria. Pero aquel fin de semana pre valeció la prudencia. Solo acordamos que Don, Tim y yo seguiríamos intentando modelar las expectativas del mercado en cuanto a política monetaria mediante una sincronización más estratégica de nuestros comunicados.

La semana posterior a la reunión del FOMC dirigimos nuestra atención a algo que había prometido al comienzo de mi mandato como presidente: reforzar las normativas que protegían a los prestatarios de hipotecas. Aunque la mayoría de las hipotecas las concedían entidades supervisadas por otras agencias federales o por los estados, las normas del Fed se aplicaban a todos los prestamistas. Salvo unas pocas excepciones, el Fed había evitado extenderse en detalle sobre las actividades y las prácticas que consideraba «injustas y engañosas» de acuerdo a la HOEPA (Ley de Propiedad de la Vivienda y Protección del Patrimonio), y prefería una aproximación «caso a caso». En el Fed había muchos que creían que la prohibición general de ciertas prácticas podría tener consecuencias inesperadas, provocando sin querer que hipotecas legítimas se volviesen ilegales o difíciles de conceder.

Sin embargo, a finales de 2007 estaba claro que había que prohibir algunas prácticas, hubiera o no consecuencias inesperadas. El 18 de diciembre, el Consejo propuso una norma que prohibía a los prestamistas conceder préstamos sin tener en cuenta la capacidad del prestatario para devolverlo, y exigía que los prestamistas evaluasen los ingresos y bienes del prestatario. Eran detalles de sentido común que se habían dejado a un lado en el frenesí del boom inmobiliario, dentro de un sistema que permitía que los prestamistas originales traspasaran los problemas a los incautos compradores de valores respaldados por hipotecas. También propusimos limitar las penalizaciones impuestas a los prestatarios en caso de cancelación anticipada de la hipoteca.

El proceso de redacción de las normas, incluyendo las rondas de comentarios públicos, puede ser enloquecedoramente lento. Habíamos iniciado la tarea de reescribir las normas de la HOEPA en el verano de 2006, en unas audiencias dirigidas por Randy Kroszner. Sin embargo, hasta diciembre de 2007 no propondríamos nuevas normas, y las normas finales no se adoptarían hasta julio de 2008. La industria y los supervisores no implementarían la normativa definitiva hasta octubre de 2009. Para entonces, por supuesto, los préstamos subprime habrían finalizado prácticamente por completo.

La reunión del Consejo para proponer nuevas normas de la HOEPA representaba también un discreto paso en dirección a la transparencia. Por primera vez, las cámaras de televisión grabaron la reunión de principio a fin. Con anterioridad a aquel momento, las reuniones públicas del Consejo habían sido jurisdicción exclusiva de la prensa escrita, y las emisoras solo podían grabar, sin audio, durante los primeros minutos.

Anna y yo pasamos las vacaciones en Washington y nos tomábamos un descanso cuando podíamos. El viernes anterior a Navidad comimos con los agentes encargados de nuestra seguridad, algo que se había convertido en una tradición anual. Al estar bajo vigilancia las veinticuatro horas del día, pasábamos mucho tiempo con Bob Agnew, con su segundo, Ed Macomber, y con los demás agentes, y los considerábamos amigos nuestros. A menudo, Anna me sorprendía con detalles que había descubierto sobre las familias o el pasado de los agentes que ellos nunca me habrían contado. Desde la vez en que me corté en un dedo en la cocina hasta el día en que me abordó un periodista con una cámara de vídeo en una cena de entrega de premios de la Cámara de Comercio mexicoestadounidense, en mayo de 2011, el equipo de seguridad siempre estuvo ahí para echar una mano. En abril de 2008, seiscientos miembros de la Acción Nacional Popular, una red de organizaciones activistas que abogaba por la justicia económica y racial, llegaron en una caravana de autocares y se manifestaron ante nuestra casa. El agente de servicio, Charles Briscoe, aguantó el tipo en solitario bloqueando nuestra puerta. Al cabo de unos veinte minutos convenció a los manifestantes para que se retirasen. No nos hizo falta llamar a la policía.

El equipo de gestión de la crisis se mantuvo en contacto por teléfono y por correo electrónico desde sus diversos destinos de vacaciones (Tim y su familia estaban en Balí, y Don estaba visitando a unos parientes en Seattle). La tarde del 31 de diciembre desahogué mis preocupaciones y mi frustración en un extenso correo electrónico que les envié a ambos. «Cada vez me preocupa más que nuestra política de tipos de interés sea demasiado alta [...] y nos proporciona muy poca seguridad ante un creciente riesgo de caídas, tal como lo veo», les escribí. Los operadores del mercado nos habían criticado por «ser demasiado indecisos y responder con demasiada lentitud a la tormenta en ciernes». Predije que los políticos no tardarían en unirse a ellos. «Parte de este juego se basa en la confianza, y parecer despistados e inseguros no ayuda.»

En la reunión de diciembre me había sido difícil elegir entre un recorte de tipos de un cuarto de punto o de medio. Ahora sabía que tendríamos que hacer algo más. Un informe del 28 de diciembre mostraba una caída inesperadamente grande —de un 9%— en las ventas de viviendas nuevas durante el mes de noviembre, el valor más bajo en doce años. El colapso inmobiliario y los problemas crediticios se reforzaban mutuamente y alimentaban una recesión general. Les dije a Don y a Tim que la bajada del precio de las viviendas empezaba a calar entre los consumidores, y que las encuestas mostraban que la confianza de estos había disminuido a niveles que solo se habían visto en recesiones anteriores. Propuse una reunión especial por videoconferencia del FOMC. Si los datos económicos seguían siendo débiles, especialmente los datos de empleo, tendríamos que bajar los tipos dos veces en el mes de enero: un cuarto de punto en el momento de la videoconferencia y otro cuarto en la reunión programada para el 29 y el 30 de enero. Tim y Don contestaron por separado, desaconsejando ambos el realizar un cambio en los tipos fuera de las reuniones programadas del FOMC, pues era una medida que normalmente solo se tomaba para responder a una emergencia. Tim dijo que era difícil saber si un recorte por sorpresa al principio del mes tranquilizaría a los mercados o, por el contrario, los alteraría aún más. «Quieren agilidad de reacción y fuerza, pero también predictibilidad y estabilidad», dijo.

Proseguimos nuestro debate a distancia el día de año nuevo. Señalé que en la reunión de finales de enero, el voto del FOMC podía redirigirse a favor de los presidentes de Bancos de la Reserva de tendencia halcón, Richard Fisher, de Dallas, y Charles Plosser, de Filadelfia. Las posibilidades de minimizar los votos contrarios a un recorte de medio punto en enero —o incluso de tres cuartos de punto, si fuera necesario— serían mejores si actuábamos en dos etapas. Don aceptó que mis argumentos en cuanto programar una reunión a principio de enero eran convincentes, pero no quería decidirse aún sobre si en ella deberíamos tomar alguna medida. «Me sentiría más cómodo si hubiese pruebas concretas de una pérdida de confianza [del mercado]», me escribió.

La videoconferencia del FOMC comenzó el 9 de enero a las cinco de la tarde. Para entonces, yo había decidido no solicitar un recorte de tipos entre reuniones. Creía que podíamos conseguir prácticamente el mismo efecto, causando menos daños al procedimiento de deliberaciones del FOMC, si usaba la videoconferencia para crear consenso sobre la necesidad de realizar un recorte más grande en la siguiente reunión programada. Podría enviar un mensaje más firme en mi comunicado del día siguiente. Le dije al comité que parecía que nos encaminábamos a una recesión. Señalé que el personal había vuelto a bajar sus perspectivas de crecimiento económico para 2008 hasta un magro 1%, y que la tasa de desempleo había subido desde el 4,4% en marzo al 5% en diciembre. La economía nunca había sido capaz de ir arrastrándose con un crecimiento del 1% sin caer en recesión, y el desempleo nunca había aumentado tanto sin que fuera presagio de un aumento mucho mayor. «Lo que me preocupa no es una simple desaceleración, sino la posibilidad de que las cosas se pongan mucho más feas», dije.

Sabía que Don y Tim habrían apoyado la toma de medidas entre reuniones, como también la apoyarían palomas como Janet Yellen y Eric Rosengren. Pero otros miembros del FOMC como Jeff Lacker, de Richmond, no querían aparentar que reaccionaban a un informe económico aislado. El Departamento de Trabajo había notificado el día 4 de enero que los empresarios habían creado en diciembre 18.000 empleos, una cantidad decepcionantemente baja. La tarde en que se publicó el informe sobre empleo, acompañado de la noticia de que el gobierno de Bush estaba pensando en lanzar un paquete de estímulos fiscales, yo había asistido a una reunión en la Casa Blanca con el presidente Bush, Hank Paulson y otros funcionarios económicos importantes. En la videoconferencia del FOMC, el personal veterano del Consejo e incluso algunos miembros del comité, incluyendo a

Gary Stern, del Fed de Minneapolis, habían mostrado su preocupación sobre cómo se contemplaría la independencia de los bancos centrales si menos de una semana después de la anunciada reunión en la Casa Blanca, el Fed recortaba los tipos.

La videoconferencia finalizó a las siete de la tarde, tras lo cual me dediqué a terminar el discurso que pronunciaría el día siguiente. Aquella noche y la mañana siguiente hablé con Don, Tim, Kevin y el personal veterano. Revisamos con cuidado cada una de las palabras. ¿Debía decir que «podían ser necesarios» o «*bien* podían ser necesarios» recortes adicionales? ¿Debía decir que estábamos preparados para tomar «medidas adicionales *importantes*» para apoyar el crecimiento, o «medidas adicionales *significativas*»? Éramos conscientes de lo absurdo de aquella discusión, pero habíamos aprendido dolorosamente que a menudo una sola palabra era importante. Nuestro objetivo era enviar a los mercados un mensaje tan claro y fuerte como fuese posible y que al mismo tiempo nos permitiese margen de maniobra para cambiar de rumbo si era necesario.

El día del discurso pasé por la peluquería del Consejo para que Lenny Gilleo (el «Peluquero del Consejo», según su tarjeta) me cortara el pelo y arreglara la barba. Lenny tenía alquilado un pequeño local en el sótano del Martin Building y me había estado cortando lo que me quedaba del pelo desde que me había unido al Consejo en 2002. Había cortado el pelo a Alan Greenspan, a Paul Volcker y a Arthur Burns antes que a mí, y nos regalaba con su sabiduría sobre política, políticas monetarias y béisbol. En la pared había un cartel que decía: «Mi masa monetaria depende de su tasa de crecimiento».

De vuelta en mi despacho, decidí emplear las alternativas idiomáticas que nos habían parecido más enérgicas —«*bien* podían ser necesarios» y «medidas adicionales *importantes*»—. Captaron el mensaje. El discurso, que tuvo lugar en el Hotel Mayflower (escenario de mi ignominiosa actuación en el Campeonato Nacional de Deletreo de 1965), concretó las expectativas de los analistas de Wall Street en un recorte de tipos de medio punto a finales de mes, en lugar de un cuarto de punto.

Las acciones subieron, gracias no solo a mi discurso sino a informes de que el Banco de América se haría cargo de las entidades de préstamos hipotecarios en apuros en todo el país. Los más optimistas vieron la absorción —por valor de 4.000 millones de dólares— como una señal de que se había llegado al fondo de la crisis de las subprime y como buenas noticias para el Banco de América, que iba a adquirir a un precio de ganga empresas de gestión de activos y especialistas en préstamos hipotecarios en todo el país. Los más pesimistas se preguntaban si el Banco de América, el banco más grande del país según la cantidad de depósitos, no estaría comprando un paquete de bombas de tiempo activadas que representarían pérdidas en el futuro.

Mientras en el Fed empezábamos a admitir la necesidad de contrarrestar la creciente debilidad económica con una política monetaria más agresiva, el gobierno se planteaba la aplicación de remedios fiscales. Desde noviembre, Hank Paulson y yo habíamos estado hablando sobre si se podría impulsar la economía mediante algún tipo de estímulo fiscal —por ejemplo, una reducción temporal de las tasas de Seguridad Social y Medicare que se aplicaban en las nóminas—. Le dije a Hank que una rebaja de impuestos en general podría ser especialmente útil en este momento en que los propietarios de viviendas se esforzaban para pagar las cuotas mensuales de sus hipotecas. También impulsé la idea de emplear garantías de préstamos federales y otros incentivos para animar a las administraciones estatales y locales a que acelerasen sus proyectos de infraestructuras para la creación de empleos. Sin embargo, nos llegó la noticia de que el Consejo de Asesores Económicos creía que la idea de las infraestructuras era poco práctica. Básicamente, la objeción era que no había bastantes proyectos con la planificación lo suficientemente avanzada para que pudieran ponerse en marcha en breve plazo.

Como banqueros centrales políticamente independientes, teníamos que andar por la cuerda floja. Creíamos que hacíamos un mejor servicio al país si creábamos políticas monetarias sin que los políticos del gobierno interfiriesen, siendo solo responsables de alcanzar los objetivos que nos había dictado el Congreso. Y no podíamos esperar que los líderes electos honrasen la larga tradición de autonomía del Fed si intentábamos influenciar en temas fiscales que no entraban en nuestra jurisdicción. Al mismo tiempo, en el Fed acumulábamos una gran experiencia. Creí que deberíamos estar dispuestos a asesorar, aunque fuese en privado, si eso servía de ayuda y si podíamos evitar vernos enredados en luchas de partido. Con esa intención, al igual que me había reunido con Paulson y el presidente Bush el 4 de enero, me reuní el 14 del mismo mes con el principal miembro del Partido Demócrata de la Cámara de Representantes, la portavoz Nancy Pelosi, que el día 8 de enero había solicitado una legislación para el estímulo económico. Poco después, en Bloomberg News informaron de que yo apoyaba el estímulo fiscal. Citaban como fuente a un auxiliar demócrata anónimo. Yo opinaba que sería una buena idea tener algún plan de estímulo, como así declaré el 17 de enero ante el Comité de Presupuestos de la Cámara de Representantes, pero añadiendo algunos matices que aquel auxiliar anónimo parecía haber omitido. La filtración me molestó pero no me sorprendió; había aprendido que Washington funcionaba así.

El personal del Consejo me había recomendado que evitase tomar cualquier postura sobre el estímulo fiscal. Después de haber desoído sus consejos, me pidieron que abogase por que cualquier estímulo estuviera condicionado a algún desencadenante objetivo, como por ejemplo el volumen de las pérdidas de empleos. Seguían pronosticando una desaceleración económica en 2008 en vez de una recesión con todas las de la ley, y no se habían convencido de que los estímulos fiscales estuvieran justificados. «Unas palabras positivas suyas darían a la locomotora un buen empujón para salir de la estación», me advirtió David Wilcox, que había trabajado en el Departamento del Tesoro durante el mandato de Clinton y tenía un instinto político más afilado que el de la mayoría de los economistas de carrera del Fed. Pero en este caso yo no estaba tan convencido. Dudaba que mis palabras tuvieran el mismo peso que las de Greenspan, y en cualquier caso, me parecía que el Congreso estaba dirigido en primer lugar y ante todo por intereses e ideología, no por los consejos de expertos o presuntos expertos, incluyendo al presidente del Fed.

Al final declaré que «en principio, las medidas fiscales pueden ser de ayuda» si se ponían en práctica rápidamente, se centraban en tener efecto sobre la economía a corto plazo y eran explícitamente temporales para evitar que aumentase el déficit a largo plazo. No mostré ninguna preferencia sobre si tales estímulos debían tomar la forma de bajadas de impuestos, aumento de la inversión o ambas cosas. Yo —designado por los republicanos, aunque estuviera en una institución neutral— les estaba dando el mismo mensaje que Larry Summers, antiguo secretario del Tesoro durante la Administración de Clinton, había dado más concisamente la víspera ante el Comité Económico Mixto. «Un programa de estímulos —dijo—, debía ser oportuno, con un objetivo y temporal.» El 18 de enero, el día siguiente a mi declaración, el presidente propuso un paquete de estímulos por valor de 150.000 millones de dólares que consistía en su mayor parte en bajadas de impuestos temporales a particulares, familias y empresas.

Mientras me preparaba para declarar sobre el presupuesto, estaba lamentando mi decisión de la semana anterior de abstenerme de insistir en un recorte de tipos entre reuniones. El redoble de malas noticias financieras no se detenía: más revisiones a la baja del valor en Merrill Lynch y Citigroup, aumento de los problemas en las aseguradoras monolínea y continuas caídas bruscas de los precios de las acciones. La economía en conjunto también parecía más inestable: las ventas minoristas habían descendido en el mes de diciembre. El 15 de enero, el día en que se informó sobre las ventas de minoristas, envié un correo electrónico a Don y a Tim: «Si pudiera ponerlo en marcha [un recorte de tipos] yo mismo, lo haría esta semana». Me convencieron para que no hiciera ningún disparate. Aguardaría a la reunión programada, pero pronto empezaría a reunir apoyos para ordenar un recorte bastante grande: al menos tres cuartos de punto. A la semana siguiente se produciría un hecho inesperado —en forma de lo que Don había llamado «pruebas concretas de una pérdida de confianza»— que nos daría motivos para actuar.

El Consejo había cerrado el lunes 21 de enero, día de Martin Luther King Jr. Aquella mañana yo estaba en mi despacho. Al igual que mi padre, me distraía y estaba inquieto si no podía ocupar mi tiempo en algo útil. Esta característica (quizá sea mejor llamarlo «defecto») había causado algunas tensiones entre Anna y yo al principio de nuestro matrimonio. Pero habíamos hecho un trato: en vacaciones y festivos yo trabajaría por las mañanas, y por las tardes dedicaría toda mi atención a la familia y a descansar. Aquel festivo en particular no regresaría a casa hasta mucho después de que se hubiera hecho de noche.

Cuando llegué consulté la pantalla de Bloomberg que tenía en mi despacho y vi que una ola de ventas, con su origen en el Lejano Oriente, estaba barriendo los mercados de valores europeos. Los mercados de futuros predecían una caída del 3,5 % cuando las bolsas de Estados Unidos reabrieran al día siguiente. Llamé a Tim Geithner, quien ya estaba consultando con sus contactos en la bolsa. Kevin Warsh mandó un correo electrónico: «¿Mandamos un aviso a las bolsas?». Estuve de acuerdo en que era necesario. Llamé a Don. Estaba de viaje pero creía que podría hacer una llamada a las once de la mañana. Envié números de teléfono a Don, Tim, Kevin, Michelle Smith, Bill Dudley (el jefe de Bolsas en Nueva York) y Brian Madigan por correo electrónico. Brian fue a la oficina. (No sé cuándo duerme. No recuerdo haberle mandado un mensaje sin que respondiese en diez minutos, a cualquier hora del día o de la noche.)

Decidimos convocar al FOMC al completo por videoconferencia aquella misma tarde y proponer un recorte inmediato de tipos de tres cuartos de punto, acompañándolo de una declaración que diera a entender que lo seguiría otro a final de mes. Me senté ante mi ordenador, tecleé un primer borrador de la declaración y lo hice circular pidiendo opiniones. Brian se puso a organizar la videoconferencia, lo que incluyó seguir la pista a los dos miembros del Consejo y los once presidentes de Bancos de la Reserva a los que no habíamos llamado por la mañana. A las tres y cuarto de la tarde habíamos localizado a todo el mundo excepto a Rick Mishkin. Charles Plosser, del Fed de Filadelfia, estaba de viaje en Florida pero pudo participar empleando una línea segura en la delegación de Jacksonville del Fed de Atlanta. Gary Stern, del Fed de Minneapolis, participaría desde Chicago. Convocamos la reunión para las seis de la tarde. El personal localizó a Rick poco después de las cuatro. Estaba en lo alto de una montaña, haciendo esquí de fondo en Lake Tahoe, y no podría acceder a tiempo a una línea telefónica segura.

La videoconferencia empezó con un informe de los mercados presentado por Bill Dudley. Bill, amable y de risa fácil, tenía un doctorado en Economía por Berkeley. Había sido el jefe de economía de Goldman Sachs durante diez años antes de que Geithner lo contratase para sustituir a Dino Kos como responsable de la Mesa de Negociación del Mercado Abierto en el Fed de Nueva York. Comprendía bien la política monetaria y la macroeconomía, pero también sabía cómo funcionaba Wall Street.

Las acciones estadounidenses habían caído cerca de un 10% en las tres primeras semanas del nuevo año, explicó Bill, y los precios de futuros sugerían que las acciones podían abrir el martes con un 5% de bajada adicional. No sabíamos qué había impulsado la última oleada de ventas. Bill mencionó las revisiones a la baja del valor de los activos de Merrill Lynch y Citigroup en la semana anterior, y que los problemas de las aseguradoras monolínea podían haber tenido efectos secundarios en el mercado de bonos municipales. Sus contactos europeos hablaban de la probabilidad creciente de que se produjera una recesión en Estados Unidos y el posible efecto de ello en sus economías.

Le dije al comité que proteger a los inversores en renta variable no era nuestro trabajo. Pero, añadí, la abrupta caída de las acciones «reflejaba la creencia en aumento de que Estados Unidos estaba al borde de una recesión profunda y prolongada». Aquella creencia ponía en marcha una dinámica preocupante: los inversores se alejaban del riesgo y los prestamistas dejaban de prestar. Un recorte amplio e inmediato en nuestro objetivo para el tipo de los fondos federales podría ayudar a contener esa dinámica.

«Tenemos delante una gran crisis en potencia —dije—. No podemos seguir esperando acontecimientos. Tenemos que atacar la crisis. Tenemos que intentar ponerla bajo control. Si no lo conseguimos, vamos a perder el control de toda la situación.»

Bill Poole discrepó: «Si tomamos medidas entre reuniones, sentamos un precedente». Los mercados podrían anticipar un recorte de tipos del Fed siempre que las acciones bajasen de forma significativa. Ton Hoenig, el otro halcón con derecho a voto, se sentía dividido. Entendía la necesidad de romper la psicología negativa de los mercados y ponerse por delante del deterioro de la economía, pero seguía preocupándose por la inflación. Don, Tim, Eric Rosengren, Kevin Warsh, Randy Kroszner y Charlie Evans, de Chicago, apoyaban mi propuesta. Don, siempre conciliador, dijo que «Parecerá que estamos asustados [...] Pero creo que no actuar sería más arriesgado aún».

El voto del comité fue de 8 a 1 a favor de recortar el tipo de interés de los fondos federales hasta un 3,5% (desde el 4,25% anterior) y publicar un comunicado prometiendo «actuar oportunamente según sea necesario». Poole discrepó; Hoenig, no. Era el mayor recorte de tipos por parte del FOMC desde 1982 y su primera medida tomada entre reuniones desde el 11 de septiembre de 2001. Anunciamos nuestra decisión antes de que la Bolsa abriera el martes. A pesar de todo, el Dow Jones cayó 464 puntos. Pero luego repuntó y a la hora de cierre solo estaba 128 puntos más bajo, una caída del 1%.

Algunos de los comentarios sobre nuestra medida se centraron en lo que se percibía como un cambio en mi estilo de liderazgo. Dependiendo de la perspectiva del comentador, aquel recorte por sorpresa se interpretaba como prueba de una mayor determinación o una vacilación al enfrentarme a la presión de los mercados. Yo creía que no había cambiado; habían cambiado las circunstancias. En los meses anteriores había hecho énfasis en la importancia de tener en cuenta todos los puntos de vista y desarrollar consensos. Pero en medio de la crisis, la colaboración debe ceder el paso a una dirección más fuerte. Estaba decidido a ejercer esa dirección si hacía falta.

El 24 de enero hubo novedades que arrojaron dudas sobre nuestra decisión. Société Générale (SocGen), el segundo banco más grande de Francia, anunció que una operación con futuros no autorizada realizada por un empleado, que más tarde fue identificado como Jérôme Kerviel, había causado unas pérdidas de 7.200 millones de dólares antes de impuestos. El banco había descubierto las pérdidas tras interrogar a Kerviel el 19 de enero, pero las había mantenido en secreto para ganar tiempo para liquidar sus posiciones de *trading*. Ahora parecía como si, en Europa, al menos una parte de la venta masiva del día de Martin Luther King Jr. hubiera sido consecuencia de un suceso aislado. No teníamos ni idea de que se nos venía encima aquella bomba en forma de operación fraudulenta. De hecho, en una llamada realizada en la mañana del 19 de enero, hora de París, los altos directivos de SocGen en París y Nueva York les habían dicho a los supervisores del Fed de Nueva York que el banco iba a anunciar ganancias en el cuarto trimestre incluso después de las revisiones a la baja del valor de sus activos como consecuencia de su exposición a las hipotecas subprime.

Algunos comentaristas dijeron que nos habíamos lanzado a tomar medidas innecesarias, pero yo estaba convencido, incluso antes de aquella turbulencia en el mercado, de que necesitábamos adelantarnos con recortes de tipos mayores. Algunas de las críticas se desviaron a lo personal. Solo llevaba dos años en el cargo y aún me quedaban dos años para finalizar mi periodo, pero los periodistas empezaron a hacer conjeturas sobre si volvería a ser nombrado por un nuevo presidente (que no ocuparía su puesto hasta dentro de un año). El *New York Times* le preguntó qué le parecía mi trabajo a John McCain, senador por Arizona, posible aspirante a presidente y correligionario republicano. «Aún no está claro», respondió. Entretanto, Reuters sugería que si un demócrata entraba en la Casa Blanca, él o ella elegiría mi sustituto entre Janet Yellen, Larry Summers y mi antiguo compañero de Princeton Alan Blinder.

Reuters citó al presidente del Comité de Servicios Financieros de la Cámara de Representantes, Barney Frank, cuando dijo que un presidente demócrata «podría buscar a alguien que estuviera más en sintonía con los puntos de vista demócratas». Cuando leyó la cita, Barney mandó a un ayudante veterano que llamase a Scott Álvarez, asesor general del Consejo, y le dijera que en modo alguno significaba que estuviese descontento ni que pidiera mi sustitución. Había creído que estaba señalando lo evidente: que un presidente nuevo tendría la posibilidad de nombrar un nuevo presidente del Fed cuando finalizase mi mandato. Si lo hubiera dicho cualquier otro que no fuera Barney habría tenido mis dudas sobre la explicación. Barney tenía una lengua aguzada, pero era directo y sincero. Si tenía intención de criticar a alguien, a ese alguien no le quedaba la menor duda. Al día siguiente publicó una aclaración de seis párrafos. Dijo que se avergonzaba de aquel «error de principiante». Aquella rápida disculpa fue algo raro y extraordinario en Washington, y lo admiré por ello.

En la semana previa a la reunión del FOMC del 29 y 30 de enero, preparé el terreno para un nuevo recorte de los tipos de interés. Los economistas de nuestro personal seguían pronosticando un crecimiento lento y no una recesión, e incluso aumentaron ligeramente sus previsiones de crecimiento. Pero los riesgos que afectaban al crecimiento me parecían significativos y volvimos a aplicar un recorte de medio punto, dejando el tipo de los fondos federales en un 3%.

También moderamos el lenguaje en nuestra declaración. Aunque aún nos inclinábamos hacia recortes adicionales de tipos en el futuro, también reconocíamos la magnitud de los últimos recortes y la posibilidad de que fueran suficientes por el momento.

El resultado de la votación fue de 9 a 1. Richard Fisher nos dijo que había rezado por su decisión, pero no podía unirse a la mayoría. Estaba preocupado por la inflación, que había ido en ascenso en la segunda mitad de 2007 incluso al excluir los costes volátiles de la energía y los alimentos. Y no quería reaccionar al torbellino financiero. «Cuando el mercado está en la fase depresiva de [...] un trastorno bipolar, definir políticas para satisfacerlo es como dar de comer a Jabba el Hut: algo inútil, cuando no peligroso, porque simplemente seguirá pidiendo más», dijo.

Dentro del voto mayoritario, los puntos de vista diferían en el detalle de si habíamos recortado lo suficiente el tipo de interés de los fondos federales. La mayoría creía que el recorte actual probablemente ya proporcionaría bastante apoyo si la economía seguía las previsiones del personal y eludía la recesión. Pero Rick Mishkin se burló de esos destellos de optimismo: «Me recuerda un poco a una de mis escenas favoritas de una película, *La vida con* (sic) *Brian*, de los Monty Python —dijo—. Es la escena donde todos están crucificados y empiezan a cantar "Mira el lado luminoso de la vida".»

El instinto de Rick demostró ser acertado. Pero en aquel momento estábamos equilibrando preocupaciones que competían entre sí. Nos preocupaba la inflación. Sabíamos que era difícil valorar el efecto de la turbulencia financiera en la economía en conjunto. Y no queríamos reaccionar exageradamente a la tensión financiera y así agravar los riesgos morales en los mercados. A pesar de todo, en los seis meses transcurridos desde agosto de 2007 hasta enero de 2008 habíamos dado un tajo a nuestro tipo de interés básico desde un 5,25% hasta un 3%, una respuesta más rápida y más temprana que la de cualquier otro banco central. También habíamos establecido programas de crédito innovadores para aliviar la presión en los mercados de financiación. Al final de enero de 2008 parecía que habíamos calibrado correctamente nuestra respuesta. No podíamos estar seguros, pero teníamos la esperanza de haber llegado al principio del fin de la crisis. Al final resultó que solo estábamos en el fin del principio.

# 10

# BEAR STEARNS: ANTES
# DE QUE ABRAN EN ASIA

El Comité del Senado sobre Banca había trasladado su audiencia de la sala habitual a una ubicación más amplia, la Sala G50, en la planta baja del Dirksen Senate Office Building. En el pasado había servido como auditorio; a pesar de su tamaño, la G50 estaba llena a rebosar aquella mañana del 3 de abril de 2008. Los potentes focos de la televisión iluminaban el fieltro verde de la mesa de testimonios. En ella estaba sentado yo con Chris Cox, el presidente de la Comisión del Mercado de Valores, Bob Steel, subsecretario del Tesoro (ocupaba el lugar de Hank Paulson, que estaba de viaje en China), y Tim Geithner. Los senadores nos observaban desde una plataforma elevada. En el espacio entre la mesa de testimonios y el estrado, una docena o más de fotógrafos se empujaban unos a otros en busca de los mejores encuadres.

Esperé con las manos apoyadas sobre la declaración que había preparado; a mi izquierda tenía un vaso de agua con hielo; a mi derecha, un micrófono y un reloj; frente a mí, un pequeño cartel con mi nombre. Me recordé que tenía que permanecer tranquilo y moverme pausadamente. En medio del bullicio, Chris Dodd, el presidente del comité, cuyo espeso cabello plateado le daba el aire de senador elegido por una compañía de casting, golpeó el mazo pidiendo orden. Diez minutos después de las diez de la mañana, la hora programada, se hizo el silencio en la sala y empezó la audiencia.

«No estamos en la sala de audiencias de siempre, y la multitud que ocupa esta estancia lo explica perfectamente», comenzó Dodd.

Los senadores y el público estaban allí para escuchar de primera mano las explicaciones sobre la decisión tomada por la Reserva Federal a mitad de marzo —durante lo que Dodd denominó «ese periodo trascendental de cuatro días»— de prestar 30.000 millones de dólares en fondos de los contribuyentes para evitar la quiebra de

Bear Stearns Companies, el quinto mayor banco de inversión de Wall Street, de ochenta y cinco años de antigüedad. Además, para controlar el pánico que acosaba a los mercados financieros, habíamos abierto nuestros préstamos, algo reservado normalmente para los bancos comerciales y las instituciones de ahorro, a los rivales de Bear Stearns en Wall Street. En ambas medidas habíamos declarado la existencia de «circunstancias inusuales y apremiantes».

Dodd prosiguió, y era evidente que disfrutaba del dramatismo: «No puede haber duda de que esas medidas, tomadas con el fin de tranquilizar los mercados financieros que parecían estar al borde del pánico, han disparado una tormenta de debates». Me alegraba que pareciese asumir que nuestras intenciones eran buenas. Entonces preguntó: «¿Se trata de un rescate justificado para prevenir un colapso sistémico de los mercados financieros, o, como dicen algunos, un gasto de treinta mil millones de dólares del dinero de los contribuyentes para rescatar a una firma de Wall Street mientras, en Main Street, las personas luchan por pagar sus hipotecas?».

La pregunta de Dodd flotó en el aire mientras los miembros del comité pronunciaban sus declaraciones de apertura. Richard Shelby, de Alabama, el republicano más antiguo, se centró en aspectos legales. ¿Cómo era posible, preguntó, que la Reserva Federal tuviera «autoridad reguladora unilateral» para extender la red de seguridad gubernamental a bancos de inversión que antes no estaban protegidos? «El comité reunido hoy —entonó arrastrando suavemente las palabras—, necesita tratar la cuestión de si el Fed o cualquier otro grupo de responsables políticos deberían seguir teniendo una autoridad tan extensa en situaciones de emergencia.»

Cuando terminaron de hablar todos los miembros, Dodd se dirigió a mí e intentó aligerar el ambiente: «Presidente Bernanke, usted ha pasado bastante tiempo en el Congreso en los últimos días. Antes de la audiencia comenté en privado que deberíamos buscar un despacho para el presidente, ya que estaba por aquí tan a menudo los últimos días».

Le di las gracias y empecé a explicar lo que había ocurrido previamente y durante el fin de semana del 15 y 16 de marzo.

Solo seis semanas antes de aquellos días cruciales, tras una rápida serie de recortes de tipos sin precedentes y cierto uso creativo de nuestra autoridad para hacer préstamos, nos habíamos sentido un poco mejor en cuanto a las perspectivas para la economía y el sistema financiero. Los recortes de tipos de enero parecían bien justificados, teniendo en cuenta el informe que indicaba que Estados Unidos había perdido inesperadamente 17.000 empleos en dicho mes. También estaba en marcha una ayuda fiscal. El presidente firmó una bajada de impuestos apoyada por los dos partidos el 13 de febrero, a tiempo de que estuviera en activo en la temporada de presentación de declaraciones de renta. Entre abril y julio, los contribuyentes individuales se beneficiarían de deducciones que llegarían hasta los 300 dólares, y en el caso de familias con hijos podrían llegar hasta los 1.200.

El día siguiente a la firma de la bajada de impuestos, intenté lograr un equilibrio en mi testimonio ante el Senado. Predije «un periodo de crecimiento lento, seguido de un ritmo de crecimiento algo más rápido un poco más tarde el mismo año conforme empezasen a notarse los efectos de los estímulos monetarios y fiscales». Pero advertí que «aún seguía habiendo riesgos» y prometí que el Fed «actuaría oportunamente cuando fuera necesario para apoyar el crecimiento». Alan Greenspan generó unos cuantos titulares en las noticias por cable aquel mismo día, cuando dijo en una conferencia en Houston que la economía estaba «claramente al borde» de una recesión.

En aquel momento yo no estaba dispuesto a usar la palabra con *r* en público, incluso aunque el riesgo de caída era claramente significativo. No tenía la libertad de expresión de la que Greenspan gozaba al volver a ser un ciudadano privado. John Maynard Keynes había comentado que, a menudo, las emociones dirigen las decisiones económicas; las llamaba «espíritus animales». Yo quería presentar una imagen realista, pero teniendo en cuenta la observación de Keynes y que la confianza de los consumidores se acercaba a su punto más bajo en dieciséis años, no quería contribuir de forma innecesaria al pesimismo general hablando negativamente de la economía.

Los espíritus animales, la confianza, la psicología o como se lo quisiera llamar, lo cierto es que fue un elemento fundamental en la historia económica y financiera de febrero y marzo. Los niveles de confianza de los consumidores estaban disminuyendo, y los de los mercados financieros caían en picado. Compradores y prestamistas nerviosos estaban rechazando más y más tipos de valores, incluyendo aquellos que no tenían relación con la hipotecas subprime, como los bonos municipales, los valores respaldados por préstamos a estudiantes y bonos de baja calificación empleados para financiar adquisiciones empresariales. Aquella falta de criterio significaba una cosa: se estaba creando pánico. Y la economía y los mercados crediticios estaban enredándose en su propio bucle de realimentación destructivo: las malas noticias económicas alimentaban el torbellino financiero, y el torbellino, a su vez, perturbaba el flujo de crédito que alimentaba la actividad económica.

Los problemas de las aseguradoras monolínea se intensificaron. Una de las más destacadas, Ambac Financial Group, había perdido su calificación triple A el 18 de enero. Azuzados por los reguladores de seguros del estado de Nueva York, ocho grandes bancos y firmas de Wall Street estaban negociando un rescate. Otra aseguradora monolínea, FGIC, vio rebajada su calificación el 30 de enero, y parecía que al mes siguiente caería una tercera, MBIA Inc. Nuestro equipo especial de gestión de crisis —Don Kohn, Tim Geithner, Kevin Warsh y yo mismo, junto al consejero general Scott Alvarez, el asesor monetario Brian Madigan y otros miembros del personal— observaba atentamente la situación.

Las garantías de los valores subprime de las monolíneas fueron la causa de la rebaja de su calificación. Dado que las monolíneas aseguraban también los bonos municipales, los inversores empezaron a desconfiar también de dichos bonos. Estuvimos pensando en formas de ayudar al mercado municipal, que era básicamente un transeúnte inocente en medio del desastre financiero en ciernes. Teníamos autoridad para comprar algunos tipos de bonos municipales a más corto plazo (vencimientos a seis meses o menos) en el mercado de transacciones del Fed de Nueva York, pero cualquier préstamo sustancial a los estados o las ciudades requeriría que empleásemos la autoridad que nos otorgaba la sección 13(3). Tras una reunión con otros reguladores y funcionarios del Tesoro, Don resumió el consenso en contra de rescatar el mercado municipal: «Monitorizar y ayudar a las partes afectadas es una tarea que corresponde al gobierno federal; no necesitan ningún apoyo explícito ni ningún rescate». Kevin lo apoyó: «Creo que deseamos evitar sugerir una intervención de cualquier tipo».

El torbellino financiero se había extendido a otro mercado crediticio poco conocido pero relevante: el mercado de valores a tipo de subasta, que en muchos casos también estaban asegurados por las monolíneas. Creados a mediados de la década de 1980, los valores a tipo de subasta eran bonos a largo plazo que, para el comprador, funcionaban como activos a corto plazo, seguros y fáciles de vender. Los emitían principalmente los estados y las administraciones locales, las autoridades de préstamos a estudiantes y organizaciones sin ánimo de lucro como, por ejemplo, los hospitales. Entre los compradores estaban diversas empresas, fondos de pensiones e individuos acaudalados. Los emisores tomaban préstamos a largo plazo pero abonaban un tipo de interés a corto plazo, generalmente más bajo; los inversores se beneficiaban de unos tipos de interés ligeramente superiores que los de otros valores a corto plazo y de bajo riesgo, pero más simples. Los tipos de los activos no eran fijos, sino que se reajustaban en subastas periódicas, que se celebraban en periodos de entre una y siete semanas. Los inversores podían vender sus valores en cualquiera de aquellas subastas y marcharse con el efectivo. Nuevos inversores podían comprar. Si alguna de las subastas fracasaba por falta de nuevos compradores, el emisor tenía que pagar un tipo penalizado a los inversores que se habían quedado colgados con los activos indeseados.

Las subastas no fracasaban casi nunca. Si no había suficientes compradores, como ocurría alguna vez, los grandes bancos de inversión y comerciales que patrocinaban las subastas actuaban como compradores de reserva. Salvo a mediados de febrero de 2008, cuando se negaron a comprar. Muchas instituciones patrocinadoras estaban cansadas de añadir valores a tipo de subasta a sus balances, que ya estaban saturados de otros instrumentos de deuda complejos y difíciles de vender. El 14 de febrero, fracasó un sorprendente 80% de las subastas por falta de interés entre los inversores. Los emisores con buen historial de crédito se encontraron de repente teniendo que abonar tipos de interés penalizados sin haber hecho nada mal. La Autoridad Portuaria de Nueva York y Nueva Jersey, por ejemplo, se encontró con que su tipo de interés prácticamente se quintuplicaba de un 4,2 a un 20%.

En el mercado, las fichas de dominó financieras seguían cayendo por todas partes. El 11 de febrero, AIG, el venerable gigante de las aseguradoras, notificó en un informe presentado a la SEC que sus auditores les habían obligado a aceptar una reducción de valor de 5.000 millones de dólares en su cartera de derivados ligados a hipo-

231

tecas subprime. (Los derivados son instrumentos financieros cuyo valor depende del valor de algún activo subyacente, como unos bonos o unas acciones.) Tres días después, UBS, el gigante bancario suizo, informó de una pérdida de 11.300 millones de dólares en el cuarto trimestre de 2007. De ellos, 2.000 millones se atribuían al reajuste a la baja de su exposición a hipotecas Alt-A. La reducción de valor de las Alt-A de UBS obligó a hacer lo mismo a otros prestamistas con valores similares. Dado el nivel de desconfianza de los inversores y los caprichos de los principios de contabilidad generalmente aceptados, dio la impresión de que los precios de los activos en toda la industria estaban siendo determinados por las valoraciones de las empresas y los inversores más pesimistas.

El 28 de febrero quebraron dos fondos de cobertura con activos que superaban los 3.000 millones de dólares, gestionados por Peloton Partners (una firma con sede en Londres) y dirigidos por antiguos operadores de Goldman Sachs. El 3 de marzo, Thornburg Mortgage, con sede en Santa Fe (Nuevo México), con 36.000 millones de dólares en activos, estaba incumpliendo sus obligaciones de reposición de margen (solicitudes de acreedores nerviosos para obtener garantías adicionales en forma de efectivo o de títulos). Thornburg se especializaba en hipotecas jumbo de interés variable (hipotecas por encima del límite de 417.000 dólares de los préstamos adquiridos por Fannie y Freddie) a prestatarios con buenas calificaciones crediticias. Pero también había adquirido valores respaldados por las hipotecas Alt-A que estaban cayendo en la actualidad. El 6 de marzo, un fondo de inversión patrocinado por el Carlyle Group, una empresa de capital riesgo cuyos socios se movían por los círculos internos de Washington, también incumplió sus obligaciones de reposición de margen. La cartera del fondo, de 22.000 millones de dólares, consistía casi por completo en valores respaldados por hipotecas emitidos y garantizados por Fannie y Freddie. Los activos estaban considerados muy seguros porque los inversores asumían que Fannie y Freddie gozaban implícitamente del respaldo del gobierno federal. Pero el fondo de Carlyle había pagado sus valores tomando en préstamo más de 30 dólares por cada dólar invertido en el fondo. Solo podía absorber pérdidas muy pequeñas. Llegado el lunes 6 de marzo se había liberado de cerca de 6.000 millones de dólares en activos: otra venta masiva por debajo del valor real.

Peloton, el fondo de Carlyle, y Thornburg tenían algo en común: los prestamistas en el mercado de repo se mostraban reticentes a aceptar sus activos como garantía, activos que en el pasado habían aceptado de forma rutinaria. Hasta el verano anterior, los repo habían sido considerados siempre un sistema de financiación seguro y fiable; tan fiable que una compañía como Thornburg no tenía problemas para usarlos para financiar inversiones en activos a largo plazo, como las hipotecas. Dado que los tipos de interés a más largo plazo suelen ser más elevados que los tipos a corto plazo, se trataba de una estrategia generalmente lucrativa. Es, en efecto, lo que hace un banco tradicional cuando acepta depósitos que se pueden retirar en cualquier momento y hace préstamos que no se abonarán hasta pasados meses o años.

Pero Thornburg no era un banco, y, por supuesto, sus préstamos no estaban asegurados por el gobierno. Cuando surgieron las preocupaciones por los activos de Thornburg, los prestamistas repo, nerviosos, empezaron a retirarse. Algunos de ellos, en lo que se estaba convirtiendo en un escenario cada vez más frecuente, acortaron la extensión de sus préstamos y exigieron más garantías por cada dólar prestado. Otros dejaron de prestar en absoluto. Sin medios para financiar sus activos hipotecarios, ni siquiera las hipotecas jumbo de alta calidad, Thornburg se encontró con problemas serios, de una forma muy parecida a un banco que sufría una retirada masiva de fondos en la época anterior a los seguros de depósitos.

El 3 de marzo, por la tarde, el senador Jeff Bingaman, de Nuevo México, me telefoneó y me dejó un mensaje de parte del cofundador de Thornburg, Garrett Thornburg. (No es raro que algún miembro del Congreso haga un ruego especial de parte de algún elector, y fue algo que se hizo cada vez más habitual al avanzar la crisis.) Cuando me llamó Bingaman, yo estaba de camino a Orlando (Florida) para dar al día siguiente un discurso sobre la atenuación de las ejecuciones hipotecarias en un congreso de banqueros locales. Bingaman quería saber si el Fed declararía una emergencia en base a la Sección 13(3), con lo que podría hacer préstamos a Thornburg y a otras instituciones que ya no podían usar su calificación triple A como garantía en el mercado de repo. Yo sabía que el personal sería escéptico, pero empezaba a creer que estaba cada vez más cerca el momento de consultar la sección de emergencias de nuestro manual.

«No le digas que no de inmediato», le ordené a Brian Madigan, que estaba preparándose para llamar a Garrett Thornburg de parte del Fed. «Me gustaría discutirlo al menos.» Cuando regresé a Washington al día siguiente, llamé a Thornburg. Me mostré comprensivo. Él y su empresa se habían visto atrapados por un pánico que no era culpa suya. Pero en el fondo sabía que el que empleásemos nuestra autoridad de emergencia solo se podría justificar si servía para el bien del público en general. Que aquella empresa se mereciera o no lo que estaba pasando, era irrelevante. Si prestábamos a Thornburg echaríamos a perder seis décadas de evitar hacer préstamos 13(3), una práctica asentada en la consideración de que proteger firmas no bancarias de las consecuencias de los riesgos que corrían era en sí un riesgo moral, y también en la comprensión del hecho de que la intención del Congreso era que tal autoridad solo debería ser empleada en las peores circunstancias. No era probable que el fracaso de aquella empresa tuviese un impacto económico extendido, por lo que creíamos que un préstamo 13(3) no estaba justificado. No prestaríamos a Thornburg, y la empresa caería.

El Congreso había añadido la Sección 13(3) al Acta de la Reserva Federal en 1932, motivado por la volatilización del crédito que siguió a la caída de miles de bancos al principio de la década de 1930. La Sección 13(3) otorgaba a la Reserva Federal la capacidad para hacer préstamos a, en esencia, cualquier prestatario privado. Era necesario que al menos cinco miembros del Consejo certificasen que los mercados crediticios sufrían unas circunstancias inusuales y apremiantes. El Banco de la Reserva que hiciera el préstamo necesitaba también pruebas de que el prestatario no tenía a su disposición ninguna otra fuente de crédito. Y, un detalle importante, los préstamos 13(3), al igual que los préstamos de la ventana de descuento estándar, deberían quedar «garantizados a la satisfacción» del Banco de la Reserva que hiciera el préstamo. En otras palabras, la garantía del prestatario tenía que ser lo bastante sólida para que la Reserva Federal pudiera tener expectativas razonables de que el préstamo se reembolsaría por completo. El último requisito protegía a los contribuyentes, pues cualquier pérdida asociada a un préstamo concedido en virtud de la Sección 13(3) reduciría los beneficios que el Fed abonaba cada año al Tesoro, y por tanto aumentaría el déficit presupuestario. Pero ese requisito limitaba también la capacidad de intervención del Fed. Invocar la 13(3) no nos permitía invertir capital en una institución financiera (comprando sus acciones, por ejemplo) ni garantizar sus activos contra pérdidas.

El Fed usó su autoridad conforme a la Sección 13(3) durante la Depresión, pero con mucha mesura. De 1932 a 1936 solo hizo 123 préstamos de ese tipo, y la mayoría fueron por cantidades muy pequeñas. El mayor préstamo, 300.000 dólares, lo recibió un fabricante de máquinas de escribir; a un agricultor se le hizo otro de 250.000 dólares. Cuando, a lo largo de la década de 1930, la economía y los mercados crediticios mejoraron, el Fed dejó de hacer préstamos en virtud de la 13(3).

A finales de febrero estaba convencido de que necesitábamos tomar medidas sobre los crecientes problemas de financiación a los que se enfrentaban las entidades bancarias paralelas que dependían de repo y de papel comercial. Sobre esa época, el director general de Lehman Brothers, Dick Fuld, había apremiado al Consejo para que incluyese los bancos de inversión de Wall Street, como el suyo, en nuestras habituales subastas TAF de préstamos de la ventana de crédito a los bancos comerciales, una medida que requería que invocásemos la Sección 13(3). En una llamada telefónica del 28 de febrero, Lloyd Blankfein, el sucesor de Paulson en Goldman Sachs, me dijo que opinaba que un acceso más amplio a la ventana de descuento ayudaría tanto a los bancos de inversión como a los mercados. A mí me preocupaban más los mercados. Las empresas que luchaban por obtener financiación reaccionaban librándose indiscriminadamente de los valores y otros activos. Parecía que todo el mundo quería vender y casi nadie quería comprar, haciendo que los precios cayeran en barrena. «La situación parece más difícil cada día», le dije a Tim Geithner en un correo electrónico.

A las ocho y media de la mañana del viernes 7 de marzo, los mercados financieros, ya frágiles, descubrirían algo de lo que nos habíamos enterado la tarde anterior: en febrero se habían perdido 63.000 empleos, la segunda caída consecutiva. El personal de Dave Stockton pronosticaba ya una recesión en la primera mitad del año, y poco o ningún crecimiento en la segunda mitad.

Las noticias sobre el empleo eran una señal tangible de que la inestabilidad financiera, la contracción del crédito y la caída de la confianza estaban dañando seriamente la economía. En lugar de esperar a la semana siguiente, como estaba planeado en principio, decidimos anunciar antes de que abriesen los mercados el viernes por la mañana dos medidas dirigidas a aumentar la disponibilidad de la financiación a corto plazo. En primer lugar, aumentaríamos a 100.000 millones de dólares la subasta de marzo de préstamos de la ventana de descuento a veintiocho días, en lugar de los 60.000 millones que habíamos anunciado una semana antes. En segundo lugar, para hacer que los inversores estuvieran más tranquilos conservando valores respaldados por hipotecas garantizados por Fannie y Freddie, anunciamos que aceptaríamos dichos valores en operaciones de política monetaria con los veinte operadores de valores que realizaban normalmente transacciones con el Fed de Nueva York. Estos operadores primarios, como así se llamaban, que incluían a los cinco bancos de inversión más grandes (Goldman, Morgan Stanley, Merrill, Lehman y Bear Stearns), podrían trocar valores de Fannie y Freddie por dinero del Fed durante veintiocho días. El énfasis en los valores hipotecarios era un nuevo giro en las operaciones habituales del Fed de Nueva York, que generalmente manejaba tan solo títulos del Tesoro, y el personal había planeado empezar con 10.000 millones de dólares a la semana. Vi esa cifra en un memorándum que se hizo circular apresuradamente por el FOMC el jueves por la tarde. La cifra me parecía pequeña en comparación con el enorme tamaño del mercado hipotecario. Envié un correo electrónico a Geithner, y estuvo de acuerdo. Media hora después lo habíamos dejado en 25.000 millones de dólares a la semana, o 100.000 millones en el mes de marzo.

El informe negativo sobre empleo y nuestras nuevas medidas de liquidez compitieron el viernes por la atención del mercado. El Dow cayó 147 puntos, pero como signo positivo de nuestras medidas más recientes, el diferencial (o *spread*) entre los tipos de interés de los valores respaldados por hipotecas de Fannie y Freddie y los tipos de los valores del Tesoro se había estrechado, un indicador de que los inversores no estaban rehuyendo los valores hipotecarios hasta el extremo en que lo habían hecho antes.

Teníamos la intención de anunciar medidas adicionales el martes 11 de marzo. Primero, incrementaríamos en un 50% las dos líneas de permuta con los bancos centrales extranjeros: hasta 30.000 millones de dólares para el Banco Central Europeo y hasta 6.000 millones para el Banco Nacional Suizo. Y lo que era más importante: en dos semanas incrementaríamos enormemente —hasta 200.000 millones de dólares— el préstamo de títulos del Tesoro del balance del Fed a los operadores primarios. Desde 1969, el Fed había estado prestando una cantidad discreta de títulos del Tesoro a cambio de otros títulos del Tesoro de diferentes fechas de vencimiento y emisión como un intento de garantizar que los operadores pudieran adquirir los títulos del Tesoro específicos que se adaptasen mejor a sus necesidades. Ahora, y este sería un nuevo paso importante, también prestaríamos títulos del Tesoro contra garantías que incluían no solo valores respaldados por hipotecas de Fannie y Freddie, sino también los llamados valores de hipotecas privados incluidos en paquetes de los bancos de inversión y otras firmas privadas.

Llevábamos meses hablando de aquella medida. El programa pondría gran cantidad de títulos del Tesoro, la garantía más aceptada en el mercado de repo, en manos de los operadores y otros participantes del mercado. Los receptores podrían entonces sacar los títulos del Tesoro al mercado de repo y obtener financiación. Al ayudar a los operadores a conservar el acceso a la financiación, también incrementaríamos su capacidad para prestar a otros participantes del mercado, apoyando así el flujo de crédito a hogares y empresas. Y esperábamos que al aceptar como garantías valores hipotecarios privados con calificación triple A, incluso a los bajos precios del mercado, animaríamos a los proveedores de financiación mayorista a empezar a confiar también en ellos. Esta última función —prestar a los operadores primarios contra valores hipotecarios privados— significaba que finalmente tendríamos que invocar la Sección 13(3).

A lo largo del fin de semana, Don Kohn —que estaba asistiendo a una reunión de banqueros centrales en Basilea— fue abriendo camino a la expansión de las líneas de permuta y animó a los bancos centrales sin líneas de permuta estadounidenses a anunciar sus propias medidas de liquidez al mismo tiempo que nosotros anunciábamos las nuestras. Entretanto, en Washington, yo defendí ante los miembros del FOMC el préstamo de títulos del Tesoro a los operadores primarios contra una serie de garantías hipotecarias. Propusimos llamar al nuevo programa Facilidad de Préstamo de Valores a Término, o TSLF; el acrónimo más reciente de la Reserva Federal. «Esto es inusual, pero también lo son las condiciones del mercado —escribí en un correo electrónico—. Recomiendo encarecidamente que pongamos en marcha este plan.» Necesitaba un voto a favor de los cinco miembros del Consejo. Y también necesitaba un voto mayoritario del FOMC, debido a que involucraba transacciones del Fed de Nueva York en su propio nombre y el de otros Bancos de la Reserva.

Tuve la sensación de que estábamos haciendo historia cuando convoqué otra reunión no planificada del FOMC a las siete y cuarto de la tarde del lunes 10 de marzo. Expliqué que algunas de las nuevas turbulencias del mercado eran una reacción natural a los informes económicos negativos, pero que en parte podían atribuirse a lo que llamé «dinámica de liquidez autoalimentada». En otras palabras, el miedo engendra miedo. Las medidas que habíamos tomado el viernes anterior y las que íbamos a anunciar el martes estaban dirigidas a romper esa dinámica. Bill Dudley hizo un repaso del deterioro de la situación financiera, citando a Peloton, a Thornburg y al fondo de Carlyle, y añadió: «Hoy circulaban rumores de que Bear Stearns tenía dificultades para financiarse». Con cerca de 400.000 millones de dólares en activos, Bear tenía unas seis veces el tamaño de Peloton, Thornburg y el fondo de Carlyle combinados. Jeff Lacker se opuso a la TSFL. Era contrario a centrar la política del Fed en un tipo concreto de activos —en este caso, activos hipotecarios—, y advirtió que aquel precedente haría que fuese difícil resistir la presión del Congreso para rescatar otros sectores.

Don Kohl respondió citando algo que había dicho uno de los banqueros centrales en la reunión de Basilea durante el fin de semana: «A veces llega el momento de pensar en lo impensable», había dicho el banquero. Don añadió que «creo que, para nosotros, ese momento ha llegado ya».

«Estamos cruzando ciertos límites —admití—. Estamos haciendo cosas que no se han hecho antes. Por otro lado, esta crisis económica está ya en su octavo mes, y las previsiones en cuanto a su desenlace han empeorado considerablemente. [...] Creo que hemos de ser flexibles y creativos ante lo que de verdad es un desafío extraordinario.»

El FOMC aprobó la TSFL por nueve votos a cero. Aquel año, Lacker no tenía derecho a voto. Sus compañeros halcones que sí lo tenían —Richard Fisher, de Dallas, y Charlie Plosser, de Filadelfia— aceptaron pese a tener reservas. El miembro del Consejo Rick Mishkin, que no había asistido a la reunión de emergencia el día de Martin Luther King Jr. por estar haciendo esquí de fondo, se encontraba esquiando en Finlandia y también se perdió esta votación. Antes del anuncio del martes por la mañana, comunicó que como miembro del Consejo daba su aprobación a que invocásemos la Sección 13(3). «Esto es mal karma —dijo por correo electrónico—. Quizá no debería alejarme nunca del Consejo, y así las condiciones financieras mejorarán.»

El anuncio del 11 de marzo describía la TFSL en lenguaje financiero técnico y no hacía ninguna referencia a los poderes de emergencia ni a la autoridad establecida en la Sección 13(3). (Nos preocupaba que airear la invocación de los poderes de emergencia usados en la Depresión pudiera aumentar el pánico.) Pero los participantes del mercado recibieron con alborozo la nueva línea de crédito. Se dieron cuenta de que su creación mostraba nuestra voluntad de hacer préstamos a instituciones financieras distintas de los bancos pero que se habían convertido en un elemento crítico para el flujo de crédito y el funcionamiento armonioso de los mercados financieros. Aquel día, el Dow subió 417 puntos, su mayor subida en más de cinco años. A pesar del breve estallido de euforia, las acciones de Bear Stearns, que ya estaban bastante tocadas, obtuvieron a duras penas una ganancia de 67 centavos, cerrando a 62,97 dólares; muy lejos de su máximo histórico de 172,69 dólares, alcanzado catorce meses antes. Las acciones habían caído por la mañana pero se recuperaron cuando el presidente de la SEC, Chris Cox, les dijo a los periodistas que su agencia «estaba bastante cómoda» con el colchón de capital de los cinco grandes bancos de inversiones, incluyendo a Bear.

Pero la situación de Bear no mejoraba. Moody's acababa de anunciar que había bajado la calificación de quince operaciones de bonos promovidas por un fondo de Bear especializado en hipotecas Alt-A.

Moody's no estaba bajando la calificación de la empresa en sí; sin embargo, el temor a que Bear pudiera quedarse sin liquidez para pagar a sus acreedores se estaba extendiendo. Su antiguo director general, el ochentañero, calvo, corpulento y masticador de puros Alan Greenberg, le dijo a la emisora por cable CNBC que los rumores de restricciones de efectivo en Bear eran «absolutamente ridículos».

Bear Stearns había sido un elemento de Wall Street desde 1923, cuando fue fundada por Joseph Bear, Robert Stearns y Harold Meyer. Sobrevivió al crac de la Bolsa en 1929 sin tener que despedir a un solo empleado. A lo largo de los años se había construido una reputación de firma luchadora que corría riesgos en los mercados donde otros no se atrevían a aventurarse. En la Segunda Guerra Mundial, cuando Franklin Roosevelt ordenó que los ferrocarriles transportasen material bélico, la firma adquirió a precios muy bajos la deuda de las compañías ferroviarias. Tras ello vendió la deuda obteniendo beneficios inmensos después de la guerra, cuando quedó claro que los ferrocarriles no iban a ser nacionalizados. Bear acostumbraba a contratar a desconocidos con talento a los que sus rivales no habían sabido valorar. Greenberg los llamaba PSD —*Poor but Smart* (Pobres pero Inteligentes)—: empleados con un profundo deseo de hacerse ricos. Greenberg, hijo de un fabricante de ropa de Oklahoma City, empezó a trabajar en Bear como oficinista en 1949, y fue ascendiendo hasta llegar a ser el director general en 1978. Lo apodaban *Ace* (As); era un fanático del bridge y un mago aficionado (sus favoritos eran los juegos de manos con cartas). En 1993 pasó las riendas a James Cayne, apodado Jimmy, un antiguo jugador profesional de bridge al que Greenberg contrató en 1969 como corredor de Bolsa.

Cayne, que había abandonado los estudios universitarios, reafirmó la reputación de excentricidad de Bear en 1998, cuando se negó a unirse a otros catorce bancos y firmas de inversión importantes en el rescate —por valor de 3.600 millones de dólares— del fondo de cobertura Long-Term Capital Management, incluso a pesar de que Bear era la firma que llevaba las cuentas de LTCM y liquidaba sus operaciones. El Fed de Nueva York había organizado el rescate del sector privado cuando las estrategias comerciales extensamente interconectadas del fondo saltaron por los aires a consecuencia del impago de la deuda rusa. Greenberg permaneció en la empresa después de que Cayne ocupara el puesto de director general, y aún seguía en ella en marzo de 2008 como presidente del comité ejecutivo. Juntos, los dos hombres habían presidido la caída de Bear en las hipotecas.

El punto álgido de las acciones de Bear coincidió con el inicio de un descenso de los precios de la vivienda en Estados Unidos a lo largo de dos años. Además de incluir paquetes de hipotecas en valores y comercializar tales valores, la firma actuaba (a través de empresas subsidiarias) como consultor especialista en préstamos hipotecarios y como titular de valores respaldados por hipotecas. Sus gestores se mostraban optimistas con respecto tanto a préstamos subprime como a productos de crédito estructurados, e invertían en consecuencia. Estos negocios habían contribuido a que Bear obtuviera ganancias récord por quinto año seguido en 2006. Pero el desplome de sus dos fondos de cobertura de hipotecas subprime en junio de 2007 había dañado la confianza de los inversores. Como consecuencia, Bear decidió depender menos del papel comercial (sin garantías) para la financiación a corto plazo y más de préstamos repo (con garantías). Supusieron que los prestamistas repo serían menos propensos a salir corriendo si los problemas de la firma empeoraban. A finales de 2007, Bear había tomado en préstamo 102.000 millones de dólares en repo y menos de 4.000 millones en papel comercial.

Bear notificó su primera pérdida de la historia en el cuarto trimestre de 2007. En enero, Cayne, de setenta y tres años, dimitió como director general. Se había ausentado a menudo de su despacho, asistiendo a torneos de bridge y golf, mientras Bear estaba haciendo frente a la implosión de sus fondos de hipotecas subprime. Ocupó el puesto Alan Schwartz, un pulcro banquero de inversiones que había dirigido el departamento de Fusiones y Adquisiciones de Bear. Se mantuvo dos meses en el despacho del director general.

La dura semana de Schwartz se convirtió en una pesadilla después del lunes 10 de marzo, cuando la firma mantenía unas reservas de efectivo de unos 18.000 millones de dólares. El miércoles, a la hora del cierre, las reservas habían descendido a 12.000 millones. La liquidez de la empresa empezó a hacer aguas rápidamente durante el jueves. Los fondos de cobertura y otros clientes de correduría empezaron a retirar sus fondos, las empresas con las que Bear solía comerciar con derivados rehusaban hacer operaciones, y los prestamistas se estaban preparando para dejar de renovar a la mañana siguiente los repo de Bear. Ante la poca seguridad de la supervivencia de la firma a corto plazo, algunos prestamistas repo se negaron a hacerle préstamos incluso contra títulos del Tesoro, la garantía más segura. La empresa acabó el día con unos 2.000 millones en efectivo, pero era casi seguro que al día siguiente desaparecerían también. Si Bear hubiera sido un banco a la antigua usanza, sus clientes habrían estado arracimándose ante sus puertas. En este nuevo mundo, el clamor era electrónico, pero era tan peligroso como una retirada masiva de capitales tradicional.

Aquella tarde, un abogado que trabajaba para Schwartz telefoneó a Jamie Dimon, el director general de JPMorgan Chase, para solicitarle un préstamo que permitiese a Bear abrir el viernes. JPMorgan, el tercer más grande grupo empresarial de banca a finales de 2007, era el banco de compensación de Bear, y actuaba como intermediario entre la empresa y sus prestamistas repo, por lo que estaba familiarizado con sus carteras. JPMorgan respondió que podría estar interesado en adquirir parte de los activos financieros o de las líneas de negocio de Bear, pero no se comprometió a nada. Schwartz telefoneó a Tim Geithner y le dijo que Bear corría peligro de no tener fondos para cumplir con sus obligaciones y podría tener que declararse en quiebra a la mañana siguiente. Tim envió un equipo a examinar los libros de Bear, al igual que hizo Dimon.

¿Qué ocurriría si Bear se declaraba en quiebra a la mañana siguiente? Conforme se acercaba la medianoche, Don, Tim, miembros veteranos del personal y yo intentamos pensar en algo que pudiéramos hacer para al menos amortiguar ligeramente el golpe. Brian Madigan propuso algunas alternativas; la más sólida era declarar públicamente la existencia de «circunstancias inusuales y apremiantes» y estar preparado para prestar directamente a los bancos de inversiones de Wall Street, una nueva aplicación de los poderes que nos otorgaba la Sección 13(3). Podría evitar que la fuga se extendiese más allá de Bear. Si antes habíamos quitado énfasis sobre las características de emergencia de la TSFL, aquí se admitirían explícitamente. Tim propuso que también recortásemos el tipo de descuento medio punto más, igualándolo al tipo de interés de los fondos federales, para animar a los prestatarios a acudir al Fed.

En la madrugada, las noticias del Fed de Nueva York y de los equipos de JPMorgan eran sombrías. El balance de Bear aparecía lleno de sorpresas tóxicas y JPMorgan llegó a la conclusión de que necesitaba más tiempo para evaluar los activos. Entretanto, nos dijeron que no podía hacer un préstamo a Bear sin la ayuda del Fed. Incluso pudiéndose jactar de «una fortaleza de balance» de 1,6 billones de dólares, cuatro veces mayor que el de Bear, JPMorgan no estaba dispuesto a respaldarlo en solitario.

Las raíces de JPMorgan Chase se extendían hasta los primeros años de Estados Unidos. En su encarnación moderna era en su mayor parte producto de la fusión en el año 2000 de JPMorgan & Co. y Chase Manhattan Corp. La historia de Chase se remontaba a 1799, cuando Aaron Burr fundó Manhattan Co. para competir con el Banco de Nueva York de Alexander Hamilton. JPMorgan & Co. había sido establecida en 1871 por J. Pierpont Morgan, el salvador financiero de Wall Street durante el Pánico de 1907.

James «Jamie» Dimon —de cabello plateado pese a su relativa juventud— había sido el director general de JPMorgan desde finales de 2005. Era el nieto de un banquero griego y había tenido éxito desde muy temprano. (Estaba celebrando en familia su 52.º cumpleaños en un restaurante griego la noche que recibió la llamada del abogado de Bear.) Tras conseguir un MBA en Harvard en 1982, empezó a trabajar en las finanzas como asistente de Sandy Weill en American Express Co. Más tarde ayudó a Weill a convertir Citigroup en un supermercado financiero. Los dos hombres discutieron en 1998, y Dimon reconstruyó su carrera en Chicago, y el año 2000 se convirtió en el director general de Bank One, el quinto banco más grande del país en aquella época. Regresó a Nueva York cuando JPMorgan se fusionó con Bank One en 2004. A finales de 2005 fue nombrado director general de la empresa combinada, y un año más tarde se convirtió en presidente del consejo de administración. Me di cuenta de que era inteligente y muy duro. (Su fuerte acento neoyorquino contribuía a aquella impresión.) Se dio cuenta pronto de la severidad de la crisis y estaba decidido a guiar a su banco a través de la tormenta.

El jueves me acosté mientras en Nueva York seguían trabajando, dormí intermitentemente unas pocas horas y me desperté el viernes para conferenciar telefónicamente a las cinco de la mañana con Don, Kevin, Tim, Hank Paulson y Bob Steel. Llamé desde la mesa de la cocina de nuestra casa en el Capitolio. Era muy poco probable que Bear pudiera llegar al final del día sin ayuda. La TSLF, a través de la cual Bear podría haber obtenido en préstamo títulos del Tesoro, no sería operativa hasta el 27 de marzo. Revisamos las alternativas.

Tim propuso un plan para mantener a Bear en activo; Tom Baxter, consejero general del Fed de Nueva York creía que dicho plan no exigiría recurrir a la 13(3). JPMorgan, como banco de compensación entre Bear y sus prestamistas repo, se haría cargo de una buena parte de los valores de Bear durante el día. Tom sugirió que hiciéramos un préstamo a JPMorgan, ya que era un banco comercial con depositarios y por tanto podía obtener préstamos de la ventana de descuento. Con los valores de Bear como garantía, JPMorgan podría prestarle entonces el dinero del Fed. El préstamo sería sin recurso, lo que significaba que si Bear no lo devolvía, JPMorgan quedaría libre del anzuelo y a nosotros nos endosarían los valores de Bear. Básicamente, el plan consistía en que el Fed ocupase el lugar de los prestamistas repo de Bear que habían escapado. Sin embargo, el asesor general del Consejo, Scott Alvarez, tenía una interpretación jurídica diferente. Ya que el préstamo sería en realidad en beneficio de Bear, afirmó, tendríamos que invocar la 13(3).

Creía que la interpretación de Scott tenía sentido, al menos en cuanto al espíritu del estatuto. Yo confiaba mucho en el consejo de Scott. Siempre había creído que los abogados se enredaban en formulismos, pero Scott me había impresionado como alguien profundamente capacitado e interesado tanto en la lógica subyacente de la ley como en las normativas que la ley pretendía poner en práctica.

Cuando llevábamos cerca de una hora hablando se nos unió personal de la SEC, pero no Chris Cox, que aparentemente no tenía los datos de la teleconferencia. Esta prosiguió durante dos horas mientras el cielo clareaba. En un momento dado, mi equipo de seguridad llamó al timbre. Hacía una hora que me esperaban y querían comprobar que estaba bien. Les dije que esperasen. De vuelta al teléfono, Don, Tim, Hank y yo hablamos sobre qué se podía hacer. ¿Bear era tan grande y estaba tan entrelazada en el sistema financiero que su caída podría empeorar el pánico y, quizá, arrastrar con ella a otras firmas importantes? En otras palabras: ¿era Bear sistémicamente importante? No habíamos incluido a Thornburg Mortgage en esa categoría. Pero en esta ocasión, la valoración era mucho más difícil.

Como siempre que teníamos delante una decisión difícil, intenté pensar en precedentes. Se me ocurrieron dos. En 1990, el gobierno había declinado intervenir cuando Drexel Burnham Lambert había caído envuelta en llamas en medio de un escándalo de operaciones con bonos basura. Era el quinto banco de inversión más grande del país cuando se metió en líos, al igual que Bear lo era en 2008. Pero los problemas de Drexel eran intrínsecos y no estaban relacionados con una crisis sistémica más amplia. Además, Drexel no estaba tan interconectada como Bear con otras grandes empresas a través de contratos de derivados y otras relaciones financieras. Los funcionarios del Fed a las órdenes de Alan Greenspan habían revisado cuidadosamente la situación de Drexel y decidieron —correctamente, como se demostró— que su caída no representaba un riesgo para el sistema financiero en general. La dejaron ir. Por el contrario, en 1998, el Fed había juzgado que los mercados a la estela de la crisis asiática y el impago ruso eran demasiado frágiles para soportar la descomposición caótica de Long-Term Capital Management, un fondo grande, complejo e interconectado en gran medida. El Fed de Nueva York, dirigido en aquel entonces por Bill McDonough, había organizado por tanto un rescate del sector privado, sin financiación del gobierno. El fondo de cobertura se liquidaría metódicamente menos de dos años después.

No teníamos tiempo para organizar el rescate no gubernamental de Bear aquella mañana, pero estábamos razonablemente seguros de que su quiebra inesperada sería la chispa que prendería un pánico aún mayor. Bear tenía casi 400 subsidiarias, y sus actividades afectaban a prácticamente todas las demás empresas financieras importantes. Tenía 5.000 contrapartes comerciales y 750.000 contratos de derivados abiertos. El problema de cómo manejar instituciones financieras semejantes a Bear que tuvieran problemas se había etiquetado como TBTF —*Too Big To Fail* (demasiado grandes para caer)—. Pero el mero tamaño no era el problema. Bear era grande, pero no tan grande si se la comparaba con los mayores bancos comerciales. En realidad era TITF: *Too Interconnected To Fail* (demasiado interconectada para caer).

Entre los acreedores de Bear había importantes fondos del mercado monetario que atendían a inversores familiares. Nos preocupaba el efecto general en la confianza si los fondos de ese tipo, presuntamente muy seguros, empezaban a sufrir pérdidas. Un proceso de quiebra también bloquearía —potencialmente durante años— la liquidez de muchos otros acreedores. Además, la liquidación de las posiciones en derivados de Bear podría resultar caótica, tanto por la cantidad y complejidad de los contratos de derivados como porque las contrapartes de los derivados de Bear tendrían que esforzarse para encontrar nuevas coberturas para los riesgos que aparecerían en sus carteras.

Pero los mayores riesgos estaban en los 2,8 billones de dólares del mercado de repo tripartito. (En el mercado de repo tripartito, un banco de compensación actúa como intermediario entre los prestamistas y los prestatarios repo. En el mercado de repo bilateral, muy grande y bastante opaco, los bancos de inversión y otras empresas financieras organizan transacciones repo entre ellos. Bear tomaba préstamos principalmente en el mercado tripartito.) Cuando los prestamistas repo de Bear se negaron a renovar sus préstamos, JPMorgan, como banco de compensación de la empresa, se encontró ante una disyuntiva difícil: podía prestar a Bear y arriesgar miles de millones de dólares de los accionistas de JPMorgan, o podía empezar a liquidar garantías en nombre de los acreedores de Bear. La decisión de liquidar garantías por debajo de su precio (lo más probable) haría que el precio de los valores cayese aún más, lo que llevaría a otra oleada de pérdidas y reducciones de valor. Y lo que era peor, otros participantes en el mercado de repo tripartito, temerosos de sufrir pérdidas o ver que sus fondos quedaban bloqueados, podían tomar la decisión de no prestar a nadie. Los cuatro grandes bancos de inversión restantes serían especialmente vulnerables, y la caída de Bear podría desencadenar fugas de capital en esas otras entidades. Mi mayor temor era que si Bear caía, el mercado de repo podría hundirse por completo, lo que tendría consecuencias desastrosas para los mercados financieros y para la totalidad de la economía, al congelarse el crédito y hundirse los precios de los activos.

El plan de préstamos de Baxter ofrecía una manera de hacer que Bear sobreviviese hasta el fin de semana, cuando tendríamos algo de margen para buscar una solución a más largo plazo. Pero, tal como señaló Scott Alvarez, tendríamos que dar el paso extra de invocar la autoridad 13(3) para hacer el préstamo. También insistí en que el Fed no podía ir más lejos sin el consentimiento de la Administración. Estábamos razonablemente seguros de que si hacíamos un préstamo garantizado a Bear acabarían devolviéndolo, pero a pesar de todo corríamos un riesgo. Si Bear no pagaba, lo pagarían los contribuyentes. Esto hacía que el plan que estábamos organizando fuese en parte un asunto fiscal. Hank se excusó para ir a consultar con el presidente Bush, y regresó poco tiempo después. Teníamos el apoyo del presidente.

Alrededor de las siete de la mañana quedó claro que se agotaba el tiempo. Como nos recordó Tim, los mercados de repo abrirían a las siete y media. La Reserva Federal era la única institución con autoridad para intervenir, y yo estaba al frente. Durante la teleconferencia había estado escuchando con atención. Veía muchos riesgos, pero los riesgos para el mercado de repo —un mercado del que pocos estadounidenses han oído hablar— eran los más inminentes. «Hagámoslo», dije. Tras atender unos pocos detalles operativos, colgué el teléfono, acabé de prepararme para ir a trabajar y crucé la puerta hasta donde me esperaba el equipo de seguridad. Le mandé un correo electrónico a Rita Proctor: «Por favor, pídeme un par de bollos y zumo de naranja. Estaré ahí en 10 minutos».

A las nueve y cuarto se reunió el Consejo y votamos —por 4 a 0— autorizar al Fed de Nueva York a hacer un préstamo a JPMorgan para que pudiese financiar a Bear Stearns. Ya que habíamos invocado la 13(3) podríamos haber hecho el préstamo directamente a Bear, pero el papeleo que habían preparado aquella noche en Nueva York era para el préstamo paralelo (a través de intermediario) según la idea de Baxter, y no había tiempo para redactar documentación nueva. El Consejo delegó en mí su autoridad para permitir que el Fed de Nueva York prestase a otros operadores de valores si era necesario. No lo fue, al menos aquel viernes. Aunque habíamos invocado la

13(3) para crear la TSLF, la extensión de crédito a Bear fue el primer uso real de la autoridad para extender financiación desde 1936. Rick volvió a perderse la votación, estaba viajando desde Finlandia. El Acta de la Reserva Federal requería cinco votos, pero teníamos una vía de escape. Después de los atentados terroristas del 11 de septiembre, cuando Roger Ferguson era el único miembro del Consejo que estaba en Washington, se añadió como precaución ante sucesos similares una enmienda al acta que permitía tomar medidas 13(3) con «el voto unánime de todos los miembros disponibles».

Las acciones cayeron inicialmente al conocerse la noticia, y el Dow bajó 300 puntos antes de recuperarse un poco. Los inversores se preguntaban qué pasaría después. El precio de las acciones de Bear cayó de 57 a 30 dólares, y continuó la fuga de acreedores y clientes. Acabamos prestando a la empresa 13.000 millones de dólares, pero llegamos al fin de semana. A partir de ahí emprendimos una carrera en busca de una solución a más largo plazo «antes de que abran en Asia»; concretamente, antes de que el mayor mercado de valores de Asia abriese en Tokio el lunes por la mañana (domingo por la noche en Nueva York).

Pasé un fin de semana frenético en mi despacho, hablando con el personal y observando los acontecimientos. Tim, los ojos y oídos del Fed en Wall Street, permaneció en contacto con Dimon. Pretendíamos que JPMorgan adquiriese a Bear o hiciera una inversión que la estabilizase. La firma de inversión privada J. C. Flowers & Co. también estaba considerando hacer una oferta. Pero pronto resultó evidente que solo JPMorgan tenía los recursos financieros suficientes para cerrar el trato antes del lunes. El sábado por la tarde, Dimon le dijo a Tim que estaba dispuesto a pagar de 8 a 12 dólares por acción de Bear. Entretanto, Deborah Bailey, consejera delegada del departamento de Supervisión Bancaria del Consejo, informó de que el Fed de Nueva York enviaría equipos para trabajar con la SEC en la revisión de las posiciones de efectivo de otros grandes bancos de inversiones. «Parece que el lunes será un día muy duro para algunos de los bancos de inversión —escribió—, pero especialmente para Lehman.» Lehman era el cuarto mayor banco de inversión y la opinión extendida era que sería la siguiente víctima de un ataque especulativo si Bear caía.

El domingo llamó Tim. Había hablado con Dimon. No había trato. Dimon no estaba dispuesto a adquirir las considerables posiciones en hipotecas subprime de Bear. Tim habló con Paulson y Dimon para averiguar qué haría falta para cambiar aquella decisión. Mientras yo asimilaba aquella noticia, Michelle Smith me reenvió un mensaje de Larry Summers, antiguo secretario del Tesoro y jefe suyo (y de Tim) durante el gobierno de Clinton. En la actualidad era profesor de Economía en Harvard y director gerente del fondo de cobertura D. E. Shaw. Larry había mandado un correo electrónico a Tim pero no había recibido respuesta, y pidió a Michelle que transmitiese el mensaje.

Larry tiene fama de ser muy directo, por decirlo suavemente, y parecía que nos estaba advirtiendo en contra del rescate de Bear. Dijo que había hablado extensamente con alguien que había estado en la empresa la mayor parte del sábado. «El Fed puede haber entrado en una senda en la que: 1) no podrá contener el riesgo sistémico, 2) fomentará legítimamente todo tipo de peticiones para "ayudar a amigos", 3) tendrá un efecto negativo en el riesgo moral —le escribió a Michelle—. Estaré encantado de explicártelo a ti o a Ben, a Tim o a cualquiera.» Prosiguió: «Como mínimo, comunícale por favor a Ben esto: al embarcarse en un rescate a Bear que no tiene precedentes, el Fed debe tener éxito o su credibilidad quedará hecha pedazos». Y terminó: «Buena suerte a todos. L».

Con el correo electrónico de Larry había comenzado la «tormenta de debates» a la que Chris Dodd se referiría en la audiencia del 3 de abril. El punto de vista de Larry sobre el riesgo moral era bastante atinado. Pero no hacía falta que nos lo explicase. (Ni hacía falta que explicase que si fallábamos, nuestra credibilidad quedaría hecha pedazos. Ya lo sabíamos.) Queríamos que los acreedores que financiaban a las instituciones financieras, fueran grandes o pequeñas, tuvieran cuidado de dónde metían su dinero. El riesgo moral era que no lo tuvieran porque esperasen que cualquier firma en problemas fuera rescatada. A pesar de todo, no podíamos arriesgarnos a corto plazo a que se produjera un pánico general en el mercado de repo y otros mercados de financiación. Sabíamos muy bien que el resultado sería la congelación de los flujos de crédito, con todas las consecuencias que ello tendría para la economía y para los estadounidenses de a pie.

El senador Dodd ofreció su ayuda durante el fin de semana; dijo que podía telefonear a Bill Daley, un amigo de Jamie Dimon, con el objetivo de convencer a este de que volviera a la mesa de negociación. Al parecer, Dimon conocía a Daley, secretario de Comercio en el gobierno de Clinton y hermano del alcalde de Chicago Richard M. Daley, de sus tiempos en Bank One. Al final resultó que no hacía falta que Dodd realizase aquella llamada. Al principio de la tarde, Tim y Hank habían llegado a un acuerdo con Jamie. JPMorgan compraría Bear Stearns al precio de 2 dólares por acción (estas acciones habían alcanzado un valor de casi 173 dólares en enero de 2007). Siendo consciente de la necesidad de contener el riesgo moral, Hank había presionado para obtener un precio muy bajo por acción. No quería que se nos viese como los propietarios que habían rescatado a Bear ni como sus accionistas. Un detalle importante en las siguientes semanas, durante la espera de la aprobación de los accionistas de ambas empresas, era que JPMorgan respaldaría todas las obligaciones de Bear. Sin una garantía creíble, la fuga de capital de Bear Stearns no cesaría y la empresa podría hundirse antes de que se consumara la adquisición.

¿Qué hizo que Dimon cambiase de idea sobre adquirir Bear? La respuesta a aquello sería el detalle más polémico del trato. Para sacar adelante el acuerdo, aceptamos prestar 30.000 millones de dólares sin recurso, aceptando como garantía 30.000 millones de dólares de los activos de Bear; esos activos estaban en su mayoría relacionados con hipotecas que las agencias de calificación habían considerado con categoría de inversión (*investment grade*). Dimon había dejado claro que en cualquier otro caso, el trato sería demasiado grande y arriesgado para JPMorgan. El Fed contrató a BlackRock, una firma de gestión de activos dirigida por el veterano analista de Wall Street Larry Fink, para que estudiara los activos. La firma indicó que el Fed tenía una esperanza razonable de recuperar su inversión si conservaba los activos unos cuantos años. La valoración de BlackRock permitió que Tim, el presidente del Banco de la Reserva, que sería quien hiciera el préstamo, afirmase que el préstamo estaba «garantizado a satisfacción» del Banco de la Reserva. El dictamen sobre el valor de los activos se basaba en nuestra confianza en que en última instancia seríamos capaces de estabilizar el sistema financiero. Si teníamos éxito, el valor de los activos contra los que estábamos haciendo el préstamo acabaría siendo suficiente para pagar con intereses el préstamo del Fed. Si no teníamos éxito, el desenlace era incierto. Debido a que cualquier pérdida sufrida por el Fed reduciría nuestros pagos al Tesoro, habríamos preferido que fuera el Tesoro quien garantizase el préstamo. Pero sin la autorización del Congreso no teníamos la capacidad para hacer eso. Nos conformamos con la promesa por escrito de Paulson de que teníamos el apoyo del gobierno.

Aquella tarde y aquella noche, Don y yo estuvimos al teléfono comunicando nuestros planes a las contrapartes repartidas por todo el mundo. Llamé a Jean-Claude Trichet, del Banco Central Europeo, a Mervyn King, del Banco de Inglaterra, y a Toshihiko Fukui, del Banco de Japón. Todos mostraron su apoyo y su alivio por que se hubiera podido evitar la caída de Bear. También queríamos que mis predecesores en el cargo —a los que a menudo citaba la prensa— comprendiesen lo que habíamos hecho y por qué. Don llamó a Greenspan y yo telefoneé a Volcker. «He hablado con él. Le parece bien», informé después. Pero a pesar de mi apreciación de lo que opinaba, Volcker no tardó en decir públicamente que estaba preocupado.

El Consejo se reunió a las cuatro menos cuarto de la tarde del domingo. Además de la declaración de circunstancias inusuales y apremiantes y de la aprobación del préstamo contra 30.000 millones de dólares de activos de Bear, el Consejo aprobó un nuevo instrumento de préstamo: la Línea de Crédito para Operadores Primarios, o PDCF. Permitiría que los operadores primarios pudieran obtener préstamos del Fed, tal como los bancos comerciales habían podido hacer siempre. Las garantías que aceptaríamos para tales préstamos serían mucho más amplias que las que aceptábamos en la TSLF para préstamos de títulos del Tesoro.

Creamos la PDCF para disminuir el riesgo de caídas desestabilizadoras de los operadores primarios. Y disponer de acceso a la PDCF permitiría que los operadores primarios «creasen mercados»; es decir, que estuvieran dispuestos a comprar y vender activos financieros. Unos mercados con más liquidez funcionarían mejor y reducirían vaivenes de precios desestabilizadores. También teníamos la esperanza de que al proporcionar una fuente de financiación como elemento de protección para los prestatarios repo (los operadores primarios pueden ser prestatarios repo y prestamistas repo), podríamos fomentar la confianza y mantener el mercado en funcionamiento.

Además de la creación de la PDCF, abrimos más el grifo de la liquidez para los bancos comerciales, aumentando el vencimiento máximo de los créditos de la ventana de descuento de treinta a noventa días. Y recortamos el tipo de descuento (el tipo de interés de préstamos de la ventana de descuento) un cuarto de punto, hasta el 3,25%; solo un 0,25% por encima del tipo objetivo de los fondos federales.

En los meses posteriores a nuestros comunicados «antes de que abran en Asia», el Fed de Nueva York negoció con uñas y dientes el conjunto de activos que garantizaría nuestro préstamo, asegurando que estaríamos tan protegidos como fuera posible. Entretanto, los accionistas de Bear se habían enfadado tanto al conocer el precio de 2 dólares por acción que Dimon temió que podrían rechazar el acuerdo cuando llegase el momento de votarlo. Renegoció y aceptó pagar 10 dólares por acción, oferta que los accionistas de Bear aceptaron el 24 de marzo.[1] Tim y yo habíamos convencido a un reticente Hank de que no interfiriese con la oferta más alta de Dimon. Es cierto que un precio más bajo habría enviado un mensaje más potente: que actuábamos para proteger el sistema, no a los propietarios de la empresa. Pero si los accionistas de Bear rechazaban el trato, volvería a repetirse la noche del 13 de marzo y volveríamos a preguntarnos si el sistema financiero estadounidense se hundiría en los siguientes días.

También negociamos un acuerdo mejor para el Fed. Los 30.000 millones de dólares en activos de Bear Stearns se colocarían en una

---

1. Dimon tenía más incentivos para elevar su oferta: un error en el borrador de un abogado comprometía a JPMorgan a garantizar las obligaciones de Bear Stearns durante un año, incluso si los accionistas votaban en contra de la fusión. Aquel error aumentó el poder de negociación de los accionistas de Bear.

corporación de responsabilidad limitada creada por el Fed de Nueva York, lo que nos permitiría estructurar nuestra ayuda como un préstamo con garantía, tal como exigía la 13(3). La corporación recibió el nombre de Maiden Lane LLC, el nombre de una calle que bordeaba el edificio semejante a una fortaleza del Fed de Nueva York en la parte baja de Manhattan. Nosotros le prestaríamos 29.000 millones a Maiden Lane, y JPMorgan prestaría los 1.000 millones restantes. En caso de pérdidas, JPMorgan asumiría los primeros 1.000 millones. Por supuesto, Maiden Lane se parecía desagradablemente a los SIV fuera de balance que habían empleado Citigroup y otros para apostar por las hipotecas subprime. Una gran diferencia era que lo habíamos incluido en el balance del Fed e informábamos cada trimestre al público de su valor en el mercado. El acuerdo acabaría siendo conveniente para el Fed y para los contribuyentes. El préstamo se reembolsó con 765 millones de dólares de intereses; además, a principios de 2015, Maiden Lane tenía activos con un beneficio para el Fed de 1.700 millones de dólares adicionales, y por tanto, ese mismo beneficio para los contribuyentes. Lo importante no fue la devolución del préstamo; fue que, al menos por algún tiempo, se evitó una gran perturbación en el sistema financiero y en la economía.

A pesar de todo, el rescate de Bear recibió fuertes críticas, especialmente después de que Dimon aumentase su oferta a los accionistas. Los comentarios se centraron en lo injusto que era rescatar a Wall Street (un sentimiento que yo compartía) antes que en lo que habría sucedido si no hubiésemos actuado. En un discurso que dio en abril, Paul Volcker declaró que en el trato de Bear Stearns, el Fed había tomado medidas «que rozaban el límite de sus poderes legales implícitos, rebasando para ello algunos principios y prácticas arraigados en la banca central desde hace mucho tiempo». Fue un pequeño consuelo que no hubiera dicho que habíamos superado el límite de nuestros poderes legales implícitos. En realidad estaba advirtiendo que los excesos del sector privado y los defectos normativos que habían llevado a lo que llamó «la madre de todas las crisis» tenían que acabar. En eso estaba de acuerdo con él, y también en lo de que habíamos rozado el límite de nuestros poderes legales implícitos. Lo que me preocupaba era que aquellos poderes, incluso forzándolos hasta el límite, podrían no ser suficientes para manejar el siguiente golpe.

El FOMC se reunió el 18 de marzo, dos días después de que JPMorgan aceptase adquirir Bear Stearns. Dave Stockton y su personal explicaron por qué creían ahora que la economía entraba en recesión. A la luz del deterioro de las perspectivas económicas y las tensiones financieras que se estaban desarrollando, recomendé que realizásemos un recorte de tipos importante: tres cuartos de punto. Esto situaría el tipo de interés objetivo de los fondos federales en el 2,25%. El FOMC lo aprobó con el voto en contra de dos halcones: Richard Fisher y Charlie Plosser. El 30 de abril, el FOMC aplicaría otra rebaja de un cuarto de punto, hasta el 2%.

Las medidas tomadas en el caso de Bear Stearns hicieron que durante un tiempo los mercados financieros conservasen una calma relativa. A finales de marzo, los bancos de inversión notificaron unas ganancias que superaban las expectativas del mercado. En lo que era un voto de confianza en el sistema financiero de Estados Unidos, los grandes bancos comerciales y los bancos de inversión fueron capaces de reunir unos impresionantes 140.000 millones de dólares de capital nuevo para finales de junio. Las condiciones de financiación mejoraron, y los préstamos que los operadores primarios solicitaban a través de la PDCF, después de ascender por encima de los 37.000 millones de dólares a finales de marzo, se redujeron a cero a comienzos de julio. La Bolsa reflejaba la mejoría de los mercados crediticios. El Dow cerró en 12.263 puntos el 31 de marzo, prácticamente el mismo nivel que antes de la crisis de Bear Stearns. Para el mes de mayo, el Dow había subido hasta 13.058, a un 8% de su máximo de octubre de 2007. Lo más importante era que la economía daba señales de un crecimiento modesto. El Departamento de Comercio informó el 31 de julio que la economía había crecido casi un 1% en el primer trimestre y apenas una pizca por debajo del 2% en el segundo. Con la rebaja de los tipos de interés y la reducción temporal de impuestos, teníamos al menos alguna esperanza de que, después de todo, la economía pudiera evitar una recesión.

Pero todas estas cosas las ignorábamos el 3 de abril, cuando intentaba explicar por qué habíamos intervenido, bajo los focos de las cámaras en la audiencia del Senado sobre Bear Stearns. Sabía que los senadores más atentos del panel lo entendían —algunos me lo dijeron personalmente más tarde—, pero la tentación de sacar tajada política era muy grande para muchos. ¿Por qué estábamos rescatando a Wall Street cuando muchos estadounidenses corrientes necesitaban ayuda?

Wall Street y Main Street están interconectados y son interdependientes, expliqué. «Teniendo en cuenta las presiones excepcionales que sufren la economía y el sistema financiero mundiales, los daños causados por un impago de Bear Stearns podrían haber sido graves y extremadamente difíciles de contener», dije. Y, sin duda, el daño se habría extendido desde los mercados financieros a la economía en su conjunto. Sin acceso al crédito, la gente no podría comprar coches o casas, y las empresas no podrían expandirse, o, en algunos casos, ni siquiera cubrir sus costes de explotación actuales. Los efectos negativos en los empleos y los ingresos serían rápidos y potentes.

¿Por qué estábamos creando un riesgo moral al recompensar el fracaso? («¡Eso es socialismo!», había exclamado a voz en grito el senador Bunning.) Señalé que, incluso con nuestras medidas, Bear Stearns había perdido su independencia, sus accionistas habían sufrido graves pérdidas y era probable que muchos de sus 14.000 empleados no tardasen en perder el trabajo.

«No creo que sea una situación por la que elija pasar voluntariamente ninguna empresa —le dije al senador Tim Johnson, de Dakota del Sur—. En lo que pensábamos era en proteger el sistema financiero y la economía de Estados Unidos. Y creo que si el pueblo estadounidense comprende que estábamos intentando proteger la economía y no a alguien de Wall Street, será más consciente de por qué tomamos las medidas que tomamos.»

Había una cosa clara. De ahora en adelante nos enfrentaremos a dos desafíos al tratar con la crisis. El primero será hacer lo correcto. El segundo, explicar al público y a los políticos por qué era correcto lo que habíamos hecho.


Contemplándolo retrospectivamente, ¿fue lo correcto? Algunos economistas sostienen que fue un error. Nuestras medidas restauraron en parte la tranquilidad en los mercados financieros, pero dicha tranquilidad duró menos de seis meses. A la larga, mucho de lo que temíamos que pudiera ocurrir si caía Bear acabó sucediendo cuando Lehman Brothers se declaró en quiebra en septiembre de 2008. Pasado el tiempo, hay quien afirma que el riesgo moral creado al rescatar a Bear hizo que otras firmas como Lehman se sintieran menos apremiadas a reunir capital o encontrar compradores.

Al tomar las decisiones que tomamos en marzo de 2008, no podíamos saber qué ocurriría después. Pero incluso en retrospectiva, sigo teniendo la conciencia tranquila respecto a nuestra intervención. Creo que el efecto tremendamente desestabilizador de la caída de Lehman en septiembre confirma nuestra valoración de marzo de que la caída de un gran banco de inversión, lejos de ser el suceso trivial que algunos creen que es, dañaría gravemente tanto el sistema financiero como la economía en su conjunto. Nuestra intervención en Bear dio al sistema financiero y a la economía un respiro de casi seis meses a un precio relativamente moderado. Por desgracia, aquel respiro no fue suficiente para reparar el daño que ya había sufrido la economía ni para prevenir que en otoño se volviera a desatar el pánico.

También opino que los críticos sobrevaloran la contribución al resurgimiento de la crisis en otoño del riesgo moral de la intervención de Bear. Como le dije al senador Johnson, ninguna firma correría voluntariamente el destino de Bear. Y las empresas financieras, incluyendo a Lehman, reunieron de hecho un capital importante a lo largo del verano. Además, tal como estuvo a punto de ocurrirle a Bear, Lehman quedó destruida por una abrumadora retirada de capital de la empresa. Que tal fuga de capital tuviese lugar muestra que los acreedores y las contrapartes de Lehman temían que nadie los fuera a rescatar. En otras palabras, Lehman quedó sometida a la disciplina del mercado.

En cualquier caso, no se puede negar que se trata de preguntas difíciles, y las debatimos entre nosotros mientras la primavera daba paso al verano de 2008.

# FANNIE Y FREDDIE:
## UN VERANO LARGO Y CALUROSO

Un periodo de calma relativa siguió al rescate de Bear Stearns, pero seguimos sin confiarnos. Se habían puesto en movimiento fuerzas destructivas poderosas. Los precios de la vivienda siguieron cayendo. No había duda de que tras ellos vendrían más impagos y ejecuciones hipotecarias, y las pérdidas se trasladarían a los valores respaldados por hipotecas. No sabíamos cómo de grandes serían las pérdidas ni dónde se manifestarían, pero sí que sabíamos que pasaría algo malo.

Los supervisores de nuestro banco traerían malas noticias constantemente a lo largo del verano. IndyMac, una entidad con sede en Pasadena (California) y el decimoséptimo mayor banco de ahorros y préstamos del país, se estaba tambaleando. Se había implicado profundamente en el nicho Alt-A del mercado hipotecario, que estaba solo un nivel por encima de las subprime. IndyMac estaba bajo observación de la Oficina de Control del Ahorro. Dado que mantenía depósitos asegurados por el gobierno, también estaba supervisado por la FDIC. En condiciones normales no habríamos intervenido, pero la posibilidad de que IndyMac recurriese a la ventana de descuento del Fed hizo que el Banco de la Reserva de San Francisco enviase a dos auditores. A partir de sus informes, Deborah Bailey, del departamento de Supervisión Bancaria del Consejo, me dijo el 1 de julio que no sabía cómo podría sobrevivir mucho tiempo aquella empresa. «Los depósitos minoristas se han estado retirando desde el viernes, y la empresa está haciendo un seguimiento hora por hora —escribió—. La empresa está reduciéndose y vendiendo activos tan rápidamente como puede.» En aquella época, cuando ya llevábamos un año de crisis financiera, se podían asustar incluso los depositantes asegurados. Al igual que en un retablo de parcas, los especialistas en resolución bancaria de la FDIC estaban preparándose para tomarle las medidas al prestamista.

Aparte de los prestamistas privados como IndyMac, nos preocupaban más todavía los dos titulares de hipotecas residenciales más grandes del mundo, las empresas patrocinadas por el gobierno (GSE) Fannie Mae y Freddie Mac. El Congreso había creado a Fannie y Freddie para apoyar a las viviendas en propiedad. Ambas empresas empezaron como agencias federales; Fannie durante la Gran Depresión, en 1938, y Freddie en 1970. Pero, más tarde, el Congreso convirtió a ambas en corporaciones propiedad de los accionistas; a Fannie en 1968 y a Freddie en 1989. Aunque legalmente eran privadas, Fannie y Freddie estaban reguladas por el gobierno federal y conservaban lazos estrechos con este, estaban exentas de todos los impuestos locales y estatales y tenían una línea de crédito del Tesoro. Su condición de ornitorrincos, siendo a la vez empresas privadas y agencias del gobierno *de facto*, tenía deficiencias desde su concepción. Este mecanismo creaba una situación tipo «cara, yo gano; cruz, tú pierdes», donde los accionistas disfrutaban de los beneficios obtenidos por las empresas pero los contribuyentes eran los responsables últimos de las pérdidas.

Fannie y Freddie habían logrado tener éxito en su misión de fomentar la vivienda en propiedad. Adquirirían préstamos hipotecarios de los bancos, instituciones de ahorro y otros especialistas en préstamos hipotecarios e incluían los préstamos en paquetes de valores respaldados por hipotecas. Vendían luego estos valores a una amplia gama de inversores, desde empresas de seguros a fondos de pensiones y a bancos centrales extranjeros. A cambio de una comisión, Fannie y Freddie garantizaban sus activos respaldados por hipotecas contra impagos del prestatario, de modo que los compradores no corrían ningún riesgo de crédito. Al incluir las hipotecas en paquetes y vender los valores resultantes, Fannie y Freddie hicieron que los ahorros de todo el mundo se volcasen hacia el mercado inmobiliario estadounidense. Este enorme flujo entrante hizo que las hipotecas fueran más baratas y fáciles de obtener, fomentando así la propiedad de la vivienda, aunque se discutía acaloradamente hasta qué punto.

Los beneficios de Fannie y Freddie, siendo del tipo que eran, iban acompañados de riesgos importantes para el mercado inmobiliario, el sistema financiero y los contribuyentes. Los mayores riesgos surgían de lo que probablemente era una ambigüedad intencionada por parte del Congreso cuando creó las GSE. Oficialmente, si Fannie o Freddie quebraban, el gobierno de Estados Unidos no tenía ninguna obligación de proteger a quienes hubieran prestado directamente a las empresas o hubieran comprado sus activos respaldados por hipotecas. En consecuencia, el presupuesto federal no admitía el riesgo de tener que rescatar a una o ambas GSE. En Washington, donde las cifras oficiales moldean la realidad, omitir del presupuesto ese posible gasto permitió que los sucesivos Congresos y gobiernos lo ignorasen.

Y aun así, los inversores asumían que el gobierno nunca dejaría que Fannie o Freddie cayesen por miedo al daño que podría sufrir el mercado inmobiliario estadounidense, los mercados financieros en general y la economía. Aquella creencia en una garantía implícita del gobierno permitió que las GSE obtuviesen préstamos a un tipo de interés que no era muy superior a aquel al que podía pedir prestado el propio gobierno. El regulador de Fannie y Freddie, la Oficina de Supervisión de la Iniciativa Federal sobre Vivienda (OFHEO), había solicitado desde hacía mucho tiempo, siguiendo instrucciones del Congreso, que las empresas retuvieran tan solo pequeñas reservas de capital para amortiguar posibles pérdidas. Aun así, la confianza de los inversores en las GSE y en su garantía implícita había permanecido indemne durante los altibajos de la economía y el mercado inmobiliario.

La capacidad de obtener préstamos baratos hizo que Fannie y Freddie fueran muy rentables en las épocas normales. Siguiendo una estrategia especialmente lucrativa, usaron los beneficios de sus préstamos baratos para comprar y almacenar valores respaldados por hipotecas por valor de cientos de miles de millones de dólares, incluyendo muchos de los que habían emitido y garantizado. El porcentaje de las ganancias de las GSE asociadas a los títulos respaldados por hipotecas que acumulaban era mayor que el tipo bonificado implícitamente que pagaban por los importes tomados en préstamo. Parecía la comida gratis definitiva: un flujo constante de ingresos sin ningún riesgo aparente. El Congreso compartía aquella comida gratis, pues podía exigir a las GSE que usaran parte de los beneficios para patrocinar programas de vivienda en los distritos de los miembros. Fannie y Freddie también gastaban parte de sus beneficios en cabildeos y contribuciones a los políticos, reforzando tan conveniente relación. Su peso las había protegido enormemente durante una serie de escándalos contables que salieron a la luz entre 2003 y 2006, cuando la sobreestimación de las ganancias hizo que algunos de los principales ejecutivos de las empresas recibieran unas primas enormes.

Las empresas también trabajaron duro para mantener buenas relaciones con el Fed, a pesar de (o quizá debido a) que a menudo mostrábamos nuestra preocupación por los riesgos que representaban. Recibíamos periódicamente informes de investigación, algunos encargados por economistas destacados, que llegaban indefectiblemente a la conclusión de que las GSE no podían ser más seguras. Al principio de mi presidencia me reuní varias veces con sus ejecutivos y economistas para hablar del mercado inmobiliario y de las propias GSE. Los directores generales de ambas empresas eran relativamente nuevos en aquella época. Richard Syron, un antiguo presidente del Banco de la Reserva Federal de Boston, había ocupado el puesto de Freddie Mac a finales de 2003. Con gafas y un fuerte acento bostoniano, Syron parecía muy consciente (y un poco avergonzado) de los conflictos inherentes al estatus de las GSE. Daniel Mudd, un antiguo marine condecorado e hijo de Roger Mudd, antiguo presentador de las noticias de la CBS, había tomado las riendas de Fannie un año después como director general interino, tras la dimisión de Franklin Raines (una víctima del escándalo contable de Fannie). Mudd, más enérgico que Syron, me pareció alguien dispuesto a defender agresivamente los intereses de su empresa.

Los críticos, incluyendo la Oficina de Rendición de Cuentas del gobierno y la Oficina de Presupuestos del Congreso, habían advertido a menudo de la posibilidad de que, algún día, el gobierno tuviera que rescatar a una de las GSE, o a ambas. Alan Greenspan, asistido y apremiado por los miembros del Consejo, lo había mencionado a menudo. Cuando ocupé el puesto de presidente me uní a las críticas, y alegué que los bajos niveles de capital de las GSE representaban un riesgo para los contribuyentes y para todo el sistema financiero.

Cuando en 2007 empezó la crisis hipotecaria, al principio pareció que las GSE podrían ayudar a estabilizar el mercado inmobiliario, como ellas y sus partidarios esperaban y prometían. Los bancos de inversión y otras empresas privadas habían estado creando sus propios valores respaldados por hipotecas sin garantías. En muchos casos, estos valores privados se componían de hipotecas —conocidas como hipotecas de alto riesgo— que las GSE no titulizaban, ya fuera porque superaban el máximo legalmente admisible que permitía el Congreso, ya porque no cumplían los requisitos de calidad de las GSE. La demanda por parte de los inversores de nuevos valores privados respaldados por hipotecas se esfumó cuando se reveló la escasa calidad de muchas de las hipotecas subyacentes. Llegados a aquel punto, los bancos y otros prestamistas emisores de hipotecas de alto riesgo no tuvieron más alternativa que conservarlas en sus propios libros contables. La mayoría de los emisores tenían poca capacidad o poco interés en hacer eso. Eso significaba que solo estaban disponibles para sostener el mercado inmobiliario las hipotecas aptas para su venta a Fannie y Freddie. En el verano de 2008, Fannie y Freddie poseían o habían garantizado alrededor de 5,3 billones de dólares en hipotecas estadounidenses, cerca de la mitad de las hipotecas pendientes. Con la caída de la competencia del sector privado, las GSE se habían vuelto más indispensables aún.

Pero ¿hasta qué punto eran realmente sólidas esas empresas? Acabó resultando que las garantías de que se jactaban las GSE no aseguraban que las empresas adquiriesen solo hipotecas de gran calidad. Fannie y Freddie tenían prohibido comprar directamente a los emisores de subprimes y otras hipotecas exóticas. Sin embargo, preocupadas por la competencia que representaban los valores privados respaldados por hipotecas, y atraídas por los elevados rendimientos que parecían prometer las hipotecas de menor calidad, adquirieron y almacenaron valores privados respaldados por hipotecas que incluían subprimes y otras hipotecas de baja calidad. Según algunas estimaciones, las GSE habían comprado alrededor de un tercio de los 1,6 billones de dólares de valores privados respaldados por hipotecas de baja calidad que se emitieron entre 2004 y 2006. Los directores generales de las dos empresas apoyaron esta estrategia y se empecinaron en ella incluso cuando empezaron a acumularse las pérdidas de las hipotecas de baja calidad.

Según seguían cayendo los precios de la vivienda, los impagos y la morosidad aumentaron hasta niveles que no se habían visto desde la Depresión, y no solo entre los prestatarios subprime. A principios de junio, nuestros economistas me dijeron que, según sus expectativas, 2,2 millones de hogares sufrirían ejecuciones hipotecarias en 2008 (en comparación, en 2007 tuvieron lugar 1,5 millones). Las hipotecas impagadas eran un golpe doble para Fannie y Freddie: perdían el dinero de las hipotecas que constaban en sus balances y también el de las hipotecas mantenidas por terceros que habían garantizado.

Con los beneficios convertidos en pérdidas, Fannie y Freddie dieron un hachazo a los dividendos que pagaban a sus accionistas, y los precios de sus acciones se desplomaron. Los inversores en bolsa nunca habían esperado estar protegidos por una garantía implícita del gobierno, y no lo estaban. La garantía implícita evitó que la mayoría de los inversores abandonase los valores respaldados por hipotecas y la deuda de las empresas; pero incluso en esos casos, la confianza estaba desapareciendo, especialmente en el extranjero. Los bancos centrales de otros países y los fondos soberanos (como los que invertían los beneficios de los países productores de petróleo) habían adquirido valores respaldados por hipotecas de Fannie y Freddie porque los consideraban sustitutos bastante aproximados de la deuda pública estadounidense y tenían una gran liquidez (eran fáciles de comprar y vender). En 2008, China poseía en solitario más de 700.000 millones de dólares en valores respaldados por hipotecas de las GSE, ligeramente más de lo que tenía en títulos del Tesoro estadounidense a largo plazo.

Mientras las dudas sobre las GSE iban en aumento, Hank Paulson y yo recibimos llamadas de directores de bancos centrales, gestores de fondos soberanos y funcionarios del gobierno de Asia Oriental y Oriente Medio. ¿Las empresas eran seguras? ¿Las respaldaría el gobierno de Estados Unidos? Algunos de los que llamaban no se habían dado cuenta de que el gobierno no garantizaba las GSE. Los servicios de noticias los habían avisado del riesgo. Fui tan tranquilizador como pude, pero no estaba en posición de dar garantías, implícitas o de cualquier tipo.

Con el sistema sufriendo aún un riesgo elevado, Hank y yo deseábamos que el Congreso se centrase en las deficiencias de las normativas financieras. El 10 de julio, Paulson y yo declaramos ante el Comité de Servicios Financieros de la Cámara de Representantes, a cargo de Barney Frank, sobre la necesidad de llevar a cabo una reforma integral. Paulson destacó los problemas inherentes de una supervisión irregular del sector financiero, y sugirió que el Congreso diera al Fed competencias sobre la estabilidad general del sistema financiero, un factor importante de las reformas normativas que el Tesoro había propuesto en marzo. Dio la impresión de que la propuesta recibía una respuesta en general favorable. (Barney dijo que el Fed no era ideal para aquel papel pero que era la mejor opción disponible. Citó como referencia al cómico Henny Youngman: «¿Cómo está su esposa?», le habían preguntado. A lo que él respondió: «¿Comparada con qué?»). Tanto Hank como yo solicitamos un sistema más disciplinado que pudiera desmantelar a las grandes empresas financieras que estuvieran al borde de una caída. Barney tenía la esperanza de que la legislación quedara lista a principio de 2009, pero eso no me parecía realista.

Los acontecimientos se desarrollaron mucho más rápido que el debate en el Congreso. El lunes anterior a nuestra declaración, los precios de las acciones de Fannie y Freddie habían caído abruptamente cuando un analista de la industria especuló que, como resultado de un cambio en la contabilidad, las empresas podrían verse obligadas a reunir decenas de miles de millones de dólares de capital nuevo. Casi nadie ponía en duda que las laxas normas de contabilidad y los requisitos normativos poco exigentes habían permitido a las empresas almacenar muy poco capital en relación con las pérdidas potenciales de las hipotecas que poseían o garantizaban.

Entretanto, la FDIC intervino IndyMac al final de aquella semana. Esa quiebra le costaría a la FDIC unos 13.000 millones de dólares. En la estela de aquel suceso, el director de la OTS, John Reich, y el senador por Nueva York, Chuck Schumer, se enredaron en acusaciones mutuas. La fuga de capital se había disparado en serio después del 26 de junio, cuando Schumer dijo en una carta a Reich y a la FDIC que IndyMac representaba «un riesgo importante para los contribuyentes y los prestatarios». Reich emitió una nota de prensa quejándose de que la carta de Schumer había provocado la fuga. Schumer replicó que esta era culpa del fracaso de los reguladores a la hora de impedir las «prácticas descuidadas y lamentables» de Indy-Mac. Ambos argumentos tenían puntos válidos. IndyMac estaba en serios problemas y en cualquier caso habría caído, pero en una crisis financiera, las palabras de un miembro del gobierno tienen un peso extraordinario.

Fannie y Freddie necesitarían refuerzos, y pronto, aunque —como había ejemplificado el colapso de IndyMac— el Tesoro y el Fed tenían que tener cuidado de no admitir ese hecho demasiado explícitamente. A pesar de la garantía implícita, los inversores desconfiaban de la nueva deuda emitida por las GSE, y entre los participantes del mercado se extendía el rumor de que el Fed les abriría pronto su ventana de descuento. Desde luego, yo no quería hacer eso. Habría sido muy irónico que el Fed ayudase a rescatar a las GSE después de pasar años criticándolas. Además, consideraba que las GSE eran responsabilidad del Congreso y del gobierno. Después de que Reuters informase el 11 de julio sobre el rumor de que yo había hablado con Dick Syron sobre la apertura de la ventana de descuento a las GSE, mandé un correo electrónico a los presidentes del Banco de la Reserva. «Ese rumor es absolutamente falso —escribí—. Quiero que eso quede bien claro.» En realidad, mi plan era que nuestros auditores evaluaran independientemente el estado de las GSE. Cualquier medida que decidiésemos tomar tenía que basarse en información lo más completa posible.

El Fed y la Oficina del Interventor de la Moneda (OCC) habían llegado a un acuerdo con la OFHEO, el regulador de las GSE, para «profundizar en nuestra mutua comprensión» de los riesgos a los que se enfrentaban las GSE. En otras palabras, los reguladores bancarios mirarían con lupa los libros de las GSE. Don Kohn tenía la esperanza de poder realizar todo aquello discretamente para no agitar los temores del mercado. Con ese objetivo en mente, los auditores del Fed y de la OCC revisaron los datos de las GSE en las oficinas de la OFHEO en vez de acudir personalmente a las empresas.

Mi determinación de no apoyar a Fannie y Freddie no aguantó mucho tiempo. El día de la caída de IndyMac, el precio de las acciones de las GSE cayó abruptamente, especialmente el de las de Fannie, a pesar de las palabras de apoyo del presidente Bush y el secretario Paulson. En una semana habían perdido casi la mitad de su valor.

Entretanto, la televisión por cable emitió continuamente imágenes de depositantes haciendo cola para sacar su dinero de IndyMac, y el precio del petróleo alcanzó un récord de 145 dólares por barril. En medio de todas aquellas malas noticias, Paulson me llamó para decirme que había obtenido el permiso del presidente para pedirle al Congreso ayuda para Fannie y Freddie.

Hank nos mantuvo al corriente de sus avances en el Congreso y de sus conversaciones con la dirección de Fannie y Freddie. Las pérdidas de las hipotecas iban en aumento y la confianza de los inversores en las GSE caía, de modo que no veía más alternativa que pedirle al Congreso que autorizase cualquier ayuda financiera que fuera necesaria para estabilizar a las empresas. Sin embargo, le preocupaba que el mero hecho de proponer la legislación revelase la preocupación del gobierno y disparase una fuga de capital de las empresas. Me preguntó si el Fed estaría dispuesto a proporcionar una línea de crédito temporal para Fannie y Freddie hasta que la legislación estuviera vigente.

Accedí a regañadientes. Hacer un préstamo a Fannie y Freddie, que no eran bancos y por tanto no eran aptas para obtener préstamos de nuestra ventana de descuento, significaba que tendríamos que invocar otra autoridad de préstamo raramente usada: la sección 13(13) del Acta de la Reserva Federal. Nuestra autoridad bajo la sección 13(13) era más limitada que la 13(3) que habíamos usado para rescatar a Bear Stearns. Bajo la 13(13), nuestros préstamos tenían que estar garantizados por títulos del Tesoro o activos garantizados por una «agencia» como Fannie y Freddie. Pero ambas autoridades solo podían emplearse en caso de circunstancias inusuales y apremiantes —la 13(3) por ley y la 13(13) por una normativa del Consejo—. Hank hizo énfasis en que nuestra línea de crédito sería temporal y preventiva. Y al igual que con todos los préstamos del Fed, cualquier extensión del crédito debería estar plenamente protegida por una garantía. Consulté con los miembros del Consejo y todos aceptaron el hecho de que era primordial mantener la estabilidad de Fannie y Freddie. El Consejo se reunió el domingo 13 de julio e invocó la 13(13), con lo que dio al Fed de Nueva York la autorización para conceder préstamos a Fannie y Freddie en caso de necesidad. En un comunicado de prensa explicamos que habíamos actuado «para ayudar a garantizar que Fannie Mae y Freddie Mac tendrían la capacidad de fomentar la disponibilidad de créditos hipotecarios residenciales durante una etapa de tensión en los mercados financieros».

Hank presentó sus argumentos al Comité del Senado sobre Banca el 15 de julio. Chris Cox —el presidente de la Comisión del Mercado de Valores— y yo estábamos a su lado. Paulson solicitó al Congreso una autorización «sin especificar» —lo que quería decir ilimitada— para que el gobierno adquiriese los valores y las acciones de las GSE. Hank explicó que la autorización ilimitada aseguraría a los mercados que podría ser capaz de evitar tener que usarla. «Si llevas una pistola en el bolsillo, es posible que tengas que sacarla. Si llevas un bazuca y la gente sabe que lo tienes, es muy posible que no tengas que emplearlo», dijo. A veces los temores del mercado pueden autocumplirse, y una demostración de fuerza puede evitar los peores desenlaces. Aquello me recordaba la doctrina militar de aplicar una «fuerza aplastante» como medio para obtener la rendición rápida del enemigo y minimizar las bajas.

La Cámara de Representantes dio vía libre a una medida, apoyada por los dos partidos, para proteger a las GSE el 23 de julio. El Senado la confirmó el día 26, y el presidente Bush promulgó la ley el 30. La legislación incluía también las medidas de reforma que los críticos de las GSE llevaban solicitando mucho tiempo: mayores requisitos de capital y un nuevo regulador con más capacidades, la Agencia Federal de Financiación de la Vivienda (FHFA, o «fuff-a» en argot del Capitolio), que reemplazaría a la OFHEO. Si esto hubiera ocurrido cinco años antes, los críticos de las GSE habrían celebrado la reforma como un avance real. Pero en el verano de 2008, teniendo en cuenta el estado de Fannie y Freddie y los mercados financieros, la reforma acabaría siendo irrelevante en gran medida. Lo único que importaba era la protección de las GSE.

La siguiente reunión del FOMC, el 5 de agosto de 2008, sería la última en la que participaría Rick Mishkin. También sería la primera del miembro del Consejo Betsy Duke, que había sido designada por el presidente Bush en mayo de 2007, y Larry Klane, de Capital One Financial Corp. Lamenté que Rick volviese a la Universidad de Columbia. Desde el principio había sido un defensor acérrimo de tomar medidas enérgicas para contrarrestar la turbulencia financiera. Para animar el ambiente en su almuerzo de despedida, lo único que tuve que hacer fue leer algunos comentarios que Rick había hecho en el FOMC en el pasado. Por ejemplo, había descrito así su ambivalencia sobre una votación ajustada del FOMC: «Como ya sabéis, estar sentado en una valla y tener la valla justo en esa posición anatómicamente incómoda no es una buena postura».

Betsy había pasado la mayor parte de su carrera como banquera local en Virginia (aunque después de una serie de adquisiciones se encontró trabajando en Wachovia). Era una incorporación bienvenida; amistosa y amable, pero contundente cuando era necesario. A menudo dependí de su excelente sentido común. También aportaba su perspectiva como banquera local, lo que era un complemento valioso para los economistas del Consejo y del FOMC. Juró el cargo justo antes de empezar la reunión. Había estado esperando quince meses la confirmación del Senado, mientras que el nombramiento de Larry Klane fue bloqueado por los demócratas después de que unos activistas de la comunidad se quejasen de las prácticas de préstamos subprime de su empleador. Klane me había telefoneado varias veces para manifestar su frustración y su decepción.

El periodo de Randy Kroszner en el Consejo se había agotado al final de enero, y los demócratas se negaron a confirmarlo durante un nuevo periodo. El nombramiento de Betsy había sido la excepción a la costumbre que parecía estar implantando el Senado de no confirmar a nadie para el Consejo del Fed en el último año o los últimos dieciocho meses del mandato de un presidente. (En 1999, antes de la elección presidencial del año 2000, uno de los predecesores republicanos de Chris Dodd en el cargo de presidente del Comité del Senado sobre Banca, Phil Gramm, había bloqueado el nombramiento por parte de Clinton para que Roger Ferguson cumpliese un segundo periodo en el Consejo. Después de las elecciones, lo volvió a nombrar el presidente Bush.) Agradecí que Randy aceptase seguir ocupando su puesto hasta que su reemplazo jurase el cargo. Pero era lamentable que el Consejo tuviera dos asientos vacíos por motivos políticos, lo que nos dejaba cortos de mano de obra en una época difícil.

En la reunión del FOMC, Bill Dudley centró su presentación en Fannie y Freddie. El proyecto de ley que se había concretado la semana anterior había contribuido a evitar un derrumbe en los mercados de los valores respaldados por hipotecas garantizados por las GSE y de la deuda emitida por las GSE para financiar sus carteras. Pero para el mercado de la vivienda, aquella medida era solo un paliativo en el mejor de los casos. Aunque la nueva ley permitía a las GSE ayudar a los mercados hipotecarios aumentando sus carteras de valores respaldados por hipotecas, dichas empresas estaban reduciendo sus posiciones para disminuir el riesgo. Y a pesar de que la ley llevaba escrito «bazuca» en letras grandes, los inversores extranjeros también habían dejado de adquirir valores de las GSE. La disminución de la demanda de valores respaldados por hipotecas hizo que subieran los tipos de interés de estas. A pesar de nuestros grandes recortes de los tipos de interés de los fondos federales, las hipotecas de interés fijo a treinta años rondaban el 6,5 %, frente al 5,5 % de principios de año.

Le pedí a Bill que en su presentación hablase del estado del balance de la Reserva Federal. Nos enfrentábamos a lo que demostraría ser una pregunta clave: ¿Podríamos seguir con los préstamos de emergencia a los mercados e instituciones financieras, y al mismo tiempo fijar los tipos de interés a corto plazo a niveles que mantuvieran controlada la inflación? Entraban en conflicto dos elementos clave de nuestro marco normativo: prestar para mejorar las condiciones financieras y fijar tipos de interés a corto plazo.

Cuando el Fed hace un préstamo, tomando como garantía valores o préstamos bancarios, el receptor del préstamo deposita los fondos en un banco comercial. A su vez, el banco añade los fondos a su cuenta de reservas en el Fed. Cuando los bancos acumulan reservas importantes, no tienen mucha necesidad de pedir prestado a otros bancos, y los tipos de interés que se aplican unos a otros por los préstamos a corto plazo —el tipo de los fondos federales— tienden a bajar.

Pero el FOMC tiene como objetivo los mismos tipos de interés a corto plazo cuando crea su política monetaria. Sin medidas de compensación, nuestros préstamos de emergencia —que incrementan las reservas que los bancos acumulan en el Fed— tenderían a hacer bajar el tipo de interés de los fondos federales y otros tipos de interés a corto plazo. Desde abril habíamos fijado nuestro objetivo para los tipos de interés de los fondos federales en el 2 %. Creíamos que era el nivel adecuado para lograr un equilibrio entre fomentar el empleo y mantener controlada la inflación. Era necesario proseguir con los préstamos de emergencia y al mismo tiempo evitar que el tipo de los fondos federales cayese por debajo del 2 %.

Hasta el momento habíamos manejado con éxito la inconsistencia potencial de vender un dólar de valores del Tesoro de nuestra cartera por cada dólar de los préstamos de emergencia. Las ventas de títulos del Tesoro drenaban las reservas del sistema bancario contrarrestando el incremento de las reservas generado por nuestros préstamos. Este proceso, conocido como «esterilización», nos permitía conceder préstamos cuando fuera necesario al tiempo que mantenía donde queríamos los tipos de interés a corto plazo.

Pero se trataba de una solución que no funcionaría indefinidamente. Ya habíamos vendido muchos de nuestros valores del Tesoro. Si seguíamos ampliando los préstamos —y, a veces, el ansia potencial de obtener nuestros préstamos parecía infinito— nos podíamos quedar sin valores del Tesoro que vender, lo que haría irrealizable la esterilización. En ese momento, los fondos inyectados por cualquier préstamo adicional aumentarían el nivel de las reservas bancarias y perderíamos el control de los tipos de interés. Era algo que nos preocupaba todo el tiempo, y proporcionaba munición adicional a los miembros del FOMC que no se sentían a gusto con el aumento del número de nuestros programas de préstamos.[1]

Tras la presentación de Dudley, tomó la palabra David Wilcox, que explicó al FOMC que la bajada temporal de impuestos del gobierno de Bush había ayudado a que la economía creciese a un ritmo

---

1. El Tesoro nos ayudó hasta cierto punto a resolver ese dilema al reunir dinero en los mercados de deuda y depositar las ganancias en el Fed. Su Programa de Financiación Suplementaria (SFP) tomaba dinero del sector privado y nos permitía financiar los préstamos de emergencia sin aumentar las reservas bancarias. Sin embargo, el SFP tenía un tamaño variable y debía reducirse cuando el gobierno se acercaba a su límite de deuda establecido. Por tanto, no era una solución fiable a nuestro problema. Y como agentes de un banco central independiente, no nos hacía gracia depender del Tesoro a la hora de establecer la política monetaria.

moderado al principio del año, pero que los malos datos sobre el empleo y la reanudación del torbellino financiero hacían que las expectativas de crecimiento para el segundo semestre de 2008 se dividiesen por la mitad en el mejor de los casos. Tuvo lugar un acontecimiento especialmente preocupante: nuestra inspección trimestral de los préstamos bancarios reveló que los bancos estaban endureciendo en gran medida las condiciones de los préstamos, especialmente los relacionados con la vivienda. El personal mantenía su opinión —expresada por primera vez en abril— de que la economía había entrado o estaba a punto de entrar en recesión.

Al mismo tiempo, no podíamos dejar del todo a un lado las preocupaciones sobre la inflación. El precio del petróleo había bajado a 120 dólares por barril desde su valor récord de 145 dólares en julio. Pero nuestros economistas seguían observando que la inflación crecía a un incómodo 3,5% en el segundo semestre. Incluso dejando fuera los volátiles precios de la alimentación y la energía, el personal creía que la inflación iba a repuntar hasta el 2,5%, más de lo que consideraba aceptable la mayoría de los miembros del FOMC. Como todos los banqueros centrales, siempre estábamos alerta ante la posibilidad de que los hogares y las empresas perdieran la confianza en nuestro compromiso de mantener la estabilidad de los precios. De hecho, en respuesta a los riesgos de inflación percibidos, el Banco Central Europeo había subido sus tipos de interés un mes antes a pesar del lento crecimiento económico y las incesantes presiones financieras. De todas formas me alineé con los miembros que estaban preocupados por los efectos debilitadores de la tensión financiera en el crecimiento económico y en el empleo. Acordamos mantener como estaba nuestro tipo de interés objetivo de los fondos federales y esperar a tener más información. Tan solo votó en contra Richard Fisher, el presidente del Fed de Dallas, que quería que subiésemos el tipo de los fondos federales de inmediato.

El resultado había sido bueno, pero la votación por 10 a 1 subestimaba la tendencia del comité a inclinarse a posturas de halcón. Al día siguiente me desahogué en este correo electrónico a Don Kohn: «Tengo que estar conciliándome con quienes sostienen la opinión irracional de que deberíamos ser más duros aunque la economía y el sistema financiero estén en una posición precaria y la inflación y la presión sobre las materias primas parezcan disminuir». Como *Asunto* del mensaje había escrito «¿QHG?», es decir, «¿Qué haría Greenspan?». Don, que antes de convertirse en miembro del Consejo había sido el principal asesor de Greenspan, me aseguró que estaba dirigiendo el FOMC todo lo bien que se podía esperar dadas las circunstancias. «No creo que las ruedas que chirrían sean mayoría en el comité», me escribió. Y me recordó que las cosas no siempre se habían desarrollado con suavidad para Greenspan. Después de una luna de miel de tres reuniones sin ninguna disensión en 1987, el Maestro se había encontrado con oposiciones en diecinueve de las siguientes veintiuna reuniones.

Para alguien acostumbrado a observar al cuerpo legislativo o a la Corte Suprema, donde las votaciones ajustadas eran frecuentes, podía parecer extraño que tener poca oposición en el comité —que funcionando en pleno tenía doce miembros con derecho a voto— me preocupase. Pero la tradición del FOMC era tomar las decisiones por consenso, y en ese contexto, un voto negativo representaba una declaración de oposición contundente. La mayoría de los bancos centrales se esfuerzan por presentar un frente unido, aunque hay algunas excepciones como el Banco de Inglaterra, donde el gobernador (el equivalente al presidente del Fed) a veces se ve superado por los votos en contra. Parte de la capacidad de un banco central para influenciar en las condiciones financieras —y, por extensión, en la economía— depende de que los mercados crean que se seguirá una senda política coherente. Que hubiera muchos disidentes podría minar nuestra credibilidad, y eso era lo que me preocupaba.

Normalmente, agosto es un mes tranquilo en Washington; el Congreso hace un descanso y muchos trabajadores federales están de vacaciones. Pero al igual que el año anterior, agosto de 2008 fue un mes ajetreado para el Fed. Ni siquiera me molesté en planear vacaciones, aunque intenté ir a ver algún partido de los Nationals. El béisbol seguía siendo uno de mis pocos respiros —al menos durante unas horas cada vez— mientras se intensificaba la crisis financiera. Era seguidor de los Nationals desde que el equipo llegó a Washington en 2005. Por desgracia, me era impensable apagar la BlackBerry, y a menudo tenía que buscar un rincón tranquilo en el estadio para atender alguna llamada. Un domingo por la tarde me refugié en la sala de primeros auxilios y dos enfermeras me observaron con curiosidad mientras hablaba en voz baja.

El 6 de agosto, Kevin Warsh nos relató su desayuno de trabajo con el director de Fannie, Daniel Mudd. Los resultados del tercer trimestre serían «lamentables», con unas pérdidas que triplicaban lo que había esperado el mercado. A Mudd le preocupaba que la empresa pudiera no tener suficiente capital, lo que era un cambio respecto a su tono de confianza de antes. Supe por nuestros supervisores que también Freddie anunciaría pérdidas importantes, aunque Dick Syron seguía insistiendo en que la empresa reuniría un capital de 5.500 millones de dólares. (Nunca lo consiguió, aunque Fannie lo imitó con una promesa de reunir 7.400 millones.) El 11 de agosto, Hank y personal del Tesoro acudieron al Edificio Eccles para asistir a una reunión sobre las GSE, a la cual se unirían telefónicamente Bill Dudley y otros miembros del Fed de Nueva York. A pesar de las reformas de julio, el capital de las GSE no iba a poder cubrir las más que probables pérdidas.

La legislación de julio había incluido una disposición según la cual, el Fed hablaría de la situación financiera de Fannie y Freddie con la FHFA, el nuevo regulador de las GSE. El 14 de agosto, Don, Kevin y yo, junto a algunos de nuestros supervisores, nos reunimos con Jim Lockhart, el director de la FHFA, y con su personal, para ver cómo podríamos materializar los acuerdos informales que habíamos negociado a principios del verano. Lockhart me caía bien; era un hombre de cifras que anteriormente había trabajado como jefe de operaciones para la Administración de la Seguridad Social y que había advertido a menudo que Fannie y Freddie estaban descapitalizadas. Pero estaba claramente dividido entre su preocupación por las GSE y la propensión, normal en el responsable de una agencia, a proteger las prerrogativas de su personal. En general yo trataba de tener en consideración las inquietudes territoriales de otras agencias, partiendo de la base de que así era más probable conseguir su cooperación a la larga. Pero la situación de las GSE era cada vez más sombría. «Las GSE han estado funcionando con un nivel de capital tan bajo y una dinámica interna tan confusa y disfuncional durante tanto tiempo que tengo la impresión de que podrían saltar por los aires en cualquier momento», escribió Kevin Warsh en un correo electrónico.

Los problemas de las GSE estaban socavando aún más los ya frágiles mercados financieros y anulando cualquier esperanza de una recuperación inmobiliaria. Sin necesidad de invocar ninguna autoridad extraordinaria, teníamos la capacidad de comprar valores respaldados por hipotecas garantizados por las GSE, y le pregunté a Bill Dudley si debíamos empezar a hacerlo para ayudar al mercado inmobiliario. Al principio, Dudley se mostró escéptico. Sería técnicamente difícil adquirir y gestionar con eficacia los valores de las GSE, y (tal como había explicado en la reunión del FOMC) no teníamos mucho margen en nuestro balance para comprar más valores y mantener a la vez el control de la política monetaria. A pesar de todo, aceptó estudiar la idea.

IndyMac, Fannie y Freddie no eran las únicas grandes instituciones financieras bajo nuestro radar aquel verano. También estábamos vigilando a Washington Mutual (abreviadamente, WaMu), una entidad de préstamos hipotecarios con sede en Seattle. El principal regulador de WaMu era la OTS. La FDIC, en su calidad de aseguradora de los depósitos, también la observaba, así como el Fed de San Francisco, ante la posibilidad de que le solicitasen un préstamo de la ventana de descuento.

WaMu se fundó en 1889 con el objetivo de ayudar a la ciudad a recuperarse del Gran Incendio de Seattle, que había destruido por completo el distrito comercial. Durante el siglo siguiente, WaMu había sobrevivido a un gran número de traumas, incluyendo las fugas de depósitos de la Gran Depresión, solo para flirtear con la quiebra durante la crisis de ahorros y préstamos de la década de 1980. La lección que la empresa aprendió en la década de 1980 es que para ser viable a largo plazo necesitaba crecer y diversificarse, lo que consiguió en gran parte adquiriendo otras empresas. No había nadie más apegado a aquella filosofía que el director general de WaMu, Kerry Killinger, un antiguo analista de bolsa. De aire distinguido y cabello teñido de castaño claro y cuidadosamente peinado, Killinger, apodado «el Banquero Activador», ocupó su cargo en 1990, a los cuarenta años de edad. Mediante una notable serie de adquisiciones, se centró en convertir a WaMu en el prestamista inmobiliario número uno del país, y con el tiempo llegó a ser la segunda mayor entidad de préstamos hipotecarios, tan solo por detrás de Countrywide. Había conocido a Killinger en reuniones del Consejo Consultivo Federal, un grupo que incluía a un banquero de cada distrito de la Reserva Federal y que había sido creado por el Acta de la Reserva Federal para asesorar al Consejo. La energía y las firmes opiniones de Killinger se hacían notar incluso en esas reuniones austeras.

La expansión puede ser peligrosa si es demasiado rápida. En 2004, la OTS expresó su preocupación por que WaMu estuviera tomando todas las medidas necesarias para integrar sus múltiples adquisiciones. Y lo que era peor: como parte de su estrategia de crecimiento, WaMu se lanzó a los préstamos subprime; al cabo del tiempo empezó a sufrir pérdidas importantes. En marzo de 2008, nuestros supervisores nos informaron de que WaMu había convocado una reunión de emergencia del consejo para valorar las medidas posibles, entre las que se incluía la venta de la empresa. Su consejo había contratado a Lehman Brothers para que ayudara a identificar compradores potenciales.

En el verano de 2008 era dudoso que la empresa pudiera sobrevivir. Sin embargo, la OTS creía que sus problemas, aunque graves, eran manejables. La FDIC, más conservadora —era siempre muy susceptible a cualquier riesgo para el fondo de garantía de depósitos—, quería intervenir. Nos pusimos de parte de la FDIC. Me preocupaba que la OTS se estuviera centrando demasiado en proteger a un cliente regulado y no lo bastante en los riesgos para el sistema en su conjunto. El 2 de agosto me alegré de enterarme por John Reich que iban a sustituir a Killinger. Parecía que después de todo, la OTS se estaba tomando en serio el asunto.

Don Kohn supervisó a WaMu y nos informó con regularidad. Continuaba la tensión entre la OTS (a cargo de Reich) y la FDIC (a cargo de Sheila Bair). Bair quería que WaMu buscase activamente compradores; más de uno o dos, preferiblemente. Eso garantizaría que la empresa pudiera venderse a un precio razonable, evitando así un desembolso por parte de la FDIC. Sheila informó a la OTS que iba a ponerse en contacto con Wells Fargo y JPMorgan para evaluar su interés, solo por si acaso. Pero como nos informó Don, los funcionarios de la OTS «se subieron por las paredes» y acusaron al Fed y a la FDIC de «ser una fachada de JPMorgan». Sheila se echó atrás... por el momento.

En la segunda mitad de agosto empezó a echársenos encima el congreso Jackson Hole. Sabía que se prestaría una atención especial a mi discurso de ese año, y acosé al personal y a algunos miembros del Consejo haciéndolos leer borrador tras borrador. Quería proporcionar una hoja de ruta para la política monetaria al mismo tiempo que admitía que el nivel de incertidumbre era especialmente elevado.

El jueves 21 de agosto, el grupo selecto de participantes en el congreso se reunió en el Jackson Lodge. La vista de la cordillera Grand Teton cubierta de nieve era impresionante, como siempre. Y otra cosa que tampoco cambió respecto a otros años: furgonetas de los informativos con sus antenas de satélite apuntando al cielo, carpas levantadas en la terraza del albergue para realizar entrevistas y reporteros de televisión hablando a las cámaras con las montañas de fondo.

Los técnicos del Fed habían instalado de nuevo un centro de información en una sala de reuniones. Warsh, Geithner, Kohn y yo solíamos abandonar los actos formales para hablar de los últimos datos del mercado y de los acontecimientos relacionados con Fannie y Freddie. Intentamos no hacernos notar saliendo por separado de las conferencias. También saqué tiempo para reunirme con banqueros centrales de otros países para ponerlos al día y conocer sus preocupaciones y sus puntos de vista.

No había buenas noticias de las GSE. Los supervisores del Fed y de la Oficina del Interventor de la Moneda estuvieron de acuerdo en que una valoración realista de las dos empresas revelaría su insolvencia. Un equipo del banco de inversión Morgan Stanley estaba revisando los libros de las GSE en nombre del Tesoro, y estaba llegando a una conclusión parecida. Si llegaba a ser necesario intervenir, las alternativas más probables eran la quiebra o la tutela, una alternativa a la quiebra en la que las empresas seguirían operando bajo la dirección de su regulador.

El viernes por la mañana di comienzo a mi discurso señalando que la constante tensión financiera, el debilitamiento de la economía y un salto en la inflación habían creado «uno de los entornos económicos y de regulación más difíciles que se recuerdan». Intenté fijar las expectativas del mercado en cuanto a una política monetaria estable: mantendríamos una política suave en apoyo de la economía, pero también haríamos lo que fuera necesario para garantizar la estabilidad de los precios. También expliqué el motivo de la intervención en Bear Stearns y esbocé un planteamiento para evitar crisis futuras. Al igual que había hecho en el pasado, argumenté que la regulación financiera debería aplicar un enfoque más orientado al conjunto del sistema, para detectar riesgos y puntos vulnerables que la supervisión fragmentada actual podría pasar por alto.

Tras mis comentarios, el resto de la conferencia se centró en las causas y efectos de la crisis financiera. Gary Gorton, de la Universidad de Yale, dijo que estábamos presenciando un pánico financiero de estructura similar, aunque diferente en muchos detalles, a los pánicos del siglo xix y de principios del siglo xx. Estuve de acuerdo. De hecho, veíamos que nuestras respuestas al pánico cumplían el papel clásico de la banca central como prestamista de último recurso. Otros oradores y participantes en el congreso tenían puntos de vista menos amables. La intervención en Bear Stearns recibió bastantes críticas. Algunos participantes argumentaron que dejar hundirse a una gran empresa financiera sería bueno para el sistema. Willem Buiter, de la Escuela de Economía de Londres, atacó implacablemente nuestra política monetaria y nuestros programas de préstamos. Una política monetaria demasiado suave provocaría una inflación grave, dijo. En un correo electrónico dirigido a Michelle Smith y Dave Skidmore sugerí medio en broma que tendría que apostar públicamente con Buiter sobre la tasa de inflación del año siguiente. Se apresuraron a quitarme la idea de la cabeza. (Pero si hubiésemos apostado, habría ganado yo.) Desde luego, en la reunión no se llegó a un consenso sobre la economía ni sobre nuestras medidas hasta el momento, y no se valoraba muy bien lo que estaba por venir.

El viernes por la noche cené con otros participantes del congreso en la casa de Jim Wolfensohn en Jackson Hole. Jim era un antiguo presidente del Banco Mundial y socio de Paul Volcker. Hablamos de los acontecimientos del año anterior. Wolfensohn preguntó a la concurrencia si creíamos que todo lo que estábamos viviendo iba a ser un capítulo o una nota a pie de página en los libros de economía del futuro. La mayoría de los asistentes se decantaba por la nota al pie. Yo decliné responder, pero aún deseaba contra toda esperanza que fuera la nota.

El 1 de septiembre era el Día del Trabajo, pero dada la situación de emergencia de las GSE seguimos manos a la obra. Varios representantes del Tesoro, el Fed y la FHFA se reunieron los tres días de aquel largo fin de semana en una gran sala de reuniones del tercer piso de la oficina del secretario del Tesoro. La indumentaria era informal y el personal iba y venía. Aparte de mí, la representación del Fed incluía a Don Kohn, Kevin Warsh, Scott Alvarez y Tim Clark, el supervisor bancario que dirigía el examen de los libros de Fannie y Freddie por parte del Fed.

Parecía adecuado que el Tesoro tuviera una sala de guerra; después de todo, el Congreso le había dado un bazuka a Paulson. Mientras Hank pasaba de un tema a otro pidiendo soluciones o más análisis, pude ver por qué había sido un buen director general. Al igual que un general planeando un ataque sorpresa en territorio hostil —teniendo en cuenta los asuntos tratados, no era una mala metáfora—, Hank quería asegurarse de que habíamos estudiado todas las posibilidades. Creíamos que tomar el control de Fannie y Freddie era la única manera de estabilizarlas. Hacerlo en un fin de semana, sin advertencias por adelantado ni filtraciones, ya iba a ser bastante difícil. Pero Hank quería además que el Tesoro y el Fed pensaran en cómo mantener operativas a las dos empresas después de tomar posesión de ellas. Los abogados nos describieron las alternativas disponibles para tomar el control, y debatimos sobre la estructura de las garantías que ofrecería el Tesoro sobre la deuda de las GSE y los valores respaldados por hipotecas que estas patrocinaban. Teníamos otra preocupación: ¿Qué ocurría si las GSE decidían oponerse a la adquisición? Si se resistían, ¿qué daños podría causar un periodo de incertidumbre jurídica? ¿Qué haríamos para asegurarnos de que las empresas conservaban a sus empleados esenciales?

Además, era difícil predecir los efectos colaterales de la adquisición. Por ejemplo, muchos bancos pequeños poseían cantidades importantes de acciones de las GSE, y me preocupaba que una adquisición que redujese aún más el valor de esas acciones pudiese hacer que algunos bancos locales se hundiesen. Le pedí al personal que intentase estimar la exposición de los bancos locales a las GSE, pero al disponer de información limitada, sus respuestas se basaban en buena parte en suposiciones.

A lo largo de la semana seguimos haciendo planes, y los equipos del Tesoro, el Fed y la FHFA se reunieron de nuevo en el Tesoro a las ocho de la mañana del jueves 4 de septiembre. El equipo de analistas de Tim Clark confirmó de nuevo que Fannie y Freddie eran realmente insolventes. La OCC y los consultores externos de Morgan Stanley estuvieron de acuerdo. Había llegado el momento de disparar el bazuca. Hank, Jim Lockhart y yo acordamos organizar una reunión con los directores generales y los altos directivos de Fannie y Freddie, y ensayamos lo que diríamos cada uno.

La confrontación tuvo lugar el día siguiente en una deslucida sala de reuniones en la sede de la FHFA, a menos de una manzana de la Casa Blanca y el Tesoro. Habíamos evitado que aquella reunión se filtrase hasta que Damian Paletta, un periodista del *Wall Street Journal*, me vio entrar en la FHFA por la puerta principal. Hizo correr la noticia por el cable financiero del *Journal*. Daniel Mudd y Dick Syron se mostraron visiblemente consternados cuando Paulson les dijo que el gobierno de Estados Unidos iba a poner a las dos empresas bajo tutela. En vez de quebrar, la tutela permitiría que las empresas siguieran representando su papel esencial de apoyo del sector inmobiliario. La tutela también protegía a quienes poseyeran deuda y valores respaldados por hipotecas de Fannie y Freddie, lo que era necesario para evitar que se desatara el pánico en los mercados financieros globales. El Tesoro inyectaría en las empresas el capital necesario para mantener su solvencia.

A continuación hablé yo. Enfaticé la gravedad de la situación económica y el interés nacional en estabilizar el sector inmobiliario y los mercados financieros. Los mercados estaban poniendo en duda la solvencia indispensable de las empresas, y con buenos motivos, dije. Necesitábamos eliminar la incertidumbre que rodeaba a Fannie y

Freddie para evitar una inestabilidad financiera aún mayor. Al mismo tiempo, por el bien del sector inmobiliario de Estados Unidos, las empresas tenían que seguir en activo. Lockhart tomó la palabra y presentó en detalle sus descubrimientos y las medidas que tomaría su agencia. Paulson les dijo a los directores generales que explicasen a sus consejos que las empresas serían asimiladas de una forma u otra. Hank debió de ser bastante convincente, porque ni Mudd ni Syron se resistieron.

Habíamos decidido sustituirlos. Hank tenía toda una vida de contactos en la industria de servicios financieros, lo que fue de gran utilidad. El domingo estábamos listos para anunciar que Herb Allison, un veterano de Merrill Lynch que en aquella época estaba al cargo del fondo de pensiones TIAA-CREF, reemplazaría a Mudd al frente de Fannie. El sustituto de Syron, David Moffett, procedía de las filas de la administración de U.S. Bancorp, una empresa de Minneapolis. Hank, al ofrecerles los trabajos a Allison y Moffett, se los presentó como una oportunidad de hacer un servicio público.

Después de la sorpresa inicial, la adquisición fue bien vista en la mayoría de los círculos, incluyendo a mucha gente en el Congreso. Los inversores, incluyendo a los bancos centrales de otros países, se tranquilizaron al ver que el gobierno de Estados Unidos había materializado su garantía implícita sobre la deuda y los valores respaldados por hipotecas de las agencias. El Tesoro anunció también que compraría cantidades discretas de MBS y que proporcionaría liquidez de respaldo a las GSE, eliminando la necesidad de usar la línea de crédito extendida por el Fed. (De todas formas mantendríamos la línea preparada por precaución, aunque nunca hubo que recurrir a ella.) Los inversores se sintieron más cómodos conservando sus MBS respaldados por la GSE, y los tipos de interés de las hipotecas cayeron medio punto porcentual en las dos semanas siguientes. Sin embargo, los precios de las acciones de Fannie y Freddie bajaron hasta prácticamente cero. Tal como habíamos supuesto, muchos bancos pequeños eran titulares de esos valores, y tuvimos que garantizar que los supervisores trabajarían con ellos para asegurarnos de que disponían de capital suficiente.

Paul Volcker, el antiguo presidente del Fed, resumió acertadamente el estado del partido en una entrevista que le hicieron en aquella época. «Es la crisis financiera más complicada que he vivido, y he vivido unas cuantas», dijo. Volcker había tenido que tratar con unos cuantos revuelos financieros mientras estuvo en el cargo, incluyendo la crisis de deuda de los países en desarrollo de 1982 y, en 1984, la quiebra bancaria más grande de Estados Unidos, la del Continental Illinois, un récord que ya mantendría durante poco tiempo.

# 12

# LEHMAN: EL DIQUE SE ROMPE

De todas las firmas que sufrieron en 2007 y 2008, ninguna fue más controvertida ni simbolizó mejor la crisis que Lehman Brothers, un banco de inversión histórico cuyas raíces se extendían hasta el Sur anterior a la guerra civil.

Lehman fue fundada en 1850 como una correduría de algodón por tres hermanos judíos (Henry, Emanuel y Mayer) que habían emigrado desde Baviera hasta Montgomery (Alabama). Los hermanos reubicaron su sede en la ciudad de Nueva York en 1868, donde colaboraron en la fundación de la Bolsa del Algodón de Nueva York. A principios del siglo xx, Lehman derivó sus negocios a la banca de inversión, organizando las necesidades de financiación de las empresas que crecían tras las industrias en ascenso del país, desde la aviación al cine. La familia Lehman ganó importancia en la política de Nueva York; Herbert Lehman, un hijo de Mayer, ocupó el puesto de gobernador adjunto de Nueva York durante el mandato de Franklin D. Roosevelt, y después ocupó el puesto de gobernador cuando FDR se convirtió en presidente de Estados Unidos en 1933.

La franquicia Lehman pareció llegar a su fin en 1984, cuando American Express la adquirió y fusionó la firma con su correduría minorista, Shearson, para crear Shearson Lehman. Pero tras varios años de puñaladas entre los ejecutivos de Lehman y los de la empresa matriz, Amex restauró el nombre de Lehman Brothers en 1990 y la escindió como empresa independiente en 1994.

La responsabilidad para recuperar el pasado esplendor de Lehman recayó en el nuevo director general, Dick Fuld, que se había unido a Lehman Brothers como agente de papel comercial el 1969. Un hombre intensamente competitivo y enjuto, con ojos hundidos y temperamento inestable, Richard Fuld Jr. (apodado «el Gorila») daba la impresión opuesta a la amabilidad tradicional de los banqueros de inversión. Pero cumplió lo que se proponía y multiplicó muchas veces los beneficios de la empresa. Después de que los atentados del 11 de septiembre dañasen gravemente las oficinas de la empresa en el World Financial Center 3, compró un edificio en la periferia del centro de Manhattan a su archirrival Morgan Stanley, y pasado un mes, Lehman estaba en activo y funcionando de nuevo. En 2006, un artículo de la revista *Fortune* alabó «la mejor temporada» de Lehman en la última década. «El cambio que Fuld ha realizado en Lehman ha sido tan completo que se le puede considerar más un fundador que un director general», dijo la revista. En 2008, Fuld se convirtió en el director general que más tiempo había ocupado ese puesto en una firma importante de Wall Street.

El compromiso de Fuld con su empresa resultaba evidente en todas las conversaciones y encuentros que mantuve con él. Consideraba el éxito de la firma como una validación personal. Del mismo modo, se tomaba como una ofensa personal cada venta en corto de las acciones de Lehman o cada duda de algún inversor sobre la calidad de sus activos. (En efecto, una venta en corto es una apuesta a que bajará el valor las acciones; es lo opuesto de una compra de acciones, que es una apuesta a que subirá.) Pero en el verano de 2008, «la mejor temporada» de Fuld estaba llegando a su fin.

Lehman Brothers tenía dos problemas. Primero, al igual que Bear Stearns, la empresa dependía en gran medida de financiación repo a corto plazo y sin garantías, aunque tenía una ventaja importante sobre Bear: acceso a préstamos de la Reserva Federal a través de la Línea de Crédito para Operadores Primarios (PDCF), que había sido creada el fin de semana en que JPMorgan aceptó adquirir a Bear. La PDCF reducía la vulnerabilidad de Lehman ante salidas de capital inesperadas. Sin embargo, al igual que la ventana de descuento para los bancos comerciales, la PDCF llevaba asociado cierto estigma (ninguna empresa quería admitir que necesitaba recurrir a ella). Lehman obtuvo préstamos de la PDCF siete veces entre marzo y abril, por una cantidad total cercana a los 2.700 millones de dólares, pero después se mantuvo al margen.

El segundo problema de Lehman era más crucial: la calidad de sus 639.000 millones de dólares en activos a finales de mayo. Fuld y sus lugartenientes habían sido agresivos incluso para lo habitual en el Wall Street precrisis, y habían metido a la empresa en inmuebles comerciales, créditos apalancados (préstamos a empresas ya endeudadas para financiar adquisiciones u otras actividades especulativas) y activos privados respaldados por hipotecas. Para ello se habían saltado las directrices establecidas de la empresa para controlar los riesgos. Con ello consiguieron beneficios importantes y grandes primas para los ejecutivos. Pero cuando cayó el mercado inmobiliario, el valor de muchos de aquellos activos se hundió. También sufrieron pérdidas otras empresas, por supuesto, pero las de Lehman fueron especialmente duras, y sus reservas de capital y efectivo eran menores que las de la mayoría. Además, Fuld y su equipo parecían en estado de negación y no admitían hasta qué extremo habían salido mal sus apuestas. En comparación con muchas otras empresas semejantes, Lehman tardó en rebajar el valor que había asignado a activos inmobiliarios dudosos. Azuzados por críticos como David Einhorn, el gestor del fondo de cobertura de la competencia Greenlight Capital, los inversores y otras empresas rivales se estaban volviendo cada vez más escépticos sobre la capacidad de Lehman para valorar sus activos.

La SEC supervisaba a las principales subsidiarias de Lehman, que eran en general agentes y operadores: empresas que compraban y vendían títulos. Las leyes estadounidenses permitían que la empresa matriz de Lehman, Lehman Brothers Holdings, operase sin supervisión de la SEC o de cualquier otra agencia. Sin embargo, para cumplir los requisitos impuestos por las autoridades europeas, la matriz de Lehman aceptó voluntariamente ser observada en virtud del programa de Entidades Consolidadas Supervisadas de la SEC. Este acuerdo voluntario era menos estricto que lo que habría sido uno exigido por la ley, lo que no era sorprendente.

A pesar de esforzarse genuinamente, la SEC no estaba bien adaptada para supervisar los bancos de inversión. Era ante todo, y lo sigue siendo, un órgano de ejecución. Los abogados de la SEC hacían cumplir leyes, como las que prohibían que los agentes y operadores se apropiaran indebidamente de fondos de las cuentas de los clientes o las que requerían información verídica sobre valores y productos, y castigaban las violaciones de estas leyes. No estaban ahí para comprobar que las empresas estaban bien gestionadas. En otras palabras, la SEC no era una agencia de supervisión como el Fed o la Oficina del Interventor de la Moneda, cuyos auditores se centraban en la seguridad integral de los bancos que supervisaban, además de comprobar si cumplían las normas de protección al consumidor.[1]

Aunque el Fed no era responsable de la supervisión de los bancos de inversión, y de hecho carecía de la autoridad para hacerlo, obtuvimos acceso parcial a Lehman después del rescate de Bear Stearns. Con el establecimiento de la PDCF teníamos poder para solicitar información a Lehman, dado que podrían querer solicitarnos un préstamo. Además, la SEC estaba solicitando ayuda al Fed. Después de que JPMorgan Chase adquiriese Bear, el personal del Fed de Nueva York se reunía a menudo con la SEC y Lehman, en ocasiones hasta tres veces al día. Con el tiempo acabamos enviando algunos supervisores bancarios a Lehman y a los demás bancos de inversión. Al principio, la relación entre las agencias tuvo altibajos. Los supervisores del Fed tenían reservas sobre compartir lo que descubrían con el departamento de la SEC a cargo de hacer cumplir las leyes bursátiles, pues temían que ello motivase a los bancos de inversión a no cooperar. Chris Cox y yo negociamos un convenio de entendimiento, firmado el 7 de julio, que trazaba las líneas básicas de colaboración, y tras ello mejoró la coordinación entre ambas agencias.

Era indudable que Lehman necesitaba capital. Lo difícil era determinar cuánto. Entre la empresa y sus críticos existía un profundo desacuerdo sobre el valor de sus inversiones complejas. Los inversores y los reguladores de las normas contables habían adoptado una aplicación más amplia del enfoque del valor del mercado, según la cual, las valoraciones se determinaban por los precios en el mercado abierto. Pero en el caso de algunos activos, como los préstamos individuales a empresas particulares, no existía un mercado

---

1. En su declaración al Congreso de marzo de 2010, Mary Schapiro —que se convertiría en presidenta de la SEC en enero de 2009, sustituyendo a Chris Cox— admitiría que la supervisión voluntaria por parte de la SEC de Lehman y otros bancos de inversión no había sido exhaustiva. Dijo que el programa «carecía de personal suficiente casi desde el primer día» y «requería de verdad una aproximación más parecida a una regulación bancaria» en lugar de la «mentalidad de cumplimiento y transparencia» de la SEC.

activo; y si existía, tenía un número muy reducido de compradores y vendedores. En los mercados de pequeño tamaño, los precios son menos fiables, especialmente en medio de un pánico. A menudo, las valoraciones acababan reduciéndose a las suposiciones que uno deseara creer.

A pesar de esta polémica sobre las valoraciones, no cabía duda de que los inversores no confiaban en Lehman, y aquello fue lo más importante en última instancia. Tim Geithner, y especialmente Hank Paulson, habían estado preocupados por la viabilidad de Lehman desde mucho antes de Bear Stearns, y Hank había estado al menos un año presionando a Fuld para que reuniese más capital. Después de lo de Bear, y teniendo en cuenta la serie de devaluaciones de la calificación crediticia que Lehman había sufrido, el Fed y el Tesoro aumentaron la presión y le dijeron a Fuld que necesitaba reunir capital nuevo o, en su defecto, tenía que encontrar un socio dispuesto a adquirir una porción importante de la empresa. Tim era el principal contacto del Fed con Fuld. Geithner y Fuld hablaron por teléfono unas cincuenta veces entre marzo y septiembre, y Fuld mantuvo a Tim informado de las pistas que estaba siguiendo. Hank —que a menudo hacía docenas de llamadas diarias— también habló a menudo con Fuld. Basándose en aquellas conversaciones, tanto Hank como Tim creían que Fuld no tenía un punto de vista realista sobre el valor de su empresa, ni siquiera cuando empezó a considerar activamente sus opciones.

Si Lehman hubiera sido un banco comercial de tamaño medio, habría sido bastante sencillo obligar a Fuld a reunir más capital: o la empresa cumplía las expectativas de los supervisores, o la FDIC se habría hecho con ella y habría pagado a los depositarios de haber hecho falta. Pero ni el Fed ni la FDIC tenían autoridad para hacerse con Lehman, ni el fondo de garantía de depósitos del FDIC podía usarse para cubrir las pérdidas. Legalmente, la única alternativa del gobierno en el caso de que Lehman no encontrase capital nuevo habría sido obligar a la empresa a declararse en quiebra. Pero aquella opción era una bomba atómica. Debido al tamaño de Lehman, a sus extensas interconexiones con tantas otras empresas y mercados, y al estado ya delicado de la confianza de los inversores, sabíamos que obligarla a quebrar desencadenaría un caos financiero.

El lunes 9 de junio, Lehman había anunciado unas pérdidas de 2.800 millones de dólares en el segundo trimestre (era la primera vez desde su escisión de American Express en 1994), pero también notificó que planeaba reunir un capital de 6.000 millones de dólares vendiendo nuevas acciones. Don Kohn me dijo que creía que el nuevo capital «debería estabilizar la situación, al menos por algún tiempo». Pero también advirtió que «hay problemas más graves». Aquella enorme pérdida fue una sorpresa que minó la credibilidad de Lehman y sembró dudas acerca de qué más podría estar ocultando. Don dijo que «un tipo que anda en fondos de inversión» le había dicho que el consenso general en Wall Street era que Lehman tenía los días contados. «La duda es cuándo y cómo quedarán fuera de combate, no que eso vaya a suceder», escribió Don. Volví a preocuparme por las profecías autocumplidas: si las dudas sobre la viabilidad de Lehman se extendían lo suficiente, otras empresas dejarían de hacer negocios con ella y sería imposible que se recuperase.

Queríamos que Lehman tuviera suficiente efectivo y activos líquidos de fácil venta para que pudiera financiarse una temporada si perdía su acceso al mercado repo. En mayo, el Fed de Nueva York y la SEC habían estado colaborando para evaluar la capacidad de los cuatro bancos de inversión independientes que quedaban (Goldman Sachs, Morgan Stanley, Merryll Lynch y Lehman) para soportar una retirada masiva de fondos. Los sometimos a «pruebas de esfuerzo» en dos escenarios hipotéticos para ver si tenían liquidez suficiente para sobrevivir en circunstancias como las que había afrontado Bear Stearns en el mes de marzo. Uno de los escenarios recibió internamente el nombre «Bear» (intentaba reproducir los problemas reales a los que había hecho frente Bear). El segundo escenario, menos estricto, se llamó «Bear Light». Partiendo de la experiencia de Bear Stearns, supusimos que los prestamistas repo podían fugarse a pesar de que los préstamos repo estuvieran garantizados.

Aunque dos de los bancos de inversión (Morgan Stanley y Goldman) tenían suficientes activos líquidos para superar Bear Light, ninguno pasó la prueba Bear. Presionamos a las empresas para que resolvieran el problema, y a Lehman en particular le dijimos que necesitaba al menos 15.000 millones de dólares más en activos líquidos. Lehman notificó a finales de julio un incremento de su liquidez

de unos 20.000 millones de dólares, y vendió parte de sus propiedades inmobiliarias. Pero llegado el momento, se comprobó que no
todo el líquido extra estaba realmente disponible en caso de emergencia; gran parte estaba comprometido como garantía. Y según fueron aumentando las pérdidas de crédito, la solvencia y la viabilidad a
largo plazo de Lehman siguieron poniéndose en duda.

A finales de agosto, Fuld tanteó la idea de dividir Lehman en dos:
un «banco bueno» que retendría los mejores activos de la empresa y
sus negocios operativos, y un «banco malo» que se haría cargo de las
hipotecas comerciales en problemas y otros activos inmobiliarios.
Dentro de Lehman, esas dos unidades se conocían respectivamente
como «Cleanco» y «Spinco». Lehman inyectaría capital en el banco
malo e intentaría reunir financiación adicional para ambas secciones
de la empresa. De inmediato, Paulson dejó bien claro que el gobierno no tenía autoridad para inyectar dinero en el banco malo, como
proponía Fuld. La estrategia banco bueno/banco malo puede tener
éxito en condiciones adecuadas. El banco bueno —libre de los activos dudosos— podría ser capaz de reunir capital nuevo, mientras que
el malo podría recibir financiación de inversores especulativos a tipos de interés elevados y al cabo del tiempo acabaría desmantelándo-
se y sus activos se venderían. Fuld dijo que esperaba enajenar los activos malos y cubrir las pérdidas vendiendo una de las subsidiarias
más valiosas de la empresa: Neuberger Berman, su unidad de gestión
de activos. Había quien consideraba que podría reunir entre 7.000 y
8.000 millones de dólares. Sin embargo, el plan, incluso si acababa
funcionando, tardaría meses en completarse. Fuld no tenía tanto
tiempo.

Al mismo tiempo que el plan que Fuld acababa de presentar, el
Korea Development Bank (de propiedad estatal) había propuesto
adquirir una porción importante de Lehman. Fuld llevaba meses hablando con los coreanos. Otros posibles interesados eran CITIC Securities, de China, dos fondos soberanos de Oriente Medio, la empresa de seguros MetLife y el banco británico HSBC. El 8 de
septiembre, las críticas del principal regulador financiero coreano
sobre el trato hicieron que el Korea Development Bank retirase su
propuesta, y no se concretó ninguna de las otras posibilidades. Fuld
también tanteó sin éxito al inversor Warren Buffett. El precio de las

acciones de Lehman seguía cayendo (tan solo las noticias sobre Corea hicieron que bajaran de 14,15 a 7,79 dólares por acción en un día), lo que dificultaba aún más reunir capital nuevo.

A primeros de septiembre, cuando los posibles inversores rechazaron a Lehman, el Fed y el Tesoro se centraron en encontrar otra empresa que se hiciera cargo. Paulson había estado en contacto con el director general del Bank of America, Ken Lewis, de quien se sabía que quería un banco de inversión. Lewis respondió con cautela. Dijo que podría estar interesado en Lehman, pero dependía del estado de la empresa y posiblemente de la disposición del gobierno a ayudar. También le preocupaba otra cosa: aunque el gobierno no lo había presionado para adquirir Countrywide, creía que al hacerlo había contribuido a la estabilidad del sistema financiero en conjunto. Me enteré por nuestros supervisores de que a Lewis le molestaba bastante que el Fed de Richmond, su supervisor directo, presionase a su banco para que reuniese más capital —en contra del compromiso del Fed, según creía—. Quería saber si, teniendo en cuenta sus críticas, el Fed le permitiría adquirir Lehman.

El asesor general del Consejo, Scott Alvarez, se unió a mí para investigar la queja de Lewis. Las dudas expresadas por el Fed de Richmond parecían razonables. El Bank of America había reunido hace poco un capital de 20.000 millones de dólares, pero la adquisición de Countrywide lo había dejado expuesto a pérdidas por hipotecas potencialmente grandes. El Fed de Richmond tenía buenos motivos para presionar al Bank of America para que reuniese más capital, por ejemplo mediante la retención de una parte mayor de sus ganancias —y, por tanto, pagando menos a sus accionistas—. Por otro lado, era un detalle importante que el Fed de Richmond, en base a la información disponible, no descartase otra adquisición por parte del Bank of America si parecía sensata. Eso eran buenas noticias. Significaba que seguía siendo viable una de nuestras mejores opciones para evitar el colapso de Lehman.

Los frenéticos intentos de Fuld para reforzar su empresa no estaban dando fruto, y parecía que se acercaba el final de la partida. El 9 de septiembre, Patrick Parkinson, un economista del Consejo, me dijo que Lehman revelaría otra pérdida sustancial —3.900 millones de dólares en el tercer trimestre— el 18 de septiembre. Añadió que

Geithner y Cox planeaban decirle a Fuld que si no reunía capital, tendría que plantearse la quiebra. Su objetivo era azuzar a Fuld para que actuase. También nos preocupaba la financiación de la empresa, incluyendo su dependencia de 200.000 millones de dólares del mercado de repo tripartito. Eric Rosengren, que tenía buenos contactos en la industria de los fondos de inversión colectiva, nos informó de que algunos prestamistas importantes habían empezado a apartarse de Lehman. «Se habrían retirado más deprisa —escribió Eric—, pero no quieren que les echen la culpa de desencadenar nada.» Entretanto, JPMorgan, el banco de compensación de Lehman para las financiaciones repo, pidió una garantía adicional de 5.000 millones de dólares.

El miércoles 10 de septiembre empezó con más llamadas telefónicas y reuniones en una atmósfera negativa. Lehman no tenía a la vista alternativas prometedoras para reunir capital. Rosengren notificó que si las agencias de calificación crediticia rebajaban la calificación de la empresa, algunos prestamistas afirmaban que tendrían que retirarse por completo. Era cada vez más evidente que encontrar un comprador —o al menos un inversor importante dispuesto a adquirir gran parte de la empresa— era la única forma de evitar el colapso de Lehman. No habían aparecido nuevos compradores. Ken Lewis y el Bank of America seguían pareciendo la mejor posibilidad.

Por desgracia, teniendo en cuenta todo lo que estaba pasando, yo me había comprometido a visitar el Fed de San Luis hacía algún tiempo. Normalmente me resultaban valiosas las visitas a Bancos de la Reserva —y la oportunidad de conocer a miembros, empleados y líderes comerciales del consejo local—. Pero con el asunto de Lehman en el aire y una reunión regular del FOMC la semana siguiente, lamenté haber aceptado en esta ocasión. Aquella noche cené con miembros antiguos y actuales del consejo del Fed de San Luis. A la mañana siguiente, temprano, desde mi habitación del hotel y antes de haberme vestido recibí una llamada de Hank Paulson. Le preocupaba que Lewis estuviera pensando en echarse atrás. Me preguntó si podía llamarle.

Me puse en contacto con Lewis y hablamos durante veinte minutos. Lo insté a que continuase con la revisión de los libros de Lehman y su ajuste con el Bank of America. Le reiteré un mensaje que había enviado el personal supervisor: su banco necesitaría reforzar su capital dentro de algún tiempo, pero no creíamos que el estado actual del Bank of America descartase la adquisición de Lehman teniendo en cuenta que la adquisición tenía sentido comercial. Lewis aceptó seguir revisando a Lehman y enviar un equipo a Nueva York. Aquello me animó. Su reacción a la tormenta financiera era buscar gangas en vez de esconderse.

Lewis, aun siendo tranquilo, reservado y con gafas, había conservado el estilo duro de su predecesor, Hugh McColl. Mediante una serie de adquisiciones agresivas en Florida, Texas y muchos otros lugares del Sur, McColl —un antiguo marine de Carolina del Sur— había transformado el NCNB (el Banco Nacional de Carolina del Norte) en una potencia regional llamada NationsBank. En 1998, cuatro años después de que el Congreso redujera significativamente las restricciones a los bancos para que se extendieran más allá de las fronteras estatales, el banco de McColl se convirtió en el primero en operar de costa a costa cuando adquirió el Bank of America, fundado en 1904 en San Francisco por el legendario A. P. Giannini. Aunque fue NationsBank quien realizó la adquisición, tomó el nombre de la empresa adquirida, que era más conocido. Después de que McColl se jubilase en 2001, Lewis, nacido en Mississippi, ocupó su puesto. Se había unido al NCNB en 1969 como analista de crédito después de terminar su carrera en la Universidad Estatal de Georgia. Como director general se centró sobre todo en consolidar las adquisiciones que se habían realizado bajo la dirección de McColl, aunque su adquisición de FleetBoston en 2004 logró que el Bank of America pusiera el pie en Nueva Inglaterra.

Regresé a Washington el jueves 11 de septiembre. La reunión del FOMC estaba planeada para el martes 16, y al estar concentrado en Lehman no la había preparado tanto como tenía por costumbre. Don se ofreció a ayudarme. Entre los dos, el viernes telefoneamos a los presidentes de la mayoría de los Bancos de la Reserva para discutir normativas posibles, y también visité a otros miembros del Consejo.

Las perspectivas económicas no parecían haber cambiado mucho desde agosto. La combinación de una inflación en aumento y una ralentización de la economía seguía representando el dilema clásico de un banquero central. No podíamos reducir la inflación aumentando los tipos de interés y, al mismo tiempo, estimular el crecimiento reduciéndolos. Los precios al consumo habían subido un preocupante 5,4% desde el año anterior, lo que reflejaba tanto la subida de los precios de las materias primas como otras presiones más generales. Pero, al mismo tiempo, tras mantenerse sorprendentemente fuerte en primavera, estaba claro que la economía se estaba debilitando. La tasa de desempleo había subido abruptamente en agosto, del 5,7% del mes anterior al 6,1%.

El aumento de la inflación había agitado a los halcones del FOMC. Antes de la reunión del 5 de agosto, las juntas del sector privado de tres Bancos de la Reserva —Kansas City, Dallas y Chicago— habían recomendado subir los tipos de interés. En general, las juntas del sector privado se ven extremadamente influenciadas por los puntos de vista del presidente del Banco de la Reserva local, de modo que esas «recomendaciones» daban a entender no muy sutilmente la postura de al menos tres de los participantes del FOMC. Los halcones estaban respaldados por los sospechosos habituales, incluyendo el editorial del *Wall Street Journal*, que clamaba contra nuestra «tranquilidad irresponsable». Las palomas se habían visto obligadas a retroceder. Comentaban públicamente que el torbellino financiero estaba atenuando el efecto de la medicina monetaria y que hacía falta una dosis más fuerte. Los bancos estaban endureciendo sus estándares de crédito, señalaban, y los tipos de interés importantes como los aplicados en préstamos para la compra de automóviles no habían bajado tanto como el tipo objetivo de la Reserva Federal.

A partir de las consultas que hice, llegué a la conclusión de que el centro del comité estaba a favor de mantener firmemente la política actual, al menos de momento. Yo compartía aquel punto de vista y trabajaba para evitar una victoria de los halcones. El enfoque esperar-y-ver parecía estar dando buen resultado en otras partes. El Banco Central Europeo, tras subir los tipos en julio se había mantenido estable en agosto. El Banco de Canadá y el Banco de Inglaterra tampoco habían cambiado sus tipos de interés principales.

El viernes 12 de septiembre, los medios estaban informando ampliamente sobre los esfuerzos del gobierno por encontrar una solución para Lehman. Fuld seguía hablando de su plan sobre el banco bueno y el banco malo y sobre la posibilidad de vender Neuberger Berman, pero los mercados no escuchaban. Las acciones de Lehman habían cerrado a 4,22 dólares el jueves, el 7% de su valor en febrero. Para empeorar las cosas, parecía que se estaba preparando una venta masiva de activos. Demasiados clientes y contrapartes estaban exigiendo efectivo o garantías adicionales, y la empresa era incapaz de atender las solicitudes.

El viernes por la mañana desayuné con Hank en el Tesoro. Estuvimos de acuerdo en que teníamos que hacer lo posible por evitar una caída descontrolada de Lehman. No lo presioné sobre el tema de las declaraciones que había filtrado el Tesoro respecto a que Hank había descartado inyectar dinero del gobierno en la empresa.[2] Sabía que esas declaraciones eran en parte resultado de la frustración de Hank —comprensiblemente, no le hacía gracia ser la cara visible de los rescates de Wall Street—, y en parte, tácticas: un intento de incentivar al sector privado a que buscara una solución propia. También sabía que cualquier dinero del gobierno saldría del Fed, no del Tesoro.

Y algo más importante: sabía por mi experiencia trabajando con Hank que él haría todo lo que estuviera en su mano para evitar las terribles consecuencias que sabíamos que provocaría la caída de Lehman. Habíamos trabajado juntos en el rescate de Bear Stearns en marzo, y seguíamos creyendo que habíamos tomado la decisión correcta. Lehman era un 50% más grande que Bear en la víspera de su adquisición, y estaba al menos igual de interconectada (su «libro» de derivados era el doble de grande que el de Bear). Además, los mercados financieros y la economía eran todavía más frágiles en este momento. Aún nos preocupaba la estabilidad del mercado de repo, lo

2. Paulson, en su autobiografía, dijo que Geithner sí le presionó: «Tim expresó su preocupación por mi postura pública sobre las ayudas del gobierno: dijo que si al final teníamos que ayudar a Lehman a encontrar un comprador, yo perdería credibilidad. Pero yo estaba dispuesto a decir "nada de ayuda del gobierno" para llegar a un acuerdo. Si durante el fin de semana teníamos que retractarnos, que así fuera».

que había sido mi motivación más importante para dar mi apoyo al rescate de Bear. Los prestamistas repo de Lehman eran el doble de los que Bear había tenido.

Daba la impresión de que el destino de Lehman quedaría sellado aquel fin de semana. Tim Geithner organizó para el viernes por la tarde, en el Fed de Nueva York, una reunión con los directores generales de las principales instituciones financieras. Lehman, y el Bank of America como comprador potencial, estaban excluidos. Entre los asistentes estaban los responsables de las demás empresas de inversión importantes —Lloyd Blankfein, de Goldman Sachs, John Thain, de Merrill Lynch, y John Mack, de Morgan Stanley—, y también los directores de los principales bancos de Estados Unidos, incluyendo a Jamie Dimon, de JPMorgan Chase, Vikram Pandit, de Citigroup, y Bob Kelly, del Bank of New York Mellon. Entre los representantes de bancos extranjeros estaban el Credit Suisse (Brady Dougan), el banco francés BNP Paribas (Everett Schenk), el Royal Bank of Scotland (Ellen Alemany) y el banco suizo UBS (Robert Wolf).

El objetivo de Tim era llegar a un acuerdo que salvase a Lehman. El proceso avanzaría por dos vías. En la primera, varios equipos de especialistas evaluarían los activos de Lehman para intentar averiguar su auténtico valor. Un equipo del Bank of America ya se había puesto en marcha. Nos habían asegurado que había surgido un nuevo participante interesado en Lehman, el banco británico Barclays. Este, uno de los bancos más grandes y antiguos del mundo (sus raíces se remontaban a 1690), quería aumentar su presencia en la banca de inversión, como ocurría con el Bank of America.

En la segunda vía, los directores generales de Wall Street intentarían desarrollar planes alternativos para Lehman, en colaboración con el Fed, el Tesoro y la SEC. Al comenzar el fin de semana creíamos que lo más probable era que los directores generales proporcionaran apoyo financiero o garantías para ayudar a la adquisición de Lehman por parte del Bank of America o Barclays. Alternativamente, en ausencia de un único comprador, intentaríamos llegar a un acuerdo de cooperación, según el cual, la industria en su conjunto evitaría la caída descontrolada de la empresa. Aquello recordaba al rescate de Long-Term Capital Management. Casi exactamente diez años antes, el Fed de Nueva York había proporcionado a un grupo de directores generales un lugar de reunión (y bocadillos y café), pero no ayuda financiera. Con el Fed actuando como moderador, los directores generales aportaron entre todos dinero suficiente para permitir el desmantelamiento controlado de LTCM.

Al igual que en aquel episodio, en septiembre de 2008 teníamos la esperanza de que el sector privado pudiera encontrar una solución para Lehman, si las cosas llegaban a ese extremo. Pero en esta ocasión, los directores generales estaban mucho más preocupados por la estabilidad de sus propias empresas. Además, las tensiones en Merrill Lynch y en la gran compañía de seguros AIG se estaban haciendo cada vez más evidentes, y algunos de los participantes temían que Lehman fuera tan solo el primero de una serie de conmociones en el mercado. Hacer que contribuyeran con fondos, especialmente para ayudar a un rival, iba a ser difícil.

Entretanto, conforme se acercaba lo que acabaría siendo conocido como el fin de semana de Lehman, los puntos de vista del público, los políticos y los medios se iban endureciendo contra la idea de que el Fed y el Tesoro tomaran medidas extraordinarias para evitar la caída de la empresa. Parecía que lo máximo que se iba a tolerar era nuestra posible búsqueda de un comprador en el sector privado. En su congreso de nominación de principios de septiembre, las filas republicanas habían sido rotundas: nada de rescates. El poderoso veterano republicano en el Comité del Senado sobre Banca, Richard Shelby, se hizo eco de aquel punto de vista. (El presidente Bush y el senador John McCain, el candidato a la presidencia republicano, matizaron más sus posturas.)

Los medios se lanzaron a la carga. El respetado *Financial Times* de Londres recordó la adquisición por parte del gobierno de Fannie Mae y Freddie Mac dos semanas antes, añadiendo que «había que huir como de la peste de más rescates como ese». El *Wall Street Journal* opinó: «Si los feds intervienen para salvar a Lehman después de Bear y Fannie Mae, ya no tendremos excepciones forjadas en una crisis. Tendremos de facto una política federal de apuntalar a Wall Street que fomentará que se corran riesgos aún más imprudentes».

Aquel fin de semana nos enfrentábamos algo más que el desafío de buscar una solución para Lehman. Lo tendríamos que hacer afrontando críticas mordaces.

Algunos de los críticos eran ideólogos (el mercado libre siempre hace lo correcto) o desinformados (la economía seguirá bien si algunas empresas de Wall Street se llevan su merecido). Algunos se quejaban simplemente de lo injusto que era rescatar a los gigantes de Wall Street pero no al ciudadano modesto de Main Street. Personalmente, yo simpatizaba mucho con este último argumento. (Daba un respingo cada vez que veía una pegatina en un parachoques que decía «¿Dónde está mi rescate?».) Pero todo era en pos del interés general, se dieran cuenta o no, para proteger la economía de las consecuencias de una caída catastrófica del sistema financiero.

El argumento más sustancial de quienes se oponían era que, al margen de cualquier beneficio a corto plazo de los rescates, proteger a las empresas de las consecuencias de su comportamiento irresponsable fomentaría más irresponsabilidad a la larga. Desde luego, aceptaba que en un sistema capitalista, hay que permitir que el mercado castigue a los individuos o a las empresas que toman malas decisiones. Frank Borman, el antiguo astronauta que se convirtió en director general de Eastern Airlines (que había quebrado), lo había expresado muy bien un cuarto de siglo antes: «El capitalismo sin quiebras es como la cristiandad sin infierno». Pero en septiembre de 2008, yo estaba absolutamente convencido de que invocar los riesgos morales en mitad de una gran crisis financiera era un error peligroso. Y estoy seguro de que Paulson y Geithner estaban de acuerdo.

«Tienes un vecino que fuma en la cama [...] Imagina que incendia su casa —dije más tarde en una entrevista—. Puedes decirte [...] "No voy a llamar a los bomberos. Que arda su casa. Me da igual". Pero, claro, ¿qué ocurre si tu propia casa es de madera y está junto a la suya? ¿Qué ocurre si toda la ciudad es de madera?» Los autores de los editoriales de septiembre de 2008 del *Financial Times* y el *Wall Street Journal* habrían argumentado a favor de dejar que se incendiase, probablemente. Salvar al fumador dormilón solo animaría a otros a fumar en la cama. Pero una actuación mucho mejor es apagar el fuego y después castigar al fumador, y si es necesario, crear y aplicar nuevas normas para aumentar la seguridad contra incendios.

El argumento de los bomberos se aplicaba exactamente igual a Lehman Brothers. No teníamos muchas dudas de que la caída de Lehman perturbaría enormemente los mercados financieros y tendría un coste elevado para muchos otros además de los accionistas, gestores y acreedores de Lehman, incluyendo a millones de personas por todo el mundo que sufrirían por el terremoto económico. En muchas de las reuniones en que participé, nunca oí decir a ningún participante del Fed o del Tesoro que dejar que cayera Lehman fuera a ser otra cosa que un desastre, o que deberíamos plantearnos dejarla caer. Teníamos que apagar el fuego.

Por supuesto, era necesario ser duros en las negociaciones. Si los participantes del sector privado se convencían de que el gobierno aparecería con una solución, no tendrían muchos incentivos para comprometer fondos propios. Tim Geithner, desarrollando algunos planteamientos que preparó para el viernes por la noche y que me envió para que los aprobase, propuso dar a los directores generales suficientes incentivos para que pensaran un plan propio para evitar el colapso de Lehman.

«Una caída repentina y descontrolada podría tener efectos adversos sobre los mercados de capital, con un riesgo importante de una caída en picado de los precios de los activos —propuso que les dijéramos—. La comunidad financiera necesita unirse para planear una solución metódica. [...] No puedo aspirar a la posibilidad de contener los daños si no se hace eso.» Tim expresó con claridad los riesgos de dejar caer a Lehman, y creo que la gran mayoría o todos los directores generales los comprendieron también.

Lo que Tim quería, lo que queríamos todos, era que los directores generales actuasen en su propio interés y en el general, y trabajasen con el gobierno. Como indicaban los planteamientos de Tim, les pediría que contribuyesen con su talento analítico y con capital, si fuera necesario. El Fed proporcionaría las aprobaciones normativas necesarias y préstamos con garantía periódicos (algo que estaba en nuestra mano), pero no «apoyo crediticio extraordinario». El término «apoyo crediticio extraordinario» era algo ambiguo, lo que supuse que era la intención de Tim. Los directores generales reunidos podrían suponer que, incluso aunque Lehman fuera totalmente insolvente, el gobierno encontraría alguna forma de tapar el agujero.

Al ofrecer préstamos pero no apoyo crediticio extraordinario, desmontábamos esa suposición. Como banco central teníamos la capacidad de hacer préstamos contra un amplio abanico de garantías, pero no teníamos autoridad legal para pagar de más por activos tóxicos ni para absorber de ningún modo las pérdidas de Lehman.

El fin de semana transcurrió difusamente. Paulson, Geithner, Cox y Kevin Warsh estaban en Nueva York asistiendo a las negociaciones. Ante la posibilidad de que el Consejo tuviera que reunirse durante el fin de semana para aprobar la adquisición de Lehman, me quedé en Washington y pasé la mayor parte del tiempo en mi despacho. Michelle Smith trajo bocadillos. Telefoneábamos a menudo para mantener al corriente al Tesoro, al Fed y a la SEC. (El teléfono que estaba en la mesa de café de mi despacho, en el cual hacía las llamadas, empezó a aparecerse en mis sueños.) Echaba siestas en el sofá de cuero color burdeos que tenía en la oficina, y fui a casa un par de ratos breves el viernes y el sábado por la noche.

Los informes que recibí el viernes por la noche y el sábado por la mañana eran descorazonadores. Tanto el Bank of America como Barclays habían descubierto pérdidas mucho mayores que lo esperado en el balance de Lehman. Pretendían que el gobierno inyectara 40.000 o 50.000 millones de dólares de capital nuevo. Le pregunté a Tim si no estarían hinchando las cifras para conseguir un trato más ventajoso o como excusa para cortar la negociación. Tim admitió la posibilidad, pero me recordó que otras empresas, como Goldman Sachs o Credit Suisse, estaban revisando la cartera de Lehman de forma independiente, preparándose ante la posibilidad de que como parte de una solución más amplia se pudieran vender o usar como garantía para préstamos algunos activos. Las empresas externas habían estimado por su cuenta que el valor de los activos de Lehman —especialmente los activos inmobiliarios comerciales— era también menor al que había indicado la empresa.

Por mucho que deseara evitar la caída de Lehman, aquellos informes me hicieron reflexionar sobre nuestras dos estrategias —encontrar un comprador o crear un consorcio—. Ninguna de las empresas representadas en la sala de reuniones del Fed de Nueva York estaba precisamente en buena forma. ¿Combinar los débiles balances con una adquisición (por una empresa o por un consorcio) tendría como resultado un sistema financiero más fuerte o un estallido aún mayor más tarde? Me puse a pensar en lo que había estudiado sobre la Gran Depresión de la década de 1930. La caída financiera más catastrófica de aquella época fue el colapso de Kreditantsalt, el mayor banco de Austria, en mayo de 1931. Su caída arrastró a otros bancos y, quizá, contribuyó a descarrilar el inicio de la recuperación económica en Estados Unidos y Europa. Una de las causas de la caída había sido una fusión forzosa prematura con otro banco austríaco débil, cuyas propias pérdidas empujaron al banco más grande por el precipicio.

En ese punto de la crisis, la institución estadounidense con el balance más saneado y con mayor capacidad para obtener préstamos e invertir sin despertar dudas sobre su solvencia era el gobierno federal. Me parecía cada vez más probable que la única manera de acabar con la crisis sería convencer al Congreso para que invirtiese el dinero de los contribuyentes en las instituciones financieras de Estados Unidos. Empecé a plantear esa posibilidad en las llamadas realizadas durante el fin de semana.

Al avanzar el sábado, se hizo evidente que Lehman era extremadamente insolvente, incluso aceptando la posibilidad de que las ventas a precios rebajados y los mercados sin liquidez hubieran llevado el valor de sus activos a un nivel artificialmente bajo. Fuld afirmaría más tarde que Lehman no estaba en la ruina, pero las cifras de capital que citó estaban basadas en valoraciones de activos hinchadas y sobreestimaban enormemente el capital real. La insolvencia de Lehman hacía imposible salvarla solo con préstamos del Fed. Incluso invocando la autoridad de emergencia 13(3), teníamos que prestar contra garantías adecuadas. El Fed no tenía autoridad para inyectar capital o (lo que es más o menos lo mismo) hacer un préstamo que no estuviésemos razonablemente seguros de cobrar íntegramente.

Habríamos usado nuestra capacidad de préstamo para facilitar una adquisición, pero la debilidad financiera de Lehman era un gran problema para cualquier empresa que se estuviera planteando adquirirla. Cualesquiera que fuesen los beneficios a largo plazo de hacerse con el negocio de Lehman, las pérdidas de las que tendría que hacerse cargo a corto plazo el comprador serían elevadas. Tenía la esperanza de que pudiéramos obtener alguna ayuda de los directores generales que se habían reunido en la sala de Tim, pero no se mostraban entusiasmados, pues eran extremadamente conscientes de que sus propios recursos eran limitados y que podrían serles imprescindibles para sobrevivir si la crisis empeoraba.

También llegaron malas noticias de otros frentes. La empresa de capital riesgo J. C. Flowers & Co., dirigida por el multimillonario J. Christopher Flowers, antiguo socio de Goldman Sachs, comunicó que AIG también estaba en serios problemas. Las pérdidas de sus enormes posiciones en derivados habían hecho que sus contrapartes exigieran más garantías. Y, por supuesto, los otros tres bancos de inversión —Merrill Lynch, Morgan Stanley y Goldman Sachs— tenían buenos motivos para preocuparse si Lehman caía. El mercado parecía dispuesto a atacar al siguiente miembro más débil de la manada.

Tras Lehman, este era claramente Merrill Lynch, que había cometido muchos de los mismos errores de inversión. Fundada en 1914, Merrill había hecho más que ninguna otra empresa para «llevar Wall Street a Main Street», en palabras de su fundador, Charles Merrill. Prosperó en los años siguientes a la Primera Guerra Mundial apostando por el éxito del cine y de las cadenas de tiendas. Antes del crac de la Bolsa de 1929, se sabía que Merrill había advertido a sus clientes que se libraran de la deuda. La empresa sobrevivió a la Depresión, y en 1941 era la empresa emisora de valores más grande del mundo. Sin embargo, Merrill había apostado con fuerza por los préstamos hipotecarios residenciales y comerciales justo cuando el boom del sector inmobiliario empezaba a desintegrarse. Después de que Stan O'Neal dimitiese de su puesto de director general en octubre de 2007, lo reemplazó John Thain, el anterior director general de la Bolsa de Nueva York.

Intenté preparar la reunión del FOMC del martes, pero me resultó difícil concentrarme en el material. Entre llamada y llamada a Nueva York hice lo posible por mantener a los demás informados de cómo iban las negociaciones sobre Lehman. Hablé con miembros del Consejo del Fed y con presidentes de Bancos de la Reserva y con algunos congresistas. Evité mostrar un falso optimismo, pero tampoco quería mostrarme derrotista. A las diez de la mañana del sábado conferencié con banqueros centrales de otros países, incluyendo a

Mervyn King, del Banco de Inglaterra, Jean-Claude Trichet, del BCE, y Masaaki Shirakawa, del Banco de Japón. Trichet estaba especialmente inquieto ante la posibilidad de que no encontrásemos una solución para Lehman; dijo que la caída de la empresa provocaría «un colapso total». Le dije que estaba de acuerdo y que haríamos todo lo que pudiéramos. King me dio una información importante: había oído que a la Autoridad de Servicios Financieros, que supervisaba el sistema bancario británico, le preocupaba mucho que los activos tóxicos de Lehman fueran a parar a Barclays, especialmente teniendo en cuenta que el emblemático banco británico no parecía estar en las mejores condiciones. Le pregunté si podía interceder en el tema y dijo que lo intentaría.

Las noticias del domingo por la mañana fueron peores que las del sábado. El Bank of America se retiraba definitivamente de la carrera por Lehman. (Ken Lewis comunicaría más tarde que le había dicho a Paulson que los activos de Lehman valían 60.000 o 70.000 millones de dólares menos de lo que había afirmado oficialmente la empresa.) El único detalle positivo era que Lewis estaba negociando con Thain para adquirir Merrill Lynch, que ambos consideraban en mejor estado que Lehman y una entidad más apropiada para el Bank of America. Este último estaba ampliamente establecido en la banca minorista, y Merrill, cuyo ejército de agentes de Bolsa se apodaba «la horda atronadora», tenía la mayor operación minorista de todos los bancos de inversión. Paulson había animado enérgicamente a Thain a tener en consideración la oferta de Lewis, y Thain —un experto operador de Wall Street— sabía hacia dónde soplaba el viento. Sacar a Merrill del mercado significaría que habría un banco de inversión menos en peligro de caer, aunque si Merrill quedaba asegurada, era más que probable que la presión se desplazara a las dos empresas restantes, Morgan Stanley y Goldman.

Por añadidura, la opción de Barclays parecía cada vez menos probable. Como había advertido Mervyn King, la Autoridad de Servicios Financieros era reticente a aprobar la adquisición. La autoridad, dirigida por Callum McCarthy, temía que si Barclays adquiría a Lehman, la responsabilidad de los activos tóxicos acabaría trasladándose al gobierno británico. Ese sería el caso si la adquisición obligaba a tener que rescatar a Barclays. Teniendo en cuenta que la amenaza que la quiebra de Lehman representaba para la estabilidad financiera mundial era muy seria, yo había tenido la esperanza de que los británicos colaborasen. Parecía que eso no iba a ocurrir.

Había una diferencia entre las leyes bursátiles británicas y estadounidenses —King me llamó la atención sobre ello, y Geithner me lo confirmó— que también planteaba un problema. Bajo la ley británica, Barclays no estaba autorizado a garantizar las obligaciones de Lehman hasta que los accionistas de Barclays aprobasen la adquisición, algo que podría tardar semanas o meses. La adquisición de Bear Stearns por parte de JPMorgan había tranquilizado a los mercados porque JPMorgan podía garantizar las obligaciones de Bear aunque aún estuviera pendiente la aprobación de los accionistas. Pero sin una garantía incondicional activa, una fuga de capital de Lehman podría destruirla incluso si Barclays aceptaba el trato en principio. Hank dijo que había hablado con su contraparte británica, Alistair Darling, el ministro de Hacienda, y le había solicitado una exención del requisito de aprobación de los accionistas. Darling se había negado a cooperar basándose en que una suspensión de la norma sería «anular los derechos de millones de accionistas». Además compartía la preocupación de McCarthy por que si Barclays adquiría Lehman, los contribuyentes británicos podrían acabar teniendo que pagar la factura de las malas inversiones de una empresa estadounidense, algo que iba a ser muy difícil de explicar al Parlamento.

Una llamada de Tim sacudió las esperanzas que me quedaban. Dijo que no había comprador para Lehman. Confirmó que el Bank of America estaba negociando con Merrill Lynch. Barclays no sería capaz de resolver su problema con las regulaciones a tiempo de garantizar las obligaciones de Lehman. Le pregunté a Tim si funcionaría que nosotros le hiciéramos un préstamo con las garantías más amplias posibles, para intentar mantener la empresa a flote.

«No —respondió Tim—. Estaríamos prestando dinero a una fuga de capital incontenible.» Explicó que sin un comprador que garantizase las obligaciones de Lehman y estableciese la viabilidad de la empresa, ningún préstamo del Fed la salvaría. Incluso si hacíamos el préstamo contra sus activos más secundarios, los acreedores privados y las contrapartes se limitarían a aprovechar la oportunidad para retirar su capital lo antes posible. Además, buena parte del valor de la empresa —desde luego, la parte que había interesado inicialmente a Lewis y al Bank of America— se basaba en que era un negocio activo con experiencia, contactos y reputación. Tras una fuga de capital completa, que ya había comenzado, ese valor desaparecería casi de inmediato a la vez que los clientes y los empleados expertos abandonaban el barco. Nos quedaríamos con los activos tóxicos de Lehman en las manos después de haber rescatado selectivamente a los acreedores que hubieran podido marcharse más deprisa, y la empresa caería de todas formas. «Toda nuestra estrategia se basaba en encontrar un comprador», dijo Tim. Era una cuestión práctica a la vez que legal. Sin un comprador, y sin autoridad para inyectar capital ni garantizar los activos de Lehman, no teníamos medios para salvar la empresa.

Fue un momento terrible, casi surrealista. Estábamos contemplando el abismo. Presioné a Tim para que buscase una solución alternativa, pero no tenía ninguna. Parecía que el siguiente paso sería prepararnos para la quiebra, que se declararía poco después de la medianoche del domingo al lunes. «Todo lo que podemos hacer es arrojar espuma sobre la pista», dijo Tim, en uno de sus clásicos geithnerismos. Aquella frase resumía todo lo que sabíamos: la caída de Lehman, al igual que un avión jumbo estrellándose, sería un desastre de proporciones épicas, y aunque debíamos hacer todo lo que pudiéramos, en realidad no había mucho que hacer.

Sabiendo que probablemente la caída de Lehman haría que los mercados de préstamos a corto plazo se congelasen, y que, presas del pánico, intentasen acaparar efectivo, aumentamos la disponibilidad de financiación por parte del Fed. En una reunión de emergencia celebrada el domingo a mediodía, el Consejo amplió sustancialmente el rango de activos aceptables como garantía de los préstamos del Fed. Para respaldar el mercado de repo, dijimos que aceptaríamos cualquier activo que se usara habitualmente como garantía en el mercado de repo privado. También ampliamos el tamaño de algunos programas de préstamo y relajamos temporalmente las restricciones de la Sección 23A sobre la capacidad de los bancos para financiar a los corredores de Bolsa afiliados. Seguíamos el consejo de Bagehot: luchábamos contra el pánico financiero proporcionando lo que era en esencia un crédito a corto plazo ilimitado a las instituciones financieras y los mercados básicamente solventes. También seguiríamos prestando a Lehman en un régimen diario, mientras tuviera garantías aceptables, para facilitar la compra por parte de Barclays de una agencia de Bolsa subsidiaria de Lehman (una parte de la empresa relativamente saneada, pero también relativamente pequeña). Barclays podría reembolsarnos el dinero cuando completase la adquisición. Pensé que todos esos pasos ayudarían a mitigar el efecto de la caída.

A corto plazo, por desgracia, nuestros esfuerzos serían como arrojar unos cuantos cubos de agua a un incendio de grado cinco. La caída de Lehman aventó las llamas del pánico financiero, y el proceso de quiebra duraría años; una prueba más, si hiciera falta, de que los procedimientos tradicionales en caso de quiebra eran totalmente inadecuados para una gran empresa financiera que caía durante una crisis.

Los veteranos de Wall Street sentirían cierta nostalgia ante los sucesos de aquel fin de semana. Dos firmas emblemáticas de Wall Street que habían sobrevivido a guerras mundiales y a depresiones, Lehman y Merrill, habían desaparecido en un fin de semana. Yo no sentí nostalgia alguna. Sabía que los riesgos que habían corrido ambas empresas les habían puesto en peligro, y no solo a ellas, sino a la economía mundial, con consecuencias impredecibles.

Algunos miembros del Consejo y del personal veterano seguían en el edificio el domingo por la mañana. Parte del personal ayudaba en la tarea de liquidar algunas de las posiciones en derivados de Lehman con la esperanza de reducir el caos que seguiría a la declaración de quiebra. Puse al día a mis compañeros e hice algunas llamadas a los bancos centrales extranjeros y al Capitolio. Participé en otra teleconferencia con el Fed de Nueva York y el Tesoro. Después me fui a casa.

# 13

## AIG: «ME ENFURECE»

La declaración de quiebra de Lehman a las dos menos cuarto de la mañana del lunes 15 de septiembre resonó a través de los mercados financieros; primero en el extranjero, luego en Estados Unidos. Don Kohn, Kevin Warsh, Tim Geithner y yo convocamos una reunión a las nueve para evaluar el desarrollo de los acontecimientos en el mercado. Al final del día, el índice Promedio Industrial Dow Jones había perdido 504 puntos, su peor caída en un solo día de los últimos siete años. El precio de las acciones de AIG se reduciría más de la mitad. Y las acciones de Morgan Stanley y Goldman Sachs, los dos bancos de inversión independientes que quedaban, perderían un octavo de su valor.

Aunque la Bolsa sería el centro de las noticias financieras aquella noche, como ocurría casi todos los días, estábamos más preocupados por los mercados de financiación, incluyendo los mercados de repo y los de papel comercial, donde el precio de los préstamos se doblaría durante el lunes. Las fluctuaciones de los precios de las acciones pueden tener consecuencias económicas discretas, al menos a corto plazo. Pero la economía seguiría corriendo un gran peligro hasta que los mercados de financiación, que proporcionaban indistintamente créditos indispensables a empresas financieras y no financieras, volviesen a operar con normalidad.

En vez de prestar a una empresa o una institución financiera que pudiera incumplir pagos, los inversores huyeron el lunes hacia los títulos del Tesoro de Estados Unidos, pidiendo tipos tan bajos como un 0,21% por los préstamos al gobierno con vencimiento a un mes. Los bancos se pusieron a acaparar efectivo y el tipo de interés de los fondos federales subió hasta el 6% —muy por encima del objetivo del 2% establecido por el FOMC— hasta que el Fed de Nueva York pudo aportar capital a los mercados monetarios aquella mañana, mediante una inyección temporal de 70.000 millones de dólares.

A las 10 de la mañana, los economistas del personal, como solían hacer la víspera de una reunión del FOMC, informaron al Consejo sobre las perspectivas económicas. Podíamos hacer suposiciones, pero era demasiado pronto para saber el alcance de los daños consecuencia de los sucesos del fin de semana. A las 6 de la tarde, el senador Obama, que en ese momento era el candidato demócrata a la presidencia, llamó para que le proporcionásemos información actualizada. Le dije que las consecuencias económicas de la caída de Lehman, aunque inciertas, podían ser muy graves. Me escuchó con atención e hizo unas cuantas preguntas. Hablaba con voz apagada, y si tenía alguna opinión, se la guardó para sí. También hablamos de Fannie y Freddie. Expliqué que su adquisición por parte del gobierno era un primer paso esencial y positivo en dirección a la estabilización del mercado de la vivienda. Dije que el mensaje más claro que comunicaban los últimos sucesos era que el Congreso tenía que reformar el sistema normativo financiero. Estuvimos de acuerdo en eso, pero también en que no era probable que ello ocurriese hasta que en enero ocupase el cargo un nuevo presidente.

Mientras se representaba el drama de Lehman durante el fin de semana, habíamos estado observando también a AIG, cuyas operaciones de seguros por valor de billones de dólares se extendían por más de 130 países. Su director general, Robert Willumstad, con muchos años de experiencia en Citigroup y que se había unido a AIG tres meses antes, le había dicho a Tim el viernes anterior que la empresa no tardaría en quedarse sin efectivo. El viernes por la tarde, unos ejecutivos de AIG habían preguntado a miembros del personal del Consejo por la posibilidad de obtener un préstamo de la Reserva Federal. Advirtieron sobre la perspectiva de una bajada inminente de la calificación crediticia de la empresa, lo que llevaría a más peticiones de efectivo y garantías cuando las contrapartes intentasen protegerse ante un posible impago.

Regular o supervisar AIG no era responsabilidad nuestra; a pesar de ello, habíamos tenido a la empresa en nuestro radar durante el verano. El principal negocio de AIG consistía en vender seguros de vida e inmobiliarios corrientes, y sus operaciones en Estados Unidos eran supervisadas principalmente por los reguladores estatales. Se suponía que dichos reguladores tenían que asegurarse de que las empresas subsidiarias de AIG estaban gestionadas correctamente y listas para responder a las reclamaciones de los asegurados. Pero el *holding* financiero que unificaba los diversos negocios de AIG (incluyendo sus operaciones en el extranjero y los negocios no relacionados con los seguros) no estaba sometido a la supervisión de los reguladores de las aseguradoras. Como poseía un pequeño negocio de ahorros y préstamos, aquel *holding* gigantesco entraba en la jurisdicción de la Oficina de Control del Ahorro (OTS), pequeña y escasa de personal, lo que era una disparidad increíble en cuanto a experiencia y recursos. Hasta los días inmediatamente anteriores al fin de semana de Lehman, la OTS no había detectado que AIG podía estar en problemas serios, aunque el nombramiento de Willumstad en junio había tenido lugar después de que la empresa notificara pérdidas significativas en valores ligados a hipotecas subprime.

AIG se puso en marcha en China, en 1919, cuando Cornelius Vander Starr, un aventurero de veintisiete años procedente de California y que había abandonado la universidad, dejó su trabajo de oficinista en una empresa de barcos de vapor de Yokohama (Japón) y se marchó a Shanghái. Allí fundó una empresa de seguros generales, American Asiatic Underwriters, en una oficina con dos despachos. En 1967, tras varias décadas de expansión impresionante, Starr creó el *holding* AIG para utilizarlo como sociedad paraguas para sus negocios en Norteamérica, Europa, Latinoamérica y Oriente Medio, además de en Asia. Maurice «Hank» Greenberg sucedió a Starr como director general en 1968, y la empresa salió a Bolsa un año después. Hijo de un taxista del Bronx, Greenberg se escapó de casa a los diecisiete años para luchar en la Segunda Guerra Mundial, y estuvo entre los que liberaron el campo de concentración de Dachau. Lo describían como «dominante, brillante, irascible, de mal genio, controlador y obsesivo». Convirtió a AIG en la mayor empresa de seguros del mundo.

La principal amenaza de AIG para la estabilidad financiera de Estados Unidos no vino de sus operaciones de seguros corrientes, sino de su participación a gran escala en los negocios de los derivados. En 1987, Greenberg había creado una empresa subsidiaria del *holding* llamada AIG Financial Products, o AIG FP. Aunque AIG FP comerciaba con muchas clases de instrumentos financieros, a finales de la década de 1990, el centro de su negocio se reducía a vender seguros con otro nombre. Los clientes eran bancos estadounidenses y europeos y otras instituciones financieras que buscaban protección contra la posibilidad de sufrir pérdidas grandes en sus obligaciones de deuda garantizadas (CDO), que eran paquetes de muchos tipos de deuda privada (en este caso se trataba principalmente de hipotecas y otras deudas relacionadas con el mercado inmobiliario). A cambio de las cuotas regulares —esencialmente primas de seguros—, AIG aceptaba cubrir las pérdidas en los valores que superaran unas cantidades especificadas. Este seguro se ofrecía a través de unos derivados llamados permutas financieras de riesgo de crédito.

Parecía una propuesta ganadora. Debido a la alta calificación crediticia de AIG, sus clientes de seguros de CDO no insistían en que AIG mantuviera unas reservas importantes contra pérdidas. Entretanto, los bancos y otras instituciones que contrataban sus seguros podían mostrarles a sus reguladores que tenían garantizada una protección contra la posibilidad de sufrir pérdidas importantes en sus CDO, lo que a su vez les permitía reducir el capital almacenado para cumplir los requisitos normativos. AIG no aumentaba su capital cuando vendía protección, así que en la práctica se reducía la cantidad total de capital en el sistema financiero que sustentaba las CDO.

Una agencia de seguros bien gestionada, y bajo la mirada vigilante de su regulador, se protegerá ante el peligro de pérdidas catastróficas manteniendo grandes reservas de capital, limitando su exposición a cualquier riesgo individual y trasladando parte de los riesgos asumidos a otras aseguradoras (una práctica conocida como reaseguro). Desde el punto de vista económico, AIG FP vendía seguros, pero en la práctica no estaba regulada y sus transacciones no estaban sujetas a las normas que gobernaban los seguros convencionales. Y tampoco había tomado precauciones por su cuenta, lo que hizo que no estuviera preparada para el impacto de la crisis.

Hank Greenberg era consciente desde hacía tiempo de la situación arriesgada de las posiciones en derivados de AIG FP. En 1993, después de que la unidad diera un mal tropiezo y perdiera 100 millones de dólares de un solo golpe, Greenberg decidió sustituir al presidente fundador de la empresa subsidiaria, Howard Sosin. Greenberg le dijo a Tom Savage, el nuevo presidente: «Si los que estáis en FP le hacéis algo alguna vez a mi calificación triple A, vendré a por vosotros con una horca». Pero era evidente que no estaba dispuesto o no era capaz de restringir las arriesgadas actividades de AIG FP. La mayoría de las permutas de riesgo de crédito que habían causado problemas a AIG FP se originaron entre 2003 y 2005. Greenberg perdió su trabajo en marzo de 2005. El consejo de administración de AIG le obligó a dimitir después de que la Comisión de Bolsa y Valores y el Departamento de Justicia descubriesen fraudes en la contabilidad que, en última instancia, le costaron a la empresa una rebaja de la calificación y una multa de 1.600 millones de dólares. Greenberg fue sustituido por el antiguo ejecutivo de AIG Martin J. Sullivan. Sullivan, a su vez, fue sustituido por Willumstad, que se había unido al consejo de AIG tras la dimisión de Greenberg.

El riesgo de AIG se agravaba por la dificultad de valorar sus posiciones altamente complejas, en parte porque los valores que aseguraba la empresa eran en sí mismos complejos y difíciles de valorar. Ya en 1998, la revista *Fortune* publicó esto: «El hecho es que muchos de los residentes en Wall Street han renunciado a analizar de verdad esta empresa; es tan complicada que la consideran inescrutable. Se limitan a mantener la fe y decirse a sí mismos que Greenberg seguirá produciendo ganancias». Cuando Robert Willumstad se convirtió en el director general, anunció que tenía la intención de centrarse en la actividad aseguradora principal. Si hubiera podido completar sus planes (Willumstad había dado a entender que haría un comunicado en septiembre), parecía posible que AIG FP, junto a otros elementos singulares como el negocio de alquiler de aviones de la empresa, fueran vendidos o desmantelados poco a poco.

La OTS, el regulador nominal de AIG, no se mostró especialmente preocupada por la peligrosidad o la opacidad de AIG FP. En una revisión en julio de 2007, la OTS consideró adecuado el programa de gestión de riesgos de la empresa y catalogó su nivel de riesgo de crédito como moderado. La OTS señaló que los valores que estaba asegurando AIG FP contaban con una buena calificación de las agencias de calificación crediticia, y añadió que desde diciembre de 2005, la empresa subsidiaria había dejado de ofrecer cobertura a las transacciones expuestas a las subprime. Basándose en aquel informe, la OTS no vio motivos para actuar. Sin embargo, aunque AIG no había aumentado sus apuestas después de 2005, tampoco había tomado medidas para reducir o cubrir la exposición a las subprime ya existente.

Willumstad estuvo muy atareado el fin de semana de Lehman. Su empresa necesitaba un montón de efectivo, y rápido. Trabajó con Eric Dinallo, el supervisor de las empresas de seguros del estado de Nueva York, para trazar un plan para conseguir 20.000 millones de dólares para el *holding* AIG sacándolos de las subsidiarias. Él y su equipo también intentaban obtener financiación de otras empresas de capital riesgo, incluyendo a J. C. Flowers & Co. y Kohlberg Kravis Roberts (KKR).

Al igual que Lehman, AIG pareció tardar en comprender la gravedad de su situación. El sábado por la mañana, Don Kohn informó que la empresa veía su problema como una crisis de liquidez temporal, y a pesar de sus conversaciones con J. C. Flowers y KKR, no estaba planteándose vender activos principales (como por ejemplo alguna de las aseguradoras subsidiarias) ni encontrar un socio que hiciera una inversión importante. Me preocupaba que la empresa no se estuviera tomando su situación lo bastante en serio y le dije a Don que intentase que desarrollaran un plan concreto y creíble para afrontar sus problemas. Ya estaba planteándome con reticencia la posibilidad de que tuviéramos que intervenir. «Estoy dispuesto a considerar hacerles un préstamo contra alguna garantía de calidad —le escribí a Don— si obtenemos un compromiso explícito y público relativo a las medidas que tomarán para encarrilarse y recuperar la estabilidad.»

Don recomendó que esperásemos a ver qué soluciones surgían desde el sector privado, de acuerdo al espíritu de la estrategia que Hank y Tim estaban aplicando con Lehman. Admitió que un préstamo a corto plazo del Fed para que AIG hiciera frente a su crisis de capital podría acabar siendo necesario, pero dijo que teníamos que hacer todo lo posible para evitar ese desenlace. Estuve de acuerdo.

El domingo, incluso mientras Lehman se estaba descomponiendo, AIG volvió a llamar nuestra atención. Cada vez que oíamos hablar de la empresa y sus rescatadores potenciales del sector privado, la cantidad de efectivo que necesitaban parecía aumentar. El valor de los activos asegurados por AIG estaba cayendo, y sus contrapartes pedían más garantías para protegerse si la empresa demostraba ser incapaz de cumplir sus compromisos. Además, AIG —a través de otra subsidiaria— había doblado poco inteligentemente su apuesta en el mercado hipotecario al invertir en gran cantidad de valores privados respaldados por hipotecas cuyo valor estaba disminuyendo drásticamente. AIG había financiado sus participaciones en MBS privados mediante un tipo de financiación llamado «préstamo de valores» —a efectos prácticos, una actividad equivalente a pedir prestado en el mercado de repo— usando como garantía valores propiedad de sus empresas de seguros subsidiarias. Los proveedores de la financiación tenían derecho a pedir la devolución de su dinero con un día de preaviso, y mientras crecía la preocupación por la estabilidad de AIG, muchos de ellos lo ejercieron. El domingo por la tarde parecía que AIG necesitaba 60.000 millones de dólares en efectivo para cumplir sus obligaciones contractuales. El lunes por la mañana, algunas de las previsiones sobre las necesidades de efectivo de la empresa superaban los 80.000 millones.

Entretanto, las negociaciones de AIG con inversores potenciales no habían ido bien. El domingo por la mañana, J. C. Flowers y KKR habían hecho ofertas para adquirir partes de la empresa, pero el consejo de AIG las rechazó considerándolas insuficientes. Y conforme crecía la estimación de las necesidades de efectivo de la empresa, se desvanecía el interés de los compradores potenciales. Dado que aparentemente era cuestión de días que AIG no pudiera pagar a sus acreedores, sus representantes —incluyendo el vicepresidente, Jacob Frenkel, un economista de la Universidad de Chicago y antiguo director del banco central de Israel— empezaron a hacer correr la voz entre Don Kohn y otros de que era probable que necesitaran ayuda del Fed para sobrevivir.

Para el lunes ya teníamos pocas dudas de la magnitud del peligro que representaba AIG. La empresa era tan grande y estaba tan interconectada con el resto del sistema financiero que las ramificaciones de su caída serían enormes, aunque difíciles de predecir. Los mercados financieros ya estaban en ebullición; ¿qué efecto tendría en la confianza de los inversores la caída de la mayor empresa de seguros del mundo? ¿Qué efecto tendría en la confianza de los inversores y del público en la industria de los seguros, que constituía por sí misma una parte considerable del sistema financiero? Por mi parte, no quería descubrirlo.

Al principio de la tarde del lunes, Paulson, en una conferencia de prensa en la Casa Blanca, negó que el gobierno estuviera preparando un préstamo para AIG. «Lo que está sucediendo ahora en Nueva York no tiene nada que ver con ningún crédito puente del gobierno. Lo que está sucediendo en Nueva York es una tarea para el sector privado», dijo. A esas alturas, Hank, sintiéndose frustrado por nuestra incapacidad para salvar a Lehman y atrapado entre la ira creciente ante los rescates y la perspectiva de un colapso del sistema financiero, aún esperaba contra toda esperanza un acuerdo sobre AIG en el sector privado. Pero aquel desenlace parecía cada vez menos probable.

A las cinco de la tarde del lunes, Mike Gibson, un economista del Consejo que más tarde estaría al cargo de nuestra división de supervisión bancaria, me informó sobre una llamada que habían mantenido él y otro miembro del personal con AIG, el regulador de seguros del estado de Nueva York y el Fed de Nueva York. El plan de AIG estaba evolucionando. Sus ejecutivos habían dejado de hablar sobre acuerdos de capital privado, dijo Mike. Ahora tenían la esperanza de conseguir un préstamo de la Reserva Federal garantizado por un paquete sorpresa de activos que iban desde su división de alquiler de aviones hasta estaciones de esquí.

Cuando empeoró el pánico, los problemas metastatizaron. Recibí un mensaje del Fed de San Francisco en el que me informaban de que Washington Mutual vería rebajada su calificación por parte de S&P, y probablemente también por Fitch. «Los depósitos se están escapando —añadía el informe—. No hay colas ni señales de caos, pero definitivamente se está produciendo una reducción de los depósitos». Don notificó que él y Randy Kroszner habían hablado de nuevo con John Reich en la OTS y con Sheila Bair en la FDIC. Sheila, preocupada por los riesgos que WaMu representaba para el fondo de seguro de depósitos, siguió presionando para que se vendiera la empresa lo antes posible. Las empresas no financieras también sentían la presión. Me dijeron que Ford Motor Company, que dependía del mercado de papel comercial para financiar gran parte de sus operaciones diarias, estaba preocupada por su financiación y quería hablar con nosotros. Me sentí como si estuviera haciendo malabarismos con granadas de mano. Los pánicos financieros son una pérdida colectiva de la confianza esencial para mantener el sistema en funcionamiento. Si no encontrábamos una forma de estabilizar pronto la situación, las cosas empeorarían radicalmente.

Tim Geithner y el personal del Fed de Nueva York trabajaron hasta bien entrada la noche del lunes, intentando encontrar una solución para AIG. (La energía de Tim y su capacidad para mantener la concentración durante largos periodos de tiempo siempre me asombraba. Parecía que tenía un metabolismo supercargado. En las pausas de las reuniones del FOMC no paraba de devorar donuts, pero siempre estaba delgado.) Michelle Smith informó que Tim pensaba que «existía una posibilidad real» de que fracasara el rescate de AIG. Llamé a Tim y decidimos que lo más sensato era que se saltara la reunión del FOMC de la mañana siguiente y se quedara en Nueva York para seguir trabajando en AIG. Su vicepresidenta primera, Christine Cumming, representaría al Fed de Nueva York en la reunión.

El martes por la mañana, una hora antes de la hora planificada para empezar la reunión del FOMC, estaba en una teleconferencia sobre AIG en la que también participaban Paulson, Geithner y los miembros del Consejo Kevin Warsh y Betsy Duke. Con las empresas de capital riesgo fuera de escena y sin señales de los bancos de inversión que habían revisado los activos de AIG, la solución —si había alguna— implicaría un préstamo del Fed. Tim nos describió las líneas generales de un plan para salvar la empresa que había desarrollado por la noche. Paulson y yo lo instamos a seguir con ello y que volviera a ponerse en contacto con nosotros lo antes posible.

La llamada duró un buen rato y me hizo llegar casi media hora tarde a la reunión del FOMC. Normalmente entraba en la sala de juntas a las nueve en punto. Aquella mañana me dieron la bienvenida algunas miradas de curiosidad mientras me apresuraba a ocupar mi asiento. Con tantos asuntos que resolver y habiendo ya perdido una parte del tiempo de la reunión, no compartí muchas cosas; solo señalé que los mercados «seguían sufriendo una tensión muy importante» y que AIG nos preocupaba cada vez más. Aquel era el motivo de la ausencia de Geithner, añadí.

La política monetaria y la caída de Lehman no fueron los únicos temas tratados en la reunión. Como había planeado, también solicité al comité autoridad para proporcionar líneas adicionales de permuta de divisas a otros bancos centrales. La escasez de dólares en el extranjero era uno de los factores que estaban aumentando los tipos de interés a corto plazo en Estados Unidos y en los bancos de otros países. Una ampliación del programa de permutas nos permitiría enviar más dólares a los bancos centrales extranjeros, que a su vez se los podrían prestar a sus bancos domésticos con la esperanza de tranquilizar así a los mercados de financiación. El comité amplió el límite de las líneas de permuta existentes con el Banco Central Europeo y el Banco Nacional Suizo, y autorizó nuevas líneas de permuta con el Banco de Inglaterra, el Banco de Canadá y el Banco de Japón.

El informe de Bill Dudley sobre los mercados resultó sombrío. El Dow, después de caer el lunes casi un 4,5%, había reanudado su declive. El precio de los préstamos a corto plazo seguía creciendo rápidamente. La presión sobre Goldman Sachs y Morgan Stanley también aumentaba. Su financiación se agotaba, otras empresas se mostraban reticentes a establecer con ellas contratos sobre derivados, y los fondos de cobertura y otros clientes importantes que temían que una de las empresas o las dos siguieran los pasos de Lehman habían empezado a llevarse sus cuentas a otra parte. Y lo que quizá era peor, los inversores presas del pánico estaban sacando dinero de un fondo del mercado monetario llamado Fondo Primario de Reserva. Si las retiradas de capital se extendían a otros fondos del mercado monetario, la crisis abriría un nuevo frente de batalla.

Los fondos del mercado monetario, regulados por la SEC, son fondos de inversión colectiva que suelen invertir en activos líquidos y muy seguros, como títulos del Tesoro a corto plazo y papel comercial de alta calificación. Imitan a las cuentas de los bancos permitiendo extender cheques y fijando el precio de las acciones en un dólar, lo que implica que los inversores están razonablemente seguros de que no van a sufrir pérdidas. Muchos inversores individuales mantienen algo de dinero en fondos del mercado monetario, normalmente en conexión con una cuenta de corretaje más amplia. Diversas instituciones, incluyendo empresas, gobiernos municipales y fondos de pensiones, también consideran a los fondos del mercado monetario como un lugar conveniente donde aparcar su dinero.

El Fondo Primario de Reserva —gestionado por Reserve Management, la empresa que abrió el primer fondo del mercado monetario en 1971— corría más riesgos que otros, lo que le permitía ofrecer de media una rentabilidad más elevada. Esta rentabilidad atraía a los inversores, y el fondo creció con rapidez. Sin embargo, como sabríamos después, el Fondo Primario de Reserva había invertido unos 785 millones de dólares en papel comercial de Lehman, que ahora no valían prácticamente nada. Así pues, los activos del Fondo Primario de Reserva valían menos de un dólar por acción. En la jerga de Wall Street: había roto el dólar (*broken the buck*); era el primer fondo de inversión colectiva que lo hacía en catorce años. Con la esperanza de escapar antes de que los gestores del Fondo Primario de Reserva decidiesen impedir las retiradas al precio fijo de un dólar por acción, los inversores habían empezado a sacar su dinero y había dado comienzo una fuga de capital. Al final del martes se habrían retirado unos 40.000 millones de dólares, casi dos tercios del valor del fondo. La fuga se extendería a otros fondos del mercado monetario en los días siguientes, amenazando la estabilidad de la industria al completo y poniendo en peligro el capital en efectivo de hogares, empresas y organizaciones sin ánimo de lucro. Y con el dinero saliendo de los fondos, tanto las instituciones financieras como las empresas no financieras tendrían dificultades para vender el papel comercial del que dependían para pagar nóminas y financiar existencias.

Pero esas preocupaciones, serias como eran, no fueron las mayores que afrontamos aquel día. «Por supuesto, tenemos la cuestión de AIG», prosiguió Bill. AIG, aunque no era un banco, también estaba sufriendo algo parecido a una fuga de capital. Los prestamistas y otras contrapartes eran cada vez más reticentes a operar con ella, y las empresas que habían contratado seguros de AIG para sus obligaciones de deuda garantizadas estaban pidiendo más efectivo como garantía de que AIG cumpliría sus compromisos. Nos habíamos puesto en marcha para encontrar una solución, pero ni Bill ni yo teníamos nada concreto que informar.

Como quedaba poco tiempo, condensamos el resto de la reunión. Muchos de los participantes veían señales de que la economía se ralentizaba aún más, pero que la preocupación por la inflación había disminuido ligeramente. Reiteré mi punto de vista de que probablemente ya habíamos entrado en recesión. Al final de la charla modificamos la declaración que habíamos planeado hacer, para incluir los acontecimientos en el mercado, pero también acordamos por unanimidad no tocar el tipo de interés de los fondos federales y mantenerlo en el 2%.

Mirándolo retrospectivamente, aquella decisión fue sin duda un error. Nuestra elección se debió en parte a la falta de tiempo, tanto en la reunión en sí como para valorar los efectos de la caída de Lehman. La semana anterior, Don y yo habíamos trabajado duro para llegar a un consenso sobre el curso relativamente neutral de no cambiar nuestro tipo de interés objetivo, lo que parecía la decisión correcta en base a lo que sabíamos en aquel momento. En una reunión corta de tiempo, intentar cambiar aquella decisión podría haber causado una escisión conflictiva. Además, la opinión general en la reunión se inclinaba hacia no tomar medidas hasta que entendiésemos mejor cómo se iba a desarrollar la situación de Lehman. En consecuencia, no presioné para recortar los tipos, incluso sabiendo que algunos actores del mercado financiero esperarían que lo hiciésemos.

Mientras hablábamos de política monetaria en Washington, Geithner y su equipo de Nueva York se apresuraban para redactar un borrador de las condiciones del préstamo de efectivo a AIG —que ahora ascendía a 85.000 millones de dólares— que necesitaba para evitar su caída inminente. A diferencia de Lehman, AIG parecía tener activos suficientemente valiosos —sus aseguradoras subsidiarias nacionales y extranjeras y otras empresas de servicios financieros— que servirían como garantía y cumplirían los requisitos legales para que el préstamo estuviera «garantizado a la satisfacción» del Banco de la Reserva que hiciera el préstamo. Aún así, hacer un préstamo a AIG significaba cruzar otra línea, y no solo porque AIG era una empresa de seguros. A diferencia de los demás préstamos que había hecho el Fed durante la crisis, la garantía no serían préstamos o títulos sino el valor en activo de empresas concretas. De este modo, las garantías de AIG eran más difíciles de valorar y de vender que las que aceptábamos normalmente, y la protección que proporcionaban se reducía por el hecho de que si el *holding* AIG caía, las subsidiarias que servían de garantía también perderían buena parte de su valor. Pero no veíamos más alternativas. Los valores comercializables a disposición de AIG no eran suficientes para garantizar el volumen del préstamo que necesitaba.

Geithner propuso las condiciones para el préstamo —que dependían en gran medida del trabajo de los banqueros a los que había pedido que investigasen las alternativas de financiación privada de AIG—, incluyendo un interés variable a partir del 11,5%. También se exigiría a AIG que diera al gobierno una cuota de titularidad de casi el 80% de la empresa.

Aquellas condiciones tan duras eran apropiadas. Teniendo en cuenta que estábamos relativamente poco familiarizados con la empresa, las dificultad de valorar las complejas posiciones en derivados de AIG FP y las condiciones extremas que observábamos en los mercados financieros, prestar una cantidad tan grande entrañaba inevitablemente un riesgo importante. Evidentemente, se trataba de un riesgo que ninguna empresa privada había estado dispuesta a correr. Los contribuyentes se merecían una compensación adecuada por asumir dicho riesgo. En particular, la condición de que AIG cediese una parte sustancial de su propiedad tenía como fin garantizar que los contribuyentes compartirían las ganancias si la empresa se recuperaba.

Algo igual de importante: las condiciones duras ayudaban a abordar el problema de la injusticia inherente al hecho de ayudar a AIG y no a otras empresas, a la vez que servían para mitigar el riesgo moral creado por el rescate. Si los directivos de firmas en situación similar creían que las condiciones de un rescate del gobierno serían suaves, no tendrían muchos incentivos para reunir capital, reducir los riesgos o aceptar ofertas del mercado por sus activos o por la empresa. El Fed y el Tesoro habían presionado para aplicar condiciones duras a los accionistas de Bear Stearns y Fannie y Freddie exactamente por esas mismas razones. La reacción política sería bastante fuerte hiciésemos lo que hiciésemos, pero necesitábamos poder demostrar que habíamos conseguido el mejor trato posible para los contribuyentes y que habíamos minimizado la ganancia inesperada que el rescate otorgaba a AIG y a sus accionistas.

Mi tarea era ayudar a vender el trato a Washington en la medida en que fuera posible. Y la primera venta, y la más importante, tenía que hacérsela a mi propio Consejo. En un descanso en la reunión del FOMC había informado a los miembros del Consejo sobre AIG y lo que había estado haciendo el Fed de Nueva York, y cuando la reunión del FOMC terminó, empezó una reunión del Consejo; primero en mi despacho, y luego, cuando los presidentes de los Bancos de la Reserva se marcharon a coger sus vuelos, en la sala de juntas. Cuando nos fuimos a la sala de juntas ya habíamos recibido copias de las condiciones propuestas por Geithner, y Tim se había sumado telefónicamente a la reunión.

Una pregunta clave era si la línea de crédito propuesta de 85.000 millones de dólares serviría realmente para salvar la empresa. Para nosotros sería un desastre definitivo prestar semejante cantidad y que la empresa cayera de todas formas. No podíamos estar seguros, pero basándonos en evaluaciones tanto internas como externas, creíamos que AIG en conjunto era probablemente viable aunque le faltase efectivo para satisfacer las exigencias inmediatas. AIG FP era como un fondo de cobertura sentado encima de una empresa de seguros gigantesca, y eso, unido a la operación de préstamo de valores, era la causa principal de la pérdida de capital de AIG. Si AIG FP hubiera sido una empresa independiente, no habría habido esperanza. Pero la mayoría de las subsidiarias de seguros y otros negocios que poseía AIG eran solventes, hasta donde podíamos decir, y su valor potencial proporcionaba las garantías necesarias para avalar el préstamo.

Existía cierta relación circular: si el préstamo a AIG ayudaba a estabilizar los mercados financieros, las empresas y los activos de

AIG retendrían suficiente valor para reembolsar el préstamo con el tiempo. Pero si las condiciones financieras iban de mal a peor, empujando a la economía aún más en la recesión, el valor de los activos de AIG se vería afectado también. Y en ese caso, más valdría no apostar a que reembolsarían el préstamo. Teníamos que contar con que alcanzaríamos el mejor desenlace.

También nos planteamos la idea de dejar caer a AIG y esperar que los mercados financieros se estabilizasen de todas formas. Los mercados aún no se habían recuperado de la caída de Lehman, por lo que la respuesta, al menos para mí, estaba clara. AIG tenía aproximadamente el tamaño de Lehman y Bear Stearns juntas, y al igual que aquellas empresas, estaba profundamente interconectada con el sistema financiero mundial. Su caída crearía el caos de muchas formas diferentes: despertaría dudas sobre la solvencia de sus acreedores y contrapartes de los derivados, que en muchos casos eran instituciones financieras clave; causaría pérdidas a los titulares de su papel comercial (las pérdidas generadas por el papel comercial de Lehman habían disparado las fugas de capital en los fondos de los mercados monetarios); y agotaría el dinero disponible de los fondos del Estado creados para proteger a los clientes de las empresas de seguros que quebraban. (En algunos casos, los fondos de garantía del Estado dependían de valoraciones a posteriori de la industria, por lo que el dinero tendría que salir directamente de otras empresas de seguros.) El golpe a los fondos de seguros del Estado, unido al probable embargo de las subsidiarias de seguros de AIG (embargo que ejecutarían los reguladores estatales si AIG quebraba), haría disminuir la confianza en el resto de la industria de seguros. Podríamos presenciar una ola de reembolsos y crisis de financiación en otras empresas de seguros. Las numerosas actividades financieras adicionales de AIG incluían asegurar productos de inversión populares en planes de pensiones. Una venta rápida de los activos de AIG haría caer aún más el precio de las acciones y los bonos, empujando a la insolvencia a más empresas. Y, sin duda, habría otras consecuencias que aún no se nos habían ocurrido.

No vi más alternativas que hacer el préstamo, supeditado a que el consejo de administración de AIG aceptase nuestras condiciones. Los cinco miembros del Consejo votaron a favor de aprobar el préstamo, cumpliendo el requisito necesario para invocar la Sección 13(3). Las actas de la reunión resumían nuestro razonamiento, aunque de una forma anodina, dadas las circunstancias:

> Los miembros del Consejo están de acuerdo en que es probable que la caída descontrolada de AIG tenga un efecto sistémico en los mercados financieros, que ya están experimentando un nivel de fragilidad significativo, y que la mejor alternativa disponible es conceder un préstamo a AIG para ayudarla a cumplir sus obligaciones ordenadamente cuando llegue el momento. Los miembros del Consejo están de acuerdo también en que las condiciones del préstamo deben proteger los intereses del gobierno y de los contribuyentes de Estados Unidos.

La siguiente etapa en ese aparentemente interminable martes 16 de septiembre era una reunión a las tres y media de la tarde en la Casa Blanca, donde Paulson y yo habíamos acordado poner al día al presidente en cuanto al estado general de los mercados. Teníamos más cosas que decir que lo que habíamos esperado. También asistían el vicepresidente Cheney; Chris Cox, de la SEC; Walt Lukken, de la Agencia Reguladora de los Mercados de Futuros sobre Materias Primas; Erik Sirri, un miembro veterano de personal de la SEC, y varios funcionarios del Tesoro y de la Casa Blanca, incluyendo el jefe de personal del presidente, Josh Bolten, que había sido anteriormente director de la Oficina de Administración y Presupuesto; mi sucesor en el cargo de presidente del Consejo de Asesores Económicos, Eddie Lazear; y el actual director de presupuestos, Jim Nussle. Presentamos nuestro informe en una sala silenciosa. Tras hacer algunas preguntas, el presidente dijo que debíamos hacer lo que fuera necesario, y que él intentaría darnos apoyo político. Sugirió que hablásemos también con el Congreso.

Estuvimos de acuerdo, y a las seis y media de la tarde, Paulson y yo nos reunimos con los líderes del Congreso, incluyendo al líder de la mayoría del Senado, Harry Reid; al líder de la minoría de la Cámara de Representantes, John Boehner; y al presidente del Comité del Senado sobre Banca, Chris Dodd. Judd Gregg, el republicano más antiguo del Comité de Presupuestos del Senado, llegó de esmoquin y sin corbata. El presidente del Comité de Servicios Financieros de la Cámara de Representantes, Barney Frank, llevaba una camisa arrugada con los faldones por fuera. Todo el mundo estaba de pie. La sala era tan pequeña que no podíamos poner una mesa y sillas.

Paulson y yo explicamos brevemente la situación y volvimos a responder a preguntas. No recuerdo que ninguno de los participantes discutiera la necesidad de intervenir. Barney Frank quería saber de dónde iba a sacar el Fed los 85.000 millones para prestárselos a AIG. Yo no creía que aquel fuera el momento de explicar detalladamente el mecanismo de creación de reservas bancarias, así que contesté: «Tenemos 800.000 millones de dólares», que era el tamaño del balance del Fed antes de la crisis. Barney se quedó estupefacto. No entendía por qué el Fed tenía que tener esa cantidad de dinero a su disposición. Le expliqué que el Fed, de conformidad con la 13(3), tenía autoridad para hacer los préstamos que considerase necesarios para contener las crisis financieras, y que eso era precisamente lo que intentábamos hacer.

Lo haríamos bajo nuestra propia responsabilidad, como se encargó de dejar claro Harry Reid. Yo creo que la mayoría de los asistentes comprendían por qué no teníamos mucha elección. Pero no podríamos esperar mucho apoyo público por parte del Congreso; quizá ninguno.

Entre reunión y reunión me fueron informando varias veces del desarrollo de los acontecimientos en Nueva York. Willumstad había presentado las condiciones de Geithner, ya aprobadas por el Consejo del Fed, a su propio consejo de administración. Durante las conversaciones, Hank le había dicho también a Willumstad que lo reemplazaría Ed Liddy, que había sido presidente de Allstate desde 1999 hasta 2005. Yo dudaba que Willumstad pudiera haber hecho mucho más para evitar los problemas de AIG, dado el poco tiempo que llevaba en el cargo. Pero creíamos que la magnitud de la catástrofe exigía un nuevo liderazgo. Willumstad aceptó la decisión sin protestar.

Los miembros del Consejo de AIG se mostraron consternados ante las condiciones de Geithner. No deberían haberse sorprendido, dada la terrible situación en que la empresa se había metido a sí misma, al Fed y, lo que era lo más importante, a la economía y al sistema financiero de Estados Unidos. «Tenemos ante nosotros dos alternativas, y las dos son malas», le dijo Willumstad al consejo. «Declararnos en quiebra mañana por la mañana o aceptar la oferta del Fed esta noche». El consejo le preguntó a Geithner si las condiciones eran negociables. Tim dijo que no; que estaba dispuesto a dejar caer AIG si las rechazaban. Yo apoyé enérgicamente a Tim y se lo dije; habíamos ido tan lejos como podíamos, y las condiciones eran completamente razonables dadas las circunstancias. Aún así, admiré la cara de póquer de Tim. Sabíamos lo importante que era evitar la caída de AIG.

Justo antes de las ocho de la tarde en punto, el plazo límite de Tim, Willumstad telefoneó para decirle que aceptaban el trato. Tim me llamó para comunicármelo. Lo único que quedaba era preparar la nota de prensa. Antes de revisarlo con Michelle Smith me paré a pensar una vez más en lo que estábamos haciendo. Las cosas se habían movido muy deprisa, con muy poco tiempo para reflexionar cuidadosamente. Pero llegué a la conclusión de que no había alternativa. A las nueve de la noche, el comunicado sobre el rescate circulaba por los servicios de noticias financieros.

Nadie, ni siquiera yo, sentía mucha simpatía por AIG. Ella misma se había metido en problemas. El Congreso, que había mostrado poca capacidad para ponerse de acuerdo en cualquier tema, no tardó en unirse para oponerse con violencia a este rescate. En los meses siguientes tuve que declarar muchas veces ante legisladores airados, intentando explicarles por qué habíamos tenido que hacer lo que habíamos hecho. El Congreso, por supuesto, tan solo reflejaba la opinión pública.

Además, debido a las enormes pérdidas de AIG en los siguientes trimestres, el trato tuvo que reestructurarse varias veces. Al final, el gobierno de Estados Unidos (el Fed y el Tesoro a la vez) tendrían que invertir y comprometerse a hacer préstamos por un total de 182.000 millones de dólares para evitar la caída de AIG. En el momento del rescate inicial, contuve mis emociones e intenté contemplar analíticamente la situación, como un problema que tenía que resolverse. Pero cuando comprendí realmente lo irresponsables (o despistados) que habían sido los directivos de AIG, me hirvió la sangre. «Me enfurece. He colgado el teléfono de un golpe bastantes veces tras hablar de AIG —dije más tarde en una entrevista en televisión—. Comprendo que los americanos estén furiosos. Es totalmente injusto que los dólares de los contribuyentes tengan que usarse para sostener una empresa que apostó tan mal [...] pero no teníamos más alternativa que estabilizar, o nos arriesgábamos a sufrir un golpe inmenso, no solo en el sistema financiero sino en la economía estadounidense al completo.»

Mirando hacia atrás, me consuela solo en parte el hecho de que el gobierno acabó recuperando todo el dinero invertido en AIG, y más. El Fed y el Tesoro obtuvieron una ganancia combinada neta de casi 23.000 millones de dólares. Es un testimonio del buen trabajo de los nuevos dirigentes de la empresa —incluyendo al director general Robert Benmosche, que reemplazó a Liddy— y de los equipos del Fed y del Tesoro que los supervisaron después de que hiciésemos el préstamo. Pero lo más importante es que gracias a nuestras intervenciones, el sistema financiero se acabaría estabilizando, lo que permitió que AIG y otras instituciones financieras recuperasen el equilibrio.

En una demostración extraordinaria de descaro, el antiguo director general de AIG, Hank Greenberg, como jefe del vehículo de inversión Starr International Co., que poseía una participación importante en AIG, puso tres años más tarde una demanda de 25.000 millones de dólares acusando al gobierno de Estados Unidos de imponer en el rescate unas condiciones punitivas injustas. Planteó ese argumento a pesar de que los actos irresponsables de AIG fueron la causa de sus problemas, y a pesar de que el consejo de AIG aceptó voluntariamente las condiciones de Fed, admitiendo que la quiebra habría dejado a los accionistas con las manos vacías. Tal como fueron las cosas, los accionistas de AIG acabaron recuperando gracias al rescate el control de una empresa que daba beneficios. Miles de otras empresas, como Thronburg Mortgage, no recibieron una ayuda parecida durante la crisis, y por ello cayeron.


El fin de semana de Lehman, que acabó siendo la semana de Lehman-AIG, convirtió una crisis de un año, que ya era excepcionalmente dura, en el peor pánico financiero de la historia de nuestro país. Dado que Lehman se hundió y AIG se salvó, sigue habiendo preguntas sin responder. ¿El gobierno tomó la decisión consciente de dejar que Lehman cayese, y en caso afirmativo, por qué salvó a AIG? Además, si Lehman se hubiera salvado de algún modo, ¿se podría haber evitado una parte importante de la crisis que siguió?

Muchos han afirmado que Lehman se habría podido salvar, como Bear Stearns antes y AIG después, y dejar caer a Lehman fue un error de política importante. Pero el Fed y el Tesoro no decidieron que Lehman debía caer. No se la salvó porque no disponíamos de los métodos que empleamos en otros rescates. No había comprador como sí lo hubo para Bear Stearns; ninguna empresa estable habría podido garantizar las obligaciones de Lehman ni asegurar a los mercados que sería viable a largo plazo. El Tesoro no tenía fondos aprobados por el Congreso que pudiera inyectar, como había sido el caso con Fannie y Freddie. A diferencia de AIG, que disponía de garantías suficientes para respaldar un gran préstamo del Fed, Lehman carecía de un plan viable para estabilizarse y de garantías suficientes para respaldar un préstamo del tamaño necesario para evitar su caída. Y el estado de Lehman era posiblemente peor que lo que se supo en aquel momento, según el informe del análisis de la quiebra que se hizo en 2010. Como supimos más tarde, la empresa empleó una contabilidad de operaciones dudosa para hinchar la relación entre capital y activos declarados. También sobreestimó en gran medida el efectivo de que disponía para pagar a los acreedores. Al final, ya en quiebra, los titulares de bonos de Lehman recibirían solo un 27% de lo que se les debía, y otros acreedores no asegurados, un 25%. Las pérdidas totales que sufrieron los acreedores se han estimado en cerca de 200.000 millones de dólares.

Hay quien sostiene que si se hubiera convertido a Lehman en una sociedad de cartera bancaria de un día para otro, como se hizo más adelante con otros bancos de inversión, se habría salvado. Pero eso no habría resuelto sus problemas. Lehman ya podía pedir préstamos a corto plazo al Fed a través de la Línea de Crédito para Operadores Primarios. Una inyección de capital a corto plazo no habría sido suficiente. Teniendo en cuenta el tamaño de las pérdidas, necesitaba encontrar un comprador o un inversor a largo plazo, o un consorcio de inversores. Fuld no había sido capaz de atraer inversores importantes aunque lo había intentado durante meses, y en aquel fatídico fin de semana final, no apareció ninguno.

Si con las herramientas disponibles existió algún modo de salvar a Lehman, no fuimos lo bastante inteligentes para pensar en él en aquellos días frenéticos. Había docenas de personas implicadas en Nueva York y en Washington, y ninguna ha informado de una reunión o una llamada en la que Hank, Tim o yo hablásemos de si salvábamos o no a Lehman, como sí lo hicimos, por ejemplo, con Bear Stearns y con AIG. Sabíamos ya que era necesario salvarla. No teníamos medios para conseguirlo.

Comprendo que haya quien llegue a la conclusión de que la caída de Lehman fue una elección. En cierto modo, se trata de un halago a la inversa: hasta aquel momento habíamos mostrado tanto ingenio que es difícil imaginar que no se nos hubiera ocurrido alguna solución. Incluso algunos participantes en la reunión del FOMC de septiembre de 2008, como Jim Bullard, del Fed de San Luis, Jeff Lacker, de Richmond, y Tom Hoenig, de Kansas City —ninguno de los cuales participó en las conversaciones del fin de semana de Lehman—, infirieron aprobadoramente que dejar caer a Lehman había sido una elección y no un desenlace inevitable.

Las declaraciones de Paulson de que no se usaría dinero del gobierno para salvar a Lehman, antes y durante el fin de semana, también fomentaron —comprensiblemente— la creencia de que la habíamos dejado caer. Hank tenía varios motivos para decir lo que dijo, incluyendo su incomodidad personal y política ante el hecho de convertirse en la cara visible de los impopulares rescates de instituciones «demasiado grandes para caer». Sin embargo, estoy seguro de que sus declaraciones estuvieron motivadas principalmente por consideraciones tácticas. Deseábamos en gran medida que el sector privado se pusiera al frente del rescate de Lehman, ya a través de una adquisición, ya formando un consorcio de empresas privadas. Pero el sector privado no tenía muchos incentivos para correr con los gastos de una solución si estaba seguro de que el gobierno acabaría por intervenir. De ahí la necesidad de mostrarnos duros. Finalmente, las declaraciones de Hank eran incorrectas hasta cierto punto; los préstamos del Fed no eran los únicos fondos del gobierno disponibles.

Hacer un préstamo habría sido una decisión de la Reserva Federal —no de Hank o del Departamento del Tesoro—, si se hubiera considerado viable hacer un préstamo lo bastante grande para salvar a la empresa.

Cuando declaramos ante el Congreso inmediatamente después de la caída de Lehman, Paulson y yo fuimos deliberadamente ambiguos al hablar de si podríamos haberla salvado. Mencionamos el detalle, cierto aunque en definitiva irrelevante, de que las empresas financieras tuvieron más tiempo para prepararse para la caída de Lehman que para la quiebra de Bear Stearns. Pero nos habíamos puesto de acuerdo en ser ambiguos porque nos preocupaba sobremanera que admitir nuestra incapacidad de salvar a Lehman dañase la confianza de los mercados y aumentase la presión sobre otras empresas vulnerables. En la actualidad me pregunto si deberíamos haber sido más claros, y no solo porque la ambigüedad ha fomentado el punto de vista erróneo de que podríamos haber salvado a Lehman. En aquella época teníamos buenos motivos para preocuparnos por las fugas de capital en Goldman Sachs y Morgan Stanley, y posiblemente en otras empresas también. Sin embargo, nuestra reserva al hablar de los motivos de la caída de Lehman creó cierta confusión sobre los criterios que se aplicarían en futuros rescates. ¿Habría sido mejor para la confianza de los mercados que hubiéramos admitido nuestra incapacidad para salvar a la empresa? ¿O fue mejor mantener la ambigüedad, tal como hicimos, lo que sugería que aún teníamos la capacidad para llevar a cabo otras intervenciones en el futuro? No lo sé.

Mientras hacíamos todo lo posible por salvar a Lehman, temí que evitar la caída de la empresa solo serviría para retrasar lo inevitable. Hoy estoy seguro de que mis instintos fueron correctos. En el fin de semana de Lehman, la capacidad del Fed para seguir rescatando a grandes empresas financieras, por sí mismo o con el apoyo del Congreso, estaba llegando rápidamente a su fin. Como Bill Dudley había recalcado ante el FOMC, el balance del Fed no se podía expandir indefinidamente sin poner en peligro nuestra capacidad de poner en práctica políticas monetarias. Y lo que era más importante: la tolerancia de los políticos para lo que la antigua coautora de Milton Friedman, Anna Schwartz, llamaba las operaciones «poco escrupulosas» del Fed, había llegado a su límite. Por resumir, incluso si hubiera sido posible de algún modo que el Fed hubiera salvado a Lehman por su cuenta, y quizá incluso a AIG, no habríamos tenido ni la capacidad ni el apoyo político para acometer nuevos rescates financieros en el futuro.

Incluso mientras llegábamos al límite de nuestros recursos, la debilidad del sistema, cada vez más evidente —pérdidas por llegar, falta de capital, disipación de la confianza—, iba mucho más lejos que Lehman. Estados Unidos había sufrido varias temporadas de huracanes muy malas en los años anteriores, y en el fin de semana de Lehman me imaginé una serie de huracanes que se acercaban a la costa, uno detrás de otro. Pero esos huracanes, en vez de llamarse Katrina o Rita o Gustav, se llamaban AIG y Merrill Lynch y Morgan Stanley y Goldman Sachs y Washington Mutual y Wachovia y Bank of America y Citigroup y... ¿Cómo podía esperar el Fed manejar en solitario esa crisis colosal, sin herramientas y sin apoyo político? Como dije en las teleconferencias en el fin de semana de Lehman, teníamos que dejar de engañarnos: había llegado el momento de acudir al Congreso. Sencillamente, no había precedentes históricos de resolución de crisis financieras de esta magnitud sin una cantidad importante de dólares del contribuyente y la voluntad política de asumir el esfuerzo.

Al final resultó que incluso el riesgo de una catástrofe económica y financiera de las que tienen lugar una vez al siglo no fue suficiente para que muchos miembros del Congreso se alzaran por encima de la ideología y los intereses políticos cortoplacistas. A pesar del caos que siguió a la caída de Lehman y sus evidentes efectos en la economía, el Congreso necesitó más de dos semanas y dos intentos para aprobar leyes que al final proporcionarían el dinero necesario para detener la crisis. Parecía bien claro que el Congreso nunca habría actuado de no haber caído alguna gran empresa, con los daños al sistema que acarreó. En ese sentido, que se produjera un episodio del tipo de Lehman fue probablemente inevitable.

Si, con el tiempo, los historiadores admiten que salvar a Lehman no habría evitado caídas posteriores, que la crisis se intensificara, la recesión resultante y la necesidad de que el Congreso proporcionase cientos de miles de millones de dólares del contribuyente, entonces quizá será irrelevante la cuestión de si aquel fin de semana se habría podido salvar la empresa. Sin embargo, no quiero que se asiente la idea de que esa caída se podría haber evitado, y que fue consecuencia de una decisión política, por la sencilla razón de que no es cierto. Creíamos que la caída de Lehman sería extraordinariamente perjudicial. Hicimos todo lo que pudimos para evitarla. Esa misma lógica nos llevó a rescatar a AIG, donde (a diferencia del caso de Lehman) nuestras herramientas improvisadas demostraron ser adecuadas.

# 14

# ACUDIMOS AL CONGRESO

Los periódicos del miércoles 17 de septiembre informaron del rescate de AIG en sus portadas con un tamaño de letra generalmente reservado a las declaraciones de guerra. El mundo político y el mundo mediático trataban de entender los acontecimientos de los últimos días desde los presupuestos tradicionales, y las primeras interpretaciones no nos favorecieron. El lunes y el martes, la mayoría de los editorialistas y economistas habían apoyado la decisión de dejar caer a Lehman sobre la base de que actuábamos por principios. Por lo tanto, muchos consideraron la decisión subsiguiente sobre AIG como una incoherencia, y no como lo que era: una respuesta distinta ante circunstancias distintas.

Incluso economistas que solían mostrar buena disposición ante el Fed entonaron críticas. «El gobierno ha trazado una línea roja con Lehman y ahora ha borrado parte de esa línea», dijo Vincent Reinhart, exdirector de la División de Política Monetaria del Consejo, donde habíamos escrito juntos varios ensayos. Adam Posen, otro colega con el que había firmado algunos trabajos y que con el paso del tiempo sería una paloma con altas responsabilidades en el Banco de Inglaterra, escribió lo siguiente: «Son noticias pésimas y sientan un confuso precedente. AIG llevaba meses perdiendo capital y liquidez. Cualquiera en su sano juicio habría salido de ella». Marvin Goodfriend, profesor de Carnegie Mellon, execonomista en el Fed de Richmond y un hombre a quien yo conocía bien, dijo lo siguiente: «El Fed carece de reglas y está tratando de fijarlas en mitad del partido». Yo estaba seguro de que habíamos tomado la decisión correcta, pero la reacción hostil de diversos observadores informados me puso sobre aviso. Nos iba a costar mucho convencer al Congreso, a los medios y al público. Además me sentí decepcionado al ver que algunas personas a las que conocía o con las que había trabajado, como las tres mencionadas, no parecían dispuestas a darnos el beneficio de la duda.

Los políticos, como siempre, trataban de tenerlo todo a la vez. Por una parte, sabían que los rescates eran sumamente impopulares, y muchos hicieron todo lo que pudieron para aprovechar (y reforzar) la idea de que el Tesoro y el Fed ponían los intereses de Wall Street por encima de los intereses de los ciudadanos. Jim Bunning comparó —desfavorablemente— el Fed con Hugo Chávez, el dictador socialista. Una noticia de Dow Jones reflejaba el ambiente: «Al menos por un día en este año de elecciones, los demócratas y los republicanos del Capitolio parecen haber enterrado el hacha de guerra. En la cabeza de Ben Bernanke». Por otro lado, legisladores más perspicaces como Barney Frank comprendieron que ellos mismos podían verse pronto en la tesitura de adoptar algunas decisiones impopulares, así que fueron más precavidos en sus comentarios. (Pese a todo, como siempre, Barney no se resistió a dejar de hacer una broma. En una comparecencia celebrada unos días después, propuso que el lunes 15 de septiembre —el día posterior a la caída de Lehman y anterior al rescate de AIG— se convirtiera en el «Día del Libre Mercado»: «El compromiso nacional con el libre mercado ha durado un solo día —dijo Barney—. El lunes».)

En el mundo financiero, los mercados de financiación a corto plazo apenas funcionaban. Los bancos se dedicaban a acaparar dinero en lugar de conceder préstamos, y las retiradas de capital de los fondos del mercado monetario se aceleraban, en especial de los llamados fondos prime, que invierten en diversas clases de activos, especialmente activos a corto plazo, incluido papel comercial emitido por entidades financieras y no financieras. Mucho del dinero que huía de los fondos prime pasaba a fondos del mercado monetario que invertían exclusivamente en letras del Tesoro y otras obligaciones del Estado consideradas ultraseguras. En las tres semanas que mediaron entre el 10 de septiembre y el 1 de octubre, 439.000 millones de dólares huyeron de los fondos prime y 362.000 se movieron a fondos exclusivamente estatales, un giro sin precedentes.

El 17 de septiembre llegué al trabajo sobre las siete de la mañana. Después de un desayuno programado con mucha antelación con

Connie Mack, congresista por Florida, bisnieto y tocayo del famoso entrenador del equipo de béisbol Philadelphia Athletics, informé a una serie de colegas del Fed y de otros ámbitos sobre el rescate de AIG. A las diez menos cuarto, con la presencia de Don Kohn, Kevin Warsh y Tim Geithner, hablé por teléfono con los gobernadores del Banco de Canadá (Mark Carney), el Banco de Inglaterra (Mervyn King), el Banco Central Europeo (Jean-Claude Trichet) y el Banco de Japón (Masaaki Shirakawa). A todos ellos les complació escuchar que, tras la debacle de Lehman, habíamos logrado evitar el colapso de AIG. Coincidimos en que había que evitar a toda costa la caída descontrolada de otra gran entidad financiera globalizada. Expresé mi confianza —tal vez mayor de la que en realidad sentía— en que el acuerdo con AIG funcionaría.

Las repercusiones de la caída de Lehman y del casi colapso de AIG estaban golpeando a los mercados financieros de todo el mundo, y todos los gobernadores habían incrementado los empréstitos concedidos por los bancos centrales en un intento de calmar el pánico. En aquella llamada también confirmamos que la ampliación de las líneas de permutas de divisas aprobada por el FOMC el martes sería anunciada conjuntamente durante la apertura de la sesión en Europa el jueves. Les dije a mis homólogos que apreciaba su apoyo. Aquello eran más que simples palabras. Cada uno de nosotros era plenamente consciente de las responsabilidades a las que nos enfrentábamos y de las dificultades políticas y mediáticas que nos esperaban. Sabíamos que haríamos frente a esos retos con mayor eficacia si trabajábamos juntos que si cada uno actuaba por su cuenta.

Después de aquella conversación telefónica, por sugerencia de Michelle Smith me reuní con el FOMC por videoconferencia. Durante toda la mañana Michelle había oído las quejas de algunos presidentes de los Bancos de la Reserva Federal, deseosos de obtener más información. La prensa los asediaba a llamadas, los miembros de sus consejos no paraban de hacerles preguntas y ellos necesitaban respuestas. Expliqué los términos del préstamo a AIG y las razones para concederlo. Tim y Bill Dudley también hicieron comentarios y respondieron preguntas. Calibrar la reacción de los presidentes no siempre me resultaba sencillo. La mayoría parecía comprender que momentos extraordinarios justificaban medidas extraordinarias, pero algunos manifestaron su inquietud ante una estrategia que les parecía incoherente y ante las consecuencias políticas que empezaba a acarrear para el Fed.

Como es competencia del Consejo decidir si invoca o no la Sección 13(3) para conceder préstamos de emergencia, era perfectamente apropiado —y necesario desde un punto de vista práctico— informar a los presidentes de todos los detalles. Sin embargo, durante la videoconferencia noté una tensión con la que tuvimos que convivir a lo largo de toda la crisis: yo quería contar con todos los colegas que fuera posible, para escuchar sus consejos y reforzar la confianza. Pero durante esta fase de la crisis, la más intensa de todas, como mínimo, la necesidad de actuar rápido a menudo primó sobre la conveniencia de realizar consultas más amplias.

Después del almuerzo, a sugerencia de Michelle, atendí llamadas de los medios. Si íbamos a defender nuestra causa ante el tribunal de la opinión pública, teníamos que contar nuestra perspectiva de la historia. Por lo general dediqué la mayor parte del tiempo a hablar con periodistas que solían escribir con regularidad sobre el Fed, y entre los que se contaban Jon Hilsenrath del *Wall Street Journal*, Greg Ip del *Economist*, Krishna Guha del *Financial Times*, Neil Irwin del *Washington Post*, John Berry de Bloomberg, Steve Liesman de la CNBC y Ed Andrews del *New York Times*. Yo sabía que estos reporteros especializados estaban más capacitados para entender y explicar lo que estábamos haciendo y las razones que nos movían. Otros medios se harían eco de sus informaciones.

Eso no significaba que aquellos periodistas creyeran a pies juntillas lo que decíamos. David Wessel, director y columnista del *Wall Street Journal*, me dijo en cierta ocasión que si un periodista hacía bien su trabajo, las autoridades sobre las que informaba se sentían aliviadas cuando le asignaban otro puesto. Algunos de los periodistas con los que traté durante el curso de los años habrían encajado perfectamente con el criterio de Wessel. Pero en general creo que nuestro mensaje fue juzgado de manera justa. Las historias imprecisas y las opiniones injustificadas solían proceder de periodistas que por lo habitual no informaban del Fed y cuyos conocimientos eran más limitados.

Durante todo el miércoles prestamos especial atención a Goldman Sachs y Morgan Stanley. Como eran los dos únicos bancos de inversión autónomos que se mantenían en pie, fueron objeto de un intenso escrutinio y especulación. Las dos entidades tenían franquicias más fuertes y balances más sólidos que Bear Stearns, Lehman y Merrill Lynch. Pero, como el resto de entidades, tenían que encontrar financiación a diario para financiar sus posiciones en valores y para satisfacer las demandas de garantías. Como ahora se aprecia con claridad, los prestamistas, los clientes y las contrapartes eran reacios a tratar con una compañía de cuya solidez dudaban. Si la confianza en las entidades seguía menguando, podíamos llegar a ver el equivalente a una retirada masiva de fondos en una o en las dos.

Goldman y Morgan Stanley contaban con un largo historial a sus espaldas. Goldman había sido fundada en 1869 en Lower Manhattan por Marcus Goldman, el hijo de un judío de Baviera dedicado a la trata de ganado. En 1882, Goldman introdujo en la empresa a su yerno Samuel Sachs, y la compañía floreció con la llegada del nuevo siglo. Goldman Sachs estuvo a punto de quebrar a consecuencia del crac bursátil de 1929, pero se recuperó bajo la dirección de Sidney Weinberg, quien, después de abandonar la escuela, con dieciséis años, había empezado a trabajar en Goldman como conserje.

Durante mucho tiempo se había asociado a Goldman con el poder político. Sus críticos la apodaban «Gobierno Sachs». Sidney Weinberg era confidente de Franklin D. Roosevelt, y se dice que los presidentes Eisenhower y Johnson siguieron sus recomendaciones en el nombramiento de sus secretarios del Tesoro. Bob Rubin, secretario del Tesoro con el presidente Clinton, había sido un alto ejecutivo de Goldman, al igual que Hank Paulson. En el mundo de la banca central, Mario Draghi (gobernador del Banco de Italia y posteriormente presidente del BCE), Mark Carney (gobernador del Banco de Canadá y posteriormente del Banco de Inglaterra) y Bill Dudley (responsable de mercados en el Fed de Nueva York y posteriormente presidente de esta institución) también habían sido hombres de Goldman. Gary Gensler, director de la Agencia Reguladora de los Mercados de Futuros sobre Materias Primas en aquella época, también había trabajado en Goldman. No es de extrañar que aquella cercanía despertara inquietud sobre la posibilidad de que se produjera una influencia indebida. Lo entiendo perfectamente. Por otro lado, no parece razonable esperar que las agencias estatales regulen los mercados y las industrias si no cuentan en sus filas con personas que conozcan los mercados o las industrias desde dentro. Solo puedo decir que los exempleados de Goldman con los que yo trabajé no solo aportaron grandes conocimientos financieros a sus tareas de gobierno, como cabría esperar, sino que mostraron un decidido compromiso con el interés público.

Lloyd Blankfein, el actual director general de Goldman, y yo habíamos cursado al mismo tiempo nuestros estudios en Harvard, aunque solo nos conocimos de pasada. Posteriormente, Blankfein se graduó en Derecho también en Harvard y, después de algunos años dedicado profesionalmente a la abogacía, fue a trabajar a la filial de Goldman en Londres como vendedor de metales preciosos. Había crecido en una casa de protección oficial de Brooklyn; su padre clasificaba el correo en una oficina postal y su madre era recepcionista en una empresa de alarmas antirrobos. Durante mi época como presidente me reuní con Blankfein ocasionalmente para hablar sobre cuestiones relacionadas con Goldman y escuchar sus opiniones sobre los mercados y la economía. Lloyd era indudablemente un hombre muy brillante, y sus ideas sobre las evoluciones del mercado me resultaban de especial utilidad. Dicho eso, evité a propósito mantener relaciones personales con nadie de Wall Street, no solo por las responsabilidades reguladoras del Fed, sino también para que no me influyera el pensamiento de grupo que a menudo parecía desarrollarse en los centros del poder financiero.

Morgan Stanley nació de la escisión de JPMorgan & Company en 1935, después de que la aprobación de la Ley Glass-Steagall obligara a la separación de la banca comercial (que emite empréstitos) y de la banca de inversión (que suscribe valores de renta variable y de renta fija). El nieto de J. P. Morgan, Henry Morgan, y Harold Stanley, socio de J. P. Morgan, prestaron su nombre a la nueva firma, que ingresó rápidamente en las filas de la élite de Wall Street. En 1997, alejándose de su actividad tradicional, la firma se fusionó con el minorista de corretaje Dean Witter Reynolds, adquiriendo en el proceso la franquicia de tarjetas de crédito Discover. Pero Morgan siguió en el negocio de la suscripción y negociación de valores. En 1998 se convirtió en la mayor empresa de valores de Estados Unidos por valor de mercado, aunque sus ganancias se recuperaron más lentamente del crac tecnológico que las de otras firmas. Después de una serie de luchas por el poder, John Mack, un veterano ejecutivo de Morgan Stanley, fue nombrado director general en 2005.

Mack, el sexto hijo de una familia de inmigrantes libaneses (el nombre original de la familia era Makhoul), se crio en Mooresville, Carolina del Norte, donde su padre dirigía un colmado. Estudió en la Universidad Duke gracias a una beca de fútbol americano. La industria consideraba a Mack un hombre agresivo y carismático, y en el periodo anterior a la crisis incrementó los beneficios de Morgan Stanley asumiendo más riesgos y más deuda. Kevin Warsh, que había empezado trabajando para Morgan Stanley, seguía de cerca los movimientos de la empresa y nos mantenía informados al respecto.

Entretanto, los problemas de Washington Mutual estaban dando lugar a una crisis. Llevaba meses en el corredor de la muerte, pero una serie de desacuerdos entre la Oficina de Control del Ahorro (OTS) y la Corporación Federal de Seguro de Depósitos (FDIC) había retrasado la resolución. La presidenta de la FDIC, Sheila Bair, presionaba para que WaMu se vendiera, pese a la firme resistencia de la OTS, que consideraba que la compañía era capaz de valerse por sí sola. El comprador más probable parecía JPMorgan Chase, pero otras empresas también habían manifestado su interés. Todo indicaba que las negociaciones concluirían durante el fin de semana.

Los informes sobre Wachovia también eran preocupantes. La entidad llevaba años arrojando malos resultados. En junio, el consejo de administración había destituido a su director general, Ken Thompson. Ken, un hombre inteligente y sociable natural de Rocky Mount (Carolina del Norte), donde había sido una estrella del deporte en los tiempos de instituto, había trabajado en el banco durante toda su vida, desde que hacía treinta y cuatro años había entrado a formar parte de una entidad predecesora, First Union Corp. Conocí a Thompson cuando era miembro del Consejo Consultivo Federal, y me pareció una persona informada y capacitada. Sin embargo, había cometido el mismo error que muchos de sus colegas: exponer al banco a un gran número de préstamos hipotecarios de riesgo. En 2006, Wachovia adquirió Golden West Financial Corporation por

25.000 millones de dólares y heredó una cartera formada principalmente por hipotecas residenciales de baja calidad. Golden West había popularizado las hipotecas a tipo variable, una opción que permite al prestatario reembolsar cantidades tan pequeñas inicialmente que el saldo del préstamo puede aumentar en lugar de disminuir. La fusión de Wachovia con Golden West y la adquisición de Countrywide por parte de Bank of America presentaban similitudes asombrosas. Wachovia también había ampliado extraordinariamente los préstamos para inmuebles comerciales y los créditos a la construcción. Pero se acumulaban las pérdidas y los recortes, y Wachovia no podía hacer nada para impedir que su financiación no asegurada se esfumase.

Me estaba cansando de solucionar los problemas uno a uno. Necesitábamos una solución integral para la crisis, y para ello había que pedir al Congreso dinero de los contribuyentes. Yo había insistido al respecto en una serie de llamadas que había realizado durante el fin de semana a propósito de Lehman y AIG. El miércoles por la tarde, en una llamada en la que hablé con Hank, Tim y Chris Cox, de la SEC, entre otras personas, insistí sobre aquello. El Fed no se bastaba con sus propios recursos. Las perspectivas indicaban que muchas grandes entidades financieras, y de hecho todo el sistema económico y financiero, estaban en grave peligro. Si queríamos obtener la autoridad necesaria, la potencia fiscal y la legitimidad democrática para poner fin a la crisis y evitar un desenlace fatal, teníamos que acudir al Congreso.

Al principio, Hank no estuvo de acuerdo. Sabía que él y su equipo tendrían que encabezar el esfuerzo para desarrollar una propuesta legislativa y vendérsela al Congreso. No sería tarea fácil. Los rescates habían enfurecido a los votantes y, por lo tanto, a los políticos. Main Street todavía no había notado todos los efectos de las dificultades de Wall Street. Pero las alternativas parecían todavía peores. Para la mañana del jueves, Hank se había convencido de que no podíamos contener la crisis sin ayuda, y accedió a buscar los recursos legales necesarios.

Mientras tanto, Chris Cox quería prohibir la venta en corto de acciones de empresas financieras. John Mack, como Dick Fuld en

En la sala Roosevelt de la Casa Blanca, el 14 de octubre de 2008. En el lado más alejado de la mesa, de izquierda a derecha, John Dugan, interventor monetario; Christopher Cox, presidente del SEC; Hank Paulson, secretario del Tesoro; yo; Sheila Bair, presidenta del FDIC, y Tim Geithner, presidente de la Reserva Federal de Nueva York. © Eric Draper, por cortesía de la Casa Blanca

El Marriner S. Eccles Building (Edificio Eccles), cuartel general del Consejo de Gobernadores del Sistema de la Reserva Federal de Washington, D.C. Se terminó de construir en 1937. © Britt Leckman, por cortesía de la Reserva Federal

El atrio de dos plantas del Edificio Eccles. Marriner Eccles presidió la Reserva Federal de 1934 a 1948. © Britt Leckman, por cortesía de la Reserva Federal

El 6 de febrero de 2006 juro mi cargo como sucesor de Alan Greenspan en la presidencia del Consejo ante su vicepresidente, Roger Ferguson, y en presencia del presidente Bush y de Anna, en el atrio del Edificio Eccles. © Kimberlee Hewitt, por cortesía de la Casa Blanca

El antiguo presidente de la Reserva Federal Paul Volker, de dos metros de altura, nos abraza a mí y a Alan Greenspan, presidente saliente, el 31 de octubre de 2005, en un comedor de la Reserva Federal, una semana después de que la Casa Blanca anunciara mi nombramiento como presidente. © Britt Leckman, por cortesía de la Reserva Federal

El Comité Federal de Mercado Abierto (FOMC) reunido alrededor de la mesa de caoba y granito negro del Consejo, de 8 × 3 metros, en marzo de 2009. En el lado más alejado de la mesa, de izquierda a derecha: Bill Dudley; Debbie Danker, secretaria delegada del FOMC; yo; Don Kohn; Kevin Warsh; Betsy Duke; Dan Tarullo; Richard Fisher, y Jim Bullard. De espaldas a la cámara, de izquierda a derecha, Brian Madigan, Nathan Sheets, Michael Leahy, Dave Stockton, Dave Reifschneider, Joe Gagnon y Bill Nelson, economistas en plantilla. © Britt Leckman, por cortesía de la Reserva Federal

En mi despacho con Michelle Smith, directora de comunicaciones de la junta, en mayo de 2010. © Mary F. Calvert / ZUMA Press / EFE

Trabajando en mi mesa, en febrero de 2013. © Britt Leckman, por cortesía de la Reserva Federal

En los escalones de entrada del Tesoro estadounidense, el 11 de abril de 2008, con, de izquierda a derecha, Masaaki Shirakawa, del Banco de Japón; Jean-Claude Trichet, del Banco Central Europeo; Mario Draghi, del Banco de Italia, y Mervyn King, del Banco de Inglaterra. © Brendan Smialowski / Getty Images

Charlando con Barney Frank, diputado por Massachusetts y presidente del Comité Parlamentario de Servicios Financieros, el 21 de julio de 2009. © Andrew Harrer / Bloomberg / Getty Images

Reunión con Chris Dodd, senador por Connecticut y presidente del Comité Bancario del Senado, en su despacho, el 6 de febrero de 2008. © Alex Wong / Getty Images

En el comedor de Tim Geithner, secretario del Tesoro, en noviembre de 2009.
© Dan Winters

De camino a una rueda de prensa en el Jardín de las Rosas de la Casa Blanca, el 19 de septiembre de 2008, con, de izquierda a derecha, el presidente Bush, Christopher Cox y Hank Paulson. Pocos minutos después, anunciaríamos la solicitud gubernamental de fondos de los contribuyentes para combatir la crisis financiera. © Win McNamee / Getty Images

Con Kevin Warsh, miembro del Consejo (centro) y Don Kohn, vicepresidente del Consejo, en la terraza que da al porche del Jackson Lake Lodge, en Wyoming, en agosto de 2008, durante el Simposio Económico del Banco de la Reserva Federal de Kansas City. © Andrew Harrer / Bloomberg / Getty Images

Con Stan Fischer, gobernador del Banco de Israel, en el Jackson Lake Lodge, en agosto de 2012. Stan fue mi director de tesis en el MIT. © Ted S. Warren / AP Photo

Con Hank Paulson ante el Comité Parlamentario de Servicios Financieros en el punto culminante de la crisis, el 24 de septiembre de 2008. © Charles Dharapak / AP Photo

Explicando la estrategia de la Reserva Federal con vistas a reducir su balance ante el Comité Parlamentario de Servicios Financieros, el 25 de marzo de 2010. Detrás, a la derecha, Michelle Smith, directora de comunicaciones, y a la izquierda, Dave Skidmore, responsable de relaciones mediáticas. © Manuel Balce Ceneta / AP Photo

El FOMC, en marzo de 2009. De pie, de izquierda a derecha, los presidentes de los Bancos de la Reserva: Bill Dudley, Eric Rosengren, Jim Bullard, Charlie Evans, Tom Hoenig, Richard Fisher, Gary Stern, Sandy Pianalto, Dennis P. Lockhart, Charlie Plosser, Jeff Lacker y Janet Yellen. Sentados, de izquierda a derecha, los miembros del Consejo de Gobernadores: Elizabeth Duke, Kevin Warsh, yo, Don Kohn y Dan Tarullo. © Britt Leckman, por cortesía de la Reserva Federal

Charlando con el presidente Obama antes de que anunciara mi nombramiento para un segundo mandato como presidente del Fed, en la Oak Bluffs Elementary School, en Martha's Vineyard (Massachusetts), el 25 de agosto de 2009. © Pete Souza, por cortesía de la Casa Blanca

Cuando suben los tipos de interés, los humoristas gráficos suelen identificar al presidente del Fed con el Grinch. En esta viñeta del *Indianapolis Star*, de 2008, se adopta el enfoque opuesto. Hacíamos todo lo posible por explicar la lógica que respaldaba nuestros extraordinarios esfuerzos para apoyar la economía. Viñeta editorial de Gary Varvel usada con el permiso de Gary Varvel y el Creators Syndicate, © derechos reservados

Sátira de los comentarios de Rick Perry, gobernador de Texas, en un acto de las primarias presidenciales del Partido Republicano en Iowa, en agosto de 2011. Perry dijo que «me trataría bastante mal cuando bajara a Texas» si el Fed continuaba apoyando la economía con una política monetaria estricta. © Nate Beeler, por cortesía de Cagle Cartoons

AT HOME WITH BEN BERNANKE

SIPRESS

"And if you think that every time you open your mouth around here everyone is going to dance to your tune, you've got another thing coming, Mr. Federal Reserve!"

Una viñeta de la revista *The New Yorker*, del 7 de octubre de 2013. En realidad, Anna se esforzaba por convertir nuestra casa en un oasis de las presiones del Fed, donde un simple lapsus podía hacer tambalear los mercados financieros. © David Sipress / *The New Yorker* / The Cartoon Bank

Una viñeta de octubre de 2008 subraya el profundo escepticismo público y político sobre los efectos que podrían tener los esfuerzos poco ortodoxos de la Reserva Federal por aplacar la crisis financiera y reactivar la economía. © Dave Granlund

Viñeta que acompañaba la columna de Paul Krugman en el *New York Times Magazine*, con el titular «Earth to Ben Bernanke» («La Tierra llamando a Ben Bernanke»), 24 de abril de 2012. © Kelsey Dake

Portada de la revista *Time* cuando me designaron «Persona del año», 28 de diciembre de 2009. *Time*, del 28/12/2009 al 04/1/2010 © Time Inc, 2009. Todos los derechos reservados. Usada con permiso y protegida por las leyes de propiedad intelectual de los Estados Unidos. Se prohíben la impresión, la copia, la redistribución y la retransmisión de este contenido sin permiso expreso por escrito. Time - Getty Images

Paseando con estudiantes después de una charla en la Universidad de Princeton, el 24 de septiembre de 2010, escoltado por el agente de seguridad Lou Harris, con insignia en la solapa, en el extremo izquierdo, y el agente al cargo Bob Agnew, con insignia en la solapa, justo a mi derecha. © Martin Griff / *The Times of Trenton* / AP Photo

Pronunciando la primera de cuatro conferencias sobre la Reserva Federal y la crisis financiera en la Universidad George Washington, el 20 de marzo de 2012. © Manuel Balce Ceneta / AP Photo

Respondiendo a una pregunta de un periodista en mi primera rueda de prensa, el 27 de abril de 2011. © Britt Leckman, por cortesía de la Reserva Federal

Con Maria Bartiromo, del CNBC, y Roger Ferguson, tras una charla en el Economic Club of New York, el 20 de noviembre de 2012. Roger era el presidente del club.
© Brian Stanton / The Economic Club of New York

*Mr Chairman*

*Thanks for Breakfast + the Visit*

*Ron Paul*

Con Ron Paul, diputado por Texas, tras un desayuno en el Consejo de la Reserva Federal, el 9 de mayo de 2012. Cortesía de Ron Paul

Manifestantes de Code Pink tras el estrado durante mi declaración por el rescate de AIG ante el Comité Parlamentario de Servicios Financieros, el 24 de marzo de 2009.
© Kevin Lamarque / Reuters

Scott Pelley, corresponsal de CBS News, me entrevista en un banco frente al edificio donde se encontraba la farmacia de mi familia, en la Main Street de Dillon (Carolina del Sur), el 7 de marzo de 2009. © CBS News / *60 Minutes*

A la derecha, mi abuelo, Jonas Bernanke, en la entrada de Jay Bee Drugs con el propietario de una tienda vecina en Main Street, Dillon (Carolina del Sur), a principios de la década de 1940. Colección particular. Archivo del autor

Jonas Bernanke, sentado, el segundo desde la derecha, posa con otros soldados austrohúngaros capturados por el ejército ruso en el campo de prisioneros de guerra Rasdolnoe, cerca de Vladivostok (Siberia), 1916. Colección particular. Archivo del autor

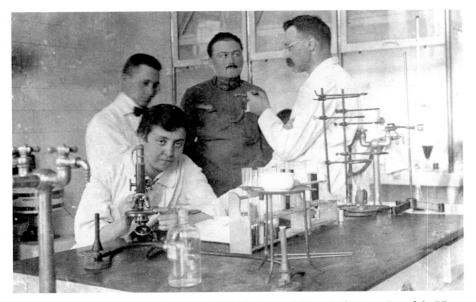

Mi abuela Pauline Bernanke (nacida Heiden) en el Hospital Franz Josef de Viena (Austria), en 1918. Estudiaba Medicina en la Universidad de Viena. Colección particular. Archivo del autor

La casa de la familia de mi abuela materna en Rozas (Lituania). Colección particular. Archivo del autor

Mis abuelos maternos, Herschel y Masia Friedman (posteriormente Harold y Marcia), probablemente a principios de la década de 1920. Colección particular. Archivo del autor

Mis padres, Philip y Edna Bernanke (nacida Friedman) en su boda, el 15 de junio de 1952, en Charlotte (Carolina del Norte). Colección particular. Archivo del autor

Mientras presidía el Fed, por motivos de seguridad, no se me permitía conducir. Lo echaba de menos. Colección particular. Archivo del autor

Mi foto en el anuario de 1975 de Harvard-Radcliffe.
Reproducción de las colecciones de los archivos de la Universidad de Harvard. Copyright 1975 Harvard Yearbook Publications

Anna y yo poco después de nuestra boda. Nos casamos el 29 de mayo de 1978 en Temple Israel, en Boston. Colección particular. Archivo del autor

De visita en casa de mis padres, en Dillon (Carolina del Sur), cuando era un joven catedrático. Colección particular. Archivo del autor

Enfrente de la Woodrow Wilson School of Public and International Affairs, de la Universidad de Princeton. Presidí el departamento de Economía de 1996 a 2002.
© Denise J. Applewhite, cortesía de la Universidad de Princeton

Estrechando la mano de Ryan Zimmerman, defensor de la tercera base de los Washington Nationals, antes del partido, el 7 de septiembre de 2012. Nos mira Adam LaRoche, defensor de la primera base. © Alex Brandon / AP Photo

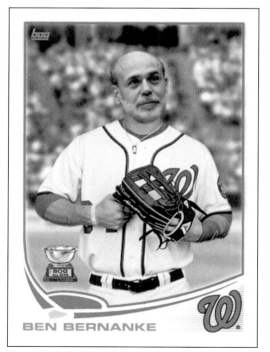

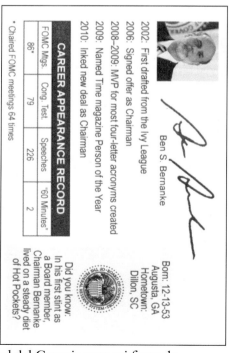

2002: First drafted from the Ivy League

2006: Signed offer as Chairman

2008–2009: MVP for most four-letter acronyms created

2009: Named Time magazine Person of the Year

2010: Inked new deal as Chairman

| CAREER APPEARANCE RECORD | | | |
|---|---|---|---|
| FOMC Mtgs. | Cong. Test. | Speeches | "60 Minutes" |
| 86* | 79 | 226 | 2 |

* Chaired FOMC meetings 64 times

Ben S. Bernanke

Born: 12-13-53
Augusta, GA
Hometown:
Dillon, SC

Did you know:
In his first stint as
a Board member,
Chairman Bernanke
lived on a steady diet
of Hot Pockets?

BEN BERNANKE

Cromo de béisbol falso elaborado por el personal del Consejo para mi fiesta de despedida, celebrada el 30 de enero de 2014. © Britt Leckman, por cortesía de la Reserva Federal

Posando con mis invitados antes de la cena de despedida de Tim Geithner, secretario del Tesoro, el 17 de enero de 2013, en el Consejo de la Reserva Federal. De izquierda a derecha, Alan Greenspan, Bob Rubin, Tim, Paul Volcker, yo, Hank Paulson, Don Kohn y Larry Summers. © Britt Leckman, por cortesía de la Reserva Federal

Janet Yellen, Paul Volcker, Alan Greenspan y yo en la ceremonia conmemorativa de la Ley de Reserva Federal, el 16 de diciembre de 2013, en la sala de juntas. © Mark Wilson / Getty Images

Con el presidente Obama, el 5 de febrero de 2013, en el Despacho Oval, cuando decliné el nombramiento para un tercer mandato como presidente del Fed.
© Pete Souza, por cortesía de la Casa Blanca

Mi última reunión del Consejo, el 27 de enero de 2014. De pie frente a la mesa, de izquierda a derecha, Bob Frierson, secretario del Consejo; Janet Yellen y Dan Tarullo.
© Britt Leckman, por cortesía de la Reserva Federal

El presidente Obama aplaude tras anunciar el nombramiento de Janet Yellen como próxima presidenta del Consejo de la Reserva Federal, en el Comedor del Estado de la Casa Blanca, el 9 de octubre de 2013.
© Pablo Martínez Monsivais / AP Photo

Anna y yo en una ceremonia de despedida en el atrio del Edificio Eccles, el 30 de enero de 2014. © Britt Leckman, por cortesía de la Reserva Federal

Los trabajadores del Consejo abarrotan la planta baja del atrio para la recepción que siguió a la ceremonia. © Britt Leckman, por cortesía de la Reserva Federal

Saliendo por última vez del despacho del presidente de la Reserva Federal, el 31 de enero de 2014. © Saul Loeb / AFP / Getty Images

Lehman antes que él, se había quejado de que la venta en corto amenazaba con desestabilizar su compañía. Si prohibíamos esa práctica, sostenía Cox, eliminaríamos una de las amenazas que pesaban sobre las compañías sometidas a presión.

Paulson parecía dispuesto a apoyar a Cox. Yo tenía mis dudas. La venta en corto forma parte de los mecanismos por los que un mercado sano determina los precios. Un operador que es optimista sobre una empresa compra sus acciones. Vender en corto acciones de una empresa es una forma de que las voces pesimistas expresen su opinión. En ocasiones, los vendedores en corto son los tiburones del océano financiero: prosperan a fuerza de atacar a las compañías más débiles. En condiciones normales, eso es sano para el ecosistema: permite que los precios de las acciones reflejen un amplio abanico de opiniones. Por otro lado, no vivíamos unos tiempos normales. Quería pensármelo. Me gustó enterarme por aquella llamada de que Mack estaba en conversaciones con el fondo soberano chino para que volviera a invertir, después de haberlo hecho en diciembre de 2007, y con un banco chino. Obtener capital sería la mejor forma de que Morgan Stanley recuperase la confianza del mercado.

El jueves 18 de septiembre fue otro día duro, pero al final resultó ser un punto de inflexión. De forma poco propicia, empezó en la consulta de un gastroenterólogo. El médico se preguntaba si mis problemas de estómago no podían estar causados por el estrés. Más alentador fue un correo de Bill James, el genio estadístico del béisbol, que me transmitió Chuck Blahous, un asesor económico de la Casa Blanca. «Dile a Ben que se mantenga firme —escribía James—. En algún momento, la gente que dice que las cosas no pueden ir a peor TIENE que tener razón.»

La ampliación de las líneas de permutas de divisas con otros grandes bancos centrales había sido anunciada. En total, sumando los límites de todas las permutas, estábamos dispuestos a ofrecer casi 250.000 millones de dólares para calmar a los mercados de financiación en dólares de todo el mundo.

Las llamadas al Tesoro y a la SEC coparon la mañana y parte de la tarde. Cox volvió a insistir en la posibilidad de prohibir las ventas en corto de acciones financieras. La presión sobre los precios de las acciones de Morgan, Goldman y otras empresas parecía crecer, y lo más probable era que en parte procediese de los vendedores en corto. Aunque aún tenía mis dudas, accedí a no oponerme a una prohibición temporal. Cox plantearía la idea ante su comisión para debatirla.

Hablamos largo y tendido sobre los fondos de los mercados monetarios. Incluso algunos de los fondos de los mercados monetarios más grandes y conocidos estaban informando de importantes salidas de capital. Aquella retiradas podían infligir un grave daño económico, no solo avivando el pánico del mercado, sino también porque muchas grandes corporaciones dependían de fondos del mercado monetario para comprar su papel comercial. La salida de estos fondos perjudicaría la capacidad de empresas como General Electric o Ford para financiar sus operaciones diarias. Nos estaban llegando ya noticias de que solo las empresas con mejores calificaciones podían vender papel comercial, e incluso en esos casos únicamente a plazos de uno o dos días. Entretanto, las firmas excluidas (o a las que les preocupaba quedar excluidas) del mercado del papel comercial reducían sus líneas de crédito bancarias, lo que metía más presión a los bancos cortos de liquidez y los dejaba en menor disposición aún de prestar a otros clientes. El caos financiero empezaba a tener efectos claros y demostrables sobre la parte no financiera de la economía, amenazando la producción y el empleo.

Había que detener la hemorragia. El Consejo, el Fed de Nueva York y el Fed de Boston habían estado trabajando en un nuevo instrumento para proveer a los fondos del mercado monetario el dinero que necesitaban para pagar a sus inversores. Pero la operación era compleja desde un punto de vista técnico y legal. En lugar de prestar directamente a los fondos del mercado monetario, prestaríamos a los bancos con unas condiciones favorables, pero solo si se comprometían a comprar papel comercial respaldado por activos menos líquidos en los fondos del mercado monetario, que representaban una parte importante de los activos incluidos en sus carteras. Era una manera de hacerles llegar dinero sin transgredir las restricciones legales que impedían al Fed comprar valores directamente a los fondos del mercado monetario.

En la llamada de aquella mañana, Paulson propuso además utilizar el Fondo de Estabilización Cambiaria del Tesoro para garantizar los fondos del mercado monetario, de forma similar a como la FDIC garantiza los depósitos bancarios ordinarios. Si los inversores en los fondos creían que su dinero estaba a salvo, no tendrían razón alguna para retirarlo. Me pareció una idea excelente. El Fondo de Estabilización Cambiaria había sido creado durante la Depresión para permitir que el Tesoro controlara el valor del dólar en los mercados de divisas. (Si el Tesoro quería contener un rápido incremento en el valor del dólar, por ejemplo, vendería dólares y compraría euros o yenes, con lo que incrementaría la oferta de dólares. Si necesitaba ralentizar una bajada del valor del dólar, vendería euros o yenes para comprar dólares.) Aunque lo que Paulson proponía no era una intervención en el mercado de divisas, el fondo había sido utilizado en el pasado con propósitos que tan solo tenían una conexión indirecta con el control del valor del dólar. En especial, se utilizó en 1995, en tiempos del presidente Clinton, cuando Bob Rubin y Larry Summers estaban al frente del Departamento del Tesoro, para prestar 20.000 millones de dólares a México y ayudarle a estabilizar el desplome del peso.

Como los fondos del mercado monetario mantienen muchos activos extranjeros —son una de las grandes fuentes de financiación en dólares para los bancos europeos— no sería difícil argumentar que detener las retiradas de capital de los fondos del mercado monetario contribuiría a estabilizar el dólar. Por otro lado, es probable que el plan de Paulson no conllevara gastos o préstamos reales. Si la salvaguarda devolvía la confianza a los inversores, la retirada debía cesar sin que del fondo de estabilización hubiera salido un solo dólar. De hecho, como a los fondos del mercado monetario se les cobraba una prima por el seguro, el Tesoro obtendría beneficios con el programa.

Seguimos hablando de lo que debíamos pedir al Congreso. Por aquel entonces, todo el mundo estaba de acuerdo en que la crisis había alcanzado unas dimensiones demasiado grandes para que el Fed y el Tesoro pudieran hacerle frente si el Congreso no asignaba fondos. Pero en el caso de que el Congreso accediera, ¿cuál era el mejor uso que se podía dar al dinero? Históricamente, los gobiernos han puesto fin a las crisis bancarias inyectando capital (es decir, comprando acciones) en las entidades viables, los llamados bancos buenos. En algunos casos, los bancos problemáticos se han convertido en bancos buenos separando sus activos tóxicos en unos vehículos creados ex profeso: los bancos malos. Los bancos malos se financiaban de forma independiente y, con el paso del tiempo, vendían sus préstamos de baja calidad. Yo me inclinaba por esa solución, haciendo además que el gobierno invirtiera directamente en los bancos a cambio de acciones recién emitidas. Parecía la forma más sencilla y directa de devolver la solvencia al sistema bancario, proporcionar seguridad a los inversores y al público, y promover que el crédito fluyera a las familias y las empresas.

Dejando al margen la lógica económica de inyectar capital público en entidades financieras, Hank tenía fuertes reservas. Temía que el hecho de que el Estado fuera en parte propietario de los bancos tuviera un aire comunista, o que hiciera pensar que se trataba de más rescates, y por lo tanto fuera un imposible político. En particular creía que los republicanos de la Cámara de Representantes jamás aceptarían un plan en el que parecía que el Estado absorbía bancos. Acudir al Congreso con una propuesta únicamente para que este la tumbara destruiría la confianza del mercado. También le preocupaba que proponer inyecciones de capital estatal desatara el pánico entre los accionistas de las entidades bancarias. Temerían que sus participaciones se diluyeran, o incluso que fueran expropiadas en el caso de que las inyecciones de capital público se convirtieran en el primer paso hacia la nacionalización, es decir, la completa absorción de los bancos por parte del Estado. La dureza con que habíamos tratado a los accionistas de Fannie, Freddie y AIG no tranquilizaría precisamente a los accionistas de los bancos que se enfrentaban a lo que podrían considerar que era el preludio de una absorción por parte del Estado. Si los accionistas se asustaban y vendían sus acciones, los precios de estas caerían, con lo que quedaría descartada cualquier posibilidad de conseguir nuevo capital del sector privado. Por último, a Hank le preocupaba —como a todos nosotros— la posibilidad de que a unos bancos parcial o totalmente nacionalizados les resultara difícil volver a ser rentables y recuperar su condición de empresas privadas.

En su lugar, Paulson proponía utilizar los fondos asignados para comprar activos tóxicos de los bancos, es decir, aplicar una estrategia de banco bueno-banco malo a todo el sistema. Creía que las compras estatales de activos tóxicos no solo sacarían esos activos del sistema, sino que pondrían un colchón debajo de los precios de los activos similares que los bancos mantuvieran en sus libros. Ese colchón fortalecería a los bancos y les ayudaría a conseguir más fácilmente capital de inversores privados. La idea tenía sus orígenes en un memorándum del personal del Tesoro titulado «Plan de recapitalización bancaria "Romper el cristal"». El memorándum, que circuló discretamente en abril, examinaba diversas estrategias de estabilización bancaria pero se centraba en la posibilidad de comprar 500.000 millones de dólares en valores respaldados por hipotecas de instituciones financieras mediante subastas. Se contrataría a gestores de activos profesionales para que administraran los valores comprados y para que en última instancia los revendieran a inversores privados, con el objetivo de conseguir la mejor rentabilidad para los contribuyentes.

El memorándum era un estudio útil, pero falto de detalle, sobre todo en lo tocante a cómo decidir qué activos debía comprar el Estado y cuánto debía pagar por ellos. A partir de él, los economistas de la Reserva Federal estudiaron más a fondo diversas clases de programas de compra de activos. Les preocupaba la posibilidad de que la compra de activos fuese complicada y que su desarrollo e implementación llevara mucho tiempo. Además eran incapaces de encontrar un precedente en anteriores crisis financieras que pudiera servir de modelo. Durante la crisis bancaria sueca de la década de 1990, a menudo citada como ejemplo de respuesta política acertada, el Estado había comprado activos tóxicos, pero había complementado esa medida con inyecciones de capital nuevo en los bancos.

Sin embargo, yo entendía las razones por las que Hank prefería ese enfoque; y creía que, como Hank sería el encargado de convencer al Congreso para que actuara, sus opiniones merecían cierta deferencia. Si una cosa había aprendido en Washington era que ningún programa económico podía tener éxito —por impecable que fueran los argumentos que lo apoyaran— si no era políticamente factible. Por otro lado, si las compras de activos elevaban los precios de los activos tóxicos, como creía yo, el sistema quedaría indirectamente recapitalizado. Y lo más importante: Hank me aseguró que la autoridad para comprar los activos sería objeto de una redacción lo bastante amplia para permitir al Estado comprar acciones de los bancos —es decir, para inyectar capital público, que era mi enfoque preferido— si aquella resultaba ser la mejor solución.

Teníamos un plan; el siguiente paso era venderlo. A las tres y media de la tarde, Paulson, Cox y yo volvimos a reunirnos con el presidente Bush en la Sala Roosevelt de la Casa Blanca, junto con miembros del personal de la Casa Blanca y otras agencias. Me acompañaba Kevin Warsh. Cuando todo el mundo estuvo presente, el presidente entró desde el Despacho Oval y se sentó en su lugar habitual, en mitad de la larga mesa. Los participantes se habían sentado ya en el lugar que indicaban las tarjetas. Estoy bastante seguro de que el presidente conocía a todo el mundo y podía haber prescindido de las tarjetas, pero el protocolo tiene mucho peso. Como ya era habitual, Paulson, Cox y yo nos sentamos justo frente al presidente.

Hank y yo le pusimos al tanto de las evoluciones del mercado, incluidas las retiradas de capital de los fondos del mercado monetario. Subrayamos la urgente necesidad de controlar la crisis antes de que la economía sufriera más daños. A petición de Hank repetí mi opinión de que el Fed estaba agotando sus recursos para poner fin a los problemas del sistema financiero y que un ataque más amplio contra la crisis mediante fondos autorizados por el Congreso probablemente fuera el único enfoque viable. Después estudiamos las propuestas del Tesoro y del Fed para devolver la confianza en los fondos del mercado monetario y la propuesta de Chris Cox de prohibir las ventas en corto. Por último, y lo más importante, expusimos la propuesta de Hank de pedir dinero al Congreso para comprar activos tóxicos.

Por segunda vez en tres días habíamos acudido al presidente Bush para solicitar su apoyo a una intervención radical y sin precedentes en el sistema financiero de Estados Unidos. En calidad de republicano con una intensa predilección por permitir que los mercados solucionasen por sí mismos sus problemas, al presidente no le podían gustar las opciones que ofrecíamos. Sabía que sería difícil obtener el apoyo de su propio partido. Pero con el mismo espíritu de las medidas adoptadas por Franklin Roosevelt tres cuartos de siglo antes, estuvo de acuerdo en que preservar el libre mercado a largo plazo podía exigir una drástica intervención del gobierno a corto plazo. De nuevo, el presidente nos manifestó todo su apoyo. A su vez, nosotros le expresamos nuestro agradecimiento. Una vez más, el Congreso sería nuestra próxima parada.

Cuando volví a mi despacho llamé a la presidenta de la Cámara de Representantes, Nancy Pelosi, y le pregunté si Hank, Chris Cox y yo podíamos reunirnos con los líderes del Congreso por la tarde. Dijo que trataría de arreglarlo. A las seis de la tarde llamó el senador Obama. Le expliqué nuestra estrategia. Nos prometió que nos daría todo el apoyo que pudiera. Con las elecciones previstas para dentro de poco más de seis semanas, lo que ocurriera en los mercados financieros y en el Congreso podría ser de suma importancia en una carrera que parecía muy reñida. Para el Fed la situación era delicada: teníamos que trabajar estrechamente con el gobierno y buscar una solución legislativa sin dar la impresión de que nos inclinábamos por uno de los dos partidos.

Los jueves por la tarde el Fed informa sobre su balance. Lo que hasta entonces había sido una comunicación a la que apenas se prestaba atención era ahora de interés periodístico por la información que proporcionaba sobre nuestros préstamos. Aquel jueves el informe reflejaba el estrés creciente del sistema financiero. Los préstamos a los operadores bursátiles mediante la Línea de Crédito para Operadores Primarios (PDCF) habían alcanzado la cifra récord de 60.000 millones de dólares, cuando la semana anterior habían sido de cero. (Una semana después, la cifra ascendería a 106.000 millones.) Entretanto, los préstamos concedidos a los bancos mediante la ventana de descuento superaron en 10.000 millones los de la semana anterior, hasta totalizar 33.500 millones de dólares. A lo largo de la semana siguiente, los préstamos de la ventana de descuento ascenderían a casi 40.000 millones, una cifra no muy lejana a los 45.500 millones prestados el día posterior a los atentados del 11-S.

Unos minutos antes de las siete de la tarde, Paulson, Cox y yo llegamos a la Habitación H-320 del Capitolio, una pequeña sala de conferencias junto al despacho de la presidenta Pelosi. El sol empezaba a ponerse sobre el Mall mientras nos sentamos ante una gran mesa de madera. Pelosi, el líder de la mayoría en el Senado, Harry Reid, y el líder de la minoría en la Cámara de Representantes, John Boehner, estaban sentados delante de nosotros. Otros participantes, incluidos aproximadamente una docena de los miembros más importantes del Comité Bancario del Senado y del Comité de Servicios Financieros de la Cámara de Representantes, estaban sentados en torno a la mesa. Después de pronunciar algunas palabras, Paulson me pidió que describiera los riesgos a los que nos enfrentábamos.

No me había preparado notas, de modo que no recuerdo todo lo que dije, aunque algunos de los asistentes relataron después casi todas mis palabras a la prensa. Mi propósito era transmitir la absoluta necesidad de entrar cuanto antes en acción. Dije que estábamos a las puertas de una crisis financiera mundial, y que esta podía declararse no ya en unas semanas, sino en unos días. Creía firmemente en cada palabra que pronuncié y creo que los participantes en la reunión lo notaron. Reinaba un silencio absoluto.

Después pasé a hablar de las implicaciones económicas de una crisis financiera para el país y para sus propios integrantes. En este caso adopté una perspectiva equilibrada e incluso precavida. No quería que se me acusara de ser hiperbólico o de sembrar el pánico. Aunque establecí una analogía con la Gran Depresión, cuando la tasa de desempleo había llegado al 25 %, también hablé del declive económico —menos acusado pero todavía en marcha— que había seguido a las crisis financieras de Japón y de Suecia. A partir de aquellas experiencias, dije que si no actuábamos de inmediato podíamos esperar una aguda recesión y más caídas en el mercado bursátil y en los precios de otros activos. El desempleo podía pasar del 6 % al 8 o el 9 % cuando grandes empresas no financieras, como General Motors, corrieran la misma suerte que algunas entidades financieras y quebraran.

Me parece justo afirmar que mis palabras dejaron huella. También me parece justo decir que, por terribles que fueron mis advertencias, subestimé el peligro potencial. Desde la Depresión no se había visto semejante crisis financiera, si es que alguna vez se había visto una semejante. Contábamos con pocas bases para evaluar la magnitud de sus repercusiones. Pero mis investigaciones académicas y mis lecturas sobre historia me habían convencido de que los efectos podían ser enormes, incluso catastróficos. Recuerdo que me sentía muy tranquilo mientras hablaba. Creía que la única manera de avanzar era estar tan centrado, mostrarse tan determinado y ser tan metódico como fuera posible. Teníamos que ganarnos a los legisladores para convencerlos de que teníamos un plan que iba a funcionar.

Los legisladores plantearon numerosas preguntas. ¿Cuánto dinero se necesitaría? ¿Cuánto se emplearía? ¿Las ayudas a las entidades financieras irían acompañadas de exigencias para conceder los préstamos y de limitaciones a las remuneraciones de los ejecutivos? ¿Cómo ayudaríamos a los propietarios de viviendas y a otras personas inocentes dañadas por la crisis? ¿Cuándo propondría la Administración medidas legislativas? Respondimos lo mejor que pudimos. Paulson mencionó la idea de utilizar los fondos asignados para comprar activos tóxicos de los bancos pero no entró en más detalles. Cuando terminó la reunión, cerca de las nueve de la noche, logré escabullirme sin ser asediado por los periodistas. El hecho de que los líderes del Congreso tuvieran tantas ganas de hablar facilitó mi escapada.

Pese a todas las malas noticias, me marché de la reunión animado. Le dije a Michelle Smith que veía próximo el consenso para pasar a la acción. Los mercados también se animaron: el índice Promedio Industrial Dow Jones cerró la jornada con una subida de 410 puntos, mientras circulaban rumores sobre una posible respuesta integral a la crisis.

El viernes 19 de septiembre, el Consejo se reunió a las siete y media de la mañana. Yo ya había explicado que el Tesoro tenía la intención de recurrir al Fondo de Estabilización Cambiaria para garantizar los fondos del mercado monetario. Pero creíamos que nuestro programa para animar a los bancos a comprar papel comercial respaldado por títulos de los fondos del mercado monetario, podía contribuir a detener las retiradas masivas de capital, de modo que lo aprobamos. Los fondos del mercado monetario podían emplear el dinero recibido para cubrir las retiradas sin tener que vender su papel comercial u otros activos en un mercado a la baja. De nuevo estábamos cumpliendo el papel esencial de un banco central: prestar en una situación de pánico financiero, aunque indirectamente en este caso. Como algunos de los fondos más importantes tenían su sede en Boston, pedimos al Banco de la Reserva Federal de Boston, dirigido por Eric Rosengren, que pusiera en marcha el programa.

Entretanto, los bancos centrales de Suecia, Noruega, Dinamarca y Australia estaban solicitando líneas de permutas de divisas. El FOMC había delegado la autoridad de iniciar permutas en un comité compuesto por Don, Tim y yo. Aprobamos las peticiones e informamos a los miembros del FOMC. Dejamos la negociación de los detalles en manos de Bill Dudley y su equipo. Bill también estaba muy ocupado controlando a los mercados, ayudando a supervisar diversos programas de préstamo y dirigiendo las operaciones bursátiles del Fed para mantener el tipo de los fondos federales cerca del objetivo del 2% fijado por el FOMC. Le comenté a Don que Bill «tiene que sentirse como un empapelador manco». En realidad, todos nos sentíamos así. Como dijo en cierta ocasión el autor de ciencia ficción Ray Cummings: «El tiempo es lo que impide que todo ocurra a la vez». Durante el último mes, era como si el tiempo no hubiera cumplido su función.

Aquella misma mañana, Paulson, Cox y yo nos colocamos cerca del presidente Bush en el Jardín de las Rosas de la Casa Blanca mientras este defendía los rescates de Fannie, Freddie y AIG. También habló de las inyecciones de «una liquidez muy necesaria para nuestro sistema financiero» que el Fed había realizado mediante la concesión de préstamos y en coordinación con otros bancos centrales.

«Eran medidas puntuales diseñadas prioritariamente para impedir que los problemas de ciertas empresas se propagasen con mayor amplitud —dijo el presidente—. Pero estas medidas no han sido suficientes porque no se han dirigido a la causa de fondo que está detrás de gran parte de la inestabilidad de nuestros mercados: los activos hipotecarios que han perdido valor con la contracción del sector de la vivienda y en la actualidad restringen el flujo del crédito.» A continuación describió las iniciativas que habíamos examinado en la Sala Roosevelt el día anterior.

A los mercados les gustó lo que oyeron. Los rendimientos de los valores del Tesoro a corto plazo, que habían caído hasta los niveles inmediatamente posteriores a la Segunda Guerra Mundial, experimentaron una subida muy marcada. El rendimiento trimestral pasó del 0,07% al 0,92% entre el jueves y el viernes. Aquello eran buenas noticias. Los operadores estaban dispuestos a vender las ultraseguras letras del Tesoro para comprar otros activos. Al mismo tiempo, los costes de financiación de las empresas cayeron significativamente, y las salidas de capital de los fondos del mercado monetario se ralentizaron. La bolsa subió más del 3%, situando al Dow Jones tan solo un 1% por debajo del nivel al que había cerrado una semana antes, la anterior al fin de semana de Lehman. Las acciones de las entidades financieras, que debían beneficiarse de la prohibición de las ventas en corto, subieron un 11% aproximadamente. También habíamos anunciado que el Fed de Nueva York apoyaría el mercado de la vivienda comprando títulos de deuda a corto plazo de Fannie y Freddie, que emitieron para financiar sus compras de hipotecas. El viernes compramos 8.000 millones, lo que contribuyó a bajar los tipos de interés de esos valores en un significativo 0,6%. La reacción ampliamente positiva reflejaba el alivio de ver que al menos contábamos con un plan integral contra la crisis, más allá de cuáles fueran sus elementos específicos.

Pasé el resto del día explicando las propuestas que el presidente había explicado en líneas generales a los periodistas, a otros banqueros centrales y al Congreso. No era sencillo interpretar las reacciones de los legisladores, pero yo ya sabía que no sería fácil reclutarlos para lo que indudablemente considerarían un rescate masivo de Wall Street con dinero de los contribuyentes y no como un paso decisivo para estabilizar la economía.

También me reuní con algunos miembros del personal y del Consejo para reflexionar sobre los problemas que podía plantear la propuesta de Paulson de comprar activos tóxicos. El Tesoro apenas había entrado en detalles, y queríamos entender las ventajas y los inconvenientes de diversos enfoques. La mejor analogía histórica que encontramos fue la de la Resolution Trust Corporation (RTC), que había logrado liquidar los activos de las sociedades de ahorro y crédito declaradas insolventes tras las crisis de estas entidades en la década de 1980. Pero la RTC presentaba una diferencia crucial con el plan de Paulson. Los activos de las sociedades pasaban automáticamente a la RTC cuando una quebraba. No había que plantearse cuánto había que pagar por ellos. En cambio, Paulson planeaba comprar activos tóxicos de instituciones financieras solventes, pero ¿a qué precio?

Aquella cuestión resultaría ser el mayor impedimento para la compra de activos. ¿Debía pagar el Estado el precio actual de mercado u otra cifra? Si pagaba el precio actual, que era un precio a la baja (y además dando por supuesto que en un entorno tan disfuncional se pudieran determinar los precios de mercado), el programa apenas contribuiría a restaurar la solvencia de los bancos. Eso podría traer un efecto perverso: todas las entidades financieras podían verse forzadas a reevaluar a la baja sus activos para ajustarlos a los precios del Estado, lo que empeoraría su situación financiera, como mínimo desde el punto de vista de la contabilidad oficial. Otra posibilidad era que el Estado pagara un precio superior al de mercado, es decir, el precio estimado que esos activos podrían alcanzar si las condiciones del mercado fueran más normales. Como un inversor paciente, el Estado podría esperar a que los valores reflejaran mejor la rentabilidad a más largo plazo de los activos. Indudablemente, eso ayudaría a los bancos, pero ¿era justo para los contribuyentes que el Estado pagara precios por encima del mercado arriesgándose a sufrir pérdidas cuando llegara el momento de vender los activos? Aunque en las siguientes semanas el Fed y el Tesoro analizarían exhaustivamente cómo realizar las subastas y valorar los activos, la mejor manera de fijar los precios de compra no dejó de ser una cuestión crucial.

La premura para actuar en tantos frentes, junto con la complejidad de los problemas a los que nos enfrentábamos, nos estaba agotando. Aquella semana, muchos de los miembros más veteranos del personal trabajaron día y noche. Sabíamos que las opciones que tomáramos revestían la máxima importancia. Como Brad DeLong, profesor de Economía en la Universidad de California, escribió en su blog: «Bernanke y Paulson están centrados como dos rayos láser en no cometer los errores de 1929. [...] Quieren cometer sus propios errores».

El viernes por la tarde me enteré por los supervisores del Fed de que Goldman Sachs pretendía cambiar su estatus legal, de sociedad de cartera de valores a sociedad de cartera bancaria. Como indica su propio nombre, una sociedad de cartera bancaria es una empresa que posee uno o más bancos. Goldman poseía una pequeña entidad de depósito con sede en Utah, una llamada empresa de crédito industrial. Aquella pequeña empresa podía convertirse rápidamente en un banco, cumpliendo así los requisitos mínimos para que Goldman pasara a ser una sociedad de cartera bancaria. Este cambio de estatuto jurídico únicamente conllevaba un efecto importante: en adelante, Goldman no estaría supervisada por la SEC, sino por el Fed. Los ejecutivos de Goldman estaban convencidos de que podían reducir el riesgo de retiradas en su financiación a corto plazo simplemente anunciando que el Fed supervisaría sus actividades. En aquel momento se dijo —sin razón— que el cambio obedecía a la conveniencia de asegurarse acceso al crédito del Fed, pero la sociedad de corretaje subsidiaria de Goldman ya tenía acceso a ese crédito mediante la Línea de Crédito para Operadores Primarios.

El domingo, el Consejo aprobó la solicitud de Goldman, y una similar de Morgan Stanley, que estaba muy preocupada por la estabilidad de su financiación. Permitimos que los cambios del estatuto jurídico entraran inmediatamente en vigor. En la misma reunión, el Consejo aprobó que las sociedades de corretaje subsidiarias de Goldman, Morgan Stanley y Merrill Lynch con sede en Londres solicitaran créditos a la Línea de Crédito para Operadores Primarios. Aunque sus oficinas en Nueva York ya podían acudir a ese recurso, la medida que adoptamos permitía a las empresas utilizar las garantías que tenían en Londres sin transferirlas a Nueva York. Esos pasos facilitaron la financiación a Goldman y Morgan. Aquello me pareció la prueba de que, al menos en el caso de estas dos empresas, la crisis tenía ciertos aspectos de profecía autocumplida: los inversores se negaban a prestar y las contrapartes se negaban a realizar transacciones solo porque temían que otros hicieran lo mismo. La conversión de Goldman y Morgan Stanley en sociedades de cartera bancarias —junto con la quiebra de Lehman y la adquisición de Bear Stearns y Merrill Lynch— hizo que la era de los bancos de inversión autónomos llegara abruptamente a su fin.

Para asegurar su estabilidad, Goldman y Morgan Stanley no se limitaron a cambiar su estatuto jurídico, sino que buscaron nuevos inversores estratégicos. Al cabo de una semana, Goldman anunció que Warren Buffett había invertido en ella 5.000 millones de dólares.

Warren Buffett, «el Sabio de Omaha», un hombre brillante y —pese a su inmensa fortuna— austero, tenía una conexión con Washington de la que yo no sabía nada. Su padre había sido congresista, así que el joven Warren había comenzado algunos de sus primeros negocios en Washington. Según Buffett, de niño, cuando era repartidor de periódicos, se le ocurrió la idea de organizar las rutas de sus compañeros, convirtiéndolos en sus primeros empleados. Me dijo que en las tarjetas de Navidad que enviaba siempre a sus clientes se leía este mensaje. «Feliz Navidad. ¡Tercer aviso!» Buffett apoyó al Fed durante toda la crisis y con posterioridad, impulsando el prestigio político del Fed y animando mi moral. Me gusta pensar que su continuo respaldo es un reflejo de su compromiso personal, pero como hombre de negocios no se le podía escapar que su apoyo a los responsables políticos en un momento de tribulación, al mejorar la percepción del mercado, era bueno para la economía y, en consecuencia, para sus propias inversiones. Sin duda, al invertir en Goldman en aquel momento concreto, Buffett dio un voto de confianza decisivo a la economía estadounidense, reduciendo considerablemente las presiones sobre Goldman (e indirectamente sobre Morgan Stanley). Su inversión, otorgada en condiciones muy favorables, dio también resultados excelentes a sus accionistas.

En cuanto a Morgan Stanley, el acuerdo que habían estado negociando con los chinos no prosperó. Pero a mediados de octubre, Mitsubishi UFJ, el mayor grupo financiero de Japón, anunció que invertiría 9.000 millones en la empresa. Antes de firmar los papeles, el grupo japonés pidió al secretario Paulson garantías de que el gobierno estadounidense no expropiaría en ningún caso su parte del negocio. Con la inversión de los japoneses en Morgan y de Buffett en Goldman, las dos nuevas sociedades de cartera bancarias serían un problema mucho menos preocupante para nosotros (y para los mercados).

Como trasluce la reunión del Consejo celebrada aquel domingo, los fines de semana habían dejado de tener su sentido tradicional en el Fed (y en el Tesoro). Aunque había comprado entradas para asistir a un partido de los Nationals el domingo por la tarde, en su lugar acudí con Hank a una reunión celebrada en el despacho del senador Bob Corker en presencia de seis senadores republicanos. Explicamos la propuesta del Tesoro y posibles alternativas. La conversación tuvo momentos de utilidad, pero el senador Bunning, que parecía siempre enfadado y especialmente con el Fed, soltó una diatriba y se marchó. La idea central de su mensaje era que no se podía confiar en el Fed para solucionar una crisis que, en su opinión, había creado el propio organismo con su política monetaria excesivamente flexible y su falta de regulación.

El viernes por la tarde, el Tesoro había enviado a los líderes del Congreso una sinopsis de tres páginas con su proyecto de ley. Paulson solicitaba 700.000 millones de dólares para comprar activos tóxicos. La cifra era bastante arbitraria. Aunque se trataba de una suma enorme, en realidad (como señaló el propio Paulson) resultaba pequeña en comparación con los aproximadamente 11 billones en créditos hipotecarios residenciales pendientes, por no hablar de otros activos relacionados con la propiedad inmobiliaria, como las hipotecas sobre inmuebles comerciales y los préstamos a la construcción. El problema era gigantesco, y la respuesta tenía que ser proporcionada. Por otro lado, los 700.000 millones no serían un gasto público, en el sentido habitual de la expresión, sino más bien una adquisición de activos financieros. Si todo salía bien, el Estado acabaría vendiendo los activos y recuperaría todo o la mayoría del dinero.

Los legisladores reaccionaron con consternación ante la propuesta del Tesoro. Según el propio Paulson, la sinopsis era un simple boceto sujeto a debate, y había dado por supuesto que el Congreso se ocuparía de los detalles. Sin embargo, a muchos miembros del Congreso les pareció que aquella breve propuesta, redactada al modo de un proyecto legislativo, era una petición para recibir unos poderes esencialmente ilimitados y carentes de supervisión. Aquello era inaceptable, aunque tampoco era eso lo que Hank pretendía. El Programa de Ayuda a los Activos Tóxicos (TARP), que era el nombre de aquella propuesta, empezó su andadura con mal pie.

15

# «CINCUENTA POR CIENTO, ¡DEMONIOS, NO!»

El martes 23 de septiembre, cuatro días después de que Hank Paulson y yo acompañáramos al presidente en el Jardín de las Rosas, Hank y yo volvimos a estar el uno al lado del otro. Frente a nosotros teníamos a los miembros del Comité del Senado sobre Banca, visiblemente enfadados. Recibieron la propuesta del TARP con profundo escepticismo. ¿Cómo se suponía que iba a funcionar aquel programa de 700.000 millones de dólares? ¿Obtendría el ciudadano de Main Street alguna clase de beneficio?

Bajo los focos y la severa mirada de los miembros del comité, hice algo que no había hecho nunca y que nunca volvería a hacer: hablar a partir de unas notas que había garabateado aquella mañana, en lugar de leer un texto preparado. Había accedido a apoyar las compras de activos, y creía que era la persona idónea para explicar cómo podía esa medida fortalecer a las entidades financieras y estabilizar el sistema financiero tratando con justicia a los contribuyentes. El profesor de Economía que llevaba dentro de mí se puso al mando.

«Permítanme empezar con una pregunta —dije—. ¿Por qué los mercados financieros han dejado de funcionar? Las entidades financieras, entre otras, mantenían miles de millones en títulos complejos, incluidos muchos relacionados con hipotecas. Quisiera pedirles que por un momento imaginaran que esos títulos tuvieran dos precios diferentes. El primero de ellos es el precio de liquidación, es decir, el precio que un título alcanzaría hoy si se vendiera apresuradamente en un mercado falto de liquidez. El segundo precio es el precio a vencimiento, es decir, el precio al que el título se vendería cuando al cabo del tiempo se recibieran los ingresos generados por dicho título. Dada la complejidad de esos títulos y las graves incertidumbres existentes sobre la economía y el mercado de la vivienda, muchos de esos títulos carecen de un mercado activo. Y, por lo tanto, a día de hoy el precio de liquidación puede ser mucho menor que el precio a vencimiento.»

Las compras de activos podrían ser de ayuda —seguí diciendo— si el gobierno pagara unos precios que estuvieran entre el precio de liquidación y el precio a vencimiento, es decir, unos precios bajos pero, a pesar de todo, cercanos a los que los vendedores obtendrían en un mercado que funcionara debidamente. Las entidades financieras podían vender activos a los precios intermedios, y valorar los activos en sus libros a esos precios, sin asumir unas pérdidas que amenazaban con agotar el capital que les quedaba. Al mismo tiempo, unos precios menores a los precios a vencimiento garantizarían que los contribuyentes recuperarían su dinero si, como preveíamos, el programa contribuía a relanzar la economía y el mercado de la vivienda.

El gobierno no tenía que calcular el precio de liquidación y el precio a vencimiento, argumenté. Los precios entre esos dos extremos aparecerían de manera automática en subastas en las que el Estado participaría como comprador destacado, tal vez junto con compradores del sector privado. Como prueba de que aquello podía funcionar, observé que el propio anuncio de la propuesta de compra de activos había elevado los precios de los activos relacionados con las hipotecas subprime.

Creía entonces, y todavía creo, que esta forma de enfocar las compras de activos tenía el máximo sentido. Sheila Bair también apoyó la idea. Por supuesto, poner en marcha unas subastas justas y efectivas para unos títulos sumamente complejos y difíciles de valorar planteaba importantes problemas conceptuales y operativos.

Durante casi cinco horas, los senadores nos presionaron, planteando preguntas y haciendo sugerencias. Jack Reed, un demócrata de Rhode Island experto en finanzas, dijo que los contribuyentes deberían compartir los beneficios si la compra de activos elevaba los precios de las acciones de las entidades financieras. En mitad de la comparecencia, Chris Dodd, el presidente del comité, señaló de pasada una cosa que a Hank le había pasado inadvertida: nada en el proyecto de ley impedía al gobierno adquirir participaciones en instituciones. Los comentarios de Reed y Dodd indicaban que no estaban necesariamente en contra de una titularidad pública parcial de los bancos, aunque parecían pensar en ella como en un modo de mejorar los beneficios para los contribuyentes, no como en un medio de forzar la reestructuración o de dar al Estado control sobre los bancos. Por mi parte, animé a los senadores a que otorgaran a la Administración un amplio margen de maniobra en el uso de los 700.000 millones, en función de la evolución de las condiciones y de los resultados de distintos enfoques.

Los senadores plantearon una y otra vez la necesidad de ser fieles a Main Street. Mike Enzi, senador republicano por Wyoming, preguntó sobre los pequeños bancos sin activos tóxicos que vender al estado. ¿No estaríamos premiando la insolvencia si comprábamos activos de las grandes entidades financieras que habían emitido muchos de los peores préstamos? En realidad, muchos bancos pequeños mantenían activos tóxicos, pero al señalar que los bancos con los problemas más graves serían los más beneficiados por el programa, Enzi estaba subrayando otro aspecto del conflicto entre hacer lo que era necesario para salvar el sistema y evitar el riesgo moral. Varios senadores dijeron que las remuneraciones de los directivos de todas las entidades financieras que se beneficiaran del programa debían restringirse. Otros, incluido Dodd, presionaron para repartir el dinero de forma escalonada, lo que permitiría al Congreso poner fin al programa si los resultados no le satisfacían. Fue una comparecencia larga y difícil, pero pensé que había servido para avanzar.

Al día siguiente, miércoles 24 de septiembre, sufrimos un castigo cruel e inusitado. Tenía que asistir a otras dos extenuantes comparecencias —una ante el Comité Económico Mixto y otra ante el Comité de Servicios Financieros de la Cámara de Representantes, presidido por Barney Frank— y a dos reuniones delicadas con el Caucus Republicano de la Cámara de Representantes —todos los miembros republicanos de la Cámara, esencialmente— y con el Caucus Demócrata en el Senado. La mañana anterior, los republicanos de la Cámara habían rechazado airadamente el llamamiento realizado por una delegación en la que figuraban el vicepresidente Cheney, Josh Bolten, jefe de personal de la Casa Blanca, Keith Hennessey, del Consejo Económico Nacional, y Kevin Warsh, del Fed.

Hank y yo lo hicimos lo mejor que pudimos con los republicanos de la Cámara, pero no tuvimos más suerte que la delegación del vicepresidente. Los legisladores estaban alineados detrás de sus micrófonos a ambos lados de la sala para descargar sobre nosotros. Su mensaje: rescatar a los peces gordos de Wall Street sería una grave injusticia, un regalo de Main Street a Wall Street. Un representante nos dijo que había hablado con banqueros locales, concesionarios de coches y otros interlocutores en su distrito que conocían la economía «real» de Estados Unidos. Hasta el momento no habían visto ningún efecto significativo de los problemas de Wall Street. «Los verán —le dije—. Los verán.» Lo que estaba ocurriendo en Wall Street, por remoto que pudiera parecer, tenía el potencial de estrangular el crédito a las pequeñas empresas y a los emprendedores, paralizando la economía. Pero la mayoría de los legisladores eran escépticos. Temí que el Congreso actuara decisivamente solo cuando el daño económico fuera manifiesto, espectacular y tal vez irreversible.

Durante todo el día insistí en el argumento de que el deterioro de las condiciones de crédito suponía una grave amenaza. «El crédito es la savia de la economía», declaré ante el Comité de Servicios Financieros de la Cámara de Representantes. Si no mejoraban las condiciones financieras, «veremos tasas más altas de desempleo, menos puestos de trabajo, ralentización del crecimiento, más ejecuciones hipotecarias... Todo esto va a tener efectos reales sobre el ciudadano medio».

La percepción de que la crisis financiera no afectaría a Main Street distaba de ser nuestro único problema. El plan de compra de activos era difícil de explicar y controvertido por otras razones. Algunos economistas externos afirmaron que no sería de ayuda (si los activos se compraban a precios bajos) o que sería injusto para los contribuyentes (si los precios eran elevados). Aquella crítica pasaba por alto mi argumento de que las subastas arrojarían unos precios situados a medio camino entre los precios de liquidación y los precios a vencimiento. Otras voces veían problemas en el diseño de las subastas, dada la complejidad y la diversidad de los títulos que había que comprar. Yo creía que esa objeción, aunque era legítima, tenía también una respuesta. Pero a pesar de poner todo nuestro empeño en defender las compras de activos, no me parecía que estas despertaran ninguna clase de consenso, y veía que suscitaban una enorme confusión.

Incluso cuando explicaba en qué consistía la adquisición de activos, trataba de preservar el margen de maniobra de la Administración. Creía que podía crearse un consejo de supervisión para introducir los cambios que fueran necesarios. Desconocía cuál sería la evolución de la crisis, de modo que hasta cierto punto intentaba nadar y guardar la ropa: por un lado apoyaba la estrategia de Hank, mientras que por el otro intentaba preservar la opción de inyectar directamente capital estatal o de adoptar otros enfoques.

Cuando Hank y yo nos reunimos con algunos senadores demócratas en el Capitolio, no parecían más dispuestos a aceptar el plan del Tesoro que los republicanos. Naturalmente, la principal diferencia era que los republicanos aspiraban a que el gobierno interviniera menos (se mantuviera al margen y dejara que el sistema se ajustara por sí mismo) y los demócratas, a que interviniera más (actuando directamente para ayudar a Main Street a reducir las compensaciones de los ejecutivos).

Me marché a casa después de la última reunión, exhausto y desanimado. Anna y yo vimos al presidente Bush dirigiéndose al país por televisión. Su alegato a favor de tomar medidas decisivas para acabar con la crisis me pareció efectivo. Pero para entonces yo ya había dejado de ser un observador objetivo sobre esta cuestión.


Durante la mañana del jueves 25 de septiembre, las condiciones del mercado mejoraron un poco. Los programas del Tesoro y del Fed para estabilizar los fondos del mercado monetario parecían funcionar. Las salidas de capital de los fondos prime habían cesado en gran medida. El mercado del papel comercial también parecía funcionar mejor. No obstante, las entidades financieras y no financieras seguían teniendo problemas para obtener financiación.

Entretanto, el presidente había dado a Paulson vía libre para negociar con el Congreso, y Hank comenzó una frenética actividad de diplomacia itinerante. El Fed, un organismo independiente y no partidista, carecía de capacidad legal para implicarse en las negociaciones políticas. Nos limitábamos a seguir de cerca los acontecimientos y a estar preparados para responder a las preguntas y hacer sugerencias. Yo atendía las llamadas de los legisladores. La mayoría buscaban un modo políticamente aceptable de hacer lo que había que hacer.

A mi juicio, las cuestiones claves en aquel momento eran cómo estructurar las compras de activos, si es que había alguna forma de hacerlo mejor que las demás, o, en su defecto, decidirnos por poner el foco en las inyecciones de capital o en otra estrategia. Pero a medida que el debate se volvía más polémico, la mayoría de los legisladores no parecían dispuestos o capaces de abordar los aspectos cruciales. En su lugar, Hank se veía obligado a negociar una serie de cuestiones secundarias: restricciones en las compensaciones a los ejecutivos, entrega escalonada del dinero del TARP, ayudas a los prestatarios de hipotecas en dificultades (una cuestión muy importante, pero que difícilmente acabaría con la crisis a tiempo para evitar un hundimiento), detalles de supervisión del programa y el tratamiento de las pequeñas entidades bancarias.

La lucha desatada por las compensaciones ilustraba las tensiones entre los imperativos económicos y los imperativos políticos. Muchos miembros del Congreso deseaban limitar las retribuciones en las entidades financieras que se beneficiaran del dinero de los contribuyentes. El mensaje político era evidente, y una vez más entendí el enfado de la gente. Incluso antes de la crisis, mucha gente creía que los grandes sueldos de los directivos eran injustos. Ahora que los riesgos excesivos de los operadores financieros habían contribuido a poner la economía al borde del abismo, la injustica era palmaria. Pero, desde un punto de vista práctico, si las condiciones para participar en el TARP eran demasiado onerosas, las empresas harían cuanto pudieran para mantenerse al margen. No podíamos obligar a un banco a que aceptara capital. Si los bancos sólidos eludían el programa, los bancos débiles no querrían participar en él, pues al hacerlo su debilidad sería descubierta por los clientes y los acreedores. Aquella dinámica podía condenar al fracaso nuestros esfuerzos. Por otro lado, las restricciones propuestas a las compensaciones de los directivos no establecían ninguna distinción entre los directivos que habían estado al frente de las entidades financieras cuando se habían ido a pique y sus sucesores, que intentaban arreglar aquel desastre. Necesitábamos contar rápidamente con profesionales bien prepara-

dos y con experiencia para reestructurar las empresas en dificultades.
Y no había muchos como Ed Liddy, que había accedido a dirigir AIG
por un dólar al año.

Es posible que el hecho de preocuparme más por los aspectos
prácticos del plan que por las consideraciones políticas fuera una
muestra de ceguera por mi parte. Pero la mayoría de mis colegas en
el frente, incluidos Hank y Tim, parecían compartir mi perspectiva.
En concreto, Tim se quejaba de la actitud veterotestamentaria de
unos políticos que parecían más interesados en infligir un castigo
que en evitar un desastre inminente. Nos parecía bien que quienes
habían actuado mal se llevaran su merecido, pero creíamos que la
mejor opción era posponer el veredicto de culpabilidad hasta que
hubiera pasado el peligro. Además, con el paso de los años había visto mucha falsa ira en Washington, y no tenía el menor interés en jugar a ese juego. Me centré en resolver los problemas a los que nos
enfrentábamos y evité entonar condenas populistas contra los banqueros, en parte porque sabía que la culpa estaba repartida entre muchos lugares, incluido el Fed y otras agencias reguladoras, y también
el Congreso. Es posible que esa manera de enfocar las cosas nos per-
judicara políticamente, pero no me sentía cómodo actuando de otra
forma.

Las elecciones presidenciales creaban más complicaciones. En
un movimiento desafortunado, el senador republicano John McCain
había suspendido su campaña para venir a Washington, supuestamente con el fin de abordar la crisis. Pero la crisis era demasiado
amplia y compleja para que pudiera resolverla un senador, incluso un
candidato a presidente. Nos temíamos que uno o los dos candidatos
intentarían aprovechar la crisis con fines partidistas, lo que complicaría cualquier acuerdo potencial en el Congreso.

A petición de McCain, el presidente Bush concertó una reunión
en la Casa Blanca el jueves por la mañana. Decidí no acudir. No quería comprometer la independencia política del Fed involucrándome
en disputas legislativas. Los demás agentes clave acudieron, incluido
el presidente Bush, Hank, los dos candidatos presidenciales y los líderes del Congreso de los dos partidos. Tenían la posibilidad de se-
llar un acuerdo. Los dos candidatos habían dado en líneas generales
su apoyo al plan de Hank, y el Comité del Senado sobre Banca había

publicado una serie de principios pactados por los dos partidos que incluían limitaciones a las compensaciones de los ejecutivos y conceder al Estado participaciones en las compañías que recibieran ayudas. El presidente Bush intentó que la reunión fructificara en una alianza, pero se produjo una enconada disputa y el resultado fue caótico. La estrategia política dictada por las elecciones y la resistencia republicana, especialmente en la Cámara de Representantes, impidieron el pacto. Los demócratas, al margen de sus preocupaciones de fondo, se mostraron suspicaces ante la posibilidad de proporcionar la mayoría de los votos para aprobar una medida impopular propuesta por un gobierno republicano. McCain, pese a haber solicitado la reunión, no parecía dispuesto a trabajar activamente para encontrar una solución.

Uno de los impedimentos era una propuesta planteada por Eric Cantor y otros republicanos de la Cámara de Representantes para sustituir la compra de activos por un programa de seguros. El Estado aseguraría los activos contra pérdidas a cambio de una comisión. Jamás entendí aquella propuesta. Cantor argumentaba que con ella se ahorraría dinero a los contribuyentes, pero al final admitió que no serviría para los títulos más complejos, que estaban en el núcleo del problema. Para asegurar aquellos activos había que fijar su valor y una prima justa. No era más sencillo que adquirir activos. Por otro lado, a diferencia de las compras, los seguros ofrecerían poco rendimiento a los contribuyentes en el caso de que los activos se apreciaran. Para obtener algunos votos más de los republicanos, la versión definitiva del proyecto incluía una alternativa que jamás se sustanciaría.

Desde la izquierda, algunos legisladores y economistas presionaban para ayudar a los propietarios de viviendas en problemas en lugar de comprar activos. No me cabía la menor duda de que evitar ejecuciones hipotecarias innecesarias beneficiaría tanto a los prestatarios como al conjunto de la economía, y así lo había dicho en numerosas ocasiones. Pero desarrollar un programa rentable sin ser injustos con los prestatarios que habían pagado religiosamente su hipoteca llevaría un tiempo considerable. Con el sistema financiero tal vez a solo unos días o unas semanas del colapso, necesitábamos reaccionar con celeridad.

Aunque las dos campañas estaban en contacto con el Fed, Obama parecía más interesado en mis ideas que McCain. Me llamaba para recibir información actualizada y me había visitado en mi despacho a finales de julio. En aquel momento ya lideraba las encuestas. Lo saludé nada más llegar al aparcamiento del Consejo y subimos juntos en el pequeño ascensor, rodeados por numerosos agentes de seguridad y miembros del personal. En la reunión hablamos sobre los últimos acontecimientos y sobre los pasos que daría si llegaba a la presidencia del país para reformar la regulación financiera y fortalecer la economía. Me gustó que subrayara su apoyo a la independencia de la Reserva Federal. (También se ganó a Rita Proctor y a otros miembros de la plantilla que lo esperaban a la puerta, hablando con cada uno de ellos brevemente.)

Por su parte, McCain parecía aferrarse a la postura política correcta. Aquel hombre directo, que había sido un senador eficiente, me causaba una buena impresión. (Además, Anna y yo tuvimos el honor de conocer a su madre, Roberta, en aquel entonces casi centenaria, en una exhibición ofrecida por el impresionante Pelotón de Entrenamiento Silencioso del Cuerpo de Marines en el Marine Barracks, en el Capitolio.) A tenor de su historial militar, McCain parecía más cómodo ocupándose de política exterior y de asuntos militares que de economía, pero era lo suficientemente experimentado y perspicaz como para entender que, con el sistema financiero al borde del colapso, un enfoque no intervencionista estaba condenado al fracaso. Sin embargo, su posición era vulnerable: por un lado, las bases electorales republicanas detestaban cualquier acción del gobierno que se pareciera a un rescate; por el otro, la crisis y la respuesta a ella se habían producido con un gobierno republicano.

Indudablemente, McCain no había reflexionado a fondo sobre su decisión de suspender la campaña para venir a Washington. Llegó sin que los líderes republicanos del Congreso hubieran aceptado claramente un plan. El sábado, después de una reunión en la Casa Blanca, me llamó a mi casa y me hizo algunas preguntas, manifestó su apoyo a la propuesta de la Administración y expresó su pesar por los problemas que su intervención pudiera haber causado. En adelante prometió «agachar la cabeza». En cierto momento comparó las repetidas explosiones en el sector financiero con artefactos explosivos improvisados.

El personal del Consejo trabajó estrechamente con los principales miembros del personal del Tesoro y del Fed de Nueva York para diseñar un programa de compra de activos eficaz. Yo seguí de cerca los trabajos. A sugerencia mía, el personal contrató a expertos externos en diseños de subastas. A pesar de esos esfuerzos, algunos de los miembros con más experiencia del personal del Fed seguían preocupados por la posibilidad de que el Estado no pudiera comprar activos suficientes con la necesaria rapidez para calmar la crisis, desbaratando las previsiones de Hank. «El problema [...] es el desajuste entre retórica y realidad —me escribió David Wilcox—. Cada vez estoy más convencido de que la necesidad de inyectar capital a gran escala será imperativa dentro de poco. No creo que haya llegado el momento, pero no falta mucho.»

El jueves, el día de la desafortunada reunión en la Casa Blanca, Don Kohn transmitió noticias de Sheila Bair: JPMorgan había presentado una oferta para adquirir Washington Mutual. Sheila estaba encantada porque la adquisición de JPMorgan no entrañaba ningún coste para la FDIC y ninguna pérdida para los depositantes no asegurados, como corporaciones y municipalidades. Sin embargo, las condiciones de la oferta implicaban graves pérdidas no solo para los accionistas de WaMu, sino también para los titulares de deuda prioritaria (a saber, la que se suponía que se tenía que pagar primero, antes de ninguna otra clase de deuda no asegurada) de la compañía.

A mí y a otros miembros del Fed, entre los que se contaban Tim Geithner y Randy Kroszner, nos preocupaba el hecho de que forzar a los titulares de deuda prioritaria a sufrir pérdidas, aunque hubiera sido lo correcto y lo habitual en tiempos normales, fuera un error en aquellas circunstancias. Aquello crearía aún más incertidumbre sobre el trato que la Administración daba a las empresas en dificultades y haría más difícil que otros bancos emitieran nueva deuda. La deuda prioritaria había quedado protegida en Fannie, Freddie y AIG, por ejemplo. Tim, cuya relación con Sheila era tensa como mínimo, se mostró particularmente preocupado con la decisión, pero el Fed tenía poca influencia sobre aquella cuestión. El acuerdo había sido negociado en gran medida por la FDIC y JPMorgan. JPMorgan señaló que el acuerdo quedaría anulado en el caso de que tuviera que cubrir la deuda prioritaria de WaMu, y Sheila se negó en redondo a permitir que el fondo de garantía de depósitos incurriera en ninguna clase de gastos para proteger a los titulares de deuda prioritaria. (Sheila se mostraba tenaz en la protección del fondo de garantía de depósitos, lo que era admirable; pero en ocasiones daba la impresión de que anteponía la salvaguarda del fondo de garantía al interés del conjunto del sistema financiero.) Para justificar su posición, Sheila podía señalar que la Ley de la Corporación Federal de Seguro de Depósitos de 1991 (FDICIA) exigía que la FDIC liquidara las empresas en quiebra con el menor coste posible para el fondo de garantía de depósitos. El requisito podía quedar suspendido únicamente si la FDIC, el Fed y el Tesoro acordaban que con ello peligraba la estabilidad del sistema financiero. La «excepción por riesgo sistémico» no se había invocado hasta entonces.

La Oficina de Control de Ahorro (OTC) cedió ante lo inevitable y cerró WaMu, permitiéndole que dejara de hacer frente a su deuda prioritaria y otros compromisos. La FDIC embargó los activos de la compañía y aseguró a los depositantes que los protegería. JPMorgan completó la transacción inmediatamente, pagando a la FDIC 1.900 millones de dólares por las operaciones bancarias y la cartera de préstamos de WaMu. Fue la mayor quiebra bancaria de la historia de Estados Unidos. Para fortalecer su propia posición, JPMorgan reunió 11.500 millones de capital adicional mediante una nueva emisión de acciones ordinarias. El hecho de que el banco de Jamie Dimon lograra reunir capital en un entorno así era toda una demostración de fuerza.

No está claro si la decisión de la FDIC de imponer pérdidas a los titulares de deuda prioritaria de WaMu empeoró la crisis o no. Sheila ha defendido con tenacidad su decisión. En abril de 2010 dijo al Senado que el proceso transcurrió sin contratiempos. Aquel mismo año declaró en otro foro: «Había pasado desapercibido incluso aunque hubiera aparecido en primera página [...] apenas llamó la atención debido a todo lo demás que estaba pasando».

Mi visión, compartida por otros miembros del Consejo como Randy Kroszner, era que la decisión sobre WaMu, aunque tal vez no fuera catastrófica, probablemente acelerase la caída de la siguiente ficha de dominó: Wachovia. Para entonces, Wachovia estaba dirigida por Bob Steel, un antiguo empleado de Goldman que, después de trabajar durante veintiún meses como subsecretario de Paulson en finanzas nacionales en el Tesoro, reemplazó a Ken Thompson como director general de Wachovia en julio de 2008. El mayor problema de Wachovia era su enorme cartera de hipotecas de mala calidad. Después de las pérdidas sufridas por los titulares de deuda prioritaria de WaMu, los acreedores no asegurados empezaron a retirarse de Wachovia y otros bancos en dificultades. Para el mediodía del día siguiente a la quiebra de WaMu, los acreedores se negaban a refinanciar Wachovia a corto plazo, incluidos el papel comercial y los repo.

El viernes 26 de septiembre por la mañana me reuní con Paulson en el Tesoro para desayunar. Hank me dijo que había bastantes posibilidades de llegar a un acuerdo sobre el TARP. Además, parecía más abierto a la idea de que el Estado inyectara capital en las entidades financieras, ya fuera «coinvirtiendo» con el sector privado o mediante alguna clase de subasta. En cuanto volví a mi despacho escribí un correo a Geithner, Kohn, Kroszner y altos miembros del personal, entre ellos Wilcox. «Ha sido muy resistente» a la inyección de capital, escribí. «Hoy ha cambiado de opinión y ha dicho que le parecía una buena idea.» Sin embargo, Hank dijo también que no cambiaría su estrategia legislativa. Seguiría insistiendo en la compra de activos, aunque al mismo tiempo presionaría para obtener la máxima flexibilidad en el uso de los fondos del TARP. Pese a todo, animé a los miembros del personal del Fed a que redoblaran sus esfuerzos para determinar cuál era la mejor manera de estructurar las inyecciones de capital público. «Es muy posible que al final sean de la máxima utilidad», escribí.

Scott Alvarez, Brian Madigan y nuestro equipo legislativo estaban estudiando otra disposición del proyecto de ley del TARP que nos daría la capacidad de controlar los tipos de interés a corto plazo incluso en el caso de que nuestras intervenciones, como nuestras permutas de divisas con otros bancos centrales, incrementaran nuestro balance. En 2006, el Congreso había concedido al Fed la potestad de pagar a los bancos intereses por las reservas que mantenían en el Fed. Sin embargo, por razones presupuestarias, se había establecido que el Fed no podría hacer uso de esa potestad hasta cinco años después, en 2011. Lo que pedimos es que la legislación del TARP incluyera esa posibilidad con carácter inmediato.

Al principio solicitamos pagar intereses sobre las reservas por razones técnicas. Pero en 2008 necesitábamos esa facultad para resolver un problema cada vez más grave: el riesgo de que nuestros créditos de urgencia, que tenían el efecto secundario de aumentar las reservas bancarias, hicieran que los tipos de interés a corto plazo cayeran por debajo del objetivo de los fondos federales y por lo tanto nos hicieran perder el control de la política monetaria. Cuando los bancos tienen muchas reservas, decrece su necesidad de préstamos interbancarios, lo que hace disminuir el tipo de interés sobre esos préstamos, el tipo de los fondos federales.

Hasta entonces habíamos vendido valores del Tesoro para contrarrestar el efecto de nuestros créditos sobre las reservas (un proceso llamado «esterilización»). Pero conforme nuestros créditos se incrementaban, llegaría un momento en que ya no sería posible poner más parches, porque nos quedaríamos sin valores. Cuando llegara ese momento, si no se adoptaban medidas legislativas, nos veríamos forzados a limitar la amplitud de nuestras intervenciones, lo que podía llevar a una nueva pérdida de confianza en el sistema financiero, o a perder la capacidad de controlar el tipo de los fondos federales, el principal instrumento de la política monetaria. La facultad de pagar intereses sobre las reservas (una facultad que ya tenían otros grandes bancos centrales) contribuiría a resolver aquel problema. Los bancos no tendrían ningún incentivo para prestarse entre sí a un tipo de interés mucho menor al que podían obtener —y además sin ningún riesgo— sobre sus reservas en el Fed. Por lo tanto, al situar el tipo de interés que pagábamos sobre las reservas en un nivel lo bastante alto, impediríamos que el tipo de los fondos federales cayera excesivamente, por muchos créditos que concediéramos.

Después del desayuno con Hank, llamé a Mervyn King y Jean-Claude Trichet para hablar sobre la posibilidad de plantear un recorte conjunto en el tipo de interés. Hasta donde yo sabía, los grandes bancos centrales nunca habían coordinado una acción de esas características, así que pensé que con ella enviaríamos una poderosa señal de unidad internacional. Mervyn, que tras sus reticencias iniciales a intervenir se mostraba partidario de medidas enérgicas, parecía más receptivo a mi idea que Jean-Claude. Los dos prometieron que se lo pensarían. Les dije a Don y a Tim que la rebaja conjunta parecía posible, pero que tal vez tuviéramos que insistir en ella, sobre todo ante el BCE. Don me dijo que abordaría la cuestión con los segundos de los dos bancos centrales y me sugirió que incluyéramos a los canadienses y a los japoneses en las negociaciones.

Estados Unidos no era el único país expuesto a la fragilidad de las entidades y los mercados financieros. Desde la retirada masiva de Northern Rock el pasado septiembre, los europeos habían estado apagando grandes incendios financieros. El viernes nos enteramos de que el gigante belga-holandés Fortis, una compañía valorada en 775.000 millones de euros que combinaba el negocio bancario y el negocio de seguros, estaba en graves dificultades, a consecuencia de inversiones en obligaciones de deuda garantizadas y de una absorción mal gestionada de algunas partes del banco holandés ABN AMRO. El sábado, Don Kohn informó de una llamada del vicepresidente del BCE Lucas Papademos. «Fortis es un desastre», resumió Don. Papademos le dijo a Don que ING (una multinacional con sede en Ámsterdam) y BNP Paribas (el banco francés que con su anuncio en agosto de 2007 del cese de la posibilidad de retirar el dinero de sus fondos de hipotecas subprime había contribuido a desatar la crisis financiera) habían hecho ofertas para comprar Fortis. Pero también le dijo que probablemente el acuerdo no se sustanciara durante el fin de semana, y que al BCE le preocupaba la reacción de los mercados.

Los europeos actuaron con mayor premura de lo esperado por Papademos. El lunes, los gobiernos de Bélgica, Holanda y Luxemburgo inyectaron colectivamente más de 11.200 millones de euros (16.000 millones de dólares) de capital en Fortis. El BCE también prestó dólares a Fortis, aprovechando la permuta de divisas con el Fed. En una intervención de dimensiones aún más importantes, la segunda entidad de crédito para empresas más grande de Alemania, Hypo Real Estate, recibió garantías estatales y privadas por un valor total de 35.000 millones de euros (50.000 millones de dólares). Entre otras entidades con problemas se contaban el banco de crédito británico Bradford & Bingley (parcialmente nacionalizado a finales de septiembre, mediante procedimientos desarrollados para Northern Rock) y el banco germano-irlandés Depfa (una subsidiaria de Hypo Real Estate nacionalizada por el gobierno alemán). El banco belga Dexia, que había concedido un gran préstamo a Depfa, sería rescatado el 29 de septiembre.

En Estados Unidos, Wachovia se deterioraba a una velocidad mayor de la prevista. Wachovia era en aquel momento la cuarta sociedad de cartera bancaria más importante de Estados Unidos, lo que la convertía en una bomba financiera potencialmente más peligrosa que Washington Mutual o Lehman. Sus subsidiarias tenían una importante cantidad de obligaciones no aseguradas, incluida deuda no asegurada, financiación mayorista y depósitos extranjeros. Por otro lado, a diferencia de WaMu, Wachovia realizaba importantes actividades empresariales al margen de sus subsidiarias bancarias, en filiales como su agente de bolsa o en la propia sociedad de cartera (que había emitido más de 50.000 millones en deuda a largo plazo).

Sheila Bair, que entendía perfectamente los riesgos que implicaría el derrumbamiento de Wachovia, quería encontrar un comprador para toda la compañía: la empresa matriz, las filiales no bancarias y las subsidiarias bancarias. Kevin Warsh había estado al frente de un equipo que había evaluado la posibilidad de una fusión entre Goldman Sachs y Wachovia. Sin embargo, aquella opción se esfumó cuando Goldman se inquietó ante las pérdidas intercaladas en el balance contable de Wachovia.

Citicorp y Wells Fargo también habían expresado su interés por la compañía. Fusionar Wachovia con otro gran banco no era lo ideal. Incrementaría la concentración en la industria bancaria, dominada ya por las empresas de mayor volumen, y tal vez debilitara a la empresa adquiriente. Sin embargo, dadas las circunstancias y la rápida disminución de nuestras opciones, aquella parecía la mejor solución. Un consuelo era la presencia relativamente escasa de Citicorp y Wells Fargo en el sudeste, donde Wachovia era más fuerte. Por lo tanto, una fusión con alguna de las dos no mermaría la competición regional por los depósitos y los préstamos.

La gestión de la situación de Wachovia consumió el fin de semana y culminó en otra negociación entre la sociedad de cartera, sus posibles compradores y tres reguladores —la FDIC, el Fed y la Oficina del Interventor de la Moneda (encargado de regular el mayor banco de Wachovia)— que ocupó toda la noche del domingo 28 al lunes 29 de septiembre. El domingo por la mañana, las perspectivas de adquisición por parte de Citi (en aquel entonces la mayor sociedad de cartera bancaria de Estados Unidos, unas dos veces y media más grande que Wachovia) o de Wells (la sexta más grande, con un tamaño como de tres cuartas partes de Wachovia) parecían buenas.

El nuevo director general de Citi, Vikram Pandit, un hombre mundano y exquisito que por aquel entonces tenía cincuenta y un años, quería hacerse con Wachovia a toda costa. Pandit me pareció un hombre sensato y perspicaz, aunque algunos supervisores (sobre todo los de la FDIC) tenían reservas sobre sus méritos para liderar la empresa. Había desarrollado la mayor parte de su carrera en las operaciones con valores, como empleado de Morgan Stanley, no en la banca comercial tradicional. Había asumido el timón de Citi en diciembre de 2007, después de que Chuck Prince (conocido por la expresión «aún seguimos bailando») fuera destituido. Pandit se crio en la India central, llegó a Estados Unidos con dieciséis años y se graduó en Ingeniería Eléctrica antes de pasarse al mundo empresarial y obtener un doctorado en Finanzas por la Universidad de Columbia. Su misión en Citi consistía en devolver al debilitado gigante su energía como banco comercial global mientras se deshacía de los activos tóxicos y mejoraba su gestión del riesgo.

El rival de Pandit en la lucha por Wachovia era el irascible y testarudo Dick Kovacevich, el veterano presidente de Wells Fargo. Kovacevich había comenzado su carrera como banquero en Citi y era el director general de Norwest Corporation cuando esta compró y adoptó el nombre de Wells Fargo en 1998. Kovacevich había hecho un gran trabajo con la integración de las operaciones de las dos compañías y había evitado las hipotecas subprime más arriesgadas que habían metido a muchos de sus competidores en problemas. El año antes había traspasado el título de director general a John Stumpf, que durante muchos años había sido su número dos, y pensaba retirarse a finales de aquel año. Pero cuando faltaba un mes para que cumpliera sesenta y cinco años, quería cerrar otro gran trato en las negociaciones con Wachovia.

Sin embargo, pese a su entusiasmo inicial, el domingo Kovacevich decidió apartarse, aparentemente por las pérdidas que podían acarrear los préstamos comerciales de Wachovia. No estaba claro si Wells volvería a las negociaciones, y de ser así en qué términos. Aquello dejaba a Citi como el único postor.

Como Wachovia incluía una gran subsidiaria bancaria, el Estado poseía una herramienta de la que había carecido con Lehman. La FDIC podía comprar o garantizar algunos activos del banco, lo que daría mayor atractivo al conjunto de la compañía. Sin embargo, como en el caso de WaMu, la ley exigía que la FDIC liquidara el banco con el menor coste para el fondo de garantía de depósitos, salvo que la suspensión de la norma fuera necesaria con el fin de evitar un riesgo sustancial para el sistema financiero. Para ello se requería la aprobación de dos tercios del Consejo de la FDIC, de dos tercios del Consejo de la Reserva Federal y del secretario del Tesoro, previa consulta con el presidente.

Sheila me había dicho que a su juicio el trato con Wachovia podía cerrarse sin ayuda de la Administración, pero, por si acaso, el domingo por la tarde el Consejo del Fed aprobó una excepción por riesgo sistémico, por primera vez desde la aprobación de la ley FDICIA diecisiete años antes. Informamos a la FDIC de nuestra decisión. Entretanto, Paulson obtuvo la aprobación del presidente. Don y yo convencimos a Sheila de que el sistema no podría soportar el colapso de otra gran compañía, y que el hecho de invocar la excepción ofrecería una importante flexibilidad en las negociaciones. Josh Bolten, el jefe de personal del presidente, la llamó el domingo por la noche para manifestar el apoyo de la Casa Blanca a la medida. Esta vez, Sheila aceptó nuestros argumentos. El Consejo de la FDIC actuó a primera hora de la mañana del día siguiente, completando las aprobaciones necesarias.

La vigilia del domingo trajo consigo numerosas llamadas y reuniones con los exhaustos miembros del personal. Kovacevich estaba recluido en el Hotel Carlyle de Nueva York, supervisando los acontecimientos. Los ejecutivos de Citi parecían más ansiosos. Codiciaban las más de 3.300 sucursales bancarias de Wachovia y sus casi

420.000 millones de dólares en depósitos, una fuente de financiación fiable y barata. Pero Citi tenía sus propios problemas y quería que la FDIC limitara las pérdidas que pudiera heredar de Wachovia. Sheila pidió al Fed y al Tesoro que asumieran parte del riesgo. Yo veía la operación con buenos ojos y estaba ansioso de que el acuerdo se sustanciase, pero no veía cómo podía ayudar el Fed. Como la legislación del TARP no había llegado a su fin, el Tesoro tampoco tenía dinero. Al final, la FDIC accedió a garantizar todas las pérdidas que se produjeran en la cartera de préstamos de Wachovia —que ascendía a 312.000 millones de dólares— a partir de los 42.000 millones de dólares. A cambio, la FDIC obtendría acciones preferentes en Citi, además de la opción de comprar acciones adicionales y, por lo tanto, beneficiarse de cualquier incremento en el precio de las acciones de Citi.

Con aquello, Citi accedía a comprar todos los pasivos de Wachovia —depósitos y deuda— y todos sus préstamos. Cuando el personal de Sheila le aseguró que no había muchas probabilidades de que la FDIC perdiera dinero con la adquisición, y que el balance oficial de la transacción reflejaría esa conclusión, firmó. Como Hank Paulson señalaría en sus memorias, mientras él trataba de obtener 700.000 millones de dólares del Congreso para ayudar a todo el sistema financiero, la FDIC había accedido a garantizar 270.000 millones de dólares en préstamos para un solo banco sin que nadie pareciera advertirlo. En aquel caso, yo creía que Sheila había acertado manteniendo el equilibrio entre su responsabilidad en proteger el fondo de garantía de depósitos y la necesidad de evitar una crisis financiera sistémica. La felicité a ella y a su personal.

Pero la historia no había terminado. Después de que el lunes se anunciara la venta a Citi, pero antes de que la operación hubiera quedado completamente cerrada, Kovacevich y Wells Fargo contraatacaron con una oferta por Wachovia que no requería una protección contra pérdidas por parte de la FDIC. La reentrada de Wells Fargo estaba motivada en parte por una comunicación de Hacienda publicada el 30 de septiembre que aumentaba las ventajas fiscales esperadas por Wells si llevaba a cabo la adquisición. Sheila prefería la oferta de Wells: suponía menos riesgo para la FDIC y le parecía que Wells era más fuerte. De modo que impulsó nuevas negociaciones entre Wachovia y Wells.

Una vez más, no había coincidencia entre el Fed y la FDIC. A nuestro juicio, el deseo de Sheila de obtener un mejor acuerdo para el fondo de la FDIC le había hecho pasar por alto otras consideraciones de importancia. La posibilidad de futuras negociaciones podía verse comprometida si el Estado se negaba a respetar el acuerdo con Citi que había contribuido a lograr. Y además nos preocupaba que la desaparición del acuerdo ya existente avivara los temores del mercado sobre Citi, que ya había anunciado que la adquisición fortalecería su negocio.

La noche del jueves 2 de octubre, Don me hizo saber que Sheila estaba presionando para la fusión Wachovia-Wells. Le era «completamente indiferente la integridad del proceso de subasta» o la incertidumbre sobre Citi que pudiera cundir en el mercado si el primer acuerdo quedaba revocado, me dijo Tom. Aquel mensaje fue el preludio de otra noche de negociaciones. Los abogados de Wachovia y Wells trabajaban a un ritmo enloquecido. Entretanto, Citi estaba a oscuras. Kevin Warsh me escribió justo antes de la medianoche para decirme que Bob Steel llamaría (posiblemente con Sheila) a Citi después de que la junta directiva de Wachovia hubiera aprobado el acuerdo con Wells. «Imaginamos que Citi se sentirá ultrajado y amenazará con emprender acciones legales por la mañana [...] Nuestro mensaje: Wells hizo una oferta por Wachovia (sin nuestra bendición) y la FDIC le dio autorización», escribió Kevin.

A las tres de la mañana del viernes 3 de octubre, Don Kohn me envió el siguiente correo: «Sheila y Bob han llamado a Vikram [...] Vikram se puso frenético. Sheila defendió la decisión afirmando que era un mejor acuerdo para "el fondo". No pinta bien [...] Mañana los mercados estarán revueltos». Después, Vikram me llamó y se desahogó. Nos instó a bloquear el acuerdo de Wachovia con Wells. Como todas las fusiones de sociedades de cartera bancarias, aquella operación exigía la aprobación del Consejo del Fed. Avisó de que Citi podía estar en peligro si el acuerdo no fructificaba, porque los mercados estaban convencidos de que Citi necesitaba los depósitos de Wachovia para sobrevivir. También me llamó Robert Rubin, antiguo secretario del Tesoro que ahora era consejero superior y miembro del consejo de administración de Citi. Me dijo que Citi a lo mejor podía mejorar su oferta y volver a entrar en liza.

Tim tenía clara preferencia por Citi. Reconocía que la oferta de Wells Fargo era superior, pero argumentaba que permitir que el acuerdo se frustrara en aquel punto destruiría la credibilidad de la Administración como mediadora ecuánime. Avisó de que Estados Unidos parecería una república bananera si la Administración actuaba de forma arbitraria. A diferencia de lo que había ocurrido con el acuerdo de WaMu, la autoridad del Fed sobre las fusiones de sociedades de cartera nos daba cierta fuerza. (Como WaMu era una entidad de ahorro, y el banco de JPMorgan que adquirió WaMu era un banco con licencia estatal regulado por la Oficina del Interventor de la Moneda, en ese caso no se había requerido la aprobación del Fed.) Sin embargo, la ley exige pruebas específicas para rechazar la fusión de dos sociedades de cartera. Por ejemplo, teníamos que demostrar que la fusión dañaría la competencia en los mercados bancarios locales o que los bancos que iban a fusionarse no habían cumplido la exigencia de invertir en las comunidades locales. Ninguno de esos criterios ofrecía una base sólida para favorecer a Citi frente a Wells. La cuestión esencial —a saber, si al aceptar Wachovia la oferta de Wells había violado su acuerdo con Citi— era asunto de los tribunales, no de la Reserva Federal.

Intentamos llegar a un arreglo. Con el fin de calmar a Citi, le ofrecimos nuestro apoyo para incrementar su base de depósitos adquiriendo sucursales de Wachovia en varios estados del noreste. A cambio, Citi accedió a no bloquear la fusión de Wells y Wachovia, aunque solicitaría a Wells una compensación por daños valorados en 60.000 millones de dólares. El Consejo del Fed aprobó la fusión de Wachovia y Wells Fargo el 9 de octubre. Me pasé varias horas asegurando a senadores y representantes de Carolina del Norte que la fusión no supondría el final del papel que el banco había desempeñado como gran creador de empleo en Charlotte. Al contrario, les dije que evitar el colapso de Wachovia ayudaría a preservar los puestos de trabajo locales en el sector bancario y a evitar graves consecuencias económicas en todo el país.

Mientras los reguladores atendían a las negociaciones de Wachovia, Paulson continuó hablando con los líderes del Congreso sobre el

TARP. A primera hora de la mañana del lunes 29 de septiembre, llamó para informar de que habían llegado a un acuerdo a la una de la madrugada. La experiencia de Hank como negociador en Wall Street había dado resultado. Había logrado impedir la introducción de cambios sustanciales en la legislación. El dinero sería desembolsado en dos tramos de 350.000 millones de dólares. El Congreso podría impedir la utilización del segundo tramo solo si aprobaba un proyecto de ley y lo mantenía frente al veto del presidente. Si el programa perdía dinero al cabo de cinco años, el presidente tendría que proponer un plan para recuperar las pérdidas fijando comisiones a la industria de servicios financieros. Habría diversas instancias de supervisión, incluidos un inspector general especial y un grupo de supervisión del Congreso, además de un consejo de autoridades a nivel de gabinete (yo acabaría siendo su presidente) que asesoraría sobre el uso idóneo de los fondos.

El acuerdo incluía la idea del senador Jack Reed de utilizar *warrants* sobre acciones (el derecho a comprar acciones ordinarias a precio predeterminado) para dar a los contribuyentes una parte de las ganancias si las compañías participantes repuntaban. También exigía que el Tesoro desarrollara un plan para ayudar a los prestatarios de hipotecas con problemas. La propuesta de tres páginas que el Tesoro había enviado al Congreso era ahora una legislación de más de cien páginas. Los elementos cruciales del plan del Tesoro —la autorización de financiación y la flexibilidad para emplear el dinero como fuera necesario— estaban intactos. El proyecto de ley definitivo también conservaba la disposición que adelantaba la fecha efectiva en que el Fed tendría potestad para pagar intereses sobre las reservas de los bancos. Después de que Paulson anunciara el acuerdo, los dos candidatos presidenciales le dieron un apoyo moderado.

Entretanto, en una llamada organizada por el FOMC el lunes por la mañana, puse al día a los presidentes de los Bancos de la Reserva Federal sobre la evolución de Wachovia y sobre las implicaciones de nuestra nueva potestad de pagar intereses sobre las reservas. También pedí al comité que multiplicara por más de dos nuestras permutas de divisas con los grandes bancos centrales hasta situarla en 620.000 millones de dólares, a lo que este accedió. La crisis estaba golpeando a los bancos europeos con mayor dureza aún que a los bancos estadounidenses. Solo el lunes, el precio de las acciones del Anglo Irish Bank cayó un 46%; el de Dexia, un 30%, los del Commerzbank y el Deutsche Postbank, un 23% y un 24%, respectivamente, y el del sueco Swedbank un 19%. Difícilmente podía imaginarse un voto más claro de censura.

Pero el acontecimiento más importante del 29 de septiembre sería la votación del TARP por parte del Congreso. Los ciudadanos querían que acabáramos con la crisis financiera, pero no habíamos logrado persuadirlos de que inyectar miles de millones de los contribuyentes en el sistema financiero era la solución. El senador Jon Kyl de Arizona me dijo que la opinión de sus electores sobre el TARP estaba dividida al cincuenta por ciento: «Cincuenta por ciento, no; cincuenta por ciento, ¡demonios, no!». La mayoría de los editoriales y de las páginas de opinión de los periódicos eran favorables a la legislación, aunque a menudo tenían que taparse la nariz. «La alternativa a este programa evidentemente imperfecto y sumamente incierto podría ser mucho, mucho peor», escribió el *Washington Post*.

Yo creía que el proyecto de ley sería aprobado, puesto que lo habían firmado los líderes de los dos partidos. Pero al final de la mañana del lunes, Kevin Warsh, que seguía la evolución de Hill, mandó un correo electrónico inquietante. «Para tu información. Es lo último que necesitamos, pero el Partido Republicano tiene un grave problema en la Cámara de Representantes para conseguir los votos necesarios para que la presidenta se ponga de su parte». La sintaxis de la frase, seguramente escrita a toda prisa, era un poco confusa. Pero el mensaje estaba claro: el apoyo republicano era parco y las tropas de la presidenta Pelosi, que no querían que los demócratas fueran vistos como el partido del TARP, no estaban dispuestas a compensar la diferencia.

Dos horas después del correo electrónico de Kevin, estaba claro que la Cámara de Representantes tumbaría el proyecto de ley. Los líderes de la Cámara mantuvieron la votación abierta durante cuarenta minutos (pese a que estaba programada para que durase solo quince), con la esperanza de persuadir a los congresistas que iban a votar en contra. Cuando el mazo cayó a las dos y diez de la tarde, los sí sumaron 205 votos y los no, 228. Seguí la votación por televisión desde mi despacho, junto con las reacciones del mercado en mi pantalla Bloomberg. Me sentí como si me hubiera pasado un camión por encima. Lo mismo le ocurrió al mercado bursátil. El índice Dow Jones cayó casi 778 puntos, su descenso más pronunciado en puntos durante una sola jornada y un récord que continúa imbatido. En términos porcentuales, bajó el 7%, su peor registro desde el primer día de operaciones tras los atentados del 11-S. Entretanto, el S&P cedió casi un 9%. En un solo día, el mercado bursátil estadounidense sufrió una pérdida de valor de 1,2 billones de dólares.

La votación de la Cámara parecía un revés abrumador a nuestros esfuerzos para poner fin a la crisis. Pero el apoyo de los votantes al TARP se incrementó significativamente a medida que la gente veía que sus planes de jubilación 401(k) disminuían (de hecho, la gente empezó a llamarlos «planes 201(k)»). Los líderes más sensatos del Congreso volvieron a agruparse y lo intentaron de nuevo. Endulzaron el proyecto de ley incluyendo un aumento temporal (que después se volvió permanente) en el seguro de depósitos, de 100.000 a 250.000 dólares por cuenta. El Senado aprobó el proyecto de ley por 74 votos a favor y 25 en contra el miércoles 1 de octubre; la Cámara de Representantes, por 263 votos a favor y 171 en contra, el viernes 3 de octubre. El presidente estampó su firma aquella misma tarde.

La Administración contaba con una nueva y poderosa arma. Por fin, la principal responsabilidad para restaurar la estabilidad financiera ya no recaería únicamente en el Fed.

# 16

# UN VIENTO FRÍO

La sangría de los mercados financieros continuó durante toda la semana, después de que el presidente firmara la legislación TARP (conocida formalmente como la Ley de Estabilización Económica de Urgencia). A veces, las cotizaciones bursátiles subían y bajaban cientos de puntos en una hora, pero la tendencia dominante siempre era a la baja. Desde el viernes 3 de octubre hasta el viernes 10 de octubre, el Dow Jones perdió 1.874 puntos, un espeluznante 18%. Aparté la pantalla Bloomberg de mi escritorio, para que el parpadeo de los números rojos no me distrajera.

Pese a la promulgación del TARP, la confianza en las instituciones financieras prácticamente se había evaporado, e incluso para las entidades no financieras sólidas el crédito resultaba extremadamente difícil de obtener. La semana antes, General Electric, un conglomerado con ramas financieras y no financieras que gozaba de la máxima calificación, se había visto forzada a pedir a Warren Buffett 3.000 millones de dólares antes de que los prestamistas refinanciaran su papel comercial. Los tipos de interés sobre los bonos corporativos y el coste de asegurar contra impagos corporativos se dispararon, una señal de que los operadores esperaban que la crisis económica derribara más compañías.

En público describí lo que estaba pasando como «la peor crisis financiera desde la Gran Depresión», pero en privado pensaba que —dado el número de grandes entidades financieras que habían quebrado o habían estado a punto de quebrar, la amplitud de sus efectos en los mercados financiero y crediticio, y su alcance mundial— probablemente fuera la peor de la historia de la humanidad. No estaba claro si la crisis financiera desataría la peor recesión económica desde la Depresión, o incluso algo más dañino. Los datos reflejaban una economía que cada vez se hundía más. La encuesta que el Fed realizaba en la primera mitad de octubre entre ejecutivos de créditos bancarios mostraba que los bancos estaban endureciendo enormemente sus condiciones de préstamo y que el flujo de crédito a las familias y los negocios se estaba agotando. En septiembre se habían destruido 159.000 puestos de trabajo, el noveno mes consecutivo con esa tendencia. Y aunque el desempleo solo se había elevado hasta un moderado 6,1 %, se encaminaba claramente a una acusada subida.

El agravamiento de la crisis era evidente no solo en las estadísticas públicas sino también en las noticias que nos llegaban del mundo de los negocios y de los líderes de la comunidad de todo el país. A mediados de octubre, la gobernadora Betsy Duke fue a San Francisco para reunirse con el sector privado del consejo del Banco de la Reserva y con un grupo consultivo de empresarios de toda la región. «Los comentarios son contundentes y aterradores —me escribió Betsy en un correo electrónico—. No hay sector representado en el consejo que no esté "decaído". Están cancelando todos los proyectos de inversión y todos los programas discrecionales. El crédito es cada vez más difícil de obtener [...] Los pequeños negocios y las empresas sin ánimo de lucro [...] no pueden pagar las nóminas y están echando el cierre. Ruego que se hiciera todo lo posible para restaurar la confianza en el sistema financiero.»

Los efectos económicos de la crisis se propagaron a gran velocidad, sin respetar las fronteras estatales. En noviembre, mientras estaba en São Paulo para asistir a una reunión internacional, busqué un hueco en mi agenda para reunirme con los directores generales de los bancos más importantes de Brasil y con otros dirigentes empresariales. «A comienzos de septiembre todo estaba bien —me dijo un director general—. Entonces todo se paró de repente. Ni crédito ni inversiones. Fue como si un viento frío helara la economía.»

Durante varias semanas, Hank Paulson y yo habíamos estado hablando sobre los pros y los contras de comprar activos tóxicos y de inyectar capital en los bancos en dificultades. En nuestras conversaciones privadas, Hank se había persuadido de que lo mejor era seguir la estrategia que a mí me gustaba más: las inyecciones de capital, en las que el Estado adquiriría acciones de los bancos y, por lo tanto, titularidad parcial sobre estos. Las inyecciones de capital fortalecerían directamente a los bancos al incrementar el colchón disponible para absorber las pérdidas. En cambio, las compras de activos tóxicos fortalecerían indirectamente a los bancos y solo en la medida en que elevaran los precios de los activos que los bancos mantenían.

El 1 de octubre, durante nuestro almuerzo con el presidente Bush, el propio Hank planteó la posibilidad de utilizar los fondos del TARP no solo para comprar activos, sino también para inyectar nuevo capital. La redacción del TARP era lo bastante amplia para permitir las dos estrategias, y Hank mantenía abiertas las opciones. Pero una semana después de que el presidente firmara el TARP, Hank se había distanciado claramente de las compras de activos. Al margen de los méritos de la estrategia en abstracto, estaba claro que los mercados financieros y la economía se estaban deteriorando a un ritmo muy rápido. No había tiempo suficiente para diseñar e implementar un programa efectivo de compra de activos.

Probablemente ayudara que los británicos, liderados por el primer ministro (y exministro de Economía) Gordon Brown, también parecieran converger hacia un plan que incluía inyecciones de capital estatal mediante compras de acciones de grandes bancos. Anunciaron su plan el miércoles 8 de octubre. El mismo día, Paulson se reunió con periodistas y emitió un comunicado en el que señalaba que, entre otras facultades, el TARP daba al Tesoro la capacidad de inyectar capital en los bancos. «Utilizaremos con la máxima eficacia todas las herramientas que han puesto en nuestras manos, incluida la de fortalecer la capitalización de las entidades financieras, al margen de su tamaño», dijo.

La mayoría de los economistas y los editorialistas aprobaron la recapitalización de los bancos, pero la resistencia de los políticos fue feroz. En nuestras reuniones con legisladores, Hank y yo habíamos subrayado la necesidad de ser flexibles para adaptarse a los cambios de las circunstancias. Los periódicos habían observado que la legislación del TARP abarcaba distintas estrategias, incluida las inyecciones de capital. El senador Dodd había señalado lo mismo en su comparecencia del 23 de septiembre. Sin embargo, muchos miembros del Congreso consideraron que el nuevo énfasis en la inyección de capital era la demostración de que los habían engañado. Cierta o no, esa percepción aumentó la animosidad de los políticos por el TARP.

En retrospectiva me pregunto si debería haber insistido con anterioridad y de modo más vigoroso para que el Congreso aceptara las inyecciones de capital. Es posible, aunque los argumentos de Hank sobre la viabilidad política y las posibles reacciones del mercado me parecieron correctos en aquel momento. En todo caso, el énfasis inicial en las compras de activos no fue una estratagema: tanto el Fed como el Tesoro habían realizado un serio esfuerzo para implementar un programa de compra de activos. El personal del Fed había trabajado laboriosamente para encontrar una estrategia que estabilizara el sistema financiero y tratara con respeto a los contribuyentes. Sin embargo, su conclusión final fue que, dada la dificultad de establecer el precio justo de unos activos diversos y complejos, el Tesoro podía tardar muchas semanas en organizar un programa efectivo. Otra inquietud del personal era que, como cada vez había más activos bajo sospecha, dedicar la integridad de los 700.000 millones del TARP a comprar activos tóxicos podría no ser suficiente para estabilizar el sistema. Por otro lado, inyectar 700.000 millones de nuevo capital aumentaría el capital del sistema bancario en un 50% como mínimo, lo que tranquilizaría a los acreedores y a los clientes y reforzaría la confianza de los bancos a la hora de prestar. Si fortalecer las entidades financieras estimulaba a los inversores privados para que también pusieran capital en los bancos, mucho mejor.

Mientras Hank se mostraba cada vez más receptivo a las inyecciones de capital, un equipo del personal del Consejo liderado por David Wilcox desarrollaba estrategias alternativas de implementación. Una de ellas, la coinversión, se proponía involucrar en el proceso a inversores privados. Los reguladores bancarios y el Tesoro determinarían los bancos que necesitaban capital, y los bancos cortos de capital tendrían la posibilidad de encontrar inversores privados. A los que no lo consiguieran se les exigiría que aceptaran capital del TARP. A Hank le gustaba la idea de la coinversión, pero en última instancia optó por un plan más sencillo, con capital únicamente público, sobre la base de que en otoño de 2008 los mercados de capital estaban cerrados para la gran mayoría de los bancos. Pese a todo, el enfoque básico desarrollado por Wilcox y su equipo reaparecería más adelante.

Yo estaba satisfecho de que Hank estuviera dispuesto a utilizar el TARP para inyectar capital en los bancos. Esperaba que el engrosamiento de los colchones de capital, al aminorar el riesgo de quiebras bancarias, redujera el miedo en los mercados. Pero también sabía que en condiciones caóticas, cuando los valores de los activos oscilaban sin control, el incremento del capital no bastaría para devolver la confianza. Probablemente se necesitaran además las garantías del Estado. Ya habíamos visto que una garantía del Tesoro había puesto fin a una retirada de los fondos del mercado monetario un mes antes, y que los depositantes asegurados por la FDIC habían sido fieles a sus bancos a lo largo de la crisis. Pero en el sistema bancario del siglo XXI, los depósitos eran solo una de las fuentes de la financiación bancaria. El reconocimiento de este hecho había llevado a Gran Bretaña, Irlanda y Grecia a garantizar todos los pasivos bancarios (incluida la deuda a más largo plazo), además de los depósitos.

Aunque el Fed podía prestar a los bancos contra garantías de buena calidad, no tenía autoridad ninguna para garantizar directamente sus deudas. Estudié con el personal del Fed la posibilidad de garantizar indirectamente un pequeño subconjunto de transacciones, los préstamos interbancarios a corto plazo. En lugar de prestarse directamente unos a otros, los bancos podían emplear el Fed como intermediario. El banco prestamista entregaría un depósito al Fed, que a su vez prestaría al banco prestatario. El hecho de que el Fed sirviera como intermediario eliminaría las consecuencias (para el banco prestatario) de un incumplimiento crediticio por parte del banco prestamista y, en consecuencia, posiblemente reactivaría el mercado de los créditos interbancarios a corto plazo. Aunque daba la impresión de que esta estrategia era legalmente viable, parecía engorrosa desde un punto de vista operativo y difícil de implementar con la celeridad deseada. Afortunadamente apareció una estrategia mejor y más natural. La FDIC tenía la facultad de desplegar amplios poderes de garantía, en caso de que quisiera utilizarlos.

Hank y yo nos reunimos con Sheila Bair el miércoles 8 de octubre en el Tesoro (con Tim Geithner en el manos libres). Esperábamos persuadir a Sheila para que garantizara los pasivos de todo el sistema bancario mediante el fondo de garantía de depósitos. Para ello, el consejo de la FDIC tendría que sumarse al Fed y al Tesoro para declarar una excepción por riesgo sistémico en todos los bancos, y no simplemente en uno solo, como había hecho para facilitar la frustrada adquisición de Wachovia por parte de Citigroup. Sheila, cada vez más quisquillosa conforme los acontecimientos le obligaban a salir de su zona de seguridad, ha descrito la reunión como una «emboscada». No estoy de acuerdo. Nuestro único objetivo era abordar la cuestión con el responsable político que, en este caso, tenía autoridad para actuar. Desde luego no esperábamos que aceptara a la primera.

Y Sheila no aceptó. Dijo que dudaba de que, incluso declarando una excepción por riesgo sistémico, tuviera autoridad legal para garantizar todos los pasivos bancarios. También dudaba de que los 35.000 millones del fondo de garantía ofrecieran una red de seguridad creíble para los billones de dólares de créditos y depósitos bancarios. Señalamos que, si la concesión de amplias garantías ayudaba a impedir futuras quiebras bancarias, el fondo de garantía de depósitos sería mucho más seguro.

A la mañana siguiente, Sheila nos escribió un correo electrónico a Hank, a Tim y a mí. Después de reflexionar, había llegado a la conclusión de que las garantías de cobertura total del sistema no eran necesarias. Su personal creía que los bancos tenían capital e ingresos suficientes para cubrir las pérdidas estimadas, lo que debía bastar para devolver la confianza a medida que pasara el tiempo. Le preocupaba que las garantías bancarias tuvieran consecuencias imprevistas, incluida la de sacar dinero de los fondos del mercado monetario. (Yo creía que la garantía de los fondos monetarios concedida por el Tesoro había aliviado esa inquietud.) También le preocupaba la posibilidad de que los bancos débiles utilizaran los fondos garantizados para asumir riesgos inusitados, quedándose con los beneficios si eran afortunados y cargando las pérdidas al fondo de seguro de depósitos si no lo eran. Había llegado a la conclusión de que era mejor utilizar los fondos del TARP para invertir en acciones bancarias y para proporcionar las garantías de los pasivos bancarios que el Tesoro considerase necesarias. A continuación, la FDIC podía cumplir su función habitual de hacerse cargo de las quiebras de bancos concretos, que a su juicio entrarían dentro de los límites de lo manejable.

Era elocuente que en ninguna parte del correo se argumentara que la FDIC careciera de la autoridad necesaria; además, pese a sus reservas, Sheila y su personal estaban trabajando a fondo en un plan de garantía. El viernes envió una contrapropuesta. La FDIC invocaría la excepción por riesgo sistémico y garantizaría únicamente la nueva deuda emitida por los bancos (no la que ya tuvieran, ni tampoco la emitida por sociedades de cartera bancarias). La garantía exigiría que los inversores pagaran un 10%. Es decir, si un banco dejaba de pagar una deuda cubierta por la garantía, el inversor tendría que asumir el 10% de las pérdidas. Además, la FDIC únicamente cubriría la deuda prioritaria, no la deuda de menor prioridad, como la deuda subordinada. (La deuda subordinada no se puede reembolsar hasta que las reclamaciones de los titulares de deuda prioritaria queden completamente satisfechas.) Los bancos pagarían una comisión por las garantías de la FDIC. Además, la FDIC aseguraría las cuentas que no estuvieran ya cubiertas por el seguro de depósito, como por ejemplo las cuentas corrientes comerciales.

El Fed se había opuesto tradicionalmente a expandir el seguro de depósitos, sobre la base de que incrementaría el riesgo moral. Pero durante la crisis, asegurar —al menos temporalmente— las cuentas corrientes que utilizaban las empresas, los municipios y las organizaciones sin ánimo de lucro tenía mucho sentido. Si no se daba ese paso, esos entes podían retirar rápidamente sus depósitos de los bancos más pequeños que creyeran en riesgo y trasladarlos a bancos a los que considerasen demasiado grandes para caer. Sin embargo, imponer un copago del 10% en la garantía de la deuda y excluir los pasivos de las sociedades de cartera bancarias no parecía viable. Los potenciales compradores de deuda bancaria no querrían arriesgar ni siquiera el 10% de su dinero, sobre todo cuando tenían la opción de comprar deuda de los bancos en Europa, donde algunos países ya habían asegurado todos los pasivos bancarios.

Las negociaciones continuaron durante varios días. El personal trabajó con ahínco y al final llegamos a un acuerdo. El 13 de octubre, el consejo de la FDIC invocó de manera unánime la excepción por riesgo sistémico y aprobó amplias garantías. El Consejo del Fed invocó la excepción aquel mismo día. La FDIC aseguraría la totalidad de la deuda prioritaria de nueva emisión de los dos bancos y sus sociedades de cartera (sin el recorte del 10%) para vencimientos a más de treinta días y a menos de tres años. La cobertura concedida por el Programa de Garantía Temporal al Crédito (TLGP), como se denominaría oficialmente, era gratuita durante el primer mes. Para salir del programa, los bancos tenían que pedirlo expresamente (pocos lo hicieron). Los bancos participantes pagaban comisiones moderadas por recibir la protección; las garantías de la deuda a más largo plazo tenían comisiones más elevadas. Como Sheila había sugerido al principio, el plan también extendía el seguro de depósitos a las cuentas utilizadas por empresas, gobiernos y ONG. Envié a Sheila una carta prometiéndole que los supervisores del Fed velarían estrictamente para que los bancos cuyas deudas habían sido garantizadas no asumieran ningún riesgo innecesario.

Con el paso del tiempo, 122 bancos y sociedades de cartera bancarias emitirían 346.000 millones de dólares de deuda garantizada por ese programa, lo que dio a los bancos la seguridad de contar con financiación a más largo plazo y reforzó la confianza en el sistema bancario. La FDIC perdió 150 millones de dólares con sus garantías de deuda y 2.100 millones con la ampliación de la garantía de depósitos, pero ingresó más de 11.000 millones en comisiones, lo que arrojó una ganancia neta para su fondo de garantía de 9.000 millones de dólares.

Aún parecía que todo estuviera sucediendo al mismo tiempo. Mientras las conversaciones sobre inyecciones de capital y garantías bancarias avanzaban, el Fed estaba trabajando en un nuevo programa para apoyar el mercado de papel comercial. Desde la irrupción de la crisis en 2007, los prestamistas se habían vuelto muy precavidos a la hora de comprar papel comercial, financiando tan solo a los emisores más solventes. Los fondos del mercado monetario se habían convertido en unos compradores particularmente quisquillosos después de que Lehman dejara de pagar su papel comercial. Desde justo antes del fin de semana de Lehman hasta mediados de octubre, el papel comercial vigente había perdido aproximadamente la sexta parte de su valor, es decir, 300.000 millones de dólares. Los vencimientos de una parte creciente del papel comercial se habían reducido a un día o dos, incrementando el riesgo de que los prestatarios fueran incapaces de refinanciarse.

Septiembre de 2008 no fue el primer momento en que una disfunción en el mercado del papel comercial había obligado al Fed a entrar en acción. En junio de 1970, la empresa ferroviaria Penn Central se había declarado inesperadamente en bancarrota y había dejado sin pagar su papel comercial. Los inquietos prestamistas pronto se negaron a refinanciar el papel comercial de muchas otras compañías; los préstamos corporativos en el mercado del papel comercial bajaron más del 9% durante las tres semanas siguientes. El Fed frenó la caída prestando a los bancos a través de la ventana de descuento y animándolos a su vez a prestar a los clientes que habían perdido el acceso al mercado del papel comercial.

Sin embargo, en 2008 no parecía que los préstamos a los bancos a través de la ventana de descuento fueran a servir de ayuda. Los bancos prestaban lo mínimo posible. Necesitábamos una forma más directa de sostener el mercado del papel comercial. Podíamos invocar la Sección 13(3), que nos facultaba para actuar en caso de emergencia, y prestar directamente a empresas incapaces de refinanciar su papel comercial, pero aquello tal vez fuera excesivo. Queríamos restaurar el funcionamiento normal del mercado del papel comercial, no sustituirlo con nuestros propios créditos.

En el rescate de Bear Stearns creamos una entidad jurídica que mantenía algunos de los activos de mayor riesgo de Bear, y el Fed concedió préstamos a esa entidad. Varias sesiones de pensamiento creativo mantenidas con el personal tanto en el Consejo como en el Fed de Nueva York llevaron a la propuesta de una solución similar. El Consejo podía crear una nueva entidad jurídica denominada Línea de Crédito del Papel Comercial (CPFF), que podía comprar papel comercial con fondos proporcionados por el Fed merced a la autoridad que le confería la Sección 13(3). Hank y yo hablamos al respecto en el almuerzo que el 1 de octubre celebramos con el presidente.

Teníamos que romper con la mentalidad que estaba impulsando a los compradores de papel comercial a prestar por un plazo de pocos días (en el caso de que estuvieran dispuestos a prestar). Los compradores que prestaban a un plazo de vencimiento muy corto querían ser los primeros en salir por la puerta si algo salía mal, dejando a los compradores que habían prestado a vencimientos superiores con la maleta en la mano. Era un nuevo ejemplo de psicología del miedo. Si el Fed actuaba como sostén del papel comercial, incluido el papel comercial con vencimientos más largos, tal vez fuéramos capaces de restaurar la confianza de los prestamistas y los vendedores.

Muy pronto nos enfrentamos con un problema inesperado. Sabíamos que los préstamos concedidos por la Reserva Federal debían estar «garantizados a satisfacción» del Banco de la Reserva que emitiera el préstamo; en el caso de la CPFF, esa entidad era el Banco de la Reserva de Nueva York. Las empresas que emiten papel comercial están legalmente obligadas a reembolsarlo, pero en virtud de una práctica de larga data el papel rara vez está respaldado por una garantía explícita, como por ejemplo valores negociables. ¿Podía un préstamo realizado en virtud de la CPFF, cuyos únicos activos eran el papel comercial, considerarse que estaba adecuadamente garantizado?

Cuando anunciamos nuestro plan para crear la CPFF, creíamos que habíamos dado con la solución a ese problema. Yo le había pedido a Hank que destinara dinero del TARP al nuevo fondo. Si los fondos del TARP estaban en primera línea para absorber pérdidas, los préstamos del Fed en virtud de la CPFF quedarían adecuadamente garantizados, satisfaciendo así el requisito legal. Hank parecía reaccionar positivamente, y habíamos contado con el dinero del TARP para lograr que la CPFF funcionase. Pero, para mi disgusto, o yo entendí mal a Hank o él y su personal cambiaron de idea. A lo largo de los días siguientes, el personal del Fed y el personal del Tesoro hablaron pero no llegaron a un acuerdo. Más adelante, Paulson escribió que se había negado a meter fondos del TARP en la CPFF porque no quería que la línea renovada de papel comercial fuera el primer programa del TARP, aunque desconozco por qué esa consideración era tan importante. Pese a todo, a Hank le gustó nuestro enfoque general, y se convirtió en un modelo de futuras colaboraciones entre el Fed y el Tesoro.

Ya habíamos anunciado la CPFF, y ahora, inesperadamente, el dinero del TARP no estaba disponible. Tratamos de buscar un medio de asegurar que nuestros préstamos en virtud de la línea estarían adecuadamente garantizados. Después de varias reuniones y llamadas extensas, al final encontramos una fórmula viable. Primero, estipulamos que la CPFF únicamente podría comprar el papel comercial con máxima calificación (lo que, desagraciadamente, dejaba fuera a ciertas compañías importantes). También exigimos a las firmas que quisieran vender su papel comercial a la línea que pagaran una comisión por adelantado y un tipo de interés lo bastante alto para acelerar su regreso al mercado regular en cuanto las condiciones se normalizaran. Las comisiones se guardaron en una reserva para hacer frente a posibles pérdidas. Por último restringimos nuestros riesgos limitando la cantidad de papel comercial que una firma dada podía vender a la CPFF. Una vez establecidas esas condiciones, el Consejo y el Fed de Nueva York estuvieron dispuestos a estipular que los préstamos en virtud de la CPFF estaban adecuadamente garantizados. A lo largo de su existencia, la línea no sufriría pérdidas y daría beneficios a los contribuyentes, al recaudar 849 millones de dólares en comisiones.

Durante el debate sobre el TARP que tuvo lugar en el Congreso, muchos legisladores, sobre todo del Partido Demócrata, habían defendido apasionadamente la necesidad de ayudar a los propietarios que se enfrentaban a la ejecución hipotecaria. En su redacción final, el proyecto de ley del TARP exigía que el Estado modificase las hipotecas que adquiriese mediante las compras de activos. Más importante, el proyecto también autorizaba la posibilidad de destinar dinero del TARP a programas de prevención de las ejecuciones hipotecarias.

Estas disposiciones eran el último intento de hacer frente a la epidemia de ejecuciones hipotecarias. En julio, el Congreso había aprobado un programa denominado Esperanza para los Propietarios (no confundir con Esperanza Ya, la iniciativa del sector privado lanzada el año anterior). Esperanza para los Propietarios (o H4H, como se dio en llamar el nuevo programa en Washington) autorizaba a la Administración Federal de la Vivienda a refinanciar hasta 300.000 millones de hipotecas tóxicas, después de imponer pérdidas a los titulares de las hipotecas del sector privado. En el Fed creíamos que el enfoque, defendido por Barney Frank y otros congresistas, era prometedor. La refinanciación sacaría las hipotecas tóxicas de los libros de los prestamistas (después del reconocimiento apropiado de las pérdidas) reduciendo al mismo tiempo los pagos mensuales a los prestatarios. El Fed fue una de las agencias encargadas de supervisar el programa. Betsy Duke, que en la actualidad pasaba la mayor parte de su tiempo dedicada a cuestiones inmobiliarias, era la representante del Consejo.

El programa fracasó. Apenas se apuntaron a él unos cientos de prestatarios. Lo más importante era que el Congreso no había estado dispuesto a gastar demasiado dinero en modificaciones de préstamos. Las condiciones para la refinanciación de la Administración Federal de la Vivienda (FHA) no eran atractivas para los prestamistas, que en su mayoría se negaron a participar. La tacañería del Congreso era un gesto que estaba en consonancia con la disciplina fiscal, pero también reflejaba el hecho de que, por lo visto, mucha gente consideraba que ayudar a los propietarios con problemas también era «rescatar» a actores irresponsables. Aquella actitud me pareció sorprendente. Para entonces, la epidemia de ejecuciones hipotecarias se había propagado mucho más allá de las personas que habían comprado a sabiendas casas que no se podían permitir. Con la economía estancada y el crédito en dique seco, millones de personas tenían problemas para pagar sus hipotecas o conocían a gente afectada. Por otra parte, ayudar a los prestatarios en problemas podía ser beneficioso no solo para los propios prestatarios, sino también para los barrios plagados de viviendas embargadas, el mercado inmobiliario (pues las ejecuciones hipotecarias y las ventas forzadas estaban hundiendo los precios y la construcción) y el conjunto de la economía.

Mientras trabajábamos para implementar nuevos programas en Estados Unidos, yo seguía de cerca la evolución de las economías y los sistemas financieros de nuestros socios comerciales. El viento frío soplaba con mucha intensidad fuera de nuestras fronteras, sobre todo en Europa.

Seguí exhortando a otros bancos centrales para que se unieran a nosotros en una bajada conjunta de los tipos de interés. Yo creía que las bajadas de tipos estimularían el crecimiento económico mundial y que aquella demostración de unidad animaría los mercados. En la conversación con Mervyn King y Jean-Claude Trichet que había mantenido el 26 de septiembre, los dos se habían mostrado interesados, pero también habían traslucido ciertas reservas. En particular, el Banco Central Europeo seguía preocupado por la inflación. Sin embargo, las resistencias iban cediendo a medida que las condiciones financieras y los datos económicos empeoraban. Otros bancos centrales estaban dispuestos a unirse a nuestra iniciativa.

La puesta en marcha de una bajada de tipos coordinada presentaba algunos problemas logísticos. Primero, cada banco central tenía que organizar una reunión especial con su comité estratégico. Después había que coordinar el momento y las palabras exactas del anuncio, y todo ello sin dar a los mercados la menor pista de lo que se avecinaba.

El Comité Federal de Mercado Abierto se reunió por videoconferencia a media tarde del martes 7 de octubre. Dos halcones del FOMC —Richard Fisher y Charles Plosser— estaban casualmente en Nueva York, de modo que se unieron a Tim Geithner desde el Fed de Nueva York. «Solo quería decir que he reunido en Nueva York a una coalición histórica de halcones, uno a mi derecha y otro a mi izquierda», bromeó Geithner. Fisher, tan orgulloso de ser de Texas, replicó sin inmutarse: «Señor presidente, nos gusta visitar los países del Tercer Mundo». Y Plosser respondió: «Pensábamos que podríamos burlarlo, pero no hemos tenido suerte».

Al margen de pequeñas frivolidades, el tono de la reunión fue sombrío. Bill Dudley habló de un entorno financiero «extremadamente peligroso y frágil». Además de multiplicar por dos el límite de nuestras líneas de permutas de divisas con otros bancos centrales, hasta situarlo en 620.000 millones de dólares, habíamos respondido incrementando por seis las subastas previstas del crédito de la ventana de descuento a los bancos de Estados Unidos, hasta totalizar los 900.000 millones de dólares. El objetivo, como siempre, era garantizar el acceso de los bancos a la financiación, pese a la agitación de los mercados crediticios. La enormidad de las cifras mostraba las dimensiones del problema. Pero a pesar de todos nuestros esfuerzos, el pánico persistía y el crédito seguía congelado.

Le dije al FOMC que la situación financiera planteaba unos riesgos cada vez más grandes y más graves. Una respuesta coordinada, que demostrara la resolución y la cooperación de los grandes bancos centrales, podía tener un mayor efecto en la economía estadounidense y en la economía mundial que una respuesta unilateral. Además creía que la acción coordinada podía servir de paraguas para que otros bancos centrales bajaran los tipos, sobre todo el BCE, perteneciente al linaje de los halcones del Bundesbank alemán. El FOMC aprobó por unanimidad una rebaja del tipo de los fondos federales de medio punto porcentual, hasta situarlo en el 1,5%.

El tira y afloja de la coreografía con otros bancos centrales culminó en una conversación telefónica entre Trichet, King, Mark Carney del Banco de Canadá, Masaaki Shirakawa del Banco de Japón y yo. Finalmente, el 8 de octubre a las siete de la mañana hora de Nueva York, el Fed, el Banco Central Europeo, el Banco de Inglaterra, el Banco de Canadá, el Banco Nacional Suizo y el Riksbank de Suecia anunciaron una baja de los tipos de interés de medio punto.[1] El Banco de Japón, cuyo tipo oficial se situaba ya alrededor de cero, expresó su apoyo a la medida. Aunque no nos coordinamos con el Banco Popular de China, también él bajó los tipos aquella mañana. Nos sentó bien sacar adelante un montaje tan complicado. Yo tenía la esperanza de que el efecto psicológico de que los grandes bancos centrales de todo el mundo actuaran de forma concertada fuera tan importante como el estímulo proporcionado por las propias rebajas de tipos.

Sin embargo, pese a la coordinación y la espectacularidad de la medida, esta no resolvió los problemas fundamentales del sistema financiero mundial: un pánico incesante y un creciente desasosiego ante la salud de las grandes entidades financieras. El índice Promedio Industrial Dow Jones subió 180 puntos después de nuestro anuncio, pero acabó perdiendo 189 puntos, un 2%, a lo largo del día. Los mercados estaban enviando una señal inequívoca: teníamos que ser más contundentes, y con urgencia.

1. Después de las rebajas, los tipos oficiales del resto de los bancos centrales eran los siguientes: BCE, 3,75%; Banco de Inglaterra, 4,5%; Banco de Canadá, 2,5%; Riksbank de Suecia, 4,25%.

Hasta aquel momento, la respuesta global —al margen de los bancos centrales— había sido ad hoc y había dependido mucho de cada país. Los europeos habían rescatado más entidades financieras que nosotros, pero no habían desarrollado una respuesta integral. La retórica alemana sobre el riesgo moral de los rescates —a pesar de los rescates de Hypo Real Estate e IKB— paralizaba la cooperación en el continente. Entretanto, algunos países sufrían efectos secundarios. Cuando Irlanda anunció el 29 de septiembre que garantizaría los depósitos y la deuda de sus bancos, los británicos se inquietaron ante la posibilidad de que los bancos irlandeses consumieran los fondos de los bancos británicos. Al cabo de nueve días, los británicos garantizaron los pasivos de sus bancos.

Algunos pequeños países con grandes bancos sencillamente carecían de los recursos necesarios para actuar por su cuenta. Por ejemplo, Islandia, un país con 300.000 habitantes, era la sede de tres grandes bancos con operaciones que se extendían a otros países nórdicos, Gran Bretaña y los Países Bajos. A comienzos de octubre, los tres bancos se habían hundido, arruinando a sus accionistas (en su mayoría islandeses) y titulares de bonos (en su mayoría extranjeros). Habíamos declinado la propuesta de Islandia de establecer una línea de permuta de divisas, al igual que el BCE y el Banco de Inglaterra. Las entidades financieras islandesas tenían pocos vínculos con las entidades financieras estadounidenses, y en cualquier caso sus problemas eran demasiado graves para solucionarlos con esos instrumentos.

El viernes 10 de octubre llegó una oportunidad para fortalecer la cooperación mundial, cuando los ministros de Economía y los gobernadores de los bancos centrales de todo el planeta asistieron a la reunión de otoño del Fondo Monetario Internacional (FMI) y del Banco Mundial organizada en Washington. Las dos instituciones, cuyos orígenes se remontan a la conferencia internacional de Bretton Woods (New Hampshire) celebrada en 1944, tenían el propósito de promover la cooperación económica internacional. El FMI era el encargado de mantener la estabilidad económica y financiera; el Banco Mundial estaba destinado a fomentar el crecimiento de los países en desarrollo. El hecho de que esas instituciones contaran con 188 países miembros había convertido además aquellas reuniones en importantes escenarios para el diálogo internacional y la coordinación estratégica.

Antes de la reunión general se celebraron una serie de encuentros restringidos. Primero, el viernes, se reunió el Grupo de Siete (G-7): Estados Unidos, Canadá, Japón, Francia, Alemania, Italia y Reino Unido. El sábado sería el turno del G-20, que además de los grandes países industriales incluía a las economías emergentes de mayor calado, como China, India, Brasil, México y Rusia. El papel político del G-20 había ido creciendo al mismo tiempo que el papel de los países emergentes en la economía mundial. Sin embargo, como los países del G-7 eran la sede de la mayoría de las entidades y los mercados financieros más grandes del planeta, yo esperaba que en esta ocasión la reunión del G-7 fuera la más importante. Al final demostró ser la reunión internacional más trascendental a la que asistí mientras fui presidente del Fed.

Nos reunimos en la Sala de Tesorería del Departamento del Tesoro, una sala de dos pisos revestida en mármol y con dos enormes arañas de bronce situada directamente frente a la entrada principal del Tesoro. Inaugurada en 1869, se había empleado para realizar transacciones financieras con banqueros y ciudadanos hasta 1976. Ahora era el escenario de acontecimientos formales y reuniones sociales. Para la reunión del G-7 se habían dispuesto grandes mesas para formar un cuadrado, con carteles ante los asientos indicando el país. Había intérpretes disponibles, pero la delegación estadounidense no los necesitaría, ya que las reuniones se mantendrían en inglés. Los adjuntos y los asistentes entraban y salían de la sala, y los guardaespaldas, los agentes de seguridad y otro personal de apoyo se disponían a lo largo del pasillo de entrada. Como era norma, el ministro de Economía del país anfitrión —en este caso, Hank Paulson— presidía la reunión.

Las reuniones internacionales suelen ser soporíferas. Ante todo ofrecen la ocasión para que los responsables políticos y los altos miembros del personal dialoguen con sus homólogos internacionales. En todas las reuniones se abordan los mismos temas y se repiten los mismos tópicos. Los adjuntos escriben y pactan por adelantado el comunicado posterior a la reunión, redactado en un confuso lenguaje burocrático dirigido a obtener un apoyo unánime.

El tono de aquella reunión fue cualquier cosa menos soporífero. Por primera vez desde la década de 1930, el sistema económico mundial parecía en peligro. La mayoría de los ministros de Economía y de los gobernadores de los bancos centrales culparon de la crisis a Estados Unidos. ¿De quién era la desregulación financiera que había sometido al mundo a la depredación del «capitalismo de vaqueros»? ¿De quién eran las hipotecas subprime que habían infectado los activos de las entidades financieras de todo el mundo? ¿Quién había dejado caer a Lehman? En relación con este último punto, Jean-Claude Trichet, con su sonoro inglés afrancesado, se mostró particularmente elocuente, pasando a los asistentes un gráfico que mostraba el notable deterioro de los mercados de financiación tras el fin de semana de Lehman. Otros se hicieron eco de sus palabras, y hubo un momento en que parecía que la reunión podía degenerar en una sucesión de acusaciones.

En una crisis mundial, Estados Unidos era el líder natural. Pero el prestigio y la credibilidad del país estaban en horas bajas. La alegría ante la desgracia ajena experimentada en algunos países ante la crisis estadounidense se transformó en cólera cuando los efectos de la crisis se propagaron por todo el mundo y ganaron fuerza. ¿Quiénes éramos nosotros para dar ningún consejo? Ese fue el mensaje que escuchamos en el G-7 y, tal vez incluso en mayor medida, por parte de las autoridades de las economías emergentes en la reunión del G-20 del sábado.

Pese a estas tensiones, los representantes del G-7 estaban determinados a trabajar juntos. Había demasiado en juego para que el grupo se marchara de Washington sin contar al menos con las bases de una respuesta coordinada. Y, pese a la retórica irritada, los participantes en las reuniones se respetaban. Sabíamos que nos contábamos entre los pocos que podíamos detener la hemorragia. Eludiendo el protocolo establecido desde hacía muchos años, nos saltamos el orden del día y nos lanzamos a un debate espontáneo y sustancial.

Yo llevaba algún tiempo reflexionando sobre qué se podía hacer. El miércoles anterior a la reunión había acabado de bosquejar una serie de principios que esperaba que adoptase el G-7. Pese a su carácter básico, me parecían que abarcaban las respuestas que habían acabado con el pánico muchas veces en el pasado. Resumidamente, quería que las autoridades allí reunidas nos comprometiéramos a cooperar para estabilizar los mercados financieros, restaurar el flujo de crédito y fomentar el crecimiento económico mundial. Para alcanzar esos objetivos, los países participantes en la reunión tenían que conceder préstamos a corto plazo e inyectar capital en sus bancos, colaborar con los bancos supervisores que operaban internacionalmente y no permitir más colapsos de entidades importantes desde un punto de vista sistémico. Y también quería que nos comprometiéramos a reactivar una serie de mercados cruciales para los valores respaldados por hipotecas, el papel comercial y el préstamo interbancario. Con el apoyo del Tesoro envié mi lista de compromisos propuestos a los adjuntos que trabajaban en el comunicado.

Los principios concordaban con las ideas que otros pusieron encima de la mesa. En el comunicado final emitido por el G-7, mi lista inicial había quedado reducida a cinco puntos. En primer lugar, las naciones miembro prometían impedir nuevos casos como el de Lehman, es decir, nuevos derrumbamiento de entidades importantes desde un punto de vista sistémico. (Estados Unidos tenía credibilidad para formular ese compromiso, después de la aprobación del TARP.) En segundo lugar, nos comprometíamos a trabajar para descongelar los mercados de financiación (la Línea de Crédito del Papel Comercial creada por el Fed era un ejemplo de lo que se podía hacer al respecto). En tercer lugar, prometíamos recapitalizar los bancos para promover el flujo de crédito. En cuarto lugar, nos comprometíamos a poner en marcha garantías de depósitos para proteger a los depositantes ordinarios y mantener la confianza en los bancos. (Aquel punto no estaba en mi lista original porque, a diferencia de lo que ocurría en la mayoría de los países europeos, Estados Unidos contaba desde hacía mucho tiempo con ese instrumento.) Y, en quinto lugar, prometíamos trabajar para dar un nuevo impulso a la titulización, de manera que las hipotecas y otras clases de crédito pudieran ser financiadas por inversores.

Los participantes se marcharon del G-7 con la confianza recuperada. En Estados Unidos estábamos superando las respuestas ad hoc del periodo anterior a Lehman. La movilización había sido lenta, pero yo creía que ahora teníamos la oportunidad de organizar un ataque sistemático contra la crisis a nivel mundial.

Los responsables políticos mundiales cumplieron sus promesas. Más importante aún, el domingo por la noche los países de la eurozona accedieron a poner en marcha inyecciones de capital y garantías para sus bancos. Alemania, Austria, España, Francia, Italia, Países Bajos, Portugal y Suecia anunciaron garantías de la deuda bancaria similares a las propuestas por la FDIC en Estados Unidos. Un grupo aún más grande amplió sus sistemas de garantía a depósitos. Unos cuantos países, incluidos España y Noruega, anunciaron también que comprarían activos. El lunes, el Reino Unido nacionalizó solapadamente dos de sus bancos más importantes, el Royal Bank of Scotland y HBOS. En su mayor parte, los planes adoptados siguieron los principios del G-7.

En Estados Unidos, el Tesoro siguió trabajando en su plan para recapitalizar los bancos, el llamado Programa de Compra de Capital (CPP), durante el día de Colón, que aquel año se celebró el lunes 13 de octubre. Con el cambio de perspectiva de Paulson, el Fed y el Tesoro seguían exactamente la misma en línea en relación con la necesidad de inyectar capital en los bancos, un enfoque que la FDIC y la Oficina del Interventor de la Moneda accedieron a apoyar. Para evitar el estigma, que podía ser fatal para nuestros planes, queríamos un programa que resultase atractivo para todos los bancos, no solo para los más débiles. Si aceptar capital del CPP se percibía como un signo de debilidad, los bancos harían todo lo posible para evitarlo, y no seríamos capaces de inyectar suficiente capital en el sistema para acabar con el pánico y restablecer el flujo de crédito. Necesitábamos establecer unas condiciones que fueran justas con los contribuyentes pero que al mismo tiempo no resultaran tan punitivas como para disuadir a los bancos más sólidos de aceptar el capital.

También teníamos que evitar la impresión de que el Estado absorbía el sistema bancario, uno de los problemas que habían preocupado a Paulson en un principio. Acordamos que las inyecciones de capital se realizarían mediante la compra por parte del Estado de acciones preferentes de nueva creación sin derecho a voto. Como las acciones eran sin derecho a voto, el Estado no controlaría las operaciones de los bancos que recibieran ayuda, con la excepción de las restricciones de los emolumentos de los directivos establecidas por el TARP; y como las acciones eran preferentes, el Estado sería el primero que recibiría dividendos, por delante de los inversores en acciones ordinarias. Además, como exigía la legislación, el gobierno recibiría garantías que permitirían a los contribuyentes compartir los beneficios si subía el precio de las acciones. El Estado recibiría un dividendo sobre sus acciones del 5% anual durante tres años. El dividendo subiría después al 9% para incitar a los bancos a reemplazar el capital público por capital privado, que para entonces esperábamos que fluyera en abundancia.

Para asegurar una amplia participación, incluida la de los bancos más fuertes, necesitábamos que se apuntaran al programa los principales bancos del país. (La ocasión me hizo recordar nuestro intento de atraer a los bancos a la ventana de descuento en agosto de 2007.) Hank reunió a nueve directores generales en su gran sala de conferencias la tarde del día de Colón. A un lado de la larga mesa oval estaban sentados Jamie Dimon de JPMorgan, Dick Kovacevich de Wells Fargo, Vikram Pandit de Citigroup, Ken Lewis de Bank of America, Lloyd Blankfein de Goldman Sachs, John Mack de Morgan Stanley, John Thain de Merrill Lynch, Ronald Logue de State Street y Bob Kelly de Bank of New York Mellon. Al otro lado de la mesa nos sentábamos Hank Paulson, Sheila Bair, Tim Geithner, John Dugan (el interventor de la moneda) y yo. Hank y yo dijimos que era importante contar con la participación de los bancos débiles y de los bancos fuertes. Sheila habló con los directores generales sobre las garantías de deuda de los bancos. Tim analizó la cantidad de capital propuesta, hasta el 3% de los activos ponderados por riesgo de cada banco. Hank pidió a los directores generales que se comprometieran a aceptar el capital, consultando con sus consejos de administración si era necesario.

John Mack, de Morgan Stanley, firmó su aceptación de inmediato en una hoja de papel y la empujó al otro lado de la mesa. Dick Kovacevich, de Wells Fargo, tan aguerrido como siempre, insistió en que su banco no necesitaba ninguna clase de capital, pero finalmente accedió a consultar a su consejo. Vikram Pandit dijo que era capital barato y que los bancos debían alegrarse de tenerlo disponible. Ken Lewis, de Bank of America, urgió al grupo para no regatear por los detalles y actuar juntos por el interés del sistema. Al final todos los bancos aceptaron las cantidades recomendadas de capital, que totalizaban 125.000 millones de dólares, es decir, la mitad de los 250.000 millones del compromiso inicial del CPP. Merrill Lynch, que aquel mismo año declararía grandes pérdidas, cogió su parte de capital aunque estaba prevista su adquisición por parte de Bank of America.

Las noticias procedentes de Europa y las filtraciones sobre el nuevo programa de capital en Estados Unidos crearon euforia en el mercado bursátil. El lunes, el índice Promedio Industrial Dow Jones subió 936 puntos (un 11%), hasta alcanzar los 9.387 puntos, lo que suponía una recuperación parcial frente a los 1.874 puntos que había perdido la semana anterior. Desde hacía setenta y seis años, el Dow Jones nunca había obtenido una ganancia en términos porcentuales tan grande en un solo día.

El martes por la mañana, Hank, Sheila y yo participamos en una conferencia de prensa celebrada en la Sala de Tesorería del Tesoro. Paulson habló del nuevo Programa de Compra de Capital. Las compras de activos seguían encima de la mesa, pero quedaron aplazadas. Sheila describió la ampliación de la garantía de depósitos de la FDIC y su programa para garantizar deuda bancaria. Por último, yo hablé sobre la Línea de Crédito del Papel Comercial, que empezaría a comprar papel comercial dentro de dos semanas, el 27 de octubre.

Aún tendrían que transcurrir varios meses para recuperar la estabilidad, pero, además de los pasos adoptados en el extranjero, se estaba perfilando un estrategia poderosa y coherente.

# 17

# TRANSICIÓN

Cuando Barack Obama derrotó a John McCain el 4 de noviembre de 2008, me maravillé de que la elección del primer presidente afroamericano del país ocurriera menos de cuatro décadas después de que yo hubiera ido a colegios segregados en Dillon. También recordé la incertidumbre económica causada durante los cuatro meses de transición entre el gobierno de Hoover y el gobierno de Roosevelt en 1932-1933, que motivó una enmienda constitucional que recortó en dos meses la espera entre la elección y la investidura de un nuevo presidente. Aun cuando en este caso la transición sería más corta, el traspaso de poderes complicaría la gestión de una crisis que todavía no estaba controlada. En la Reserva Federal, exenta de los amplios cambios de personal que esperaban al Tesoro y a otros departamentos del gabinete, optamos por proporcionar la máxima continuidad posible en las medidas estratégicas.

Había que tomar decisiones importantes. ¿Debía solicitar el gobierno de Bush al Congreso el segundo tramo de los fondos TARP? ¿Había que usar el dinero del TARP para ayudar a la industria del automóvil? ¿Qué se podía hacer para ayudar a los propietarios que no podían afrontar sus hipotecas? El gobierno entrante y el gobierno saliente tenían que decidir sobre cómo colaborar en estos y en otros asuntos sin transgredir la máxima de que solo puede haber un presidente.

Entretanto, Paulson se centró en mantener en marcha el Programa de Compra de Capital (CPP) del Tesoro. Los nueves grandes bancos representados en la reunión del Departamento del Tesoro del 13 de octubre habían aceptado una inyección de capital estatal de 125.000 millones de dólares, dejando para los demás bancos la otra mitad de los

250.000 millones asignados. Llevó cierto tiempo concretar los detalles sobre cómo proporcionar capital a entidades más pequeñas. No se podía dar por hecho que los bancos estuvieran dispuestos a participar en el programa, pero la demanda de capital del TARP era fuerte entre entidades de todos los tamaños, y para finales de 2008 las inversiones del Tesoro en bancos se aproximaban a los 200.000 millones de dólares.

El programa de capital era un gran paso hacia la estabilización del sistema bancario. Y no parecía particularmente impopular entre la ciudadanía, en comparación con los demás programas para afrontar la crisis. Los límites a las compensaciones de los directivos de las empresas que hubieran recibido capital estatal ayudaban políticamente, pero no eran tan estrictos como para disuadir de una amplia participación por parte de las entidades bancarias. También ayudaba políticamente el hecho de que los bancos de todos los tamaños, incluidos los bancos locales, pudieran aprovechar el capital estatal, siempre que sus reguladores los consideraran viables. Pese a todo, los políticos, deseosos de defender ante sus votantes la aprobación del TARP, exigían al Tesoro y al Fed pruebas de que el programa de capital estaba funcionando. La pregunta solía adoptar esta forma: «¿Están prestando los bancos el dinero que han obtenido del TARP?».

Parece una pregunta sencilla, pero no lo es. El dinero es fungible: un dólar es como cualquier otro dólar. Por lo tanto, preguntarse si un préstamo en concreto se ha realizado con un dólar del TARP o con un dólar procedente de otra parte no tiene mucho sentido. Además, el propósito esencial del capital es absorber posibles pérdidas, lo que a su vez hace que los bancos estén más dispuestos a arriesgarse a conceder préstamos. Una forma más precisa de formular la pregunta sería: «¿El hecho de disponer de capital del TARP está permitiendo a los bancos conceder más préstamos de los que habrían concedido en el caso contrario?».

Incluso esa pregunta era difícil de responder. ¿Cómo se demuestra un contrafáctico, es decir, lo que habría ocurrido de no haber existido el TARP? Yo no tenía ninguna duda de que el TARP, junto con el resto de medidas que habíamos adoptado, había impedido una crisis financiera que habría sumido a la economía en una recesión extraordinariamente severa y prolongada, o incluso en una depresión. Ciertamente, el volumen de préstamos bancarios después de la implementación del

CPP era mucho menor que antes de la crisis, pero la comparación distaba de ser atinada. Para empezar, la recesión había reducido enormemente el número de empresas y de hogares que buscaban crédito y el número de los que eran considerados aptos para recibirlo.

Un equipo del personal del Consejo, encabezado por la economista veterana Nellie Liang, reunió datos y desarrolló parámetros para evaluar el efecto del TARP en el crédito bancario. Pero nunca encontramos un parámetro que fuera al mismo tiempo integral y fácil de explicar. Por otro lado, aunque queríamos que los bancos concedieran préstamos, no queríamos que concedieran malos préstamos. Los malos préstamos eran los que nos habían metido en aquel lío. Por ese motivo, fijar objetivos de préstamo para los bancos que aceptaban capital del TARP, como defendían algunos políticos, no parecía atinado. Nuestra estrategia, difícil de explicar en un titular para la prensa, consistía en hacer frente al excesivo conservadurismo de los prestamistas y examinadores que solía seguir a un ciclo de abundancia y escasez del crédito. Junto al resto de reguladores bancarios federales, animábamos a los bancos a confiar en los prestatarios solventes. Además presionábamos a los examinadores para que encontraran un equilibrio apropiado entre alentar a una prudencia razonable y garantizar que los prestatarios solventes podían conseguir préstamos.

Entretanto, la nueva Línea de Crédito del Papel Comercial del Fed había demostrado su utilidad. A finales del 29 de octubre, dos días después de su puesta en marcha, había comprado 145.000 millones en papel comercial a tres meses. Al cabo de una semana, había comprado ya 242.000 millones y, cuando alcanzó su punto máximo, en enero de 2009, 350.000 millones de dólares. El programa interrumpió la rápida contracción de este crucial mercado de financiación y contribuyó a que los tipos de interés del papel comercial volvieran a niveles más normales.

Pese a todo lo que aportaban estas importantes y nuevas herramientas e iniciativas políticas, el sistema financiero seguía bajo los efectos del shock de Lehman. Los inversores, cuyos miedos se habían centrado un año antes en las hipotecas subprime, se abstenían de financiar prácticamente toda clase de crédito privado, como los préstamos de tarjetas de crédito y los préstamos para la adquisición de vehículos. Apenas tenían motivos para creer que esas clases de crédito sufrirían pérdidas similares, y de hecho nunca lo hicieron. Pero, como las hipotecas subprime, esas formas de crédito a menudo se empaquetaban en títulos y se vendían a los inversores, lo que llevaba a una culpa por asociación. La fuerte caída de la demanda de los valores respaldados por activos por parte de los inversores planteaba un nuevo riesgo para el conjunto de la economía.

Ante esta situación, colaboramos con el Tesoro para desarrollar otro programa. Invocando nuevamente la Sección 13(3), el 25 de noviembre anunciamos la creación de la Facilidad de Préstamos de Valores a Término Respaldados por Activos (TALF). Sin embargo, dadas las dificultades que entrañaba la puesta en marcha de esta facilidad, no emitiría su primer préstamo hasta cuatro meses después. En virtud de la TALF, concederíamos préstamos con un vencimiento máximo de cinco años a inversores que compraran valores con una calificación triple A respaldados por préstamos de tarjetas de crédito, préstamos a estudiantes, préstamos para la compra de automóviles, hipotecas comerciales y préstamos garantizados por el Organismo Federal de Ayuda a la Pequeña Empresa. Eran préstamos sin recurso: el prestatario podía entregarnos los valores respaldados por activos que hubiera comprado en lugar de reembolsar el crédito en su totalidad. Aquello proporcionaba a los prestatarios protección en caso de pérdidas. Pero entregarnos los valores antes del vencimiento solo tendría sentido si la rentabilidad de los valores caía por debajo del coste del crédito.

También adoptamos medidas para protegernos. Los inversores solo podían tomar en préstamo una parte de lo que hubieran pagado por los valores. De ese modo ellos serían los que sufrirían las primeras pérdidas, en caso de producirse, y «se jugaban el cuello». Además, dando el paso que se había negado a dar con la Línea de Crédito del Papel Comercial del Fed, el Tesoro dedicó 20.000 millones del TARP para complementar los préstamos del Fed hasta los 200.000 millones de dólares. El dinero del TARP sería, después del dinero del sector privado, el primero en cubrir las pérdidas que se produjeran. Al final, ninguno de los valores financiados por el TALF sería entregado al Fed. El programa no sufrió pérdidas y dio beneficios al contribuyente.

El gobierno saliente y el gobierno entrante —asesorados por el Fed y la FDIC— también se enfrentaban a las ejecuciones hipotecarias. El problema no hacía sino crecer, a medida que millones de propietarios perdían su trabajo o veían que el valor de sus casas caía por debajo de la cantidad que debían por sus hipotecas. Las ejecuciones hipotecarias, durante mucho tiempo restringidas a las hipotecas subprime con tipos de interés rebajados, ahora estaban afectando incluso a las hipotecas prime ordinarias. Los costes económicos y sociales iban mucho más allá de las pérdidas de los prestamistas y del sufrimiento de las familias desahuciadas. Había barrios enteros plagados de viviendas embargadas, lo que disminuía el valor de las casas cercanas y reducía los ingresos fiscales locales.

El programa Esperanza Ya ideado por Hank Paulson e implantado en octubre de 2007 había demostrado ser un loable primer paso para reducir el número de ejecuciones hipotecarias. Sin embargo, al no contar con financiación estatal, su alcance era necesariamente limitado. Un nuevo plan, Esperanza para los Propietarios, promulgado en julio de 2008, estaba destinado a la refinanciación a través de la Administración Federal de la Vivienda, pero el Congreso prácticamente lo saboteó cuando impuso onerosos requerimientos y comisiones que disuadieron de participar en él a los propietarios y a los prestamistas.

Entretanto, el Fed había patrocinado o copatrocinado más de cien actos de prevención de embargos en todo el país. En agosto de 2008, el Banco de la Reserva Federal de Boston, por ejemplo, ayudó a organizar un taller masivo en el Gillette Stadium (la sede del equipo de fútbol americano New England Patriots) que reunió a más de 2.200 prestatarios en dificultades con prestamistas, recaudadores y asesores. Trabajábamos con la ONG Neighbor Works America para ayudar a las comunidades a minimizar la lacra de las ejecuciones hipotecarias.

El periodo posterior a las elecciones, con la entrada de un nuevo gobierno y la posibilidad de disponer del TARP para aliviar la situación creada por los embargos, parecía un buen momento para lanzar nuevas ideas. Sheila Bair había hecho mucha presión para emprender nuevas acciones contra los embargos. Después de que la FDIC tomara el control de IndyMac en julio de 2008, empezó a modificar los préstamos hipotecarios que el prestamista había poseído o administrado. Limitó los pagos hipotecarios de los prestatarios en dificultades al 31% de sus ingresos. Aquello se logró mediante distintas estrategias, incluida la reducción del tipo de interés de sus préstamos, la condonación de parte del principal adeudado y la ampliación del vencimiento de la hipoteca (por ejemplo, de treinta a cuarenta años).

Parecía un esfuerzo valioso, pero mientras debatíamos sobre opciones durante la transición, era demasiado pronto para juzgar su éxito. A finales de 2008 únicamente se habían completado algunos miles de modificaciones de hipotecas de IndyMac. No sabíamos si las modificaciones servirían realmente o desembocarían en nuevos impagos. (Una evaluación posterior de la FDIC hallaría que dos terceras partes de los préstamos de IndyMac con morosidad grave terminaron con impagos dieciocho meses después de su reestructuración.) Sin embargo, a mediados de noviembre, lo que se dio en llamar el «protocolo IndyMac» fue adoptado de forma modificada por Fannie y Freddie. Sheila también presionó al gobierno para que utilizara los fondos TARP con el fin de ofrecer a los prestamistas garantías como incentivo para que adoptaran las directrices de IndyMac. Si un prestatario con una hipoteca modificada finalmente dejaba de pagarla, el Estado cubriría la mitad de las pérdidas.

Yo no coincidía siempre con las opiniones de Sheila, pero su talento político me resultaba admirable. Ignorando el proceso de toma de decisiones habitual en la Administración, utilizando los medios de comunicación y presionando en el Capitolio, persuadió a los legisladores (sobre todo a los demócratas, incluidos la presidenta de la Cámara Nancy Pelosi y el senador Dodd) para que apoyaran su plan. Pero Sheila casi llegaba al punto de caracterizar a cualquiera que no apoyara sin reservas su plan como a una persona que se negaba a poner fin a la plaga de los embargos. Recuerdo que Hank se quedó muy preocupado por un artículo del *New York Times* en el que se criticaba al Tesoro por negarse a actuar inmediatamente como aconsejaba Sheila y comparaba su actitud con la de la Agencia Federal de Gestión de Emergencias tras el huracán Katrina.

En el Fed no podíamos estar más en sintonía con los objetivos del plan de Sheila, pero algunos de sus detalles nos parecían cuestionables. El vicedirector de investigaciones David Wilcox y su equipo compararon estrategias alternativas. Uno de los defectos del plan de la FDIC era que parecía innecesariamente generoso con los prestamistas. En su forma original, ofrecía un incentivo perverso a los prestamistas para modificar las hipotecas de los prestatarios con menor capacidad para mantenerse al corriente de sus pagos, dado que si el prestatario volvía a caer en una situación de impago el prestamista se embolsaría la garantía del Estado y además podría embargar la casa.

Los economistas del Fed propusieron planes alternativos, incluidas variantes del protocolo IndyMac de la FDIC, con las que a su juicio se podían lograr modificaciones más sostenibles a un menor coste para el Estado. También propusimos que el Fed y el Tesoro crearan un vehículo especial para comprar hipotecas de riesgo en masa a los prestamistas y los inversores. Con nuestro plan, esta nueva entidad estatal quedaría capitalizada con 50.000 millones del TARP y podría solicitar préstamos al Fed. Las hipotecas que comprase serían después modificadas por especialistas independientes, no por prestamistas e inversores del sector privado, y refinanciadas por la Administración Federal de la Vivienda.

Hank tenía sus dudas sobre el plan de Sheila de utilizar los fondos TARP para garantizar parcialmente las hipotecas modificadas, por razones similares a las nuestras. Pero a Hank le quedaba poco tiempo en el cargo de secretario del Tesoro, de modo que centró a su equipo en el análisis de las propuestas que había sobre la mesa, sin hacer ninguna clase de recomendación. Larry Summers, elegido para encabezar el Consejo Económico Nacional de Obama, dio su apoyo con un memorándum al recién electo presidente con fecha 15 de diciembre, tras consultar con otros asesores de Obama. Como el Fed, Larry consideraba que la mejor solución era mejorar el programa Ayuda para los Propietarios con vistas a que resultara más atractivo tanto para los prestamistas como para los prestatarios. También compartía la inquietud del Fed sobre el plan de la FDIC para compensar a los prestamistas por los nuevos impagos de las hipotecas modificadas. En su lugar apoyaba incentivos para que los prestamistas redujeran los tipos de interés de las hipotecas en dificultades. El memorándum no planteaba la idea del Fed de crear un vehículo especial para comprar hipotecas problemáticas en masa, pero nos hacía saber que no le gustaba la perspectiva política de que el Estado embargara viviendas, lo que ocurriría en algunos casos si la nueva entidad estatal asumía la responsabilidad de modificar las hipotecas. Habría que esperar a la investidura del nuevo presidente y del nuevo secretario de Tesoro para tomar decisiones en firme.

Las decisiones sobre política monetaria seguían adelante al margen del proceso de transición. Las continuas turbulencias del mercado nos habían dado mucho de lo que hablar en la reunión del FOMC celebrada el 28 y el 29 de octubre, justo antes de las elecciones. Los compradores seguían en clara retirada. Desde la reunión del FOMC celebrada en septiembre hasta el día anterior a la reunión de octubre, el Índice Dow Jones cayó casi 2.900 puntos, perdiendo casi una cuarta parte de su valor. La volatilidad del mercado resultaba asombrosa: después de sus marcadas caídas, el Dow Jones subió casi 900 puntos el primer día de la reunión, sin que hubiera ninguna noticia que explicara aquel movimiento.

La bajada de los precios de la vivienda y de las acciones, junto con la contracción del crédito, aceleraban a su vez el declive de la economía. La confianza de los hogares y de las empresas —el «instinto animal», tan importante para el crecimiento económico— parecía estar en caída libre. La conocida encuesta a los hogares realizada por la Universidad de Michigan mostraba que la confianza de los consumidores se encontraba en su punto más bajo desde hacía casi treinta años. Los economistas del Consejo preveían una recesión que duraría hasta mediados de 2009. Su predicción sobre las fechas demostraría ser acertada, pero, como ocurrió con casi todas las previsiones externas, ni el personal ni la mayoría de los miembros del FOMC apreciaban en toda su amplitud la extraordinaria profundidad que tendría la crisis. Ahora sabemos que la economía estadounidense se contrajo a una tasa anual del 2% en el tercer trimestre de 2008, a un increíble 8,2% en el cuarto trimestre (el peor resultado en cincuenta años) y a un 5,4% en el primer trimestre de 2009. Indudablemente se trataba de la peor recesión desde la Depresión. Mientras tanto, la inflación caía rápidamente, reflejando una bajada de 30 dólares en el precio del barril de petróleo y la debilidad general de la economía.

El decaimiento de los mercados y la contracción de las economías eran ahora un fenómeno mundial que afectaba por igual a las economías emergentes y a las economías avanzadas. Rusia había suspendido la actividad bursátil para intentar detener la caída de su Bolsa, y México había empleado el 15% de sus reservas de divisas en un intento de detener la caída del peso. En Japón, el índice bursátil Nikkei se situó en su punto más bajo desde hacía veintiséis años el primer día de nuestra reunión de octubre. Si se piensa que la crisis había tenido su origen en Estados Unidos, resultaba irónico que los inversores mundiales, desesperados por encontrar activos que se considerasen seguros, compraran activos denominados en dólares, sobre todo valores del Tesoro. Esa actividad había incrementado el valor del dólar en un notable 9% desde nuestra última reunión. Mientras la economía estadounidense decaía a un ritmo acelerado, la subida del dólar no era una buena noticia. Hacía que las exportaciones fueran más caras y, por lo tanto, menos competitivas en los mercados mundiales.

En la reunión volvimos a ampliar nuestras permutas de divisas añadiendo cuatro economías emergentes: México, Brasil, Corea del Sur y Singapur. Elegimos estos países por su importancia para la estabilidad financiera y económica de Estados Unidos y del mundo entero, rechazando en cambio las ofertas de varios otros. Las adiciones llevaron el número total de nuestras líneas de permutas de divisas a catorce. Dos semanas antes habíamos eliminado los límites en las retiradas de fondos del BCE, el Banco de Inglaterra, el Banco Nacional Suizo y el Banco de Japón, lo que reflejaba tanto la demanda de dólares en Europa y Japón como nuestras estrechas relaciones con esos bancos centrales.

La conveniencia de seguir bajando los tipos de interés parecía notable. Le dije al comité que los pasos que habíamos dado hasta el momento para poner fin a la crisis probablemente no hubieran alcanzado todos sus efectos. Sin embargo, argumenté, nos enfrentábamos a lo que parecía que iba a ser una profunda y prolongada recesión, que exigía decisiones audaces. El comité aprobó por unanimidad un recorte del 0,5% en el tipo de los fondos federales, hasta situarlo en el 1%, el mismo nivel que habíamos alcanzado en 2003, cuando nuestra inquietud sobre la deflación estaba en su punto culminante.

La tarde anterior me había reunido con los presidentes de los Bancos de la Reserva en la comida que tradicionalmente celebraban antes de la reunión del FOMC. Se mostraron muy preocupados por los riesgos políticos creados por nuestras intervenciones, particularmente por el rescate de AIG. Y aunque los programas de crédito 13(3) eran responsabilidad del Consejo, no del FOMC, algunos presidentes consideraban que yo no les había consultado lo suficiente. Todos querían garantías de que los mantendría al tanto, aunque solo fuera para tener respuestas ante las inevitables preguntas planteadas en sus apariciones públicas. Dado el ritmo de los últimos acontecimientos, yo había tenido buenas razones para apartarme de la cuidadosa búsqueda del consenso que tanto me gustaba. Pero las preocupaciones de los presidentes eran razonables, y les ofrecí la posibilidad de mantener videoconferencias quincenalmente para informarlos sobre las iniciativas del Consejo, así como sobre las evoluciones financieras, económicas y legislativas.

Teníamos la esperanza de que las inyecciones de capital propiciadas por el TARP acabarían con los temidos rescates de fin de semana de gigantes financieros en dificultades. Desgraciadamente, el empeoramiento de las condiciones económicas y la acumulación de las pérdidas seguían presionando a las entidades más débiles. AIG, destinataria del rescate de 85.000 millones realizado en septiembre por el Fed, era una de ellas. Ya habíamos agregado 37.800 millones adicionales a principios de octubre, para ayudar a AIG a financiar sus participaciones en valores privados (no garantizados por el Estado) respaldados por hipotecas. Pero ni siquiera eso fue suficiente. Las pérdidas de la compañía se habían disparado en el tercer trimestre a más de 24.000 millones de dólares. Para sobrevivir, la empresa necesitaba capital y cierto respiro frente a las duras condiciones de préstamo que su consejo había aceptado en el rescate inicial de septiembre.

Dejar que cayera AIG no era una opción, por las mismas razones por las que habíamos intervenido dos meses antes, así que reestructuramos los términos del rescate y, en el proceso, aumentamos su tamaño (incluidos los fondos del Tesoro) hasta situarlo en más de 150.000 millones de dólares. Al principio, Paulson había querido que el Fed proporcionara toda la financiación para el nuevo acuerdo, pero Geithner y yo lo convencimos de que el Fed no se bastaba por sí solo. AIG necesitaba una importante inyección de capital, y esta, con unos mercados privados cerrados en la práctica, solo podía proceder del Tesoro. El 10 de noviembre, el Fed y el Tesoro anunciaron un rescate reestructurado de AIG, que incluía la compra de 40.000 millones de acciones preferentes por parte del Tesoro. AIG no cumplía las condiciones para entrar en el Programa de Compra de Capital, que era más genérico y estaba dirigido a fortalecer entidades con unas finanzas relativamente saneadas. Ahora le exigíamos aceptar unas condiciones más estrictas, incluido un pago de dividendos más elevado por las acciones del Tesoro. Como parte de la reestructuración, AIG reembolsó el préstamo suplementario que el Fed le había concedido en octubre, y pudimos reducir nuestra línea de crédito original a AIG de 85.000 millones a 60.000 millones de dólares. A cambio pactamos disminuir sustancialmente el tipo de interés que cobrábamos y ampliar el plazo de amortización de tres a cinco años.

Con vistas a limitar futuros riesgos para la estabilidad de AIG, el Consejo, invocando una vez más la Sección 13(3), permitió al Fed de Nueva York crear y financiar dos nuevas entidades jurídicas, que se llamarían Maiden Lane II y Maiden Lane III. El Fed de Nueva York prestaría 22.500 millones a Maiden Lane II, que a su vez adquiriría los valores privados hipotecarios residenciales que habían supuesto tantas pérdidas para AIG. Maiden Lane III, con un préstamo del Fed de Nueva York de 30.000 millones de dólares, compraría a las contrapartes de AIG las obligaciones de deuda garantizadas que estaban aseguradas por la división de productos financieros de AIG. Al adquirir las obligaciones de deuda garantizadas, liquidamos las pólizas de seguros que habían colocado a AIG al borde del abismo en septiembre. Tim Geithner comparó la extracción de los activos tóxicos de AIG con un torniquete para detener una hemorragia. Recurriendo a una analogía similar, nuestros préstamos y el capital del Tesoro eran transfusiones de sangre. Yo esperaba que bastasen para salvar al paciente, pero no para proteger a AIG, sino para velar por el sistema en su conjunto. En concreto queríamos evitar nuevas rebajas de la calificación crediticia de AIG, que podían llevar automáticamente a nuevas demandas de garantías y efectivo.

Con el fin de proteger al Fed, contratamos a gestores de activos externos para valorar los títulos que estábamos adquiriendo. AIG proporcionó 1.000 millones de dólares para absorber la primera de las pérdidas que se produjeran en Maiden Lane II, y 5.000 millones más para absorber las primeras pérdidas de Maiden Lane III. Los dos nuevos vehículos figurarían en el balance del Fed con los valores de mercado de los títulos que poseían, actualizados trimestralmente. El domingo, un día antes del anuncio del 10 de noviembre, Paulson y yo llamamos desde su despacho a los líderes del Congreso para explicar el nuevo conjunto de medidas y los motivos de que no tuviéramos muchas más opciones que implementarlo. Como solía suceder con el Congreso, al principio apenas hubo resistencias. Llegarían más adelante.

Repleta de nuevo capital y liberada de muchos de sus activos tóxicos, AIG parecía estable, al menos de momento. Pero la reestructuración también revitalizó la indignación contra los rescates (en parte real, en parte escenificada para las cámaras) a la que nos habíamos enfrentado con nuestra primera intervención. Yo entendía aquella ira, sobre todo porque los rescates no habían evitado lo que ahora parecía una grave recesión. Pero yo no tenía ninguna duda de que mantener AIG a flote era esencial para impedir que la crisis siguiera en fase de metástasis. Por otro lado, ayudar a que AIG continuara siendo una empresa viable era la mejor manera —la única, en realidad— de recuperar el dinero que los contribuyentes habían puesto en la compañía.

Las compras realizadas por Maiden Lane III de las obligaciones de deuda garantizadas que AIG había asegurado planteaban un nuevo problema, que tal vez yo debería haber previsto. Al comprar los títulos asegurados, básicamente habíamos permitido que las contrapartes de AIG —en su mayoría grandes entidades financieras, algunas de ellas extranjeras— se beneficiaran de la cobertura completa del seguro. A medida que afloraban esas consecuencias, el Congreso y los medios nos ponían en la picota por realizar «rescates encubiertos». ¿Por qué no habíamos insistido en que las contrapartes, entre las que figuraban empresas como Goldman Sachs, soportaran algunas pérdidas?

Yo estaba tan centrado en controlar el pánico que al principio aquellas críticas me confundieron. El Fed de Nueva York había abordado la idea de una reducción voluntaria de los reembolsos para algunas de las contrapartes, sin éxito (lo que no es de sorprender). Como señalaríamos de forma repetida, carecíamos de medios legales para imponer esas reducciones. Las contrapartes de AIG tenían acuerdos para recibir los pagos de seguros, y esos acuerdos no eran menos válidos que las reclamaciones de otros acreedores de AIG o de los clientes que tenían contratadas pólizas de seguros más habituales con la compañía. Presionar desde las instancias supervisoras a las contrapartes para que aceptaran reducciones en los pagos, como pretendían muchas voces críticas, habría sido un claro abuso de autoridad. Además, muchas de las contrapartes eran entidades extranjeras que caían fuera de nuestra jurisdicción y cuyos reguladores nacionales habían respaldado en ciertos casos su negativa a aceptar reducciones.

También nos enfrentamos a críticas por no revelar inmediatamente la identidad de las contrapartes de las CDO. Aunque teníamos razones legítimas, nuestra decisión en ese caso no fue muy afortunada. Al principio nos habíamos centrado únicamente en los aspectos legales, incluidas las disposiciones de la Ley Uniforme de Secretos Comerciales, que no nos permitía realizar esas revelaciones unilaterales. Además nos preocupaba la subsiguiente disposición de las contrapartes a hacer negocios con AIG. Sin embargo, después de recibir durante semanas los golpes del Congreso y de los medios, pedimos a AIG que revelara los nombres de las contrapartes, cosa que hizo con prontitud.

Yo me esforcé al máximo para explicar nuestras acciones y defender nuestra respuesta. Para aquel entonces, Michelle Smith había abandonado los criterios conservadores que tradicionalmente habían regido la estrategia comunicativa del Fed y me traía propuestas para conectar más intensamente con los medios y con el público, entre las que figuraba una invitación a hablar y a responder preguntas de periodistas en el National Press Club (donde aparecería en febrero). Colaboré con John Cassidy, de la revista *The New Yorker*, en un extenso artículo que ofrecía una de las primeras miradas desde dentro sobre cómo había luchado el Fed contra la crisis. E incrementé el ritmo de mis intervenciones públicas, eligiendo prestigiosos foros repartidos por todo el país para explicar los numerosos pasos que estábamos dando para afrontar la crisis y la relación que existía entre ellos. Además comparecí regularmente ante comités del Congreso y mantuve un contacto frecuente con legisladores en reuniones informales o por teléfono. Me centré en los líderes de los partidos y en los miembros de nuestros comités de supervisión, pero, salvo en casos de conflictos de agenda irresolubles, acepté todas las solicitudes de cualquier miembro del Congreso para hablar conmigo.

AIG no era el único paciente corporativo en cuidados intensivos. Al cabo de unas semanas, Citigroup también parecía asomarse al borde del abismo. Desde su fundación en 1812 con el nombre de City Bank of New York, Citi había sido una entidad poderosa pero controvertida, que se había visto envuelta en casi todos los pánicos financieros que había padecido el país. Estuvo a punto de hundirse después de afrontar pérdidas abrumadoras con créditos a países latinoamericanos en las décadas de 1970 y 1980, y nuevamente en la década de 1990, después de que sus préstamos para inmuebles comerciales en Estados Unidos se echasen a perder. Sobrevivió gracias a una inyección de capital de 590 millones de dólares del príncipe saudí Al-Waleed bin Talal en 1991. Tras su histórica fusión en 1998 con Travelers Group, Citi se convirtió en la mayor sociedad de cartera bancaria de la nación, pero a finales de septiembre de 2008 fue superado por JPMorgan Chase. La empresa se había apartado hasta cierto punto de la visión de «supermercado financiero» que Sandy Weill había fijado como meta, pero su tamaño no dejaba de ser enorme, con unos activos mundiales cuyo valor superaba los 2 billones de dólares.

Citi era gigantesca y compleja, con muchas líneas de negocios y operaciones en decenas de países. Sus gestores luchaban para forjar una estrategia coherente. Nuestros supervisores se habían mostrado especialmente preocupados por la capacidad del banco para determinar y calcular los riesgos de la empresa en su totalidad. Su debilidad gestora y sus arriesgadas inversiones la hacían extraordinariamente vulnerable. Sus problemas habían empeorado después de que algunos de sus vehículos de inversión estructurada perdieran su financiación exterior y pasaran a su balance. Sheila Bair había criticado severamente la gestión de Citi, incluida la de su director general, Vikram Pandit, y la de su consejo de administración, encabezado por Richard Parsons. Hasta qué punto las dificultades de Citi se debían a su director general es una cuestión sujeta a debate; Pandit había asumido el cargo el diciembre anterior. Pero Sheila tenía razón al afirmar que Citi era una organización débil y que el Fed y la Oficina del Interventor de la Moneda no habían hecho lo suficiente para ponerla en orden.

Citi había tenido un respiro gracias a los 25.000 millones de capital que Pandit había aceptado en la reunión celebrada el día de Colón en el Tesoro, pero su situación no dejaba de ser precaria. Las inquietudes del mercado sobre la compañía volvían a dispararse mientras la economía se deterioraba. Su subsidiaria bancaria, Citibank, dependía fundamentalmente, por un lado, de los depósitos extranjeros, que totalizaban 500.000 millones de dólares y que no estaban asegurados por la FDIC, y por el otro de la financiación mayorista, ambas sujetas a potenciales huidas masivas. De hecho, el aumento del acceso a los depósitos estadounidenses asegurados por la FDIC había sido una de las razones principales por las que Citi había querido adquirir Wachovia. Conforme a un esquema que ya habíamos visto muchas veces, las fuentes de financiación menos estables de Citi empezaron a desaparecer.

El jueves 20 de noviembre recibí a los miembros del Consejo en mi comedor del Fed para celebrar nuestro almuerzo anual de Acción de Gracias. Aquella cita siempre era agradable, pero por la mañana habían empezado las llamadas sobre Citi, que se repetirían a lo largo del fin de semana. Cada vez circulaban más rumores de que Citi buscaba comprador, aunque no estaba claro qué entidad podría realizar una adquisición de semejantes dimensiones.

El viernes surgió otra complicación, cuando el presidente electo, Barack Obama, anunció su intención de nombrar a Tim Geithner secretario del Tesoro. Aunque hasta entonces Tim no había formado parte del círculo de confianza de Obama, durante la campaña le habían pedido que mantuviera informado al candidato sobre la evolución de la crisis. Evidentemente, Obama había quedado impresionado. Tras el anuncio, Tim se apartó inmediatamente de sus responsabilidades en la lucha contra la crisis desde el Fed de Nueva York, así como de las decisiones de política monetaria. Sin embargo seguiría estrechamente vinculado a nosotros en calidad de asesor del presidente electo.

Esta vez sin Tim, volvimos a debatir sobre cómo estabilizar a un gigante financiero en peligro de colapso. En la reunión del G-7 celebrada en Washington a mediados de octubre, nos comprometimos públicamente a evitar la caída de más entidades críticas para el sistema. Citi cumplía ese criterio, pero Sheila dijo en un principio que a su juicio se la podía dejar caer. Sospecho que se trataba de una provocación, y en cualquier caso al final se unió a nuestro intento de evitar el derrumbamiento. Yo coincidía con Sheila en que estábamos salvando a Citi de las consecuencias de sus malas decisiones. Pero, como repetíamos una y otra vez, no lo estábamos haciendo por Citi, por sus ejecutivos, por sus acreedores o por los operadores de Wall Street, sino por la estabilidad de la economía y las finanzas en su conjunto.

Como en ocasiones anteriores, nos vimos en la tesitura de tener que actuar antes de que abrieran los mercados asiáticos, con las inevitables conferencias telefónicas, hojas de cálculo y cambios de ánimo colectivos mientras se proponían y se descartaban soluciones. El hecho de disponer del TARP reducía hasta cierto punto la presión. Por otro lado, no solo estábamos negociando con Citi; el Tesoro, el Fed y la FDIC estaban negociando entre sí para determinar la parte que cada uno aportaba al rescate. Los jefes y el personal de las agencias se sentían desbordados —política, financiera y a menudo físicamente— y bajo presión. No ayudaba que Citi mostrara una lentitud exasperante a la hora de responder a nuestras peticiones de información, lo que aún mermaba más nuestra confianza en la gestión de la compañía. En cierto momento, Sheila me dijo por correo electrónico: «No podemos obtener la información que necesitamos. Esto es un caos. ¿Cómo vamos a asegurar nada si ni siquiera son capaces de identificar los activos?». Pese a estas tensiones, lo que estaba en juego nos mantenía en alerta. Estoy seguro de que todos los participantes en las negociaciones, incluida Sheila, sabían que en última instancia dejar caer a Citi no era una opción. Todos tendríamos que hacer concesiones para encontrar una solución viable.

Anunciamos el paquete de medidas para estabilizar Citigroup a última hora de la tarde del domingo 23 de noviembre. Entre las medidas se contaban otros 20.000 millones de dólares de capital del TARP en forma de acciones preferentes que darían al Estado unos dividendos del 8%, en lugar del 5% fijado por el Programa de Compra de Capital del Tesoro. Además, accedimos a proporcionar un blindaje para una cartera de activos tóxicos de Citi valorada en 306.000 millones de dólares, que incluía valores respaldados por hipotecas residenciales y comerciales. Citi se haría cargo de los primeros 37.000 millones de dólares de pérdidas de esa cartera, cantidad que incluía 8.000 millones de reservas apartadas para hacer frente a las pérdidas. El Estado soportaría el 90% de las pérdidas adicionales, mientras el Tesoro (a través del TARP) cargaría con los primeros

5.000 millones de la participación del Estado, y la FDIC con los siguientes 10.000 millones. A cambio de esta garantía, el Tesoro y la FDIC recibirían acciones preferentes de Citi. En el improbable caso de que las pérdidas fueran tan severas que agotaran los recursos aportados por los compromisos de Citi, del Tesoro y de la FDIC, el Fed emitiría un préstamo de respaldo equivalente al 90% de los activos restantes, tomando todos los activos como garantía. Como parte del trato, Citi accedió a eliminar prácticamente los dividendos de sus acciones y adoptar procedimientos de modificación hipotecaria defendidos por Sheila y la FDIC para reducir ejecuciones hipotecarias innecesarias. La participación de la FDIC en este acuerdo exigía que las agencias volvieran a invocar la excepción por riesgo sistémico para que las intervenciones de la FDIC se realizaran al menor coste. Al mercado le gustó el acuerdo, al menos inicialmente. El precio de las acciones de Citi subió casi un 60%.

¿Por qué blindamos los activos de Citi, en lugar de limitarnos a inyectar más capital? El blindaje, modelado a partir del acuerdo que la FDIC había alcanzado cuando Citi intentó adquirir Wachovia, estaba destinado a proteger a Citi del peor de los escenarios. Eliminar el riesgo relativamente pequeño de que Citi sufriera unas pérdidas extremas dio seguridad a los inversores al tiempo que comprometía en menor medida los menguantes fondos del TARP.

De los 350.000 millones de dólares del primer tramo del TARP, Paulson había dedicado ya 250.000 millones al Programa de Compra de Capital, 40.000 millones a AIG y, ahora, 20.000 millones a Citi. Se le exigía que ayudara a los propietarios de viviendas y a las empresas del sector de la automoción, e indudablemente había que dejar algo de dinero para emergencias. La solución evidente era solicitar al Congreso los 350.000 millones del segundo tramo del TARP, pero el gobierno de Bush, preocupado por cuestiones de índole política y por una posible negativa del Congreso, todavía no había formulado la petición.

El martes 25 de noviembre, poco después del episodio de Citi, el Fed hizo un anuncio que prefiguró la siguiente fase de nuestra respuesta a la crisis. Anunciamos nuestro proyecto de comprar hasta 500.000 millones de dólares en valores respaldados por hipotecas garantizados por Fannie, Freddie y la Government National Mortgage Association (GNMA), o Ginnie Mae. (Ginnie Mae es una entidad completamente estatal, a diferencia de Fannie y Freddie, que estaba en manos de accionistas privados hasta su absorción por el Tesoro.) También anunciamos planes para comprar hasta 100.000 millones de dólares de la deuda emitida por Fannie, Freddie y otras empresas patrocinadas por el Estado con vistas a financiar sus carteras. Lo que nos impulsaba era nuestra inquietud por el sector inmobiliario residencial. La incertidumbre había alejado a los compradores del mercado de valores respaldados por hipotecas. Los inversores no sabían durante cuánto tiempo apoyaría el Estado a Fannie y Freddie o hasta qué punto seguiría empeorando el sector de la vivienda. Por otro lado, algunas entidades financieras, escasas de liquidez y capital, estaban descargando activamente en el mercado valores respaldados por hipotecas, elevando los tipos hipotecarios. Nuestro programa de compra incrementaría la demanda de valores respaldados por hipotecas al tiempo que señalaba el compromiso del gobierno con las empresas. Aunque en realidad no compraríamos valores respaldados por hipotecas hasta enero, el propio anuncio tuvo un poderoso efecto en la confianza de los inversores. El diferencial entre el rendimiento de los valores respaldados por hipotecas emitidos por Fannie y Freddie y el rendimiento de los valores del Tesoro a más largo plazo se contrajo en 0,65 puntos porcentuales unos minutos después del comunicado de prensa, lo que era un gran paso. Los tipos de las hipotecas a treinta años bajaron de un 6% aproximadamente a finales de noviembre hasta un 5% aproximadamente a finales de diciembre.

El deterioro del mercado hipotecario hacía que yo quisiera anunciar las compras de valores respaldados por hipotecas lo antes posible. Hablamos sobre lo que necesitábamos para autorizar el programa. Una directiva del FOMC permitió al Fed de Nueva York comprar valores respaldados por hipotecas que estuvieran garantizados por Fannie, Freddie o Ginnie, siempre que las compras fueran coherentes con las decisiones del comité en materia de política monetaria. Brian Madigan, el jefe de la División de Asuntos Monetarios del Consejo, sostenía que no se necesitaba la aprobación del FOMC, siempre y cuando adoptáramos otras medidas para mantener el tipo de los fondos federales en el nivel del objetivo fijado. Pero el asesor jurídico del Consejo, Scott Alvarez, sostenía —y sus argumentos terminaron por convencernos a Brian y a mí— que un programa de esa importancia y alcance debería adoptarse con la aprobación del FOMC, aunque solo fuera para mantener unas buenas relaciones. Yo no había olvidado la preocupación de los presidentes de los Bancos de la Reserva Federal por la falta de diálogo.

Informamos al FOMC por videoconferencia sobre la propuesta y sus razones. Después, Don y yo consultamos por teléfono con los miembros del FOMC para saber si la apoyarían y, en ese caso, si estarían de acuerdo en anunciarla antes de la próxima reunión. Con la confianza de contar con el apoyo del comité, anunciamos el plan de compra de valores respaldados por valores. El comité ratificó formalmente el programa en su reunión de diciembre, y las compras de valores respaldados por hipotecas empezaron un mes después.

Pese a las llamadas de Don y a las mías con anterioridad al anuncio, varios presidentes no se sintieron satisfechos. Creían que, dada la importancia de la decisión, yo no tenía que haber anunciado el programa antes de que el FOMC lo aprobara formalmente. Me había movido la necesidad de actuar rápidamente, pero, reflexionando con más detenimiento, llegué a la conclusión de que tenían razón. En la reunión del FOMC celebrada en enero de 2009 admití que había cometido un error al hacer el anuncio contando únicamente con un apoyo no oficial y prometí que en el futuro me atendría a un proceso más estricto de deliberación. Coincidimos en someter las compras de activos al mismo grado de supervisión del FOMC que los cambios en los tipos de interés a corto plazo.

Cuando Ken Lewis, el director general de Bank of America, declinó comprar Lehman en septiembre, dejó abierta la posibilidad de adquirir Merrill Lynch, que tal vez fuera la siguiente ficha en caer. Lewis selló el trato, sin asistencia del Estado, con John Train, el director general de Merrill. El Consejo del Fed aprobó la fusión el 26 de noviembre y los accionistas de ambas compañías, el 5 de diciembre.

Paulson y yo nos sentimos aliviados ante la aparente estabilización de Merrill, pero nos asustamos cuando a mediados de diciembre nos enteramos de que el trato corría el peligro de deshacerse. Lewis pidió reunirse con nosotros, y el 17 de diciembre escuchamos por primera vez que Bank of America estaba pensando en retirarse. Lewis nos dijo que Bank of America había llegado recientemente a la conclusión de que Merrill iba a sufrir en el cuarto trimestre unas pérdidas mucho más grandes de las esperadas (al final anunciaría unas pérdidas de 15.300 millones de dólares). Afirmó que se estaba planteando la posibilidad de invocar una cláusula contenida en el contrato con Merrill, la de cambio adverso importante (MAC). Dicha cláusula permitía a Bank of America rescindir el acuerdo si se demostraba que el estado de Merrill era sustancialmente peor de lo manifestado en el momento de la firma del contrato.

Las noticias de Lewis significaban que nos estábamos enfrentando a otro golpe mayúsculo en nuestra batalla para controlar la crisis. Si la fusión no salía adelante, Merrill se enfrentaría a una huida masiva de sus financiadores, sus clientes y otras contrapartes, una huida que fácilmente podía extenderse a Bank of America. Como acabábamos de ver, las dificultades de financiación de Citi podían atribuirse en parte a su fusión frustrada con Wachovia. Además, yo estaba seguro de que, si Lewis se retiraba del trato, el pánico se extendería más aún, lo que no podía beneficiar a Bank of America. Me preguntaba en qué podía estar pensando Lewis.

Después de consultar con Scott Alvarez y nuestros supervisores bancarios, cada vez estuve más convencido de que el plan de Lewis para invocar la cláusula MAC no tenía sentido. Desde una perspectiva tanto empresarial como legal, el motivo para invocar la cláusula parecía excepcionalmente débil. Bank of America había tenido muchas oportunidades de analizar los activos de Merrill antes del voto de los accionistas —nadie había afirmado que Merrill hubiera tergiversado sus activos— y los cambios en las condiciones del mercado estaban excluidos explícitamente como base para invocar la cláusula MAC. Si Lewis intentaba utilizarla, lo más probable es que desencadenara un largo proceso judicial que Bank of America perdería en última instancia. Durante el proceso judicial, indudablemente las dos compañías estarían bajo una intensa presión de los mercados, y al final lo más probable es que Bank of America se viera forzada a adquirir una Merrill Lynch mucho más débil, o hasta insolvente.

El Fed supervisaba la sociedad de cartera de Bank of America, pero no teníamos autoridad para obligarla a seguir adelante con la fusión. Cuando Lewis me pidió que enviara una carta a su consejo de administración ordenando que la consumaran, me negué. Jurídicamente, la decisión correspondía a Bank of America. También tuvimos la precaución de no aconsejar a Lewis sobre la revelación a sus accionistas de las pérdidas de Merrill, los planes de fusión o sus negociaciones con el Estado. Hank y yo dejamos claro que a nuestro juicio invocar la cláusula MAC era una idea terrible tanto para Bank of America como para el sistema financiero. También le dijimos lo que ya habíamos dicho públicamente: haríamos lo que fuera necesario para impedir más colapsos de entidades financieras importantes desde un punto de vista sistémico. Tras recibir aquella garantía general, Lewis persuadió a su consejo de administración para seguir adelante con la fusión, completada el día de Año Nuevo.

Durante el mes que siguió a la visita de Lewis a Washington, trabajamos para determinar lo que necesitaría la compañía fusionada para continuar siendo viable. Yo sospechaba que asegurarse la ayuda del Estado era probablemente uno de los objetivos de Lewis cuando amenazó con invocar la cláusula MAC. Al margen de eso, las pérdidas de Merrill eran enormes, y Lewis tenía razón en estar preocupado por la estabilidad de la compañía resultante de la fusión, especialmente porque Bank of America tenía sus propias pérdidas. Habíamos reforzado AIG y Citi. Era probable que los inversores sondearan Bank of America para poner a prueba su fortaleza. Queríamos actuar antes de que nos viéramos obligados a hacerlo por un nuevo pánico financiero.

Con el consejo de Kevin Warsh y de muchos miembros del personal supervisor y jurídico —incluido el del Fed de Richmond, el supervisor inmediato de Bank of America—, pusimos en marcha con el Tesoro un paquete de medidas inspirado en la transacción de Citi. Hank destinó 20.000 millones del capital del TARP a la empresa fusionada, cargando el mismo 8% de porcentaje de dividendo que pagaban Citi y AIG. Como en el acuerdo de Citi, el Tesoro, el Fed y la FDIC invocaron la excepción por riesgo sistémico. Blindamos una cartera de 118.000 millones de dólares, compuesta en su mayor parte por activos de la antigua Merrill Lynch. Como Citi, Bank of America era responsable de los primeros 10.000 millones de pérdidas y del 10% de las que se produjeran a partir de esa cifra. El Tesoro cubriría las pérdidas posteriores, hasta un máximo de 7.500 millones de dólares. La FDIC se haría cargo de los siguientes 2.500 millones de dólares. El Fed se comprometió a conceder un préstamo equivalente al 90% del valor de los activos que quedasen después de que se hubieran agotado los demás fondos. A cambio de esta protección, Bank of America entregaría al estado 4.000 millones de dólares en acciones preferentes después de la implementación del blindaje. Anunciamos el paquete de medidas el 16 de enero de 2009. Kevin Warsh me envió un correo electrónico que terminaba con estas palabras: «¡Feliz día de investidura, señor presidente!». El gobierno entrante se enfrentaba a muchos problemas, pero parecía que Bank of America no iba a ser uno de ellos.

Los blindajes de Citi y de Bank of America dieron seguridad al mercado y no costaron un dólar ni al Tesoro, ni a la FDIC, ni al Fed. De hecho, en mayo, Bank of America solicitaría al Estado que no implementara el acuerdo de blindaje, afirmando que no esperaba que las pérdidas superasen los 10.000 millones de dólares que estaba obligado a cubrir. Permitiríamos que Bank of America cancelara el acuerdo, pero solo después de que accediera a pagar al gobierno una comisión por cancelación de 425 millones de dólares como compensación por asumir parte del riesgo del banco durante el periodo transcurrido desde el momento del anuncio.

Sin embargo, la controversia perseguiría el episodio de Bank of America. Los accionistas de la entidad criticaron a Lewis por no revelar antes las pérdidas de Merrill. Hank y yo fuimos acusados de abusar de nuestra autoridad forzando supuestamente a Bank of America a seguir adelante con el acuerdo. El Comité de la Cámara de Representantes sobre Reforma de la Supervisión y del Estado, presidido por el demócrata Edolphus Towns de Nueva York, con Darrell Issa de California como líder republicano, se haría eco de la polémica en una tensa comparecencia celebrada el 25 de junio. En una reunión celebrada antes de la comparecencia, Dennis Kucinich, representante demócrata por Ohio, me dijo que no habían podido acusarme de «transgredir ninguna ley de valores», pero que de todas formas me iba a enfrentar a una dura comparecencia. A Hank y a mí nos tomaron juramento, como si fuéramos testigos en un juicio penal. Expliqué que habíamos intentado persuadir a Lewis para que siguiera adelante con la fusión, pero que la decisión estaba en sus manos y en las de su consejo de administración, al igual que la responsabilidad de revelar las pérdidas de Merrill Lynch a sus accionistas. La comparecencia concluyó al cabo de tres horas y media de grandilocuencias y falsas imputaciones. Las acusaciones del comité no ganaron fuerza, y el asunto no llegó a nada. Sin embargo, en septiembre de 2012, Bank of America accedería a pagar casi 2.500 millones de dólares en concepto de indemnización por haber engañado a sus accionistas sobre la adquisición.

En diciembre de 2008, directivos de las tres grandes compañías automovilísticas de Detroit, y otros en su nombre, habían solicitado ayuda al Congreso. El Fed también recibió llamadas de directivos de otras compañías automovilísticas en las que se mostraban sumamente preocupados por la supervivencia de su empresa a lo largo de los próximos meses. Las empresas estaban padeciendo los efectos combinados de la recesión y sus malas opciones estratégicas, incluida la incapacidad para adaptar sus vehículos a los elevados precios del gasoil de los últimos años. Pero además estaban sufriendo una especie de huida lenta. Sus proveedores y otros acreedores pedían dinero por adelantado, temerosos de que una o más compañías quebraran. El Congreso había barajado diversas fórmulas para ayudar, pero no había encontrado ninguna solución.

Después de que los primeros intentos del Congreso de proporcionar ayuda fracasaran, el líder de la mayoría en el Senado, Harry Reid, la presidenta de la Cámara de Representantes, Nancy Pelosi, el senador Chris Dodd y otros congresistas apelaron al Fed para que concediese préstamos a las compañías automovilísticas. Nos mostramos extremadamente reacios. Creíamos que, para ser fieles al propósito original del Fed, debíamos centrar nuestros esfuerzos en el pánico financiero. No éramos la agencia más apropiada para supervisar la reestructuración de una enorme industria manufacturera, un área en la que apenas teníamos experiencia. Y, a diferencia de las emergencias financieras que exigían una respuesta rápida, las amenazas sobre la industria del automóvil avanzaban a un ritmo más lento, lo que daba tiempo al Congreso para debatir opciones. Si el Congreso decidía no actuar, no parecía admisible que el Fed lo hiciera en su lugar.

Afortunadamente, la cuestión quedó superada cuando Paulson y el presidente Bush accedieron a destinar fondos del TARP a General Motors y Chrysler (Ford decidió no participar), así como a sus ramas de financiación. El presidente Bush anunció las inversiones desde la Sala Roosevelt el 19 diciembre, y el gobierno de Obama respetó la decisión. El compromiso de destinar fondos a las empresas automovilísticas dejaba pocas dudas sobre la necesidad de recurrir a los 350.000 millones de dólares del segundo tramo del TARP. Cuatro días antes de que anunciáramos el paquete de medidas destinadas a Bank of America, el 12 de enero, el presidente Bush solicitó el segundo tramo, liberando al presidente entrante de esa desagradable responsabilidad política, y el Congreso no bloqueó la petición.

La reunión del FOMC del 16 de diciembre era crucial, de modo que la amplié a dos días, para que se desarrollara el lunes 15 y el martes 16 de diciembre. El desempleo había subido al 6,7% en noviembre, un mes en el que se había perdido más de medio millón de puestos de trabajo, una cifra enorme. Parecía que fuéramos de cabeza al abismo. El 1 de diciembre, la Oficina Nacional de Investigaciones Económicas había confirmado oficialmente que la economía estadounidense había entrado en recesión el año anterior, lo que contribuyó a que el Dow Jones registrara una caída de 680 puntos. Los economistas del Consejo preveían que la economía experimentaría una rápida contracción económica en el cuarto trimestre de 2008 y en el primer trimestre de 2009, lo que situaría la tasa de desempleo en el 7,75% en marzo y por encima del 8% a finales de 2009. Hasta esa funesta previsión acabaría revelándose muy optimista.

Estábamos dispuestos a volver a recortar el tipo de los fondos federales, situado ya en el 1%. En 2003 habíamos sido reacios a situarlos muy por debajo de ese nivel, en parte por la posibilidad de que los fondos del mercado monetario y otras entidades no funcionaran de manera normal con unos tipos tan bajos. Sin embargo, en aquella reunión acabamos fijando un margen para el tipo objetivo de entre 0 y 0,25%. Fue una decisión difícil para algunos de los halcones, que se habían resistido a la bajada de tipos desde el comienzo de la crisis, y las conversaciones fueron extensas. Charles Plosser señaló que votaba a favor «con ciertas renuencias». Richard Fisher votó al principio en contra, pero durante el descanso para el almuerzo, cuando apenas quedaban unos minutos para que el voto fuera anunciado públicamente, me dijo que quería cambiarlo. Anuncié el cambio de voto cuando el comité volvió a reunirse, explicando que Richard había cambiado su voto «para mantener un frente unido».

Era una decisión histórica. Entrañaba que el FOMC había aceptado que las condiciones económicas exigían que el tipo de los fondos se situara cerca de cero. En ese aspecto, Estados Unidos seguía el ejemplo de Japón, donde los tipos a corto plazo se habían mantenido próximos a cero desde hacía años.

Ahora que el tipo de los fondos estaba prácticamente en cero, ya no podíamos flexibilizar la política monetaria limitándonos a rebajar el objetivo del tipo de los fondos. Teníamos que encontrar otra fórmula. Hablamos extensamente sobre posibles opciones en la reunión de diciembre, repitiendo nuestros debates de los últimos años de presidencia de Greenspan, cuando el tipo de los fondos se había situado en el 1% y nos preocupaba la deflación. Las discusiones también reflejaron las cuestiones que yo había planteado en mi discurso de 2002 —el que me había ganado el apodo de «Helicóptero Ben»— sobre deflación e instrumentos monetarios pocos convencionales. Aunque el tipo de interés a un día se situaba básicamente en cero, los tipos de interés a más largo plazo eran superiores. Si podíamos rebajar los tipos de interés a más largo plazo, podríamos estimular la demanda de viviendas, automóviles e inversión de capitales. A su vez, el aumento del gasto daría trabajo a más gente y contribuiría a evitar la deflación.

Nos centramos en dos instrumentos. El primero —compras de activos a gran escala— podía entrañar la compra de cientos de miles de millones de dólares en valores que mantendríamos en nuestro balance. Ya estábamos entrando en ese negocio, con la aprobación formal del comité, con la compra de 600.000 millones de dólares en deuda y valores respaldados por hipotecas de empresas patrocinadas por el Estado que se había anunciado tres semanas antes. Además de comprar esos valores, podíamos intensificar nuestras compras de valores del Tesoro, que solíamos comprar y vender en pequeñas cantidades como parte de las operaciones habituales de política monetaria. Yo había abordado la posibilidad de comprar sistemáticamente grandes cantidades de valores del Tesoro en un discurso que había pronunciado semanas atrás en Austin (Texas), y en nuestro comunicado de diciembre del FOMC afirmamos que sopesaríamos esa posibilidad, un guiño en toda regla al mercado. Nuestro objetivo al comprar valores a más largo plazo, como bonos del Tesoro, era bajar los tipos de interés y disminuir la presión sobre otros tipos de interés a más largo plazo, proporcionando un estímulo adicional a la economía.

El segundo instrumento que examinamos fue la estrategia de comunicación, las «operaciones a boca abierta». Con los tipos de interés a corto plazo básicamente a cero, teníamos la esperanza de convencer a la ciudadanía y a los mercados de que mantendríamos los tipos a corto plazo en niveles bajos durante mucho tiempo. A su vez, eso tendría que ayudar a reducir los tipos a más largo plazo, dado que las expectativas sobre futuros tipos a corto plazo influyen en las decisiones de los inversores sobre los rendimientos que aceptan en los valores a más largo plazo. También volvimos a hablar sobre la conveniencia de fijar un objetivo numérico explícito de inflación, una medida por la que yo había abogado desde mi llegada al Fed en 2002. En las actuales circunstancias —con muchas probabilidades de que la tasa de inflación se situara en niveles muy bajos durante la recesión—, fijar un objetivo explícito podía contribuir a convencer a los mercados de que la política sería flexible durante todo el tiempo necesario para lograr que la inflación se ajustara a nuestro objetivo. Sin embargo, sabíamos que fijar un objetivo numérico sería un gran paso, tanto económico como político, y lo único que acordamos fue seguir hablando sobre el tema. Para el comunicado de esta reunión apostamos por un lenguaje cualitativo. En un eco de las frases de la era Greenspan («considerable periodo», «cálculos probables»), dijimos que preveíamos que lo más probable era que la debilidad de las condiciones económicas garantizaría que el tipo de los fondos federales se mantendría en unos niveles excepcionalmente bajos «durante cierto tiempo».

Tim Geithner, que se había recusado después de que el gobierno entrante anunciara su intención de nombrarlo secretario del Tesoro, no asistió a la reunión. No obstante, como era habitual en el caso de cualquier miembro saliente del FOMC, lo desollamos vivo y lo honramos en una comida posterior a la reunión. Me burlé de que su nombre apareciera en un artículo del *New York Daily News* titulado «Los más sexis del gabinete de Obama», pero acabé dándole las gracias por el trabajo que había realizado durante el último año y medio. «Has sido la clase de persona que cualquier querría tener a su lado en la trinchera contra la crisis financiera», le dije. Jeff Lacker, que solía servir de *sparring* intelectual a Tim, habló en nombre de los presidentes de los Bancos de la Reserva Federal y se metió con él por su aparente disposición a rescatar a todo el mundo fueran cuales fuesen las circunstancias. Tim contestó en la misma onda, caracterizando la idea que tantas veces había expresado Jeff de que los rescates introducían trastornos en el mercado como la teoría del «bombero incendiario». La velada, presidida por el buen humor, no estuvo exenta de las tensiones que subyacían en el comité durante un periodo muy difícil.

La partida de Tim sería una pérdida significativa para el Fed. Yo echaría de menos la intensidad plagada de tacos que ponía en nuestras deliberaciones y sus inconfundibles aforismos: «un plan es mejor que ninguno», «espuma en la pista de aterrizaje», «actitud veterotestamentaria», entre otros. Pese a todo, me alegró saber que iba a ganar un socio competente en el nuevo gobierno. Con la elección de Tim, el presidente electo demostraba que estaba dispuesto a levantar cierto revuelo político con tal de tener al consejero que quería. Tim le había explicado pacientemente a Obama las razones que lo convertían en una mala elección para el Tesoro, sobre todo por el bagaje que aportaría como arquitecto de rescates impopulares. Él mismo había recomendado para el puesto a Larry Summers, uno de sus mentores. Pero Obama había tomado su decisión y presionó a Tim hasta que aceptó.

Anna y yo conocíamos a Carole, la agradable y práctica mujer de Tim, trabajadora social y autora de una novela juvenil. La reacción de Carole al nombramiento de Tim fue similar a la de Anna cuando me nombraron presidente del Fed: un gran disgusto por lo que sabía que el trabajo iba a suponer para su marido y para toda la familia. Como Anna, Carole no tenía el menor interés en el supuesto glamur de ser la esposa de una autoridad política. En aquel entonces yo entendía perfectamente la inquietud de Carole y de Anna. Cuando, tras

LA CRISIS

anunciarse el nombramiento de Tim, subió la Bolsa, lo felicité en broma por el «repunte Geithner». Los dos sabíamos lo caprichosos que pueden ser los juicios del mercado (y de los medios).

Los problemas de Tim empezarían al cabo de poco tiempo, cuando algunos errores que había cometido al calcular sus impuestos mientras formaba parte del Fondo Monetario Internacional se convirtieron en el eje sobre el que giró su comparecencia de confirmación en el Congreso. A pesar de esas dificultades —que no serían las únicas—, Tim mantendría la calma ante la adversidad. Su gran baza, que había cultivado durante todos los años que había trabajado en la Administración, era su capacidad para acertar con las decisiones estratégicas, fueran cuales fuesen los obstáculos. Se rodeaba de personas inteligentes y comprometidas, y hacía hincapié en el trabajo en equipo; su criterio para contratar al personal era «ni idiotas, ni gallitos, ni quejicas». Yo apreciaba también su limitada paciencia ante la palabrería y los tejemanejes de Washington, aunque me daba perfecta cuenta de que esa cualidad en ocasiones le restaría efectividad en su nuevo puesto de secretario del Tesoro, de tintes más políticos.

También me gustaron el resto de opciones de Obama para los nombramientos en materia de política económica. Conocía a Larry Summers desde hacía décadas. Si yo había descubierto la economía en la universidad, parecía que Larry hubiera estado destinado desde su infancia a ser una estrella en ese campo. Sus padres eran economistas, y dos de sus tíos —Kenneth Arrow y Paul Samuelson— habían ganado el Premio Nobel. Como director del Consejo Económico Nacional, parecía que Larry exhibiría y defendería sus propias ideas, en lugar de jugar el papel de policía de tráfico que tan bien había desempeñado Al Hubbard en la Casa Blanca durante la época de Bush. Pero su capacidad analítica, en especial su habilidad para detectar las debilidades de un argumento, mejorarían el nivel de sus interlocutores y se plasmaría en decisiones políticas más atinadas.

Para mi antiguo cargo de presidente del Consejo de Asesores Económicos, Obama nombraría a Christina Romer, antigua colega mía en Princeton y vecina en Rocky Hill (Nueva Jersey). Christina, una historiadora económica de talento que ahora daba clases en Berkeley, había publicado artículos sobre la Gran Depresión, igual que yo. Sabía que las políticas pasivas y ortodoxas habían agravado extraordinariamente la Gran Depresión, y, como yo, se inclinaba por favorecer estrategias agresivas y heterodoxas para afrontar las graves amenazas a la estabilidad financiera y económica.

El presidente electo también nombraría a un nuevo miembro de nuestro Consejo, Dan Tarullo. Ocuparía el sillón de Randy Kroszner, lo que forzaría a Randy —que no obtuvo la confirmación del Senado para un segundo mandato— a marcharse en enero de 2009. Dan, profesor de Derecho en la Universidad de Georgetown especializado en regulación financiera, había desempeñado diversos papeles en el gobierno de Clinton y había encabezado el equipo de asuntos económicos durante la transición. Yo no había trabajado nunca con Dan, así que lo invité a una reunión. Sus conocimientos sobre el Fed y su interés en nuestro trabajo me impresionaron. Me pareció el candidato ideal para presidir el comité de supervisión bancaria tras la marcha de Randy. En cambio, no sabía si en su condición de abogado encajaría en un cuerpo de economistas como el FOMC; pese a todo, defendería sus propias posiciones en los debates sobre política monetaria, mostrándose particularmente perspicaz en cuestiones relacionadas con el mercado de trabajo. Después de su confirmación el 27 de enero —por 96 votos a favor y 1 en contra, el del senador Bunning—, el Consejo quedó formado por Betsy Duke, Kevin Warsh, Dan, Don Kohn y yo, mientras dos sillones seguían vacantes. (La semana que transcurrió entre la marcha de Randy y la jura de Dan, el Consejo estuvo compuesto únicamente por cuatro miembros, un caso único en su historia.)

La transición de un gobierno a otro entrañó partidas, pero también la llegada de nuevas caras. El lunes 5 de enero organicé en el Fed una pequeña comida en honor de Hank Paulson. Asistieron dos antiguos secretarios del Tesoro (Bob Rubin y Larry Summers), el secretario entrante (Tim Geithner), los dos antiguos presidentes del Fed que estaban vivos (Paul Volcker y Alan Greenspan) y el vicepresidente del Consejo (Don Kohn). Hank estaba meditabundo. Habían ocurrido muchas cosas durante su mandato, y parecía aliviado de que tocara a su fin. Había trabajado estrechamente con el gobierno entrante y creía que había aportado a Tim y sus colegas los medios necesarios para seguir luchando contra la crisis, sobre todo el dinero proporcionado por la concesión del segundo tramo del TARP.

Cuando volviera a su casa, cerca de Chicago, Hank sería libre para perseguir sus pasiones: China y la conservación del medio ambiente. Fundaría un instituto en la Universidad de Chicago dedicado a crear empresas y lazos culturales entre Estados Unidos y China. Seguiría con sus frecuentes visitas a ese país y publicaría un libro sobre las oportunidades económicas del país asiático. En lo tocante a la ecología, Hank y su mujer, Wendy, siguieron cultivando sus aficiones (son entusiastas observadores de aves) y sus tareas filantrópicas. Crearon una fundación para preservar la isla de Little St. Simons, frente a la costa de Georgia.

El 20 de enero de 2009, Anna y yo asistimos a la toma de posesión del nuevo presidente en la escalinata del Capitolio. Era la primera investidura presidencial a la que asistíamos. Mi escolta nos acompañó entre filas de agentes de policía hasta una pequeña y hermosa sala del Capitolio en la que esperamos junto al director del FBI, Robert Mueller, y su mujer, Ann, hasta que llegó el momento de sentarnos detrás del podio del orador. Frente a nosotros, hasta donde la vista se perdía, una enorme multitud ocupaba todo el Mall. Esperamos tiritando bajo el viento racheado y a una temperatura de –2 °C. Por fin empezó la ceremonia. Aretha Franklin cantó «My Country, 'Tis of Thee», el presidente del Tribunal Supremo, John Roberts, tomó juramento a Obama, y el nuevo presidente comenzó su discurso de investidura.

El presidente había basado su campaña en la esperanza, aun cuando la nación se enfrentaba a la catástrofe económica, y volvió a entonar el mismo tema. «Seguimos siendo el país más próspero y poderoso de la tierra —dijo—. Nuestros trabajadores no son menos productivos que al comienzo de la crisis. Nuestro espíritu no es menos inventivo, nuestros bienes y servicios no son menos necesarios que la semana pasada, o que el mes pasado, o que el año pasado. Nuestra capacidad se mantiene intacta [...]. A partir de hoy debemos ponernos en pie, sacudirnos el polvo y poner manos a la obra para volver a levantar los Estados Unidos de América.»

Sentado con Anna en el estrado, mientras escuchaba esas palabras, esperaba que la investidura marcara una oportunidad para recuperar la energía y la determinación colectivas que nos ayudarían a restaurar la prosperidad de nuestro país y del mundo entero.

# 18

# DE LA CRISIS FINANCIERA
# A LA CRISIS ECONÓMICA

El frenético otoño de 2008 había puesto a prueba la capacidad y el temple del personal y de las autoridades de todo el Sistema de la Reserva Federal. A medida que crecía la presión y parecía que las malas noticias nunca terminarían, veía más rostros exhaustos a mi alrededor. Los miembros veteranos del personal estaban de guardia las veinticuatro horas del día, y los empleados de todos los niveles estaban dispuestos a trabajar todas las horas que fueran necesarias. Brian Madigan, metido día y noche en el despacho, estaba tan pálido que sus colegas empezamos a temer por su salud. La vida familiar y personal de todos se vio seriamente afectada. Un fin de semana, Henry, el hijo de Michelle Smith, que en aquel entonces tenía seis años, le escondió a su madre la BlackBerry, que no paraba de sonar, y se quedó muy triste cuando Michelle la encontró. Pese a todo, los ánimos estaban altos. La gente sabía que estaba haciendo lo que había que hacer, y se enorgullecía de su profesionalidad y experiencia. Siempre que era posible organizábamos reuniones de pensamiento creativo para resolver problemas hablando sin cortapisas. De aquellas sesiones salían algunas de nuestras mejores ideas, e incluso cuando no nos llevaban a ningún lado nos hacían mantener la concentración. Un grupo de economistas empezó a llamarse a sí mismo —con orgullo, me parece— «los nueve pringados» cuando, tras una extensa sesión de pensamiento creativo, y una vez repartidas las tareas de redactar los memorándums y realizar diversas investigaciones, bromeé: «¿Cómo es que siempre les toca trabajar a los mismos nueve pringados?». Sin embargo, me preguntaba durante cuánto tiempo podríamos sostener nuestros esfuerzos.

Trataba de parecer —y de permanecer— calmado y enfocado, aunque la procesión iba por dentro. (En cierta ocasión, Geithner me llamó «el Buda de la banca central», lo que tomé como un cumplido, aunque con Tim nunca se podía estar seguro.) Como le dije a Michelle, que a menudo me servía de caja de resonancia, el pánico financiero tiene un importante componente psicológico. Si se transmite serenidad, racionalidad y confianza, se tiene ganada la mitad de la batalla. Pensar demasiado en lo mucho que estaba en juego era abrumador, incluso paralizante, así que me centraba todo lo que podía en la tarea concreta que tenía entre manos: prepararme para un discurso o planear una reunión.

Anna hacía que nuestra vida hogareña fuese un oasis, y me animaba a cuidarme y descansar. A sugerencia suya y después de consultar con un médico, eliminé el gluten de mi dieta, y los problemas digestivos que había tenido al comienzo de la crisis se aliviaron. Mi mujer no era una gran aficionada al béisbol, pero siempre estaba dispuesta a acompañarme a los partidos de los Nationals. A cambio, yo la acompañaba a espectáculos de danza en el Kennedy Center. Tenía detalles como comprar un difusor de aromaterapia para perfumar nuestra casa con romero, lavanda y otras fragancias. (Como siempre, yo no me habría dado cuenta si ella no me lo hubiera dicho.) Y siempre me ponía los pies en la tierra: en la cena yo le hablaba de alguna acción milmillonaria emprendida por el Fed, y ella me decía: «Estupendo», y a continuación me recordaba que sacara la basura. Además hacíamos juntos la compra los fines de semana, tratando sin éxito de pasar inadvertidos mientras los escoltas caminaban detrás de nosotros.

Nuestros dos perros, Scamper (un viejo beagle-basset) y Tinker (un perrito cariñoso de raza indeterminada) nos ofrecían un poco de diversión. Por las mañanas salían a despedirme a la puerta y después volvían a tumbarse al pie de la ventana del salón, que daba a un jardín. Durante la crisis deseé más de una vez poder marcharme del despacho y quedarme con ellos todo el día.

En 2008, Anna cumplió uno de sus mayores sueños: empezó un programa educativo para chavales de barrio en Washington, al que llamó Academia Chance. A medida que el número de niños apuntados al programa fue creciendo, empleó a profesores a tiempo parcial, y los padres tuvieron la opción de colaborar como voluntarios en lugar de pagar los pequeños costes de matrícula. Casi todos los costes corrían a nuestro cargo, aunque contábamos con ayuda ocasional de amigos y fundaciones. Anna dedicaba sesenta horas a la semana como mínimo al proyecto, sin recibir un sueldo a cambio, y le encantaba lo que hacía. Oír lo que le había pasado a lo largo del día era para mí un gran alivio cuando volvía a casa. Yo creía firmemente en que la Reserva Federal ayudaba a la gente, pero Anna podía ver los beneficios de sus esfuerzos de forma mucho más concreta e inmediata, a la luz de los progresos y las alegrías de sus estudiantes.

La investidura del nuevo presidente marcó una nueva fase en la batalla contra la crisis. Su equipo trajo ideas nuevas, pero el cambio más importante estribaba en el hecho de que la crisis cada vez era de índole más económica y menos financiera. Acertadamente, la primera gran iniciativa política del presidente Obama estuvo dirigida a poner fin a la devastadora contracción económica, que en aquel momento cumplía un año. Como habrían vaticinado los nuevos (y los viejos) keynesianos, el colapso de la demanda privada —los gastos consuntivos, la compra de viviendas, la inversión de capitales— habían afectado a la producción y al empleo. Como Keynes había planteado por primera vez en la década de 1930, en una crisis económica el gasto público podía sustituir a la inversión privada durante cierto tiempo. Con la economía en caída libre y con los tipos de interés a corto plazo situados casi en cero, sin duda la economía necesitaba un impulso fiscal, en forma de incremento del gasto público, de rebajas fiscales para promover el gasto privado o de ambas cosas. Así lo había dicho yo (aunque con la cautela habitual del lenguaje de los banqueros centrales) en otoño, hasta el punto de que el *Wall Street Journal* había publicado un editorial en el que afirmaba que aquellas palabras eran un apoyo a la candidatura de Obama a la presidencia. Yo no apoyaba a ningún candidato; lo que yo apoyaba era un programa, del mismo modo en que había prestado mi apoyo al estímulo fiscal (en forma de rebajas de impuestos) del presidente Bush aprobado a comienzos de 2008.

El 17 de febrero, menos de un mes después de la investidura, Obama firmó un importante paquete de medidas fiscales, la Ley de Recuperación y Reinversión de Estados Unidos de 2009. Los

787.000 millones de dólares del proyecto de ley incluían 288.000 millones de reducción de impuestos para fomentar el consumo y la inversión —y en especial una reducción temporal de las retenciones de impuestos destinadas a la Seguridad Social—, así como 144.000 millones en ayudas a los gobiernos estatales y locales, en su mayor parte destinados a apoyar el gasto en educación y Medicaid (el principal programa estatal para ofrecer servicios de atención sanitaria a las personas sin recursos). Los 355.000 millones restantes estaban divididos entre diversos programas federales de gasto, incluidos 40.000 millones para ampliación de las prestaciones por desempleo y 105.000 millones para inversiones en infraestructuras.

Estoy convencido de que la Ley de Recuperación contribuyó a crear puestos de trabajo y ralentizó la contracción económica, un juicio compartido por el personal del Fed y por la apartidista Oficina Presupuestaria del Congreso. Sin embargo, la recuperación sería lenta y prolongada. En retrospectiva, algunos economistas (incluida la presidenta del CEA de Obama, Christy Romer) han afirmado que el paquete de estímulos era demasiado pequeño. Algunos especialistas fiscales del Fed expresaron la misma preocupación en su momento. Con el paso de los años, yo también llegué a la conclusión de que, desde una perspectiva puramente económica, es probable que el programa fuera demasiado pequeño.

Sé que no resulta fácil concebir que un paquete de 787.000 millones de dólares resulte pequeño, pero debemos comparar su tamaño con su objetivo, que era el de contribuir a detener la peor recesión sufrida desde hacía setenta años por la economía estadounidense, que mueve 15 billones de dólares. Por otro lado, diversas consideraciones redujeron el impacto del programa. En primer lugar, la cifra global inducía hasta cierto punto a sobrevalorar el alcance real del programa. Por ejemplo, es muy probable que parte del gasto destinado a Medicaid y ciertas correcciones fiscales incluidas en el proyecto de ley se hubieran producido de todas formas. En segundo lugar, y muy importante, gran parte del efecto quedó compensado por los recortes en el gasto y los incrementos en los impuestos que llevaron a cabo los gobiernos estatales y locales. Con la contracción de la actividad económica, los ingresos generales, las ventas y los ingresos por impuestos sobre la propiedad de los gobiernos estatales y locales cayeron bruscamente. Muchos de esos gobiernos operaban con leyes que exigían unos presupuestos equilibrados, de manera que reaccionaron a la bajada de ingresos despidiendo a trabajadores (incluidos miles de profesores, policías y bomberos), subiendo las tasas tributarias y cancelando importantes proyectos. El paquete federal de estímulos ayudó a los gobiernos estatales y locales, pero estuvo lejos de solventar la crisis presupuestaria a la que se enfrentaban.

Los defensores del paquete mantienen que era la opción más ambiciosa posible desde un punto de vista político. Es posible que tuvieran razón. (Tres republicanos la apoyaron en el Senado y ninguno en la Cámara.) Los votantes solían aplaudir las rebajas de impuestos y el incremento del gasto en infraestructura y programas sociales, como mínimo cuando los beneficiaban directamente. Pero el enorme déficit presupuestario generado por el paquete —además de por el descenso en los ingresos fiscales que provocaba la recesión y por el consiguiente incremento en el gasto social (en las prestaciones por desempleo y los cupones de alimentos, por ejemplo)— preocupaba a muchos estadounidenses. No ayudaba que algunos votantes probablemente percibieran que el estímulo era un «árbol de Navidad» que financiaba los proyectos favoritos de los legisladores, al margen de su mérito. Posiblemente, si el paquete hubiera tenido objetivos más concretos y se hubiera vendido como una forma de fortalecer las infraestructuras del país y de mejorar el potencial productivo de la economía a largo plazo, habría obtenido un apoyo más amplio. Pero es difícil de saber.

Las primeras semanas del gobierno de Obama también estuvieron centradas en la creación de planes para reducir las ejecuciones hipotecarias. Después de amplios debates y conversaciones durante la transición entre gobiernos, Tim y su equipo habían fijado una estrategia. El 18 de febrero, el presidente Obama presentó el programa Viviendas Asequibles, dotado de dos grandes instrumentos. El primero, llamado Programa de Refinanciación para una Vivienda Asequible (HARP), ayudaría a los propietarios de viviendas devaluadas que estaban al corriente de sus pagos a refinanciarse para obtener hipotecas con mejores condiciones y mensualidades más bajas. El programa recogía ciertos aspectos de una propuesta realizada por los profesores de la Universidad de Columbia Christopher Mayer y Glenn Hubbard. (Hubbard fue quien, en calidad de asesor del presidente Bush, me había invitado a una entrevista para determinar si me ofrecían un sillón en el Consejo de Gobernadores.) La reducción de las mensualidades posibilitaría que a esos propietarios les resultara más fácil mantenerse al corriente de los pagos. Sin embargo, solo las hipotecas emitidas o garantizadas por Fannie y Freddie, indirectamente controladas por el Estado, podían acogerse al plan.

El segundo instrumento, el Programa de Modificación para una Vivienda Asequible (HAMP), se dirigía a propietarios que no habían podido seguir pagando la hipoteca. A diferencia del HARP, el HAMP estaba financiado por fondos del TARP e incluía a propietarios cuyas hipotecas no pertenecían a Fannie y Freddie. Los prestatarios con una carga de endeudamiento mensual superior al 31 % de sus ingresos brutos mensuales podrían acogerse a una modificación temporal del préstamo, que podría convertirse en permanente si eran capaces de mantenerse al corriente con los pagos durante el periodo de prueba. El HAMP pagaría a los proveedores privados de servicios hipotecarios una suma fija por cada modificación permanente que llevaran a cabo. Para fomentar unas modificaciones sostenibles, dichos proveedores también recibirían pagos continuados cuando los prestatarios demostraran ser capaces de reembolsar las hipotecas modificadas.

Me asombraba que ayudar a los propietarios no fuera una medida más popular. Pero al parecer los estadounidenses no estaban más dispuestos a rescatar a sus vecinos que a rescatar a Wall Street. De hecho, hay quien afirma que la famosa diatriba de Rick Santelli, el célebre presentador de la emisora por cable CNBC, contra los rescates a propietarios de viviendas fue la semilla de la que surgió el movimiento Tea Party. En febrero de 2009, Santelli, en directo desde la Bolsa Mercantil de Chicago, se volvió hacia los corredores y gritó (agramaticalmente): «¡Los que queréis pagar la hipoteca del vecino que tiene un baño extra y no puede pagar sus facturas, que levanten la mano!». Un coro de «¡No!» se alzó desde el parquet. «¿Lo oye, presidente Obama?», remató Santelli.

Durante los primeros meses del nuevo gobierno, la tarea de completar la estabilización del sistema bancario se mantuvo como una de las máximas prioridades. Los mercados de financiación a corto plazo habían mejorado notablemente, en gran parte por los programas de préstamo del Fed. Sin embargo, pese al nuevo capital del TARP y a los acuerdos destinados a sostener a Citi y Bank of America, la confianza del mercado en los bancos continuó siendo vacilante. Los precios de las acciones de los grandes bancos se desplomaron en enero y febrero: cerca de un 80%, en el caso de Citi y Bank of America, y un 50% como mínimo en los demás. El coste de asegurar la deuda de los grandes bancos contra impagos continuaba siendo preocupantemente alto, lo que indicaba que los agentes del mercado consideraban muy posible que cayera otra gran entidad financiera. El debilitamiento de la economía y las continuas preocupaciones sobre pérdidas bancarias eran probablemente los principales factores que se ocultaban detrás de la inquietud de los mercados, pero la incertidumbre sobre las implicaciones de los planes del nuevo gobierno para los inversores y los acreedores de los bancos no contribuía a aliviar la situación.

Durante el periodo de transición y en los días posteriores a la asunción del cargo, Tim celebró frecuentes reuniones con el Tesoro, el Consejo, la FDIC y la Oficina del Interventor de la Moneda (OCC) para examinar nuestras opciones. El Fed de Nueva York, encargado de la supervisión de muchas de las sociedades de cartera bancarias más grandes del país, solía sumarse a las conversaciones por vía telefónica. El nuevo gobierno mantuvo en sus cargos a Sheila Bair, de la FDIC, y a John Dugan, de la OCC. Bill Dudley abandonó el puesto de director de la Mesa de Negociación del Mercado Abierto para sustituir a Tim como presidente del Fed de Nueva York.

Al principio, el Fed y las autoridades entrantes en el Tesoro nos centramos en estrategias para reforzar el sistema bancario, incluidas nuevas inyecciones de capital, compras de activos y nuevas formas de garantías. A finales de diciembre, Don Kohn había informado sobre el trabajo del Fed de Nueva York en todas esas áreas, y el día después de la investidura, el personal del Consejo me presentó una larga lista de posibles estrategias.

Sheila y la FDIC también desarrollaron una serie de propuestas, incluida la creación de un «banco malo», a saber, un banco de propiedad estatal que comprara o garantizara activos tóxicos de entidades bancarias. Sheila propuso además que se permitiera a los bancos emitir los llamados bonos cubiertos, con una garantía de la FDIC. Los bonos cubiertos, habituales en Europa pero poco utilizados en Estados Unidos, son bonos emitidos por los bancos que están respaldados por activos de alta calidad, generalmente hipotecas. Si un préstamo que respalda un bono garantizado se echa a perder, el banco debe reemplazarlo por otro más seguro. Por consiguiente, los bonos cubiertos son más seguros para los inversores que los valores respaldados por hipotecas, en los que los impagos de los activos subyacentes pueden acarrear pérdidas a los inversores.

En el Fed éramos partidarios de inyectar más capital a los bancos, y también nos mostrábamos receptivos a los bonos cubiertos. Veíamos un inconveniente al plan de crear un banco malo: Sheila quería que lo financiara el Fed mediante el crédito 13(3). Aunque no descartábamos esa posibilidad, sabíamos que prestar a un banco malo aumentaría nuestro balance (que entonces se situaba en 2,1 billones de dólares, más del doble del nivel anterior a la crisis), lo que añadiría más reservas al sistema bancario y posiblemente complicaría en mayor medida la gestión de la política monetaria. Para abordar esta cuestión, preguntamos a las autoridades del Tesoro si estarían dispuestas a apoyar la tramitación de una ley que nos permitiera vender nuestra deuda a corto plazo (lo que llamamos provisionalmente «cuenta del Fed») directamente al público. Emitir nuestra propia deuda a corto plazo, como hacen muchos bancos centrales, nos permitiría financiar nuestros créditos sin crear reservas bancarias y nos daría un mayor control sobre el tipo de los fondos federales. Las autoridades del Tesoro se mostraron escépticas. Dudaban (como yo) que el Congreso aprobara la medida, y eran reacios a que una nueva clase de obligación estatal compitiera con los valores del Tesoro en los mercados, dado que podía complicar la financiación de la deuda nacional por parte del Tesoro. La inquietud por la posible competencia también les hacía mostrarse escépticos ante los bonos cubiertos de Sheila, que, a propuesta suya, se venderían con «la entera fe y el crédito» del Estado y, por lo tanto, serían equivalentes a la deuda pública.

Sobre estas discusiones sobrevolaba siempre la inquietud de que las pérdidas bancarias pudieran desbordar la capacidad del TARP, aunque el Congreso había desembolsado el segundo tramo de 350.000 millones. Por lo tanto, obtener el mayor rendimiento para lo que quedaba de los fondos del TARP era crucial. Como en el debate originario sobre la conveniencia de comprar activos o de inyectar capital, aquel elemento parecía afirmar la conveniencia de inyectar más capital en los bancos, aunque tal vez en función de las necesidades, y no de forma generalizada, como se había hecho en el caso del Programa de Compra de Capital.

Una vez confirmado como secretario del Tesoro, Tim se convirtió en el responsable último del desembolso de los fondos del TARP. Fomentó las conversaciones entre agencias y el pensamiento creativo, pero finalmente descartó muchas de las opciones que habíamos evaluado a favor de un paquete relativamente sencillo. Propuso someter a los bancos más grandes e importantes para el sistema a un «ejercicio de evaluación», lo que posteriormente se dio en llamar «prueba de resistencia». Dicho ejercicio serviría para calcular el capital que esos bancos necesitarían para soportar una profunda recesión, más grave aún que la que estábamos atravesando, junto con un deterioro mucho mayor de los mercados financieros. Si los analistas del mercado encontraban creíbles las estimaciones, las pruebas de resistencia incrementarían la confianza en los bancos que las pasaran. Los bancos que no las superasen tendrían la oportunidad de reunir capital de fuentes privadas; si no lo lograran, el Tesoro llenaría el agujero con fondos del TARP. En cualquiera de los casos, teníamos la esperanza de que los clientes, las contrapartes y los posibles inversores supieran que los bancos eran viables.

Además de las pruebas de resistencia, Tim propuso una ambiciosa ampliación de la capacidad del programa TALF del Fed —creado para descongelar el mercado de los valores respaldados por activos— para que pasara de 200.000 millones a 1 billón de dólares, y adaptarlo para que cubriera más tipos de activos, como créditos para financiar bienes de equipo. El nuevo techo, que parecía difícil agotar, pretendía transmitir en toda su amplitud el compromiso del gobierno con la descongelación del importante mercado de los valores respaldados por activos. Accedimos a la ampliación del TALF con la condición de que el Tesoro proporcionara capital adicional del TARP para proteger al Fed en caso de pérdidas.

Tim también quería que el TALF abarcara activos «antiguos» — valores hipotecarios privados, por ejemplo— para aumentar los precios y mejorar la liquidez de esos valores. Nosotros nos resistíamos a dar ese paso, porque nos preocupaban los efectos sobre nuestro balance y queríamos que el programa se centrara prioritariamente en la nueva ampliación del crédito. En última instancia, admitimos como excepción los valores antiguos respaldados por hipotecas de inmuebles comerciales que contaran con una alta calificación. Para asegurarnos de que las tasaciones de aquellas hipotecas estaban actualizadas, exigimos que fueran evaluadas nuevamente y reconvertidas en nuevos valores. Aceptamos aquella excepción porque creíamos que apoyar esa clase de productos contribuiría a reavivar el mercado, que en aquel momento estaba moribundo, y por lo tanto contribuiría a restablecer el flujo de crédito para los nuevos proyectos comerciales.

Asimismo, Tim propuso un nuevo programa del Tesoro, al margen del Fed, dirigido a otros activos antiguos. En virtud del Programa de Inversión Público-Privada (PPIP), los inversores privados recibirían créditos del TARP para financiar la compra de activos existentes, como valores respaldados por hipotecas residenciales de origen privado y productos crediticios estructurados cuya creación fuera anterior a la crisis. Los inversores arriesgarían su propio dinero, y el Estado compartiría con ellos los beneficios que se obtuvieran al revender los activos. El programa pondría en manos de los inversores privados, y no del Estado, la responsabilidad de decidir qué activos comprar y cuánto pagar por ellos, evitando así que el Estado tuviera que determinar los precios de los activos tóxicos. Los inversores tenían fuertes incentivos para tomar decisiones inteligentes, dado que sus ganancias dependían de los activos que escogieran y de su capacidad para limitar los costes de su adquisición. Había pasado mucho tiempo, pero el Tesoro al fin había encontrado una fórmula para llevar a cabo la idea primigenia de Paulson de comprar activos tóxicos con los fondos del TARP sin pagar dinero de más.

Tim presentó en público la idea de la prueba de resistencia, junto con la ampliación del TALF y la creación del PPIP, en un discurso que pronunció el 10 de febrero ante una sucesión de banderas nacionales en la Sala de Tesorería del edificio de su departamento. La estrategia estaba aún en fase de desarrollo y los mercados financieros reaccionaron negativamente ante la falta de concreción. El índice Dow Jones cayó 382 puntos aquel día. En una llamada al FOMC para informar a sus miembros por adelantado, yo había vaticinado que a los mercados no les gustaría la falta de especificidad. Pero como la confianza en los bancos disminuía a toda velocidad, entendía la urgencia de hacer un anuncio. Los detalles se presentaron al cabo de poco tiempo: dos semanas después del discurso de Tim, el Fed y otras agencias de supervisión bancaria dieron a conocer sus planes para llevar a cabo las pruebas de resistencia. El 3 de marzo ofrecimos más información sobre la ampliación del TALF, y a finales de marzo el Tesoro perfiló los detalles del PPIP.

Sin embargo, la realización de las pruebas de resistencia llevaría cierto tiempo, y mientras esperábamos los resultados, las dudas sobre el mercado financiero no se difuminaban. Una cuestión persistente, ampliamente debatida por Tim y Larry Summers en la Casa Blanca, era qué hacer si la prueba revelaba un agujero de capital más grande del que podría colmarse con los fondos remanentes del TARP. Summers era pesimista y suponía que, para que las pruebas de resistencia fueran creíbles, tendrían que mostrar unas pérdidas catastróficas que agotaran el TARP. Por lo tanto, era partidario de favorecer la nacionalización de algunos bancos con problemas, es decir, de que el Estado se hiciera completamente cargo de ellos. La idea resultaba menos descabellada de lo que hubiera parecido seis u ocho meses antes. Una semana después de que Tim anunciara las pruebas de resistencia, un defensor a ultranza del libre mercado como Alan Greenspan planteó la posibilidad de nacionalizar temporalmente algunos bancos, una medida que tal vez hubiera que adoptar una vez cada cien años, en sus propias palabras. Otros comentaristas prominentes, como Paul Krugman del *New York Times*, coincidían en que quizá fuera necesario dar ese paso. Pero Tim quería evitar la nacionalización, si había alguna posibilidad, y yo estaba de acuerdo con él. «Nuestros planes no van en ese sentido», declaré ante el Comité de Servicios Financieros de la Cámara de Representantes el 25 de febrero. Repetí la misma idea en las reuniones que mantuve en el Tesoro y en la Casa Blanca.

Sabía que la nacionalización podía tener cierto atractivo político. Se evitaría en mayor medida la apariencia del rescate, e implementaríamos reformas en las entidades nacionalizadas sin tener que negociar con juntas ni accionistas privados. Pero a tenor de nuestras recientes experiencias con las seminacionalizaciones de Fannie, Freddie y AIG, me parecía que aquello sería en la práctica una pesadilla. Una vez nacionalizados, los bancos pueden estar bajo la custodia del estado durante muchos años. Los gobiernos no tienen los conocimientos necesarios para dirigir un banco de forma eficaz, y a los inversores privados no les gusta invertir dinero en bancos bajo control estatal. Y es casi seguro que los políticos se inmiscuirían; por ejemplo, se podría presionar a los bancos nacionalizados para que concedieran crédito a los grupos favorecidos por el gobierno, al margen de su solvencia, lo que podría acarrear más pérdidas y rescates.

Sin embargo, saber si había alternativas viables a la nacionalización dependería de los resultados de las pruebas de resistencia. En su calidad de regulador de las grandes sociedades de cartera bancarias, el Fed tomó la delantera. Coryann Stefansson, directora asociada de la división de supervisión del Consejo, organizó un examen exhaustivo. Desde febrero hasta mayo de 2009, nuestro personal y el de otras agencias se encargaron de una tarea ingente. Más de ciento cincuenta examinadores, analistas y economistas del Fed trabajaron por la noche y los fines de semana durante diez semanas. Nos centramos en las diecinueve sociedades de cartera bancarias más grandes del país, las que tenían activos valorados en 100.000 millones de dólares como mínimo. Colectivamente, poseían las dos terceras partes de los activos y la mitad de los créditos del sistema bancario de Estados Unidos.

La prueba de resistencia no era una idea nueva. Durante años, los bancos y los examinadores habían utilizado la técnica de analizar, por ejemplo, cómo podía comportarse una determinada cartera de activos en condiciones adversas. Pero nuestro propósito era mucho más ambicioso. Lo que pretendíamos era aplicar una sola y rigurosa prueba que abarcara simultáneamente todos los grandes bancos y todos sus activos utilizando los mismos criterios. De ese modo, tanto nosotros como los mercados podríamos evaluar la salud global de cada banco y compararlos entre sí. (David Wilcox y su equipo habían propuesto una prueba de resistencia del sistema bancario como parte del plan de coinversión que presentaron ante el Tesoro de Paulson en octubre de 2008.) Pedimos a cada banco que proporcionara estimaciones detalladas de sus probables pérdidas y ganancias a lo largo de los próximos dos años bajo dos hipotéticos escenarios económicos: un escenario básico que planteaba las previsiones comunes realizadas por los analistas del sector privado, y un escenario adverso que recogía unas condiciones económicas y financieras significativamente peores. Nuestros supervisores y economistas revisaban detenidamente los datos proporcionados para comprobar su coherencia y verosimilitud, utilizando modelos de análisis estadístico y económico. Cuando las ganancias y las pérdidas estimadas nos parecían bien determinadas, calculábamos cuánto capital necesitaría cada banco en cada uno de los dos escenarios.

Después, como habíamos acordado con el Tesoro, comunicamos a los bancos que tenían seis meses para reunir capital suficiente con vistas a resultar viables y a seguir concediendo préstamos con normalidad, incluso en el escenario adverso. Si no eran capaces de reunir ese capital en los mercados privados al cabo de seis meses, tendrían que aceptar capital del TARP bajo las condiciones impuestas por el Tesoro.

También decidimos hacer público, en considerable detalle, los resultados de la prueba de resistencia de cada banco, incluidas las pérdidas estimadas para cada tipo de activo. Los bancos se opusieron enérgicamente, y algunos de nuestros supervisores más veteranos manifestaron sus reservas. La publicación de aquella información contravendría la práctica de generaciones de examinadores bancarios del Fed y de las demás agencias dedicadas a la regulación bancaria, para las que la «confidencialidad de la supervisión» era sacrosanta. En condiciones normales, la garantía de confidencialidad aumenta la disposición de los bancos a cooperar con los examinadores al disipar cualquier inquietud ante la posibilidad de que la competencia obtenga información sensible. En la atmósfera de miedo e incertidumbre que se respiraba a principios de 2009, no podíamos descartar la posibilidad de que revelar la debilidad de los bancos erosionara en mayor medida la confianza, lo que posiblemente conduciría a nuevas retiradas masivas y a más descensos en picado de los precios de las acciones bancarias. Sin embargo, los miembros del Consejo del Fed coincidíamos en que publicar toda la información que fuese posible era la mejor manera de reducir la paralizante incertidumbre sobre la salud financiera de los bancos.

La prueba de resistencia era tan dura como transparente, y los mercados consideraron que los resultados eran muy creíbles, en parte porque nuestras estimaciones de pérdidas eran más severas que las de muchos analistas externos. Por ejemplo, según nuestras proyecciones, en el escenario adverso los bancos sufrirían unas pérdidas por préstamos del 9% durante los siguientes dos años, muy superiores a las pérdidas reales en cualquier periodo bianual desde 1920, incluidos los años de la Gran Depresión. Pero igualmente importante, me parece, era que el capital estatal del TARP podía utilizarse para ayudar a cualquier banco en graves problemas. La disponibilidad de capital de respaldo daba a los reguladores los incentivos necesarios: sin él, podría haber recaído sobre nosotros la sospecha de tratar con miramientos a los bancos más débiles, por temor a inducir el pánico. Con ese respaldo, los inversores podían apreciar que no teníamos ningún motivo para no emplearnos a fondo y no asegurarnos de que los bancos con problemas se vieran forzados a reunir todo el capital que necesitaran para conservar la estabilidad.

Como los análisis demostraron que la mayoría de los bancos examinados estaban adecuadamente capitalizados o se encontraban muy cerca de estarlo, la prueba aumentó sustancialmente la confianza en el sistema bancario. Tras la publicación de los resultados en mayo, el sector privado volvió a estar dispuesto a invertir en bancos estadounidenses. En noviembre, los bancos examinados habían registrado un incremento de 77.000 millones de dólares en su capital colectivo. Diez de las diecinueve entidades necesitaban más capital, pero solo GMAC, la rama financiera de General Motors, no pudo reunirlo por su cuenta. El Tesoro inyectó 3.800 millones de capital del TARP en GMAC (que posteriormente adoptaría el nombre de Ally Financial), una cifra que se sumaba a los 12.500 millones aportados con inyecciones previas. El coste de asegurarse contra los impagos de grandes entidades financieras cayó abruptamente a medida que se recuperaba la confianza.

La prueba de resistencia fue un punto de inflexión crucial. A partir de aquel momento, el sistema bancario estadounidense se fortalecería a un ritmo continuo, y la economía acabaría por tomar el mismo rumbo.


Mientras escribo estas páginas, seis años después del periodo más intenso de la crisis financiera, los políticos, los periodistas y los estudiosos no han dejado de debatir sus causas y consecuencias. ¿Por qué ocurrió la crisis? ¿Qué la hizo tan perniciosa? ¿Se dieron las respuestas políticas adecuadas? ¿Qué habría ocurrido si los gobiernos de todo el planeta no hubieran logrado contenerla?

En los próximos años surgirán nuevos descubrimientos, igual que Milton Friedman y Anna Schwartz, escribiendo en la década de 1960, transformaron de raíz nuestra comprensión de la Gran Depresión. Sin embargo, mientras luchábamos contra una crisis extraordinariamente complicada, no podíamos permitirnos el lujo de esperar a que se desarrollaran los debates académicos. Necesitábamos un marco coherente para guiar nuestras respuestas.

A mi juicio, como estudioso de la historia financiera y monetaria, la mejor manera de abordar la crisis de 2007-2009 es entenderla como heredera de los pánicos financieros del siglo XIX y comienzos del siglo XX. Por supuesto, la reciente crisis apareció en un sistema financiero mundializado que se había vuelto mucho más complejo e integrado, y nuestro sistema regulador, en su mayor parte, no había seguido el mismo ritmo que los cambios. Eso hacía que las analogías históricas fueran más difíciles de descubrir, y que las respuestas efectivas fueran más difíciles de diseñar. Pero comprender lo que ocurría en el contexto de la historia demostró tener un valor inestimable.

Basándonos en paralelos históricos, creía entonces y sigo creyendo que la severidad del propio pánico —en la misma medida o más aún que sus desencadenantes inmediatos (entre los que destacan los abusos en las hipotecas subprime y la burbuja inmobiliaria)— fue la responsable de los enormes costes financieros y económicos de la crisis. Aunque a veces teníamos la sensación de que estábamos trabajando con goma de mascar y alambre para embalar, nuestras políticas (como las del Tesoro y la FDIC) se basaban fundamentalmente en recetas clásicas para afrontar el pánico financiero, y en última instancia calmaron la crisis. Si no hubieran tenido ese resultado, la experiencia histórica indica que el país habría experimentado un colapso económico mucho peor que la durísima crisis que padecimos.

Los pormenores de los pánicos bancarios desatados con anterioridad en Estados Unidos presentan diferencias sustanciales, pero los grandes pánicos suelen atenerse a una línea narrativa coherente. Muchos estuvieron precedidos por un boom crediticio que volvió tanto a los prestamistas como a los prestatarios más vulnerables a las conmociones financieras. Y la mayoría de ellos empezaron en virtud de uno o varios desencadenantes que sembraron la preocupación de los depositantes por el destino de sus bancos, como por ejemplo la trama especulativa con los valores bursátiles que provocó el Pánico de 1907.

En una crisis de pánico, no pasa mucho tiempo hasta que las retiradas masivas de fondos se vuelven contagiosas. El contagio puede darse por distintas vías. Cuando aparecen malas noticias sobre una entidad, por ejemplo, los depositantes lógicamente se preguntan si otras entidades con tipos de activos o modelos de negocio similares pueden encontrarse asimismo en problemas. Además, las entidades financieras están interconectadas, se prestan con regularidad entre sí y realizan transacciones en virtud de distintas relaciones empresariales. Por lo tanto, el colapso de una entidad puede implicar el de otras, como una hilera de fichas de dominó.

Sin embargo, posiblemente la vía más peligrosa de contagio sea la venta masiva de activos a precios rebajados. Las entidades financieras que se enfrentan a retiradas masivas de capital deben obtener rápidamente efectivo para satisfacer a sus depositantes o a otros acreedores. Si no pueden obtener mediante préstamos la liquidez necesaria, tienen que vender activos. Primero se deshacen de los activos fáciles de vender, como los bonos del Estado. Después intentan liquidar los activos difíciles de vender, como los créditos a negocios particulares. Si muchas entidades intentan deshacerse al mismo tiempo de activos difíciles de vender, los precios de dichos activos en

444

el mercado se desplomarán. A medida que caen los valores de los activos, las condiciones financieras de las entidades no dejan de deteriorarse, lo que aumenta los temores de sus acreedores y posiblemente conduce a retiradas masivas más generalizadas.

Cuando una empresa carece de dinero en efectivo para satisfacer sus obligaciones actuales se dice que carece de liquidez. Una empresa carente de liquidez no es necesariamente una empresa insolvente; es decir, el valor de sus activos puede superar el valor de sus pasivos, aunque carezca de capital en efectivo. Sin embargo, en una crisis de pánico, la distinción entre falta de liquidez y falta de solvencia se difumina rápidamente. Por un lado, los depositantes y otros prestamistas a corto plazo no se retirarán en masa si no sospechan que su banco puede ser insolvente y que, por lo tanto, es probable que no cumpla sus compromisos de pago. Por otro lado, en una crisis de pánico, hasta empresas que al principio eran solventes pueden llegar a ser insolventes, a medida que las ventas masivas a precios rebajados y la crisis económica resultante del pánico disminuyen el valor de sus activos. Las grandes crisis de pánico acarrean falta de liquidez y falta de solvencia; para acabar con ellas, por lo tanto, puede ser necesario tanto emitir empréstitos a corto plazo como implantar inyecciones de capital.

Cuando se produce una grave crisis de pánico, es prácticamente inevitable que el conjunto de la economía resulte afectado. Si cunden el miedo y la incertidumbre, los inversores quieren quedarse únicamente con los activos más seguros y más líquidos. Los prestamistas se vuelven ultraconservadores, con lo que el crédito desaparece o únicamente está disponible para los mejores prestatarios a un alto coste y bajo estrictas condiciones. Los precios de los activos de mayor riesgo, como las acciones y los bonos corporativos, también pueden caer abruptamente, mermando la riqueza de las familias y el acceso de las empresas a nuevo capital. A medida que se restringe el crédito y caen los precios de los activos, las empresas y las familias le dan al botón de pausa. El empleo, la inversión y el gasto caen a un ritmo precipitado, arrastrando la economía a la recesión.

Este escenario básico se repitió muchas veces en Estados Unidos hasta las reformas de la Gran Depresión, entre las que destaca la implantación de la garantía de depósitos. El sistema financiero estadounidense entró entonces en un largo periodo de relativa calma, pero se produjeron importantes crisis financieras en Japón, los países nórdicos y mercados emergentes de Latinoamérica y el este asiático. Los economistas estudiaron ampliamente las crisis asiáticas y latinoamericanas de las décadas de 1980 y 1990, pero no creyeron que las experiencias de esos países fueran especialmente relevantes para los Estados Unidos. Los países con economías emergentes tenían unos sistemas financieros poco desarrollados y, en su calidad de pequeñas economías dependientes del comercio y la inversión internacionales, eran mucho más vulnerables a los llamados choques externos, como cambios acusados en los flujos de capital internacional. Una serie de economistas —entre los que me incluyo— estudiaron también las experiencias de los países nórdicos y Japón, pero llegamos a la conclusión de que las características institucionales, económicas y políticas de esos países los convertían en casos especiales. Deberíamos haber escuchado a Mark Twain, quien al parecer dijo que la historia no se repite, pero rima. Aunque la reciente crisis se produjo en un contexto financiero y económico radicalmente diferente, rimaba con las crisis de pánico del pasado.

Como la mayoría de las crisis anteriores, el pánico de 2007-2009 se produjo tras un boom crediticio, que en este caso se concentraba en hipotecas a prestatarios que tenían bajas calificaciones crediticias pero que también abarcaba otras áreas, como las hipotecas sobre inmuebles comerciales. Como en el caso de las anteriores crisis, el pánico tuvo en origen unos desencadenantes identificables, como el anuncio realizado en agosto de 2007 por BNP Paribas en el que manifestaba que no permitiría retirar el dinero de los inversores de tres de sus fondos. Aquel anuncio, entre otros, contribuyó a que los inversores fueran comprendiendo que las hipotecas subprime, y los productos crediticios estructurados en los que iban empaquetadas, podrían sufrir pérdidas importantes a pesar de sus altas calificaciones crediticias.

La característica definitoria de una crisis de pánico es la salida masiva de capital que afecta a las entidades financieras. La introducción en 1934 de garantías de depósitos federales había eliminado supuestamente la posibilidad de retiradas masivas de los bancos. Pero

esa creencia no tenía en cuenta la evolución del mercado de financiación a corto plazo en los años anteriores a la crisis, particularmente el
crecimiento de la financiación mayorista, como los acuerdos repo y
el papel comercial.

La búsqueda emprendida por las firmas y los inversores institucionales de mejores fórmulas para gestionar sus posiciones en efectivo alimentó el crecimiento de la financiación mayorista. Alguien con
dinero extra para prestar siempre puede depositarlo en un banco,
pero la garantía de depósitos (limitada, antes de la crisis, a 100.000
dólares por cuenta) concedía escasa protección a los titulares de cantidades mucho mayores. Las corporaciones, los fondos de pensiones,
los fondos del mercado monetario, las aseguradoras y los agentes de
valores buscaban alternativas a los depósitos bancarios. Tanto el papel comercial como los acuerdos repo se consideraban más seguros y
más convenientes que los depósitos bancarios no asegurados.

Entretanto, el interés por la financiación mayorista en el otro
extremo del mercado —las empresas que querían tomar efectivo en
préstamo— también estaba creciendo. Los bancos encontraron en la
financiación mayorista un suplemento barato y flexible (y regulado
con menos rigidez) a los depósitos ordinarios. Las entidades financieras no bancarias que dominaban el sistema bancario paralelo
(como los bancos de inversión, los agentes de valores y los vehículos
de inversión estructurados) no podían aceptar depósitos asegurados.
Dependían extraordinariamente de la financiación mayorista. La
empleaban para financiar sociedades de cartera que incluían valores
a más largo plazo carentes de liquidez. En vísperas de la crisis, la dependencia que el sistema financiero tenía de la financiación mayorista superaba a su uso de depósitos asegurados. A finales de 2006, los
depósitos asegurados totalizaban 4,1 billones de dólares, mientras
que la financiación mayorista de las instituciones financieras ascendía a 5,6 billones de dólares, incluidos 3,8 billones de repo y 1,8 billones de papel comercial. Además, los bancos poseían depósitos no
asegurados (incluidos depósitos extranjeros y grandes certificados de
depósito) por valor de 3,7 billones de dólares.

Como gran parte de la financiación mayorista —incluidos los
repo y el papel comercial respaldado por activos— estaba directa o
indirectamente garantizada, las empresas y los reguladores veían es-

caso peligro de salidas masivas de capital. Pero la garantía otorga confianza a los prestamistas solo si se sabe que es de buena calidad y fácil de vender. Los valores del Tesoro, que no tienen riesgo crediticio y se negocian en un mercado líquido y amplio, son una garantía ideal. Pero la financiación mayorista creció a un ritmo más rápido que la oferta disponible de valores del Tesoro y otras garantías de alta calidad. Al mismo tiempo, los valores de alta calidad eran muy apreciados por los inversores globales que buscaban seguridad y liquidez, incluidos los bancos centrales extranjeros y los fondos de deuda soberana. El resultado fue una escasez de activos líquidos y seguros.

En respuesta, las empresas de Wall Street, viendo una oportunidad de beneficio, recurrieron a ingenieros financieros para convertir activos más arriesgados y menos líquidos en grandes cantidades de activos aparentemente seguros. Para ello crearon paquetes de créditos y valores de calidad crediticia variable y los dividieron en componentes de menor y de mayor calidad. Los tramos de mayor calidad tenían una calificación triple A, concedida por agencias de calificación pagadas por los emisores de los valores y que solían consultar con ellos sobre el diseño de los valores. Estos productos de crédito estructurados ofrecían nuevas garantías y activos aparentemente atractivos a los inversores de todo el mundo, incluidas muchas entidades financieras, que buscaban títulos con alto rendimiento y alta calificación.

Sin embargo, aunque los productos de crédito estructurados parecieron satisfacer durante cierto tiempo la abundante demanda de activos seguros, tenían un defecto crucial: los flujos de efectivo que ponían en manos de los inversores dependían de los resultados de cientos o de miles de diversos créditos o valores. Esta complejidad reducía la capacidad de los inversores para juzgar de forma independiente la calidad de los productos estructurados. Algunos posibles compradores insistían en tener más información y mayor transparencia, pero la mayoría optaban por el camino fácil y se fiaban de las calificaciones crediticias. Cuando los valores calificados con triple A que contenían hipotecas subprime empezaron a dar problemas, estos inversores no contaban con análisis propios en los que confiar. El contagio levantó su fea cabeza. Así como los depositantes de 1907 retiraron sus fondos de cualquier banco que tuviera la más remota conexión con los especuladores arruinados, un siglo después los inversores se retiraron en masa de cualquier producto crediticio estructurado que pudiera transmitir el virus subprime.

Las salidas más intensas de capital se produjeron en el mercado del papel comercial respaldado por activos, que se había reducido rápidamente después del anuncio realizado por BNP Paribas en agosto de 2007. En el mercado de repo, las salidas no adoptaron invariablemente la forma de una negativa absoluta a conceder préstamos. Por ejemplo, los prestamistas repo podían exigir más garantías por cada dólar prestado, negarse a aceptar ciertos tipos de valores como garantía o estar dispuestos a prestar solamente a un día, no por períodos más amplios. Y como los préstamos repo se cimentan en el valor de mercado actual de la garantía, los descensos del valor de los activos llevaron inmediatamente a descensos de la financiación repo disponible. En total, la financiación mayorista de todas las entidades financieras cayó de 5,6 billones de dólares a finales de 2006 a 4,5 billones de dólares a finales de 2008; un descenso que en su mayor parte procedía de las entidades no bancarias.

Los vehículos de inversión concebidos para mantener complejos títulos estructurados, como los vehículos de inversión estructurados de Citigroup, se vieron particularmente afectados por la salida masiva de capital. La mayoría se vieron forzados a buscar la ayuda de las entidades financieras que las crearon. En última instancia, las pérdidas en los vehículos fuera de balance quedarían casi enteramente absorbidas por sus promotores.

Además de las salidas masivas en la financiación mayorista, las entidades financieras se enfrentaron a otras exigencias de liquidez. Los bancos que habían ofrecido líneas de crédito a sus clientes institucionales y corporativos veían ahora que esas líneas llegaban a su límite. Las contrapartes de los contratos derivados exigían más garantías. Los fondos de cobertura y otros clientes institucionales de empresas de inversión cerraron sus cuentas, llevándose el efectivo y los valores. Los bancos se negaban a prestarse entre sí en el mercado interbancario. En una crisis de pánico, el efectivo es el rey. Los inversores y las firmas trataron de maximizar sus posiciones en activos a corto plazo líquidos y seguros.

La contracción de la financiación obligó a realizar ventas masivas a precios rebajados, particularmente de los productos crediticios que nadie quería ya. Los precios de esos activos se desplomaron, forzando a las entidades financiaras a rebajar el valor de los activos similares que aún tenían en sus libros. A medida que el pánico cundía, la falta de liquidez se transformaba en falta de solvencia. Las empresas que tenían una capitalización más escasa o que habían asumido los mayores riesgos quebraron o estuvieron a punto de declararse insolventes, lo que incrementó el temor de los mercados.

La interconexión del sistema financiero potenció asimismo el contagio. El colapso de Lehman desencadenó inmediatamente una salida masiva de capital de los fondos del mercado monetario porque uno de ellos, el Reserve Fund, había sufrido pérdidas importantes en sus posiciones en papel comercial de Lehman. Al final los inversores se negaron a financiar valores respaldados por activos que no tenían que ver con hipotecas, como la deuda de tarjetas de crédito, la deuda de créditos a estudiantes y el crédito a pequeñas empresas asegurado por el gobierno; activos que no tenían ninguna razón para temer, excepto por el contagio que barría los mercados.

La subida imparable del coste de los créditos interbancarios no garantizados reflejaba la evolución de la crisis (Figura 1). Normalmente, un banco que tomara un préstamo de otro banco pagaba solo un poco más (entre un 0,20 y un 0,50%) de lo que el gobierno de Estados Unidos —el más seguro de todos los prestatarios— tiene que pagar por los valores del Tesoro a corto plazo. El diferencial entre el tipo de interés del préstamo interbancario a corto plazo y el tipo de interés de valores del Tesoro comparables (conocido como diferencial TED) permaneció en márgenes habituales hasta el verano de 2007, mostrando que la confianza general en los bancos continuaba siendo elevada pese a las malas noticias sobre las hipotecas subprime. Sin embargo, el diferencial se situó en casi un 2,5% a mediados de agosto de 2007, cuando las primeras señales de pánico alarmaron a los mercados financieros. Volvió a subir en marzo de 2008 (tras el rescate de Bear Stearns), bajó modestamente durante el verano y se disparó con la caída de Lehman, alcanzando su punto máximo a mediados de octubre de 2008, cuando se situó en el 4,5%. Cuando las medidas implantadas por el gobierno fueron surtiendo efecto, el diferencial se fue contrayendo hasta niveles normales a mediados de 2009.

FIGURA 1. El coste de los préstamos interbancarios
se disparó durante la crisis.

La línea muestra el diferencial TED, que mide la tensión en los mercados de crédito.
El diferencial TED es la diferencia entre el tipo de interés pagado en los préstamos
interbancarios a tres meses determinado por el London Interbank Offered Rate
(LIBOR) y el tipo de interés pagado en los valores del Tesoro a tres meses. El diferencial TED muestra que el riesgo crediticio se incrementó abruptamente en momentos clave de la crisis.
Fuente: Banco de la Reserva Federal de St. Louis.

Todas estas turbulencias financieras tuvieron consecuencias directas en Main Street. La recesión empezó en diciembre de 2007,
pocos meses después del comienzo de la crisis. Pese a todo, las pérdidas de puestos de trabajo (Figura 2) fueron relativamente moderadas
hasta que el pánico se aceleró a comienzos de otoño de 2008. Entonces el mercado laboral se desplomó. Durante los últimos cuatro meses de 2008 se destruyeron 2,4 millones de empleos, y otros 3,8 millones en la primera mitad de 2009. El desempleo continuó creciendo
durante el resto del año, aunque de forma menos abrupta.

El consumo de las hogares también reflejó el curso de la crisis
financiera. Ajustado por la inflación, prácticamente se estancó en la
primera mitad de 2008. Sin embargo, el consumo cayó un 2,9% (de
tasa anual) en el tercer trimestre de 2008, con el mayor declive en
septiembre, el mes de la quiebra de Lehman. Cuando la crisis se in-

FIGURA 2. El mercado laboral se colapsó
con la intensificación de la crisis.

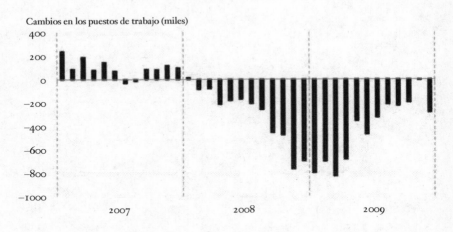

Cambios en los puestos de trabajo (miles)

Las barras muestran modestos incrementos en el número de puestos de trabajo en Estados Unidos a lo largo de 2007, bajadas moderadas al comienzo de la Gran Recesión y una caída muy pronunciada cuando la crisis se intensificó en septiembre de 2008. El ritmo de destrucción de puestos de trabajo se fue aminorando con el retorno de la estabilidad.

Fuente: Oficina de Estadísticas Laborales de Estados Unidos.

tensificó, el consumo bajó un enorme 4,7% en el cuarto trimestre, la mayor caída trimestral desde que el control de créditos de Jimmy Carter (concebido como una medida para luchar contra la inflación) causó en 1980 un colapso en el gasto consuntivo. El consumo siguió contrayéndose, aproximadamente a un ritmo del 1,6%, en la primera mitad de 2009. La inversión de capital de las empresas cayó aún más abruptamente, y las bajadas más fuertes se produjeron en el cuarto trimestre de 2008 y el primer trimestre de 2009. En resumen, la íntima correspondencia entre la intensificación de la crisis financiera y el empeoramiento de las condiciones económicas ofrece una clara evidencia de que la magnitud de pánico en el momento más grave de la crisis fue la razón más importante para la severidad de la Gran Recesión. Las experiencias de muchos países, como documentan distintos estudios académicos (incluido mi trabajo sobre la experiencia internacional durante la Depresión) demuestran que las crisis financieras de gravedad suelen ir seguidas de recesiones económicas profundas y prolongadas.

La conclusión de que el pánico financiero dañó profundamente la economía no excluye la existencia de otras causas para la recesión. El pinchazo de la burbuja inmobiliaria que precedió al pánico redujo el ritmo de la construcción de viviendas y, al bajar el valor del patrimonio de los propietarios, contrajo el gasto y el poder adquisitivo de los hogares. De hecho, las mismas evidencias históricas e internacionales que vinculan las crisis financieras con los desplomes económicos demuestran que esos desplomes son más graves si la crisis se combina con una caída en los precios inmobiliarios.

Sin embargo, algunos economistas creen que el colapso de la burbuja inmobiliaria explica por sí solo la profundidad y persistencia de la recesión, y que la crisis financiera subsiguiente fue un episodio menor. Se trata de algo más que de un debate académico. Su resolución tendrá fuertes implicaciones para las opciones que tomamos al enfrentarnos al pánico de 2007-2009 y para las decisiones que los responsables políticos podrían adoptar en el futuro. Si la crisis fue en su mayor parte un episodio menor, entonces los responsables políticos dedicaron demasiados esfuerzos y recursos a estabilizar el sistema financiero. Desde ese punto de vista, deberían haberse centrado casi exclusivamente en ayudar a los propietarios cuyas casas valían menos que sus hipotecas.

Estoy de acuerdo en que tendríamos que haber hecho más cosas para ayudar a los propietarios, aunque diseñar políticas efectivas para ello era más difícil de lo que muchos aprecian. Sin embargo, parece inverosímil que la crisis financiera tuviera poco que ver con la recesión. La concatenación de ambas en el tiempo se opone a esa hipótesis. La recesión, que comenzó en diciembre de 2007, siguió al inicio de la crisis en agosto de 2007, y se convirtió en una recesión verdaderamente grave solo después de que el pánico llegara a su cenit, en septiembre y octubre de 2008. La caída de la actividad económica en el cuarto trimestre, cuando el pánico estaba en su clímax, fue la peor registrada en cincuenta años. La contracción económica terminó en junio de 2009, poco después de que la crisis financiera se calmara.

Por otra parte, la perspectiva que contempla únicamente el sector inmobiliario da por descontado que en ese periodo el precio de la vivienda experimentó una fuerte bajada. De no haber existido la crisis financiera, no está claro que los precios de la vivienda hubieran bajado tanto o lo hubieran hecho tan rápido. En 2006 se estancaron, pero no bajaron mucho al principio (Figura 3). Cuando se declaró la crisis, en agosto de 2007, solo estaban aproximadamente un 4% más bajos que a principios de 2006. Posiblemente, de no haber sido por el pánico, la burbuja inmobiliaria podía haberse deshinchado de forma más gradual, como indicaban las previsiones del Fed.

Pero cuando Bear Stearns fue vendida a JPMorgan, en marzo de 2008, los precios de la vivienda habían caído casi el 10% desde el nivel anterior a la crisis, y cuando se produjo el colapso de Lehman habían caído otro 9%. Desde el episodio de Lehman, en septiembre de 2008, hasta mayo de 2009, los precios de la vivienda cayeron otro 11%. Se mantuvieron básicamente estancados durante 2011,

FIGURA 3. Los precios de la vivienda se desplomaron solo con la llegada de la crisis.

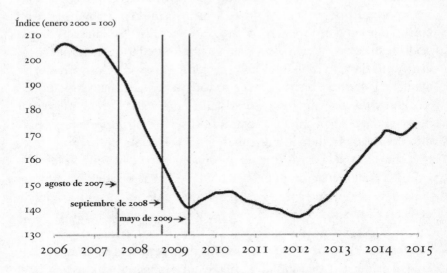

La figura muestra que el precio de la vivienda en veinte grandes ciudades de Estados Unidos apenas disminuyó desde principios de 2006 hasta agosto de 2007, cuando empezó la crisis. El declive se aceleró a lo largo de la crisis, pero los precios se estabilizaron en mayo de 2009, cuando la crisis amainó. El precio de la vivienda empezó a recuperarse a partir de principios de 2012.

Fuente: S&P/Case-Shiller 20-City Composite Home Price Index, Seasonally Adjusted

antes de que empezaran a recuperarse. Este patrón indica que, como mínimo, algo de la velocidad y de la profundidad de la bajada del precio de la vivienda se puede atribuir a la crisis y a sus efectos económicos, incluidos un descenso en el empleo y los ingresos, la restricción del crédito y la pérdida de la confianza. De hecho, probablemente a causa de la crisis y la fuerza de la recesión, los precios de la vivienda se desplomaron. (Subieron más del 25% desde mayo de 2009 hasta principios de 2015.) En resumen, parece que la crisis financiera aceleró y empeoró notablemente la bajada de los precios de la vivienda.

Al Fed le costó reconocer la crisis y calibrar su severidad. Para darle respuesta teníamos que evitar posibles riesgos, desde una tasa de inflación más alta hasta un incremento del riesgo moral en los mercados financieros. A medida que fuimos viendo las cosas claras, nuestro conocimiento de los pánicos financieros del pasado guio nuestro diagnóstico de la nueva crisis e influyó en los tratamientos que aplicamos. La respuesta de la Reserva Federal tenía cuatro elementos principales: tipos de interés más bajos para apoyar la economía; préstamos de liquidez de urgencia para estabilizar el sistema financiero; rescates (coordinados en la medida de lo posible con el Tesoro y la FDIC) para impedir la quiebra desordenada de grandes entidades financieras; y la publicación de los datos de las pruebas de resistencia aplicadas a los bancos (emprendida en conjunción con el Tesoro y otros reguladores bancarios).

En septiembre de 2007, cuando ya parecía evidente que la agitación financiera de Wall Street podía amenazar a Main Street, empezamos a rebajar el objetivo del tipo de fondos federales. Seguimos en esa línea hasta que situamos el tipo prácticamente en cero y no pudimos bajarlo más. A partir de ahí, nos aventuraríamos en aguas inexploradas y buscamos fórmulas para bajar los tipos de interés a más largo plazo, empezando con el anuncio de compras masivas de valores respaldados por hipotecas. El viaje fue angustioso, pero la mayoría de mis colegas y yo estábamos determinados a no repetir el error que había cometido la Reserva Federal en la década de 1930, cuando se negó a desplegar sus instrumentos monetarios para acabar con la grave deflación que tanto empeoró la Gran Depresión.

Nuestros préstamos de liquidez de urgencia adoptaron muchas formas novedosas. Cuando el Congreso creó el Fed en 1913, lo hizo con el propósito de que prestáramos a los bancos en una situación de pánico, sirviendo como prestamista de último recurso. Los cambios experimentados por el sistema financiero durante los siguientes cien años nos exigían contrarrestar una huida masiva de prestamistas mayoristas y de otros acreedores a corto plazo, no de depositantes, y por lo tanto prestar a una amplia gama de entidades financieras, no solo a bancos. Muchos consideraban que nuestros esfuerzos, a menudo procedentes de nuestras sesiones de pensamiento creativo, eran inventivas, incluso audaces. Pero, en esencia, hicimos lo que el Congreso había pretendido al crear la Reserva Federal, lo que Walter Bagehot había recomendado hacía siglo y medio y lo que los bancos centrales habían hecho siempre en una crisis de pánico. Cuando las entidades financieras pierden sus fuentes de financiación, los bancos centrales las reemplazan prestando contra la entrega de garantías, reduciendo así la presión para deshacerse de activos a precios rebajados. Bagehot nunca oyó hablar de valores respaldados por activos o de un acuerdo de recompra, pero creo que habría entendido los principios que aplicamos para impedir el contagio.

Probablemente Bagehot no consideró la posibilidad de que un banco central sirviera como prestamista de último recurso más allá de las fronteras de su país. Pero el papel mundial del dólar implicaba que las turbulencias en el extranjero podían saltar a los mercados estadounidenses. Por lo tanto, a través de líneas de permutas de divisas con catorce bancos centrales, apoyamos una serie de mercados de financiación denominados en dólares en Europa, Asia y Latinoamérica. Las líneas de permutas eran nuestro programa más ambicioso, con un saldo de casi 600.000 millones de dólares en su momento culminante. Demostrarían ser un instrumento crucial en la lucha contra el contagio a nivel mundial.

En algunos casos fuimos más allá de Bagehot utilizando nuestra facultad para conceder préstamos para rescatar a grandes entidades al borde del colapso, entre las que se contaban Bear Stearns y AIG. Como subrayamos en aquel momento, emprendimos aquellas acciones no por consideración hacia los accionistas, los directivos o los empleados de esas empresas, sino porque su quiebra habría empeorado el contagio financiero y hecho que cundiera el temor y la incertidumbre que azotaban ya a los mercados.

Por último, trabajando con el Tesoro y con otras agencias bancarias, contribuimos a devolver la confianza en el sistema financiero mediante las pruebas de resistencia bancaria realizadas en la primavera de 2009. Al ofrecer información creíble sobre los ingresos y las pérdidas eventuales de los bancos, ayudamos a preparar el camino de la inversión privada en el sistema bancario.

Durante gran parte del pánico, el Fed en solitario, con su goma de mascar y su alambre para embalar, cargó sobre sus espaldas la responsabilidad de luchar contra la crisis. Parte de esa tarea consistía en impedir la quiebra de las entidades importantes desde un punto de vista sistémico. A partir de julio de 2008, la acción emprendida por el Congreso facilitó una respuesta más amplia. Se dotó al Tesoro de la capacidad de rescatar a Fannie y Freddie, y posteriormente, a través del TARP, de iniciar la recapitalización del sistema bancario estadounidense. Medidas como la garantía del Tesoro a los fondos de mercado monetario y la garantía de la FDIC a los pasivos bancarios también ayudaron a calmar los mercados.

Incluso cuando el pánico financiero disminuyó en 2009, el daño causado por la crisis resultaba cada vez más evidente. La recesión daría lugar a la peor crisis económica desde la Gran Depresión. El desempleo se situaría en su cota máxima en octubre de 2009, al alcanzar el 10%. La cuantía de las hipotecas de una cuarta parte de los propietarios era superior al valor de sus viviendas. Los prestamistas habían iniciado 1,7 millones de ejecuciones hipotecarias en 2008 e iniciarían 2,1 millones más en 2009 y 1,8 millones en 2010. Lo peor de todo era que la crisis y sus consecuencias económicas supusieron un revés tan fuerte para la confianza de los estadounidenses que amenazó con convertirse en una profecía autocumplida. Los mercados estaban más serenos, pero aún nos quedaba mucho por hacer.

457

TERCERA PARTE

# REPERCUSIONES

# 19

# EXPANSIÓN CUANTITATIVA: EL FINAL DE LA ORTODOXIA

El 7 de marzo de 2009 estaba de vuelta en mi ciudad natal, Dillon, en Carolina del Sur. Habían pasado dos años y medio desde que Dillon me había recibido, al comienzo de mi presidencia, para celebrar el día de Ben Bernanke. En esta ocasión, mientras caminaba ante las deterioradas fachadas de ladrillo de Main Street, Scott Pelley, del programa *60 Minutes* de la CBS, caminaba a mi lado. Durante el día, seguido por cámaras de televisión, me reuní con estudiantes en el instituto, visité la casa de Jefferson Street en la que me había criado —había pasado por varios propietarios y por una ejecución hipotecaria desde que mi familia vivía allí— y asistí a la inauguración de un enlace de carreteras nombrado en mi honor. Apropiadamente, la salida del enlace llevaba al conductor desde la Interstate 95 hasta South of the Border, donde había trabajado como camarero en mi juventud, y después hasta Dillon. Espero escuchar alguna vez en la radio que «el tráfico es fluido en el enlace Ben Bernanke».

Mientras Pelley y yo caminábamos por la acera hasta llegar a un banco de madera cercano a la antigua farmacia de mi familia, traté de explicar lo que hacía la Reserva Federal, cómo estábamos actuando ante la crisis financiera y lo que yo esperaba de la economía. Pero, como me dijo mucha gente después de que el programa se emitiera, las imágenes de Main Street —como yo había esperado— fueron las que causaron más impresión. «Yo vengo de Main Street. Ese es mi lugar —le dije a Pelley—. Y nunca he estado en Wall Street. Me preocupo de Wall Street única y exclusivamente por una razón: porque lo que pasa en Wall Street repercute en Main Street.» Expliqué que, si no lográbamos estabilizar los mercados financieros y reanudar el flujo de crédito, a gente como mi padre, que en sus tiempos había pedido un préstamo para construir una tienda más grande a una manzana de la primera, no le iría bien. Cuando Pelley me preguntó por qué había concedido aquella entrevista en televisión, una aparición inhabitual para un presidente del Fed, contesté: «Vivimos momentos extraordinarios. Así tengo la oportunidad de hablar directamente con todo el país».

Hablé sobre cómo estaba contribuyendo el Fed a bajar los tipos hipotecarios, a fortalecer a los bancos para que pudieran volver a prestar y a estabilizar los fondos del mercado monetario. «Y creo que a medida que esos brotes verdes empiecen a aparecer en diversos mercados —y se recupere algo de confianza— volverá a iniciarse la dinámica positiva que hará resurgir a nuestra economía», dije. Según algunos, la expresión «brotes verdes» indica que en marzo de 2009 yo veía una intensa recuperación económica a la vuelta de la esquina. Por supuesto, ni yo ni mis colegas de la Reserva Federal esperábamos nada por el estilo. A lo que yo me refería era a las recientes mejoras en el mercado hipotecario y en otros mercados financieros, que a mi juicio contribuirían en última instancia a que la economía empezara a recuperarse. Aquella previsión no iba mal encaminada. El 9 de marzo, justo dos días después de la entrevista, el Dow Jones tocó fondo: cerró en 6.547 puntos, su nivel más bajo desde hacía casi doce años. Pero a partir de ese momento empezó su lenta recuperación. Las condiciones financieras siguieron mejorando durante la primavera, como resultado, entre otros factores, de nuestras medidas en materia de política monetaria y de las pruebas de resistencia de los bancos. La contracción económica acabaría en junio de aquel año, aunque el desempleo seguiría creciendo a lo largo de octubre.

*60 Minutes* sirvió para que la versión del Fed llegara al gran público, algo que necesitábamos desesperadamente. Yo había llegado al Fed como un defensor de la transparencia, en gran medida porque estaba convencido de que la política monetaria sería más efectiva si los mercados y el público entendían nuestra forma de pensar. Pero la transparencia en torno al Fed y nuestras políticas también estaba demostrando ser esencial en una batalla más importante todavía: la batalla por la confianza de la ciudadanía. Michelle Smith, nuestra directora de comunicaciones, creía que la imagen misteriosa del Fed había dejado de ser útil. «Los ciudadanos y los medios merecen tener la oportunidad de saber más sobre la persona, las opciones políticas y la institución», escribió mientras estudiábamos la invitación de *60 Minutes*. «Hagámoslo.»

Fue tan solo el comienzo. Aquel año respondería a las preguntas de estudiantes en las universidades, escribiría artículos de opinión para explicar las acciones del Fed y aparecería en una reunión municipal televisada en todo el país, con Jim Lehrer, de PBS, como maestro de ceremonias. Las apariciones en televisión no eran mi fuerte. Taché la posibilidad de presentar *The Tonight Show* como trabajo al que dedicarme cuando abandonara el Fed. Pero estoy contento de habernos dirigido al público, y no solo para explicar la versión del Fed en medio del aluvión de críticas. Las condiciones económicas a principios de 2009 eran terribles, y si yo era capaz de explicar lo que estaba ocurriendo y de tranquilizar a la gente sobre el futuro, sería para bien.

Mientras se ponían en marcha las compras de valores respaldados por hipotecas, el FOMC no emprendió ninguna otra acción en su primera reunión de 2009. A ella solo asistieron cuatro gobernadores. Randy Kroszner acababa de marcharse del Consejo y Dan Tarullo aún no había jurado el cargo. En calidad de sucesor de Tim como presidente del Banco de la Reserva Federal de Nueva York, Bill Dudley se convirtió en vicepresidente del FOMC.

En aquel entonces tratábamos todas las reuniones como reuniones conjuntas entre el Consejo y el FOMC para fomentar la cooperación entre aquellos dos organismos superpuestos. A algunos miembros del comité seguía sin gustarles nuestra sopa de letras de líneas de crédito. Jeff Lacker, del Fed de Richmond, solía expresar la inquietud de que nuestros programas, incluido nuestro plan de compra de valores respaldados por hipotecas, estaban distorsionando innecesariamente los mercados. Desde Adam Smith, los economistas han creído por lo general en la capacidad del libre mercado para repartir los recursos de forma eficiente. Pero la mayoría de mis colegas y yo mismo admitíamos que, en una situación de pánico financiero, el miedo y la aversión al riesgo impiden a los mercados financieros cumplir sus funciones esenciales. De momento, nuestras intervenciones continuaban siendo necesarias, sostenía yo. Con el apoyo de la mayoría de los presidentes de los Bancos de la Reserva, el Consejo amplió las líneas de crédito de urgencia durante otros seis meses, hasta octubre.

El examen sobre la economía que llevamos en la reunión del FOMC arrojó un panorama sombrío, y la mayoría de los presentes eran de la opinión de que en breve tendríamos que dar nuevos pasos. El empeoramiento de la recesión estadounidense se estaba extendiendo por todo el planeta. La inflación, importante motivo de preocupación cuando el comité se había reunido seis meses antes, estaba declinando rápidamente conforme el gasto se desplomaba y los precios de los productos caían. Por ningún lado se veían perspectivas de mejoras económicas. «Creo que deberíamos admitir que podemos mantener los tipos de interés en cero durante mucho tiempo», dije.

Antes de ocupar la presidencia, yo había hablado sobre política monetaria después de que los tipos de interés a corto plazo se situaran en cero. Mis reflexiones se dirigían contra la idea bastante extendida de que, cuando los tipos se situaban en cero, la política monetaria había agotado todas sus opciones. Yo había sostenido lo contrario. Ahora había llegado el momento de poner en práctica mis ideas. Habíamos llegado al final de la ortodoxia.

Nuestras compras de cientos de miles de millones de dólares en valores fueron probablemente el instrumento más importante e indudablemente la herramienta más controvertida que utilizaríamos. Solíamos referirnos a ellas como compras de activos a gran escala (LSAP), pero el mundo financiero insistió en denominarlo expansión cuantitativa (QE, por sus siglas en inglés).[1] Las compras de deuda de Fannie y Freddie en diciembre de 2008 y de valores respaldados por hipotecas en enero de 2009 supusieron nuestro primer

1. Traté de lograr —sin éxito— que los medios y los mercados utilizaran la expresión «flexibilización del crédito», sugerida por Dave Skidmore, en lugar de «expansión cuantitativa». Esta última expresión era la que se había utilizado en los (fallidos) programas japoneses implantados a comienzos de la década, que diferían en múltiples aspectos de nuestras compras de valores. Concretamente, los programas de QE de los japoneses se dirigían a incrementar la masa monetaria, mientras que el Fed se centraba en comprar valores del Tesoro y MBS a más largo plazo para reducir los tipos de interés a más largo plazo.

recurso a ella. Las compras de valores del Tesoro serían nuestro siguiente paso.

Nuestro objetivo era bajar los tipos de interés a más largo plazo, como los tipos de las hipotecas a treinta años y los bonos corporativos. Si lo conseguíamos, tal vez pudiéramos estimular el gasto, en el sector inmobiliario y la inversión de capital por parte de las empresas, por ejemplo. En concreto, nuestro proyecto de comprar 600.000 millones de dólares en valores respaldados por hipotecas estaba encaminado a incrementar la demanda de valores en un momento en que muchos inversores se apartaban de ellos. Al incrementar la demanda de MBS, esperábamos bajar su rendimiento, lo que a su vez haría disminuir los tipos de interés pagados por los prestatarios de hipotecas individuales. De hecho, como los mercados financieros son previsores, los tipos hipotecarios habían empezado a bajar a finales de noviembre de 2008, después de nuestro anuncio pero antes de haber realizado ninguna compra.

Análogamente, cuando compramos valores del Tesoro a más largo plazo, como un pagaré con vencimiento a diez años, el rendimiento de esos valores empezó a declinar. Por supuesto, nadie en el sector privado toma prestado al mismo tipo de interés que el Tesoro de Estados Unidos, el prestatario más seguro. Pero, por lo general, la contracción de los rendimientos de los valores del Tesoro suele transmitirse a otros tipos de interés a más largo plazo. Por ejemplo, cuando consideramos un bono corporativo, los inversores suelen evaluar el rendimiento de ese bono en relación con lo que podrían obtener con un valor del Tesoro con un vencimiento similar. Si el rendimiento que ofrece el valor del Tesoro baja, los inversores aceptarán por lo general un rendimiento más bajo en el bono corporativo. Por otro lado, cuando las compras del Fed reducen la oferta disponible de valores del Tesoro, los inversores se ven forzados a elegir otros activos, como acciones, lo que hace subir los precios de esos activos. Al comprar valores del Tesoro, nuestro objetivo último era provocar una reducción general en el coste del crédito.[2]

2. Lo ideal habría sido que compráramos deuda del sector privado, como bonos corporativos y MBS privados, lo que habría influido directamente en los tipos

En la siguiente reunión del FOMC, celebrada el 18 de marzo de 2009, los halcones y las palomas rebosaban pesimismo. «No estoy seguro de lo que ocurre. La cosa pinta muy mal», dijo Charlie Plosser. «Las noticias económicas y financieras han sido desalentadoras», añadió Janet Yellen. El miedo sobre la estabilidad del sistema bancario se había extendido por los mercados; incluso el precio de las acciones de los bancos más sólidos había declinado abruptamente desde principios de año. De hecho, el Dow Jones había caído casi a la mitad en menos de dieciocho meses. Las pérdidas del mercado no solo destruyeron una parte extraordinaria de poder adquisitivo, sino que constituían un recordatorio continuo del aterrador descenso de la economía a lo desconocido. En febrero se habían perdido 650.000 puestos de trabajo, mientras los empresarios, temerosos, despedían trabajadores a un ritmo cada vez más rápido. El comercio internacional se colapsaba a medida que más países de todo el mundo entraban en recesión. Teníamos que hacer algo más.

El paso más importante que podíamos dar sería el de ampliar nuestras compras de valores. Yo no tenía una clara preferencia entre comprar más títulos respaldados por hipotecas o empezar a comprar valores del Tesoro. (Presumiblemente, comprar valores respaldados por hipotecas tendría un mayor efecto sobre el sector de la vivienda, mientras que el efecto de las compras de valores del Tesoro sería más general.) Las alternativas políticas que puse sobre la mesa incluían las dos opciones. La conversación que mantuvimos en la reunión —incluidos los informes que los presidentes de los Bancos de la Reserva habían obtenido de sus contactos en el mundo de los negocios— revelaron que la alarma sobre el estado de la economía era incluso mayor de la que yo había esperado. «Uno de mis contactos me llamó y me dijo: "¿Quieres oír buenas noticias?", contó Richard Fisher, del Fed de Dallas. «Le respondí: "Sí, por favor", y él me contestó: "Pues llama a otra persona".» El comité estaba deseoso de pasar a la acción. «Creo que es importante que hagamos algo grande», dijo Charlie Evans. Al final, acordamos comprar más MBS y empezar a comprar valores del Tesoro. A partir de entonces nos comprometimos con

---

de esos valores. Pero, a diferencia de la mayoría de los bancos centrales, el Fed carece de esa autoridad, salvo en el caso de que invoque la Sección 13(3).

una política activa de compra de valores, un programa que posteriormente se denominaría QE1.

El paquete integral estaba concebido para atraer la atención de los mercados, y lo hizo. Anunciamos que planeábamos incrementar nuestras compras en 2009 de valores respaldados por hipotecas garantizados por Fannie, Freddie y Ginnie Mae a 1,25 billones de dólares, lo que suponía un incremento de 750.000 millones de dólares. También multiplicamos por dos, de 100.000 millones a 200.000 millones de dólares, las compras que proyectábamos hacer de la deuda emitida por Fannie y Freddie para financiar sus propias posiciones. Además compraríamos 300.000 millones de valores del Tesoro a lo largo de los próximos seis meses, nuestra primera incursión en compras del Tesoro. Por último, reforzamos el apoyo a nuestros planes para alcanzar nuestro tipo de interés de referencia, el tipo de los fondos federales. En enero habíamos dicho que esperábamos que el tipo de los fondos federales se situara en unos niveles excepcionalmente bajos «durante cierto tiempo». En marzo, «durante cierto tiempo» se convirtió en «durante un extenso periodo». Esperábamos que esta nueva señal sobre los tipos a corto plazo contribuyera a bajar los tipos a largo plazo. El comité aprobó por unanimidad el paquete de medidas. Lo apoyó hasta Jeff Lacker, pese a su inquietud por la posibilidad de que la compra de valores respaldados por hipotecas pudiera hacer que prestatarios dignos de confianza que no perteneciesen al mercado inmobiliario no accedieran al crédito.

Había llegado una nueva era de activismo en la política monetaria, y nuestro anuncio tuvo efectos poderosos. Entre el día anterior a la reunión y el final de año, el Dow Jones subiría más de 3.000 puntos —más del 40%—, hasta alcanzar los 10.428 puntos. Los tipos de interés a más largo plazo cayeron tras nuestro anuncio, y el rendimiento de los valores del Tesoro a diez años bajó del 3% a aproximadamente el 2,5% en un solo día, un gran paso. A lo largo del verano, los rendimientos a más largo plazo invertirían su tendencia y subirían por encima del 4%. A nuestro juicio, ese incremento sería una señal de éxito. La subida de los rendimientos sugería que los inversores esperaban más crecimiento y una inflación más alta, lo que era coherente con nuestro objetivo de reanimación económica. De hecho, después de cuatro trimestres de contracción económica, los datos revisados mostrarían que la economía creció a un ritmo del 1,3% en el tercer cuatrimestre y de un 3,9% en el cuarto.

Otros bancos centrales también adoptarían la expansión cuantitativa. El Banco de Inglaterra empezó a comprar bonos del Estado aproximadamente al mismo tiempo que nosotros anunciamos la expansión de nuestra programa de QE en marzo de 2009. En última instancia, su programa parecía similar al nuestro, tanto por la importancia que daba a la compra de bonos del Estado como por su tamaño en relación con la economía. El Banco de Japón, que había sido pionero en la expansión cuantitativa a comienzos de la década, incrementaría sus compras de bonos del Estado y adoptaría diversos programas para promover el flujo del crédito. Sin embargo, durante este periodo el BCE únicamente realizaría un número limitado de compras de activos, y optaría por centrarse en incrementar sus préstamos a largo plazo a los bancos.


Entretanto, seis meses después del rescate original de AIG por valor de 85.000 millones, el gigante de los seguros volvió a tambalearse. Habíamos complementado el primer rescate con un segundo préstamo de 38.000 millones de dólares a principios de octubre de 2008. En noviembre de aquel año, trabajando con el Tesoro, habíamos reestructurado el rescate para incluir una inversión de capital de 40.000 millones procedentes del TARP. Pero en lugar de estabilizarse, la empresa perdió la asombrosa cifra de 62.000 millones de dólares en el cuarto trimestre, lo que elevó sus pérdidas en 2008 a 99.000 millones de dólares, el equivalente a la producción económica anual del estado de Mississippi. Para evitar una rebaja en la calificación crediticia de AIG, que habría desatado una nueva salida de efectivo —lo que probablemente habría supuesto la quiebra de la empresa—, el Fed y el Tesoro volvieron a reestructurar el rescate en marzo de 2009. Completamos los nuevos acuerdos en domingo, un día antes de que la compañía anunciara el 2 de marzo sus enormes pérdidas del cuarto trimestre. El nuevo acuerdo incluía 30.000 millones de dólares adicionales de capital del TARP, lo que llevaría la inversión total del TARP hasta los 70.000 millones de dólares, el 10% de la asignación total del Congreso. Y esa cifra no incluía el apoyo brindado mediante préstamos del Fed.

Los más de 180.000 millones de dólares que el Estado había dedicado a través de diversos programas para estabilizar AIG atizaron el descontento de la ciudadanía, pero una cifra que apenas era una milésima parte de esa despertó una tormenta mucho peor. El domingo 15 de marzo, los periódicos, citando a un alto funcionario cuyo nombre no revelaban, informaban de que AIG pagaría 165 millones de dólares en primas a sus directivos y especialistas de su tristemente famosa división de Productos Financieros, que había puesto a la empresa al borde del colapso. La indignación no se hizo esperar. El senador republicano Chuck Grassley de Iowa sugirió que los empleados de AIG siguieran el «ejemplo japonés», primero pidiendo perdón y después dimitiendo o suicidándose. El representante democrático Paul Hodes de New Hampshire dijo: «Me parece que las siglas de AIG significan arrogancia, incompetencia y glotonería». El columnista Charles Krauthammer pidió «una o dos ejecuciones ejemplares». De hecho, parecía posible que se produjeran acciones violentas. Las amenazas de muerte llevaron a la compañía a incrementar la seguridad en las oficinas de la división de Productos Financieros, situadas en las afueras de Connecticut, y en los vecindarios donde vivían los directivos de AIG. La Cámara de Representantes, en una medida de dudosa constitucionalidad, aprobó un gravamen del 90% de las primas pagadas por las empresas que recibieran más de 5.000 millones en fondos del TARP. (El proyecto de ley murió en el Senado.)

Las noticias de las primas previstas aceleraron el declive de nuestra posición política. El Comité de Servicios Financieros de la Cámara de Representantes, presidido por Barney Frank, no había organizado una comparecencia sobre AIG en los seis meses posteriores al rescate, pero las primas le impulsaron a convocarnos a Tim Geithner, a Bill Dudley y a mí a la comparecencia del 24 de marzo. Miembros de Code Pink (un grupo de mujeres formado originalmente para protestar contra la guerra de Irak) estaban sentados detrás de nosotros, vestidos con camisas y salvavidas rosa. Cuando las cámaras de televisión nos enfocaron, mostraron carteles en los que se leía: «¿DÓNDE ESTÁ MI TRABAJO?» y «RESCÁTENME». Barney golpeó su martillo y declaró: «Estamos en una comparecencia pública muy importante. No habrá interrupciones ni distracciones de ninguna clase». Un poco después, mientras Tim leía su declaración,

Barney le interrumpió para amonestar a una manifestante: «¿Le importaría comportarse de acuerdo con su edad y dejar de jugar con ese cartel?».

Tal como explicaría en la comparecencia, yo me había enterado de la existencia de las primas el 10 de marzo, cuando Scott Alvarez, asesor jurídico del Consejo, me informó al respecto. Al instante supe que AIG nos había expuesto a otro desastre político y de imagen. Intenté detener aquellos pagos, pero los abogados del Fed me dijeron que tenían una base contractual y que los contratos no se podían rescindir arbitrariamente. También nos alertaron contra la posibilidad de presentar una demanda para bloquearlos, porque, si perdíamos (como probablemente ocurriría), AIG (y por lo tanto, los contribuyentes) se beneficiaría, conforme a las leyes de Connecticut, de indemnizaciones punitivas. Al final tuve que conformarme con instar a Ed Liddy, director general de AIG, a encontrar una forma de reducir las primas, y recomendé a Bill Dudley que enviara una carta con la misma petición.

Como ocurrió muchas veces durante la crisis financiera, los hechos que justificaban las primas de AIG resultaron estar menos claros de lo que parecía en un principio. Las primas se habían prometido con anterioridad al rescate para retener a empleados importantes, la mayoría de los cuales no tenían nada que ver con las controvertidas acciones que llevaron a la empresa al borde de la quiebra. Muchos tenían los conocimientos especializados que se necesitaban para desmantelar con seguridad las complejas posiciones de AIG, y, en consecuencia, para proteger las inversiones de los contribuyentes en la empresa. Dicho esto, yo entendía perfectamente que una persona desempleada o un propietario que se enfrentara a una ejecución hipotecaria se sintieran indignados. Pagar primas a empleados de una empresa rescatada por los contribuyentes era una injusticia palmaria. No es de extrañar que la gente estuviera enfadada. Desde un punto de vista práctico, el episodio nos proporcionó una nueva razón para contar con más autoridad legal de cara a desmantelar empresas en dificultades, incluida la capacidad para anular contratos existentes.

Al final, algunos destinatarios de las primas las devolvieron en su totalidad o en parte, y el Tesoro nombró a un abogado, Ken Feinberg, para que supervisara las políticas de compensación de las empresas que recibían fondos del TARP. El enfado de la ciudadanía acabó calmándose. Pero el daño político causado al Fed por estas y otras controversias perduró. En julio de 2009, una encuesta realizada por Gallup reveló que solo el 30% de los encuestados creía que el Fed estaba haciendo un trabajo bueno o excelente. Ocupábamos el último lugar entre las nueve agencias federales sobre las que se preguntaba, por detrás incluso del Servicio de Impuestos Internos (RSI), que obtuvo un 40% de aprobación.

Solía decirme a mí mismo que no nos habían nombrado para ser populares. Nos habían nombrado para, aprovechando al máximo nuestras capacidades, desarrollar e implementar políticas que redundaran en el máximo interés del pueblo americano. En primavera y verano seguimos trabajando para apoyar la economía y estabilizar el sistema financiero. Seguí acudiendo al despacho siete días a la semana, empleando los fines de semana para escribir y revisar discursos o comparecencias, o simplemente para reflexionar sobre los últimos acontecimientos.

Sin embargo, me tomé libre el primer fin de semana de agosto para acudir a la boda de nuestro hijo, Joel. (Al fijar la fecha, Joel y su novia, Elise Kent, se habían asegurado de que no coincidiera con el congreso anual de Jackson Hole, que también se celebraba en agosto.) Joel y Elise eligieron un soleado hotel en San Juan (Puerto Rico) para celebrar la boda. Fue un día maravilloso y una diversión bienvenida. Entre los numerosos asistentes se contaban amigos de Joel a los que conocía desde los tiempos de la escuela elemental en Nueva Jersey. Al cabo de una semana, los recién casados organizaron una fiesta en Great Barrington (Massachusetts), sede de la Universidad Simon's Rock, donde Joel y Elise se habían conocido. Entre los invitados se contaba Ken Manning, que hacía treinta y ocho años me había persuadido para marcharme a estudiar a Harvard y que ahora trabajaba en el MIT. Nuestra hija, Alyssa, que en aquel entonces estaba cursando un programa de posbachillerato en la Universidad del Sur de California para entrar en la facultad de Medicina, asistió a los dos acontecimientos. Anna y yo estábamos satisfechos de ver que nuestros hijos avanzaban en la vida, lejos de los acontecimientos que consumían la atención de los políticos y las autoridades de Washington.

Meses atrás, mientras pensaba en mi futuro, me había planteado cuánto tiempo más sería presidente del Fed. Mi mandato terminaba en enero de 2010, y suponía que el presidente Obama decidiría a lo largo del verano si me nombraba o no para otros cuatro años. Me preguntaba a mí mismo si en realidad quería un segundo mandato. Había recibido mucho más de lo que había esperado cuando había aceptado el puesto: una crisis financiera mundial y una profunda recesión. Era un pararrayos para las voces críticas, y sus ataques eran a veces muy personales. Entendía que recibir críticas formaba parte de mi trabajo, pero, a pesar de todo, aquello me molestaba. Y tal vez los críticos tuvieran razón. Pese a todos nuestros esfuerzos, no habíamos evitado ni la crisis ni la recesión. En los días más sombríos me preguntaba si yo era la persona idónea para el puesto, y si permanecer en él era lo correcto para el país y para la Reserva Federal.

En aquellos días, en ocasiones me consolaba leyendo una cita atribuida a Abraham Lincoln. Steve Bezman, el gerente del aparcamiento del Consejo, me la había entregado impresa en una tarjeta. La tenía cerca del ordenador. «Si tratara de leer, por no decir de contestar, todos los ataques contra mí, en esta casa no se haría otra cosa.» Se cuenta que, mientras le llovían críticas del Congreso por errores militares durante la guerra civil, Lincoln dijo: «Lo hago lo mejor que sé, lo mejor que puedo, y estoy decidido a seguir haciéndolo hasta el final. Si el final me da la razón, lo que se haya dicho contra mí no significará nada. Si el final me quita la razón, aunque diez ángeles juraran que había cumplido mi deber, las cosas no cambiarían».

Al margen de si yo deseaba continuar o no, estaba por ver que me ofrecieran un nuevo nombramiento. Los medios se hacían eco del rumor de que a Larry Summers, a quien se le había denegado el Tesoro pero que se había convertido en consejero de la máxima confianza de Obama, se le había prometido, poco más o menos, la presidencia del Fed. Dan Tarullo, un miembro del Consejo que tenía muchos contactos en el gobierno, le dijo a Don Kohn que no se le había hecho ninguna clase de promesa, al menos por lo que él sabía, pero los rumores persistían. También me enteré por otras personas que Larry no se había ahorrado críticas a nuestra gestión de la crisis, lo que para mí era una indicación de que estaba haciendo campaña para conseguir el puesto.

Mientras yo reflexionaba, mis amigos y colegas me brindaban su apoyo. Michelle Smith y Don Kohn, entre otros, desecharon la idea de que mi marcha pudiera ser beneficiosa para el Fed. Kevin Warsh, muy dotado para el juicio político y con unas conexiones particularmente buenas entre los legisladores republicanos, me dijo que, a pesar de mis batallas con el Congreso, estaba bien considerado en el Capitolio. Tenía confianza en que me confirmaran en el cargo, y en los meses siguientes trabajaría para garantizar el apoyo republicano en el Senado. Además, parecía contar con apoyos externos. En noviembre de 2008, poco después de que la crisis hubiera estado en su peor momento, el *Wall Street Journal* había informado de que el 75 % de los cincuenta y cuatro economistas del sector privado a los que había encuestado apoyaban mi nuevo nombramiento. Encuestas posteriores realizadas por el mismo medio ofrecieron resultados incluso más alentadores, aunque yo sabía perfectamente que muchas consideraciones, al margen de las de los economistas, entrarían en las deliberaciones del presidente. Indudablemente, el nombramiento no estaba asegurado, pero obtenerlo no parecía un imposible.

Mientras le daba vueltas a la cuestión durante la primavera de 2009, llegué a la conclusión de que, si me marchaba, dejaría sin concluir una serie de tareas cruciales. Aunque lo peor de la crisis financiera pareciera haber quedado atrás, quedaban muchas cosas por hacer para volver a la normalidad. La economía seguía sumida en la peor recesión desde la Depresión, y la política monetaria desempeñaría un papel crucial en la recuperación. La tarea esencial de reformar el sistema regulador financiero acababa de empezar. Y, muy importante para mí, la Reserva Federal —una institución por la que yo sentía el mayor respeto— estaba en el punto más bajo de su popularidad, lista para sufrir los ataques de la extrema izquierda y de la extrema derecha.

Indudablemente no era la única persona con la preparación necesaria para abordar esos problemas, pero marcharme me parecía desertar. La agotadora experiencia de los últimos años me había aportado los conocimientos y las relaciones necesarias para mantener la continuidad requerida en una crisis. Y, francamente, quería que mis esfuerzos quedaran reafirmados con la mayor rotundidad posible: mediante una renovación de mi mandato ordenada por un nuevo

presidente, cuyas ideas políticas diferían de las del presidente que me
había elegido para el cargo. Anna y yo examinamos los diversos factores y mis preocupaciones por extenso. Pese a la renuencia que le
había suscitado mi nombramiento, estuvo de acuerdo conmigo en la
necesidad de concluir lo que había empezado. Decidí que debía mo-
ver ficha para optar a un nuevo mandato.

En su calidad de estrecho consejero del presidente Obama, Tim
desempeñaría indudablemente un papel crucial en la decisión. No le
envidiaba. Tim y yo habíamos trabajado juntos en algunos de los
peores momentos de la crisis, y yo estaba convencido de que él apreciaba lo que habíamos conseguido y me apoyaría. Pero Larry era el
mentor de Tim y ahora su colega en el gobierno. Y, aunque yo tenía
una buena relación con el presidente, mucho más estrecha que la mía
era su relación con Larry, un poco al modo de la que yo había creado
con el presidente Bush durante el breve tiempo que había pasado en
2005 en la Casa Blanca.

En junio, Tim me preguntó sobre mis planes y yo le dije que
quería que volvieran a nombrarme. También dejé claro que mi segundo mandato, si lo obtenía, sería el último. Me parecía que dos
mandatos era el tiempo ideal para un presidente del Fed, y en todo
caso dudaba de que pudiera tolerar el estrés del trabajo durante más
de ocho años. Es posible que aquella declaración influyera en Tim,
porque si yo me marchaba en enero de 2014, el presidente aún tendría la oportunidad de nombrar a Larry si así lo quería, siempre y
cuando Obama fuera reelegido.

Al final no sé cómo se tomó la decisión. En sus memorias, *Stress
Test*, Tim ha escrito que la continuidad en medio de la crisis fue un
factor importante. El presidente Obama conocía indudablemente mi
determinación a hacer cuanto fuera necesario para contribuir a la
recuperación económica. Yo había creado una buena relación con
Rahm Emanuel, en aquel entonces director de personal del presidente; no me cabe duda de que contaría los votos del Senado e infor-
maría de que mi nombramiento quedaría confirmado en esa cámara.
Mi relativa falta de experiencia política —al margen de la época que
había pasado en el consejo escolar y de mi breve temporada en el
Consejo de Asesores Económicos— probablemente me ayudara. Se
me consideraba un hombre prácticamente libre de adhesiones parti-

distas. Mantenerme en el Fed haría además que Larry se quedara como estrecho asesor de Obama. En todo caso, la decisión llegó pronto: Tim me dijo que, si lo quería, el puesto era mío.

El miércoles, 19 de agosto, a media tarde, Tim y yo nos reunimos con el presidente Obama en el Despacho Oval. Se eligió una hora en la que el cuerpo de prensa ya se había marchado a casa y quedaban pocos miembros del personal en el edificio. La reunión fue breve. Como siempre, el presidente se mostró amigable y respetuoso. Elogió el trabajo que había hecho y confirmó su intención de volver a nombrarme. Le dije lo que le había dicho a Tim: que quería más tiempo para terminar lo que había comenzado, pero que bajo ningún concepto estaría más de cuatro años. Me dijo que lo entendía y que pronto anunciaría la decisión. Media hora después envié un correo electrónico a Michelle: «He visto a BO. Todo OK». Cuando se lo conté a Anna, esta vez no lloró. Sabía lo que nos esperaba.

Al día siguiente volé a Jackson Hole para asistir al congreso anual del Fed. Como siempre, pronuncié el discurso de apertura el viernes por la mañana. En él reflexioné sobre aquel año de crisis, un *annus horribilis* si es que alguna vez ha habido alguno. Era difícil creer que, menos de doce meses antes, aún no habíamos asistido a la absorción de Fannie y Freddie, al colapso de Lehman, a los múltiples rescates de AIG, a las salidas de capital de los fondos del mercado monetario, a la estabilización de Citi y Bank of America, a la aprobación del TARP, a la introducción de la expansión cuantitativa y a tantas otras cosas. Habíamos estado muy cerca del abismo. «Aunque hemos evitado lo peor, aún nos esperan retos complicados —dije—. Tenemos que trabajar juntos para consolidar los logros alcanzados y garantizar una recuperación económica sostenida.»

Aunque los discursos del congreso se centraron en la crisis y el panorama económico, muchas conversaciones mantenidas en las comidas y las recepciones giraron sobre el nombre de la persona que estaría al frente del Fed durante los próximos cuatro años. Yo desviaba las preguntas. Muchos colegas me expresaron públicamente su apoyo, entre ellos Marty Feldstein, mi antiguo profesor en Harvard que había competido por el puesto en mi primer nombramiento. La web de apuestas Intrade situó mis probabilidades de volver a ser elegido en un 79%.

Stan Fischer, mi director de tesis en el MIT y, en aquel momento, gobernador del Banco de Israel, pronunció el viernes unas palabras a la hora del almuerzo. Mientras hablaba, mi equipo de seguridad me hizo salir de la sala. Curiosas miradas siguieron mis pasos. La cobertura de móvil era mala en las montañas de Wyoming y la llamada entrante se había cortado. Al final pude devolverla. Un asistente de la Casa Blanca me hizo saber que el anuncio oficial de mi nuevo nombramiento tendría lugar el martes, en Martha's Vineyard (Massachusetts), donde el presidente y su familia estaban de vacaciones.

Comuniqué la noticia a los altos miembros del personal del Consejo que asistían al congreso —entre los que estaban Dave Stockton, Brian Madigan y Nathan Sheets, el director de la división internacional— en la sala de descanso para empleados del Aeropuerto Jackson Hole. Nos la habían reservado mientras esperábamos la salida de nuestro vuelo. Cuando volví a Washington llamé a cada uno de los miembros del FOMC. Al menos durante unos días, creía que había tomado la decisión correcta.

A primera hora de la mañana del martes 25 de agosto, acompañado por Michelle Smith y por los agentes de seguridad Bob Agnew y Ed Macomber, fui a la Base de las Fuerzas Aéreas en Andrews. Un pequeño y elegante jet del ejército nos llevó al Aeropuerto de Martha's Vineyard. Desde allí fuimos hasta la Escuela Oak Bluffs, donde tendría lugar el anuncio. Siguiendo las instrucciones que me habían dado, vestía chaqueta azul y pantalones de vestir, pero no corbata. A las nueve de la mañana, en medio de un gran despliegue de seguridad y tecnología de comunicaciones, llegó el convoy del presidente Obama. Este salió de una SUV negra, se puso rápidamente una chaqueta azul y me felicitó en privado. Nos colocamos delante de las cámaras. El presidente me dio las gracias por ayudar a superar al país y al mundo una de las peores crisis financieras de la historia. Alabó mi historial como estudioso de la Depresión, mi temperamento, mi valentía y mi creatividad. Agradecí al presidente su apoyo, tanto el que me brindaba personalmente como el que daba a «una Reserva Federal fuerte e independiente». Después volví al aeropuerto. Estaba en mi despacho en Washington a la hora del almuerzo.

Unos meses después, el 16 de diciembre, volví a sentir un gran apoyo moral cuando la revista *Time* me nombró "persona del año 2009".

Michelle me había hablado de esa posibilidad algunos meses antes, y habíamos cooperado con Michael Grunwald, reportero de la revista. Yo esperaba que, como había sucedido con el episodio de *60 Minutes*, la historia me humanizaría y ayudaría a que la gente entendiera mejor la Reserva Federal y nuestras acciones. Creo que lo hizo. Grunwald escribió que yo era «el agente más importante que guía la economía más importante del planeta» y dijo que el Fed había evitado una segunda Depresión. La portada mostraba mi cara en un billete de dólar.

Pero, además del elogio, *Time* observaba asimismo que las acciones del Fed habían desencadenado una potente reacción política. Yo había advertido esa reacción el 3 de diciembre, cuando me presenté ante el Comité de Banca del Senado para asistir a una extenuante comparecencia sobre mi nombramiento que duró desde las diez de la mañana hasta las tres de la tarde. Había dormido mal y confiaba en ser capaz de mantener la concentración y la tranquilidad. Chris Dodd, el presidente, apoyó mi nuevo nombramiento. Elogió las extraordinarias acciones del Fed bajo mi mandato, aunque también se preguntó si el Fed debía continuar teniendo un papel central en la regulación financiera. Siempre me sorprendía la alta estima personal que Dodd parecía sentir por mí y su disposición a hacer explotar la Reserva Federal, como si yo no tuviera nada que ver con sus decisiones y políticas.

Richard Shelby, el republicano con mayor experiencia en el comité, se mostró abiertamente crítico. Se lamentó de los rescates, que a su juicio habían hecho poco más que incrementar el riesgo moral, y del volumen del balance del Fed, con los peligros que este representaba. «Durante muchos años he tenido en la mayor estima a la Reserva Federal —dijo con su suave acento de Alabama—. Siento un gran respeto no solo por su papel decisivo en la política monetaria estadounidense, sino también por su papel como regulador prudencial [...] Sin embargo, temo que nuestra fe y nuestra confianza estuvieran fuera de lugar en muchos casos.» A continuación subrayó los considerables retos a los que seguía enfrentándose la economía. «La cuestión que se nos plantea —dijo— es si el presidente Bernanke es la persona más indicada para liderarnos y mantenernos lejos de los problemas.» Pese al tono duro que a veces adoptaba en sus declaraciones públicas, Shelby, como Dodd, parecía valorar su relación personal conmigo. A menudo me invitaba a su despacho para charlar conmigo a solas o con un pequeño grupo de senadores republicanos. Sus modales sureños ocultaban una astuta inteligencia y unos gustos cosmopolitas. En cierta ocasión le invité a comer y eligió uno de los mejores restaurantes italianos de Washington. Durante nuestra conversación, me sorprendió enterarme del placer que le proporcionaban las óperas de Wagner.

La némesis del Fed (y mi némesis), el senador Bunning, atacó lo que consideraba nuestros fracasos, no solo bajo mi presidencia, sino también bajo la de Alan Greenspan, cuyas políticas, a su juicio, yo no había repudiado suficientemente. Dos semanas después de la comparecencia, en un debate abierto sobre mi nuevo nombramiento entre los miembros del Comité de Banca del Senado, Bunning se burlaría de la distinción de la revista *Time*: «El presidente Bernanke debería preguntarse si realmente quiere ser honrado por una organización que ha nombrado "persona del año" a Adolf Hitler, al ayatolá Jomeini, Vladímir Putín, Yasir Arafat, dos veces a Richard Nixon y dos veces a Iósif Stalin —dijo—. Pero le felicito y espero que al menos le vayan mejor las cosas que a la mayoría de esa gente.»

En mi comparecencia defendí mi historial. Alabé al Fed, en colaboración con el Tesoro, la FDIC y el Congreso, por evitar el colapso financiero y económico. Rechacé las hiperbólicas afirmaciones según las cuales el Fed y solo el Fed era responsable de la crisis, y de que deberíamos haberla visto venir y evitarla por completo. Señalé los numerosos pasos que habíamos dado para aumentar nuestra transparencia y expliqué por qué nuestras acciones monetarias (rebajas de los tipos de interés y compras de valores) eran necesarias y responsables. Admití que el Fed había cometido errores de regulación y supervisión (aunque no éramos los únicos que nos habíamos equivocado), pero sostuve que teníamos que retener nuestros poderes de supervisión para desempeñar el papel crucial que nos correspondía en la preservación de la estabilidad financiera. Fue un día duro, pero creo que defendí bien mi caso.

Al cabo de dos meses, el comité aprobó por 16 votos contra 7 el envío de mi nombramiento al Senado. Mis apoyos, tanto en el comité como en el Senado, procedían fundamentalmente de las filas demócratas, con la excepción de Jeff Merkley, senador por Oregón. Merkley me dijo por conferencia telefónica que a su juicio yo estaba demasiado implicado en los orígenes de la crisis para merecer su voto. Me pregunté si alguna de las personas que habían participado en la política económica federal con anterioridad a 2007 podía escapar completamente de esa acusación. Cuatro republicanos me apoyaron: Bob Bennett de Utah, Bob Corker de Tennessee, Judd Gregg de New Hampshire y Mike Johanns de Nebraska.

Yo admiraba a aquellos cuatro hombres y trabajé codo a codo con ellos a lo largo de mi mandato. Bennett, un senador de aire patricio, reflexivo y moderado, había votado a favor del TARP y después perdió en las primarias republicanas en parte por ese voto. Gregg, un legislador sumamente capaz, solía defender al Fed en los debates de las filas republicanas, una posición a la que también contribuía Lamar Alexander, senador republicano de Tennessee. Johanns, con quien había trabajado durante mi estancia en la Casa Blanca cuando él ocupaba el cargo de secretario de Agricultura, era un hombre tranquilo y razonable, que en las comparecencias siempre se mostraba amable conmigo. Mi relación con Corker era complicada a causa de nuestros frecuentes desacuerdos políticos. Nuestra política de expansión cuantitativa le resultaba particularmente desagradable, y más adelante abogaría por la eliminación del mandato del Fed relativo al empleo. Pero era uno de los miembros del Senado con mayor cultura económica, además de uno de los más dispuestos a trabajar conjuntamente. Me preguntaba por mis opiniones sobre una serie de asuntos y organizaba reuniones privadas con otros senadores republicanos para que yo pudiera explicarles nuestras acciones.

Al margen de estas y de algunas otras excepciones, la creciente hostilidad de los republicanos hacia el Fed y hacia mi persona me preocupaba, especialmente si pensaba que yo había sido nombrado por un presidente republicano que había apoyado nuestras medidas a lo largo de la crisis. Yo trataba de escuchar con atención y de aceptar las críticas razonables. Pero me parecía que la crisis había contribuido a la radicalización de grandes sectores del Partido Republicano. El difunto senador Daniel Patrick Moynihan de Nueva York dijo en cierta ocasión que todo el mundo tiene derecho a tener su propia opinión pero no sus propios hechos. A algunos republicanos, especialmente a los de la extrema derecha, cada vez les costaba más establecer esa distinción. Culpaban de la crisis al Fed y a Fannie y Freddie, sin prestar atención a los manifiestos fracasos del sector privado, de otros reguladores y, en especial, del propio Congreso. Condenaban los rescates como despilfarros del dinero de los contribuyentes que no tenían en cuenta todas las consecuencias económicas del colapso de firmas importantes desde un punto de vista sistémico. Veían inflación donde no existía y, cuando los datos oficiales no respaldaban sus predicciones, invocaban teorías conspiratorias. Negaban que la política fiscal o monetaria pudiera contribuir a crear empleo, mientras se esforzaban en dirigir el gasto federal a sus distritos. Abogaban por sistemas monetarios desacreditados, como el patrón oro.

A mi juicio, estas posturas alejaban cada vez más al Partido Republicano no solo de las ideas mayoritarias, sino también de las que tradicionalmente había sostenido. Yo me seguía considerando un conservador. Creía en la importancia de la autonomía y la responsabilidad personal, y estaba de acuerdo en que las economías de mercado eran mejores para generar crecimiento económico y fomentar el bienestar económico. Pero estaba harto de la paciencia de los republicanos con la ignorancia voluntaria de la extrema derecha. Yo no me alejé del Partido Republicano; fue el Partido Republicano el que se alejó de mí.

Por supuesto, los demócratas eran víctimas de sus propios espejismos, sobre todo los de extrema izquierda (aunque si tanto la extrema derecha como la extrema izquierda se oponían a mis medidas, suponía que algo estaría haciendo bien). El senador Bernie Sanders de Vermont, en sus propias palabras un socialista adherido al Partido Demócrata, parecía creer que el mundo era una inmensa conspiración de grandes corporaciones y multimillonarios. (Las corporaciones y los multimillonarios tienen mucho poder, indudablemente, pero en el mundo real casi todas las cosas negativas suceden por culpa de la ignorancia, la incompetencia o la mala suerte, no como resultado de grandes conspiraciones). Cuando ocupé la presidencia del Fed, decidí que no haría política partidista, porque a eso obligaba el cargo. Mi experiencia en Washington me apartó casi completamente de los partidos políticos. En la actualidad me considero un independiente moderado, y creo que esa es la posición que mantendré en el futuro.

El 28 de enero de 2010, después de que el gobierno ejerciera cierta labor de cabildeo a mi favor y de que Chris Dodd hiciera algunas presiones, el Senado me confirmó en el cargo por 70 votos contra 30. El margen no era especialmente estrecho para muchos asuntos, pero era el menos holgado por el que se había confirmado el nombramiento de un presidente del Fed. Yo no estaba sorprendido. La gente estaba lógicamente insatisfecha con las condiciones económicas y financieras, y el Congreso reflejó aquel estado de opinión.

Me afectaron más varias llamadas que recibí de senadores después de la votación. Todas tenían un tema en común: el senador en cuestión creía que yo estaba haciendo un buen trabajo, pero, por razones políticas, había votado en mi contra. Las personas que me llamaron parecían creer que votar contra su juicio personal por razones políticas era perfectamente natural. Una llamada fue especialmente sorprendente. Después de que el senador expresara su confianza en mí y se disculpara por su voto, le pregunté por qué votó como lo hizo. «Pues porque —respondió alegremente— a veces hay que echar un poco de carnaza a los cavernícolas.»

Comentarios como aquel me hacían pensar en una observación atribuida a la actriz Lily Tomlin: «por más cínico que te vuelvas, nunca tienes bastante». De haber podido, me habría mantenido tan lejos de la política como hubiera sido posible. Pero, como responsable de la Reserva Federal, a punto de jurar el cargo para un nuevo mandato de cuatro años, sabía que la política seguiría ocupándome mucho tiempo y energía.

# 20

# LA CONSTRUCCIÓN DE UN NUEVO SISTEMA FINANCIERO

Incluso mientras seguían ardiendo los fuegos de la crisis financiera, estábamos pensando en lo que habría que hacer cuando las llamas se hubieran extinguido. Las preguntas que nos planteábamos eran tan difíciles como importantes: ¿Qué forma tenía que tener el nuevo sistema financiero construido sobre las cenizas del antiguo? ¿Podíamos impedir futuras crisis financieras? O, siendo más realistas, ¿qué podíamos hacer para asegurarnos de que futuras crisis no llegaran a estar completamente fuera de control?

Mientras nos planteábamos estas cuestiones, a finales de 2008 y principios de 2009, aprovechábamos las conversaciones sobre reformas financieras mantenidas con países de todo el mundo. En agosto de 2007, el presidente Bush había pedido al Grupo de Trabajo sobre Mercados Financieros de la Presidencia (formado por los responsables del Tesoro, del Fed, de la Comisión del Mercado de Valores y de la Agencia Reguladora de los Mercados de Futuros sobre Materias Primas) que examinara las causas de la crisis financiera que, como se pondría de manifiesto, apenas acababa de empezar. En el plano internacional, en octubre de 2007, los países industriales del G-7 habían solicitado al Foro de Estabilidad Financiera (que incluía a banqueros centrales, ministros de Finanzas y reguladores de grandes centros financieros) que hicieran lo mismo. Incluso antes de que empezara la crisis, en junio de 2007, el equipo de Hank Paulson en el Tesoro había empezado a trabajar en un «plan» para reformar la anticuada y balcanizada estructura reguladora financiera de Estados Unidos.

Los tres informes resultantes de esos esfuerzos separados contenían recomendaciones valiosas, pero, de los tres, el «plan» de Hank era el más ambicioso y el que más me ayudó a pensar sobre la reforma reguladora en su conjunto. Se centraba de lleno en la abrumadora tarea de racionalizar el batiburrillo de agencias reguladoras financieras eliminando las superposiciones y llenando los vacíos.

El informe de Hank, presentado en marzo de 2008, hacía recomendaciones a corto y a largo plazo, pero su objetivo último era crear una estructura reguladora con tres «pináculos». El primer pináculo sería un regulador «prudencial» centrado en asegurar la seguridad y solvencia de las entidades financieras, como los bancos, las entidades de ahorro y crédito, las cooperativas de ahorro y las aseguradoras. El informe planteaba la posibilidad de que la Oficina del Interventor de la Moneda fuera la agencia prioritariamente responsable de la supervisión prudencial.

El segundo pináculo sería una nueva agencia encargada de velar por la «conducta empresarial», con vistas a proteger a los consumidores y los inversores de las entidades bancarias y no bancarias, desde agentes de valores hasta fondos de inversión colectiva. La nueva agencia combinaría muchos de los poderes actuales de la SEC y la CFTC, y también se haría cargo de la mayoría de poderes de protección del consumidor asumidos hasta ahora por el Fed y por otras agencias bancarias.

Los primeros dos elementos del plan del Tesoro venían a reorganizar y ampliar las funciones reguladoras existentes. El tercer pináculo era nuevo. Exigía la creación de una agencia responsable de la estabilidad del sistema financiero en su conjunto. La agencia supervisaría además la infraestructura esencial, como los sistemas empleados por las entidades financieras para realizar pagos o transferir títulos. En la propuesta de Hank, dicho papel recaería en el Fed, que controlaría el sistema financiero y abordaría las vulnerabilidades que encontrara. El Fed también tendría la autoridad necesaria para examinar a las entidades individuales, en cooperación con el regulador prudencial, cuando tal cosa fuera necesaria para alcanzar el objetivo de la estabilidad financiera.

El proyecto del Tesoro destacaba por su claridad conceptual respecto a los principales objetivos de la regulación financiera y de la estructura institucional necesaria para alcanzarlos. Pero, al igual que nosotros, Hank entendía que las recomendaciones a largo plazo eran simples aspiraciones. El Congreso no adoptaría reformas de esta magnitud en un año de elecciones. En todo caso, sabíamos que esta clase de cambios no se implementarían en medio de la crisis.

El 27 de marzo de 2008, cuatro días antes de que Hank presentara su plan, el candidato Obama, en un discurso pronunciado en Cooper Union, una universidad de Manhattan, había expuesto sus principios esenciales para un marco regulador del siglo XXI. Sostenía que el Fed tenía que tener autoridad supervisora sobre toda institución que pudiera acceder a sus créditos. Obama también exhortaba a acabar con el solapamiento de agencias reguladoras (aunque sin entrar en detalles concretos), a fortalecer las exigencias de capital para los bancos y a crear una nueva comisión supervisora (análoga al regulador de la estabilidad financiera de Hank) para determinar amenazas inesperadas para el sistema financiero. Me alegró que Obama planteara esas cuestiones, que normalmente pasan desapercibidas para la mayoría de los votantes, en el debate de la campaña. Los principios que regían su discurso me parecían razonables y prácticos.

Al margen de sus muchas otras sugerencias constructivas, los informes y los estudios sobre la regulación financiera escritos antes y poco después del comienzo de la crisis no abordaban lo que se convirtió en una de las cuestiones más importantes tras el colapso de Bear Stearns y Lehman: cómo desmantelar una entidad financiera grande y compleja sin tumbar todo el sistema financiero. Hank y yo habíamos planteado la cuestión en una comparecencia ante el Comité de Servicios Financieros de la Cámara de Representantes, presidido por Barney Frank, en julio de 2008. Pero antes de que el Congreso tuviera la oportunidad de reflexionar a fondo sobre aquellas cuestiones, Lehman había caído, el mundo financiero había vuelto a cambiar y la propuesta del TARP dominaría en breve el debate legislativo.


A finales de 2008, en medio de la lucha contra el fuego de la crisis, en el Fed empezamos a trabajar en nuestras propias propuestas para la reforma financiera. Yo quería tener una posición bien elaborada antes de que los debates legislativos se caldearan. Kevin Warsh encabezaba un comité de miembros del Consejo y de presidentes de los Bancos de la Reserva que planteó algunos principios básicos.

El comité de Kevin estudió un enfoque «macroprudencial» —es decir, sistémico— sobre la regulación y la supervisión. Históricamente, la supervisión financiera había sido casi por completo «microprudencial», y se había centrado en la seguridad y la solvencia de las entidades consideradas individualmente, siguiendo la teoría de que, si cuidas de los árboles, el bosque se ocupará de sí mismo. En cambio, el enfoque macroprudencial apuesta por una perspectiva que atienda tanto al bosque como a los árboles. No solo vigila la salud de las entidades por separado, sino que también se ocupa de factores que pueden afectar a la estabilidad del sistema financiero en su conjunto, incluidos los vínculos entre las entidades y los riesgos que pueden afectar a múltiples entidades y mercados. Por ejemplo, unos cuantos prestamistas sobreexpuestos a las hipotecas subprime no son necesariamente un problema sistémico, pero muchas entidades con una importante exposición a las hipotecas subprime pueden serlo. El objetivo de la regulación macroprudencial es determinar y desactivar riesgos más generalizados que tal vez no sean evidentes cuando examinamos las entidades una a una.

El grupo de Warsh también exploró la idea de contar con un supervisor de la estabilidad financiera para implementar el enfoque macroprudencial, una idea de espíritu similar al tercer pináculo del plan de reforma de Hank. En otoño de 2008, después de presenciar las complejas interacciones entre mercados y firmas que tanto contribuyeron a agravar la crisis, me convencí de que, en el contexto de la economía moderna, contar con un enfoque sistémico ante la supervisión era esencial para la estabilidad financiera. Planteé la necesidad de una supervisión más integral del sistema financiero en un discurso pronunciado en marzo de 2009 ante el Consejo de Asuntos Exteriores. También volví a plantear la necesidad de disponer de un nuevo sistema para el desmantelamiento ordenado de entidades financieras no bancarias pero sistémicamente importantes como Lehman y AIG.


Hank estuvo centrado en abordar las amenazas inmediatas planteadas por la crisis hasta que abandonó su cargo en enero de 2009, lo que dejó la tarea de desarrollar una propuesta legislativa para la reforma de la regulación financiera en manos de su sucesor, Tim Geithner, y de su equipo en el Tesoro. Rahm Emanuel, el director de personal de la Casa Blanca, había presionado a Tim para que redactara un borrador legislativo antes de la reunión del G-20 prevista para abril de 2009, un plazo imposible de cumplir. «Nunca desaprovecharás una buena crisis», era el lema de Rahm. Pero el gobierno tenía prioridades más importantes durante sus primeros cien días de mandato, incluidos el paquete de estímulos económicos y las pruebas de resistencia bancaria. Además, dada la lentitud del proceso de confirmación de los altos cargos del Tesoro, Tim estaba trabajando con un personal muy reducido. «Tim no cuenta con un equipo completo y están sencillamente desbordados», me escribió David Wilcox por correo electrónico a principios de febrero de 2009. Para tratar de rellenar huecos, enviamos al Tesoro a varios de nuestros miembros más veteranos del personal, incluido el economista Patrick Parkinson, que había contribuido a diseñar algunas de nuestras líneas de crédito de urgencia, y al abogado Mark Van Der Weide, un especialista en regulación bancaria. Tim y yo estuvimos de acuerdo en que Pat podría ayudar al gobierno a redactar la propuesta legislativa. «El pobre Pat no sabe nada todavía», escribí a Kohn y a otros destinatarios después de almorzar con Geithner a finales de febrero. Pat aceptó el encargo estoicamente.

Tim presentó la propuesta del gobierno —ochenta y ocho páginas de texto— el 17 de junio de 2009. Si se aprobaba, el plan pondría en marcha la transformación más importante de la ley federal financiera desde la Depresión. Pero el plan era también pragmático. No trataba de rehacer el sistema financiero o la regulación financiera desde cero, sino de construir a partir de las instituciones y los acuerdos existentes.

Así, por ejemplo, el gobierno decidió no apostar por un enfoque radical del problema de las entidades financieras demasiado grandes para caer. Comprensiblemente, dado el enfado de la ciudadanía ante los rescates, se habían reunido apoyos tanto entre la izquierda como entre la derecha para deshacer las entidades más grandes. También hubo llamamientos a restablecer la Ley Glass-Steagall, promulgada durante la Depresión y derogada por el Congreso en 1999. La Ley Glass-Steagall prohibía la combinación en una sola empresa de un banco comercial (de créditos hipotecarios y comerciales, por ejemplo) y de un banco de inversión (dedicado a la suscripción de bonos, por ejemplo). La derogación de la Ley Glass-Steagall había abierto la puerta a la creación de «supermercados financieros», firmas grandes y complejas que ofrecían servicios de banca comercial y de banca de inversión.

El hecho de que el plan del gobierno no incluyera una disposición similar a la Ley Glass-Steagall me parecía especialmente sencillo de defender. Una regulación de esa clase habría ofrecido pocas ventajas durante la crisis; de hecho, habría impedido la adquisición de Bear Stearns por JPMorgan y de Merrill Lynch por Bank of America, dos pasos que contribuyeron a estabilizar a esas dos entidades de inversión amenazadas. Más importante, la mayoría de las entidades que se volvieron emblemáticas de la crisis se habrían enfrentado a problemas similares si la Ley Glass-Steagall se hubiera mantenido en vigor. En términos generales, Wachovia y Washington Mutual se metieron en problemas de la misma forma en que los bancos se han metido en problemas durante generaciones: por la concesión de préstamos de dudoso cobro. Por otro lado, Bear Stearns y Lehman Brothers eran firmas de inversión tradicionales de Wall Street con una mínima implicación en la banca comercial. La Ley Glass-Steagall no habría cambiado significativamente las actividades permisibles de ninguna de ellas. Una excepción tal vez fuera Citigroup, el conglomerado de banca, valores y seguros cuya formación en 1998 había impulsado la derogación de la Ley Glass-Steagall. Si la ley hubiera seguido vigente, es posible que Citi no hubiera adquirido las dimensiones y la complejidad que adquirió.

Estuve conforme con la decisión del gobierno de no recuperar la Ley Glass-Steagall. La decisión de no proponer la segregación de algunas de las entidades de mayor tamaño me parecía una cuestión más delicada. Lo cierto es que no tenemos una comprensión fina de los beneficios económicos del tamaño en la banca. Indudablemente, la rentabilidad de las grandes firmas se acrecienta hasta cierto punto por su influencia política y por la percepción de los mercados de que el Estado evitará su caída, lo que le otorga una ventaja sobre las firmas más pequeñas. Y el tamaño de una firma es un factor a tener en cuenta en el riesgo que plantea para el sistema financiero.

Pero indudablemente el tamaño tiene también un valor económico positivo, por ejemplo en la capacidad de una gran firma para ofrecer un abanico más amplio de servicios o para operar a una escala suficiente para servir con eficiencia a empresas globalizadas no financieras. Si pusiéramos unos límites arbitrarios al tamaño, nos arriesgaríamos a destruir ese valor económico, al tiempo que pondríamos empleos y beneficios en manos de competidores extranjeros. Por otro lado, el tamaño de una empresa financiera dista de ser el único factor que determina si plantea un riesgo sistémico o no. Por ejemplo, Bear Stearns, cuyo tamaño era tan solo una cuarta parte del de la firma que la compró, JPMorgan Chase, no era demasiado grande para caer; estaba demasiado interconectada para caer. Y el hecho de que una mayoría de las entidades financieras sean pequeñas no impide que se den severas crisis financieras. Durante la Gran Depresión, Estados Unidos, con sus miles de pequeñas entidades, sufrió una crisis financiera mucho más grave que Canadá, que tenía diez grandes bancos y solo un puñado de entidades pequeñas. (Por cierto, Canadá, cuyo sistema bancario sigue estando dominado por grandes entidades, salió relativamente bien parada de la reciente crisis.)

Teniendo en mente estas consideraciones, yo estaba de acuerdo con la idea del gobierno de que segregar grandes compañías no parecía el mejor modo de resolver el problema de las empresas demasiado grandes para caer, al menos no hasta que se hubieran probado otras opciones más escalonadas y se hubiera demostrado que eran insuficientes. En particular, más importante que limitar el tamaño de las entidades financieras *per se* es asegurarse de que el tamaño no otorga ventajas indebidas a las grandes entidades, incluida la no presunción de que serán rescatadas si se meten en problemas. Es un reto difícil. El plan del gobierno pretendía abordarlo de tres formas.

Primero, proponía unos estándares de capital, liquidez y control del riesgo más duros para las entidades sistémicamente importantes, de tipo bancario o no (como AIG y las firmas de inversión de Wall Street). Si las entidades grandes y complejas suponían más riesgos para el sistema financiero, entonces había que obligarlas a operar con un margen de seguridad más amplio. A su vez, esas condiciones más estrictas podrían ser un acicate para que las grandes empresas evaluaran si los verdaderos beneficios económicos de su tamaño excedían los costes adicionales asociados con la mayor dureza de las normas y las exigencias ampliadas de capital. En caso contrario, con el paso del tiempo las fuerzas del mercado deberían conducir a esas empresas a volverse más pequeñas y menos complejas, o como mínimo a no seguir creciendo.

Segundo, el gobierno propuso que el Fed supervisara todas las entidades financieras sistémicamente importantes, no solo las grandes sociedades de cartera bancarias que ya vigilaba, sino también los grandes bancos de inversión de Wall Street y, posiblemente, las grandes empresas de seguros y otras entidades financieras de tamaño importante. Las entidades financieras grandes y complejas que no fueran entidades bancarias dejarían de eludir una supervisión meticulosa.

Tercero y fundamental, el plan del gobierno daría al Estado las herramientas legales para adquirir y desmantelar de manera ordenada las entidades financieras sistémicamente importantes que estuvieran al borde de la quiebra. El Estado ya no tendría que elegir entre rescatarlas o enfrentarse a los peligros de una quiebra caótica como la de Lehman. Estas disposiciones me parecían esenciales para acabar con el problema de las empresas demasiado grandes para caer. Al margen de reducir el riesgo de otro Lehman, la existencia misma de un mecanismo creíble para desmantelar con seguridad una empresa sistémica debería reducir los posibles beneficios de que una empresa fuera percibida como demasiado grande para caer. Habíamos hecho lo que teníamos que hacer para estabilizar empresas sistémicamente cruciales durante la crisis, pero nada me gustaría más que ser capaz de evitar que el Fed tuviera que meterse en más rescates.

La propuesta daba otro importante paso adelante al subrayar la necesidad de que la regulación y la supervisión macroprudenciales complementaran la supervisión de las entidades y los mercados individuales. Al principio, Tim se había planteado la posibilidad de que el Fed fuera el responsable de vigilar el sistema en su conjunto, en la línea de la propuesta del plan de Hank. Pero Sheila Bair, cuya opinión era respetada por importantes miembros del Congreso, incluido Chris Dodd, había hecho una activa campaña para impedir que el Fed adquiriese más autoridad. Parecía dispuesta a conceder al Fed un papel como supervisor de entidades sumamente grandes, como había propuesto el gobierno. Pero quería que un consejo de agencias reguladoras, presidido por una persona nombrada por el presidente del gobierno, se encargara de supervisar el sistema en su conjunto y, en particular, de decidir las entidades que el Fed tenía que supervisar. El consejo tendría además la potestad de redactar normas aplicables a esas entidades, en el caso de que considerase que las regulaciones del Fed eran inadecuadas.

Ni a Tim ni a mí nos entusiasmaba el plan de Sheila. El Fed acumulaba la mayor experiencia y los mayores conocimientos que el Estado necesitaba para regular la estabilidad financiera, y el hecho de crear otro órgano de decisión podía inhibir la capacidad de dar respuestas rápidas y efectivas a los riesgos sistémicos. Sin embargo, en última instancia el plan del gobierno incluyó una versión descafeinada de la idea de Sheila. Proponía la creación de un consejo de supervisión de servicios financieros encabezado por el secretario del Tesoro, en lugar de por una persona nombrada por el presidente del gobierno. El consejo no redactaría normas ni decidiría qué entidades financieras tenían una importancia sistémica, como había propuesto Sheila, sino que aconsejaría al Fed sobre las entidades a las que había que nombrar y consultar para formular los estándares por los que tendrían que regirse dichas entidades. El consejo contribuiría además a que las agencias estuvieran informadas sobre la evolución de partes del sistema financiero situadas al margen de su jurisdicción, proporcionaría un foro para resolver disputas entre agencias y serviría para poner en común las sospechas de los reguladores para ayudar a identificar la aparición de riesgos financieros.

Al incluir una versión de la propuesta de Sheila en el proyecto, Tim y sus colegas del gobierno habían cedido a la realidad política. Para empezar, Chris Dodd y Richard Shelby, lejos de conceder al Fed más autoridad, estaban decididos a despojarnos de nuestras tareas supervisoras, dejándonos únicamente la responsabilidad de la política monetaria. Dodd se planteaba la posibilidad de combinar todas las agencias de supervisión de entidades bancarias en una sola mega-agencia. En reacción al plan de Tim, y pese a la inclusión del consejo de reguladores, Dodd declaró: «Dar más responsabilidad al Fed [...] es como si un padre diera a su hijo un deportivo más grande y más rápido después de que estrellara la ranchera». Pensé que los comentarios de Dodd tenían menos que ver con los principios en los que creía que con el cálculo de que fustigar al Fed era políticamente popular. Shelby también estaba ansioso por despertar sentimientos antiFed. Sin embargo, incluso Barney Frank, que se había inclinado a designar al Fed como regulador de la estabilidad financiera, abrazó la idea del consejo de reguladores después de que surgiera la polémica de las primas de AIG a mediados de marzo. Le pareció que convertir al Fed en el regulador de la estabilidad financiera se había convertido en un imposible político. Yo confiaba en el instinto político de Barney y llegué a la conclusión de que luchar contra la propuesta del consejo sería en vano. En todo caso, la idea me resultaba más aceptable conforme comprendía mejor cuál sería el funcionamiento del consejo.

El plan de reforma de la Administración incluía muchas otras medidas. Trataba de sacar a la luz el sistema bancario paralelo, en el que tantos títulos tóxicos se habían originado. Por ejemplo, exigía que los responsables de los préstamos hipotecarios o las titulizaciones pusieran «un poco de carne en el asador» (una parte del riesgo de crédito, en el caso de que el préstamo quedara impagado), un objetivo perseguido con particular insistencia por Barney Frank.

El plan fortalecería asimismo la regulación de los derivados, como los que habían contribuido a las graves pérdidas de AIG. Y lo que era más importante, requeriría que en las Bolsas se estandarizasen y se saldaran centralizadamente más transacciones con derivados, en lugar de fijarlas privadamente entre las partes contratantes. Las operaciones con derivados abiertas y transparentes ayudarían a que los reguladores y otros agentes comprendieran más claramente las interconexiones entre firmas y mercados. Además, como la mayoría de las bolsas, respaldadas por sus miembros, garantizaban que las transacciones se cumplieran incluso si una de las partes dejaba de pagar, comerciar en las Bolsas con la mayoría de los derivados contribuiría a limitar el contagio si una gran empresa quebrara de repente. Para ayudar a que las propias Bolsas operasen con seguridad, el Fed —en calidad de regulador de la estabilidad sistémica— obtendría una nueva autoridad supervisora sobre las Bolsas y sobre otras organizaciones que desempeñaran papeles similares en el sistema financiero.

A diferencia del plan de Hank, que había planteado una simplificación radical de la burocracia reguladora, la propuesta más matizada del gobierno dejaba prácticamente intactos los reguladores existentes. El pragmatismo político era un factor importante. Por ejemplo, Tim y sus colegas optaron por no proponer la fusión de la SEC y la CFTC, pese a que muchos de los instrumentos y los mercados financieros que regulaban servían a propósitos similares. (La SEC regula el mercado de los bonos corporativos, mientras que la CFTC supervisa el mercado de contratos de futuros sobre bonos, por ejemplo.) Fusionar la SEC y el CFTC era un imposible político porque eran dos organismos regulados por distintos comités en el Congreso, los cuales velaban celosamente para proteger su territorio, dado que los agentes del mercado regulados por dichos organismos proporcionaban lucrativas contribuciones a las campañas electorales.

El plan incluía dos cambios en la burocracia reguladora: uno relativamente pequeño, el otro más importante. El cambio menor era la desaparición de la desafortunada Oficina de Control del Ahorro (OTC), el regulador de las entidades de ahorro. Dos grandes entidades de crédito y ahorro (Washington Mutual e IndyMac) habían quebrado bajo su vigilancia, y otra (Countrywide) había estado a punto de quebrar. Además, nominalmente, la minúscula oficina tenía la responsabilidad de supervisar las vastas operaciones de AIG. Con el proyecto del gobierno, las responsabilidades de la OTC quedarían asumidas por otros reguladores bancarios.

El cambio más importante era la propuesta de creación de una Agencia de Protección Financiera del Consumidor. Un artículo de 2007 redactado por Elizabeth Warren, profesora de Derecho en Harvard y posteriormente elegida senadora por Massachusetts, sirvió de acicate. En el artículo, Warren abogaba por la creación de una Comisión de Seguridad de Productos Financieros, que protegiera a los consumidores de hipotecas engañosas y tarjetas de crédito problemáticas, igual que la Comisión de Seguridad de Productos de Consumo protege a los consumidores de las tostadoras que se prenden fuego. El plan presentado por Hank en 2008 contenía una idea hasta cierto punto similar, la agencia de «conducta empresarial», salvo porque habría protegido a los inversores en acciones y bonos —además de a los prestatarios y a los usuarios de servicios financieros— de prácticas sospechosas. (El gobierno propuso dejar la protección de los inversores en manos de la SEC.) Habíamos tenido una primera indicación de que el nuevo gobierno descargaría al Fed de las tareas de protección al consumidor cuando, unas cuatro semanas antes de la investidura, Don Kohn informó al respecto en una conversación con Dan Tarullo, uno de los responsables del equipo de transición de Obama. Tarullo planteó «la posibilidad de trasladar a los consumidores a otra parte», según Don.

La propuesta de buscar un nuevo regulador para que se encargara de proteger al consumidor me provocaba ambivalencia. El Fed, como el resto de agencias reguladoras, velaba por el cumplimiento de la legislación federal de protección al consumidor de las entidades que supervisaba, aproximadamente unas cinco mil sociedades de cartera bancarias y más de ochocientos bancos con licencia estatal que se habían sumado al Sistema de la Reserva Federal. También redactamos muchas de las detalladas reglas necesarias para implementar las leyes de protección al consumidor. Yo había admitido en numerosas ocasiones que, por diversas razones, el Fed no había hecho todo lo necesario para impedir abusos en los préstamos hipotecarios antes de la crisis. Pero bajo el liderazgo de Sandy Braunstein, directora de división, y con mi firme apoyo, el personal del Fed encargado de la protección al consumidor había realizado grandes avances. El equipo de Sandy estaba particularmente orgulloso de las regulaciones que prohibían prácticas hipotecarias desleales, adoptadas por el Consejo en julio de 2008 bajo la Ley de Propiedad de la Vivienda y Protección del Patrimonio, y de nuestra exhaustiva reforma de la normativa de las tarjetas crédito, aprobada en diciembre de 2008.

Nuestra nueva normativa sobre tarjetas de crédito revisaba la información requerida para abrir una cuenta y para proporcionar los extractos mensuales, a partir de numerosas pruebas realizadas con consumidores. También protegía a los usuarios de tarjetas de crédito de cargos inesperados por intereses y exigía que se les diera una cantidad de tiempo razonable para realizar los pagos, entre otras medidas. Nuestra reforma serviría de base a la Carta de Derechos de Titulares de Tarjetas de Crédito, que se convertiría en la Ley de Tarjetas de Crédito de 2009, aprobada por el Congreso en mayo a propuesta del gobierno de Obama. Algunos artículos periodísticos señalaron que la ley recogía en su mayor parte una serie de regulaciones adoptadas por el Fed, pero en general nuestras contribuciones fueron ignoradas.

Pese a todo, yo comprendía el deseo del gobierno de Obama de tener una sola agencia dedicada a la protección de los consumidores de servicios financieros. Era la única disposición de su plan que podían presentar irrefutablemente como una victoria para Main Street. La mayoría de los bancos centrales no cumplen ningún papel en la protección del consumidor, con lo que difícilmente podía argumentar yo que esa tarea era intrínseca a nuestra misión. En términos de prioridades legislativas, me parecía más importante conservar nuestro importante papel como regulador bancario que velaba por la seguridad y la solvencia e incrementar nuestro papel en la regulación sistémica y macroprudencial. El punto de inflexión en mis ideas había venido tras una reunión con la Junta Asesora del Consumidor, un grupo formado por prestamistas y por defensores del consumidor que informaba al Consejo. Pregunté a los miembros de la junta si creían que el Fed debía conservar sus poderes de protección al consumidor. Aunque los miembros habían trabajado estrechamente con el personal del Fed durante algunos años y nos habían visto incrementar nuestro compromiso con la defensa del consumidor, una considerable mayoría dijo que prefería una nueva agencia. Al final, como en el caso del consejo de estabilidad financiera de Sheila, no me opuse al plan del gobierno de despojar al Fed de su autoridad en materia de protección al consumidor.

Como era de esperar, mi decisión causó consternación entre los miembros del personal a los que afectaba la medida. Sandy Braunstein organizó una reunión para que pudiera escuchar sus inquietudes. Yo señalé que, aunque lucháramos, era improbable que ganásemos. También expliqué que posiblemente la ley les daría a cada uno de ellos el derecho de trasladarse a la nueva agencia, conservando sus emolumentos y su antigüedad, si así lo querían. Pero fue una reunión complicada. A todos les importaba profundamente la tarea de proteger a los consumidores y habían trabajado durante muchas horas para desarrollar las nuevas reglas, solamente para recibir lo que les parecía un voto de censura. Comprendía y compartía su frustración.

En las semanas posteriores a la presentación del plan del Tesoro, el personal de Tim dio forma legislativa a las propuestas generales del gobierno, y Barney Frank presentó una serie de proyectos de ley basados en ellas. Desde mediados de octubre hasta principios de diciembre de 2009, su comité se reunió para reflexionar sobre la introducción de posibles enmiendas. Al final, Barney combinó los resultados en un gigantesco proyecto de ley: 1.279 páginas. El Senado lo aprobó el 11 de diciembre por 223 votos a favor y 202 votos en contra; ningún republicano apoyó la medida.

A lo largo del camino hubo que realizar diversas concesiones. En septiembre, antes incluso de que su comité examinara la legislación, Barney había llegado a un acuerdo con Camden Fine, presidente de la Comunidad de Banqueros Independientes de América, una organización que representaba a más de cinco mil bancos locales. A los banqueros de Fine les preocupaba la nueva agencia de defensa del consumidor. No querían tener que tratar con más burócratas. Pero Fine se comprometió a no presionar en su contra, siempre que Barney eximiera a los bancos con menos de 10.000 millones en activos (prácticamente todos los miembros de la organización de Fine) de exámenes periódicos por parte de la nueva agencia. La agencia redactaría las normas aplicables a todos los prestamistas, grandes y pequeños, pero solo velaría para que las cumplieran los grandes bancos. El Fed, la OCC y la FDIC seguirían examinando a las entidades más pequeñas para velar por el cumplimiento de la normativa.

Barney accedió a la demanda de Fine porque tenía que dividir a la industria bancaria sobre la cuestión. Unida, podía tener la fuerza política para torpedear la agencia de protección al consumidor. Los grandes bancos seguían oponiéndose a ella, pero como el enfado de la ciudadanía contra Wall Street no había mermado, pocos políticos estaban dispuestos a apoyarlos, al menos en público. Por otro lado, casi todos los miembros del Congreso contaban al menos con un banco local en su distrito. Fine, un banquero de mandíbula cuadrada procedente de un pequeño pueblo de Missouri, además de antiguo director de la división tributaria de ese estado, era un defensor astuto y decidido de los pequeños bancos. Creía —con razón— que habían tenido poco que ver con el origen de la crisis y que corrían el peligro de ser castigados por los pecados de los grandes bancos. Yo me reunía con regularidad con él y hablé en las convenciones que su grupo celebraba anualmente durante todos los años que ocupé la presidencia del Fed. En otoño de 2009, los banqueros locales parecían uno de los pocos grupos externos que respaldaban la labor del Fed.

Entretanto, nos enfrentábamos a ataques contra la independencia del Fed, procedentes tanto de la extrema derecha como de la extrema izquierda. Dos de esas campañas estaban ganando impulso bajo la bandera de la transparencia: una para «auditar» el Fed, la otra para revelar qué entidades habían acudido a la ventana de descuento y a las líneas de crédito de urgencia durante la crisis. Eran medidas que parecían razonables en sí mismas —y, por lo tanto, difíciles de contrarrestar—, pero que planteaban serias dificultades a la efectividad del Fed y a su capacidad de actuar al margen de presiones políticas.

La campaña que me causaba mayor frustración era la de auditar el Fed, fundamentalmente porque nuestros libros y operaciones son y han sido objeto de auditorías meticulosas. Sin embargo, a fuerza de repetir continuamente su falaz eslogan «hay que auditar el Fed» y de inducir intencionadamente a confusión, sus defensores lograron convencer a la gente de que estábamos exentos del escrutinio público. ¿Quién podía estar en contra de auditar a una organización con un balance del tamaño del de la Reserva Federal? De hecho, las declaraciones financieras de los Bancos de la Reserva están auditadas por una empresa auditora externa, y el estado financiero del Consejo está auditado por una firma externa contratada por la oficina de nuestro inspector general, un cargo de nombramiento independiente. A toda esta información, junto con las opiniones de los auditores, se puede acceder en la página web del Consejo. Y, como en el caso de la mayoría de las agencias federales, la oficina de nuestro inspector general dirige amplias investigaciones y exámenes de las operaciones del Consejo.

En la cima de esta sucesión de auditorías financieras está la Oficina de Rendición de Cuentas del Gobierno (GAO), que informa al Congreso y evalúa la eficiencia y la integridad de todas las operaciones del Consejo, con una sola y crucial excepción: las decisiones en materia de política monetaria. Los exámenes de la GAO no son auditorías, en el sentido habitual de la expresión (un examen de los estados financieros). Lo que hacen es examinar las medidas adoptadas y los resultados. Aunque suelen ser valiosos, esos exámenes son bastante diferentes de una auditoría en el sentido habitual de la expresión. El Congreso decidió en 1978 excluir la política monetaria —pero no otras funciones de la Reserva Federal, como la supervisión bancaria— del examen de la GAO. La exclusión reafirmó la idea de que el Fed, para diseñar una política monetaria que vele por el interés de la economía a largo plazo, debe estar libre de presiones políticas a corto plazo. En lugar del escrutinio de la GAO, el Congreso exigía informes y comparecencias regulares sobre nuestras acciones para alcanzar los objetivos que nos había asignado: máximo empleo y estabilidad de los precios.

El cuidadoso equilibrio del Congreso entre someter al Fed a la tarea de rendir cuentas, por un lado, y protegerlo de presiones políticas indebidas, por el otro, habría quedado fracturado por las condiciones de auditar el Fed, que hubieran permitido a la GAO examinar todos los aspectos de las decisiones de política monetaria, incluidos los cambios de posición habidos en el transcurso de las reuniones. Como los exámenes de la GAO suelen iniciarse generalmente a petición de miembros del Congreso y suelen reflejar un objetivo político, los exámenes podían convertirse fácilmente en herramientas de acoso. Apenas exagero cuando le digo al público que, si le gusta el control del Congreso sobre el presupuesto federal, entonces debería apoyar la legislación destinada a auditar al Fed y dar con ello al Congreso la potestad de decidir también sobre política monetaria.

En la Cámara de Representantes, el movimiento a favor de la auditoría estaba encabezado por Ron Paul, de Texas, un obstetra que se retiró del Congreso después de 2012. Su hijo Rand Paul fue elegido senador en 2010. Paul padre, que luchaba por la presidencia en la candidatura republicana y en la candidatura libertarista, era partidario de restaurar el patrón oro. El líder del movimiento en el Senado era Bernie Sanders, de Vermont, el autodenominado socialista demócrata. Paul y Sanders tenían una fuerte vena populista. Desconfiaban de las instituciones tecnocráticas como el Fed, como también de lo que consideraban una concentración excesiva del poder financiero en pocas manos. Cierta dosis de populismo es saludable para toda democracia. Nos recuerda que se supone que el Estado tiene que estar al servicio del pueblo y nos advierte de que estemos atentos a la influencia indebida ejercida por las élites poderosas de la Administración y la industria. Los responsables políticos, incluido yo, tenemos que oír esos mensajes. Pero en su forma extrema, por parte de la izquierda o de la derecha, el populismo también conduce a una cínica manipulación del enfado legítimo de los ciudadanos, desdeñando los hechos y los argumentos lógicos. Cuando esos aspectos del populismo dominan el discurso político, el buen gobierno es poco menos que imposible.

Nunca me preocuparon especialmente mis encuentros personales con Paul o con Sanders. Sus opiniones eran de una pureza refrescante que a menudo parecía ajena a la complejidad del mundo real. La principal diferencia entre ambos, al margen de sus ideologías, era que Sanders tenía tendencia a gritar hasta que se ponía rojo, mientras que Paul solía divagar tranquilamente. Sin embargo, el pensamiento de Paul solía encaminarse hacia las teorías conspiratorias. Para justificar su presión para que la GAO examinara la política monetaria, sostuvo en una comparecencia de febrero de 2010 que el Fed había suministrado el dinero utilizado en el robo del Watergate y que en la década de 1980 había facilitado un préstamo de 5.500 millones de dólares a Sadam Huseín, que el dictador iraquí gastó en armas y en un reactor nuclear. Sorprendido, negué las acusaciones considerándolas «absolutamente extravagantes», un juicio confirmado posteriormente por una amplia investigación llevada a cabo por el inspector general del Consejo.

En comparación con la mayoría de la clase política, aquellos dos hombres podían demostrar a veces una honradez apabullante. Le dije a Paul, en una comparecencia celebrada en mayo de 2009 ante el Comité Económico Conjunto, que auditar el Fed, como planeaban él y sus aliados, parecía un intento de dictar al Fed el rumbo de la política monetaria. «Por supuesto: la política es lo único que cuenta», respondió al instante. Tras la publicación en 2009 de su libro *End the Fed* («Acabar con el Fed»), Paul dijo claramente que la auditoría del Fed le parecía un «trampolín» para su eliminación. Yo mantenía cordiales conversaciones en privado con el congresista, incluso en desayunos celebrados en el Fed. Indudablemente era un hombre sincero, pero tenía un pensamiento dogmático. Carecía de una comprensión clara de cómo había funcionado realmente el patrón oro (una realidad muy diferente a la versión idealizada).

Paul, quien trabajaba en el Comité de Servicios Financieros de la Cámara de Representantes con el demócrata Alan Grayson, representante por Florida, logró el 19 de noviembre introducir una enmienda que eliminaba el impedimento de que la GAO se ocupase de examinar la política monetaria, pese a la oposición de Barney y del demócrata Mel Watt, de Carolina del Norte, quien más tarde estaría al frente de la agencia encargada de supervisar a Fannie Mae y Freddie Mac. (Grayson era un buen socio para Paul. El hecho de haber conseguido varios títulos por la Universidad de Harvard no le impedía ser un populista anti-Fed realmente extremo, que disfrutaba acosándome a mí y a otros representantes del Fed en las comparecencias.) Al día siguiente, Warren Buffett, en una entrevista de la CNBC, avisó sobre el peligro de que el Congreso jugueteara con la independencia del Fed. Judd Gregg, senador por New Hampshire, amenazó con obstaculizar cualquier legislación que incluyera la enmienda de Paul cuando llegara al Senado.

Comparados con la gente que abogaba por auditar el Fed, yo tenía un poco más de simpatía por los legisladores que nos presionaban para que reveláramos la identidad de nuestros prestatarios. La transparencia, tanto en la banca central como en el gobierno en general, reviste una importancia mayúscula, sobre todo cuando se ejerce un gran poder. Al mismo tiempo, yo sabía que en este caso la transparencia inmediata plantearía un serio problema en cualquier futuro pánico financiero. Si nos viéramos forzados a revelar de inmediato la identidad de nuestros prestatarios, todos los bancos excepto los más desesperados se abstendrían de acudir a la ventana de descuento. Eso dañaría nuestra capacidad para prestar libremente y, por lo tanto, para calmar crisis de pánico, como los bancos centrales han hecho desde hace siglos.[1] Por desgracia, muchos de nuestros críticos con-

1. Un interesante ejemplo histórico de «estigma» se produjo cuando los nombres de los bancos que recibían créditos de la Corporación para la Reconstrucción Financiera (RFC) se publicaron en los periódicos a finales de agosto de 1932. Los historiadores económicos consideran que la RFC había obtenido cierto éxito a la hora de reducir las quiebras de entidades bancarias durante los primeros siete meses en los que había operado (desde febrero hasta agosto de 1932), pero que su eficacia

fundían los créditos de liquidez a corto plazo, perfectamente garantizados, que habíamos concedido a entidades solventes, con los créditos a mucho más largo plazo asociados con los rescates de entidades que se tambaleaban, como Bears Stearns y AIG. Nuestros créditos de liquidez no eran regalos a entidades individuales; eran un esfuerzo para reemplazar una financiación que se había evaporado con el pánico. Prestábamos a entidades financieras porque queríamos que el crédito siguiera llegando a los clientes, incluidas las familias y los negocios de Main Street.

Con todo, entendía a Bernie Sanders cuando declaró que era difícil ir a casa y decir a sus votantes: «Han prestado vuestro dinero y no sabemos dónde ha ido a parar». Decidí abrir el sobre de la transparencia del Fed. Durante muchos años, como exigía la ley, habíamos publicado un resumen semanal de nuestro balance en una publicación de escasa circulación que conocíamos internamente como H.4.1. El personal del Consejo había creado una nueva página web, presentada en febrero de 2009, para hacer la información más accesible. Incluía información detallada sobre cada uno de los programas de crédito que habíamos lanzado durante la crisis y un gráfico interactivo que mostraba las tendencias del balance. Además pedí a Don Kohn que encabezara un grupo de trabajo interno para examinar nuestras prácticas de transparencia, con vistas a divulgar toda la información útil que fuera posible. En junio de 2009, empezamos a publicar informes mensuales sobre nuestros créditos que incluían nueva información sobre el número de prestatarios, las cantidades prestadas por tipo de entidad y las garantías aceptadas por tipo y calificación crediticia. No obstante, como el sistema financiero y la economía todavía no estaban a salvo, seguimos resistiéndonos a dar nombres, pese a las demandas interpuestas en virtud de la Ley de Libertad de Información (FOIA) por Bloomberg News y Fox News.

Mientras la legislación seguía su camino en el Congreso, reflexionamos sobre los errores de nuestra supervisión bancaria y empezamos

---

disminuyó enormemente después de que se identificara a los destinatarios de los créditos.

a trabajar para mejorarla. Acudí una vez más a Don Kohn para pedirle que encabezara un equipo —formado por responsables políticos y por personal del Consejo y de los Bancos de la Reserva— encargado de elaborar una lista de «lecciones aprendidas», destinada tanto a los banqueros como a nuestros examinadores. A largo de 2009, mientras implementábamos recomendaciones procedentes del proyecto de Don, insistimos en señalar que los bancos estadounidenses añadieran capital para absorber pérdidas, incrementaran sus activos líquidos que podían venderse para hacer frente a una salida masiva de capital y mejoraran la gestión del riesgo. Recomendamos a nuestros examinadores que, cuando descubrieran insuficiencias, presionaran en mayor medida para adoptar acciones correctivas y no dudaran en comunicar sus inquietudes a los altos directivos de los bancos.

Dan Tarullo encabezó nuestros esfuerzos de reforma de la supervisión. Profundamente informado, tenaz y en ocasiones impaciente, Dan era en muchos aspectos la persona ideal para hacerse cargo de una institución resistente al cambio como el Sistema de la Reserva Federal. Con mi apoyo, Dan redujo la autonomía supervisora de los Bancos de la Reserva, el objetivo que Sue Bies había sido incapaz de lograr en 2005. Sus esfuerzos dieron como resultado una mayor coherencia en la supervisión de todos los distritos y un control más coordinado de las entidades más grandes. Dan era un hombre de convicciones firmes y a veces levantaba ampollas, pero la cultura supervisora del Fed empezó a cambiar gradualmente. Desmantelando la mentalidad compartimentada que existía en el Fed, impulsamos el enfoque multidisciplinar utilizado en las pruebas de resistencia de los grandes bancos que habíamos realizado en primavera de 2009. Poco a poco, nuestros supervisores, economistas, abogados, contables y expertos financieros empezaron a trabajar en equipo. Cuando Roger Cole se jubiló en agosto de 2009 como director de la División de Regulación y Supervisión Bancaria del Consejo, lo sustituimos por Pat Parkinson, el economista veterano que habíamos enviado al Tesoro para que trabajara en la reforma financiera. Pat personificaba la perspectiva general que tratábamos de aportar a la supervisión bancaria. Nunca había trabajado como examinador ordinario, pero tenía un profundo conocimiento del sistema financiero y de su papel en la economía, y aportaba una mirada externa a la dirección del trabajo de la división.

Además de cambiar nuestra cultura, nos proponíamos cambiar la cultura de los bancos que supervisábamos, exigiendo a los altos directivos y a los consejos de administración que prestaran más atención a factores que habían conducido a la asunción de riesgos excesivos antes de la crisis. Por ejemplo, nosotros y otros reguladores bancarios les dijimos a los bancos que las compensaciones tenían que estar vinculadas a los resultados a largo plazo, no a los beneficios a corto plazo obtenidos mediante apuestas arriesgadas. Aplicamos aquel principio no solo a los altos directivos, sino también a los empleados de menor nivel, como operadores y agentes de préstamos, cuyas decisiones podían poner en peligro a los bancos.

Naturalmente, el trabajo del Congreso se centraba en la regulación de las empresas nacionales, pero imponer unas normas más estrictas y contar con una supervisión más estricta únicamente para los bancos estadounidenses no garantizaba la estabilidad en un sistema financiero mundializado. Sin coordinación internacional, una regulación doméstica más estricta podía dar como único resultado que una parte de la actividad bancaria se trasladara de Estados Unidos a centros financieros extranjeros. Por otro lado, aunque jurisdicciones extranjeras adoptasen normas comparativamente estrictas, en ausencia de coordinación internacional esas reglas podían ser incoherentes con los criterios aplicados en Estados Unidos, lo que podría fragmentar los mercados de capital mundiales, además de mermar la eficacia de las nuevas reglas. La posible solución a estos problemas estaba en Basilea, donde tiene su sede el Banco de Pagos Internacionales (BPI). El BPI, además de ser un lugar donde se reúnen los gobernadores de los bancos centrales, era también la sede de un foro internacional denominado Comité de Basilea sobre Supervisión Bancaria. En él estaban representados más de dos docenas de países, incluidas algunas de las economías emergentes más importantes.

A principios de septiembre de 2009, el Comité de Basilea empezó a negociar nuevas exigencias internacionales en materia de liquidez y capital bancarios. Dan Tarullo, Bill Dudley y yo representamos al Fed en aquellas negociaciones. Sheila Bair, de la FDIC, y John Dugan, de la Oficina del Interventor de la Moneda, completaban la delegación estadounidense. Las negociaciones llevaron a un acuerdo que se conocería con el nombre de Basilea III. El primer acuerdo de Basilea, firmado en 1988, había establecido el principio del capital basado en el riesgo, es decir, que los bancos debían tener más capital para absorber posibles pérdidas derivadas de activos de riesgo, como créditos comerciales, que para absorber posibles pérdidas procedentes de activos relativamente más seguros, como bonos del Estado. Sin embargo, con el paso del tiempo, los bancos habían encontrado maneras de eludir las rudimentarias ponderaciones del riesgo de Basilea I, bien acumulando activos que cumplían la definición de activos de bajo riesgo en teoría pero que en realidad tenían un riesgo más elevado, bien colocando los activos más arriesgados en sus vehículos fuera de balance (como hizo Citi con sus SIV). Un segundo acuerdo, presentado en 2004 y conocido como Basilea II, establecía un enfoque más sofisticado (pero sumamente complejo) para calcular las necesidades de capital de los bancos más grandes, una operación controlada por los supervisores pero basada en parte en los propios modelos de riesgo de los bancos. Estas nuevas reglas destinadas a determinar la cantidad de capital que había que mantener para cada tipo de activo (que nunca había llegado a implementarse en Estados Unidos) estaban concebidas para desanimar a los bancos a jugar con el sistema, pero no para elevar o disminuir la cantidad total de capital mantenida por las entidades.

Sin embargo, como se había comprobado muy a nuestro pesar, muchos bancos de todo el mundo habían llegado a la crisis sin capital suficiente. En consecuencia, un objetivo primordial de Basilea III era el de incremental el capital de los bancos, en especial el de las entidades importantes para el sistema, cuyas operaciones cruzaban fronteras internacionales. El nuevo acuerdo, hecho público en diciembre de 2010, establecía un incremento de la exigencia de capital en general y un colchón extra de capital «contracíclico». El colchón aseguraría que los bancos acumularían capital en las épocas de bonanza, para poder absorber las pérdidas y seguir prestando en las épocas de crisis. Al año siguiente, el Comité de Basilea añadiría la exigencia de que las entidades financieras consideradas importantes para el sistema debían acumular más capital que las demás.

Basilea III también estableció una nueva exigencia de capital internacional —un índice de apalancamiento mínimo— al margen de los requisitos basados en el riesgo. El índice de apalancamiento es sencillamente la proporción entre el capital total del banco y sus activos totales, sin ajustes en base al riesgo de estos. A diferencia de muchos países, Estados Unidos había exigido a sus bancos que cumplieran con un índice de apalancamiento mínimo antes de la crisis, aunque dicho índice era relativamente bajo. Basilea III amplió la exigencia a todos los bancos activos internacionalmente; y los reguladores estadounidenses, incluido el Fed, elevarían posteriormente el índice de apalancamiento de los bancos estadounidenses por encima del mínimo fijado en Basilea.

El índice de apalancamiento, y el nivel en el que había que fijarlo, desató una considerable controversia tanto en las negociaciones internacionales como en el interior de nuestras fronteras. Los defensores de un índice de apalancamiento alto sostenían que los complejos criterios basados en el riesgo que fijaban Basilea II y Basilea III son fácilmente manipulables por los bancos, y que solo el índice de apalancamiento ofrecía una imagen real del capital bancario. Sus oponentes señalaban que el índice de apalancamiento, si no se acompaña de requisitos basados en el riesgo, permite a los bancos mantener la misma cantidad de capital contra sus activos más arriesgados que la que mantienen contra los más seguros, lo que los incentiva a asumir más riesgos. A mi juicio, una solución de compromiso razonable consiste en utilizar los dos tipos de requerimientos de capital, como hacemos en Estados Unidos, de manera que el índice de apalancamiento sirva como red de seguridad, los tirantes del cinturón de los criterios basados en el riesgo.

En última instancia, Basilea III despertaría otra inquietud importante. Durante la crisis, algunas entidades cumplieron con unos requisitos de capital mínimos pero, aun así, se vieron sometidas a una presión importante, porque no tenían suficiente efectivo ni activos líquidos fáciles de vender para afrontar las exigencias de pago. Por ejemplo, Wachovia Bank cumplía con los criterios de capital marcados por la regulación, pero estuvo a punto de quebrar (y el banco tuvo que ser adquirido por Wells Fargo) porque sus fuentes de financiación se esfumaron. Para hacer frente a ese problema, Basilea III añadió nuevos criterios de liquidez al endurecimiento de sus criterios de capital. Por acuerdo internacional, se exigiría que los bancos tuvieran el suficiente efectivo y otros activos líquidos para sobrevivir a salidas de capital sin tener que recurrir a su banco central.

Mientras trabajábamos en Basilea III, los esfuerzos de la reforma reguladora continuaban en el Congreso. Un mes antes de que la Cámara de Representantes aprobara el proyecto de ley de Barney, Chris Dodd había presentado su propio proyecto, de 1.136 páginas. A diferencia de Barney, no había tomado como punto de partida la propuesta del gobierno, convencido de que solo una legislación satisfactoria para los dos partidos podría ser aprobada por el Senado, donde el partido minoritario tiene mayor capacidad de bloqueo que en la Cámara de Representantes. Incapaz de persuadir a Richard Shelby para que entrara realmente en negociaciones, Dodd presentó un borrador de su propuesta el 10 de noviembre de 2009. Shelby lo censuró en una sesión del Comité de Banca del Senado celebrada el 19 de noviembre. En concreto, no podía aceptar la creación de una nueva agencia que protegiera a los consumidores de servicios financieros, porque la parecía excesivamente gravosa para los bancos e insuficientemente transparente para el Congreso.

Mientras yo revisaba el proyecto de Dodd con los abogados del Fed, me agradó ver que incluía un mecanismo para que la FDIC desmantelara con seguridad entidades financieras importantes para el sistema, una disposición crucial en el plan del gobierno y una de mis máximas prioridades. Pero me preocupó ver que Dodd había mantenido su propósito de arrebatar al Fed casi todas sus tareas, a excepción de la política monetaria. Además de perder nuestras competencias en el ámbito de la protección al consumidor y de la supervisión bancaria, el proyecto de Dodd apenas nos daba espacio para asegurar la estabilidad del sistema. En su lugar, el texto proponía una nueva agencia de estabilidad financiera, dirigida por un presidente independiente nombrado por el presidente del gobierno.

Defendí la necesidad de que el Fed participara tanto en la supervisión bancaria como en el fomento de la estabilidad financiera en un artículo de opinión publicado el 29 de noviembre de 2009 por el

*Washington Post*, una estrategia habitual entre los responsables políticos de Washington pero inhabitual en un presidente del Fed. «La Reserva Federal ha desempeñado un papel importante en la contención de la crisis, y deberíamos tratar de preservar, no de degradar, la capacidad de la entidad para promover la estabilidad financiera y para fomentar la recuperación económica sin inflación», escribí. Sostenía que el Fed ofrecía una mezcla única de conocimientos y experiencia que sería difícil conseguir en una nueva agencia de estabilidad, a corto e incluso a largo plazo. Por otro lado, para servir como prestamista de liquidez de urgencia en una crisis de pánico financiero, debíamos entender tanto los orígenes del pánico como las condiciones de las empresas que podían solicitarnos créditos; para ello necesitábamos desempeñar algún papel en la supervisión de las entidades financieras. A nivel mundial, la tendencia durante el periodo posterior a la crisis era que los bancos centrales asumieran más responsabilidad en la supervisión bancaria y la estabilidad financiera. Por ejemplo, el Banco de Inglaterra había perdido en 1997 la potestad de supervisar los bancos, y en parte como resultado de esa medida se había visto sorprendido por la salida masiva de capital sufrida en 2007 por el banco hipotecario Northern Rock. En 2012, el Parlamento devolvería la supervisión bancaria al Banco de Inglaterra y crearía un nuevo Comité de Política Financiera en su seno, encargado de velar por la estabilidad del sistema financiero británico en su conjunto. Análogamente, el Banco Central Europeo recibiría un nuevo e importante papel en la estabilidad financiera, y en 2014 empezaría a supervisar los bancos de la eurozona.

El 6 de enero de 2010, Dodd anunció que no se presentaría a la reelección. Su popularidad personal y su influencia en el Senado habían menguado, en parte por una serie de controversias, incluidas acusaciones de que el Countrywide de Angelo Mozilo había refinanciado hipotecas de casas de Dodd en Connecticut y Washington a tipos de interés favorables. Descargado de la necesidad de hacer campaña, podía dirigir toda su atención a uno de los últimos instrumentos legislativos importantes de sus treinta y seis años en el Congreso. Pero la oposición de Shelby significaba que aún quedaba mucho trabajo por hacer para obtener un proyecto de ley que el Senado aprobara. Eso llevaría tiempo. A nosotros nos daba algunos meses para presentar nuestro caso ante los senadores, en el comité de Dodd y fuera de él.

Los presidentes de los Bancos de la Reserva estaban particularmente alarmados ante la perspectiva de perder las labores de supervisión bancaria, una de las funciones primarias de las instituciones que dirigían. Los bancos ya habían padecido etapas de despido de personal en la pasada década, cuando muchos servicios financieros de la Reserva Federal, como la compensación de cheques, se fusionaron en departamentos menos numerosos. En particular, con la llegada de los sistemas de compensación electrónicos, muchos empleados que en tiempos se habían dedicado a tramitar los cheques en papel ya no eran necesarios. Los Bancos de la Reserva seguían participando en la confección de la política monetaria, distribuían billetes y monedas, hacían un seguimiento del estado de la economía en su región y participaban en esfuerzos de desarrollo de su comunidad, pero una gran proporción del resto de sus empleados examinaba y supervisaba bancos y sociedades de cartera bancarias.

Desde el principio, algunos presidentes se mostraron escépticos sobre el compromiso del Consejo para conservar todas nuestras facultades supervisoras. Tim Geithner y el gobierno insistían solo para que el Congreso mantuviera al Fed como supervisor de las treinta y cinco sociedades de cartera bancarias que poseían al menos 50.000 millones de dólares en activos. Tim estaba dispuesto a retirar al Fed la supervisión de los bancos miembros con licencia estatal, al igual que Dan Tarullo, si ese era el precio que había que pagar para continuar supervisando las entidades más grandes. Yo coincidía en que la autoridad supervisora sobre los bancos más grandes era crucial para que el Fed pudiera controlar las crisis financieras. Sin embargo, también quería conservar la supervisión de las sociedades de cartera bancarias más pequeñas y de los bancos miembros con licencia estatal.

En parte yo estaba respondiendo a las inquietudes de los presidentes de los Bancos de la Reserva, para quienes la pérdida de la supervisión era una amenaza existencial. Pero además coincidía con sus principales argumentos. Perder la autoridad para supervisar los bancos más pequeños podía crear un peligroso punto ciego. Examinar los bancos de todos los tamaños y de todas las partes del país nos permitía comprender mejor la industria en su conjunto y detectar con antelación posibles problemas. Examinar bancos más pequeños también fortalecía nuestras conexiones con las comunidades locales y mejoraba nuestra capacidad de monitorizar la evolución económica a nivel local, lo que conduciría a una política monetaria más eficaz. A fin de cuentas, ¿quién sabe más sobre la economía local que un banquero local? Siempre que podía defendía que el Fed siguiera manteniendo la potestad de supervisar tanto a bancos grandes como pequeños. Planteé la cuestión durante las docenas de reuniones con congresistas organizadas como parte del proceso de reconfirmación en mi cargo, y hablé por teléfono con muchos más legisladores en invierno y primavera. También insistí al respecto en mis comparecencias ante el Congreso.

Yo sabía que podía contar con el firme apoyo del Tesoro y de la Casa Blanca para continuar supervisando las entidades de mayor tamaño. De hecho, la determinación de Dodd a apartarnos de la supervisión bancaria se suavizó en gran parte después de que así se lo pidiera el presidente Obama durante una reunión en el Despacho Oval. El proyecto de ley que Dodd llevaría a su comité en marzo de 2010, a diferencia de su propuesta de noviembre de 2009, dejaba en nuestras manos la supervisión de las sociedades de cartera bancarias con más de 50.000 millones de dólares en activos. En el proyecto de Dodd, la autoridad sobre las sociedades de cartera más pequeñas quedaría dividida entre la OCC y la FDIC. La responsabilidad supervisora sobre los bancos con licencia estatal que fueran miembros del Sistema de la Reserva Federal quedaría en manos de la FDIC.

Aunque estábamos haciendo progresos, los presidentes de los Bancos de la Reserva seguían muy preocupados por las últimas propuestas de Dodd. El Fed de Nueva York supervisaba seis de las siete sociedades de cartera bancarias más importantes, y diez de las treinta y cinco de mayor volumen. Ningún otro Banco de la Reserva supervisaba más de cuatro de las treinta y cinco con mayor peso, y dos de ellos —el Fed de St. Louis y el Fed de Kansas City— no supervisaban ninguna. Por otro lado, Kansas City supervisaba 172 bancos con licencia estatal, más que cualquier otro Banco de la Reserva. No es de extrañar que el presidente del Fed de Kansas City, Tom Hoenig, junto con Richard Fisher de Dallas, encabezaran la campaña de los Bancos de la Reserva para conversar su papel en la supervisión bancaria. Hoenig se reunió con senadores por su cuenta y organizó reuniones y llamadas telefónicas con sus homólogos. El 5 de mayo de 2010, él y otros tres presidentes de Bancos de la Reserva se reunieron en privado con un grupo de legisladores. Aquellas actividades amenazaban con socavar nuestros esfuerzos de dirigirnos al Congreso con algo parecido a una sola voz. Hoenig envió a los miembros del Consejo y a los presidentes de los Bancos de la Reserva un resumen de sus reuniones con los senadores y escribió: «El liderazgo del Fed (y en especial su presidente) debe volverse agresivo». En realidad, pese a mi estilo moderado, fui tan agresivo sobre esta cuestión como sobre cualquier otra a la que me enfrenté durante mi época en Washington. En una llamada telefónica con el senador Bob Corker, presioné hasta tal punto para que el Fed conservara la supervisión de los bancos miembros con licencia estatal, que este me reprendió por actuar como un cabildero.

Finalmente prevaleció la tradición de colegialidad del Fed, lo que permitió que los miembros del Consejo y los presidentes de los Bancos de la Reserva unieran fuerzas. En julio de 2009, el Consejo había contratado a una nueva directora de relaciones con el Congreso, Linda Robertson, que había servido en un puesto similar en el Departamento del Tesoro en los tiempos de Clinton. Linda, una veterana del Capitolio que parecía conocer a cada miembro del personal y a cada representante con los que tratábamos en el Congreso, comprendía perfectamente cómo funcionaba la institución y cómo respondían sus miembros a los incentivos y las presiones. Trabajó con ahínco para defender nuestra postura y para mantener a los presidentes informados y cantando, aunque no en perfecta armonía con el Consejo, al menos el mismo himno.

Al final, pese a algunas fricciones, los presidentes de los Bancos de la Reserva ayudaron al Fed a navegar durante un periodo de grandes riesgos políticos. Muchos de ellos sacaron un buen partido de las relaciones con legisladores locales que habían cultivado a lo largo de los años. Halcones como Hoenig recordaban a los legisladores con su misma sensibilidad que el Fed no era un organismo monolítico, y que sus ideas sobre política monetaria estaban representadas en la institución. Los Bancos de la Reserva habían desarrollado asimismo amplios y profundos lazos en sus distritos gracias a los consejos del sector privado, a las juntas de sus veinticuatro sucursales, a los miembros de los consejos asesores y a antiguos consejeros. Docenas de prominentes ciudadanos de cada distrito pertenecían a los que nos gustaba llamar «la familia del Fed». Muchos de ellos se ofrecieron a encargarse a nuestro lado de esta o aquella tarea. Sus esfuerzos ayudaron, aunque Linda luchó para coordinar las comunicaciones con el Congreso y para limitar las actuaciones por libre, que a su juicio podían hacer más mal que bien.

En el Senado, Dodd nunca consiguió su gran acuerdo bipartidista. Intentó diversas tácticas después de la mordaz crítica de Shelby a mediados de noviembre. Formó equipos bipartidistas de miembros del comité para llegar a soluciones de compromiso en cuestiones concretas, con magros resultados. Cuando él y Shelby llegaron a un punto muerto, trabajó con Corker, un republicano de medio rango que formaba parte del comité. Pese a todo, Dodd no pudo alcanzar un acuerdo amplio, y cuando llegó el momento, el 22 de marzo, de enviar el proyecto de ley al Senado, todos los republicanos de su comité votaron no. Sin embargo, sus esfuerzos persistentes en derribar barreras darían fruto aquella misma primavera. El Senado en pleno aprobó la legislación de la reforma reguladora, por 59 votos a favor y 39 en contra, el 20 de mayo, con el apoyo de cuatro senadores republicanos. El proyecto del Senado, como el proyecto de la Cámara de Representantes, conservaba nuestra autoridad supervisora sobre todas las sociedades de cartera bancarias y bancos miembros con licencia estatal, gracias a una enmienda introducida por Amy Klobuchar, de Minnesota, y Kay Bailey Hutchison, de Texas (amiga y en tiempos oponente política de Richard Fisher), y de las presiones de la Comunidad de Banqueros Independientes de América encabezada por Camden Fine. Dodd forjó asimismo un acuerdo con Bernie Sanders, en sustitución del proyecto de auditar el Fed, que incrementaba las revelaciones y garantizaba un único examen de la gobernanza del Fed y de los programas de los tiempos de la crisis.

El siguiente paso, en junio, fue una conferencia entre algunos miembros de la Cámara y del Senado para limar las diferencias de sus respectivos proyectos de ley. Todos los miembros suscribieron el compromiso resultante, y el presidente Obama promulgó la ley el 21 de julio de 2010. Asistí a la ceremonia de firma en el Edificio Ronald Reagan, un enorme complejo de oficinas situado a algunas manzanas de la Casa Blanca. Me sentía satisfecho. El proyecto de ley, que al final resultó muy parecido a la propuesta del gobierno, distaba de ser perfecto, pero a pesar de todo era un logro sustancial. Por casualidad, aquella tarde comparecí ante el comité de Dodd para presentar el informe semestral del presidente del Fed. En mi comparecencia dije que la legislación había recorrido un largo camino para lograr su objetivo general: «Reducir las probabilidades de futuras crisis financieras y fortalecer la capacidad de los reguladores financieros para responder a los riesgos que pueden aparecer».

Dodd observó sensatamente que al Fed y a las otras agencias les costaría años redactar las normativas para implementar la ley, conocida formalmente como Ley Dodd-Frank de Reforma de Wall Street y Protección al Consumidor. «Queda mucho trabajo por hacer», señalé también. De hecho, según una estimación, la ley exigía que las agencias redactaran 243 nuevas regulaciones, realizaran 67 estudios puntuales y elaboraran 22 nuevos informes periódicos, todo lo cual debía ser realizado por el personal mientras seguía encargándose de sus labores habituales. Muchas de las reglas eran «multiagencia», lo que significaba que hasta cinco o seis agencias debían ponerse de acuerdo sobre ellas.

A mi juicio, la legislación final había alcanzado soluciones de compromiso inteligentes en la mayoría de las cuestiones espinosas. Llenando un importante hueco en la supervisión, el Fed se convertiría en el regulador de las entidades financieras sistémicamente importantes, ya fueran sociedades de cartera bancarias no bancarias, como sociedades de inversión de Wall Street, o grandes aseguradas como AIG. Tendríamos que diseñar exigencias de capital más estrictas y otros criterios para las compañías de esa categoría, pero no determinaríamos las firmas que eran importantes para el sistema. Esa labor recaía en un nuevo organismo, el Consejo de Supervisión de la Estabilidad Financiera, formado por los presidentes de las numerosas agencias reguladoras federales del sector financiero (incluido el Fed) y presidido por el secretario del Tesoro, como había propuesto el gobierno.[2]

Una enmienda de la senadora Susan Collins de Maine aseguraba, entre otras cosas, la aplicación de exigencias de capital más estrictas no solo a entidades estadounidenses, sino también a bancos de propiedad extranjera que operasen en Estados Unidos. La medida molestó a algunos banqueros extranjeros y a sus reguladores. Antes de la Ley Dodd-Frank, el Fed había confiado en las empresas matrices del extranjero para proporcionar apoyo financiero si una filial estadounidense se metía en problemas. Pero, como quedó demostrado por los inmensos créditos que las entidades de propiedad extranjera tomaron del Fed durante la crisis, era necesario que las filiales estadounidenses de bancos extranjeros se sostuvieran por sí mismas. El Consejo procedería a aprobar normas estrictas que obligarían a las filiales estadounidenses de entidades extranjeras a satisfacer condiciones similares a las impuestas a los bancos nacionales.

El proyecto de ley definitivo, como la propuesta original del gobierno, dejaron relativamente intacta la burocracia reguladora. Sin embargo, eliminó la Oficina de Control del Ahorro (OTS) y creó una Oficina de Protección Financiera del Consumidor. El acuerdo al que habían llegado Barney Frank y Camden Fine, que blindaba a los bancos más pequeños de exámenes regulares por parte de ese organismo, sobrevivió. Al nuevo regulador se le dio el nombre de «oficina» y no de «agencia» porque, a sugerencia de Bob Corker, se convirtió técnicamente en parte de la Reserva Federal. En realidad, eso era solo la teoría. La oficina estaría encabezada por un director nombrado por el presidente del gobierno y confirmado por el Senado, y en consecuencia actuaría al margen del Fed. Nuestra organización no tendría la facultad de contratar, despedir o dirigir a ninguno de sus empleados, ni de revisar o desaprobar sus normas, ni de intervenir en ninguno de sus exámenes o procedimientos. Sin embargo, se nos exigía pagar indefinidamente sus costes operativos (563 millones de dólares en 2014). Aquel acuerdo inusual liberaba a la agencia de

2. El nombre difería del propuesto por el gobierno en junio de 2009: Consejo de Supervisión de Servicios Financieros.

tener que acudir todos los años al Congreso para que este aprobara su presupuesto. Sin embargo, el resultado de cara a los contribuyentes era el mismo. Cada dólar gastado en las operaciones de la oficina implicaba que la Reserva Federal devolvía un dólar menos en ingresos netos al Tesoro.

El gobierno reclutó a Elizabeth Warren, que había propuesto la nueva agencia en 2007, para levantarla y ponerla en funcionamiento. Pero la implacable oposición de los republicanos implicó que nunca sería confirmada en su cargo. Warren vino a verme para hablar sobre el traslado de personal y otros recursos del Fed. Fue una conversación agradable, y parecía encantada con la cooperación que le estábamos brindando. Sin embargo, sus sentimientos eran demasiado populistas como para que estuviéramos de acuerdo en la toma de decisiones políticas, y cuando se convirtió en senadora por Massachusetts a menudo criticaría al Fed con dureza.

Una de las reformas más importantes de la Ley Dodd-Frank era la nueva autoridad para desmantelar empresas financieras que fueran importantes para el sistema y estuvieran en quiebra. Bajo la «autoridad de liquidación ordenada», el secretario del Tesoro, después de consultar con el presidente y de obtener la aprobación de los consejos de la Reserva Federal y de la FDIC, podía traspasar una empresa en quiebra a la FDIC. Esta podía operar la firma y satisfacer sus compromisos con acreedores garantizados (como contrapartes repo). La FDIC también podía repudiar contratos, como los contratos de primas de AIG, e imponer pérdidas a los acreedores no garantizados. Se despediría a los altos directivos de la empresa, y los accionistas serían los últimos en recuperar su inversión. La FDIC podía tomar en préstamo del Tesoro todos los fondos necesarios para desmantelar una gran empresa, pero en el caso de que incurriera en pérdidas, estas se recuperarían gravando un impuesto a las grandes compañías financieras. Para facilitar el trabajo a la FDIC, las grandes compañías financieras presentarían unos planes, denominados «testamento vital», explicando cómo podían ser desmanteladas sin desestabilizar el sistema financiero.

Una vez implantada la nueva autoridad de liquidación ordenada, el Fed perdería su capacidad de emplear la Sección 13(3) —una disposición «inusual y urgente»— para rescatar a entidades como AIG y Bear Stearns. Era una facultad que no me importaba perder. Siempre podríamos utilizar la cláusula 13(3) para crear programas de crédito de urgencia de los que podrían beneficiarse un gran número de entidades, como nuestro programa de crédito para agentes de valores o el instrumento de apoyo a los fondos del mercado monetario, aunque primero tendríamos que obtener el permiso del secretario del Tesoro. Aquello no me parecía una concesión, puesto que no soy capaz de imaginar una grave crisis financiera en la que el Fed y el Tesoro no trabajaran mano a mano.

Sin embargo, es posible que algunos aspectos de la legislación final mermaran nuestra capacidad de respuesta ante futuros pánicos financieros. En virtud del compromiso al que habían llegado Bernie Sanders y Chris Dodd, tendríamos que publicar la identidad de los futuros prestatarios de la ventana de descuento, aunque con una demora de dos años. Empezaríamos a hacerlo en septiembre de 2012. La divulgación demorada es preferible a la divulgación inmediata, pero es posible que los nuevos requisitos establecidos para ella aumentasen el estigma que supone pedir un crédito al Fed en una crisis de pánico. La legislación restringía asimismo la autoridad de la FDIC para garantizar deuda bancaria, como había anunciado la agencia el 14 de octubre de 2008. Ahora la FDIC necesitaría la aprobación del Congreso además de la coordinación entre el Fed y el secretario del Tesoro, un obstáculo que no sería sencillo de superar, como se vio en la votación del TARP. Y la FDIC ya no podría invocar la excepción por riesgo sistémico para ayudar a estabilizar empresas, como había hecho durante la crisis con Citigroup.

Otras disposiciones que afectaban a la Reserva Federal resultaron, desde nuestra perspectiva, mucho mejores que las propuestas originales. En función del acuerdo entre Dodd y Sanders, seguiríamos al margen de que la GAO pudiera examinar de manera continuada —y tal vez motivada políticamente— las decisiones sobre política monetaria (así llegó a su fin el mantra «Hay que auditar el Fed»). Pero la legislación exigía dos exámenes puntuales de la GAO: uno analizaría los créditos que habíamos concedido durante la crisis, y el otro estudiaría el sistema de gobernanza del Fed creado hace un siglo por la Ley de la Reserva Federal. El examen de los créditos concedidos durante la crisis, publicado en julio de 2011, mostraría que nuestros programas habían estado eficazmente diseñados y manejados, y que se había recuperado todo el dinero prestado. El examen sobre la gobernanza se centraba en los consejos del sector privado de los nueve Bancos de la Reserva, que por ley incluían a banqueros y a otros expertos en la industria financiera. Para evitar conflictos de interés, desde hace tiempo teníamos directrices que impedían a los consejeros de los Bancos de la Reserva participar en las decisiones sobre supervisión bancaria y créditos de urgencia. La GAO determinó que nuestras directrices se habían cumplido, pero sugirió que las publicáramos en las páginas web del Fed. La ley establece que tres de los miembros de cada consejo del Banco de la Reserva sean elegidos por banqueros como representantes de los bancos del distrito. Para no dar la impresión de que los banqueros elegían a su propio regulador, la Ley Dodd-Frank impidió a esos tres consejeros intervenir en el proceso de selección de los presidentes de los Bancos de la Reserva Federal, limitando esa tarea a los seis consejeros restantes.

Como el gobierno había propuesto en origen, la legislación final endureció la regulación de derivados y sacó a la luz en mayor medida el comercio de derivados, al requerir un mayor uso de los mercados. La ley final fue más allá de la propuesta original del gobierno con la adición de que lo que se dio en llamar la normativa Volcker, llamada así por su artífice, el expresidente de la Reserva Federal Paul Volcker. Paul, que en cierta ocasión había afirmado que los cajeros automáticos eran la única innovación financiera valiosa de su tiempo, creía que la actividad de los bancos en los mercados de valores por su propia cuenta les distraía de su propósito principal, que consistía en prestar dinero. Peor aún, a su juicio les llevaba a asumir riesgos excesivos, y les acarreaba unas pérdidas que acababa pagando el contribuyente. Su normativa, respaldada por el presidente Obama en enero de 2010, prohibía a las entidades bancarias participar en operaciones a corto plazo de muchas clases de valores, derivados, futuros y opciones sobre materias primas. Establecía excepciones para las operaciones con valores del Estado, para el uso de los derivados con vistas a cubrir (o a reducir) los riesgos de la empresa y para realizar operaciones bursátiles en nombre de sus clientes. En cierto sentido, la normativa Volcker era un intento de restablecer la disposición de la Ley

Glass-Steagall, aprobada en tiempos de la Depresión, que había separado la banca comercial y la banca de inversión.

La Ley Dodd-Frank dejó algunos cabos sueltos. Por ejemplo, el estatus de Fannie Mae y Freddie Mac siguió en el limbo, y la ley no abordó la vulnerabilidad de los fondos del mercado monetario y de los mercados de repo a las salidas de capital. Pese a todo, ha servido para mucho y es un logro notable.

A mi juicio, muchos altos funcionarios, legisladores y responsables políticos reguladores —junto con su personal— que dedicaron un año y medio de enorme trabajo a la legislación estuvieron guiados, consciente o inconscientemente, por ese sentimiento al mismo tiempo noble y pragmático que Woodrow Wilson expresó antes de poner la primera piedra de lo que sería el Sistema de la Reserva Federal: «Debemos trabajar con nuestro sistema económico tal como es y tal como se lo puede modificar, no como podría ser si pudiéramos escribir en una página en blanco; y paso a paso lograremos que sea como tiene que ser», proclamó Wilson en su discurso de investidura. Un siglo después, las palabras de Wilson conservan todo su sentido.

# QE2: FALSO AMANECER

El 3 de febrero de 2010, seis días después de que el Senado votase mi confirmación para un segundo mandato de cuatro años, estaba en pie con la mano derecha levantada y Anna a mi lado en un rellano que dominaba el espacioso vestíbulo del Edificio Eccles. El vicepresidente, Don Kohn, mi buen amigo y compañero a lo largo de la crisis, me tomó el juramento. Miembros del Consejo, visitantes y cientos de empleados se habían reunido en la planta baja, a lo largo de la baranda que circundaba el atrio en el primer piso y en las amplias escaleras de mármol a cada lado.

«Estados Unidos y el mundo están en deuda con vosotros —le dije al personal—. Hemos actuado rápida, enérgica y creativamente para enfrentarnos a la crisis financiera más grave desde la Gran Depresión y prevenir un colapso económico en ciernes.»

Mi agradecimiento era sincero. Nuestra respuesta a la crisis había sido un trabajo de equipo. Pero aquel día no estaba cantando victoria; no con más de quince millones de estadounidenses incapaces de encontrar trabajo y muchos millones más bajo amenaza de perder sus hogares. «Debemos seguir haciendo todo lo que podamos para garantizar que nuestras medidas están ayudando a guiar al país para que vuelva a la prosperidad», dije.

La economía había empezado a crecer de nuevo durante el verano de 2009, finalizando una recesión de un año y medio, la más larga desde el declive de 1929-1933 que había marcado la primera parte de la Gran Depresión. La estimación inicial para el último trimestre de 2009 mostraba una rápida expansión de la producción. El crecimiento, sin embargo, no había llevado aparejada una mejora significativa en el mercado de trabajo. La tasa de desempleo, un 10,2% en octubre —la más alta en veintiséis años—, se mantuvo en el 10% al final de 2009.[1] La situación recordaba a la recuperación sin empleos que había tenido lugar en la recesión de 2001. Me pregunté si aquello se repetiría.

Aun así, nuestro programa de préstamos y compra de valores —junto al estímulo fiscal del gobierno de Obama y las pruebas de resistencia de los bancos— parecían estar produciendo el efecto deseado. Las condiciones financieras mejoraban, lo que era la avanzadilla de la economía en su conjunto. Las acciones habían vuelto a subir sustancialmente, los mercados de financiación funcionaban con más normalidad, y el sistema bancario, aun sin estar totalmente saneado, parecía que se había estabilizado. Al menos en lo que se refería al sistema financiero, era hora de empezar a desactivar las medidas de emergencia.

El primer paso lo habíamos dado en junio de 2009, cuando el Consejo redujo de 300.000 millones de dólares a 250.000 millones los préstamos ofrecidos a los bancos en las subastas quincenales de la ventana de descuento. En marzo de 2010 cerraríamos por completo las subastas. También estábamos a mitad de camino de normalizar los términos de nuestros préstamos regulares de la ventana de descuento a los bancos. En marzo, el vencimiento habitual de los préstamos, que se había extendido a noventa días durante la crisis, volvería a ser de un día. Y con menos motivos para animar a los bancos a pedirnos prestado, pronto aumentaríamos un cuarto de punto porcentual el tipo de interés de los préstamos de la ventana de descuento.

El préstamo en todas las diferentes líneas 13(3) menos una, incluyendo las dirigidas a estabilizar los fondos de los mercados monetarios, el mercado de papel comercial y las empresas de valores, había finalizado el 1 de febrero, así como los acuerdos de permuta de divisas con otros bancos centrales. La única línea de préstamo especial que seguía activa era la TALF. Después del 30 de junio de 2010 también finalizaría aquella. En conjunto, la TALF prestó 71.000 millones de dólares, por debajo del límite original del programa —200.000 millones— y muy por debajo de la expansión a un billón de febrero de 2009. Incluso así, sustentó casi tres millones de préstamos para

1. El Departamento de Trabajo revisó en 2012 las tasas indicadas en los primeros informes, situándolas en un 10% en octubre y un 9,9% en diciembre de 2009.

automoción, más de un millón de préstamos para estudiantes, casi 900.000 préstamos a pequeñas empresas, 150.000 préstamos a otros negocios y millones de préstamos para tarjetas de crédito.

Me alegraba lo que habíamos conseguido con aquellos programas. Mucho menos conocidas, y ciertamente menos polémicas que los rescates a Bear Stearns y a AIG, nuestras infraestructuras de préstamos habían sido esenciales para controlar el pánico. Y aunque hicimos miles de préstamos a un amplio abanico de prestatarios, cada céntimo fue devuelto con intereses, y el Fed, y de ese modo los contribuyentes obtuvieron una ganancia de miles de millones de dólares. Y lo que fue más importante, esos programas evitaron que el sistema financiero se paralizase y ayudaron a mantener el flujo de crédito. Walter Bagehot habría estado contento.

Aunque los miembros del FOMC, tanto halcones como palomas, estaban de acuerdo en que era hora de poner fin a los programas de préstamos de emergencia, disentían en cuándo empezar a retirar nuestra política monetaria flexible. Al final de marzo habríamos completado las compras de valores prometidas un año antes. Ahora poseíamos dos billones de dólares en valores de Tesoro, valores respaldados por hipotecas de Fannie, Freddie y Ginnie, y deuda de Fannie y Freddie, frente a los 760.000 millones de dólares que poseíamos antes de que ampliásemos la QE1 en marzo de 2009. Entretanto, habíamos mantenido el tipo de los fondos federales cercano a cero y seguimos prediciendo, en nuestra declaración, que seguiría siendo excepcionalmente bajo «durante un largo periodo». Los halcones, liderados por el presidente del Fed de Kansas City, Tom Hoenig (que tenía derecho a voto en 2010), estaban preocupados por la posibilidad de que aquella política acabase teniendo efectos secundarios negativos; si no una mayor inflación, sí que los mercados financieros volviesen a correr riesgos excesivos. Presionaron al comité para que pensara en la forma de abandonar las políticas excepcionales.

Con el desempleo aún cerca de su punto más alto y la inflación bastante baja, yo pensaba que aún estábamos lejos de tener que endurecer nuestra política. Mi creencia estaba basada en dos episodios históricos, uno de hace setenta años y otro relativamente reciente. El primero era la recesión de 1937-1938, la llamada «recesión dentro de la Depresión». Las políticas fiscales y monetarias expansionistas habían puesto a la economía en la senda de la recuperación después de que Franklin Roosevelt ocupara la presidencia en 1933. Pero el miedo excesivo a una futura inflación llevo a que en 1937 se endurecieran las políticas monetaria y fiscal, a pesar del hecho de que el desempleo seguía siendo elevado. Las subidas de los impuestos y una reducción de la masa monetaria (causada en parte por la política del Fed) empujaron a la economía, que aún era frágil, de vuelta a una pendiente pronunciada. Más recientemente, el Banco de Japón, ansioso de abandonar los tipos de interés cero, había endurecido la política en el año 2000 y de nuevo en 2007. En cada ocasión, dicho movimiento resultó ser prematuro y el banco central se vio obligado a dar marcha atrás. Aun así, en interés de una buena planificación pensé que tenía sentido que el FOMC negociase y llegara a un acuerdo sobre los mecanismos para normalizar las políticas. Dejar bien claro que teníamos una estrategia funcional para endurecer las políticas cuando llegase el momento, aliviaría las preocupaciones de los halcones dentro del Fed y de los críticos externos.

Barney Frank pensó que también sería útil hablar públicamente de los temas relacionados con la salida de las políticas. Me invitó a prestar declaración el 10 de febrero ante el Comité de Servicios Financieros de la Cámara de Representantes. No era algo que me entusiasmase, especialmente teniendo en cuenta que dos semanas más tarde tendría que presentar mi Informe sobre Política Monetaria semestral. Además, el fin de semana anterior tenía planificado asistir a una reunión de los ministros de Economía del G-7 y los gobernadores de los bancos centrales en Iqaluit (Canadá), lo que no me dejaría mucho tiempo para prepararme. Pero era más fácil prestar declaración que decirle a Barney que no.

Iqaluit, una ciudad de unos siete mil habitantes, es la capital del territorio de Nunavut, en el norte de Canadá, a unos trescientos kilómetros por debajo del Círculo Polar Ártico. Está rodeada de nieve y hielo y en invierno solo se puede llegar a ella por aire. Aquel entorno austero parecía apropiado, teniendo en cuento los objetivos en cuanto a políticas del ministro de Economía canadiense, Jim Flaherty, el anfitrión, y algunos de sus homólogos europeos. Ahora que había pasado la fase más caótica de la crisis, ellos —al igual que los halcones del FOMC y algunos legisladores estadounidenses— solicitaban políticas monetarias y fiscales menos expansionistas. Tim Geithner y yo nos resistíamos. No estábamos seguros de que el progreso actual fuera suficiente para justificar un cambio de rumbo.

Las conversaciones en Iqaluit se alternaron con paseos en trineo (yo decliné, pero Mervyn King se apuntó) y una oportunidad de ver el interior de un auténtico iglú y comer carne cruda de foca. (Yo fui al iglú pero pasé de la carne de foca.) El clima fue agradable durante nuestro viaje casi ártico, pero creó problemas a la hora de regresar a Washington. Mientras estábamos fuera, una gran tormenta de nieve, a la que más tarde llamaron Nievemagedón, dejó sesenta centímetros de nieve en Washington y cubrió gran parte de la región atlántica central. Los aeropuertos de Washington cerraron y tuvimos que pasar una noche en Boston antes de volver a casa.

Las oficinas del gobierno estaban cerradas, pero yo quería preparar la audiencia de Barney del miércoles. El martes por la mañana, miembros del personal, con jerséis, vaqueros y camisas de franela, se reunieron conmigo en la Antesala, una sala de reuniones pequeña pero elegante decorada con los retratos de presidentes anteriores. Repasamos las preguntas que podrían hacerme. Otros miembros del personal se nos unieron por teleconferencia. Al final resultó que las oficinas federales no volverían a abrir hasta el viernes, y la audiencia se aplazó hasta marzo. De todas formas subimos mi declaración a la página web del Consejo. En ella explicaba cómo íbamos a subir los tipos de interés cuando fuera el momento adecuado si llegados a aquel punto nuestro balance era mucho mayor que lo normal, lo que parecía probable.

Antes de la crisis, el Fed actuaba sobre el tipo de los fondos federales modificando la oferta de reservas bancarias. En particular, para subir el tipo vendíamos algunos de nuestros valores. El pago que recibíamos reduciría las reservas de los bancos y los pondría en situación de tener que pedir préstamos en el mercado interbancario. El aumento de préstamos solicitados por los bancos hacía que subiera el tipo de los fondos federales, que era el tipo de interés de los préstamos interbancarios. Pero la compra de valores que habíamos realizado bajo la QE1 había hecho subir las reservas de los bancos hasta el punto de que la mayoría no tenían razones para pedirse dinero pres-

tado unos a otros. Con prácticamente ninguna demanda de préstamos interbancarios a corto plazo, el tipo de los fondos federales
había caído hasta casi cero. En esa situación, una reducción moderada de la oferta de reservas era poco probable que afectase a la
necesidad de préstamos de los bancos y, de este modo, que influye-
se en el tipo de los fondos federales. En resumen, no funcionaría el
método tradicional del Fed para actuar sobre los tipos de interés a
corto plazo con el fin de aumentar el empleo y maximizar la estabilidad de los precios.

Necesitábamos nuevos sistemas para subir los tipos de interés
cuando llegase el momento, incluso si nuestro balance seguía siendo
elevado. Una nueva herramienta importante había aparecido como
parte de la legislación TARP, cuando el Congreso había capacitado al
Fed para pagar intereses por las cuentas de reserva de los bancos.
Habíamos fijado el tipo en el 0,25%. Si queríamos endurecer las políticas, podíamos aumentarlo. Dado que los bancos no estaban dispuestos a prestarse unos a otros, o a cualquier tercero, a un tipo inferior al que podían obtener manteniendo sus reservas en el Fed, subir
el tipo de interés que se pagaba por las cuentas de reservas debería
aumentar el tipo de los fondos federales y otros tipos a corto plazo.

Como complemento a esa herramienta, también habíamos probado métodos para sacar reservas del sistema bancario sin tener que
vender necesariamente nuestros valores. Uno de esos métodos era
ofrecer a los bancos depósitos a plazo con un rendimiento más elevado y vencimientos más largos. La cuenta de reservas de un banco en
el Fed es parecida a la cuenta corriente de un consumidor en un banco comercial. Al igual que un consumidor con una cuenta corriente,
un banco puede retirar fondos cuando quiera de su cuenta de reservas. Los depósitos a plazo que ofreceríamos se podían ver como
equivalentes a los certificados de depósito, o CD. Al igual que el dinero en un CD, las reservas depositadas a plazo no se podían usar de
un día para otro, lo que a efectos prácticos reducía la disponibilidad
de reservas en el sistema bancario. Menos reservas disponibles deberían implicar un tipo de los fondos federales más elevado. Otra herramienta implicaba financiar nuestras posiciones en valores solicitando préstamos a los agentes de valores y a otros prestamistas no
bancarios en vez de a través de la creación de reservas bancarias. De

nuevo, menos reservas en el sistema bancario deberían hacer que subiera el tipo de los fondos federales.

Por supuesto, siempre podíamos endurecer la política monetaria vendiendo algunos de nuestros valores, con lo que se desharían los efectos de la expansión cuantitativa. Estaba dispuesto a considerar la venta de nuestros valores en algún momento, si se trataba de ventas graduales y anunciadas con suficiente antelación. Pero veía aquello como una forma de normalizar nuestro balance a más largo plazo, no como una herramienta principal para endurecer la política. Me preocupaba que la venta de valores del Fed provocase fluctuaciones inestables y difíciles de predecir de los tipos de interés, convirtiéndolos en una herramienta menos precisa para gestionar las condiciones financieras.

Los nuevos métodos eran proyectos en desarrollo, pero ya había visto bastante para estar seguro de que no habría obstáculos técnicos para endurecer las políticas, incluso si nuestras posiciones en valores seguían siendo mucho mayores que antes de la crisis. Quería que comprendieran eso tanto los legisladores como los participantes del mercado. También quería que comprendiesen que desarrollar aquellas herramientas de salida no significaba que estuviésemos pensando en endurecer efectivamente la política monetaria dentro de poco tiempo.

Además de estar inquietos como siempre por la inflación, los halcones del FOMC también se preocupaban de que unos tipos bajos hicieran que los inversores, molestos por la escasa rentabilidad, empezasen a correr riesgos excesivos, lo que podría crear nuevas burbujas de activos. Era algo que me tomé muy en serio. Después de todo lo que habíamos pasado, quería asegurarme de que hacíamos todo lo posible para mantener la estabilidad financiera. Y como había dicho desde hacía mucho tiempo, creía que la primera línea de defensa contra los excesos especulativos debían ser las políticas de regulación y supervisión.

Ya habíamos reforzado nuestra vigilancia sobre los bancos más grandes y complejos, y fijábamos nuestra atención en los riesgos que acechaban al sistema financiero en conjunto. A lo largo de 2010 seguimos vigilando el sistema financiero, incluyendo partes que no regulábamos. Equipos multidisciplinares realizaban análisis e informes, desde estudios estadísticos hasta recopilaciones de rumores en el mercado, e informaban regularmente al Consejo y al FOMC. Después de que se aprobase la Ley Dodd-Frank en julio de 2010, creamos una organización paraguas dentro del Consejo —la Oficina de Investigación y Política de Estabilidad Financiera— para supervisar y coordinar el trabajo del personal. Elegí como su primera directora a Nellie Liang, una economista financiera experta e inteligente que había ayudado a dirigir las pruebas de resistencia de los grandes bancos en 2009. El FOMC había empezado a prestar atención, con mucha más profundidad que antes de la crisis, a los riesgos potenciales sobre la estabilidad financiera a la vez que trataba la política monetaria.

Estos nuevos trabajos para promover la estabilidad financiera eran mucho más ambiciosos que el del pequeño equipo que había creado en mis primeros tiempos como presidente. Las amenazas sistémicas eran notoriamente difíciles de prever. Por ejemplo, si las burbujas fuesen fáciles de identificar, de entrada se verían atrapados por ellas muchos menos inversores. Pero estaba convencido de que con un cambio en nuestro enfoque tendríamos mayores oportunidades de éxito.

En particular, exhorté a Nellie y a su personal a que no solo pensaran en los desenlaces más probables, sino que considerasen también los peores escenarios posibles. Estaba convencido de que durante el boom del sector de la vivienda, el FOMC había pasado demasiado tiempo debatiendo sobre si el aumento de los precios de la vivienda indicaba la existencia de una burbuja y muy poco en pensar en las consecuencias de que existiera o de que estallase espectacularmente. Si hubiéramos prestado más atención al peor escenario posible habríamos estado más preparados para responder cuando se materializó de verdad.

Dándome cuenta de que los shocks financieros eran a menudo impredecibles, animé también al personal a que buscase debilidades estructurales en el sistema financiero y a que encontrase formas de hacerlo más resiliente en su conjunto. Esa idea ya motivaba la mayoría de nuestras reformas, como la exigencia de mantener más capital, que reforzaría la capacidad del sistema bancario para absorber pérdidas sin que importara la causa de estas.

Cuando se fundió la nieve de la tormenta de febrero, a Washington llegó una primavera temprana. Los cerezos que rodeaban la Cuenca Tidal florecieron completamente a finales de marzo. La economía seguía bastante débil, pero yo tenía la esperanza de que los brotes verdes que había visto en los mercados financieros en mi aparición en 2009 en *60 Minutes* no tardarían en estimular una mejora palpable en Wall Street. Por desgracia, no iba a ser así. Volvió a desatarse un torbellino financiero, esta vez en Europa, y con una virulencia que amenazó la economía de Estados Unidos y de otras por todo el mundo.

El pánico de 2007-2009 había golpeado con dureza Europa Occidental. Tras el impacto de la caída de Lehman, muchos países europeos experimentaron una contracción de la producción y pérdidas de empleo similares a las de Estados Unidos. Muchos europeos, especialmente los políticos, echaron la culpa de su situación al «capitalismo de vaqueros» angloamericano. (En las reuniones internacionales, ni Tim ni yo habíamos negado la responsabilidad de Estados Unidos en la crisis original, aunque los bancos europeos que se habían lanzado ansiosamente a comprar préstamos subprime titulizados no estaban libres de culpa en absoluto.) Sin embargo, esta nueva crisis europea era principalmente de origen local. En esencia surgió a causa de un desajuste entre las disposiciones fiscales y monetarias en Europa. En 2010, dieciséis países compartían una moneda común, el euro, pero cada uno de ellos —dentro de unos límites mal aplicados— seguía políticas de gasto y fiscales diferentes.

La adopción del euro fue un experimento impresionante, parte de un movimiento más amplio que empezó en 1950 y estaba dirigido a conseguir una integración económica mayor. Al acercar económicamente a los estados miembros, los líderes europeos esperaban no solo promover el crecimiento sino también la unidad política, que consideraban un antídoto necesario contra una larga historia de guerras intraeuropeas, incluidas las dos catastróficas guerras mundiales. Quizá, esperaban, alemanes, italianos y portugueses podrían pensar en sí mismos como ciudadanos de Europa en primer lugar, y ciudadanos de su propio país después.

En 1999, once de los veintiocho países de la Unión Europea, incluyendo a Alemania, Francia, España e Italia, aceptaron sustituir sus marcos, francos, pesetas y liras por el euro, que estaría gestionado por un único banco central, el Banco Central Europeo. Los bancos centrales nacionales existentes se convertirían en parte del sistema de la eurozona, asumiendo un papel análogo al que representan los Bancos de la Reserva dentro del Sistema de la Reserva Federal. Con una moneda única, resultaría más fácil hacer negocios por encima de las fronteras nacionales. En países como Italia o Grecia, con una larga historia de inflación y devaluación de moneda, la nueva moneda común tenía el beneficio añadido de proporcionarles instantáneamente credibilidad antiinflación... siempre y cuando los participantes del mercado viesen al BCE como una entidad lo bastante firme en cuanto a la inflación.

Se hicieron todos los esfuerzos necesarios para asegurarse de que sería así. Al Banco Central Europeo recién creado se le asignó un único mandato: mantener la estabilidad de los precios (en contraste con el objetivo dual del Fed de fomentar la creación de empleo y mantener controlada la inflación). La sede del BCE estaba en Fráncfort, la capital financiera de Alemania y sede de su banco central nacional, el Bundesbank. El simbolismo no era nada sutil. Se esperaba que el BCE adoptase la postura antiinflación («moneda dura») del Bundesbank, no el enfoque más suave (en la línea de las palomas) que caracterizaba a los bancos centrales del sur de Europa. Antes de poder unirse a la moneda común, a los países se les exigía alcanzar niveles suficientemente bajos de déficit y deuda pública (como se especificaba en el acuerdo conocido como Pacto de Estabilidad y Crecimiento), así como lograr una inflación discreta.

En conjunto, la introducción del euro fue notablemente suave. No tardó en ser aceptado mundialmente, solo por detrás del dólar. A los once originales se unieron otros países. Los europeos tenían la esperanza de que su nueva moneda —combinada con la armonización de normativas y la eliminación de las restricciones en la circulación de personas, mercancías y capitales dentro de las fronteras europeas— produjese algunas de las mismas ventajas económicas de que disfrutaba Estados Unidos, con su moneda única y las fronteras abiertas entre los estados.

Sin embargo, la eurozona era diferente de Estados Unidos en un detalle esencial. En Estados Unidos, el gobierno federal intenta gestionar la política fiscal en beneficio del país en conjunto, y la deuda estadounidense está garantizada por el país entero. En la eurozona, la política fiscal la establece el Parlamento de cada país. No existe una autoridad supranacional análoga al BCE que se encargue de fijar las políticas de gasto e impuestos. Esta ausencia de coordinación e integración fiscal, unida a las marcadas diferencias en el mercado de trabajo y otras políticas económicas a lo largo de Europa, acabó generando problemas enormes.

El detonante de la crisis europea se activó en octubre de 2009, pero en aquel momento no se notó demasiado en Estados Unidos. Poco después de ocupar el cargo, el nuevo primer ministro de Grecia, Yorgos Papandréu, hijo de un anterior primer ministro y profesor de Economía en Harvard y otras universidades, anunció que el déficit presupuestario griego era mucho más grande de lo que el gobierno había anunciado anteriormente. La cifra corregida mostraba que el déficit era cercano al 13% sobre el PIB, mientras que el techo fijado por el Pacto de Estabilidad y Crecimiento era del 3%. El sorprendente anuncio de Papandréu golpeó en la esencia fundamental del pacto: que los países miembros eran capaces de supervisarse los presupuestos entre ellos con eficacia. También planteó la cuestión de por qué, para empezar, los inversores estaban dispuestos a prestar tanto dinero al gobierno griego a interés muy reducido.

El fácil acceso de Grecia a los mercados de capital internacionales manifestaba el éxito del euro. Al adoptar la moneda común en 2001, Grecia había entregado su política monetaria al BCE a todos los efectos. Pedía prestado en euros en vez de en dracmas. Ya no podía reducir el valor de su deuda mediante la inflación o la devaluación de moneda. Los inversores suponían que Grecia cumpliría, o al menos se acercaría a cumplir, los límites de déficit y deuda pública especificados en el Pacto de Estabilidad y Crecimiento. Por último, aunque el tratado que llevó a la creación del euro prohibía rescates de los gobiernos, los prestamistas llegaron a creer que los países de la eurozona podrían ayudar colectivamente a un miembro antes que permitir impagos que pudieran perturbar los mercados financieros y poner en peligro la confianza de los inversores en otros países prestatarios. Aquello representaba un riesgo moral a nivel de país que recordaba al de que el gobierno de Estados Unidos garantizase implícitamente a Fannie Mae y Freddie Mac. Por todos esos motivos, Grecia había podido pedir préstamos a intereses muy cercanos a los que tenía que pagar Alemania, el país más solvente. Pero como el mundo descubrió en octubre de 2009, Grecia había pedido prestado más de lo que se podía permitir, al mismo tiempo que manipulaba las estadísticas para ocultar ese hecho. Pronto fue evidente que sin ayuda externa, Grecia no podría pagar.

La eurozona tuvo que lidiar con el problema de cómo reaccionar, o incluso si debía hacerlo. A primera vista, tenía algún sentido permitir el impago de Grecia. Era un país pequeño en la periferia de Europa que solo representaba una porción minúscula de las inversiones y negocios de la eurozona. El impago haría que los inversores tuviesen más cuidado en el futuro, reduciendo así el riesgo moral. Y negarse a intervenir evitaría una reacción adversa por parte de los votantes en los países que se supondría que tendrían que pagar el rescate, como Alemania.

Por otro lado, al igual que la caída de Lehman había sacudido el sistema financiero al completo, un impago griego tendría repercusiones de largo alcance en Europa y en el mundo. Aunque Grecia era el prestatario europeo más derrochador, no era el único país que había acumulado una deuda pública y privada importante. En España habían entrado grandes cantidades de capital privado antes de la crisis, financiando una burbuja inmobiliaria que al cabo del tiempo había pinchado. La promesa de Irlanda en 2008 de proteger a los acreedores de sus bancos había provocado un inmenso déficit gubernamental cuando tuvo que rescatar a los bancos más grandes. La economía relativamente débil de Portugal había debilitado a su vez su situación fiscal. Y las deudas del gobierno de Italia eran las más altas de Europa. Si Grecia no pagaba, los inversores podían llegar a la conclusión de que la seguirían otros países de la eurozona que tenían deudas. Aumentarían los tipos de interés que tenían dichos países que pagar, lo que desencadenaría una crisis de deuda en serie.

También eran preocupantes los efectos potenciales del impago griego en el sistema bancario europeo. Muchos bancos europeos habían quedado seriamente debilitados tras la crisis anterior y seguían estando cortos de capital. Eso representaba una seria amenaza para la economía de la eurozona, porque los préstamos bancarios son una parte mucho más grande del crédito europeo en general que la que representan en Estados Unidos. La mayoría de los bancos europeos fuera de Grecia no poseían grandes cantidades de deuda pública griega (los más expuestos eran probablemente los bancos franceses), pero sí cantidades sustanciales de deuda pública y privada de otros países vulnerables de la eurozona. Si los impagos se extendían más allá de Grecia, estaba en peligro la estabilidad del sistema bancario europeo en su totalidad.

Por último, los responsables de las políticas tenían que sopesar qué podría ocurrir si Grecia abandonaba el euro y recuperaba su propia moneda después del impago. Un motivo para hacer algo así sería recuperar una política monetaria independiente, lo que ayudaría al gobierno griego a tomar medidas contra el desastre económico que sin duda seguiría al impago. Pero si Grecia abandonaba el euro, sin duda aumentaría el temor de que otros países hicieran lo mismo. Incluso la posibilidad de que la eurozona se rompiera ya causaría daños. Por ejemplo, a los depositantes de los bancos de un país que se creyese que iba a abandonar el euro les inquietaría que sus depósitos en euros se convirtiesen a la fuerza a la nueva moneda nacional, presumiblemente menos valiosa. Para evitar ese riesgo, los depositantes retirarían los euros de sus propios bancos para dejarlos, por ejemplo, en bancos alemanes (lo que en una época de sucursales multinacionales podría no ser más complicado que cruzar la calle o hacer clic en la página web del banco). Esas retiradas podrían degenerar rápidamente en una salida masiva de capital de los bancos del país bajo sospecha.

Por esos motivos, los ministros de Economía y, especialmente, los gobernadores de los bancos centrales europeos llegaron a regañadientes a la conclusión de que habría que ayudar a Grecia. Jean-Claude Trichet, el presidente del BCE, que había censurado la caída de Lehman, era particularmente firme en ese punto e intentaba convencer a otros responsables políticos europeos. Al darnos cuenta de que la inestabilidad financiera no se quedaría limitada a Europa, Tim y yo —en reuniones, teleconferencias y conversaciones privadas entre ambos— presionamos a nuestros homólogos europeos para que resolviesen sus problemas tan deprisa y definitivamente como fuera posible. El Fondo Monetario Internacional y otros países fuera de

Europa también estaban preocupados por el posible efecto derrame y presionaron a su vez para que la crisis se resolviera rápidamente.

Mientras los líderes europeos debatían qué hacer, las consecuencias de que en la eurozona no existiera una autoridad fiscal única se hicieron evidentes. Las discusiones sobre compartir la carga de proporcionar la ayuda avanzaron lentamente y sacaron a la luz desacuerdos sustanciales. Desde que Papandréu reveló el estado de la deuda griega hasta que los gobiernos de la eurozona prometieron ayudar a Grecia —e incluso eso sin muchos detalles— pasaron cuatro meses. Después de más idas y venidas, el primer ministro Papandréu solicitó un rescate a la eurozona el 23 de abril de 2010. Para aquel entonces, y reflejando el temor creciente a un impago, los rendimientos de los bonos griegos a diez años eran unos seis puntos porcentuales mayores que los de los bonos alemanes comparables, frente a la diferencia de un punto porcentual del mes de octubre anterior. El domingo 2 de mayo, los líderes europeos anunciaron un paquete de rescate de 110.000 millones de euros, aproximadamente 145.000 millones de dólares. Dos tercios de aquel paquete provendrían de préstamos independientes de otros países europeos, y un tercio del FMI, que cumplía así su tarea como prestamista para países en peligro de impago.

Sin embargo, los mercados consideraron que aquel esfuerzo europeo era poco concreto y escasamente ambicioso. El anuncio del 2 de mayo no hizo mucho por mejorar los términos de los préstamos a Portugal e Irlanda, donde los rendimientos de los bonos también iban en aumento, aunque no hasta el extremo del caso griego. En Estados Unidos, el índice Promedio Industrial Dow Jones subió el lunes, el día siguiente al anuncio, pero después cayó un 7 % a lo largo de la semana. Y el pueblo griego —los presuntos beneficiarios del acuerdo— consideró que eran injustos los términos propuestos para el rescate, incluyendo los pronunciados recortes en el gasto público. Hubo revueltas en las calles de Atenas, y el 5 de mayo, tres personas murieron a causa de una bomba incendiaria lanzada a un banco griego.

Como sugería la respuesta del Dow Jones al anuncio del paquete de rescate griego, Estados Unidos no estaba en ningún modo aislado de los infortunios financieros en Europa. La volatilidad de la Bolsa estadounidense fue en mayo la más alta en todo el tiempo transcurrido desde Lehman, lo que indicaba el aumento general del miedo y la renuencia a correr riesgos. Para evaluar el riesgo de que el contagio financiero alcanzase a Estados Unidos, el grupo de Nellie Liang, junto a los supervisores bancarios del Fed, trabajó durante muchas horas para intentar valorar la exposición del país. La buena noticia fue que los bancos estadounidenses poseían relativamente poca deuda europea, incluyendo deuda griega. Por otro lado, muchos de ellos estaban ampliamente expuestos a los principales bancos europeos y a la economía europea en general (por ejemplo, través de préstamos a empresas europeas). Y los fondos del mercado monetario estadounidense habían financiado considerablemente a los bancos europeos, principalmente con respecto a los préstamos que esos bancos hacían en Estados Unidos.

Tras la respuesta negativa al anuncio del 2 de mayo, los responsables políticos europeos hicieron un nuevo intento. El 7 de mayo anunciaron una aplicación más estricta de las restricciones al déficit y la deuda pública en todos los países de la eurozona, y también un compromiso para apretarse los cinturones fiscales. El domingo 9 de mayo anunciaron la creación del Fondo Europeo de Estabilidad Financiera y una agencia asociada, con autoridad para pedir prestados hasta 500.000 millones de euros en los mercados de capital internacionales. Los fondos, que se añadían a los 110.000 millones de euros destinados a Grecia, podrían usarse para ayudar a cualquier país de la eurozona. Además, el BCE declaró su disposición para comprar deuda pública de los países en apuros a través de su recién creado Programa del Mercado de Valores. El objetivo era reducir los tipos de interés de los bonos. El BCE haría compras discretas de bonos durante los siguientes meses antes de interrumpir el programa. Sin embargo, dicho programa no era una expansión cuantitativa, pues el BCE equilibraría sus compras de bonos soberanos con ventas de otros activos, con lo que su balance no se alteraría.

El 9 de mayo, a petición de Jean-Claude Trichet, convoqué una videoconferencia del FOMC para hablar de la renovación de algunas de las líneas de permuta de divisas que habíamos cancelado tres meses antes. También recibí llamadas preocupadas de Mervyn King y Masaaki Shirakawa. Era un momento delicado para el Fed. El Senado se disponía a votar la Ley Dodd-Frank. Me preocupaba que los senadores pudieran considerar la renovación de las líneas de permuta como un rescate de los bancos extranjeros, a pesar del hecho de que las permutas no conllevaban riesgos crediticios y podrían ayudar a evitar que el torbellino financiero en Europa cruzara el Atlántico. Dejando a un lado las posibles consecuencias legislativas, me parecía que la salud de la economía estadounidense estaba ligada a lo que ocurriera en Europa. Además, con su Programa del Mercado de Valores, el BCE estaba dando unos cuantos pasos políticamente audaces por su cuenta. También seguía creyendo que la cooperación entre bancos centrales podría tener beneficios en cuanto a la confianza, con independencia de los efectos directos de nuestras acciones colectivas. En consecuencia, presioné para que se reanudaran las permutas con el BCE, el Banco de Inglaterra, el Banco Nacional Suizo y el Banco de Canadá, y el FOMC lo aprobó. Para evitar en la medida de lo posible que hubiera repercusiones políticas, me reuní con los legisladores, lo que incluyó una reunión informativa privada con el Comité del Senado sobre Banca el 11 de mayo. Me tranquilizó ver que la mayoría de los senadores asistentes parecían darse cuenta de que a Estados Unidos le interesaba fomentar la estabilidad financiera mundial.

Los mercados respondieron a las últimas medidas europeas más positivamente que a las de la semana anterior, y también a la noticia sobre las permutas. Los rendimientos de las deudas griega, portuguesa e irlandesa cayeron fuertemente el lunes, y el Dow Jones subió casi 400 puntos, cerca de un 4%, algo que indicaba que los inversores consideraban que se había reducido la amenaza para la economía estadounidense. Pero según pasaba el tiempo, el optimismo acerca de que Europa resolviese sus problemas se fue disipando. Los inversores temían que Grecia no fuera capaz de pagar su deuda ni siquiera con el paquete de ayuda. La situación fiscal de Portugal e Irlanda parecía cada vez menos saneada. Al final también empezaron a surgir preocupaciones sobre Italia y España, dos economías mucho más grandes. Nadie estaba seguro de que los recursos y la voluntad política de Europa fuera suficiente para resolver todos esos problemas, ni si los bancos y otros prestamistas se verían obligados a asumir parte de las pérdidas. De modo que, tras un breve respiro, los rendimientos de los bonos de los países en riesgo reanudaron su camino ascendente. El Down Jones volvió a bajar; las acciones estadounidenses caerían un 13% desde el día en que el primer ministro griego pidió ayuda, en abril, hasta principios de julio. En dicho mes, los reguladores bancarios europeos realizaron una serie de pruebas de resistencia a los bancos del continente. Pero a diferencia de las pruebas de resistencia que el año anterior se habían realizado a los bancos estadounidenses, a los inversores no les pareció que los resultados fueran creíbles, y los bancos de Europa siguieron recelando a la hora de conceder préstamos, ni siquiera entre ellos.

La crisis aún seguía desarrollándose cuando me reuní con Jean-Claude Trichet el 19 de noviembre, en una conferencia del BCE en Fráncfort. El centro del torbellino financiero se había desplazado de Estados Unidos a Europa. «Es tu turno, Jean-Claude», le dije. Se rio con ironía. Nueve días después, el FMI y la Unión Europea acordaron un rescate para Irlanda de 85.000 millones de euros, en base a la línea de crédito que habían creado.


Cuando el Comité Federal de Mercado Abierto se reunió el 27 y el 28 de abril de 2010, solo cuatro días después de que el primer ministro Papandréu pidiera ayuda al resto de Europa, yo y la mayoría de mis compañeros mostramos un optimismo cauteloso sobre las perspectivas de la economía estadounidense. Hablamos de los riesgos que podían representar para Estados Unidos los acontecimientos en Europa, pero hasta la fecha, dichos riesgos no se habían materializado. El desempleo seguía siendo muy alto, un 9,7% de enero a marzo. Pero esperábamos que el crecimiento económico seguiría reforzándose. Pensábamos que las mejoras incipientes en el gasto de los hogares y en las inversiones de capital por parte de las empresas deberían compensar la disipación de los efectos de los estímulos fiscales del gobierno de Obama en 2009, lo suficiente para que el desempleo disminuyera discretamente a finales de año. La inflación seguía siendo baja —quizá un poco demasiado baja—, pero esperábamos que fuera subiendo gradualmente.

Por desgracia, nuestras previsiones se mostraron demasiado esperanzadoras conforme la primavera daba paso al verano. Cuando llegó la hora de la siguiente reunión del FOMC, el 22 y el 23 de junio, la perspectiva parecía de algún modo más débil que en abril. A pesar de ello, y tal como estaba planeado, seguimos debatiendo sobre formas de encoger gradualmente nuestro hinchado balance cuando llegara el momento adecuado. Algunos de los halcones de la inflación apoyaban que empezásemos pronto a vender valores, pero la mayoría de los miembros del comité querían esperar a que la recuperación estuviera bien encarrilada. Aquella era también mi postura. Sin embargo, considerando la debilitación de las perspectivas, pensé que igual estábamos siendo estrechos de miras. Estaba muy bien hablar de salir con el tiempo de la situación de «dinero fácil», pero también teníamos que tener en cuenta qué haríamos si la economía necesitaba más apoyo.

Una semana después de la reunión, Bill Dudley llamó la atención sobre un detalle que hasta entonces no nos habíamos parado a considerar. Cuando dimos por terminada la QE1 a finales de marzo, decidimos que, cuando venciesen, no reemplazaríamos nuestros valores respaldados por hipotecas garantizados por Fannie y Freddie. Nuestras posiciones en MBS disminuían cuando las hipotecas subyacentes a los activos se pagaban, ya fuera por venta de las propiedades o por refinanciaciones. Al cabo del tiempo, esa lenta disminución daría como resultado un endurecimiento monetario pasivo conforme se reducía nuestro balance. Parecía un problema menor. Pero Bill señaló que la reciente caída de los tipos hipotecarios, de un 5% a un 4,5% en los dos últimos meses, podía disparar una oleada de refinanciaciones que llevaría a una disminución más rápida de nuestros MBS y a un endurecimiento significativo, aunque no intencionado, de la política monetaria.

Para la reunión del 10 de agosto, la economía estaba perdiendo impulso claramente. El desempleo se había mantenido estable en un 9,5% durante el verano y la inflación andaba por el 1%, no exactamente en peligro inmediato de convertirse en deflación, pero demasiado baja para estar tranquilos. Como hice al principio de 2008, advertí que era probable que la economía no pudiera soportar durante mucho tiempo un crecimiento tan bajo. Si el crecimiento no repuntaba lo suficiente para estimular la confianza de los consumidores y las empresas, la economía podía caer en una nueva recesión. Para mí, siendo poco probable que apareciesen nuevas ayudas fiscales, estaba claro que la economía necesitaba más apoyo de la política monetaria.

Bill English, el nuevo director de la División de Política Monetaria, describió al comité las alternativas. Bill era, como yo, un licenciado del MIT y había estudiado con Stan Fischer. Un mes antes había sustituido a Brian Madigan, que se retiró tras treinta años de carrera en el Fed. Recomendé, y el comité aceptó, el paso relativamente modesto de detener el endurecimiento pasivo que resultaba de no reemplazar en nuestra cartera los MBS que vencían. Para mantener estable el tamaño de nuestro balance, acordamos empezar a comprar valores del Tesoro a más largo plazo según se nos fuesen acabando los MBS. De hecho, ya estábamos reemplazando los valores del Tesoro según vencían. Decidimos sustituir los MBS con valores del Tesoro para satisfacer a Jeff Lacker y a otros miembros del comité que defendían que fuésemos migrando a una cartera compuesta exclusivamente por valores del Tesoro, como había sido la norma antes de la crisis. Aunque no inspiró demasiados titulares de prensa, nuestra decisión de reemplazar los MBS al vencimiento serviría para que los mercados supieran que estábamos preocupados por las perspectivas económicas y dejábamos entrever nuestra disposición a actuar si la economía continuaba decayendo. Tom Hoenig, que se había mostrado en contra todo el año, volvió a oponerse. No creía que la economía necesitara más ayudas de la política monetaria y seguía preocupándole que una política suave aumentase los riesgos para la estabilidad financiera.

La decisión del 10 de agosto era solo una medida de contención. Sabía que teníamos que estar preparados para suavizar aún más la política, y lo que era más importante, que necesitábamos preparar a los mercados, al público y a los políticos ante aquella posibilidad. Yo podría hacerlo el 27 de agosto en el siguiente congreso en Jackson Hole. Decidí abandonar el tema planeado originalmente —la implementación de la Ley Dodd-Frank— y hablar de las perspectivas económicas y nuestras alternativas sobre política monetaria. Pasé el fin de semana del 14 y 15 de agosto preparando mi discurso. En ausencia de una decisión del FOMC, no podía prometer nada en firme, pero el mero hecho de hablar extensamente sobre las posibilidades sería una indicación de que estábamos preparados para actuar.

Dos semanas después estaba en el estrado del Jackson Lake Lodge. Dejé claro que aún disponíamos de herramientas para apoyar la economía. Dije que estábamos decididos a mantener la recuperación y resistir ante cualquier descenso hacia una deflación. Hablé del empleo futuro de dos posibles alternativas políticas que ya habíamos usado antes: la compra de valores y la comunicación dirigida a convencer a los mercados de que mantendríamos bajos durante bastante tiempo los tipos de interés a corto plazo. Ambas opciones tenían como fin incentivar el crecimiento económico y la creación de empleo al presionar a la baja los tipos de interés a largo plazo. Añadí que, de todas formas, los beneficios de futuras medidas poco ortodoxas tenían que valorarse contra los costes y riesgos potenciales.

Conseguimos un margen hasta la siguiente reunión, el 21 de septiembre, pero al estar preocupados por la sostenibilidad de la recuperación, dejamos claro que pronto actuaríamos. Dijimos que estábamos «preparados para aplicar una política más acomodaticia si era necesario» para apoyar la recuperación y elevar la inflación a un nivel más aceptable.

La reunión de septiembre fue la primera en muchos años en la que no participó Don Kohn. Don, que pronto cumpliría sesenta y ocho años, había querido retirarse en primavera, al final de su cuarto periodo como vicepresidente y después de trabajar cuarenta años en el Sistema de la Reserva Federal. En todo el tiempo (excepto un mes) transcurrido desde la partida de Sue Bies en marzo de 2007 habíamos tenido al menos dos vacantes en los cinco puestos del Consejo, así que había convencido a Don para que se quedara para una reunión más, y luego para otra, hasta que ya no pude seguir insistiendo. Para mí personalmente y para todo el Fed, la marcha de Don representaba una gran pérdida. Era un economista formidable y un responsable político inteligente, admirado y respetado en el Sistema de la Reserva Federal y en los bancos centrales de todo el mundo. Conocía el Fed y su historia mejor que nadie. Y a lo largo de la crisis había proporcionado un apoyo moral constante aligerado con un sentido del humor seco sin tomarse demasiado en serio a sí mismo.

Sin Don, el Consejo se quedaba con solo cuatro gobernadores. El Senado, como había empezado a convertir en costumbre, se resistía a dar vía libre a los nominados para ocupar las plazas vacías. El 29 de abril, el presidente Obama había nominado para el Consejo a la responsable de regulación financiera de Maryland, Sarah Bloom Raskin; a Peter Diamond, profesor del MIT; y a Janet Yellen, pero el verano había pasado sin que se concretase nada.

Conocía a Peter y a Janet desde hacía décadas (Peter había estado en la facultad del MIT cuando yo era un estudiante de posgrado), y cuando Tim Geithner me mostró sus nombres, apoyé enérgicamente las nominaciones. No conocía a Sarah, pero tenía buenas referencias. Era una abogada que había trabajado anteriormente como asesora del Comité del Senado sobre Banca. Siempre estábamos buscando gente que pudiera aportar al Consejo sus conocimientos sobre la comunidad bancaria, y Sarah era perfecta para el papel.

Janet Yellen había sido nominada para ocupar el puesto de vicepresidente que Don había dejado libre. Al igual que yo, era una economista académica. Se doctoró en Yale, y su director de tesis había sido James Tobin, un keynesiano destacado ganador del Premio Nobel. La inclinación keynesiana de Janet se había manifestado claramente en sus investigaciones, que a menudo se centraban en problemas relacionados con el desempleo y los salarios. Después del posgrado y de pasar algún tiempo como profesora adjunta en Harvard, había conseguido un puesto en el Fed de Washington. Allí, en la cafetería, había conocido a George Akerlof, un economista tímido de voz suave famoso por sus investigaciones creativas. Janet y George llegarían a ser no solo marido y mujer, sino también coautores y, durante muchos años, colegas en la facultad de la Universidad de California en Berkeley. George ganaría el Premio Nobel por su trabajo sobre la forma en que afectaba al funcionamiento de los mercados el manejo de información incompleta por los compradores y los vendedores.

Janet también tenía una amplia experiencia en normativas. Al igual que yo, había trabajado dos años y medio en el Consejo de Gobernadores del Fed durante el mandato de Greenspan, y como presidenta del Consejo de Asesores Económicos, en su caso con el presidente Clinton. Además había sido presidenta del Banco de la Reserva de

San Francisco desde 2004. En aquella época fue la líder de las palomas del FOMC, un papel que se reflejaba en su prolongado interés en el elevado desempleo y las penurias que este imponía a los individuos, las familias y las comunidades. Se había dado cuenta, más que muchos en el comité, que la recesión provocada por la crisis era potencialmente muy profunda y la respuesta debería ser enérgica. Dicho lo anterior, basándome en que la conocía y en su historial en el Consejo en la década de 1990, cuando la inflación era un problema, tenía pocas dudas de que defendería tenazmente la estabilidad de los precios cuando fuera necesario. Preparaba meticulosamente sus reuniones y respaldaba sus posturas con análisis cuidadosos y recurriendo con frecuencia a la literatura de investigación o al trabajo que el personal había realizado cuando ella lo dirigía. Sus contribuciones a las reuniones solían estar siempre entre las más sustanciales. La sala guardaba silencio cuando ella hablaba.

Finalmente, el Senado confirmó a Sarah y a Janet con escasa oposición. Les tomé juramento el 4 de octubre. La nominación de Peter Diamond no fue bien a pesar de su notable historial académico. Peter había realizado investigaciones importantes en teoría económica y política fiscal, Seguridad Social y mercados de trabajo. El MIT lo había nombrado Profesor del Instituto —el rango más alto en la facultad—, y había sido presidente de la Asociación Estadounidense de Economía. Pero los republicanos del Comité del Senado sobre Banca, liderados por Richard Shelby, lo consideraban demasiado liberal. Bloquearon su nominación y el Senado la devolvió a la Casa Blanca en agosto de 2010.

A esas alturas se habría rendido la mayoría de la gente, pero Peter le pidió al presidente que volviera a nominarlo. Poco después supimos que compartiría un Premio Nobel por su trabajo sobre los mercados laborales. Shelby, que en parte basaba su oposición en la presunta falta de capacitación de Peter para el puesto, fue implacable. «Sin duda, un Premio Nobel es un honor destacado, pero recibir un Nobel no significa que alguien esté capacitado para cualquier puesto», dijo. Entretanto, el conservador Club del Crecimiento de Grover Norquist, destacado activista contra la subida de impuestos, anunció que la oposición a Diamond sería un voto clave en la tabla de puntuación de las legislativas de 2011, dando a entender que los que votasen «sí» se arriesgaban a que los tachasen de demasiado poco conservadores. Peter nunca sería confirmado en el puesto. En junio de 2011 retiraría su candidatura y denunciaría en el *New York Times* la «polarización partidista» en Washington. Fue una verdadera pérdida para el Fed y para el país. Aquel episodio demostró también que la animosidad que los conservadores sentían hacia el Fed no había terminado con la aprobación de la Ley Dodd-Frank.

En marzo de 2011, Janet sería sustituida como presidenta en San Francisco por su director de investigación, John Williams, un destacado economista monetario cuya investigación con el economista del Consejo David Reifschneider (uno de los «nueve pringados») y otros nos había ayudado a evaluar las implicaciones en la política monetaria de los tipos de interés de límite inferior igual a cero. John sería un centrista en el FOMC, y a menudo lo usaría como barómetro de lo que pensaba el comité.

Según se acercaba la reunión del FOMC del 2 y el 3 de noviembre, Bill Dudley y yo usamos nuestros comentarios en público para preparar a los mercados para una segunda ronda de compras de activos a gran escala. Bill, en un discurso del 1 de octubre, dijo que la situación actual —muy elevado desempleo continuado e inflación en descenso— era «totalmente insatisfactoria». Y ayudó a dar forma a las expectativas del mercado dando para las compras una cifra hipotética de 500.000 millones de dólares. Estimó que un volumen de compras así tendría un efecto igual de estimulante que un recorte del tipo de los fondos federales de medio punto o tres cuartos de punto porcentual. Yo no fui tan específico en mi discurso del 15 de octubre en Boston, pero dije que «si no cambia nada, parece que será necesario tomar medidas».

Entretanto, Janet y yo trabajamos para asegurarnos el apoyo del comité, y nos repartimos la responsabilidad de llamar a los presidentes de los Bancos de la Reserva. Sabía que Tom Hoenig volvería a disentir. Estaba montando una campaña cada vez más pública usando lo que se podía llamar, especialmente en la rígida cultura de la Reserva Federal, retórica provocadora. En un discurso que dio la semana anterior a la reunión, dijo que nuestra futura compra de valores era «un pacto con el diablo». Le preocupaba que las compras creasen inestabilidad financiera y sembraran la semilla de una inflación demasiado alta. El mes anterior, la revista *Businessweek* había publicado una semblanza de Tom en un largo artículo —«Thomas Hoenig está harto del Fed»—, y parecía que este disfrutaba de ser el centro de atención. A lo largo de los años, Tom me había parecido alguien cortés y de modales suaves. Respetaba su derecho a disentir, a hacer preguntas difíciles y a explicar en público su posición. Pero ahora creía que se arriesgaba a minar la confianza del público en el Fed y a perturbar el proceso de deliberaciones del comité al mostrar posturas inflexibles antes de escuchar el punto de vista de otros miembros.

Otros presidentes —incluyendo a Richard Fisher, de Dallas, y a Charles Plosser, de Filadelfia— compartían el escepticismo de Hoenig sobre la toma de medidas agresivas. Pero ninguno de ellos tenía voto en 2010. Fisher creía que más apoyo monetario no iba a ayudar porque estaba seguro de que la incertidumbre creada por las disputas políticas sobre el presupuesto federal desanimaban a las empresas de hacer inversiones y contratar personal. Plosser se siguió preocupando por la inflación y no tenía mucha confianza en nuestra capacidad para crear empleo mediante una relajación de la política monetaria.

Sabía que podía contar con el apoyo de Eric Rosengren, de Boston, que sí tenía voto. Y creí que los otros presidentes con derecho a voto aquel año, Jim Bullard, de San Luis, y Sandra Pianalto, de Cleveland, también apoyarían más medidas. Fue la primera reunión normal del FOMC para Sarah Raskin, y la primera de Janet como vicepresidenta del Consejo. Janet estaba a favor de unas medidas más duras y yo sospechaba que Sarah también, así como Dan Tarullo. Betsy Duke era mucho menos optimista sobre los posibles beneficios de futuras relajaciones de la política monetaria y le preocupaban los riesgos asociados al crecimiento de nuestro balance. Janet había cenado con Betsy, y esta aceptó apoyar compras adicionales, pero sin mucho entusiasmo.

Kevin Warsh tenía reservas de peso. Era uno de mis consejeros y confidentes más cercanos, y su ayuda, especialmente en otoño de 2008, durante el punto álgido de la crisis, había sido valiosísima. Había apoyado la primera ronda de compras de valores, que comenzó en medio de la crisis. Ahora que los mercados financieros funcionaban con más normalidad, creía que la política monetaria estaba llegando a su límite y que compras adicionales supondrían riesgos para la inflación y la estabilidad financiera, y que era hora de que otras personas en Washington llevaran parte de la carga política. Me reuní con él el 8 de octubre y le aseguré que podíamos reducir las compras si no estábamos satisfechos con los resultados o si veíamos señales de que empezaba a haber presiones sobre la inflación. Le dije que en mis comentarios en público seguiría haciendo énfasis en que las compras a gran escala tenían costes y riesgos además de beneficios. Fue una buena conversación, pero no estaba seguro de haberlo convencido. Nos volvimos a reunir el 26 de octubre y me dijo que no se opondría. Pero yo sabía que iba a ser un voto difícil para él.

Yo creía que en la reunión de noviembre, los argumentos a favor de actuar tenían mucho peso. La tasa de empleo había caído cada mes desde junio hasta septiembre (fecha del último informe disponible). Era cierto que gran parte del descenso se podía atribuir a una caída aislada del empleo federal cuando finalizó el censo de 2010. Pero los empleos no gubernamentales habían tenido un ascenso mensual medio de solo 84.000 puestos a lo largo de aquel periodo, suficiente para acoger a graduados recientes y a otros buscadores de empleo nuevos, pero no lo bastante para reducir la tasa de desempleo en general. Esta tasa, del 9,6%, prácticamente no había cambiado desde el principio del año. Y con los decepcionantes datos que llegaban, parecía probable que el crecimiento en 2011 sería demasiado débil para reducir el desempleo de manera significativa. Yo estaba especialmente preocupado por los efectos corrosivos del desempleo de larga duración. En septiembre, más del 40% de los parados llevaban más de seis meses sin encontrar trabajo. Sus habilidades empezaban a oxidarse y estaban perdiendo sus contactos con el mundo del trabajo. Al mismo tiempo, en el otro aspecto de nuestro mandato, la inflación —ya demasiado baja— parecía estancada o en declive. En los últimos seis meses, se había situado de media en tan solo un 0,5%. Una inflación muy baja o una deflación harían que fuese aún más difícil lograr una recuperación plena.

Creí que el comité no podría quedarse inmóvil y arriesgarse a dejar que la recuperación se estancara. Además, no pensaba que la compra de valores hubiera perdido su efectividad. Desde que en agosto insinué en público que podíamos hacer más cosas, habían mejorado las condiciones financieras, aparentemente a la espera de medidas adicionales. El Dow Jones había subido un 12% y las expectativas sobre la inflación, medidas por los precios de los bonos protegidos contra la inflación, habían ascendido hasta un nivel más normal. Por sí solo, no era de esperar que un nuevo programa de compra de activos cambiase la situación; desde luego no crearía los millones de empleos que necesitábamos. Pero ayudaría, e incluso podría ser la clave para evitar que la economía volviera a deslizarse hacia una recesión.

El FOMC votó a favor de la compra de 600.000 millones de dólares en valores del Tesoro hasta el mes de junio de 2011, a un ritmo de unos 75.000 millones al mes. Esta segunda ronda de compras, que los medios no tardaron en bautizar como QE2, elevaría nuestro balance a aproximadamente 2,9 billones de dólares, poco comparable con los menos de 900.000 millones de mediados de 2007, en vísperas de la crisis. Como recomendaba desde el verano anterior Jim Bullard, el presidente del Fed de San Luis, habíamos pensado en un programa abierto, en el que variaríamos la cantidad de valores adquiridos dependiendo del progreso de la recuperación y las presiones sobre la inflación. Pero me preocupaba que al no existir una fecha de finalización prevista, nos sería difícil dejar de comprar sin perturbar al mercado. Dijimos que revisaríamos con regularidad el ritmo de compras y lo ajustaríamos si lo requerían los cambios en las perspectivas económicas, pero en la práctica, el límite podría ser alto.

Hoenig no estuvo de acuerdo, lo que no sorprendió a nadie, y por añadidura, el día siguiente a la reunión concedió una entrevista a Sudeep Reddy, del *Wall Street Journal*, en la que criticó la medida del comité. También disentiría, por octava y última vez, en la reunión del FOMC de diciembre, batiendo el récord de disensiones consecutivas de un responsable político del Fed desde 1980.

Como había prometido, Kevin votó a favor, pero a la semana siguiente dio un discurso en Nueva York y publicó un artículo de opinión en el *Wall Street Journal* donde mostró sus reservas. Dijo que la política monetaria por sí sola no resolvía los problemas de la economía, y solicitó reformas normativas y fiscales dirigidas a aumentar la productividad y el crecimiento a largo plazo. Estuve de acuerdo en que otros responsables políticos de Washington debían asumir más responsabilidades para fomentar el crecimiento económico. El gasto federal en infraestructuras, como por ejemplo la construcción de carreteras, podría haber hecho que nuestra economía fuera más productiva a largo plazo a la vez que ponía a la gente a trabajar de inmediato. Pero nadie esperaba que se hiciera nada en el frente fiscal o en otras áreas que Kevin destacó. La realidad era que el Fed era el único jugador disponible. Nos correspondía hacer lo que pudiéramos, por imperfectas que fuesen nuestras herramientas.

Los comentarios de Hoenig me habían irritado, pero a pesar de haber oído que otros miembros del FOMC se sintieron molestos por el artículo de Warsh, este no me había incomodado a mí. Nunca dudé de la lealtad o la sinceridad de Kevin. Siempre había dicho lo que pensaba y había sido constructivo en las deliberaciones; un buen jugador de equipo. Y le estaba agradecido por haber votado a favor de la segunda ronda de compra de valores a pesar de su inquietud. Veía que sus comentarios públicos eran más una acusación contra los responsables políticos ajenos al Fed que un ataque a las políticas de este. Kevin abandonaría el Consejo tres meses más tarde, pero no por desacuerdos sobre las políticas. Cuando fue nombrado en 2006 acordamos que se quedaría cinco años. Aún seguimos siendo buenos amigos.

Los mercados parecieron prever la QE2 y se lo tomaron con calma. Pensé que habíamos tenido éxito al mostrar nuestra intención. Sin embargo, quería asegurarme de que se comprendían bien nuestros objetivos. Había pensado seriamente en convocar una conferencia de prensa no programada después de la reunión de noviembre, pero decidí que corría el riesgo de perturbar a los mercados. En vez de eso, pasé varias horas llamando por teléfono por separado a algunos periodistas importantes y respondiendo a sus preguntas en segundo plano. También escribí un artículo que se publicó el 4 de noviembre en el *Washington Post*. A pesar de todo ello, no estaba preparado para la reacción de los responsables políticos en el extranjero y los políticos en casa.

El 2 de noviembre, el primer día de la reunión, era día de elecciones, y los votantes dieron a los demócratas lo que el presidente Obama llamó «una paliza». Después de cuatro años en minoría, los republicanos tomaron el control de la Cámara de Representantes. A consecuencia de ello, Barney Frank perdería la presidencia del Comité de Servicios Financieros de la Cámara de Representantes, que pasaría a manos del congresista de Alabama Spencer Bachus. Los republicanos ganaron escaños en el Senado pero siguieron en minoría allí. Quizá envalentonados por los resultados de las elecciones, los políticos republicanos y los comentaristas conservadores, incluyendo el locutor de radio Glenn Beck, atacaron con fuerza nuestra decisión. Sarah Palin, que nunca había demostrado interés por la política monetaria, pidió que «cesáramos y desistiéramos».

Me afectó más una carta del 17 de noviembre escrita por los cuatro principales republicanos del Congreso: John Boehner y Eric Cantor, de la Cámara de Representantes, y Mitch McConnell y Jon Kyl, del Senado. Mostraban su profunda preocupación acerca de nuestra medida. La compra de valores, escribieron, podía «resultar en [...] una inflación duradera y difícil de controlar, y en el potencial de generar burbujas artificiales de activos». No presentaban ninguna prueba que apoyase sus afirmaciones. La carta llegó un día después de que el Senador Bob Corker y el representante republicano Mike Pence, de Indiana, propusieran una ley para retirar del mandato dual del Fed la tarea de conseguir el pleno empleo, dejando como objetivo único de la política monetaria la estabilidad de precios. (Ese cambio en el mandato, si hubiera sido aprobado, no habría cambiado mucho —posiblemente, nada— nuestra política; la inflación tan baja por sí sola justificaba una política elevadamente estimuladora.)

También algunos economistas se manifestaron en contra de nuestra decisión. El *Wall Street Journal* publicó el 15 de noviembre una carta abierta firmada por veintitrés economistas, comentaristas y gestores de activos (todos principalmente conservadores) que afirmaron que nuestra compra de valores «debería ser reconsiderada e interrumpida». Según la carta, la medida no era necesaria, no funcionaría, y se corría el riesgo de «depreciación de la moneda y de inflación». Entre los firmantes estaban Michael Boskin, de Stanford, que había sido presidente del Consejo de Asesores Económicos con el primer presidente Bush; el historiador Niall Ferguson, de Harvard; Douglas Holtz-Eakin, un antiguo director de la Oficina de Presupuestos del Congreso; y John Taylor, de Stanford. Los medios y los políticos prestaban atención rara vez a las declaraciones de los economistas, pero por desgracia sí lo hacían si dichas declaraciones eran lo bastante controvertidas (en el caso de los medios) o apoyaban puntos de vista preconcebidos (en el caso de los políticos).

Los funcionarios extranjeros se unieron a las críticas. El ministro de Economía alemán, Wolfgang Schäuble, calificó nuestra decisión como «ofuscada». Otros, procedentes especialmente de mercados emergentes como Brasil y China, se quejaban de que nuestras medidas, si tenían éxito en disminuir los tipos de interés a más largo plazo en Estados Unidos, tendrían un efecto derrame perjudicial para sus economías. La rebaja de los tipos de interés en Estados Unidos podría disparar flujos de inversiones volátiles en los mercados emergentes cuando los inversores buscasen una mayor rentabilidad. Una semana después de nuestro anuncio, el presidente Obama recibió un torrente de críticas a la QE2 cuando asistía a una reunión del G-20 en Seúl (Corea del Sur). La siguiente vez que me reuní con él, dos meses después, le pedí disculpas medio en broma por causarle tantos problemas. Se echó a reír y dijo que ojalá hubiera podido esperar una semana.

Yo había tenido una oportunidad de explicar por adelantado nuestras posibles medidas de noviembre en una reunión de los ministros de Economía del G-20 y los banqueros centrales en Gyeongju (Corea del Sur), el 23 de octubre. Afirmé que debido a que éramos un socio de comercio importante para muchos países, el resto del mundo se beneficiaría de una recuperación fuerte de Estados Unidos. Dije que los países con política monetaria, política comercial y presupuesto sólidos podrían soportar sin problemas cualquier perturbación a corto plazo debida a nuestra relajación monetaria. En general, los banqueros centrales extranjeros, que entendían bien nuestro objetivo, apreciaban más nuestras acciones que sus homólogos políticos en los ministerios de Economía.

Me preocupaban más las críticas internas que las extranjeras. La carta de los líderes republicanos indicaba cierta voluntad de politizar la política monetaria. Yo entendía que esto provenía de la comprensible insatisfacción con la economía que crecía entre los votantes, pero también era el resultado de declaraciones confusas o deliberadamente falaces sobre nuestras políticas, sus objetivos y la forma en que funcionaban. Nuestras dificultades se mostraron claramente en un vídeo de YouTube en el que dos criaturas de especie indeterminada explicaban jocosamente pero de forma totalmente incorrecta «la expansión cuantitativa». El vídeo se hizo viral, y a mediados de diciembre contaba tres millones y medio de reproducciones.

La lógica económica subyacente en los tres casos —el vídeo, la carta de los congresistas republicanos y la carta de los economistas— era incorrecta e imprecisa. En concreto, el riesgo de que nuestras medidas provocasen una inflación significativa o una «depreciación de la moneda» (una expresión capciosa para indicar una abrupta caída del valor del dólar) era virtualmente nulo. Esa idea estaba ligada a la percepción de que el Fed pagaba los valores imprimiendo dinero a carretillas. Pero al contrario de lo que a veces se afirmaba (y yo mismo lo dije una o dos veces, por desgracia, cuando tenía que simplificar demasiado las explicaciones), nuestras medidas no implicaban la impresión de dinero, ni literalmente, refiriéndonos a efectivo, ni metafóricamente, al hablar de otras formas de dinero como las cuentas corrientes. La cantidad de moneda en circulación se determina por la cantidad de dinero que la gente quiere manejar (la demanda aumenta en la temporada de compras navideñas, por ejemplo) y no se ve afectada por las compras de valores por parte del Fed. El Fed paga por los valores creando reservas en el sistema bancario. En una economía débil, como la que estábamos experimentando, dichas reservas quedan en barbecho y no sirven como «dinero» en el sentido habitual de la palabra.

Conforme la economía se reforzase, los bancos empezarían a prestar de sus reservas, lo que en última instancia llevaría a la expansión del capital y del crédito. Hasta cierto punto, eso era exactamente lo que queríamos ver. Si el crecimiento del capital y del crédito resultaba excesivo, al final resultaría en inflación, pero eso era algo que podíamos evitar desactivando la política de dinero fácil en el momento oportuno. Y como había explicado en muchas ocasiones, teníamos las herramientas necesarias para subir los tipos y endurecer la política monetaria cuando fuera necesario. Por tanto, el temor a la hiperinflación o al colapso del dólar era bastante exagerado. Los indicadores del mercado en cuanto a las expectativas de inflación —incluyendo el hecho de que el gobierno estadounidense fuera capaz de prestar a largo plazo con tipos de interés muy bajos— mostraban que los inversores tenían mucha confianza en la capacidad del Fed para mantener baja la inflación. Nuestra preocupación, precisamente, era aumentar la inflación un poco, lo que estaba resultando difícil de lograr.

Un segundo concepto erróneo era que los cientos de miles de millones de dólares en compras de valores eran una forma de gasto público, comparable a los paquetes de estímulos fiscales de los gobiernos de Bush y Obama. Esta confusión llevaba a algunas quejas —alarmantes pero totalmente falaces— sobre lo que nuestras medidas le costaban al contribuyente. Nuestras compras eran análogas a las inversiones realizadas por una familia —como podían ser la compra de acciones o bonos—, y no a cosas como el pago del alquiler o la compra de gasolina de una familia. De hecho, dado que los intereses que pagaban los valores que adquiríamos eran superiores a los que pagábamos por las reservas adicionales que los bancos depositaban con nosotros, nuestras compras resultarían altamente rentables para los contribuyentes.

En mi opinión, la única respuesta útil a la confusión posterior a la QE2 era más comunicación y explicaciones. Me reuní y llamé por teléfono a legisladores, incluyendo a críticos como los senadores Shelby y Corker, Paul Ryan (el republicano superior del Comité de Presupuestos de la Cámara de Representantes) y Dave Camp (el republicano veterano del Comité de Medios y Arbitrios de la Cámara de Representantes). En septiembre mantuve una reunión municipal con maestros de secundaria. Aparecí en público, incluyendo una entrevista en *60 Minutes* el 5 de diciembre. Pero sabía que necesitábamos esforzarnos más para divulgar nuestro mensaje.

## 22

# VIENTOS EN CONTRA

El reloj de mi comedor en el Edificio Martin marcaba las dos y cuarto de la tarde. Era el 27 de abril de 2011. Michelle Smith y su compañera de Public Affairs, Rose Pianalto —la hermana de la presidenta del Fed de Cleveland, Sandy Pianalto— esperaban conmigo. Di un trago a la botella de agua y mantuve la vista fija en el reloj. Dentro de unos minutos daría el paso, sin precedentes en la presidencia del Fed, de comenzar una serie de conferencias de prensa programadas regularmente.

El Consejo no tenía ningún auditorio ni estudio de televisión lo bastante grande para alojar una conferencia de prensa, por lo que habíamos decidido usar el comedor más grande, situado en el mismo piso que la cafetería. (Mi pequeño comedor hacía las funciones de sala de espera antes de salir a escena.) Los retos logísticos de celebrar un acontecimiento de tanta repercusión e influencia en el mercado y emitirlo en directo eran abrumadores, y Michelle y Rose, así como muchos otros miembros del personal, habían estado trabajando durante semanas para prever cualquier contingencia.

También habíamos pensado cuidadosamente la puesta en escena, conscientes de que cada detalle podría enviar un mensaje subliminal. Queríamos crear la atmósfera de un seminario sobre economía, más que una conferencia de prensa en una sede política. En consecuencia, no me colocaría tras un atril sino que me sentaría ante una mesa de despacho (colocada en lo alto de una plataforma para que las cámaras de televisión al fondo de la sala pudieran encuadrar sin obstáculos), y los periodistas se sentarían ante largas mesas. A modo de guiño a una asamblea en Washington, estaría flanqueado por una bandera estadounidense a mi derecha y la bandera de la Reserva Federal a mi izquierda.

Había ensayado con el personal las respuestas a posibles preguntas, más, de hecho, de lo que acostumbraba antes de una declaración ante el Congreso. Esperábamos que las preguntas de los periodistas fuesen más agudas y técnicas que las que los congresistas hacen habitualmente. Desde luego, yo no era un novato en tratar con la prensa. Había respondido a las preguntas de los periodistas después de mis discursos en el Club Nacional de Prensa y en muchas de las reuniones extraoficiales con los consejos editoriales y otros grupos de periodistas. A pesar de todo, estaba nervioso. Parecía que las emisoras de televisión por cable no habían hablado de otra cosa en toda la semana, y nos habían bombardeado con solicitudes de asistencia. Michelle invitó a unos sesenta periodistas, uno por cada agencia de noticias, incluyendo a periódicos, revistas, agencias de noticias, cadenas de televisión, televisiones por cable y emisoras de radio. También asistían corresponsales extranjeros, incluyendo los de *Der Spiegel*, Agence France-Presse, TV Asahi (de Japón) y *Korea Economic Daily*.

A las dos y cuarto exactamente entré en el estudio improvisado rodeado de los clics de las cámaras y ocupé mi asiento. Contemplé las filas de periodistas y di comienzo a una breve declaración.

Habíamos estado debatiendo durante algún tiempo la posibilidad de celebrar conferencias de prensa regulares, y el FOMC había apoyado la idea en la reunión del 15 de marzo. Muchos bancos centrales celebraban conferencias de prensa, algunos cada mes, y adoptar esa práctica parecía un paso natural en la senda de aumentar la transparencia en el Fed. Como había comentado a menudo, la política monetaria es un 98% de hablar y un 2% de actuar. Eso es especialmente cierto cuando los tipos de interés a corto plazo se aproximan a cero e influenciar las expectativas sobre futuros tipos de interés se convierte en algo de importancia crítica. Aún así, el potencial de que algo salga mal durante un cruce televisivo en directo y sin guion previo es significativo. Cualquier señal equivocada o no intencionada sobre políticas podía irritar a los mercados. Y sabíamos que en cuanto empezásemos a celebrar conferencias de prensa, sería muy difícil, si no imposible, dejar de hacerlo.

Sin embargo, tras la reacción que se produjo como consecuencia de la introducción de la QE2 en noviembre de 2010 era más necesario que nunca explicar nuestras medidas claramente y con eficacia. El

24 de marzo habíamos anunciado que yo celebraría cuatro conferencias de prensa al año después de las reuniones, coincidiendo con la presentación por parte de los participantes del FOMC de las previsiones trimestrales sobre crecimiento económico, desempleo e inflación.

En mi declaración de apertura dije que, tal como habíamos prometido, a finales de junio completaríamos compras de valores del Tesoro por valor de 600.000 millones de dólares de acuerdo a la QE2, y que seguíamos esperando que el tipo de interés de los fondos federales continuara siendo bajo «durante un periodo prolongado».

Era prematuro dar un veredicto definitivo sobre los efectos de las QE2, pero los primeros indicios parecían prometedores. Las condiciones financieras habían mejorado considerablemente desde que sugerí una segunda ronda de compra de valores ocho meses antes, en Jackson Hole. Los precios de las acciones habían subido un 27%, y los diferenciales entre los rendimientos de los bonos corporativos y los valores del Tesoro se habían estrechado (lo que sugería que los inversores estaban más dispuestos a asumir riesgos). Los tipos de interés a más largo plazo habían caído al anunciarse el programa, como se esperaba, pero a continuación subieron conforme los inversores ganaban confianza sobre el crecimiento futuro y dejaban de preocuparse por la inflación. Era un patrón similar al que habíamos visto tras la QE1 en marzo de 2009.

A su vez, la mejora de las condiciones financieras parecía ayudar a la economía. El aumento medio del empleo había sido cercano a los 200.000 puestos de trabajo al mes en febrero y marzo, y la tasa de desempleo, que en noviembre se situaba en un descorazonador 9,8%, había caído por debajo del 9%. Dije que el FOMC esperaba que la recuperación siguiera a un ritmo moderado, con el desempleo cayendo lentamente, aunque algunos acontecimientos imprevisibles —el más importante, el desastroso terremoto seguido de un tsunami que sacudió a Japón el 11 de marzo— podían influir temporalmente en el crecimiento. Además de las trágicas pérdidas de vidas —murieron unas veinte mil personas—, el terremoto y el tsunami afectaron la cadena de suministro mundial. La escasez repentina de piezas esenciales limitó la producción de automóviles y otros productos manufacturados en todo el mundo. Como gesto de solidaridad, el Fed y el Tesoro habían coordinado con Japón una intervención muy poco frecuente en el mercado de divisas extranjero. La semana siguiente al terremoto, Estados Unidos y otros países del G-7 habían comprado dólares y vendido yenes para devaluar el yen y ayudar a que las exportaciones japonesas fueran más competitivas. Fue la única intervención en divisas que tuvo lugar durante mi mandato en el Fed.

Las perspectivas de la inflación planteaban algunos detalles peliagudos. La QE2 se había puesto en marcha en parte porque nos preocupaba el riesgo de deflación, y ahora, seis meses después, dichos riesgos parecían haberse disipado, lo que era otro éxito aparente del programa. Pero ¿nos habíamos excedido? El precio de la gasolina había subido casi un dólar por galón (un galón equivale a unos 3,8 litros), hasta llegar a los cuatro dólares, desde que se anunció la QE2. El precio de los alimentos también subía, impulsado por las subidas generales del precio de los principales cultivos (trigo, arroz, maíz y soja) y cierto debilitamiento del dólar.

Después de que Neil Irwin, del *Washington Post*, hiciera la primera pregunta de la conferencia de prensa, relacionada con la aparente ralentización del crecimiento en el primer trimestre, Jon Hilsenrath, del *Wall Street Journal*, preguntó si el Fed podía o debía hacer algo respecto a la subida de precios del combustible y los alimentos. Todos eran conscientes de la advertencia que repetían nuestros críticos acerca de que la compra de valores podía hacer que la inflación se descontrolara. ¿Debería reconsiderar el Fed dar marcha atrás en sus políticas de dinero fácil?

La respuesta apropiada en política monetaria a los vaivenes de los precios de la energía y otros bienes hacía mucho tiempo que desafiaba a los bancos centrales. A lo largo de los años, el FOMC había optado generalmente por pasarlos por alto y centrarse en medidas más estables de las tendencias de la inflación, como la llamada inflación subyacente, que excluía los precios de la energía y los alimentos. A menudo se había ridiculizado este enfoque. Como se solía plantear: «¿Los del Fed no coméis ni conducís?». Y en efecto, lo hacemos, y el Fed siempre ha equiparado la estabilidad de los precios con una baja inflación en conjunto, incluyendo la asociada al precio de la energía y la alimentación.

Prestábamos atención a la inflación subyacente porque existe un intervalo entre los cambios en la política monetaria y su efecto en la economía. Tenemos que tener en cuenta no solo la tasa actual de inflación, sino también las perspectivas de inflación para varios trimestres más, tal como un *quarterback* lanza la pelota hacia donde calcula que estará el receptor y no hacia donde está en el momento en que se produce el lanzamiento. Las investigaciones demuestran que dejar a un lado los precios más inestables permite realizar mejores predicciones sobre la inflación en conjunto. Nos habíamos enfrentado a un dilema parecido el verano de 2008. Los precios de la energía subían abruptamente, aunque la economía era débil. Tomamos la decisión —que resultó ser correcta, mirándolo retrospectivamente— de resistirnos a subir los tipos de interés.

Le dije a Hilsenrath que creíamos que las subidas más recientes del precio de la gasolina serían probablemente temporales, resultado de factores que no tenían que ver con la política monetaria y entre los que se incluían el aumento de la inestabilidad política a consecuencia de la Primavera Árabe (algo que había creado dudas sobre una reducción del suministro de crudo). Hasta donde podíamos afirmar, no era probable que la subida del precio del petróleo o el aumento del precio de los cultivos se transformase en una inflación constante más elevada. En consecuencia, dije, no era necesario un cambio en la política monetaria como respuesta.

Al cabo de una hora, dimos por terminada la conferencia de prensa. Parecía que había sido un éxito de crítica y de logística.

Hablando de éxitos de crítica, en mayo de 2011 apareció la película *Too Big to Fail* (*Malas noticias*), producida por la HBO y basada en la novela homónima de Andrew Ross Sorkin, que relataba la historia de la crisis. La interpretación que Paul Giamatti hizo de mí le valió un premio del Sindicato de Actores de Cine. Para reunir material para su caracterización, Giamatti me había visitado en el Fed. Su padre, Bart Giamatti, había sido comisario de la Liga Nacional de Béisbol. La conversación que mantuvimos durante la comida no tardó en desviarse hacia el juego y nunca hablamos del Fed ni de la crisis financiera. Supongo que obtuvo lo que necesitaba, a juzgar por cómo reaccionó la crítica a su interpretación. Aunque he leído el libro de Sorkin, nunca he visto la película. Me abstuve porque esperaba, quizá injustamente, que algunos temas complicados se tratarían de forma simplificada, por no mencionar el hecho de que me parecería muy raro verme representado en la pantalla. Cuando me preguntaban mi opinión sobre la película, respondía que no necesitaba verla: ya había visto el original.

Por la misma época en que se estrenó la película, Bill Clinton me invitó a reunirme con él. Había conocido a Hillary Clinton cuando fue senadora y después secretaria de Estado. Una vez, para comer con ella, crucé caminando la manzana que había desde el Fed hasta el Departamento de Estado, acompañado por mi equipo de seguridad. Me recibió calurosamente y comimos en una mesa para dos que habían llevado a un pequeño comedor privado. Me expresó su apoyo a las actuaciones del Fed durante la crisis, pero escuchó más que habló, sonsacando mis puntos de vista sobre la economía mundial.

En mi reunión con Bill pasamos más de una hora en el salón de la residencia de los Clinton en Washington, cerca del Observatorio Naval. Lo encontré delgado —después de varias cirugías cardíacas, la última en 2010, se había hecho vegano—, pero hablaba con gran energía sobre política, asuntos exteriores y economía. También me felicitó calurosamente y alabó la respuesta del Fed ante la crisis. Me animó a seguir con la tarea de hablarle al país, como había hecho en la entrevista en *60 Minutes* y en las conferencias de prensa. Dijo que la gente se sentía insegura y asustada y necesitaba oír a alguien que pudiera explicarles qué sucedía. Los estadounidenses ganarían confianza, me dijo, si entendían mejor lo que pasaba.

Resultó que el FOMC había diagnosticado correctamente el estado de la inflación en la primavera de 2011. El precio de la gasolina llegaría a su cénit a principios de mayo y después caería el resto del año. La inflación general, incluyendo los precios de la alimentación y la energía, crecería hasta septiembre y después disminuiría con firmeza. Sin embargo, de nuevo fuimos (nosotros y los analistas del sector privado) demasiado optimistas sobre el crecimiento económico. Al igual que en 2010, el prometedor crecimiento de la primavera se desvanecería durante el verano. La creación de empleo se ralentizaría acusadamente; por término medio se crearían solo unos 50.000 empleos al mes en mayo, junio y julio. El informe inicial de agosto mostraba un estancamiento absoluto en el crecimiento de empleo. Y la tasa de paro, después de su alentadora caída a principios de año, se estancaría cerca del 9% en otoño; la mejora neta sería de solo un punto porcentual desde el fin oficial de la recesión dos años antes. Además, las revisiones en profundidad de los datos de años anteriores mostrarían que la recesión había sido más profunda y la recuperación más lenta de lo que creíamos. A mediados de 2011, la producción de bienes y servicios en todo el país había alcanzado tan solo su punto más alto de la época anterior a la recesión, y el empleo estaba más de seis millones y medio de trabajos por debajo de su cénit. Se criticaba a los economistas por no ser capaces de predecir el futuro, pero dado que los datos eran incompletos y estaban sujetos a revisión, ni siquiera podíamos estar seguros de lo que había ocurrido en el pasado reciente. Los datos embarullados hacían muy difícil desarrollar políticas eficaces.

Debatíamos sin descanso sobre la aparente incapacidad de la economía para alcanzar la velocidad de escape, el punto en que el crecimiento se autosostenía. Los impactos imprevistos como el terremoto y el tsunami de Japón no bastaban para explicarlo. Llegué a pensar que había otras barreras, más significativas, que hacían que el viento nos soplase en contra; factores que habíamos esperado que ralentizaran el crecimiento pero que estaban siendo más importantes y persistentes que lo que habíamos creído.

Uno de los vientos en contra eran los efectos residuales de la crisis financiera. Aunque los mercados financieros y las instituciones de Estados Unidos se habían estabilizado en su mayor parte, seguía habiendo restricciones de crédito. Solo estaban consiguiendo préstamos los solicitantes con la mejor puntuación crediticia. La restricción del crédito significaba que se creaban menos empresas nuevas, y que pocas de las ya existentes podían expandirse, lo que hacía que se crearan menos empleos. Incluso los hogares y las empresas que podían solicitar préstamos se resistían a hacerlo. Al contrario, eran más cautelosos con sus gastos y se centraban en pagar sus deudas. La situación, por desgracia, estaba confirmando la teoría del acelerador financiero que habíamos desarrollado en mi época académica Mark Gertler y yo. Nuestra investigación sugería que las recesiones empeoraban las condiciones financieras tanto de prestamistas como de prestatarios, lo que restringía el flujo de crédito y hacía que la recesión fuera más profunda y más prolongada. Como le dije a Mark, habría preferido que se demostrase que nuestra teoría era incorrecta.

Las restricciones de crédito contribuían a la existencia de otro viento en contra persistente: la lenta recuperación del sector de la vivienda. Normalmente, una reactivación rápida de la construcción de viviendas y otras empresas relacionadas, como las inmobiliarias y las empresas de mantenimiento, ayudaba a alimentar el crecimiento tras una recesión. No fue así esta vez. Los constructores habían puesto en marcha la edificación de solo 600.000 viviendas privadas en 2011, mucho menos que los dos millones de 2005. Hasta cierto punto, esta caída representaba la cara opuesta del boom precrisis. Se habían construido demasiadas casas, y ahora empezaba a acusarse el efecto del exceso de oferta. Además, las condiciones de los préstamos hipotecarios, que antes de la crisis eran bastante cómodas, se habían desplazado al extremo contrario. Se rechazaba a los prestatarios potenciales, incluyendo a muchos compradores de primera vivienda. Entre otros factores que perjudicaban los préstamos hipotecarios y la construcción se podían incluir el gran número de ejecuciones hipotecarias y ventas forzosas, que mantenían bajos los precios de las viviendas, y la incertidumbre normativa (sobre el futuro de Fannie y Freddie, por ejemplo).

La política fiscal —a niveles de Estado, municipal y federal— también soplaba en contra. Después de poner en marcha el paquete de estímulo fiscal del presidente Obama en febrero de 2009, el Congreso se había pasado a la austeridad, reflejando la tendencia en Europa. Entretanto, los requisitos para equilibrar sus presupuestos habían obligado a los gobiernos estatales y municipales a realizar despidos y reducir los gastos en construcción conforme caían sus ingresos procedentes de los impuestos. Aquel viento en contra no era precisamente una brisa suave. El empleo creado por el gobierno suele crecer durante la recuperación económica, pero en esta ocasión, los puestos de trabajo en el sector público (excluyendo a los funcionarios del censo) llegarían a ser unos 750.000 empleos menos que los existentes en el punto más alto, antes de volver a empezar a subir. (Más de 300.000 de los empleos perdidos corresponderían a profesores.) El personal del Fed había estimado que la QE2 podría crear unos 700.000 empleos adicionales. Se podía afirmar que la política fiscal restrictiva estaba anulando por su lado el efecto de nuestra política monetaria.

Hablar en público de ese viento en fiscal contra era un reto especial. El gasto público y los impuestos quedaban fuera de la jurisdicción del Fed. Por otra parte, las políticas fiscales estaban frenando la recuperación y la creación de empleo, por lo que comprometían nuestra capacidad para cumplir nuestro objetivo sobre esta última. Después de debatir largamente con el personal del Consejo, me decidí por una estrategia a dos bandas. En primer lugar, haría énfasis en que el Fed no podía alcanzar el objetivo por sí solo, especialmente cuando los tipos de interés a corto plazo eran cercanos a cero. La economía necesitaba ayuda del Congreso, si no en forma de incremento del gasto (en carreteras y puentes, por ejemplo), entonces al menos en áreas como la formación de los trabajadores en paro. En segundo, señalaría que el déficit federal, aunque era un tema serio, era ante todo una preocupación a largo plazo relacionada en gran parte con el reto de atender a una población envejecida y el aumento de los costes de la atención sanitaria. El Congreso tenía que dirigir su lucha contra el déficit hacia esos problemas a largo plazo. Subir los impuestos o reducir el gasto actual solo ralentizaría la recuperación sin resolver a la larga ningún problema.

Por si los vientos en contra, crediticios, inmobiliarios y fiscales, no eran bastante amenaza para la economía, las condiciones financieras se volvieron a deteriorar durante el verano de 2011, en parte debido a una reactivación de la crisis europea. A los rescates de Grecia en mayo de 2010 y de Irlanda en noviembre del mismo año les siguió un paquete de medidas para Portugal (78.000 millones de euros) en mayo de 2011. A cada país que recibía ayuda se le exigía que redujera agresivamente su déficit presupuestario e implementase reformas para mejorar su competitividad económica y su eficiencia. En condiciones ideales, imponer condiciones duras a los receptores de un rescate reducía el riesgo moral y los orientaba a corregir las malas políticas que los había puesto en apuros en primer lugar. Si las condiciones no fueran duras, otros países con problemas similares no tomarían las desagradables decisiones que hacían falta para evitar tener que pedir un rescate.

Por otra parte, las duras condiciones para un rescate solo funcionarían si las exigencias tenían sentido y si podían ponerse en práctica sin causar la caída política del gobierno receptor. ¿Lo estaba haciendo bien Europa? Era una cuestión importante para la propia Europa, por supuesto, pero también para el resto del mundo, que estaba conectado con Europa económicamente y a través del comercio. En compañía de Tim Geithner (en reuniones y teleconferencias de grupos internacionales como el G-7 y el G-20) y por mi cuenta (en reuniones con los bancos centrales en Basilea y en otras partes) asistí a horas y horas de debates.

Tim y yo estábamos bastante de acuerdo en que Europa no lo estaba haciendo bien, y no titubeamos en decirlo. Era indudable que algunos países tenían que apretarse los cinturones fiscales, y muchos países europeos, no solo los que recibían rescates, se podrían beneficiar de la eliminación de normativas estrictas que hacían que sus economías fueran poco eficientes. Por ejemplo, en algunos países el despido era muy difícil, lo que hacía que los empresarios fueran reticentes a la hora de contratar. Pero creíamos que Europa avanzaba por la vía incorrecta en algunos aspectos esenciales.

Aunque la austeridad en los países con mayores problemas era probablemente inevitable teniendo en cuenta lo endeudados que estaban, los hundió más profundamente en la recesión, lo que era predecible. Por desgracia, los europeos no mostraban ninguna inclinación a aminorar la austeridad necesaria en los países más débiles gastando más y bajando impuestos en países que, como Alemania, se lo podían permitir. En vez de eso, Alemania y otros países en buenas condiciones recortaron también su presupuesto, en teoría para servir de ejemplo a países más ignorantes. En consecuencia, la política fiscal de la eurozona en conjunto acabó siendo altamente restrictiva. El enfoque macroeconómico de la eurozona parecía reducirse a «no hay ganancia sin sufrimiento», estuviese sirviendo o no el sufrimiento para algo. Al mismo tiempo, el BCE agravó el efecto de la austeridad fiscal endureciendo la política monetaria. Cuando la inflación se elevó por encima del objetivo del BCE («por debajo pero cercano al 2%»), subió dos veces los tipos de interés, en abril y en julio de 2011, a pesar del elevado desempleo y el estrés financiero continuado. A diferencia del Fed, decidió no contemplar las subidas temporales de los precios del crudo y de las cosechas. Me resultaba difícil entender aquella decisión, aunque era coherente con la respuesta del BCE a los elevados precios del petróleo en el verano de 2008, cuando también había subido los tipos. La austeridad fiscal en la eurozona, unida a los elevados tipos del BCE, prácticamente garantizaba que el crecimiento en Europa sería muy lento en conjunto, así como una recesión económica y una falta de empleos galopante en países como Grecia, Irlanda y Portugal.

Más allá de las preocupaciones sobre el crecimiento en Europa a corto plazo, Tim y yo también creíamos que se estaba haciendo muy poco para afrontar el problema estructural básico de la eurozona: el desequilibrio entre una política monetaria y un banco central únicos y las políticas fiscales no coordinadas de diecisiete países independientes. (El número de miembros había llegado a diecisiete cuando Estonia se unió al BCE a principios de 2011.) Se habían dado algunos pasos, incluyendo la aplicación más estricta de las reglas que limitaban el déficit. Y nadie esperaba que en un futuro previsible los países europeos se integraran fiscalmente como Estados Unidos. Aún así, los líderes europeos rechazarían o aplazarían medidas de cooperación fiscal razonables y constructivas, como abordar proyectos conjuntos de infraestructuras, crear un fondo común para cerrar con seguridad los bancos que caían o compartir el riesgo de las caídas bancarias estableciendo un sistema de seguro de depósitos extendido a toda la eurozona.

Otro tema conflictivo tenía relación con cómo tratar a los países que incluso después de aplicar una austeridad rigurosa fueran incapaces de pagar sus deudas. ¿Debían rescatarlos otros miembros de la eurozona y el FMI? ¿O deberían cargar con parte de las pérdidas los prestamistas privados, muchos de los cuales eran bancos europeos? La situación era análoga a la pregunta sobre si se debía imponer pérdidas a los acreedores preferentes de Washington Mutual durante la crisis. Nosotros (especialmente Tim) nos habíamos opuesto a eso, porque temíamos que aventase el pánico y aumentara el efecto contagio. Por motivos parecidos nos opusimos a obligar a los acreedores privados a soportar pérdidas si un país de la eurozona incumplía pagos. Jean-Claude Trichet se mostró enérgicamente de acuerdo con nosotros, aunque estaba en contra de otras posturas de Estados Unidos. (En concreto, no veía mucho margen para que la política monetaria y fiscal ayudase a la economía de la eurozona, y prefería centrarse en equilibrar presupuestos y en hacer reformas estructurales.) No obstante, sobre el tema de los impagos de países, Jean-Claude temía igual que nosotros que una vez el genio saliera de la botella, se esfumase la confianza de los prestamistas en otros prestatarios europeos vulnerables.

Aquella cuestión ganó relevancia a lo largo del verano conforme iba quedando claro que la economía en implosión de Grecia le impediría pagar sus deudas a pesar del rescate. Los políticos europeos empezaron a debatir sobre la conveniencia de obligar a los prestamistas privados a asumir pérdidas, al igual que los prestamistas oficiales (los gobiernos europeos y el FMI). Consideraban las pérdidas compartidas como un antídoto contra los riesgos morales y una forma de proteger a sus contribuyentes. En contraste, Trichet y el BCE argumentaban enérgicamente en contra de un impago o reestructuración de la deuda griega que pudiera disparar el contagio. (Dejando la economía aparte, Trichet también parecía considerar que un impago era algo inherentemente deshonroso.) Por el momento, Irlanda y Portugal parecían estar a salvo del contagio, ya que como receptores de préstamos oficiales no habían tenido que recurrir a los mercados privados. Sin embargo, dos países mucho más grandes, España e Italia, podían estar en peligro.

El 21 de julio, los líderes europeos ensamblaron un nuevo paquete para Grecia, que doblaba aproximadamente los préstamos por valor de 110.000 millones de euros aprobados en mayo de 2010. Pero, por primera vez, los titulares privados de deuda griega se vieron obligados a hacer concesiones, en forma de tipos más bajos y un periodo de amortización más largo. Era, de hecho, un impago parcial. Como era de esperar, los prestamistas privados no tardaron en empezar a quitarse de encima los bonos de España e Italia. Al principio de 2011, los bonos italianos a diez años tenían un rendimiento del 4,7%, y los bonos españoles a diez años, del 5,4% (ambos habían subido desde aproximadamente el 4% de un año antes). Mientras seguía el debate sobre la reestructuración de Grecia, esos rendimientos empezaron a subir; para el 1 de agosto, los bonos italianos pagaban un 6%, y los españoles, un 6,2%. A partir de ahí, los rendimientos de los bonos españoles se estabilizaron y luego empezaron a bajar, pero a finales del año, los bonos italianos estaban en un 7,1%, incluso a pesar de que el BCE había reanudado en agosto su programa de compra de bonos.

La subida de unos cuantos puntos porcentuales en los tipos de interés podría no parecer importante. Pero unos intereses más altos aumentan directamente el déficit de los gobiernos. Se puede poner en marcha un círculo vicioso: los prestamistas, temiendo un impago, exigen tipos de interés más altos, pero estos tipos más altos hacen que los impagos sean más probables. A lo largo del verano de 2011, más y más gente estaba pensando lo impensable: que el euro colapsaría cuando los países se declarasen en situación de impago o bien se retirasen o fuesen expulsados de la moneda común. Los bancos europeos, ya debilitados, mantenían grandes cantidades de deuda pública, de modo que los impagos de los países podrían hundir también el sistema bancario europeo. Parecía que se estaba gestando un desastre financiero potencialmente más grave que la crisis de 2007 a 2009.

El 14 de mayo de 2011, mientras esta nueva crisis europea se estaba desarrollando, Dominique Strauss-Kahn, el director general del FMI, fue detenido en la ciudad de Nueva York acusado del asalto y el intento de violación de una empleada de hotel. Me quedé estupefacto. Muchos consideraban a Strauss-Kahn como el sucesor más probable del presidente francés Nicolas Sarkozy. Brillante y cortés, había sido un líder fuerte del FMI. Tenía una visión especialmente perspicaz sobre la necesidad de que los europeos actuaran rápida y decisivamente para contener la crisis. Nadie podía tolerar su presunto acto, pero la expulsión de Strauss-Kahn de la toma de decisiones sobre políticas internacionales dejaba un hueco importantísimo en un momento crítico. John Lipsky, un economista estadounidense que había sido delegado de Strauss-Kahn, ocupó temporalmente su lugar.

La ministra de Economía francesa, Christine Lagarde, con el apoyo del gobierno de Estados Unidos, reemplazó a Strauss-Kahn en julio y se convirtió en la primera mujer al frente del FMI. El jefe de economía de este, Olivier Blanchard, un buen amigo mío que había pasado muchos años en la facultad del MIT, permaneció allí. A pesar de haber acabado de trabajar para el gobierno francés, Christine, al igual que Strauss-Kahn antes que ella, no mostró ningún favoritismo a los prestatarios europeos. De hecho criticaría a menudo la falta de voluntad de los gobiernos de Europa para hacer algo más para promover el crecimiento económico. Sin embargo, los europeos, liderados por el ministro de Economía alemán Wolfgang Schäuble, no se mostraron muy inclinados a aceptar consejos del FMI, de los estadounidenses o de cualquier otro. Al menos en eso estaban de acuerdo.

Entretanto, en Estados Unidos, el Congreso parecía estar haciendo todo lo posible por irritar aún más a los mercados. Estaba en un punto muerto contra el gobierno de Obama sobre el tema de aumentar el límite de la deuda federal.

La ley del techo de deuda era un accidente histórico. Hasta la Primera Guerra Mundial, cuando el Congreso aprobaba los gastos, autorizaba por rutina y al mismo tiempo cualquier emisión necesaria de deuda. En 1917, por conveniencia administrativa, el Congreso aprobó una ley que permitía al Tesoro emitir deuda si era necesario, siempre y cuando el total de la deuda permaneciese por debajo de un límite permitido. A efectos prácticos, el Congreso separó las decisiones sobre gastos de las decisiones sobre préstamos.

En algún momento, los legisladores se dieron cuenta de que la aprobación del techo de deuda podía servir como elemento de negociación. Esas discusiones recordaban a menudo el teatro kabuki, con el partido en el poder asegurándose de que el techo de la deuda subía (y encajando las críticas políticas resultantes). Antes de 2011, la batalla más seria había tenido lugar en 1995, cuando un bloqueo entre el presidente Clinton y el Congreso republicano, relativo al techo de deuda y al programa de gastos, había tenido como consecuencia dos suspensiones de pagos temporales del gobierno federal. Sin embargo, conforme aumentaba la polarización política en Washington, las peleas por el techo de deuda empezaron a ser menos simbólicas y, en consecuencia, mucho más peligrosas.

Muchos estadounidenses creen que las disputas sobre el techo de deuda se refieren a cuánto debe gastar y qué impuestos debe imponer el gobierno. Sin embargo, el límite de deuda no trata de las decisiones sobre gastos e impuestos; más bien tiene relación con si el gobierno pagará las facturas de gastos que ya se han hecho. Negarse a subir el límite de deuda no es análogo, como a veces se afirma, a una familia que prescinde de sus tarjetas de crédito. Es más bien como una familia que ha acumulado una factura importante con las tarjetas de crédito y luego se niega a pagar.

Uno de los compromisos clave del gobierno es pagar los intereses sobre la deuda nacional. Si no puede realizar esos pagos a tiempo estaríamos en una situación de impago de los valores del Tesoro estadounidense (el activo financiero más demandado y comercializado del mundo). En esa época, cerca de diez billones de dólares en deuda pública estadounidense estaban en manos de individuos e instituciones repartidos por todo el mundo. Incluso un impago de breve duración podría tener consecuencias financieras catastróficas, a la vez que dañaría permanentemente la credibilidad y la solvencia del gobierno de Estados Unidos. El impago de otras obligaciones gubernamentales —a jubilados, soldados, hospitales o contratistas, por ejemplo— también tendría como consecuencia una ruptura importante de la confianza, con efectos económicos y financieros graves. Negarse a subir el límite de deuda supone un lastre para el bienestar económico del país. Eso sería inaceptable sin que importe cuál es el tema subyacente sobre el que se discute.

La pelea sobre el límite de deuda en 2011 comenzó a causa de los esfuerzos republicanos por recortar el gasto del gobierno después de que el partido ganase las elecciones legislativas de 2010. Hubo varios intentos de llegar a un compromiso, incluyendo el establecimiento de una comisión bipartita dirigida por Alan Simpson, un antiguo senador republicano por Wyoming, y Erskine Bowles, un jefe de personal de la Casa Blanca durante el gobierno de Clinton; pero todos fracasaron. En abril, Tim advirtió al Congreso que si no se incrementaba el techo de deuda, el gobierno se quedaría sin dinero alrededor del 2 de agosto. En el momento de la advertencia, pocos creían que el Congreso se planteara seriamente un impago, y no se oyó ninguna reacción por parte del mercado.

La Reserva Federal actúa como agente fiscal de Tesoro, lo que significa que procesa la mayoría de los pagos federales, incluyendo los intereses de los valores del Tesoro. Según avanzaba el debate político, el Fed y el Tesoro debatieron los problemas operativos que podrían surgir si el Congreso no elevaba a tiempo el techo de deuda. Supervisores y analistas del Fed expertos en la fontanería del sistema financiero hablaron con las instituciones financieras sobre cómo podrían actuar ante un retraso en el pago de los intereses de los valores del Tesoro. Lo que oímos fue perturbador: los sistemas informáticos empleados por los bancos y otras instituciones financieras no estaban preparados casi en absoluto para manejar incluso un impago a corto plazo. Los diseñadores de los sistemas no habían tenido en cuenta aquella posibilidad.

El 31 de julio, después de meses de rectificaciones, el Congreso llegó finalmente a un acuerdo de presupuestos que permitía que se elevase el techo de deuda. El acuerdo fue complejo. Además de especificar recortes de gastos a lo largo de los siguientes diez años, establecía un comité conjunto del Congreso, que se apodó «supercomité», para que planeara reducciones adicionales. Si el comité no conseguía acordar suficientes recortes, ello dispararía recortes generalizados en una acción conocida como «secuestro». Me sentí aliviado al ver una resolución para la crisis, pero me preocupaba que la frágil recuperación económica no pudiera soportar las medidas de austeridad que el Congreso parecía dispuesto a imponer.

Hubo una posdata: el 5 de agosto, la agencia de calificación Standard & Poor's —citando entre otros factores la posibilidad de futuras rectificaciones del presupuesto— rebajó la calificación de la deuda estadounidense a la categoría inmediatamente inferior a triple A. Dicha agencia de calificación había cometido un error espectacular que hizo que sobreestimase el déficit a diez años en dos billones de dólares, algo que el Tesoro señaló rápidamente. S&P admitió el error pero afirmó que no afectaba a su valoración de la solvencia del gobierno. Yo tenía la impresión de que S&P quería demostrar que no se intimidaba. Aquel episodio subrayó la extraña relación entre gobiernos y agencias de calificación: los gobiernos regulaban a las agencias, pero estas tenían el poder de rebajar la calificación de la deuda de los gobiernos.

La rebaja de la calificación aumentó la tensión en los mercados financieros, ya susceptibles debido a la situación en Europa. Desde el 25 de julio, el lunes siguiente al anuncio de la reestructuración de la deuda griega, y entre una preocupación creciente sobre el techo de la deuda, el Dow Jones cayó 1.800 puntos, o un 14%, en cuatro semanas. Irónicamente, durante aquel mismo periodo, a pesar del temor de un impago de los valores del Tesoro, los inversores nos los quitaron de las manos, haciendo que bajase el rendimiento de los valores del Tesoro a diez años de cerca de un 3% a un poco más de un 2%, una variación sustancial. Los valores del Tesoro parecían un puerto seguro en medio de la tormenta (además de las preocupaciones sobre Europa y la economía de Estados Unidos), lo que evidentemente superaba el temor a los impagos.

El mercado de la vivienda en Estados Unidos seguía siendo un importante viento en contra de la recuperación en 2011. Con mi apoyo, los miembros del Consejo Betsy Duke y Sarah Raskin formaron un comité especial para pensar cómo podríamos reactivarlo. Apoyaron su trabajo con el de David Wilcox, que había ocupado el puesto de director de investigación del Consejo en julio de 2011 después de que Dave Stockton se retirase, y con un equipo dirigido por la economista Karen Pence, una especialista en finanzas de consumo. El comité se centró en las nuevas ejecuciones hipotecarias, que habían disminuido desde su cénit de 2,1 millones en 2009 pero seguían siendo bastante altas, 1,25 millones en 2011.

La política monetaria había ayudado a rebajar los tipos de las hipotecas desde cerca de un 6% a finales de noviembre de 2008, justo antes de que anunciásemos la primera ronda de compra de valores respaldados por hipotecas, hasta un 4,5% a mediados de 2011. Con la rebaja de los tipos de las hipotecas, los propietarios con buen historial de crédito y capital amortizado de sus viviendas podían refinanciarse y reducir sus cuotas mensuales. Por desgracia, cerca de la cuarta parte de los propietarios seguían con el agua al cuello en 2011, debiendo más dinero de lo que valían sus propiedades y sin poder refinanciarse. Los primeros resultados del Programa de Refinanciación para una Vivienda Asequible, puesto en marcha por el gobierno de Obama para ayudar a los prestatarios con problemas cuyas hipotecas eran propiedad de Fannie o Freddie, habían sido decepcionantes. Pero el gobierno liberalizó las condiciones del HARP en octubre de 2011, reduciendo las comisiones y ampliando la elegibilidad, lo que aumentó la participación en gran medida. Al final, el programa sirvió para facilitar unos 3,2 millones de refinanciaciones.

La otra iniciativa contra las ejecuciones hipotecarias del gobierno, el Programa de Modificación para una Vivienda Asequible, ofrecía a las empresas suministradoras de préstamos incentivos para rebajar los pagos de los prestatarios, por ejemplo extendiendo el periodo de amortización de las hipotecas o rebajando el tipo de interés. En la práctica, el programa presentaba grandes retos de gestión para el Tesoro. El Congreso exigía una supervisión estrecha de los participantes, tanto empresas suministradoras de préstamos como prestatarios. Eso era comprensible, pero creaba a las empresas suministradoras exigencias operativas que reducían su disposición a participar. Los extensos requisitos de documentación disuadían a muchos de los prestatarios de solicitar la participación en el programa. En su primer año, el HAMP modificó tan solo 230.000 hipotecas. Conforme el Tesoro ganó experiencia, mejoró y amplió el programa, permitiendo la modificación de más hipotecas.[1] Pero las modificaciones no siempre evitaban la ejecución hipotecaria. Incluso con unos estándares de selección estrictos, el 46% de las hipotecas modificadas en 2009 volvieron a ser objeto de impago, y en 2010, se llegó al 38%. El efecto de la recesión en los empleos y las finanzas de las familias hizo que muchos prestatarios no fueran capaces de satisfacer ni siquiera unos pagos mensuales moderados.

Aparte de la supervisión de algunos prestamistas, el mercado de la vivienda quedaba en gran parte fuera de la jurisdicción del Fed. Sin embargo lo veíamos como un factor crítico en la recuperación, y nos unimos al debate. En un documento oficial que publicamos en enero de 2012 hacíamos algunas sugerencias para mejorar los programas del gobierno. También analizamos estrategias alternativas para la prevención de ejecuciones hipotecarias, como reducciones únicas de

1. A finales de 2014, el total de modificaciones bajo el HAMP llegaría a 1,4 millones.

la cantidad adeudada por el prestatario, y promovimos alternativas a las ejecuciones como las ventas a la baja, en las cuales, los prestamistas permitían a los prestatarios librarse de la deuda vendiendo su vivienda por un valor menor al del préstamo. (Una venta a la baja es menos costosa que una ejecución tanto para el prestatario como para el prestamista, y mejor para el vecindario pues la vivienda no se queda desocupada.)

Aunque nuestro documento nos parecía constructivo e imparcial, recibió fuertes críticas de algunos miembros del Congreso. El Senador Orrin Hatch, de Utah, el republicano veterano del Comité de Finanzas del Senado, se quejó de que nos habíamos metido en la política fiscal. No lamenté haber publicado el documento. No se podían evitar todas las ejecuciones, pero sí muchas, y reducir el número de ejecuciones innecesarias —por difícil que fuera— tenía muchos beneficios, y no solo para los prestamistas y los prestatarios. El excedente de propiedades objeto de ejecución hipotecaria era una causa importante de la lenta recuperación del mercado de la vivienda, y por consiguiente, de la economía. Pero la reacción demostró sin duda que la prevención de ejecuciones hipotecarias era una cuestión tan política como normativa. Los ánimos se acaloraron tanto entre los que querían programas más generosos como entre los que creían que ya lo eran demasiado.

En otra experiencia aleccionadora, descubrimos de primera mano las dificultades prácticas de tratar con los problemas de las ejecuciones. Una de las prácticas más deplorables en las hipotecas de la era precrisis fue la «firma robótica», en la que los empleados de las empresas suministradoras de préstamos firmaban millones de documentos de ejecución hipotecaria como si fueran robots, sin revisarlos adecuadamente. En 2011 y a principios de 2012, el Fed y la Oficina del Interventor de la Moneda ordenaron a dieciséis empresas suministradoras de préstamos hipotecarios, que en conjunto habían concedido más de dos tercios del total de hipotecas, que contratasen consultores independientes para revisar cada ejecución iniciada, pendiente o completada en 2009 y 2010. Los prestamistas tendrían que compensar a los prestatarios sujetos a firmas robóticas y otros tratamientos injustos. Sin embargo, pronto resultó evidente que el coste de revisar millones de archivos superaría con mucho la compensación que habría que abonar a los prestatarios damnificados. Después de numerosas quejas del Congreso y de grupos de defensa del consumidor, el Fed y la OCC interrumpieron el proceso. Un nuevo sistema compensaría a los prestatarios basándose en un criterio relativamente simple. El objetivo era hacer justicia razonablemente a los prestatarios sin tener que pagar unos honorarios enormes a los auditores. Con el tiempo, quince de los dieciséis prestamistas aceptaron pagar 10.000 millones de dólares (3.900 millones en efectivo y 6.100 millones en otras clases de reparaciones, incluyendo la modificación de las hipotecas). Se hicieron pagos directos a 4,4 millones de prestatarios.

La tensión financiera renaciente que emanaba de Europa y las tonterías sobre el techo de deuda —junto a los vientos en contra persistentes, como el mercado de la vivienda—, se cobraron su precio sobre la economía. Al final del verano de 2011, el optimismo reservado que había descrito en la conferencia de prensa de abril se había disipado. De nuevo parecía que la economía se iba a detener. Tal como prometimos, finalizamos la QE2 a mitad de año. Yo estaba convencido de que el programa había ayudado a crear empleo y a evitar la amenaza de deflación que percibimos en otoño de 2010. Pero ahora había llegado a su fin, y las previsiones de los participantes del FOMC mostraban solo un progreso muy lento en dirección al pleno empleo a lo largo de 2013, mientras que la inflación se mantendría baja. ¿Qué más podíamos hacer?

Podíamos empezar a comprar de nuevo valores a más largo plazo, ampliando más nuestro balance. Pero el interés del FOMC por otra ronda completa de expansión cuantitativa parecía escaso, al menos por el momento. Las críticas a nuestras políticas eran a menudo exageradas o injustas, especialmente teniendo en cuenta que recibíamos muy poca ayuda del resto del gobierno. Pero eso no quería decir que no fueran preguntas legítimas. ¿Estaban siendo eficaces nuestras compras de valores? Los análisis internos sugerían que por sí mismas lo habían sido, pero evidentemente no lo bastante, para alcanzar un ritmo adecuado de crecimiento económico y creación de empleo. Pero incluso si las compras habían sido eficaces en el pasado, con los tipos de interés actuales tan bajos, ¿no habríamos llegado a un punto de ventajas decrecientes? ¿Los problemas del mercado de crédito estaban reduciendo las ventajas de los tipos bajos?

Había otras cuestiones relacionadas con posibles efectos secundarios indeseados. Además del riesgo de inflación, los participantes del FOMC estaban preocupados por si las compras adicionales podían amenazar la estabilidad financiera. Sheila Bair, después de dejar la FDIC en julio de 2011, había advertido que el Fed estaba creando una «burbuja de bonos» al bajar los tipos de interés a largo plazo. Ella y otros afirmaban que los rendimientos artificialmente reducidos de los bonos podían elevarse inesperadamente y hacer caer los precios de bonos existentes con rendimientos que eran de repente mucho más bajos que los de los bonos de nueva emisión. Las pérdidas resultantes, grandes y extendidas, podrían desestabilizar el sistema financiero. De hecho habíamos supervisado cuidadosamente los riesgos asociados a una gran subida repentina de los tipos de interés, especialmente en los bancos y las compañías de seguros de vida, que en ambos casos poseían bonos en gran cantidad, y creíamos que se trataba de riesgos manejables. Pero si los últimos años nos habían enseñado algo, era que debíamos ser humildes respecto a nuestra capacidad para detectar amenazas emergentes para la estabilidad financiera.

Al ser poco probable que a corto plazo consiguiéramos el apoyo del comité para la compra sustancial de nuevos valores y la expansión del balance, había llegado de nuevo la hora de un pensamiento creativo. Desde el verano anterior había estado debatiendo a nivel interno un amplio abanico de opciones relativas a la política monetaria. Las conversaciones prosiguieron durante 2011 y 2012. Comenté públicamente algunas ideas, pero muchas solo vieron la luz en reuniones del personal y memorandos.

En mi discurso de 2010 en Jackson Hole había planteado la posibilidad de reducir el interés pagado por las reservas bancarias del 0,25% al 0%, o incluso a un valor ligeramente negativo. Esto requería de hecho que los bancos pagasen por el privilegio de tener sus fondos líquidos almacenados en el Fed sin hacer nada, en vez de úsarlos para prestar. Pero recortar a cero el tipo pagado por las reservas era probable que redujese tan solo levemente los tipos de interés a corto plazo en el mercado, algo entre el 0,10 y el 0,15%, quizá. No tenía ninguna objeción especial a intentarlo; quizá indicaría al mercado que estábamos dispuestos a hacer todo lo que fuera necesario para ayudar a la recuperación. Sin embargo, había buenos argumentos en contra de dar ese paso. Podía dañar los fondos del mercado monetario y trastornar el mercado de papel comercial y otros mercados financieros, incluyendo el mercado de los fondos federales. Por ejemplo, si los tipos de interés bajaban a cero (o incluso por debajo), a los fondos del mercado monetario les resultaría difícil recuperar los costes de gestión. Si, como resultado, los fondos comenzaban a desaparecer, tendrían que vender su papel comercial, cerrándole a ese mercado una importante vía de financiación.

También valoré la posibilidad de fijar los tipos de interés de los valores con vencimientos a dos años o menos. Podíamos conseguir eso comprando y vendiendo esos títulos a los tipos que eligiésemos fijar como objetivo. Este paso mostraría poderosamente nuestro compromiso de mantener los tipos bajos durante al menos dos años. Sin embargo, para que eso funcionase nos veríamos obligados a comprar una cantidad enorme de valores. Nuestro balance podría hincharse fuera de control, un riesgo que no estábamos dispuestos a correr... al menos de momento.

Consideramos la puesta en marcha de un programa de «financiación para préstamos» que proporcionaría financiación barata a los bancos que aceptasen aumentar sus préstamos a pequeñas y medianas empresas. El Banco de Inglaterra y el Tesoro británico adoptarían un programa semejante en julio de 2012. La idea de impulsar el crédito para la pequeña empresa era atractiva. (Sarah Raskin era una partidaria especialmente enérgica.) Pero los bancos estadounidenses tenían poco interés en un programa de financiación para préstamos. A diferencia de los bancos británicos, tenían acceso a toda la financiación barata que pudieran usar y no veían muchas oportunidades que no estuvieran ya aprovechando para prestar rentablemente a las pequeñas empresas.

Una idea más radical, apoyada por muchos estudiosos, se llamaba objetivo de PIB (producto interior bruto) nominal. Yo había hablado de ella con Don Kohn, Janet Yellen y Bill Dudley antes de lanzar la QE2 en 2010.[2] Bajo el objetivo de PIB nominal, el banco central dejaba de tener un objetivo fijo de inflación. En vez de eso, cuando el crecimiento es fuerte, apunta a una menor inflación. Cuando el crecimiento es débil, busca una mayor inflación. En 2011, con un crecimiento bastante lento, el objetivo del PIB nominal habría sugerido un objetivo temporal de inflación del 3 o el 4%, o incluso más.

Esencialmente, el objetivo de PIB nominal aspira a cambiar las expectativas del público respecto al comportamiento del banco central en el futuro, y por tanto afecta al precio de los activos y a los tipos de interés del presente. En 2011, por ejemplo, la adopción del objetivo del PIB nominal habría implicado que el Fed estaba comprometido a mantener bajos durante mucho tiempo los tipos de interés a corto plazo, y quizá también a asumir compras adicionales de valores, incluso mientras aumentaba la inflación. Si los mercados creían en aquel compromiso, impulsarían de inmediato una rebaja de los tipos de interés a más largo plazo, con lo que favorecerían el crecimiento económico actual.

El FOMC al completo debatiría el objetivo del PIB nominal en su reunión de noviembre de 2011. Tuvimos en cuenta los beneficios teóricos de ese enfoque, pero también si era deseable, o incluso factible, cambiar a un nuevo marco en un momento de gran incertidumbre económica. Tras una larga discusión, el comité rechazó firmemente la idea. Al principio me había sentido intrigado por aquel enfoque, pero acabé compartiendo las reservas de mis compañeros sobre la conveniencia de ponerlo en práctica en ese momento. El objetivo del PIB nominal es complicado, y sería muy difícil explicárselo al público (y también al Congreso, al que habríamos tenido que consultar). Incluso si conseguíamos explicarlo con éxito, aún quedaban otros retos. Para que el objetivo del PIB nominal funcionase, tenía que ser creíble. Esto es: la gente tenía que aceptar que el Fed, después de pasar la mayor parte de las décadas de 1980 y 1990 inten-

2. El producto interior bruto nominal, o PIB nominal, es el valor en dólares, no ajustado por la inflación, de los bienes y servicios producidos en la economía doméstica. El crecimiento del PIB nominal es la suma del crecimiento de la producción y la inflación.

tando eliminar la inflación, había decidido de repente que estaba dispuesto a tolerar una inflación más alta y posiblemente durante muchos años. Tenían que quedar convencidos de que los futuros responsables políticos del Fed seguirían manteniendo esa estrategia, y que el Congreso no actuaría para bloquearla.

Pero ¿y si teníamos éxito en convencer a la gente de que la inflación apuntaba más alto? Aquel desenlace también conllevaba riesgos. ¿La gente confiaría en que los futuros responsables políticos serían lo bastante valientes y competentes para eliminar la inflación más tarde, como dictaba la estrategia, incluso arriesgándose a crear una recesión? Si no, el objetivo del PIB nominal podría aumentar el miedo y la incertidumbre sobre la inflación futura. En vez de gastar e invertir más, como se esperaba, los hogares y las empresas podrían volverse cautelosos y gastar e invertir menos. Entonces el Fed se encontraría antes o después en una situación como la de la década de 1970: sin credibilidad y con una economía que sufría debido al bajo crecimiento y la inflación demasiado alta.

Una idea relacionada con el objetivo del PIB nominal pero más fácil de explicar era simplemente aumentar el objetivo de inflación a, por ejemplo, un 4%, sin el compromiso de bajar la inflación en el futuro inherente al objetivo del PIB nominal. Las personas y las empresas gastarían más ahora, antes de que los precios subieran; al menos, eso afirmaba la teoría. Mi antiguo compañero de Princeton, Paul Krugman, defendió ese enfoque en abril de 2012, en un artículo publicado en el *New York Times* titulado «Tierra llamando a Ben Bernanke», acompañado de un dibujo que me representaba con un casco espacial y aire totalmente despistado. (Yo ya estaba acostumbrado a los ataques personales a esas alturas, pero creí que aquel era más que un poco injusto, dado que no se podía decir que el Fed hubiera permanecido pasivo bajo mi liderazgo.) En mi discurso de 2010 en Jackson Hole había rechazado un objetivo de inflación más alto por muchas de las razones que hicieron que dejase a un lado el objetivo del PIB nominal. Cualesquiera que fuesen los beneficios para el crecimiento de las expectativas de una inflación más elevada —y eso era algo que se podía discutir—, elevar sustancialmente las expectativas de la gente en cuanto a la inflación, usando solo palabras, era más fácil en teoría que en la práctica.

Aunque al final rechazamos el enfoque específico del objetivo del PIB nominal, no rechazamos el principio general de que dar forma a las expectativas relativas a políticas futuras podía influenciar las condiciones financieras actuales. Ya habíamos intentado ofrecer una orientación sobre las políticas, por ejemplo, al decir en marzo de 2009 que esperábamos que los tipos siguieran siendo «excepcionalmente bajos» (en otras palabras, cercanos a cero) durante un «largo periodo». Como siguiente paso, presioné al comité para que reemplazara el impreciso «largo periodo» con una frase más concreta. En la reunión de agosto de 2011, dijimos en nuestra declaración que esperábamos que el tipo de los fondos federales siguiera siendo bajo «al menos hasta mediados de 2013», esto es: durante al menos dos años más. La fecha era coherente con las previsiones económicas de los miembros del FOMC y con análisis basados en modelos que indicaban cuándo sería apropiado empezar a subir el tipo. Tres miembros del FOMC —Richard Fisher, Charlie Plosser y el presidente del Fed de Minneapolis, Narayana Kocherlakota— no estuvieron de acuerdo, en parte porque no creían que la economía necesitara más estímulos monetarios. Plosser creía además que indicar una fecha específica daría la impresión de que habíamos enchufado el piloto automático y no cambiaríamos nuestro tipo objetivo para responder a acontecimientos económicos compensatorios.

Estuve de acuerdo en que habría sido mejor enlazar más directamente nuestros planes normativos a condiciones económicas en vez de a una fecha. Tomábamos nuestras decisiones sobre políticas basándonos en lo que sucedía en la economía, y ligar nuestra orientación a condiciones económicas habría dado a los mercados una idea más clara de lo que pensábamos. Pero hacía falta tiempo para acordar en el comité la mejor forma de hacer eso. En cualquier caso, el cambio de lenguaje pareció funcionar. Los inversores hicieron a un lado sus expectativas relativas a una subida de los tipos de interés a corto plazo, lo que dio como resultado un descenso de los tipos de interés a más largo plazo. Al cabo de un tiempo, no obstante, mientras el crecimiento continuaba siendo decepcionante, se hizo evidente un problema de nuestra orientación basada en fechas. Al desplazarse hacia el futuro nuestra expectativa sobre la primera subida de tipos, nos vimos obligados a ajustar nuestra declaración. Después de la reunión de enero del FOMC, dijimos que esperábamos unos tipos excepcionalmente bajos «al menos hasta bien entrado 2014», y en septiembre de 2012 tuvimos que desplazar la fecha hasta mediados de 2015.

Entretanto, habíamos descubierto una forma de usar nuestro balance para reducir aún más los tipos de interés a largo plazo, sin tener que expandirlo. En septiembre de 2011, el comité —con Fisher, Kocherlakota y Plosser de nuevo en desacuerdo— decidió adquirir para finales de junio de 2012 valores del Tesoro con vencimientos de 6 a 30 años por valor de 400.000 millones de dólares. Sin embargo, en vez de financiar la compra creando reservas bancarias, venderíamos una cantidad equivalente de los valores del Tesoro que ya poseíamos con vencimientos a 3 años o menos.

Lo llamamos Programa de Ampliación del Vencimiento. La prensa, sin mucha precisión, lo apodó «Operación Retorcer», como un programa del mismo nombre que se había implantado a principios de la década de 1960. En aquel entonces, bajo la dirección de William McChesney Martin, el Fed compró valores a más largo plazo y vendió valores a más corto plazo en un intento de «retorcer la curva de rendimientos»; esto es, reducir los tipos de interés a corto plazo (para estimular el gasto y la inversión) y elevar los tipos a largo plazo (para, en teoría, proteger el valor del dólar).[3] En esta ocasión, nuestro objetivo no era desplazar los tipos a corto y a largo plazo en dirección opuesta, sino acercar los tipos a largo plazo a los tipos a corto plazo, que eran bajísimos. Teniendo ya el sistema bancario muchas reticencias, y dada nuestra promesa de que mantendríamos los tipos a cero al menos hasta mediados de 2013, no nos parecía muy peligroso que la venta de valores a corto plazo ocasionara una subida significativa de los tipos a corto plazo. De ese modo, esperábamos que nuestras compras bajo el Programa de Ampliación del Vencimiento tuvieran un efecto similar al de nuestras compras bajo la QE2.

3. La curva de rendimientos relaciona los rendimientos de un tipo de valor determinado —por ejemplo la deuda del Tesoro— con su vencimiento. Dado que los tipos a largo plazo suelen ser mayores que los tipos a corto plazo, la curva de rendimientos suele ser creciente.

La reacción política al Programa de Ampliación del Vencimiento fue el silencio, al menos en comparación con la reacción a la QE2. Aquello se debía en parte a que el programa no conllevaba un aumento de las reservas bancarias y no era vulnerable al coste de imprimir moneda. A pesar de ello, la víspera de la decisión, los cuatro principales republicanos del Congreso publicaron otra carta criticando nuestras intervenciones. El portavoz de la Cámara de Representantes, John Boehner, y el líder de la minoría en el Senado, Mitch McConnell —y sus delegados, el representante Eric Cantor y el senador Jon Kyl— nos exigieron «abstenernos de hacer más intervenciones extraordinarias en la economía estadounidense». Me pregunté quién o qué estaba detrás de aquella carta, dado que mantenía unas relaciones razonablemente buenas con los cuatro autores y siempre estaba dispuesto a conversar con ellos sobre la economía y las políticas del Fed. En particular, Boehner había apoyado mi nuevo nombramiento y me había dicho en reuniones privadas que se alegraba de que hubiera estado en el Fed durante la crisis.

Aunque la reacción del público a nuestro programa más reciente había sido relativamente suave, el entorno político en general siguió siendo viperino, en gran parte debido a la competición por la candidatura presidencial republicana para 2012. Haciéndole el juego a la preocupación y el resentimiento de los votantes, los candidatos intentaban superarse atacando al Fed y a mí personalmente. Newt Gingrich, antiguo portavoz de la Cámara de Representantes, dijo que me despediría y me llamó «el presidente más inflacionario, peligroso y obsesionado por el poder [...] en toda la historia del Fed». (Con más suavidad, el que acabaría siendo el candidato, Mitt Romney, dijo que «buscaría a alguien nuevo».) Rick Perry, el gobernador de Texas, ganó el premio en el concurso de fustigar al Fed. En agosto de 2011, en un acto de campaña en Iowa, dijo que nuestras acciones para apoyar el crecimiento económico eran «casi una traición». Añadió que «si ese tipo imprime más dinero entre hoy y el día de las elecciones, no sé qué le harán en Iowa, pero lo vamos a tratar bastante mal allá en Texas».

Era difícil hacer caso omiso de aquella forma de hablar, y me preocupaba que la gente fuese inducida a error por aquellos alegatos y ataques absurdos (aunque cuando oí lo que había dicho el gobernador Perry, bromeé con el personal citando a Patrick Henry, un agitador de la Guerra de la Independencia de Estados Unidos: «Si esto es traición, vamos a aprovecharla el máximo posible»). Las críticas no llegaron solo de la derecha. El movimiento izquierdista Occupy Wall Street, que se había extendido por las principales ciudades durante el otoño de 2011, arremetió contra los rescates a Wall Street, la desigualdad salarial y la falta de empleo. Los manifestantes acamparon cerca de Bancos de la Reserva Federal en Boston, Chicago, Nueva York y San Francisco. En octubre le dije al Comité Económico Mixto que no podía reprochar a los manifestantes que no estuvieran contentos. «Desde luego, un nueve por ciento de desempleo y un crecimiento tan lento no pintan una buena situación», dije. Me preocupaba que las críticas pudieran afectar a la moral dentro del Fed, así que me reuní con los empleados para asegurarme de que tenían la información que necesitaban para responder a las preguntas de amigos y vecinos.

Nuestros medios para combatir el elevado desempleo —estimular la demanda reduciendo los tipos de interés a corto y a largo plazo— nos buscó problemas con otro grupo políticamente influyente: los ahorradores. En 2007, antes de la crisis, los jubilados y otros ahorradores habían sido capaces de ganar más de un 5% en, por ejemplo, un certificado de depósito a seis meses. Durante casi todo el periodo posterior a mediados de 2009, tenían mucha suerte si encontraban certificados de depósito con un rendimiento superior al 0,5%. Como intenté explicar en cuanto tenía la oportunidad, el motivo fundamental de que los tipos de interés fueran bajos era que una economía débil no podía generar una rentabilidad sustancial en los ahorros e inversiones. Cierto era que nuestras medidas habían hecho descender aún más los tipos, pero las estábamos tomando para fomentar la recuperación económica. Subir los tipos prematuramente no haría más que retrasar el día en que la economía estaría lo bastante fuerte para producir rentabilidades mayores. Y sin duda, los jubilados también querrían que existiera un mercado laboral saneado, aunque solo fuera para evitar que sus hijos de veinte y treinta y tantos años tuvieran que volver a vivir con ellos.

Irónicamente, algunos de los críticos que afirmaban que estábamos perjudicando a los ahorradores también decían que nuestras medidas estaban haciendo más ricos a los ricos. (Dado que los ricos ahorran más que cualquier otro, al parecer estábamos ayudándolos y perjudicándolos a la vez.) Los críticos basaban su argumento en el hecho de que unos tipos de interés más bajos tienden a hacer subir el precio de activos como las acciones y las casas. Los ricos tienen más acciones y propiedades que los pobres. Sin embargo, este argumento pasaba por alto el detalle de que los tipos de interés más bajos también reducían las ganancias que los adinerados obtenían de sus acciones. La mejor forma de observar el efecto distributivo de la política monetaria es comparar los cambios en los ingresos procedentes de las inversiones de capital con los ingresos del trabajo. Resulta que una política monetaria más suave tiende a afectar a los rendimientos del capital y los del trabajo de una forma bastante parecida. Pero lo que es más importante en una economía débil es que fomenta la creación de empleo, lo que ayuda especialmente a la clase media.

Para divulgar nuestro argumento y explicar lo que estábamos haciendo y por qué, seguí relacionándome el máximo posible con audiencias fuera de Washington y Wall Street, en lugares que rara vez habían pisado los anteriores presidentes del Fed. En noviembre de 2011 visité Fort Bliss, en el Paso. En un aeródromo helado, a las cuatro de la mañana, me reuní con el comandante general de la base, Dana Pittard, para recibir a doscientos cincuenta soldados que regresaban de Irak. También me reuní con un grupo de soldados y sus familias, que hicieron muchas preguntas sensatas. Tuve la misma impresión que había tenido en otras reuniones: la gente estaba preocupada, y solo quería entender mejor lo que le estaba pasando a la economía y cómo les podría afectar. A pesar de la predicción de Perry, no me trataron nada mal en Texas. Volví a casa sintiendo un renovado agradecimiento por el sacrificio de nuestros soldados.

En marzo de 2012 me invitaron a dar una serie de charlas sobre la Reserva Federal a estudiantes de la cercana Universidad George Washington. Fue agradable volver a un aula. Empecé las charlas con una sobre la fundación de la Reserva Federal. Quería que los estudiantes comprendieran lo que hace un banco central y que nuestros actos durante y después de la crisis, aunque en algunos sentidos eran poco corrientes, cumplían el propósito histórico de la institución. En conjunción con las charlas concedí una entrevista a Diane Sawyer, de

ABC. También nos aseguramos de que las charlas eran ampliamente accesibles, subiendo los vídeos y las transcripciones al sitio web del Consejo. Al año siguiente, Princeton University Press las publicó en forma de libro.

Más avanzado 2012 recibí una especie de señal de que nuestros esfuerzos estaban teniendo éxito. El 7 de septiembre me invitaron al entrenamiento de bateo de los Washington Nationals. Joe Espada, el entrenador de tercera base de los rivales de los Nats, los Miami Merlins, me pidió que le firmara una pelota, y Jayson Werth, el hirsuto jardinero derecho de metro ochenta de los Nats, me preguntó: «¿Qué se sabe de la expansión cuantitativa?». Al principio me sorprendió, pero luego recordé que Werth jugaba bajo un contrato por siete años de 126 millones de dólares, lo que hacía que tuviera algún interés en los asuntos financieros. (Pero limité la conversación al béisbol.) Dos días después, a Richard Fisher le hicieron prácticamente la misma pregunta cuando, tras un concierto, le presentaron al violoncelista Yo-Yo Ma.

Las finanzas y la economía europeas siguieron siendo un caos a lo largo de 2011 y entrado 2012, y los efectos salpicaron a Estados Unidos y a la economía mundial. El personal de la División de Finanzas Internacionales, dirigido en ese momento por el veterano del Consejo Steve Kamin, nos mantuvo informados. Kamin, un economista formado en el MIT, había reemplazado a Nathan Sheets, otro graduado del MIT, en agosto de 2011. Para mí, uno de los acontecimientos más importantes en Europa fue el cambio en la jefatura del BCE.

El periodo de Jean-Claude como presidente del BCE terminó el 31 de octubre de 2011, después de ocupar el cargo ocho años. Yo había elogiado su notable carrera y le agradecí públicamente su trabajo en agosto, en el simposio en Jackson Hole. Habíamos colaborado estrechamente entre nosotros y con otros banqueros para detener la crisis. Yo no estaba de acuerdo con su apoyo a la austeridad y a las restricciones monetarias en Europa. Jean-Claude, que no era un economista de carrera, me parecía demasiado dispuesto a aceptar el enfoque moralista de la política macroeconómica defendido por muchos europeos del norte, y demasiado desdeñoso hacia las políticas dirigidas a incrementar la demanda total en medio de un bache económico profundo. Pero era perspicaz y sobresalía en la labor diplomática que requería de él la crisis europea. Se le tenía el mayor respeto en Europa y en todo el mundo.

En Estados Unidos, la selección de un nuevo presidente del Fed es relativamente sencilla. El presidente, nomina; el Senado, confirma. Sin embargo, en Europa, los presidentes del BCE aparecen tras una negociación opaca entre los líderes de los principales países de la eurozona. Alemania, la economía dominante, daba por supuesto que tendría voz destacada en el asunto; y lo que es mejor, esperaba ser capaz de seleccionar a un ciudadano alemán. Sin embargo, el candidato alemán más probable, Axel Weber, director del banco central de Alemania, se había retirado de la carrera al dimitir de su puesto en febrero. Era un firme detractor del programa de compra de bonos del BCE. Le parecía inapropiado, y quizá ilegal, que el banco central financiara a los gobiernos.

La siguiente elección obvia era Mario Draghi, de Italia. De hablar suave, con gafas y erudito, Mario consiguió su doctorado en economía en el MIT, donde se graduó dos años antes que yo. (Solo nos conocíamos de vista.) Tenía experiencia académica (como profesor en la Universidad de Florencia), experiencia en el mercado (como vicepresidente de Goldman Sachs) y experiencia en el sector público (como gobernador del Banco de Italia, entre otros puestos). También había estado al cargo del Consejo de Estabilidad Financiera (el sucesor del Foro de Estabilidad Financiera), que ayudaba a coordinar la normativa financiera entre países.

El principal problema de Draghi era su nacionalidad. Alemania y otros países del norte de Europa tenían la sospecha de que podría ponerse de parte de los países deudores a la hora de diseñar política monetaria o en disputas fiscales. Pero cortejó con inteligencia a los medios y a la opinión pública alemanes, consiguiendo el respaldo de la canciller Angela Merkel, y de ese modo, la presidencia del BCE. Yo estaba encantado. Contaba con él como un amigo y lo consideraba un funcionario público dedicado y altamente cualificado.

Al igual que Jean-Claude, Mario comprendía el papel especial del BCE en la estructura de poder europea. Y dentro del BCE trabajó sin descanso para construir alianzas y reunir apoyos para tomar medidas polémicas. Sin embargo, Mario estaba influenciado —mucho más que Jean-Claude— por el marco de trabajo neokeynesiano que era el paradigma normativo dominante en Estados Unidos. Esa perspectiva lo volvía más predispuesto a presionar a favor de políticas expansionistas para ayudar a la débil economía europea. De hecho, una de las primeras medidas de Mario fue revertir los incrementos de los tipos de interés realizados por Jean-Claude durante el verano. A pesar de todo, Europa volvió a entrar en recesión el tercer trimestre de 2011.

El mayor activismo de Draghi incluía garantizar que los bancos europeos tenían acceso a financiación barata esencialmente ilimitada, y presionó a sus colegas para realizar recortes adicionales de los tipos de interés. Y se mostró en un detalle notorio: en un discurso pronunciado el 26 de julio de 2012, Mario fortaleció la confianza del mercado y redujo la presión en países débiles de la zona euro mediante la simple declaración de que el BCE haría «todo lo que fuera necesario para mantener el euro». Lo interpreté como que, al estilo de Bagehot, el BCE estaba dispuesto a respaldar la deuda de países y bancos ante la perspectiva de la huida de inversores. Lo que fue más impresionante es que la declaración de Mario se consideró tan creíble que los rendimientos de los bonos italianos y españoles cayeron en dos puntos porcentuales a finales de 2012, sin que el BCE hubiera tenido que realizar de hecho ninguna compra de bonos. Fue un ejemplo maravilloso del poder de comunicación en la banca central.

Todos los pasos de Mario iban en dirección correcta, pero la política fiscal creaba vientos en contra aún más poderosos que en Estados Unidos, y las medidas monetarias fuertes (como una expansión cuantitativa completa) se enfrentaban a una firme resistencia política, con lo que la recuperación europea siguió siendo esquiva.


En 2002 había llegado al Consejo de la Reserva Federal con el objetivo de aumentar la transparencia y la rendición de cuentas, y en particular, establecer un objetivo numérico para la inflación por el que se pudiera valorar la actuación del Fed. Algo menos de diez años después, en enero de 2012, se cumplió mi deseo.

A lo largo de esa década, el FOMC había debatido muchas veces el objetivo de inflación. (Betsy Duke ironizó una vez diciendo que aceptaría encantada un objetivo si no tenía que volver a hablar de ello jamás.) Ahora, la mayoría de los participantes del FOMC apoyaban ese enfoque, o al menos no se oponían a él. Para la mayoría, la preocupación de Greenspan —que fijar un objetivo de inflación restringiría mucho las decisiones sobre políticas— había perdido importancia. En el difícil entorno económico al que hacíamos frente, una comunicación clara era más importante que la flexibilidad. Un objetivo de inflación numérico indicaría tanto nuestra firme resistencia a la deflación como nuestro compromiso para resistir una inflación demasiado elevada.

Sin embargo, dado que nuestro mandato estaba fijado por ley, seguir avanzando requería consultar al Congreso y al gobierno. Yo llevaba algún tiempo haciendo eso. En enero de 2009, cuando el nuevo gobierno se disponía a tomar posesión, Don Kohn y yo nos habíamos reunido con Tim Geithner, Larry Summers y Christy Romer en mi despacho para hablar de la adopción de un objetivo. No se resistieron, pero consideraron que la idea no tenía mucha prioridad política. Posteriormente, Tim me consiguió la oportunidad de explicárselo al presidente Obama en una reunión en el Despacho Oval. El presidente escuchó con atención e hizo unas cuantas buenas preguntas. Me dijo que el Fed debía hacer lo que considerase necesario.

Pero mis argumentos bien ensayados no hicieron mella en el escepticismo del presidente de los Servicios Financieros de la Cámara de Representantes, Barney Frank. Yo había explicado que un objetivo de inflación, si aumentaba la confianza de consumidores y empresas en el compromiso del Fed de mantener baja la inflación, nos permitiría relajar más agresivamente la política de apoyo a la creación de empleo. Barney comprendía mi lógica, pero también la importancia de la «óptica» política. Creía que justo en mitad de una depresión era mal momento para dar la impresión de que el Fed no se preocupaba por el empleo, al fijar un objetivo para la inflación pero no para el empleo. No apoyaría el cambio. Cuando informé al FOMC del resultado de mi consulta, decidimos una vez más retirar cualquier cambio importante de nuestro marco de trabajo. En vez de eso, en febrero de 2009 nos fuimos acercando al publicar la serie de previsiones individuales de los miembros del comité, bajo el epígrafe «política monetaria apropiada» para la inflación, el desempleo y el crecimiento económico «a largo plazo» (definido aproximadamente como entre tres y cinco años). Eso daría a la gente una idea bastante aproximada de hacia dónde tratábamos de guiar la economía sin tener que indicar explícitamente un objetivo.

A principios de 2011, con la economía reforzada al menos ligeramente, creí que había llegado el momento de volver a tener en cuenta el objetivo de inflación. Para enfatizar la coherencia del enfoque con nuestro mandato dual, propuse que introdujéramos el objetivo en el contexto de una declaración más amplia que mencionaría explícitamente nuestro compromiso con la creación de empleo y el control de la inflación. Janet Yellen dirigió un subcomité que incluía a Charlie Plosser, Charlie Evans, del Fed de Chicago, y Sarah Raskin. Desarrollaron una declaración completa pero concisa sobre nuestra estrategia normativa. Fijó un objetivo de inflación explícito del 2%, pero recalcó que el comité realizaría una «aproximación equilibrada» con el fin de aspirar a la estabilidad de los precios y al máximo empleo.

El término «aproximación equilibrada» reflejaba la realidad de que los objetivos de inflación y empleo del Fed a veces entraban en conflicto. Por ejemplo, cuando la inflación es muy alta (lo que exige un endurecimiento de la política monetaria) pero el desempleo también es muy alto (lo que exige una política más suave). En el pasado, los funcionarios del Fed se habían mostrado reticentes a hablar de ello, prefiriendo hacer énfasis en que una menor inflación tiende a desarrollar a la larga una economía sana y el mercado de trabajo. La nueva declaración política admitía que los dos objetivos, aunque eran «habitualmente complementarios», a veces podían entrar en conflicto a corto plazo, lo que exigía que los responsables políticos tuvieran que llegar a un compromiso. Por ejemplo, si la inflación estaba discretamente por encima del objetivo pero el desempleo era muy elevado, el comité podría optar por arriesgarse a subir la inflación, y eso sería el precio que habría que pagar para que bajase el desempleo.

Me reuní en mi despacho con Barney Frank, que ahora —con la Cámara de Representantes bajo control de los republicanos— era el representante de la minoría en los Servicios Financieros de la Cámara de Representantes. Le expliqué nuestra propuesta, incluyendo el reconocimiento explícito de las dos caras de nuestro mandato. No estaba cómodo del todo, pero teniendo en cuenta el tiempo que llevábamos colaborando, estaba dispuesto a adherirse. No hizo daño que en el entorno actual no existiera conflicto entre políticas: la baja inflación y el elevado desempleo exigían una política monetaria suave. Tras la reunión con Barney hice una docena de llamadas a líderes del Congreso. Sabía, debido a consultas anteriores, que los republicanos estarían de acuerdo con la declaración. Muchos, como el congresista Paul Ryan, de Wisconsin, hacía mucho tiempo que apoyaban el objetivo de inflación explícito.

El FOMC aprobó la declaración sobre políticas y la hizo pública tras la reunión de enero de 2012. Dan Tarullo se abstuvo porque quería que se expresara más explícitamente la voluntad del comité de aceptar una inflación temporalmente por encima del objetivo si era necesario hacer bajar el desempleo. Gracias al trabajo de preparación que habíamos realizado, y a nuestra aproximación incremental hacia la adopción de un objetivo de inflación, no recibimos muchas críticas del Capitolio.

A finales de 2011, Barney anunció que el año siguiente se retiraría del Congreso. Dan Tarullo y yo lo invitamos al Fed a un almuerzo de despedida. Barney había sido un buen amigo para el Fed, y un legislador eficaz, y además era increíblemente gracioso. Una vez que él y yo estábamos en desacuerdo en una táctica legislativa, y que por supuesto se demostró que él tenía razón, le dejó un mensaje a mi secretaria. «Hay personas a quienes les gusta decir "te lo dije"—leí—. Por suerte, no soy una de ellas.»

En la película *Atrapado en el tiempo*, el personaje interpretado por Bill Murray vive el mismo día una y otra vez. En la primavera de 2012 estábamos empezando a tener la misma sensación respecto a la economía. Al igual que en los dos años anteriores, el mercado de trabajo mejoró respecto al otoño anterior y el principio del invierno, pero después se estancó, y el desempleo se quedó un poco por encima del 8%. El mercado de la vivienda seguía siendo un freno para la recuperación, y aunque parecía que Europa estaba un poco más tranquila, la inconstancia del mercado financiero también obstaculizaba el crecimiento. Los vientos en contra seguían ahí.

Habíamos estimado la tasa de desempleo consistente con el pleno empleo en un 5,5%. A pesar de los tres años de recuperación, seguíamos lejos de aquel objetivo, y no éramos optimistas en cuanto a las perspectivas de un progreso más rápido. En junio de 2012, los participantes del FOMC estimaron que el desempleo, en aquel momento situado en un 8,2%, seguiría estando por encima del 7% en el cuarto trimestre de 2014, más de dos años después. La inflación, rondando ligeramente por debajo del 2%, se preveía que seguiría por debajo del objetivo en 2014.

En la conferencia de prensa posterior a la reunión de junio, los periodistas preguntaron varias veces por la aparente contradicción entre nuestras políticas y nuestras expectativas de un progreso glaciarmente lento hacia nuestros objetivos de empleo e inflación. Si creíamos nuestras propias previsiones, ¿no deberíamos hacer algo más? Respondí que ya habíamos suavizado considerablemente las políticas. En la reunión que acabábamos de mantener, por ejemplo, habíamos extendido el Programa de Ampliación del Vencimiento hasta el final del año, lo que tendría como resultado la compra adicional de 267.000 millones de dólares en valores del Tesoro a más largo plazo, compensados con la venta de valores a más corto plazo. También repetí un detalle que había señalado con frecuencia: que nuestras herramientas menos convencionales, como la expansión cuantitativa, conllevaban costes y riesgos además de beneficios. Tenía sentido usar las herramientas poco convencionales menos agresivamente que las más convencionales, como los recortes de los tipos de interés.

Mis respuestas no carecían de lógica y mostraban razonablemente bien el punto de vista colectivo del comité. Pero yo no estaba satisfecho. Las previsiones indicaban claramente que si no se tomaban otras medidas, tardaríamos años en alcanzar nuestros objetivos económicos. Y no podíamos contar con la ayuda del Congreso. De hecho, los bloqueos en este representaban un nuevo problema. Al final del año acechaba un «precipicio fiscal». Si no se llegaba a un acuerdo legislativo, el gobierno federal alcanzaría su límite de endeudamiento, las rebajas de impuestos implantadas durante el gobierno de Bush llegarían a su término, y empezaría el secuestro (los recortes del gasto automáticos generalizados). Llegué a la conclusión de que teníamos que dirigirnos más deprisa hacia nuestros objetivos y construir un consenso entre los miembros del FOMC para hacer algo más.

Hablé y crucé correos electrónicos con miembros con y sin derecho a voto. Todos tenían voz en la mesa del FOMC y podían influenciar a sus compañeros. Mantuve una conversación por correo electrónico particularmente intensiva con Narayana Kocherlakota, un antiguo profesor de la Universidad de Minnesota que en octubre de 2009 reemplazó a Gary Stern en el Fed de Minneapolis. Sin derecho a voto en 2012, Narayana se había opuesto el año anterior (cuando tenía derecho a voto) a poner en marcha estímulos monetarios adicionales. Atribuía buena parte de los problemas del mercado de trabajo a la dificultad de las empresas para encontrar empleados con las habilidades adecuadas, un problema que requería más educación y prácticas, no estímulos de política monetaria. Yo no creía que las pruebas apoyasen su punto de vista. Pero mi argumento básico era el simple hecho que me había convencido a mí: el progreso hacia nuestros objetivos era demasiado lento. Al final, tras muchas conversaciones, Narayana abandonó a los halcones y se unió a las palomas, un raro ejemplo de alguien dispuesto a cambiar su forma de pensar cuando se le ponían delante hechos y argumentos convincentes.

Aquel agosto murió mi padre, Philip. Tras vender la farmacia de la familia a una cadena, él y mi madre, Edna, se habían retirado a Charlotte (Carolina del Norte), donde ella había crecido y donde vivían mi hermano Seth y su familia. Mis padres vivían en una pequeña casa antes de mudarse a una residencia. Mi padre cayó enfermo, y después de varios meses empeorando, murió el 8 de agosto a consecuencia de un fallo cardíaco en la unidad de cuidados intensivos del Presbyterian Medical Center. Tenía ochenta y cinco años. Seth y mi hermana, Sharon, habían estado a su lado, reconfortándolo con las oraciones y canciones hebreas que él conocía tan bien. Anna y yo lo habíamos visitado en el hospital, pero yo tuve que volver a Washington. Murió antes de que pudiéramos visitarlo de nuevo. Regresamos para el funeral. Fue un buen hombre, ético, amable y tierno. Agradecí profundamente las condolencias de muchos amigos, y recibí una llamada telefónica inesperada del presidente Obama. Pero lo que más me sorprendió (y también conmovió) fue una nota de condolencias escrita a mano que me envió el congresista Ron Paul.

De vuelta en Washington, seguí trabajando para lograr un consenso para llevar a cabo actuaciones adicionales sobre la política monetaria. Habíamos hecho muchas cosas, y habíamos pensado que sería suficiente, pero el moribundo mercado de trabajo demostraba lo contrario. La tasa de desempleo, aún muy alta (8,1% en agosto), subrayaba su debilidad. Aquel mes, 12,5 millones de personas estaban en paro (5 millones llevaban sin trabajar más de seis meses). Otros 8 millones trabajaban a tiempo parcial pero habrían preferido un trabajo de jornada completa, y 2,6 millones querían trabajar pero no habían buscado empleo recientemente o habían tirado la toalla. El 31 de agosto, en Jackson Hole, intensifiqué la retórica y dije que la situación en el mercado de trabajo era «un problema grave». Confirmé las expectativas del mercado sobre una tercera ronda de compra de valores diciendo que «acomodaríamos más la política según fuera necesario para fomentar [...] una mejora sostenida de la condiciones del mercado de trabajo».

Dos semanas después, en la reunión de septiembre, el comité dio comienzo a lo que acabaría conociéndose como QE3. No podíamos seguir extendiendo el Programa de Ampliación del Vencimiento porque nos estábamos quedando sin los valores a corto plazo que vendíamos para financiarlo. Así que ampliamos nuestro balance una vez más creando reservas bancarias para comprar 40.000 millones de dólares mensuales de valores respaldados por hipotecas garantizados por Fannie, Freddie y Ginnie, además de continuar con las compras mensuales de valores del Tesoro por valor de 45.000 millones bajo el Programa de Ampliación del Vencimiento. Y algo más importante: dijimos que si no veíamos «una mejora sustancial en las perspectivas para el mercado de trabajo» seguiríamos comprando títulos y utilizaríamos otras herramientas políticas.

Al igual que Mario Draghi, estábamos declarando que haríamos todo lo que hiciera falta. A diferencia de la QE1 y la QE2, en las que anunciamos por anticipado el total de compras previsto, la QE3 tendría un límite abierto. Era un movimiento arriesgado. O alcanzábamos nuestro objetivo de una mejora sustancial del mercado de trabajo, o tendríamos que anunciar que el programa había fracasado y detener las compras, lo que sin duda sacudiría la confianza. Pero la ventaja de las compras con límite abierto era que los mercados y el público sabrían que podían contar con el apoyo del Fed tanto tiempo como fuera necesario, lo que esperábamos que fomentase la confianza y mantuviera bajos los tipos a más largo plazo. Se había acabado el ponerse en marcha y parar.

En la reunión de diciembre, ampliamos la QE3 comprometiéndonos a comprar mensualmente valores del Tesoro a más largo plazo por valor de 45.000 millones de dólares después de que acabara el año, cuando finalizara el Programa de Ampliación del Vencimiento. Con los 40.000 millones en compras de valores respaldados por hipotecas, aprobados en septiembre, nuestro balance estaría creciendo a un ritmo de 85.000 millones de dólares al mes. También revisamos nuestra orientación de futuro (*forward guidance*). En vez de decir que esperábamos que nuestro objetivo del tipo a corto plazo siguiera siendo excepcionalmente bajo hasta una fecha determinada, introdujimos lo que denominamos umbrales, una idea que Charlie Evans había estado dejando caer en público y que Janet Yellen y Bill Dudley defendían a nivel interno. Dijimos que esperábamos que el objetivo permaneciese bajo al menos tanto tiempo como el desempleo permaneciera por encima del 6,5%, y que nuestras previsiones para la inflación durante el año o los dos años siguientes seguirían más o menos en un 2,5%. El detalle importante era que esas cifras eran *umbrales*, no *desencadenantes*; no estábamos diciendo que subiríamos los tipos cuando el desempleo alcanzase el 6,5%, sino que debíamos ver que el desempleo llegaba al 6,5% antes de considerar siquiera una subida de tipos. De nuevo estábamos afirmando que haríamos lo que hiciera falta.

El presidente del Fed de Richmond, Jeff Lacker, se opuso tanto a la compra adicional de MBS como a los umbrales. Fue el único miembro disidente del FOMC, pero no era el único que estaba nervioso. Yo creía que seríamos capaces de reducir paulatinamente las compras en algún momento a mediados de 2013, pero sabía que eso dependería de los datos (y de factores fuera de nuestro control, como la política fiscal). Podríamos tener que estar comprando títulos durante mucho tiempo. Por usar la jerga del póquer: íbamos con todo.

# 23

## *TAPER CAPERS*

El sol invernal se había puesto cuando mis invitados y yo nos reunimos en el comedor del presidente, con vistas al extremo occidental del National Mall. En aquella fría noche del jueves 17 de enero de 2013, el Edificio Martin estaba desierto exceptuándonos a nosotros, al personal de servicio y a unos cuantos agentes de seguridad que pasaban el tiempo en el pasillo.

En el comedor se había dispuesto una mesa oblonga para ocho. Por las ventanas que se alzaban del suelo al techo podíamos ver el Capitolio iluminado, el Monumento a Washington, el Jefferson Memorial, el Lincoln Memorial y, al otro lado del río Potomac, el Pentágono. Los que habían dejado de prestar atención a la conversación previa a la cena podían observar a intervalos las luces parpadeantes de los aviones que descendían siguiendo el río en dirección al Aeropuerto Nacional Reagan.

La cena se celebraba con motivo de la próxima marcha de Tim Geithner como secretario del Tesoro. Además de Tim, entre los invitados estaban tres antiguos secretarios del Tesoro (Robert Rubin, Larry Summers y Hank Paulson), dos antiguos presidentes del Fed (Paul Volcker y Alan Greenspan) y un antiguo vicepresidente (Don Kohn). Era el mismo grupo que había asistido cuatro años antes a la cena de despedida de Hank.

Mientras conversábamos antes de sentarnos a cenar, Hank y Larry charlaban animadamente sobre los acontecimientos en China. Ambos habían regresado hacía poco tiempo de sendos viajes allí. Volcker y Rubin hablaban en voz baja. Paul seguía siendo considerablemente influyente en círculos políticos, como demostraba la adopción de la regla Volcker como parte de las reformas Dodd-Frank. Pero ahora, con ochenta y cinco años y vuelto a casar tres años antes, parecía más apacible y más dispuesto a estallar en carcajadas. Rubin, de setenta y cuatro, se había enfrentado a crisis en Asia, Latinoamérica y Rusia como secretario del Tesoro con el presidente Clinton. Había actuado como mentor de Summers y Geithner antes de regresar a Wall Street, donde había pasado la mayor parte de su carrera. Había sido testigo de la última crisis como asesor principal en Citigroup.

Me uní a Tim y a Don. Don parecía satisfecho con sus ocupaciones tras salir del Fed, que incluían un puesto en la Brookings Institution (una organización sin ánimo de lucro de investigación sobre políticas, con sede en Washington) y la membresía en un comité en el Banco de Inglaterra que tenía la misión de mantener la estabilidad financiera. Don nunca había estado al cargo de una agencia o un gabinete, pero su presencia allí no extrañaba a nadie. Había trabajado en el gobierno más que ningún otro de los presentes, y había sido un valioso consejero para Greenspan y para mí.

Greenspan llegó tarde. Dijo que lo habían entretenido unas citas. Con ochenta y seis años, más que andar con paso firme arrastraba los pies, pero era el único aspecto en el que se había vuelto más lento. Además de una activa vida social y algún partido de tenis de vez en cuando, seguía dirigiendo su empresa de consultoría y estaba escribiendo otro libro.

Brindamos por Tim por encima de los bistecs con patatas. El invitado de honor estaba animado, y contaba historias y chistes. Nunca supe si el seco sentido del humor de Tim era un mecanismo de defensa o era tan inmune como parecía al estrés y a las críticas que acompañaban a los trabajos de alto nivel. Si su relajada indiferencia era una pose, resultaba convincente. Aunque aún tenía un aspecto notablemente joven, Tim había trabajado en el servicio público desde 1988, cuando se unió al personal internacional del Departamento del Tesoro. Después de cuatro estimulantes años a cargo del departamento, había estado insinuando nada sutilmente durante meses que quizá era el momento de marcharse. El presidente Obama lo había convencido de que permaneciese en el cargo hasta el final de su primer mandato, pero Tim tenía la sensación de que quedarse un segundo mandato sería injusto para con su familia, y Obama había aceptado.

A pesar de la conversación animada, la reunión era incómoda en algunos aspectos, pues sobre ella rondaban relaciones personales complicadas, egos fuertes, diferencias en los puntos de vista sobre política y mucha historia pasada. Volcker y Rubin, y hasta cierto punto Greenspan, no estaban a gusto con muchas de las políticas que había aplicado el Fed durante la crisis financiera y después de ella. (Recuerdo una tensa comida con Rubin en aquel mismo comedor, cuando había tratado de disuadirme de aplicar la expansión cuantitativa.) Larry también había criticado alguna de nuestras medidas, al menos dentro de los confines de la Casa Blanca. Pero todos compartíamos un enlace nacido de la experiencia común. A pesar de nuestras diferencias, todos teníamos la satisfacción de haber sido capaces a veces de tener un efecto positivo sobre el mundo.

El desarrollo de políticas gubernamentales al más alto nivel requería dedicar muchas horas y sufrir un estrés prácticamente constante. Pero era emocionante sentirse parte de la historia, hacer cosas que importaban. Al mismo tiempo, todos conocíamos la frustración de luchar contra problemas extraordinariamente complejos bajo un escrutinio implacable del público y de los políticos. El veloz progreso de las tecnologías de comunicación —primero la televisión por cable las veinticuatro horas, luego los blogs y Twitter— no solo había intensificado ese escrutinio, sino que había favorecido a los vociferantes y los desinformados por encima de los tranquilos y los razonables, el ataque personal sobre el análisis meditado. En un mundo de giros y contragiros, todos sabíamos que aquello se iba a convertir en un símbolo de un momento determinado de la historia económica, para servir como avatar no intencionado de las esperanzas y los temores de los estadounidenses, para convertirse en una caricatura fabricada por los medios que no iba a reconocer nadie que nos hubiera conocido.

Pero esa es la carga que acompaña a los trabajos políticos importantes, como sabíamos muy bien. No tardó en quedar claro que la frustración más intensa que compartíamos no tenía que ver con esa carga, sino con la disfuncionalidad del gobierno. Los fundadores del país habían diseñado un sistema deliberativo; en vez de eso, se hallaba paralizado. El sistema fomentaba demasiado a menudo el exhibicionismo, la ideología ciega y la malicia. Parecía que no se podía hacer nada productivo mientras no se hubieran intentado previamente todas las aproximaciones incorrectas. Los que estaban en la mesa y habían prestado servicio en las décadas de 1980 y 1990 nos aseguraron que los trucos sucios y los bloqueos gubernamentales eran tan antiguos como la república. Rubin habló de las batallas de su época sobre el techo de deuda y el presupuesto. Se parecían sorprendentemente a las últimas peleas fiscales.

Cuando estaba acabando la cena, dije en broma que pronto sería el último del grupo que cobrase un jornal del gobierno. Después, el equipo de seguridad y yo acompañamos a Larry Summers a su hotel. Había dejado su puesto en la Casa Blanca dos años antes, y ahora, su ambición no-tan-secreta era convertirse en el presidente del Fed cuando yo me marchase. En respuesta a mis preguntas dijo que apoyaba la política monetaria actual, incluyendo las compras de activos por valor de cientos de miles de millones de dólares que estábamos haciendo bajo la QE3. Yo no sabía quién iba a ser mi sustituto, pero era importante que él o ella continuasen aplicando nuestras medidas.

El 5 de febrero, en una reunión en el Despacho Oval, le repetiría al presidente lo que ya le había dicho cuando me volvió a nominar en 2009: no quería seguir como presidente del Fed durante otro periodo cuando acabase el actual en enero de 2014. Más de una década en la olla a presión que era Washington era suficiente. El presidente dijo que lo entendía. Hablamos brevemente sobre posibles sustitutos. Me dijo que sus candidatos eran Summers, Janet Yellen y Don Kohn, y me preguntó qué opinaba. Yo no quería influir demasiado en su elección, ya que mi apoyo a cualquiera de los candidatos se podría malinterpretar fácilmente como una oposición a otro. Le dije al presidente que creía que los tres estaban muy bien cualificados y que era muy probable que siguieran aplicando las políticas monetarias actuales del Fed.

La disfunción del gobierno estaba en los pensamientos de todos en la cena de despedida de Tim porque, unas semanas antes, el gobierno federal había empezado a tambalearse al borde del precipicio fiscal, apodo debido a una conjunción de fechas límite fiscales al final de 2012. (Se decía que yo había inventado la expresión cuando la usé en una declaración ante el Congreso un año antes, pero otros la habían usado anteriormente en otros contextos.) El 31 de diciembre, si el Congreso no actuaba, el gobierno federal alcanzaría su límite de endeudamiento, las bajadas de impuestos aplicadas durante el gobierno de Bush caducarían, y comenzaría el secuestro. Caer por aquel precipicio sería un duro golpe para la recuperación.

En el último momento, el Congreso y la Administración se las arreglaron para evitar algunos de los peores desenlaces. El 2 de enero, el presidente Obama firmó una ley aplazando el secuestro hasta el 1 de marzo y prorrogando la bajada de impuestos de Bush para todos menos para las grandes fortunas. Por otro lado, se permitió que venciese el recorte temporal (dos puntos porcentuales) de la retención de la Seguridad Social en las nóminas que los estadounidenses habían disfrutado los últimos dos años. Se alcanzó el techo de deuda, pero el Tesoro, como había hecho en el pasado al llegar a puntos muertos como aquel, usó trucos contables para permitir que el gobierno siguiera pagando facturas un poco de tiempo más.

Aunque se había evitado lo peor, el efecto general de todos estos retoques en el presupuesto fue un poderoso aumento de la fuerza del viento en contra fiscal. Era muy probable que las subidas de impuestos y los recortes de gastos que se harían efectivos contrajeran significativamente la demanda, y que la incertidumbre creada durante el punto muerto (así como la perspectiva de nuevos retoques) afectara a la confianza de los consumidores y las empresas. La Oficina de Presupuestos del Congreso, que era neutral, estimó más tarde que las medidas fiscales de 2013 reducirían el crecimiento económico de ese año en 1,5 puntos porcentuales, un crecimiento que apenas podíamos permitirnos perder.

El último día de Tim como secretario del Tesoro fue el 25 de enero. La legislación promulgada el 14 de febrero suspendía el techo de deuda hasta el 18 de mayo, lo que daría al sucesor de Tim, Jack Lew, algún respiro para trabajar con el Congreso para conseguir un acuerdo a más largo plazo. Jack, que juró el cargo el 28 de febrero, era un abogado brillante e inteligente con una larga experiencia dentro y fuera del gobierno. Había trabajado en el gobierno de Clinton como director de la Oficina de Administración y Presupuesto (entre otros cargos), y en el gobierno de Obama, otra vez como director de la OMB y después como jefe de personal de la Casa Blanca. Entre medias había trabajado como vicepresidente de operaciones de la Universidad de Nueva York y como directivo en Citigroup. Me reuniría a menudo con Jack para desayunar o para comer, como había hecho con sus predecesores John Snow, Hank y Tim. Jack tenía reputación como experto fiscal, pero también sabía mucho sobre los mercados financieros y normativa financiera. No tardamos en desarrollar una buena relación de trabajo.

El 26 de febrero presenté en el Congreso el habitual informe semestral del Consejo en una audiencia ante el Comité del Senado sobre Banca. La adaptación de la política monetaria seguía avanzando a todo gas después de nuestra declaración de diciembre: que compraríamos activos por valor de 85.000 millones de dólares al mes hasta que las perspectivas del mercado de trabajo mejoraran sustancialmente. Para mí estaba clara la necesidad de seguir con aquellas compras. Desde que tocaron fondo tres años antes, se habían creado unos seis millones de puestos de trabajo, pero aún estábamos dos millones por debajo del nivel de empleo anterior a la crisis (esta comparación no consideraba el crecimiento de población). La tasa de desempleo se mantenía alta —7,9% en enero—, y 12,3 millones de estadounidenses eran incapaces de encontrar trabajo. Más de un tercio de ellos llevaba en paro seis meses o más.

Tenía una sensación de apremio —la economía debía progresar más rápidamente o muchos de los parados de larga duración nunca volverían a trabajar—, y también me frustraba que los responsables de las políticas fiscales, en vez de ayudar a la economía parecía que trabajaban activamente para hundirla. «La política monetaria [...] no puede soportar toda la carga», les dije a los senadores. Era cierto que el Congreso había avanzado en la reducción del déficit del presupuesto federal, lo que era un avance positivo al margen de lo demás. Sin embargo, desde mi punto de vista estaban enfocando el problema desde el lado incorrecto. Como llevaba afirmando desde hacía algún tiempo, las amenazas más serias a la sostenibilidad fiscal quedaban todavía bastante lejos, ligadas en gran parte al envejecimiento de la población y a los costes en ascenso de la asistencia sanitaria.

Necesitábamos mejorar la relación coste-eficacia del sistema de salud estadounidense y garantizar la solvencia de algunos programas clave, como la Seguridad Social. También teníamos que aumentar la productividad y el crecimiento económico, lo que nos permitiría soportar mejor los costes de una sociedad con población de más edad. Pero los legisladores habían evitado atacar esos problemas críticos a largo plazo, y se habían inclinado hacia recortes de gastos a corto plazo y a subidas de impuestos que estaban debilitando más una economía ya débil.

No lo dije en la audiencia, pero también me preguntaba durante cuánto tiempo más podría soportar el FOMC la política monetaria ultraadaptativa necesaria para contrarrestar los vientos en contra fiscales (y otros). La votación en la última reunión, la del 29 y el 30 de enero, había terminado 11 a 1 a favor de seguir aplicando esas políticas; la presidenta del Fed de Kansas City, Esther George (siguiendo el ejemplo de su predecesor Tom Hoenig), había sido la única que había votado en contra. Pero aquel resultado no hacía justicia al alcance de la preocupación y el escepticismo en el comité. Como cualquiera se podía dar cuenta (incluido yo mismo), la última ronda de compra de valores era una apuesta. Yo creía que el enfoque de final más abierto de la QE3 demostraría ser más fuerte que otras medidas anteriores a la hora de espolear el crecimiento y la creación de empleo. Pero ¿qué pasaría si la economía volvía a estancarse, quizá por razones fuera de nuestro control como la intransigencia fiscal en nuestro país o un rebrote de la crisis europea? Podríamos vernos comprando grandes cantidades de valores durante bastante tiempo, una perspectiva que inquietaba a muchos de mis compañeros. Me preocupaba especialmente la posibilidad de perder el apoyo de tres miembros del Consejo: Jeremy Stein, Jay Powell y Betsy Duke. La presidenta del Fed de Cleveland, Sandra Pianalto, que no tenía voto en 2013, también estaba preocupada. Jeremy y Jay se habían unido al Consejo en mayo de 2012, después del ya habitual retraso de su confirmación por parte del Senado. Cuando juraron el cargo, el Consejo estuvo a plena potencia por primera vez en seis años.

Su nombramiento me había entusiasmado. Los dos reforzarían la experiencia financiera del Consejo, que había disminuido con la marcha de Kevin Warsh. Jeremy, un economista de Harvard especializado en finanzas, había sido asesor del Tesoro y de la Casa Blanca en los primeros meses del gobierno de Obama. Lo conocía bien, a él y a su trabajo. Cuando fui jefe del departamento de Economía de Princeton intenté reclutarlo para la facultad. Jay, un subsecretario del Tesoro en el primer gobierno de Bush, había sido después socio de la firma de inversiones Carlyle Group. Era republicano (el presidente lo había emparejado con Stein, un demócrata, para aumentar las posibilidades de que el Senado los confirmara), pero desde luego no un miembro del Tea Party. Después de dejar Carlyle se había unido al Centro de Políticas Bipartidistas, donde en 2011 había trabajado eficazmente entre bambalinas para informar a los legisladores sobre el peligro de no aumentar el techo de deuda. Tenía reputación de moderado y de constructor de consensos.

Jay y Jeremy, al haberse unido al Consejo a la vez, pasaban mucho tiempo juntos, y a menudo me reunía con los dos. Ambos querían ser de ayuda, pero ninguno se sentía a gusto con nuestra política monetaria suave y el creciente balance. Jeremy mencionó sus preocupaciones en una serie de discursos que recibieron gran atención por parte de los medios. Estaba preocupado especialmente por que nuestras compras de valores pudieran alimentar una toma de riesgos excesiva en los mercados financieros. No era un argumento nuevo, pero Jeremy lo desarrolló en más detalle y de una manera particularmente elaborada. Reconocía el mérito de mi punto de vista, largamente mantenido, de que la primera y mejor línea de defensa contra la inestabilidad financiera deberían ser unas políticas de regulación y supervisión de objetivos concretos, no la política monetaria. Pero no quería depender tan solo de la regulación y la supervisión. Los riesgos financieros podían ser difíciles de detectar, afirmaba, y solo unos tipos de interés más elevados podían «penetrar por todas las rendijas», por usar su expresión, y reducir los incentivos para correr riesgos excesivos allá donde pudieran aparecer. Estuve de acuerdo en que unos tipos de interés más altos podían penetrar en todas las rendijas, en el sentido de que afectaban a un amplio abanico de decisiones económicas y financieras; era justo por ese motivo por lo que usar esta herramienta para resolver un problema detectado en los mercados financieros tenía el peligro de causar daños a la economía en su conjunto.

Jay expresó sus preocupaciones principalmente dentro del Fed, al igual que Betsy. Sandy, como Jeremy, las expresaba en público. Ninguno de los cuatro era un halcón; estaban de acuerdo en que la recuperación todavía necesitaba una ayuda importante de la política monetaria. Pero les inquietaban los efectos en la estabilidad financiera de nuestro floreciente balance, nuestra capacidad para abandonar las políticas suaves en el futuro y los riesgos políticos para el Fed si las pérdidas de nuestras participaciones hacían que no pudiéramos pagar al Tesoro durante algún tiempo.

El Fed es normalmente muy rentable, dado que habitualmente obtenemos un tipo de interés más alto por nuestros valores del Tesoro y respaldados por hipotecas que el que pagamos por las reservas bancarias que financian nuestros posiciones (0,25 % en aquella época), y no pagamos nada por la porción de pasivos representada por la moneda en circulación. Tras restar nuestros gastos de explotación, enviamos los beneficios al Tesoro, lo que reduce el déficit federal. Nuestros pagos durante y después de la crisis fueron de hecho excepcionalmente altos —mucho más que antes de la crisis—, lo que reflejaba no solo el tamaño de nuestra posición en valores sino también los beneficios que obteníamos de nuestros programas de préstamos. Pero llegados a cierto punto, el fortalecimiento de la economía y la presión creciente de la inflación nos obligaría a subir los tipos de interés a corto plazo. Era posible que temporalmente acabáramos pagando más intereses por las reservas de los bancos que lo que ganábamos con los valores que manteníamos, lo que en consecuencia podría llevar a unos cuantos años en los que tendríamos pocos beneficios (o ninguno) que enviar al Tesoro. Creíamos que era un desenlace muy poco probable, pero fuimos sinceros en cuanto al riesgo. Hablé de ello en conferencias de prensa y en declaraciones ante el Congreso, y publicamos un estudio que había realizado el personal en el que se examinaba una serie de escenarios para nuestros pagos.

Por supuesto, el beneficio no es el objetivo de la política monetaria. Cuando los tipos de interés empezasen a subir, significaría probablemente que nuestras políticas estaban funcionando y que la economía había empezado a crecer y a crear empleo por fin. El beneficio público de una economía más fuerte y más empleos superaría de sobras cualquier efecto temporal de disminución de beneficios del Fed destinados al presupuesto federal. Además, como beneficio colateral, una economía más fuerte mejoraría la posición fiscal de gobierno, por ejemplo aumentando lo ingresado en impuestos. Ese efecto probablemente compensaría de sobras cualquier disminución de nuestros pagos. De todas formas, a pesar de esos argumentos, sabíamos que tendríamos un problema político y de relaciones públicas si nuestros pagos al Tesoro se interrumpían durante algún tiempo y seguíamos abonando intereses a los bancos, muchos de los cuales eran extranjeros. No era un motivo para tomar decisiones políticas incorrectas, pero era otra fuente de preocupación.

Debido a que tenían voto permanente en el FOMC, no podía permitirme perder el apoyo de los tres miembros del Consejo; «los tres amigos», como los había apodado Michelle Smith. Necesitaba encontrar la forma de asegurarles que nuestras compras de valores no continuarían indefinidamente. Como me dijo Jay, necesitábamos una «rampa de despegue». Ya había algo de rampa de despegue en la declaración del FOMC. Decía que teníamos intención de tener en cuenta «la posible eficacia y los costes» de las compras. En otras palabras, si llegábamos a la conclusión de que el programa, sencillamente, no estaba funcionando, o si creaba riesgos excesivos, dejaríamos de comprar valores, incluso si no habíamos alcanzado aún nuestro objetivo de impulsar el mercado laboral. En parte para satisfacer a los tres amigos, seguí destacando los riesgos potenciales de nuestras políticas poco convencionales, incluso en mi declaración Humphrey-Hawkins el 26 de febrero. Dejé claro que pensaba que los beneficios de nuestras compras de valores habían superado hasta el momento a los riesgos. Pero al dirigir la atención a las desventajas potenciales del programa, esperaba asegurar al público y a los compañeros inquietos que no estábamos avanzando en piloto automático y que daríamos marcha a tras si fuera preciso.

Yo esperaba un debate exhaustivo sobre la eficacia, los costes y los riesgos de seguir con la QE3 en la siguiente reunión del FOMC en marzo. Según se acercaba la reunión, me esforcé para mantener a todos a bordo. Me reuní con todos los miembros del Consejo. También les di a Jay, Jeremy y Betsy la oportunidad de hacer comentarios sobre las observaciones con que planeaba empezar la conferencia de prensa de marzo. Les dije que aunque mi punto de vista sobre la compra de valores era diferente al suyo, haría todo lo que pudiera por satisfacer sus preferencias. «Mi postura como presidente es insostenible si no tengo el apoyo del Consejo», les dije. También dije que esperaba que pudiéramos ralentizar el ritmo de nuestras compras en septiembre, y quizá en junio.

Entretanto, los periodistas y los agentes especulaban frenéticamente sobre cuándo comenzaría la retirada progresiva del estímulo o *tapering*. Aquel fue el término en inglés que había inventado la prensa para denominar una estrategia que implicaba reducciones graduales de nuestras compras de títulos en lugar de interrumpirlas de golpe. Aunque yo lo había usado, no me gustaba especialmente, e intenté que otros miembros del FOMC empleasen otras alternativas. El *tapering* implicaba que una vez comenzásemos a ralentizar las compras, las reduciríamos de acuerdo a un ritmo predeterminado. Yo quería transmitir que el ritmo de las compras podía variar dependiendo de la velocidad con las que avanzásemos hacia nuestro objetivo del mercado laboral, y también de que los riesgos asociados a las compras empezasen a sobrepasar a los beneficios. Sin embargo, como solía suceder, yo no tenía mucha influencia en la terminología que decidiera usar la prensa.

Cualquiera que fuese el nombre de la estrategia, era fundamental explicarla claramente. Quería evitar una repetición de los errores que cometimos al preparar a los mercados para el giro a una política monetaria más estricta en 1994. Cuando el FOMC estaba a cargo del presidente Greenspan, había recortado considerablemente el tipo objetivo de los fondos federales durante y después de la recesión de 1990-1991. Entonces, después de mantener el tipo objetivo sin cambios durante cerca de año y medio, en febrero de 1994 los legisladores empezaron a subir el tipo de interés debido a los primeros indicadores de que la economía se estaba sobrecalentando. Greenspan había intentado advertir a los mercados del cambio en la política que se iba a producir, pero los tipos a largo plazo reaccionaron mucho más extremadamente de lo que había previsto el comité (el rendimiento de los pagarés del Tesoro a diez años saltó de un 5,6% a principios de enero a un 7,5% a principios de mayo). Evidentemente, los inversores consideraron la subida de tipos del Fed en febrero como el principio de una serie de incrementos mucho más rápida que lo que los propios legisladores imaginaban. En aquella época, el FOMC temió que el ascenso inesperado de los tipos a largo plazo ralentizara demasiado la economía.

Al final funcionó. Greenspan consiguió realizar un aterrizaje suave que permitió que la economía siguiera creciendo, con una inflación baja. La década de 1990 acabó siendo el periodo de expansión más largo en la historia de Estados Unidos, y Alan, al menos durante algún tiempo, fue considerado el Maestro. Pero había sido un trayecto accidentado. Ahora, casi treinta años después, yo esperaba que las técnicas de comunicación que habíamos desarrollado —como los umbrales de desempleo e inflación para la primera subida de tipos— nos permitieran hacerlo mejor.

Después de la reunión de marzo, entre la declaración aprobada por el comité y mis comentarios en la conferencia de prensa, el mensaje que quería enviar pareció llegar a destino: estábamos debatiendo seriamente sobre cómo reducir nuestras compras, pero aún no estábamos listos para empezar. O como lo expresó al día siguiente un titular del *Wall Street Journal*: «El Fed no está listo para endurecer la política... aún». Sabía que tendría que realizar un número delicado de equilibrismo. El centro del FOMC, incluyendo a mis tres titubeantes miembros del Consejo, aspiraba a ralentizar las compras en algún momento a mediados de año. En base a los informes de los medios y nuestras encuestas en las sociedades de valores, parecía que había mucha gente en los mercados que esperaba y deseaba que empezásemos mucho más tarde. Mi tarea era acercar entre sí aquellas expectativas diferentes al tiempo que seguía aplicando una política que apoyase la recuperación.

Nuestro objetivo en la reunión del 30 de abril y el 1 de mayo era prácticamente el mismo que en marzo: explicar que la economía aún no estaba bastante preparada para que redujéramos las compras, pero que ese momento se acercaba. La economía estaba creciendo moderadamente, ayudada por un gasto sólido por parte de los consumidores (al que a su vez ayudaba la bajada del precio de la gasolina) y el aumento de la construcción de viviendas. Sin embargo, como temíamos, el gasto federal durante los tres primeros meses del año estaba decayendo acusadamente, incuso antes de que el secuestro golpease con toda su fuerza. En nuestra declaración intentamos transmitir nuestra flexibilidad y reforzar el mensaje de que nuestras futuras acciones dependerían de cómo evolucionaba la economía. Dijimos que «el comité está preparado para *aumentar* o *reducir* [las cursivas son mías] el ritmo de sus compras para mantener la adaptación de las políticas apropiadas si cambian las perspectivas para el mercado laboral o la inflación».

Sin embargo, era evidente que los inversores solo oyeron la parte de «aumentar» de la frase, y de ahí infirieron que el comité estaba considerando seriamente aumentar el ritmo de las compras. La bolsa subió moderadamente en las tres siguientes semanas. Las expectativas del mercado sobre el futuro de la QE3 estaban más alejadas de las expectativas de la mayoría del comité, en vez de haberse acercado.

Corregí el mensaje con cierta torpeza el 22 de mayo. En mi declaración de apertura en la audiencia de aquella mañana ante el Comité Económico Mixto, advertí: «Un endurecimiento prematuro de la política monetaria [...] podría [...] llevar aparejado un riesgo sustancial de ralentizar o acabar con la recuperación económica». Estaba reaccionando ante los puntos de vista de los halcones, dentro y fuera del Fed, que querían que acabásemos rápidamente con la compra de valores. No intentaba señalar que seguiríamos comprando al ritmo actual indefinidamente. De hecho, no consideraba como un endurecimiento el que redujésemos discretamente el ritmo de crecimiento de nuestro balance; aún seguiríamos suavizando las condiciones monetarias, solo que menos agresivamente.

Poco después de haber leído mi declaración de apertura, dije, respondiendo a una pregunta, que «En las siguientes reuniones podríamos [...] reducir ligeramente el ritmo de las compras». Aquella tarde publicamos las actas de la reunión del 30 de abril y el 1 de mayo. Mostraban que algunos de los participantes del FOMC «expresaban la voluntad de ajustar a la baja el flujo de compras en la reunión de junio».

El mercado osciló ante lo que percibía como mensajes contradictorios, aunque las declaraciones, consideradas en su contexto completo, eran coherentes. La bolsa subió con mi declaración preparada, redujo sus ganancias tras mis comentarios durante la sesión de preguntas y cayó después de que publicásemos las actas. El mensaje de que la QE3 no iba a seguir activa para siempre parecía ir calando por fin. Pero los tropezones en la comunicación me recordaron mi intento primerizo de poner fin a un ciclo de endurecimiento monetario en 2006 y renovaron mi respeto por las dificultades que encontró Greenspan al principio del endurecimiento de 1994. También me recordaron una anécdota que el presidente del Fed de Dallas, Richard Fisher, incluyó en uno de sus discursos, sobre el diplomático francés de principios del siglo xix, Talleyrand, y su archirrival el príncipe Metternich de Austria. Cuando murió Talleyrand, se supo que Metternich había dicho: «Me pregunto qué pretenderá con eso». Parecía que no importaba lo que yo dijera o lo claro que lo dijera, los mercados siempre intentaban adivinar un significado oculto.

Tras el episodio del Comité Económico Mixto, me dediqué a una tarea de comunicación que disfrutaba mucho más que presentarme en las conferencias de prensa y en las audiencias en el Congreso. Fui a dos sitios conocidos para pronunciar discursos, el Simon's Rock College y la Universidad de Princeton. Nuestro hijo, Joel, se había graduado en Simon's Rock en 2006, y en 2013 se estaba licenciando en el Weill Cornell Medical College. Anna trabajaba en el consejo de supervisores de Simon's Rock.

Allí hablé el 18 de mayo, un día hermoso y soleado, consciente de que incluso cuando la recuperación llevaba cuatro años en marcha, los graduados se iban a encontrar con un mercado de trabajo bastante duro. Intenté mirar hacia el futuro pensando en décadas y no en trimestres, y refutar a los economistas que argumentaban que las economías avanzadas estaban condenadas a experimentar un crecimiento mediocre durante mucho tiempo. Les dije a los graduados que «la capacidad de la humanidad para innovar y los incentivos para hacerlo son hoy mayores que en ningún otro momento de la historia». En resumen, intenté convencerlos de que Yogi Berra, un residente del Pabellón de la Fama de los New York Yankees, estaba equivocado al decir que el futuro no era lo que solía ser. Me divertí un poco en el discurso en Princeton el 2 de junio, ofreciendo a los graduados diez sugerencias en vez de los diez mandamientos. «La vida es impredecible», les dije, pensando tanto en mi carrera como en el trayecto en montaña rusa que habían realizado la economía y el sistema financiero en los últimos siete años y medio. También les di una definición funcional de mi profesión: «La Economía es una área de pensamiento altamente sofisticada que es insuperable a la hora de explicar a los responsables políticos por qué las elecciones que habían hecho en el pasado eran incorrectas. Sobre el futuro, no tanto».

Durante mi mandato como presidente siempre estuve dispuesto a hablar con profesores y estudiantes (ya fueran miembros privilegiados de la Ivy League, estudiantes en una facultad históricamente negra o adultos asistentes a una escuela comunitaria) y a afirmar la importancia de educarse toda la vida. No se debía solo a que Anna y yo fuéramos educadores. Yo sabía que una política monetaria sólida podía apoyar a una economía sana, pero no podía crearla. A la larga, la capacidad de la economía para producir un nivel de vida superior para las futuras generaciones dependía de que la gente tuviera oportunidades para conseguir capacidades económicamente valiosas y de la perspectiva que se obtenía con una educación amplia. El resto no importaba demasiado.

El 19 de junio, dos semanas y media después de la ceremonia de bachillerato en Princeton, estaba en mi despacho después de mi última conferencia de prensa tras una reunión del FOMC. Los olmos que crecían a lo largo de Constitution Avenue tenían el follaje pleno del verano, pero yo no estaba mirando por la ventana. Contemplaba las acusadas fluctuaciones en los mercados de renta variable y renta fija representados por líneas quebradas rojas en mi terminal de Bloomberg. En lo que se había llegado a conocer como *the taper tantrum* («la rabieta de la reducción gradual del estímulo»), los rendimientos de los valores del Tesoro a diez años y el tipo de cambio del dólar estaban subiendo, mientras que el Dow Jones se hundía. Las posibles consecuencias económicas eran inquietantes: si los tipos de interés a largo plazo seguían creciendo, y el precio de las acciones, bajando, ahogaría la inversión y la demanda de los consumidores, a la vez que un dólar en ascenso perjudicaría a las exportaciones de los productos estadounidenses.

En la reunión recién finalizada, el FOMC había confirmado que seguiría la compra de valores al ritmo de 85.000 millones de dólares al mes. Pero muchos de los asistentes querían también empezar con los preparativos de la futura salida del programa. Para satisfacerlos, en la conferencia de prensa describí una vía provisional, dependiente de los datos, para detener las compras. Podíamos moderarlas «más avanzado el año», dije, si las predicciones indicaban una mejora continuada en los mercados laborales y si la inflación (que en 2013 andaba por el 1%) volvía a acercarse a nuestro objetivo del 2%. Después de eso, si todo iba bien, seguiríamos reduciendo las compras en lo que llamé «etapas mesuradas», y finalizándolas a mediados de 2014. Llegados a ese momento, la tasa de desempleo, que estaba en el 7,6% en mayo, era probable que fuera de un 7% según nuestras previsiones. Un desempleo del 7%, aunque no era nuestro objetivo final, representaría una mejora sustancial respecto al 8,1% de agosto de 2012, cuando los mercados empezaron a anticipar la QE3. Yo creía que era importante, si fuera posible, que finalizásemos las compras solo cuando pudiéramos afirmar legítimamente que habían conseguido su propósito.

En un intento de aplacar cualquier reacción exagerada del mercado ante la perspectiva de moderar las compras, en la conferencia de prensa había enfatizado un punto que se había incluido en las declaraciones del FOMC desde diciembre: que esperábamos mantener una política monetaria muy acomodaticia (en otras palabras, mantener el tipo objetivo de los fondos federales cercano a cero) por un «tiempo considerable» después de que finalizásemos las compras de valores. Para aliviar cualquier preocupación en el mercado acerca de que después de terminar las compras diésemos marcha atrás bruscamente y redujésemos nuestro balance, notifiqué que una importante mayoría de los miembros del FOMC esperaba que conservásemos nuestros valores respaldados por hipotecas hasta su vencimiento, en vez de venderlos.

Sabía que cualquier debate sobre la reducción de compras posiblemente provocaría como mínimo una leve reacción negativa en los mercados, pero había pensado —basándome en las encuestas que había realizado el Fed de Nueva York en las sociedades de valores— que la senda que había trazado no se alejaba de lo que los mercados esperaban. Incluso tenía la esperanza de que al reducir la incertidumbre pudiera darse una pequeña reacción positiva. En general no me preocupaba mucho de las fluctuaciones del mercado a corto plazo, pero los movimientos en mi pantalla de Bloomberg después de la conferencia de prensa no eran lo que yo había esperado. Si la tendencia persistía, conduciría a un endurecimiento inesperado de las condiciones monetarias.

¿Cuál era la explicación de la fuerte reacción de los mercados, y por qué nos sorprendía? Considerándolo retrospectivamente, creo que nuestro punto de vista sobre las expectativas del mercado dependía demasiado de la encuesta entre los agentes de Bolsa. Los mercados de futuros nos daban una lectura fiable de hacia dónde creían los mercados que iba a ir el tipo de los fondos federales, pero no sobre nuestras compras de valores. Para eso, los economistas del Fed de Nueva York preguntaron a sus homólogos de las sociedades de valores, que prestaban gran atención a cada matiz de las declaraciones públicas de los legisladores del Fed. En efecto, nuestros economistas doctorados preguntaban a sus economistas doctorados. Era un poco como mirarse en un espejo. No nos decía nada sobre lo que estaban pensando los agentes de valores de infantería. Aparentemente, muchos agentes no prestaban demasiada atención a sus economistas y apostaban por que nuestras compras seguirían más o menos indefinidamente. Algunos hablaban de «QE-ternidad» o «QE-infinito». Asumían algo irracional y totalmente incoherente con lo que estábamos diciendo. A pesar de todo, era evidente que algunos inversores habían establecido posiciones en el mercado basándose en ello. Ahora, como en el caso de Metternich, oían nuestras declaraciones sobre compras de valores y decían «Me pregunto qué pretenderán con eso». Su conclusión, a pesar del significado claro de lo que dije en la conferencia de prensa, fue que estábamos indicando que subiríamos más pronto el tipo objetivo de los fondos federales. Vendieron sus valores del Tesoro y sus valores respaldados por hipotecas, con lo que hicieron subir los tipos de interés a largo plazo.

Nos pusimos en marcha para corregir las impresiones erróneas de los mercados. Hablé por correo electrónico con Jeremy Stein y Jay Powell, y el 24 de junio me reuní con ellos para comer. Mi siguiente discurso no tendría lugar hasta el 10 de julio, pero Bill Dudley y Jay tenían programadas apariciones en público el 27 de junio, y Jeremy pronunciaba un discurso el 28, así que podrían empezar a aclarar nuestros planes. Los rendimientos de los valores del Tesoro a diez años, y lo que era más importante, los tipos de las hipotecas a treinta años habían subido medio punto porcentual en la semana transcurrida desde la reunión, lo que era una amenaza para la venta de viviendas y la construcción. El índice Promedio Industrial Dow Jones había caído casi un 4%, y el tipo de cambio del dólar había subido cerca del 3%. Las economías de mercados emergentes también sufrían cuando los inversores sacaban su dinero ante la perspectiva de obtener mayores tipos de interés en Estados Unidos.

En sus discursos, Bill y Jay enfatizaron que no íbamos a detener la compra de valores si creíamos que eso perjudicaría la economía. «Si el rendimiento de la economía es débil, el comité puede retrasar la moderación de las compras, o incluso incrementarlas», dijo Jay. Bill explicó que si las condiciones del mercado laboral no se acercaban a los pronósticos del FOMC, «yo esperaría que las compras de valores siguieran a un ritmo mayor durante más tiempo». Jeremy dijo que nuestra posición política no había cambiado en esencia. En mi discurso en Boston el 10 de julio, en respuesta a una pregunta enfaticé que una reducción gradual de la compra de valores no debería confundirse con un endurecimiento de la política monetaria en forma de un incremento de los tipos a corto plazo. «El mensaje general es: adaptación», dije. Nuestros comentarios ayudaron. Los tipos hipotecarios y los tipos de valores del Tesoro a largo plazo se redujeron ligeramente, y la bolsa se recuperó un poco. Pero los mercados siguieron inquietos.

Por desgracia, el *taper tantrum* no fue la única polémica de aquel verano. En mi conferencia de prensa de junio, Ylan Mui, del *Washington Post*, me preguntó por unos comentarios del presidente Obama que se habían emitido por la PBS dos días antes. Obama le había dicho al entrevistador, Charlie Rose, que «Ben Bernanke está haciendo un trabajo extraordinario». Y añadió: «Ha permanecido mucho más tiempo de lo que él deseaba y de lo que se suponía». Ese comentario podía deberse a que el presidente recordaba que yo tenía sentimientos contradictorios respecto a aceptar el cargo un segundo periodo y a mi decisión de abandonar al final de los ocho años. Esquivé la pregunta de Ylan igual que había estado esquivando las preguntas sobre mi sustitución desde el verano anterior, cuando los candidatos presidenciales republicanos habían intentado superarse unos a otros diciendo lo deprisa que me iban a despedir. (Para dejar constancia: a diferencia de los secretarios de gabinete de la rama ejecutiva, el presidente del Fed no puede ser retirado de su cargo sin motivo.)

Me habría gustado responder a la pregunta de Ylan, aunque solo fuera para evitar dar la falsa impresión de que me empujaban a abandonar el cargo. Al contrario, el presidente no me había dado ningún motivo para pensar que no estaba satisfecho o que su opinión sobre mí era diferente a la que tenía cuando me nombró de nuevo. Aun así, evité decir en público nada sobre mis planes, siguiendo los consejos de Michelle Smith y Dave Skidmore, que se aferraban a la práctica de eficacia comprobada de que los legisladores debían evitar durante todo el tiempo que les fuera posible que se los viera en el estado de «pronto abandonará el poder».

Aquel verano se empezó a especular febrilmente sobre quién sería mi sucesor. La atención se centraba sobre todo en Larry y Janet. Pero otros mencionaron en público a Don Kohn, Roger Ferguson, mi compañero de Princeton Alan Blinder, y mi antiguo asesor de tesis en el MIT, Stanley Fischer, que estaba finalizando un periodo de ocho años como gobernador del banco central de Israel. Yo no estaba contento con la forma en que la Casa Blanca gestionaba el proceso. El presidente y sus asesores dejaban que las especulaciones se alargasen semana tras semana, hasta el punto de que creí que amenazaba con perjudicar la reputación de los candidatos y quizá incluso crearía incertidumbre sobre el futuro de la política monetaria. Para Janet, aquel circo era una incomodidad y una distracción, pero siguió concentrándose en su trabajo. Larry, a pesar de su relación cercana con el presidente y su brillantez demostrada, tenía algunos puntos débiles importantes, incluyendo una historia de hacer enfadar a sus rivales políticos e intelectuales. Según pasaba el tiempo sin que se hiciera ningún anuncio, me parecía que Janet se estaba convirtiendo en la favorita. Las perspectivas de Larry sufrieron un golpe mortal a finales de julio, cuando un tercio de los cincuenta y cuatro demócratas del Senado, la mayoría del ala liberal del partido, firmaron una carta apoyando a Janet. Dado que el presidente no podía esperar un fuerte apoyo republicano a su nominación, no se podía permitir perder a los demócratas.

La presidencia no era el único cambio inminente en el personal del Fed aquel verano. El 11 de julio, Betsy Duke anunció que dimitiría de su puesto en el Consejo al final de agosto, después de cinco azarosos años. Dijo que había aspirado a trabajar en la Reserva Federal el tiempo suficiente para ver cómo debían ser las épocas normales (se había unido al Consejo un poco más de un mes antes que Lehman), pero que había perdido la esperanza. Sarah Raskin, la octava mujer que pertenecía al Consejo en sus cien años de historia, se convirtió el 31 de julio en la primera mujer nominada para el cargo de secretaria delegada del Tesoro. Sandra Pianalto, presidenta del Fed de Cleveland desde 2003, anunció el 8 de agosto que se retiraría a principios de 2014. A lo largo de los años llegué a estimar el enfoque constructivo y carente de ego de Sandy. Escuchaba con atención, a sus compañeros del FED pero también a los empresarios, a los banqueros y a los líderes comunitarios de su distrito. Al igual que Jeremy, Jay y Betsy, tenía reservas sobre las compras de valores a gran escala. Pero en vez de disentir ruidosamente, trabajó para convencer a los miembros del comité mediante argumentos discretos y bien pensados. Expresaba su punto de vista en los discursos, pero sin la retórica provocadora que Tom Hoenig había usado en 2010.

Los actores de la banca central también estaban cambiando a nivel internacional en 2013. Masaaki Shirakawa se había retirado en marzo después de cinco años como gobernador del Banco de Japón. Había sido un buen compañero, cerebral y constructivo. Había trabajado duro para ayudar a que la economía de Japón se recuperase después del terremoto y el tsunami de 2011. Pero también era cauto y conservador, quizá a consecuencia de su larga carrera en el banco central de Japón antes de convertirse en gobernador. Su sucesor, Haruhiko Kuroda, presidente del Asian Development Bank y ajeno al Banco de Japón, estaba considerado como alguien más en sintonía con las políticas «Abenómicas» de estímulo del primer ministro Shinzo Abe. Según los informes de prensa, se esperaba que adoptase tácticas más al «estilo Bernanke», incluyendo las compras con finalización abierta de valores y otros esfuerzos enérgicos para llevar la inflación japonesa al objetivo del 2 %.

El 1 de julio, Mervyn King, mi antiguo compañero del MIT, finalizó una década como gobernador del Banco de Inglaterra. (Mervyn fue nombrado caballero en 2011 y par vitalicio en 2013 —convirtiéndolo en miembro de la Cámara de Lores de Gran Bretaña—, así que a veces me dirigía a él burlonamente llamándolo Lord Sir King.) Asistí a los actos de despedida de Mervyn en Londres y en una cena en la embajada británica en Washington. Su sucesor fue Mark Carney, el responsable del Banco de Canadá, que gozaba de gran consideración. Carney fue sustituido a su vez por Stephen Poloz, un antiguo jefe de investigación del banco central y jefe de la agencia de promoción de las exportaciones de Canadá.

Después del *taper tantrum*, la política monetaria se desarrolló tranquilamente hasta llegar al verano. En la reunión del FOMC del 30 y el 31 de julio hicimos unos pocos cambios en nuestro comunicado. En mi declaración semestral sobre política monetaria y en otros lugares seguí desarrollando la importante diferencia táctica entre nuestras compras de valores y nuestra política de tipos de interés. El principal objetivo de nuestras compras había sido incrementar el impulso de la economía a corto plazo, dije, para acercarla a un crecimiento autosostenible. Los tipos de interés a corto plazo cercanos a cero, a su vez, apoyarían el crecimiento económico mucho tiempo después de que finalizaran las compras. El plan era similar al funcionamiento por fases de un cohete espacial, cuyos cohetes de lanzamiento lo llevaban al espacio y allí, sus motores secundarios lo seguían impulsando hasta que alcanzara la velocidad de escape.

Las audiencias ante el Comité de Servicios Financieros de la Cámara de Representantes y ante el Comité del Senado sobre Banca, el 17 y el 18 de julio, fueron mis últimas apariciones como presidente ante el Congreso. Muchos de los legisladores, incluyendo algunos que habían criticado duramente nuestras medidas, no escatimaron los agradecimientos y las felicitaciones, especialmente por las acciones del Fed durante la crisis. El senador Corker, un aliado del Fed en gran parte del debate sobre la Ley Dodd-Frank pero un feroz adversario de la expansión cuantitativa, dijo: «Gracias por su servicio, gracias por su amistad, y ocurra lo que ocurra le deseo lo mejor». Cinco

meses antes, en la audiencia anterior sobre política monetaria, me
había acusado de «arrojar a los mayores bajo el autobús» con políticas que tenían el efecto secundario de mantener muy bajos los tipos
de las cuentas de ahorro y los certificados de depósito. Yo respetaba a
Corker y me caía bien, era un legislador capaz, pero nunca conseguí
acostumbrarme a la naturaleza Jeckill-y-Hyde de los políticos. Al
menos el senador Corker, a diferencia de muchos de sus compañeros, solía decirme las mismas cosas en privado que en público.

Las audiencias coincidieron aproximadamente con el tercer aniversario de la aprobación de la Ley Dodd-Frank, y puse al día a los
legisladores sobre nuestro trabajo para implementarla. Había sido un
proceso largo y doloroso. Al escribir las nuevas normas nos habíamos
tenido que coordinar no solo con otros reguladores estadounidenses,
sino también con nuestros homólogos en todo el mundo, para conseguir tanta consistencia internacional como fuera posible. El 2 de julio,
nosotros y otras agencias de regulación bancaria estadounidenses
adoptamos conjuntamente requisitos de capital más duros incluso
que los elevados estándares establecidos en Basilea III. Desde que el
Fed había dirigido las pruebas de resistencia integrales en 2009, los
niveles de capital de los grandes bancos estadounidenses se habían
duplicado. Estaban en una posición mucho mejor para soportar crisis
económicas y agitación financiera, y como resultado, seguían prestando a hogares y empresas. La semana siguiente a la adopción de las
normas de Basilea III, el Consejo de Supervisión de la Estabilidad
Financiera había designado a las primeras dos instituciones financieras importantes no bancarias (AIG y GE Capital, la filial de servicios
financieros de General Electric). Esas designaciones significaban que
estarían supervisadas por la Reserva Federal.

Jack Lew había estado presionando a las agencias reguladoras, en
discursos públicos y en reuniones privadas en el Tesoro, para que se
apresuraran con la redacción de las normas Dodd-Frank. El 19 de
agosto, el presidente nos convocó en el Salón Roosevelt para aplicar
un poco más de persuasión moral. Tenía un interés particular en que
a finales de año aprobásemos la regla Volcker, que prohibía a las entidades bancarias negociar por cuenta propia con determinados valores, derivados, y futuros y opciones sobre materias primas. Yo entendía la sensación de urgencia del presidente, pero también quería

hacer bien el trabajo. Para las cinco agencias encargadas de escribir la normativa de aplicación de la regla Volcker, resultaba extremadamente complicado diferenciar el comercio permisible del no permisible. Paro cumplimos la fecha tope del presidente, y la versión final estuvo lista el 10 de diciembre.

Nuestra preocupación constante al redactar normativas era conservar la estabilidad financiera sin limitar el crédito y el crecimiento económico más de lo estrictamente necesario. Dos años antes, el director general de JPMorgan, Jamie Dimon, me había preguntado en un encuentro público si habíamos calculado el efecto económico acumulativo de todas las nuevas normas que estábamos poniendo en marcha. Por supuesto, intentábamos analizar los costes y los beneficios de las normas individuales, e incluso de grupos de normas relacionadas, pero le dije que un cálculo extensivo no era práctico. Mi respuesta no fue muy satisfactoria, y la disposición de Jamie a desafiarme en público en nombre de sus compañeros banqueros lo convirtió brevemente en un héroe en Wall Street. Habría sido mejor responderle a Jamie señalándole el incomensurable coste económico y humano de fracasar en la redacción adecuada de normas duras y permitir una repetición de la crisis que acabábamos de soportar.

Las audiencias de julio fueron mi última aparición pública antes de la reunión del 17 y el 18 de septiembre del FOMC. Aquel largo intervalo complicaba la tarea de establecer las expectativas sobre si empezaríamos a reducir nuestras compras de valores. Normalmente habría usado mi discurso de agosto en la conferencia de Jackson Hole del Fed de Kansas City para prefigurar cualquier cambio venidero en las políticas, pero había decidido escurrir el bulto. El año anterior también habría preferido saltarme la conferencia. El *bat mitvah* de mi sobrina iba a celebrarse ese fin de semana. Pero Esther cambió la fecha de la conferencia y acepté asistir. En retrospectiva, fue para bien. Los medios podrían haber interpretado mi ausencia como un desplante hacia Esther el primer año que hacía de anfitriona, y ese era un mensaje que definitivamente no deseaba enviar. Aun así, estaba bastante preocupado por la conferencia. Se había convertido en un circo mediático. Además, me parecía injusto que un Banco de la

Reserva, del total de doce, fuera el anfitrión permamente y el que fijaba la agenda de lo que se había convertido en la conferencia emblemática del Fed.

En vez de ir a Jackson Hole, Anna y yo nos marchamos de vacaciones cinco días, las primeras que nos tomábamos desde que me había visto obligado a cancelar nuestro viaje a Myrtle Beach en agosto de 2007. Visitamos a la familia en Charlotte y nos fuimos los dos solos a Asheville, en Carolina del Norte. Visitamos el Biltmore Estate, la residencia privada más grande de Estados Unidos, y disfrutamos de los jardines diseñados por el famoso Frederick Law Olmstead, el diseñador del Central Park de Nueva York. También escuchamos música *bluegrass* en un club local de Asheville.

Me preocupaba un poco que no acudir a Jackson Hole crease un problema de comunicación, pero resultó que las hojas de té económicas estaban mezcladas y no habría sido capaz de enviar una señal clara en cualquier caso. A pesar de las corrientes cruzadas económicas, según se acercaba la reunión de septiembre, los participantes del mercado parecían asumir cada vez más que, finalmente, daría comienzo el proverbial *taper*. Dos tercios de los cuarenta y siete economistas encuestados por el *Wall Street Journal* la semana anterior a la reunión predijeron que habría movimiento.

La víspera de la reunión, yo no creía que estuviera todo tan claro. La tasa de desempleo había bajado ligeramente en agosto hasta llegar al 7,3%. Pero el crecimiento del empleo parecía haberse debilitado, y el incremento de puestos de trabajo había sido solo de unos 136.000 de media en julio y agosto. También me preocupaba que las condiciones financieras se estuvieran endureciendo demasiado deprisa. El tipo de interés de las hipotecas a treinta años había subido de menos de un 3,5% en mayo a un poco más del 4,5%. Otros tipos de interés a largo plazo habían subido también. Entretanto, el Congreso y el presidente parecían encaminarse a una contienda sobre la legislación necesaria para subir el techo de deuda y la finaciación de las operaciones del gobierno después de que empezase el año fiscal de 2014 el 1 de octubre. Sabía por nuestra experiencia en 2011 que en el mejor de los casos, la confrontación dañaría la confianza, y en el peor, un impago de los valores del Tesoro podría crear una conmoción financiera tremenda.

El comité estaba dividido entre los partidarios de una discreta reducción de las compras mensuales, por ejemplo de 85.000 millones de dólares a 75.000, y los que querían aplazarla. Con el firme respaldo de Bill Dudley y Janet Yellen, recomendé que aguantásemos a pesar de que el mercado esperaba una reducción. Señalé que en junio nunca había dicho que el *taper* comenzaría en septiembre; solo había dicho que «más avanzado el año». Pero había algo más fundamental: las perspectivas económicas no justificaban claramente que redujéramos las compras. Quería enviar un mensaje firme de que nuestra política dependería de las perspectivas para la economía y el mercado laboral. Después de todo, estar preparados para hacer lo necesario había sido el objetivo de las compras sin límite temporal de valores. El FOMC apoyó mi recomendación, y solo estuvo en contra Esther George, como había ocurrido todo el año. Jeremy Stein se unió a la mayoría pero al día siguiente dijo en un discurso que se habría sentido más cómodo empezando el *taper* de inmediato.

Después de varios años intentando telegrafiar nuestros movimientos, sorprendimos a los mercados al no hacer nada en septiembre. La sorpresa suavizó las condiciones financieras que nos habían hecho vacilar, haciendo más defendible una disminución de las compras. Después de nuestro comunicado, los tipos de interés a largo plazo bajaron y las acciones repuntaron. Al día siguiente, el editorial del *New York Times* dijo que habíamos hecho bien manteniendo las compras de títulos. Pero eso no convenció a los críticos. El titular del editorial del *Wall Street Journal* decía «Mr. Bernanke parpadea». Me acusaba de «una gran pérdida de valor». Imitando a los comentarios de Rick Perry en 2012, un columnista del *Financial Times* me llamó «traidor al *taper*». En aquel punto de mi mandato no me importó el comentario, ni tampoco la ira de los operadores de bonos al haberlos pillado con el paso cambiado. Solo quería que hiciésemos lo correcto.

No lamentaba haber contenido el fuego. La mayoría republicana de la Cámara de Representantes y la mayoría demócrata en el Senado llegarían pronto a un punto muerto en el tema de los gastos que impediría al gobierno seguir operando. Los republicanos insistían en retirar fondos a la Ley de Atención Médica Asequible (conocida como Obamacare), y los demócratas se negaron, lo que no era nada sorprendente. El gobierno federal «cerró» el 1 de octubre. (Algo que no era ni lo mismo ni tan malo como fracasar en elevar el techo de deuda e incumplir los pagos de deuda pública.) Unos 800.000 empleados federales recibieron la orden de quedarse en casa. Sin embargo, 1,3 millones de empleados civiles se consideraban «esenciales» y fueron a trabajar sin saber cuándo les pagarían, y 1,4 millones de militares y 500.000 trabajadores de correos siguieron trabajando también. La Reserva Federal, financiada con los beneficios de nuestra cartera de valores, siguió abierta.

En otras palabras, muchas funciones del gobierno siguieron activas, aunque algunos lugares de gran visibilidad, como los parques nacionales, cerraron. (El domingo 13 de octubre, un airado grupo de veteranos y sus partidarios tiraron las barricadas del Servicio Nacional de Parques que les cerraban el acceso al Monumento Nacional a la Segunda Guerra Mundial en el National Mall. Bien por ellos.) Me sentí consternado al saber que el informe del Departamento de Trabajo sobre el empleo en septiembre, que se publicaría el 4 de octubre, se retrasaría por culpa del cierre. Formular una política monetaria eficaz precisa de información oportuna. Llamé por teléfono a Thomas Perez, secretario de Trabajo, y le pregunté si podía entregar el informe a tiempo si el Fed encontraba una forma de pagar el coste. Después de consultar con sus abogados, me dijo que no era posible.

El 25 de septiembre, justo antes de que comenzara el cierre, el Departamento del Tesoro anunció que pronto se quedaría sin maniobras contables para sortear el techo de deuda y que el día 17 habría suspensión de pagos. Por suerte, el 16 de octubre, el Congreso —acercándose de nuevo peligrosamente al borde del precipicio— acordó legislar para suspender el techo de deuda y financiar el gobierno para el año siguiente. El presidente firmó el proyecto de ley poco después de medianoche.

En medio del cierre hubo algunas buenas noticias. El presidente anunció la nominación de Janet Yellen para sustituirme. Tres semanas antes, Larry Summers había retirado su nombre de la lista de candidatos diciendo en una carta que «cualquier proceso de confirmación sería amargo para mí y no serviría a los intereses de la Reserva Federal, la Administración o, en última instancia, los intereses de la recuperación económica del país». Me alegraba por Janet pero sentía que el proceso hubiera sido tan difícil y conflictivo.

A las dos de la tarde del 9 de octubre, recibí a Janet, a George Akerlof (su esposo) y a otros miembros de su familia en el Salón Roosevelt. Valerie Jarrett, la asesora principal del presidente, pasó por allí, se presentó y charló con Janet. Poco después nos acompañaron al State Dining Room. El presidente me había preguntado si quería decir unas palabras. Decliné; era el día de Janet. Ella se colocó a la derecha del presidente; yo a su izquierda, con las manos unidas ante mí, escuchando mientras él me llamaba «epítome de tranquilidad» y me agradecía por haber mostrado «un valor y una creatividad increíbles» al tomar «las audaces medidas necesarias para evitar otra Depresión».

El presidente anunció la nominación de Janet y la alabó como una «líder demostrada [...] excepcionalmente bien cualificada [...] y como vicepresidenta [...] un motor de políticas para ayudar a impulsar la recuperación económica». Lo cierto era que tenía más experiencia en la definición de políticas del Fed que la que yo tenía al ocupar el cargo. En su discurso de aceptación, Janet enfatizó su compromiso con los dos aspectos del mandato dual del Fed, y especialmente, dadas las circunstancias, el de hacer que la gente volviese a tener empleo. «El mandato de la Reserva Federal es servir a todos los estadounidenses, y hay demasiados que aún no pueden encontrar trabajo y están preocupados por no poder pagar sus facturas ni mantener a sus familias —dijo—. La Reserva Federal puede ayudar si hace su trabajo con eficacia.» Desde ese punto en adelante, mi misión era garantizar una transición sin sobresaltos.

La siguiente reunión del FOMC estaba programada para el 29 y el 30 de octubre. En esta ocasión los agentes no esperaban que tuviera lugar el *taper*, y en esta ocasión cumplimos sus expectativas. El informe sobre el empleo de septiembre (que se publicó con dos semanas de retraso, el 22 de octubre) mostraba que la tasa de desempleo se situaba por debajo del 7,2 %, pero los empresarios solo crearon la mediocre cantidad de 148.000 empleos. Además, aún estábamos intentando averiguar los efectos en la economía del cierre gubernamental, que había terminado solo dos semanas antes. Parecía que la decisión más sensata era esperar.

En la reunión de 17 y el 18 de diciembre, las condiciones eran adecuadas para dar el paso largamente anticipado de ralentizar nuestras compras de valores. Para entonces teníamos los informes de empleo de octubre y noviembre. La tasa de desempleo había bajado al 7% —alcanzando ese nivel mucho antes de lo que habíamos previsto— y con una revisión de las cifras de nóminas de septiembre, el crecimiento medio había resultado ser de unos 200.000 puestos de trabajo creados en los últimos tres meses. El FOMC aprobó una reducción del ritmo mensual de 10.000 millones de dólares, quedando este en 75.000 millones. Esther George se unió a la mayoría por primera vez en su mandato en el FOMC.

Sin embargo, Eric Rosengren, del Fed de Boston, estuvo en contra, argumentando que era prematuro bajar el ritmo de compras de valores. Señaló que la inflación seguía estando por debajo de nuestro objetivo del 2%. Para calmar sus preocupaciones y las de otros miembros del FOMC, ajustamos nuestra guía para el futuro al despegue del tipo de los fondos federales. Dijimos que probablemente mantendríamos el tipo objetivo de los fondos federales cercano a cero «durante bastante más tiempo después de que la tasa de desempleo baje por debajo del 6,5%, especialmente si la inflación prevista sigue por debajo del 2%, el objetivo a más largo plazo del comité». La frase «durante bastante más tiempo después» era una indicación de que no teníamos prisa por subir los tipos de interés a corto plazo, incluso si seguíamos reduciendo la compra de valores. Fue evidente que el mensaje se recibió: los mercados aceptaron nuestra decisión tranquilamente.

Los presidentes de los Bancos de la Reserva habían acudido a Washington antes de lo habitual para poder asistir a la ceremonia que tuvo lugar el 16 de diciembre para conmemorar el próximo centenario de la firma de la Ley de la Reserva Federal por el presidente Wilson, el 23 de diciembre de 1913. Dos de los anteriores presidentes (Volcker y Greenspan), el presidente actual (yo) y la futura presidenta (Janet) —representábamos treinta y cuatro años seguidos de liderazgo del Fed— nos sentamos juntos en la mesa del Consejo. Entre los rostros familiares presentes estaban los miembros del Consejo Don Kohn, Roger Ferguson, Kevin Warsh, Randy Kroszner, Mark Olson, Sue Bies y Betsy Duke. El asistente más anciano, Dewey Daane, de noventa y cinco años, había sido nominado para el Consejo por el presidente Kennedy. También asistía Nancy Teeters, de ochenta y tres. Nominada por Carter, se había convertido en 1978 en la primera mujer en el Consejo. En total, se reunieron en la sala de juntas sesenta y dos miembros presentes y pasados del FOMC, la mayor reunión de esa clase en la historia de la institución.

El acontecimiento era una oportunidad perfecta para resumir mis ideas sobre el Fed al llegar la finalización de mi mandato. Hice referencia a los valores que había defendido la institución desde que se fundó, ejemplificados por el personal que prestaba servicio en él mientras los altos cargos iban y venían: el compromiso con un análisis desapasionado, objetivo y sustentado en datos, y la dedicación al servicio público. Dije que al menos tan importante como cualquier otro de los valores «había sido la voluntad de la Reserva Federal, en sus mejores momentos, para soportar la presión política y tomar decisiones duras pero necesarias».

Mi último mes en el cargo, enero de 2014, me proporcionó otra oportunidad para mirar atrás y hacia delante. Había pasado mucho tiempo pensando analíticamente en la crisis y sus repercusiones pero, hasta un acto en la Brookings Institution el 16 de enero, muy poco en las emociones que había experimentado. El historiador Liaquat Ahamed (autor de uno de mis libros favoritos, *Lords of Finance*, que trataba sobre los principales banqueros centrales del mundo entre las dos guerras mundiales) me preguntó si había pasado noches de insomnio. Por supuesto que sí. Sin embargo, mientras se fueron desarrollando los acontecimientos, reprimí mis temores y me concentré en resolver los problemas. Mirando atrás me doy cuenta de que era como estar en un accidente de coche. «Te concentras ante todo en intentar no caerte por el borde del puente, y luego, más tarde, dices "¡Oh, Dios mío!"», le dije a Liaquat.

La última semana fue una mezcla de las rutinas familiares de la definición de políticas y los rituales desacostumbrados de ceder el cargo. Tenía que dirigir una última reunión del FOMC, la del 28 y el 29 de enero. Días antes, aquel mismo mes, el Departamento de

Trabajo había informado sobre una caída inesperada bastante grande de la tasa de desempleo en diciembre, alcanzando un 6,7%, la tasa más baja en cinco años. No veíamos muchos motivos para no reducir la compra mensual de valores en otros 10.000 millones de dólares, dejándola en 65.000 millones. Por primera vez desde junio de 2011 no hubo votos en contra.

La delicada tarea de normalizar la política monetaria recaería en Janet y sus compañeros. Dan Tarullo y Jay Powell se quedarían. Sarah Raskin, confirmada como secretaria delegada del Tesoro, abandonaría pronto el Consejo. Jeremy Stein volvería a Harvard al finalizar su baja de dos años, a mediados de aquel. El 10 de enero, el presidente había anunciado la nominación de Jay para un periodo completo en el Consejo, y también la de dos nuevos nominados: Lael Brainard, que había servido como subsecretario del Tesoro para asuntos exteriores durante la peor época de la crisis financiera en Europa, y el venerable Stan Fischer, que sustituiría a Janet como vicepresidente. Demostrando su confianza en sí misma, Janet había presionado al gobierno para que nominase a Stan, una elección que yo apoyaba enérgicamente. No todos los nuevos presidentes se sentirían cómodos con un número dos tan fuerte. La prensa no tardó en llamarlos «el Dream Team».

Mis compañeros del FOMC me homenajearon la tarde del primer día de la reunión. Yo había presidido acontecimientos similares muchas veces, pero no estaba acostumbrado a ser el receptor de tantos comentarios amables. Janet fue extraordinariamente amable. «Creo que el aspecto más notable de tus logros en los últimos ocho años ha sido tu valor —dijo—. Te enfrentaste a una cacofonía constante de dudas y críticas [...] y al hecho de que si esas críticas se confirmaban podrían quedar para la historia. Nunca vi que eso te afectase. Seguiste siendo decidido, comprensivo y creativo en tus esfuerzos por hacer lo que fuese mejor para el país.»

A cambio, intenté hacerle un favor a Janet instando a los miembros del FOMC allí reunidos a ser más constructivos y menos incisivos en sus comentarios públicos. Que se conocieran públicamente nuestras diferencias era comprensible, e incluso beneficioso, cuando desarrollábamos nuevas herramientas políticas sobre la marcha en circunstancias sin precedentes. «No es sorprendente que la tripulación de un barco que navega por aguas inexploradas se vea envuelta en un debate agotador sobre cómo guiar el barco, e incluso hacia dónde dirigirlo —dije—. Ahora, aunque no haya tierra a la vista, al menos estamos cerca de aguas conocidas [...] y os insto a que en vuestras comunicaciones públicas os planteéis indicar las áreas que son terreno común además de las diferencias.» Sabía que era difícil, pero le debía a Janet intentarlo.

La tarde del 30 de enero, cientos de empleados del Consejo se reunieron en la planta baja del vestíbulo del Edificio Eccles para decirme adiós. El tema del evento fue el béisbol. Comimos perritos calientes, Cracker Jack, palomitas de maíz y helado. Pero no había cerveza. La política monetaria y la regulación bancaria son un negocio sobrio. El personal repartió cromos de béisbol falsos con las estadísticas de mi carrera: 86 reuniones del FOMC, 79 declaraciones en el Congreso, 226 discursos y dos entrevistas en *60 Minutes*.

Al día siguiente, mi último día como presidente, asistí a un desayuno de jubilación para mi secretaria, Rita Proctor. Se había quedado después de la fecha de su jubilación para mantener mi antesala funcionando sin contratiempos. Bromeé diciendo que había que crear una nueva medida de eficacia llamada «la Rita». La mayoría de nosotros podemos aspirar como máximo a trabajar a media Rita. Volví a mi oficina y terminé de recoger mis cosas. Por la tarde, un poco antes de la hora habitual, salí por la puerta de mi oficina. Las cámaras de los fotógrafos de prensa dispararon mientras recorría el largo pasillo de mármol hasta las puertas forradas de madera del ascensor. Bajé hasta el aparcamiento con el agente de seguridad Bill McAfee y me llevaron a casa en el SUV blindado del Consejo por última vez.

El lunes siguiente, 3 de febrero, Janet prestó juramento con Don Tarullo como maestro de ceremonias, que había pasado a ser el miembro más antiguo del Consejo. Aquella mañana me puse un polo y vaqueros, desayuné, me despedí de Anna con un beso y conduje yo mismo hasta la Brookings Institution, donde me habían nombrado Distinguished Fellow in Residence. Con la asistencia de Dave Skidmore, de permiso en la Oficina de Asuntos Públicos del Consejo, empecé a trabajar en este libro. Mi nuevo despacho era más pequeño que los amplios aposentos que había abandonado el viernes, pero el lugar me despertaba un sentimiento familiar. Mi viejo amigo Dan Kohn estaba justo al otro lado del pasillo.

# MIRANDO HACIA ATRÁS,
# MIRANDO HACIA DELANTE

Cuando termino de elaborar estas memorias ha transcurrido poco
más de un año desde que dejé la Reserva Federal. Anna y yo seguimos viviendo en Washington. El programa para niños urbanos que
fundó va viento en popa. Cuando no estoy reunido o viajando para
hablar en reuniones y conferencias, trabajo en diversos proyectos de
la Brookings Institution. Como siempre, me mantengo al día en
asuntos económicos, pero resulta liberador leer sobre los debates sobre normativa sabiendo que no me toca a mí tomar y defender las
decisiones difíciles.

Janet Yellen ha ocupado su nuevo puesto sin problemas. Tras los
habituales y frustrantes retrasos, se confirmó a Stan Fischer como
vicepresidente del Consejo y juró el cargo el 28 de mayo de 2014.
Dirige un comité que supervisa el trabajo de estabilidad financiera
del Fed. Lael Brainard se unió al Consejo el 16 de junio, el mismo día en
que Jay Powell juró su permanencia para otro mandato. También
en junio, Loretta Mester, que había sido directora de investigación
en el Fed de Filadelfia, sucedió a Sandy Pianalto como presidenta del
Fed de Cleveland. En otoño, Charlie Plosser, Richard Fisher y Narayana Kocherlakota, los tres disidentes de 2011, anunciaron su jubilación. Charlie y Richard se marcharon en marzo de 2015, y Narayana tenía intención de retirarse en febrero de 2016. Se eligió a Patrick
Harker, director de la Universidad de Delaware, como sucesor de
Charlie. Las prolongadas y escalonadas legislaturas de gobernadores
y presidentes garantizan una continuidad considerable de las normativas, tal como pretendían los fundadores del Fed.

Durante 2014, Janet siguió aplicando las normativas que habíamos establecido ella y yo. Las compras de valores concluyeron sin
tropiezos; no hubo perturbaciones financieras ni perjuicios econó-

EPÍLOGO

micos. En octubre de 2014, cuando finalizaron las compras, el balance del Fed estaba en casi 4,5 billones de dólares. Es una cifra escalofriante, pero en relación con la producción anual de Estados Unidos, superior a 17 billones, es equiparable al balance del banco central de otros importantes países industrializados.

La condición para poner fin a la QE3, una mejora sustancial en las perspectivas del mercado laboral, se había cumplido sin lugar a dudas. En agosto de 2012, cuando prefiguré la QE3 en Jackson Hole, la tasa de desempleo era del 8,1%. En octubre de 2014, cuando las compras tocaban a su fin, la tasa de desempleo era del 5,7% y seguía bajando. La economía añadió casi tres millones de puestos de trabajo en 2014, el mayor crecimiento anual desde 1999. Esos aumentos coronaron un incremento acumulado de cerca de 10,7 millones de empleos en los cinco años transcurridos desde 2010 hasta 2014. Las compras de valores del Fed y los programas de préstamos produjeron un enorme beneficio para el gobierno. El Fed envió casi 100.000 millones de dólares al Tesoro en 2014, otro récord, llevando los pagos durante los seis años desde 2009 a casi 470.000 millones de dólares —más del triple de los pagos en los seis años anteriores a la crisis (2001-2006) y cerca de los 1.500 dólares por cada hombre, mujer y niño de Estados Unidos.

Los tipos de interés a corto plazo siguieron tocando fondo al principio de 2015, lo que era consistente con la guía de las políticas del FOMC en los últimos años, aunque los mercados esperaban que el comité fuese por fin capaz de subir los tipos cercanos a cero en algún momento de aquel mismo año. Por supuesto, hasta dónde subirían y lo rápido que lo harían dependía de la economía. A pesar de la caída del desempleo, los salarios subieron lentamente en 2014, una señal de que la demanda de empleo aún no superaba la oferta. En consecuencia, parecía que el Fed tenía margen para mantener una política suave, para apoyar un futuro crecimiento del empleo sin arriesgarse a que la inflación fuera demasiado alta.

El crecimiento lento de la economía mundial, unida a un dólar fuerte, dificultó las exportaciones estadounidenses al principio de 2015, contribuyendo a una desaceleración de la economía general. Aun así, en Estados Unidos abundaban los indicadores económicos positivos. Los consumidores estadounidenses, cuyos gastos suponían aproximadamente dos tercios de la economía, estaban en la mejor forma que habían tenido en años. Los hogares habían reducido sus deudas, los intereses que tenían que pagar eran bajos y el valor de sus viviendas aumentaba, así como el valor de la mayoría de las cuentas de jubilación. Una abrupta caída de los precios del petróleo, de los 100 dólares por barril en julio de 2014 a unos 50 a principios de 2015, aunque representaba un problema para los productores de energía estadounidenses, facilitó lo que equivaldría a un gran recorte de impuestos a los consumidores en la forma de una bajada del precio de la gasolina y la calefacción. Las encuestas mostraban que la confianza de los consumidores volvía a aumentar. El mercado de la vivienda, aunque aún era débil, había mejorado sustancialmente desde la recesión. Y por término medio, las políticas fiscales de los gobiernos federal, estatal y municipal habían pasado de ser restrictivas a neutrales, y ni apoyaban ni entorpecían el crecimiento. La inflación siguió siendo bastante baja —inferior al objetivo del 2% del Fed, incluso sin contar la bajada de los precios de la energía y la alimentación—, y parecía que iba a seguir así algún tiempo más. Era importante para la credibilidad del Fed mostrar que hablaba en serio sobre mantener la inflación cerca de su objetivo del 2%. Como el mundo había aprendido, una inflación demasiado baja es tan mala como demasiado alta.

No podíamos saber con exactitud cuánto de la recuperación de Estados Unidos se podía atribuir a la política monetaria, ya que solo podíamos hacer conjeturas sobre lo que habría ocurrido si el Fed no hubiera tomado las medidas que tomó. Pero la mayoría de los datos, incluyendo una investigación dentro y fuera de los bancos centrales, señalaban que las políticas monetarias poco convencionales —incluyendo la expansión cuantitativa y la comunicación de las políticas planeadas— fomentaron el crecimiento económico y la creación de empleo, y redujeron el riesgo de deflación.

Un motivo para creer que las políticas del Fed eran eficaces era que, en comparación con la experiencia de otros países industrializados, la recuperación en Estados Unidos parecía particularmente buena (Figura 4). Al final de 2014, la producción de bienes y servicios era un 8% más alta que al final de 2007, el cénit precrisis. Eso no era espectacular: solo un 8% de crecimiento económico total en siete años (periodo que incluía la crisis y la recesión). Pero la producción en la eurozona al final de 2014 seguía aún un 1,5% por debajo de su cénit. Alemania, que representaba aproximadamente un tercio de la producción total de la eurozona, estaba un 4% por encima de su cénit, lo que implicaba que al resto de la eurozona le había ido excepcionalmente mal. La producción británica se situaba algo más del 3% por encima de su cénit anterior, y la japonesa permanecía levemente por debajo de sus valores máximos anteriores a la recesión.

FIGURA 4. La política monetaria agresiva ayudó a que la recuperación de Estados Unidos fuera más rápida que la de otras economías industrializadas.

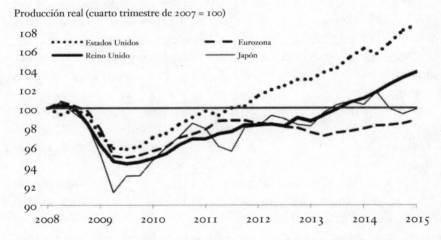

Producción real (cuarto trimestre de 2007 = 100)

Al final de 2014, la producción estadounidense era más de un 8% más alta que al final de 2007, el cénit precrisis. La producción de la eurozona estaba aproximadamente un 1,5% por debajo de su cénit; la británica era ligeramente superior al 3% por encima de su cénit, y la japonesa permanecía levemente por debajo de sus valores máximos anteriores a la recesión. Los datos comienzan el cuarto trimestre de 2007 y prosiguen hasta el final de 2014.

Fuentes: U.S. Bureau of Economic Analysis, Statistical Office of the European Communities, UK Office of National Statistics, y Cabinet Office of Japan.

Algunas de las variaciones internas en el ritmo de la recuperación reflejaban factores a más largo plazo, como las diferencias en el crecimiento de la mano de obra de los distintos países. Pero las diferencias en política económica parecían explicar una parte significativa de la variación. Aunque estaba en el epicentro de la crisis de 2007-2009, Estados Unidos disfrutaba de la recuperación más fuerte porque el Fed suavizó la política monetaria más agresivamente que otros bancos centrales importantes, y porque la política fiscal estadounidense, aunque había sido un viento en contra durante la mayor parte de la recuperación, era menos restrictiva que en otros sitios. Las pruebas de resistencia a los bancos en 2009 también merecían parte del crédito, ya que ayudaron a poner el sistema bancario de Estados Unidos en el camino de la solvencia en una fase relativamente temprana de la recuperación.

Los malos resultados de la eurozona, incluyendo una tasa de inflación muy por debajo del objetivo del Banco Central Europeo, fue consecuencia en parte de políticas monetarias y fiscales mucho más estrictas de lo que requerían las condiciones económicas. Los mercados también consideraron que las primeras rondas de pruebas de resistencia de los bancos europeos eran menos creíbles que las pruebas estadounidenses. Las políticas elegidas en Europa reflejaban circunstancias especiales, incluyendo la crisis de deuda en Grecia y otros países, así como los defectos estructurales de la eurozona, especialmente la falta de coordinación de las políticas fiscales de los distintos países. Pero el análisis macroeconómico incorrecto también influyó en los problemas de Europa. Como habíamos advertido Tim Geithner y yo, Alemania y sus aliados en la eurozona presionaron demasiado y demasiado pronto para que se aplicasen medidas de austeridad fiscal en países (Alemania incluida) que no tenían problemas fiscales a corto plazo, al mismo tiempo que se oponían a tomar medidas monetarias poco convencionales (como la expansión cuantitativa). El Banco Central Europeo, bajo la dirección de Mario Draghi, acabó finalmente por implementar un amplio programa de expansión cuantitativa, pero este no se puso en marcha hasta principios de 2015, casi seis años después de que se hubieran iniciado programas similares en Estados Unidos y Reino Unido.

Sin crecimiento económico, el desempleo empeoró en Europa. La divergencia respecto a Estados Unidos es asombrosa. El 2009, al final de la crisis financiera, el desempleo estaba por encima del 10% tanto en Estados Unidos como en la eurozona. Pero a finales de

2014, el desempleo en la eurozona había subido a aproximadamente un 11,25%, comparado con el descenso a menos del 6% en Estados Unidos. Y en una proporción mucho mayor que en Estados Unidos, el desempleo en Europa se ha concentrado entre los jóvenes, negándoles la oportunidad de desarrollar sus competencias a través de la experiencia laboral. Y una mano de obra menos experimentada y con menos competencias puede a su vez empeorar las perspectivas de crecimiento a largo plazo en Europa.

Reino Unido y Japón son casos intermedios. El primero, el Banco de Inglaterra, al mando de Mervyn King y Mark Carney, aplicó generalmente políticas monetarias similares a las de la Reserva Federal, lo que ayudó a crear una recuperación moderada. El hecho de que el Reino Unido no obtuviera resultados tan buenos como Estados Unidos es un reflejo de las estrictas políticas fiscales instauradas por el gobierno conservador del primer ministro David Cameron y los estrechos lazos comerciales del país con la eurozona.

Japón, aunque salió mejor parado que Europa, ha tenido esencialmente un crecimiento cero desde 2007 hasta 2015, aunque la crisis golpeó el sector financiero japonés con menos fuerza que a otros países industrializados. Los problemas persistentes de Japón con la deflación y unas variables fundamentales deslucidas (como una mano de obra en descenso) ayudan a explicar su decepcionante rendimiento. Sin embargo, bajo el mandato del primer ministro Shinzo Abe y el gobernador del banco central Haruhiko Kuroda, Japón adoptó en 2013 políticas más expansivas, incluyendo un programa de expansión cuantitativa que es mucho mayor, en proporción al tamaño de la economía japonesa, que cualquiera que haya puesto en práctica la Reserva Federal. Llegados a 2015, los resultados sugieren que Japón ha realizado progresos contra la deflación. Para alcanzar una recuperación más amplia, Japón debe acabar definitivamente con esta, y también con las reformas de normativas del gobierno que protegen a los intereses atrincherados y bloquean la competencia en las industrias domésticas como los servicios, la construcción y la agricultura.

Las economías de mercados emergentes, incluyendo a China, India, Brasil, Rusia y México, representan ahora cerca de la mitad de la producción mundial. Los mercados emergentes también sufrieron los efectos de la crisis, en gran parte debido al colapso del comercio internacional. Desde la crisis, su rendimiento ha sido variable dependiendo de las elecciones políticas y otros factores como el que el país sea o no un exportador de petróleo. China, por ejemplo, se recuperó de la crisis relativamente rápido, en parte debido a un gran programa de estímulo fiscal en 2009, y ahora está centrada en hacer reformas económicas a más largo plazo. Para seguir teniendo éxito, China debe reducir su dependencia de las exportaciones y reorientar su economía hacia la producción de bienes y servicios para su propia población. También necesita con urgencia limpiar su medio ambiente, reforzar su red de Seguridad Social, mejorar la normativa financiera y reducir la corrupción. Conforme madure la economía china, envejezca su población y se ponga al nivel tecnológico de Occidente, su crecimiento reducirá el ritmo vertiginoso de las últimas décadas, aunque este ritmo seguirá siendo alto comparado con los países desarrollados. Y lo más importante: después del *taper tantrum* de 2013, los cambios en las políticas del Fed y otros bancos centrales importantes no han añadido tensiones a los sistemas financieros ni a las economías de los mercados emergentes, al menos hasta principios de 2015. Y como habíamos pronosticado, se beneficiaron de la recuperación de la economía de Estados Unidos debido a que los estadounidenses hacían más importaciones.

La Reserva Federal cambió sustancialmente durante mi mandato como presidente. Pasamos a ser más transparentes y a centrarnos en la estabilidad financiera. Al mismo tiempo, aparecieron nuevas amenaza que podrían afectar al futuro de la capacidad de los responsables políticos del Fed para actuar enérgicamente con el fin de preservar la estabilidad financiera y apoyar a la economía. Nuestra incapacidad para prever y evitar la crisis, y algunas de nuestras respuestas, especialmente los rescates de AIG y Bear Stearns, dañaron políticamente al Fed y crearon un peligro para su independencia.

Después de las elecciones de 2014, con los republicanos controlando tanto la Cámara de Representantes como el Senado, hubo tres propuestas que me inquietaron especialmente. El senador Rand Paul, de Kentucky, había abrazado la causa de su padre y estaba presionando para poner en marcha una legislación para auditar al Fed, que daría a los miembros del Congreso el poder para ordenar que la Oficina de Rendición de Cuentas del Gobierno (GAO) revisase las decisiones de la Reserva Federal sobre política monetaria. Si esa autoridad hubiera estado activa en los años posteriores a la crisis, los que se oponían a nuestras políticas podrían haber usado las investigaciones de la GAO como una herramienta de intimidación, y seguramente habrían impedido muchas de las medidas que tomamos para ayudar a la economía.

En segundo lugar, en la Cámara de Representantes se presentó una propuesta en 2014 que requería que los responsables políticos del Fed aplicaran una fórmula para fijar los tipos de interés, parecida a la desarrollada por John Taylor en Stanford, en vez de aplicar su criterio de forma independiente. Al igual que las auditorías del Fed, el subtexto de la propuesta era el deseo de parte del Congreso de ejercer más control sobre la política monetaria. Por supuesto, el Congreso tiene el derecho y la responsabilidad de fijar los objetivos generales de la política monetaria y de hacer al Fed responsable de alcanzarlos. Pero para ser verdaderamente responsable, el FOMC debe disponer además de la flexibilidad necesaria para perseguir sus objetivos libre de presiones políticas a corto plazo.

Una tercera propuesta, que estaban desarrollando a principios de 2015 el senador republicano conservador David Vitter, de Louisiana, y la senadora demócrata liberal Elizabeth Warren, de Massachusetts, implantaría nuevas restricciones a las amplias facultades de la Reserva Federal para realizar préstamos de emergencia como los que colaboraron enormemente en la interrupción de la crisis. Ya se habían implantado restricciones significativas a los poderes de lucha contra la crisis del Fed, la FDIC y el Tesoro como parte de la Ley Dodd-Frank, bajo la suposición de que la nueva autoridad de la FDIC para desmantelar empresas sistémicas que estaban fracasando reduciría la necesidad de tener esos poderes. Sin embargo, seguía siendo una restricción de la capacidad del Fed para crear programas extensos de préstamos y para actuar como prestamista de último recurso, lo que en una crisis futura podría acabar costando demasiado caro.

Yo esperaba que la mayor transparencia del Fed lo ayudaría a mantener su independencia sin dejar de ser democráticamente responsable. El Fed trazaba ahora la política monetaria dentro de un marco de trabajo que incluía un objetivo de inflación del 2% y un compromiso para realizar una aproximación equilibrada cuando los objetivos de inflación y empleo entraban en conflicto. Las conferencias de prensa del presidente, la expansión de la economía y las previsiones para los tipos de interés realizadas por los participantes del FOMC, y el vivo debate que se evidenciaba en los discursos de los legisladores del Fed, seguían proporcionando al Congreso, al público y a los mercados una cantidad considerable de información sobre las estrategias del Fed y la base de estas. Los días de la banca central hermética habían quedado atrás. En la actualidad, la Reserva Federal es no solo uno de los bancos centrales más transparentes, es también una de las agencias gubernamentales más transparentes de Washington.

La transparencia es importante para los mercados y para la política monetaria, pero también lo es en otros sentidos. Como presidente, aumenté la comunicación del Fed con los estadounidenses de Main Street apareciendo en programas como *60 Minutes*, dando conferencias en universidades y saliendo de Washington para reunirme con gente de muchos estilos de vida. Janet Yellen, que había crecido en una familia de clase media de Brooklyn, y que centraba sus estudios académicos en los desempleados, había proseguido con ese acercamiento. Por ejemplo, siguiendo sus instrucciones, el Fed creó un nuevo consejo asesor formado por consumidores y expertos en desarrollo comunitario, que se aseguraría de que los miembros del Consejo estaban bien al tanto de las preocupaciones de Main Street.

Además de hacer más transparente al Fed, la crisis lo llevó a restaurar como parte central de su misión la conservación de la estabilidad financiera. Mantener la estabilidad requiere prestar atención tanto a los «árboles» como al «bosque» del sistema financiero. Al nivel de los árboles, reevaluamos y reforzamos nuestra tradicional supervisión de los bancos usando potentes herramientas de supervisión nuevas, como las pruebas de resistencia anuales realizadas a los grandes bancos. Al nivel del bosque, aumentamos enormemente nuestra vigilancia de la estabilidad del sistema financiero en su conjunto. Los miembros del personal monitorizaban ahora con regularidad la banca paralela y otras partes del sistema financiero que quedaban fuera de la jurisdicción primaria del Fed. Esta perspectiva más holística debería permitirle al Fed identificar las vulnerabilidades y riesgos mejor que aplicando un enfoque institución-a-institución.

La comprensión y dirección por parte del Fed de la política monetaria cambió considerablemente durante mi presidencia. El Fed y otros bancos centrales demostraron que la política monetaria aún podía apoyar el crecimiento económico incluso después de que los tipos a corto plazo cayeran hasta quedar casi a cero. Las herramientas que desarrollamos, incluyendo las compras de valores a gran escala y la comunicación sobre las vías previstas que seguiría la política monetaria, probablemente no tardarían en volver al cajón cuando la economía regresase a un estado normal. Yo esperaba que la política monetaria volviera a consistir principalmente en cambiar los tipos de interés a corto plazo y que el balance del Fed fuera reduciéndose poco a poco conforme vencían los valores. Aun así, las herramientas de políticas poco convencionales que desarrollamos podrían reactivarse si fuera necesario.

Al principio de 2015, las reformas comenzaron con la Ley Dodd-Frank de 2010, y las negociaciones internacionales de Basilea III iban bien avanzadas de camino a su implementación completa. En conjunto, las nuevas normas deberían crear un sistema financiero significativamente más seguro. A pesar de todo, era inevitable que en el futuro se produjeran nuevos shocks financieros, a menos que estuviésemos dispuestos a eliminar por ley la toma de riesgos y con ello sufrir el resultante declive en el dinamismo económico y el crecimiento. Las reformas postcrisis más importantes no buscaban eliminar por completo las sorpresas, sino aumentar la capacidad del sistema financiero para soportarlas. Estas reformas incluían el incremento de los requisitos de capital y liquidez, especialmente en los grandes bancos; la eliminación de los vacíos normativos que permitían que instituciones importantes como AIG quedaran de hecho sin supervisión; un comercio de derivados más seguro y transparente; la mejora de la protección del consumidor; y nuevas autorizaciones que permitirían al gobierno echar el cierre a empresas financieras insolventes con menos riesgos para el sistema financiero.

De todas formas, a principios de 2015 aún quedaba mucho por hacer en el frente normativo. La FDIC, trabajando en colaboración con el Fed, había realizado progresos sustanciales en la implementación de su autoridad para desmantelar con seguridad importantes empresas financieras sistémicas que estaban cayendo. Las empresas más grandes habían enviado testamentos vitales donde describían cómo debían ser desmanteladas si estaban a punto de caer. Sin embargo, cerrar una gran institución financiera internacional sin crear perturbaciones significativas sería una tarea extremadamente complicada. Era preciso trabajar más para mejorar los testamentos vitales de las empresas y para coordinar con los funcionarios extranjeros los planes para desmantelar empresas financieras multinacionales.

Las salidas masivas de capital de las fuentes de financiación a corto plazo fueron un factor destacado que contribuyó a la gravedad de la crisis. Los reguladores habían reducido el riesgo de fugas de capital exigiendo a los bancos que mantuvieran unos niveles de activos de fácil venta (líquidos) considerablemente más altos. Además, los reguladores bancarios estaban considerando imponer mayores requisitos de capital a los grandes bancos que dependían de sus homólogos para financiarse a corto plazo. Aun así, el riesgo de fugas de capital de las fuentes de financiación a corto plazo no se había eliminado, especialmente el riesgo de fugas de capital de instituciones no bancarias y por tanto no sujetas a las nuevas normas sobre liquidez. A principios de 2015, el Fed y otros reguladores estaban considerando exigir un mayor nivel de garantías para todos los préstamos a corto plazo que se hicieran a través del mercado de repo. Eso haría que pedir prestado en los mercados de repo saliera más caro, pero también haría que los préstamos fuesen más seguros y disminuiría el riesgo de fugas, sin importar quién fuera el prestatario.

¿Y el problema del demasiado-grande-para-caer? Los reguladores estaban implementando el enfoque básico adoptado en la Ley Dodd-Frank. Las grandes empresas financieras tenían que afrontar ahora requisitos de capital mayores y una supervisión más estricta. Como consecuencia, los gestores y accionistas de las grandes empresas tenían que decidir si el beneficio económico de su tamaño compensaba la carga normativa adicional. En abril de 2015, General Electric anunció sus planes para vender la mayor parte de su división financiera a lo largo de los años siguientes. Si esto se hacía realidad, la reestructuración representaría un ejemplo con éxito de que una normativa más dura animaba a una empresa sistémicamente importante a fragmentarse. Adicionalmente, la mera existencia de una autoridad de liquidación controlada advertía a los acreedores de las grandes instituciones financieras de que podían perder dinero. Esto debería reducir la capacidad de las instituciones presuntamente de-masiado-grandes-para-caer para pedir prestado a un interés más bajo que sus rivales no-demasiado-grandes-para-caer. Con el tiempo, el Congreso y los reguladores deberían estar cada vez más tranquilos en cuanto al hecho de que las grandes empresas pudieran operar con seguridad, y si caían, podrían cerrarse sin desestabilizar el sistema financiero. Si los reguladores no podían proporcionar esa seguridad, deberían usar su autoridad bajo las leyes existentes para fragmentar o simplificar las empresas más grandes.

Aunque era esencial la reforma exhaustiva de las normativas fi-nancieras, la experiencia mostraría sin duda que no todas las nuevas normas ofrecerían beneficios suficientes para justificar que se aña-diera su carga normativa. El Congreso y las agencias reguladoras de-bían proteger las reformas esenciales. Sin embargo, ambas partes debían estar dispuestas, con el tiempo, a modificar leyes y normas que demostrasen ser impracticables o que impusieran cargas pesadas a cambio de poco o ningún beneficio. Los reguladores también te-nían que estar al tanto de que una regulación bancaria estricta no desviara las actividades de riesgo a partes del sistema financiero me-nos reguladas.

No podíamos decir exactamente cuándo, pero con el tiempo, la economía de Estados Unidos crecería de forma más normal, con un desempleo a niveles sostenibles y la inflación cerca del objetivo del Fed. Teniendo en cuenta otro de los aforismos de Yogi Berra —es difícil hacer predicciones, especialmente sobre el futuro—, ¿qué se puede decir sobre las perspectivas económicas a largo plazo de nues-tro país?

La economía estadounidense se enfrentará sin duda a desafíos importantes. Pagamos más por la educación y por el sistema de salud que la mayoría de los países industrializados, obteniendo resultados que no son significativamente mejores, y a menudo son peores. La media de edad de la población está creciendo, lo que significa que la pro-porción entre jubilados y trabajadores crece. Eso incrementa la pre-sión fiscal en el gobierno federal, que proporciona a los jubilados Seguridad Social y Medicare. La disfunción y la parálisis políticas bloquean a su vez gastos y medidas impositivas sensatos, además de otras medidas para reforzar el crecimiento como las reformas normativas, la mejora de la educación y formación, y mejoras de productividad gracias a la inversión pública en infraestructuras y tecnología.

No estamos materializando nuestra adorada visión de Estados Unidos como tierra de las oportunidades. En parte debido a las deficiencias en la educación desde el jardín de infancia hasta el instituto, muchos estadounidenses carecen de las capacidades que necesitan para tener éxito en una economía globalizada y altamente tecnológica. Una educación y unas capacidades insuficientes son en verdad uno de los motivos principales de la tendencia a largo plazo hacia el aumento de las desigualdades y el «ahuecamiento» de nuestra clase media. Esta tendencia explica por qué muchos estadounidenses creen, después de varios años de recuperación, que la economía sigue en recesión. Digan lo que digan los datos, los que son incapaces de beneficiarse de la expansión de la economía sienten que aún están en recesión. El Fed puede apoyar el crecimiento general del empleo durante una recuperación económica, pero no tiene poder para tratar la calidad de la educación, el ritmo de la innovación tecnológica y otros factores que determinan si los puestos que se crean son buenos trabajos con sueldos altos. Por eso suelo decir que la política monetaria no era la panacea y que necesitamos que el Congreso haga su parte. Paro cuando se calmó la crisis, la ayuda no parecía inminente. Cuando la recuperación proyectada no consiguió poner a flote todos los barcos, el Fed recibía las críticas a menudo, y creo que injustamente. A pesar de sus problemas innegables, considero a Estados Unidos como uno de los mejores lugares para vivir, trabajar e invertir en las siguientes décadas. Mencionaré aquí tres motivos de mi optimismo.

En primer lugar, aunque nuestra sociedad esté envejeciendo, la demografía de Estados Unidos se ve significativamente mejor que la de la mayoría de los países industrializados, e incluso que la de algunos mercados emergentes (como China, que está notando los efectos de décadas de la política del hijo único). Nuestra tasa de fertilidad es relativamente alta, y lo que es más importante, recibimos más inmigrantes que otros países. Una población joven en ascenso alimenta la expansión más rápida de nuestra mano de obra e incrementa el dinamismo económico, por ejemplo creando un mercado mayor para los productos de alta tecnología. También calculo que Estados Unidos, con sus mercados de trabajo relativamente flexibles, demostrará tener más éxito que muchos otros países a la hora de acomodar a las personas mayores que quieran seguir trabajando.

En segundo lugar, Estados Unidos ha conservado su liderazgo en innovación tecnológica, lo que se ha convertido en una parte aún más importante del crecimiento económico. La mayoría de las mejores universidades de investigación están en Estados Unidos, y hemos mejorado mucho en la comercialización de los avances tecnológicos. Otros países envidian las numerosas empresas de alta tecnología que han surgido cerca de las universidades punteras en áreas como Silicon Valley, Kendall Square en Cambridge, Massachusetts, y el Triángulo de Investigación en Carolina del Norte. La innovación no se limita a empresas web, aplicaciones de software y dispositivos electrónicos como los *smartphones*. Por ejemplo, las nuevas tecnologías de extracción han creado un boom de gas y petróleo que ha impulsado a Estados Unidos a la primera línea de los productores de energía.

Por último, nuestra tradición de emprendedores y el dinamismo de nuestros mercados han demostrado tener un éxito sistemático a la hora de crear nuevas industria y productos, un patrón que es probable que continúe. El tamaño y la diversidad de Estados Unidos dan margen a las empresas emergentes para desafiar a las ya existentes que se han acomodado demasiado. De hecho, hay zonas del país que en el pasado quedaron rezagadas —como mi nativo Sur, por ejemplo— y se han convertido en lugares vibrantes en las últimas décadas, e incluso algunas viejas ciudades del Rust Belt han encontrado formas de revitalizarse.

Esos tres factores y algunos más hacen que sea optimista. No obstante, el éxito dista de ser inevitable. Las buenas políticas son esenciales. Necesitamos, por ejemplo, una política de inmigración racional que sea generosa pero que tampoco discrimine a los trabajadores más cualificados, como ocurre ahora. Los gobiernos deben seguir invirtiendo en tecnología básica, en educación y en infraestructuras. Un detalle crítico es que debemos ser más flexibles en la forma de ayudar a que la gente adquiera capacidades laborales. Mejorar la educación desde el jardín de infancia hasta el instituto es importante, pero no es la única manera de elevar los niveles de capacidad. Tenemos que prestar más atención a la educación infantil temprana, las escuelas técnicas, los programas de aprendizaje, las escuelas comunitarias, la reeducación de adultos y otras formas de promover una educación durante toda la vida. Por ejemplo, como presidente del Fed visité un programa de reeducación innovador en Richmond. Estaba copatrocinado por empresas privadas, el estado de Virginia y dos escuelas comunitarias. Las escuelas preparaban a los trabajadores para ofertas de empleo específicas presentadas por las empresas participantes, y los empresarios pagaban parte del coste. También debemos garantizar que continúe la desaceleración de décadas en el incremento de los costes de los servicios de salud. Y el código impositivo federal no se ha revisado desde 1986, y se nota.

Darnos cuenta de nuestro potencial como país requiere un nuevo enfoque del liderazgo. Nuestros políticos, y algunos de nuestros tecnócratas, creo, se centran demasiado en derrotar a los rivales ideológicos y marcar puntos en los debates. Ponen demasiado poca atención en crear consensos y encontrar formas de que todos salgan ganando haciendo progresos, aunque sean imperfectos, en dirección a los objetivos comunes.

Llegué a Washington como un profesor tranquilo y reservado, con antecedentes como investigador que demostraron ser muy útiles durante la crisis financiera. Pero no tardé en descubrir que tanto en las esferas públicas como en las privadas, la forma en que diriges es tan importante como lo que sabes. Intenté dirigir de una manera que fuera coherente con mi personalidad y mis puntos fuertes, pero que también fuera apropiada a la situación. Como antiguo académico, valoraba la camaradería, la creatividad y la cooperación. Hice énfasis en que las decisiones políticas tenían que basarse en discusiones con amplitud de miras, no en el punto de vista individual. Intenté fomentar el debate en nuestras reuniones y alenté la creatividad y la reflexión. A pesar de que hubo quejas sobre la cacofonía, no intenté evitar que los legisladores del Fed expresaran en público puntos de vista disidentes.

Este enfoque colegiado tenía muchas ventajas. El pensamiento creativo generaba nuevas ideas; la discusión cuidadosa aventaba y ponía a prueba dichas ideas. Implicar en ese pensamiento a todos, desde los legisladores hasta los miembros del personal del FOMC, hacía que todo el mundo tuviera un interés particular en hacer que las políticas funcionasen. Alentar el debate público garantizaba a la gente fuera del Fed que prestábamos atención a un amplio abanico de ideas. El enfoque colegiado generaba buena voluntad y confianza, lo que resultó esencial cuando los acontecimientos me obligaron a actuar sin consultar a nadie. De todas formas, esas ocasiones fueron excepciones más que la norma. En los bancos centrales, la credibilidad —la confianza en que los que definen las políticas respaldarán sus palabras con actos— es esencial para una definición de políticas eficaz. Un consenso fuerte, construido cuidadosamente y mantenido con paciencia, ayuda a forjar credibilidad. Usualmente da como resultado mejores decisiones, basadas en valoraciones y datos tan objetivos como sea posible. Eso es lo que aprendí sobre liderazgo en el tiempo que pasé en la Reserva Federal.

Estos principios deberían aplicarse más extensamente en Washington. No todo el progreso se basa en camaradería y compromiso, por supuesto. A veces es necesario defender los principios. Pero es difícil evitar la conclusión de que en la actualidad necesitamos en Washington más cooperación y menos confrontación. Si el gobierno va a representar un papel esencial en la creación de una economía con éxito, tenemos que recuperar la cortesía, el compromiso y el estar abiertos a la evidencia. Sin ello, la economía estadounidense se quedará trágicamente lejos de alcanzar su extraordinario potencial.

# AGRADECIMIENTOS

Este libro no habría sido posible sin la extraordinaria labor de corrección, escritura e investigación de Dave Skidmore, de la Oficina de Asuntos Públicos del Consejo de la Reserva Federal. Dave, antiguo reportero de Associated Press, se tomó una excedencia de un año en el Consejo para ayudarme. Su trabajo en el Fed, donde supervisaba la preparación de mis comparecencias públicas y proporcionaba sabios consejos, cubrió todo el periodo descrito en estas páginas. Su dedicación a este libro fue mucho más allá del deber. Le agradezco enormemente su duro trabajo y la cuidadosa atención prestada a cada página del manuscrito. Confiaba en su destreza periodística para relatar anécdotas y buscar citas evocadoras. Me ayudó a traducir tecnicismos económicos a términos accesibles a un público más amplio e hizo este libro mucho, mucho mejor.

Llena de recursos y siempre alegre, Pari Sastry nos ayudó con una labor investigativa excepcional. Tras pasar dos años como auxiliar de investigación en el Banco de la Reserva Federal de Nueva York, retrasó su graduación en Derecho para trabajar con nosotros. Le agradezco el entusiasmo y la dedicación en la elaboración de un registro histórico exacto del periodo precrisis, la crisis en sí y la etapa posterior.

Me gustaría dar las gracias por haber proporcionado un agradable entorno de trabajo y apoyo en las investigaciones a la Brookings Institution, en especial a Strobe Talbott, su director; a David Wessel, el director del Hutchins Center on Fiscal and Monetary Policy, y a Ted Gayer, director del programa de Estudios Económicos. David organizó en Brookings un grupo de lectura en el que participaron él mismo, Ted, Liaquat Ahamed, Don Kohn, Louise Sheiner y Justin Wolfers, que aportaron muchos comentarios útiles. Sarah Holmes, también de la Brookings Institution, proporcionó una excelente ayuda administrativa.

Otros amigos y colegas que leyeron todo el manuscrito o una parte, y que aportaron comentarios que mejoraron el libro y aumentaron su precisión, son Tobias Adrian, Scott Alvarez, Bob Barnett, Jeremy Bulow, Bill Dudley, Norman Eisen, Bill English, Gary Gorton, Anil Kashyap, Rick Mishkin, Ananda Rose y Lars Svensson. Les doy las gracias a todos ellos sin involucrarlos.

También agradezco la generosidad a la hora de compartir sus recuerdos de antiguos compañeros de trabajo como Don Kohn; a los antiguos miembros del Consejo Sue Bies y Kevin Warsh; a Michelle Smith, directora de comunicaciones del Consejo; a Linda Robertson, directora de relaciones con el Congreso del Consejo; a Tim Clark, de la división de supervisión bancaria del Consejo, y a Sandy Braunstein, exdirectora del departamento de Consumidores del Consejo. Britt Leckman, fotógrafo del Consejo, aportó excelentes fotografías para el libro.

Bob Barnett y Michael O'Connor me brindaron su amplia experiencia como asesores jurídicos y agentes literarios, y aportaron multitud de consejos y su apoyo durante todo el proceso de escritura y publicación.

Agradezco a W. W. Norton, nuestro editor; a Drake McFeely, director de Norton, y al director editorial Brendan Curry, sus comentarios sobre el manuscrito y su encauzamiento del proyecto durante el desarrollo y la publicación. El director editorial adjunto Jeff Shreve nos ayudó a recopilar las fotografías de este libro, y Rachel Salzman encabezó los esfuerzos publicitarios. Janet Byrne proporcionó una corrección meticulosa. Otros trabajadores de Norton que realizaron grandes contribuciones entre bastidores fueron Meredith McGinnis, Bill Rusin, Jeannie Luciano, Louise Brockett, Devon Zahn y Nancy Palmquist. También agradezco a la autónoma Cynthia Colonna su presteza en la transcripción de entrevistas.

Los esenciales ánimos y apoyo de mi familia, en especial de Anna, mi mujer, saltan a la vista en estas páginas. Me gustaría volver a darle las gracias, así como a nuestros hijos adultos, Joel y Alyssa, quienes, a pesar del ajetreo de sus propias vidas, siempre encuentran tiempo para llamar e interesarse por mí.

Por último, para terminar el libro donde empezó, me gustaría expresar mi profundo aprecio por el trabajo y el compromiso de mis antiguos compañeros de la Reserva Federal. El Consejo me proporcionó acceso a mensajes de correo electrónico y otro material que me ayudaron a recordar los sucesos relatados en este libro y, más importante, en una época en la que muchos han perdido la confianza en Washington, el Fed continúa demostrando que la política económica se puede elaborar de forma meditada, transparente y erudita, en beneficio de todos los estadounidenses.

# NOTA SOBRE LAS FUENTES

Este libro bebe de muchas fuentes, incluidas algunas directas que no se habían utilizado nunca (correo electrónico, memorándums y entrevistas); los recuerdos del autor; documentos públicos contemporáneos como discursos, informes y transcripciones de audiencias del Congreso; crónicas periodísticas contemporáneas; libros y artículos publicados, y datos económicos. Para ahorrar espacio, he elaborado notas capítulo por capítulo que solo están disponibles en Internet: pueden consultarlas en www.couragetoactbook.com/. A continuación describo algunas fuentes generales empleadas frecuentemente en la elaboración del libro.

## DOCUMENTOS DE LA RESERVA FEDERAL

La web de la Reserva Federal, www.federalreserve.gov, proporciona amplia información histórica y datos sobre la normativa actual.

Se pueden encontrar información sobre el Comité Federal de Mercado Abierto, actas de las reuniones sobre normativa y declaraciones posteriores a las reuniones en www.federalreserve.gov/monetarypolicy/fomccalendars.htm. Las previsiones económicas de los miembros del FOMC se publican trimestralmente como apéndice de las actas de las reuniones a las que corresponden.

Las transcripciones de las reuniones del FOMC y el material de apoyo se publican al cabo de cinco años. Se pueden encontrar transcripciones y otro material histórico en www.federalreserve.gov/monetarypolicy/fomc_historical.htm.

Los comunicados de prensa de la Reserva Federal, que incluyen, por ejemplo, las autorizaciones de líneas de crédito de emergencia y las declaraciones del FOMC, en www.federalreserve.gov/newse-vents/press/all/2015all.htm.

Los discursos de miembros del Consejo de Gobernadores se en-cuentran en www.federalreserve.gov/newsevents/speech/2015 speech.htm. Las declaraciones ante el Congreso de los miembros del Consejo se pueden consultar en www.federalreserve.gov/newse-vents/testimony/2015testimony.htm.

El Informe sobre Política Monetaria del Consejo de la Reserva Federal, disponible en www.federalreserve.gov/monetarypolicy/mpr_default.htm, se publica dos veces al año junto con la declaración del presidente ante el Congreso, y constituye una recapitulación del transcurso de los acontecimientos económicos, financieros y norma-tivos.

## OTROS DOCUMENTOS PÚBLICOS

Las transcripciones de las audiencias en el Senado y el Parlamento se encuentran en www.gpo.gov/fdsys/browse/collection.action?collection Code=CHRG.

El material divulgado por la Financial Crisis Inquiry Commis-sion, que incluye entrevistas y documentos de archivo, está disponi-ble en fcic.law.stanford.edu/report.

## FUENTES DE DATOS

Si no se indica lo contrario, los datos mencionados en el texto son los que conocen los elaboradores de normativas en tiempo real, no los datos definitivos revisados. Algunas importantes fuentes de datos de este libro son:

El Real Time Data Center del Banco de la Reserva Federal de Filadelfia (véase www.phil.frb.org/research-and-data/real-time-cen-ter). El centro recopila los datos iniciales divulgados y las revisiones subsiguientes sobre variables macroeconómicas clave como la pro-ducción, la inflación, el gasto de los consumidores y el empleo. Las fuentes originales de la mayoría de los datos macroeconómicos son el Bureau of Economic Analysis (www.bea.gov) y el Bureau of Labor Statistics (www.bls.gov).

La base de datos del FRED, mantenida por el Banco de la Reserva Federal de San Luis y accesible en research.stlouisfed.org/fred2, proporciona amplios datos económicos y financieros de Estados Unidos y otros países, y pone a disposición de los usuarios herramientas flexibles para la representación en gráficos y la gestión de las series de datos.

El Consejo de Gobernadores proporciona datos sobre tipos de interés clave en su boletín H.15; véase www.federalreserve.gov/releases/h15/data.htm. Se proporcionan datos semanales sobre el balance del Fed en el boletín H.4.1, en www.federalreserve.gov/releases/h41. Los datos sobre tipos de interés del papel comercial y montos adeudados están extraídos de www.federalreserve.gov/releases/cp. Los datos sobre activos y pasivos de cada sector económico estadounidense proceden de la base de datos Financial Accounts of the United States de la Reserva Federal; véase www.federalreserve.gov/releases/z1. El National Information Center de la Reserva Federal es un almacén de información sobre activos y pasivos bancarios. Por ejemplo, los activos de las cincuenta compañías bancarias principales se pueden consultar en www.ffiec.gov/nicpubweb/nicweb/top50form.aspx. El Informe sobre Política Monetaria para el Congreso, mencionado anteriormente, también constituye una útil fuente de datos.

EDGAR, la base de datos de informes contables empresariales de la SEC, incluye datos sobre los ingresos, el capital, los activos y los pasivos por empresas. Véase www.sec.gov/edgar.shtml.

Bloomberg L.P. proporciona precios de activos financieros, incluidos los máximos y mínimos intradía, de acciones, valores del Estado y otros instrumentos del mercado de valores.

# BIBLIOGRAFÍA SELECCIONADA

A continuación se enumeran algunos libros y artículos clave a los que se hace referencia en el texto. Puede consultarse una bibliografía más extensa en couragetoactbook.com.

Ahamed, Liaquat. *Lords of Finance: The Bankers Who Broke the World* (*Los señores de las finanzas: Los banqueros que domaron el mundo*). Nueva York, Penguin Press, 2009.

Bagehot, Walter. *Lombard Street: Una descripción del mercado de dinero*. Madrid, Marcial Pons Ediciones Jurídicas y Sociales, 2012.

Bair, Sheila. *Bull by the Horns: Fighting to Save Main Street from Wall Street and Wall Street from Itself* (*El toro por los cuernos: La lucha por salvar a Main Steet de Wall Street y a Wall Street de sí misma*). Nueva York, Free Press, 2012.

Bernanke, Ben S. *Essays on the Great Depression* (*Ensayos sobre la Gran Depesión*). Princeton, NJ, Princeton University Press, 2000.

—, *The Federal Reserve and the Financial Crisis* (*La Reserva Federal y la crisis financiera*). Princeton, NJ y Oxford, Princeton University Press, 2013.

Cassidy, John. «Anatomy of a Meltdown: Ben Bernanke and the Financial Crisis» («Anatomía de una debacle: Ben Bernanke y la crisis financiera». *The New Yorker*, 1 de diciembre de 2008, pp. 48-63.

Financial Crisis Inquiry Commission. *The Financial Crisis Inquiry Report* (*El informe de investigación de la crisis financiera*). Washington, DC, Government Printing Office, 2011.

Friedman, Milton y Anna J. Schwartz. *A Monetary History of the United States, 1867-1960* (*Historia monetaria de los Estados Unidos, 1867-1960*). Princeton, NJ, Princeton University Press para el National Bureau of Economic Research, 1963.

Geithner, Timothy F. *Stress Test: Reflections on Financial Crises* (*Prueba de tensión: Reflexiones sobre las crisis financieras*). Nueva York, Crown Publishers, 2014.

Gramlich, Edward M. *Subprime Mortgages: America's Latest Boom and Bust* (*Las hipotecas subprime: El último proceso de auge y caída en los Estados Unidos*). Washington, DC, Urban Institute Press, 2007.

Greenspan, Alan. *La era de la turbulencia*. Barcelona, Ediciones B, 2008.

Irwin, Neil. *Los alquimistas: Tres banqueros centrales y un mundo en llamas*. Barcelona, Ediciones Deusto, 2014.

Kaiser, Robert. *Act of Congress: How America's Essential Institution Works, and How It Doesn't* (*Ley del Congreso: Cómo funciona la institución esencial estadounidense y cómo no funciona*). Nueva York, Knopf, 2013.

Paulson, Henry M., Jr. *On the Brink: Inside the Race to Stop the Collapse of the Global Financial System* (*Al límite: Dentro de la carrera para detener el colapso del sistema financiero mundial*). Nueva York, Business Plus, 2010.

Sorkin, Andrew Ross. *Too Big to Fail: The Inside Story of How Wall Street and Washington Fought to Save the Financial System-and Themselves* (*Demasiado grande para caer: La historia interna de cómo Wall Street y Washington lucharon para salvar el sistema financiero... y a sí mismos*). Nueva York, Penguin Press, 2010.

Shiller, Robert J. *Exuberancia irracional*. Madrid, Ediciones Deusto, 2015.

Wessel, David. *In Fed We Trust: Ben Bernanke's War on the Great Panic* (*In Fed we trust: La guerra de Ben Bernanke contra el Gran Pánico*, paráfrasis de la frase «In God We Trust», que figura en el papel moneda estadounidense). Nueva York, Crown Business, 2009.

# ÍNDICE ANALÍTICO